2023
Bilingual Annual Filing Season Program

Table of Contents / Contenido

Quick Start Guide

WELCOME to the most advanced tax learning system in the United States: Prendo365 powered by Latino Tax Professionals! Our tax education is a powerful, user-friendly e-learning system. An optional textbook is available. The following instructions will provide the steps to create and/or log in to your Prendo365 account.

First-Time User Purchased Online or Through Sales Rep

Step 1: After purchase, open the email you received from edsupport@latinotaxpro.com with subject line "Welcome to Prendo365" – it contains a password and username to access your created account. Check your spam/junk folder if you do not see it.

Step 2: At login, you MUST complete and save the required fields marked with a red asterisk to continue.

Step 3: Scroll down to "Courses" on the left side of your dashboard and click on your course icon to begin!

First-Time User Through Instructor or Office Manager

Step 1: Enter prendo365.com into your preferred browser then hit enter. (We recommend Google Chrome or Firefox for best user experience.)

Step 2: Click on the "Register" button on the top right.

Step 3: Your username is your email*. (Remember which email and password you used). Complete all required fields.

Step 4: If you have an instructor, click on the drop-down menu, "*do you have an instructor*" and select your instructor. Otherwise, click on the "I Accept the terms of the privacy policy" and click "Next."

Step 5: Enter your PTIN and State information for Continuing Education Credits, if applicable. If you do not have a PTIN, type "N/A". Complete all required fields. You will receive an email from edsupport@latinotaxpro.com. If you do not receive the email within 15 minutes, check your spam folder.

Step 6: Open the email you received from edsupport@latinotaxpro.com — it contains your temporary password. Click the link to confirm your registration and use the temporary password provided to sign in.

Step 7: Enter the temporary password and then create a new password that you will remember. Click "Save Changes."

Step 8: Scroll down to "Courses" on the list to the left side of your dashboard and click on your course icon to begin!

*If you receive a message that your email is already in the system, an account has been created by a staff member, instructor, or by purchasing online. Click on "Forgot your password?" to reset your password or chat at prendo365.com.

Guía de inicio rápido

BIENVENIDO al sistema de aprendizaje de impuestos más avanzado de los Estados Unidos: ¡Prendo365, impulsado por Latino Tax Professionals! Nuestra educación fiscal es un sistema de aprendizaje electrónico poderoso fácil de usar con libros de texto opcionales. Siga los pasos a continuación para crear o iniciar sesión en su cuenta de Prendo365.

Usuario por primera vez que compró en línea o con un representante de ventas.

Paso 1: Después de la compra, abra el correo electrónico que recibió de edsupport@latinotaxpro.com con línea de asunto "Bienvenido a Prendo365" : contiene una contraseña y un nombre de usuario para acceder a su cuenta creada. Revisa tu carpeta de spam/correo no deseado si no la ves.

Paso 2: Al iniciar sesión, debe completar y guardar los campos obligatorios marcados con un asterisco rojo para continuar.

Paso 3: Desplázate hacia abajo hasta "Cursos" en el lado izquierdo de tu panel y haz clic en el ícono de tu curso para comenzar!

Usuario por primera vez que hizo su compra con un instructor o un gerente.

Paso 1: Introduzca prendo365.com en su navegador preferido y luego pulse "enter". (Recomendamos Google Chrome o Firefox para la mejor experiencia de usuario.)

Paso 2: Haga clic en el botón "Registrarse" en la parte superior derecha.

Paso 3: Su nombre de usuario es su correo electrónico*. Recuerda qué correo electrónico y contraseña usaste. Complete todos los campos obligatorios.

Paso 4:: Si tiene un instructor, haga clic en el menú desplegable, "*¿tiene un instructor?*" y seleccione su instructor. De lo contrario, haga clic en "Acepto los términos de la política de privacidad" y haga clic en "Siguiente".

Paso 5: Ingrese su PTIN y la información estatal para los Créditos de Educación Continua, si corresponde. Si no tiene un PTIN, escriba "N/A". Complete todos los campos obligatorios. Recibirá un correo electrónico de edsupport@latinotaxpro.com. Si no recibe el correo electrónico en 15 minutos, revise su carpeta de correo no deseado.

Paso 6: Abra el correo electrónico que recibió de edsupport@latinotaxpro.com , ya que contiene su contraseña temporal. Haga clic en el enlace para confirmar su registro y utilice la contraseña temporal proporcionada para iniciar sesión.

Paso 7: Ingrese la contraseña temporal y luego cree una nueva contraseña que recordará. Haga clic en "Guardar cambios".

Paso 8: Desplácese hacia abajo hasta "Cursos" en la lista al lado izquierdo de su panel de control y haga clic en su icono del curso para comenzar!

*Si recibe un mensaje de que su correo electrónico ya está en el sistema, un miembro del personal, un instructor o una compra en línea han creado una cuenta. Haga clic en "¿Olvidó su contraseña?" para restablecer su contraseña o chatear en prendo365.com.

Returning User

Step 1: Enter Prendo365.com in your preferred browser. Hit enter.

Step 2: Click the "Sign In" button.

Step 3: Enter your username and password. Forgot your password? Click "Forgot your password?"

Step 4: Click "Sign In."

Step 5: Haven't started your course yet? Find your course on the dashboard. On the left side under "Courses" open your course by clicking on the thumbnail. Then click on "Start Learning Now".

Step 6: Started your course already? Find your course once again on the dashboard under "Courses" and click on the thumbnail to open. Then choose "Resume Where You Left Off" to go to the last section completed.

Still have questions? Chat at prendo365.com, email questions to edsupport@latinotaxpro.com or call 866.936.2587.

You have been placed into a group with other tax pros taking the same course! This community is for you to SHARE knowledge and CONNECT with others.

HOW TO ACCESS YOUR ACCOUNT

1. Once you're in your Prendo365 account, click on the 3 lines on the top left corner to open the menu.
2. With the menu open, click on "Visit the Community" to continue.
3. YOU NEED TO CLICK "Continue with your existing Prendo365 account" to enter your information.
4. You're in! Agree to the Code of Conduct, upload a profile picture, and start posting in the Community!

Have a question? Call or text us for questions at (866) 936-2587!

Usuario que regresa

Paso 1: Ingrese Prendo365.com en su navegador preferido. Pulsa intro.

Paso 2: Haga clic en el botón "Iniciar sesión".

Paso 3: Ingrese su nombre de usuario y contraseña. ¿Ha olvidado su contraseña? Haga clic en "Olvidó su contraseña?"

Paso 4: Haga clic en "Iniciar sesión".

Paso 5: ¿Aún no has comenzado tu curso? Encuentra tu curso en el panel de control. En el lado izquierdo en "Cursos", abra su curso haciendo clic en la miniatura. Luego haga clic en "Comience a aprender ahora".

Paso 6: ¿ Ya has comenzado tu curso? Encuentre su curso una vez más en el panel de control en "Cursos" y haga clic en la miniatura para abrir. Luego elija "Reanudar donde lo dejó" para ir a la última sección completada.

¿Todavía tienes preguntas? Chatea en prendo365.com, envía preguntas por correo electrónico a edsupport@latinotaxpro.com o llama al 866.936.2587.

¡Te han colocado en un grupo con otros profesionales de impuestos que toman el mismo curso! Esta comunidad es para que COMPARTAS conocimientos y TE CONECTES con los demás.

CÓMO ACCEDER A TU CUENTA

1. Una vez que esté en su cuenta de Prendo365, haga clic en las 3 líneas en la esquina superior izquierda para abrir el menú.
2. Con el menú abierto, haga clic en "Visitar la comunidad" para continuar.
3. DEBE HACER CLIC EN "Continuar con su cuenta Prendo365 existente" para ingresar su información.
4. ¡Estás dentro! ¡Acepta el Código de Conducta, sube una foto de perfil y comienza a publicar en la Comunidad!

¿Tiene alguna pregunta? ¡Llámenos o envíenos un mensaje de texto si tiene preguntas al (866) 936-2587!

Course Description

Our **Annual Filing Season Program (AFSP)** qualifies for 18 hours of continuing education needed to earn an AFSP Record of Completion from the IRS. Some of the perks a tax preparer will receive upon completion are: limited representation rights, a certificate directly from the IRS to display, and your name added to the official IRS tax preparer directory.

To fulfill requirements, you must take the AFTR which consists of a 100 question, 3-hour timed exam, and complete it with a score of 70% or better.

*The IRS deadline to complete this course is December 31st at midnight your local time, however, keep in mind **our office closes on 12/31 at 5 pm PST** | 8 pm EST | 6 pm MT | 7 pm CT. Hours that are completed by the IRS deadline will be reported on the following day.

This course is divided into three parts: Ethics, Federal Tax Law, and the AFTR Exa,. Each part contains a final; the final must be passed with a 70% or higher before advancing to the next part.

Review questions may be taken as many times as necessary to achieve the required score. If you have obtained a score of 70% or better, but choose to obtain a higher score, Prendo365 records the most recent score, even if it is less than your prior score.

To receive your LTP Certificate of Completion, you must complete the course, online review questions, and pass the 100-question timed test with a 70% or better. You can take the test as many times as you need to do so. Use your reference guide as a test tool. Your LTP certificate is suitable for framing and should be displayed proudly in your office!

LTP will upload continuing education hours to the IRS, provided that you have entered your name and PTIN (preparer tax identification number) correctly in your profile page. If you have not provided us with your PTIN, we will contact you via the email on your account. If you do not respond to the email, your hours will not be uploaded to the IRS.

For LTP staff to upload the continuing education hours, you need to print your certificate. If you forgot to enter your PTIN, you may email your information to edsupport@latinotaxpro.org. In the subject line, please enter PTIN INFO AFTR course. The information needed is your name as it appears on your PTIN and your PTIN number. Please do not send your Certificate of Completion to the IRS, but frame and hang it proudly in your office.

What does the Annual Filing Season Program (AFSP) mean to the Unenrolled Tax Preparer?

The AFSP is a voluntary program designed to recognize the efforts of non-credentialed tax return preparers who desire to take their professionalism to a higher level. The individual needs to complete 18 hours of continuing education, which includes the Annual Federal Tax Refresher Course (AFTR) portion and contains a test. All paid tax preparers must maintain a current PTIN (Preparer Tax Identification Number). Anyone can take the AFTR course. However, the AFTR is considered a basic refresher course, and the IRS does not allow credit for Enrolled Agents. Individuals in the exempt category (CPAs and Attorneys) can receive credit for the AFTR course after passing the required test. The 18 hours include (for non-exempt individuals):

Descripción del curso

Nuestro **Programa anual de temporada de presentación (AFSP)** califica para 18 horas de educación continua necesarias para obtener un Registro de Finalización de AFSP del IRS. Algunos de los beneficios que un preparador de impuestos recibirá al finalizar son: derechos de representación limitados, un certificado directamente del IRS para mostrar y su nombre agregado al directorio oficial de preparadores de impuestos del IRS.

Para cumplir con los requisitos, debe tomar el AFTR que consiste en un examen cronometrado de 100 preguntas, 3 horas, y completarlo con un puntaje del 70% o mejor.

* La fecha límite del IRS para completar este curso es el 31 de diciembre a la medianoche de su hora local, sin embargo, tenga en cuenta que **nuestra oficina cierra el 31/12 a las 5 pm PST | 8 pm EST | 6 pm MT | 7 pm CT.** Las horas que se completen antes de la fecha límite del IRS se informarán al día siguiente.

Este curso se divide en tres partes: Ética, Ley Federal de Impuestos y la AFTR Exa,. Cada parte contiene un final; la final debe aprobarse con un 70% o más antes de avanzar a la siguiente parte.

Las preguntas de revisión se pueden tomar tantas veces como sea necesario para lograr la puntuación requerida. Si ha obtenido una puntuación del 70% o superior, pero opta por obtener una puntuación más alta, Prendo365 registra la puntuación más reciente, incluso si es inferior a su puntuación anterior.

Para recibir su Certificado de Finalización LTP, debe completar el curso, revisar las preguntas en línea y aprobar la prueba cronometrada de 100 preguntas con un 70% o más. Puede tomar la prueba tantas veces como sea necesario para hacerlo. Utilice su guía de referencia como herramienta de prueba. ¡Su certificado LTP es adecuado para el encuadre y debe mostrarse con orgullo en su oficina!

LTP cargará horas de educación continua al IRS, siempre que haya ingresado su nombre y PTIN (número de identificación de preparadores de impuestos) correctamente en su página de perfil. Si no nos ha proporcionado su PTIN, nos pondremos en contacto con usted a través del correo electrónico de su cuenta. Si no responde al correo electrónico, sus horas no se cargarán en el IRS.

Para que el personal de LTP cargue las horas de educación continua, debe imprimir su certificado. Si olvidó ingresar su PTIN, puede enviar su información por correo electrónico a edsupport@latinotaxpro.org. En la línea de asunto, ingrese al curso PTIN INFO AFTR. La información necesaria es su nombre tal como aparece en su PTIN y su número de PTIN. Por favor, no envíe su Certificado de Finalización al IRS, sino enmarque y cuélguelo con orgullo en su oficina.

¿Qué significa el Programa anual de temporada de presentación de impuestos (AFSP) para el preparador de impuestos no inscrito?

El AFSP es un programa voluntario diseñado para reconocer los esfuerzos de los preparadores de declaraciones de impuestos sin credenciales que desean llevar su profesionalismo a un nivel superior. El individuo necesita completar 18 horas de educación continua, que incluye la parte del Curso Anual de Actualización de Impuestos Federales (AFTR) y contiene una prueba. Todos los preparadores de impuestos pagados deben mantener un PTIN (Número de Identificación de Preparador de Impuestos) actual. Cualquiera puede tomar el curso AFTR. Sin embargo, el AFTR se considera un curso de actualización básico, y el IRS no permite crédito para los agentes inscritos. Las personas en la categoría exenta (CPA y abogados) pueden recibir crédito por el curso AFTR después de aprobar el examen requerido. Las 18 horas incluyen (para personas no exentas):

- ➢ 6-Hour Annual Federal Tax Refresher Course & Test
- ➢ 10 Hours of Federal tax law
- ➢ 2 Hours of Ethics

The AFTR course has yearly guidelines. The 100-question, 3-hour test covers three domains that the RPO (Return Preparer Office) determines that individuals need to be "refreshed" on for the upcoming tax season. These domains can change yearly. The IRS does not administer the test; only approved vendors administer the timed test. The IRS sets the test parameters that must be followed by the approved vendors. The test must be passed by December 31 midnight student's local time. The vendor has 10 days to upload hours.

After completing the continuing education hours and applying for or renewing their PTIN, the tax preparer needs to consent to adhere to specific obligations outlined in Subpart B and §10.51 of Circular 230. Watch the video at https://youtu.be/l6n_dAnQCn8.

For exempt individuals, the AFSP course includes:

- ➢ 3 Hours of Federal Tax Law Updates
- ➢ 10 Hours of Federal Tax Law
- ➢ 2 Hours of Ethics

The following individuals are exempt from taking the AFSP course:

- ➢ Anyone who passed the RTRP test administered by the IRS between November 2011 and January 2013 and have continuously been taken a 15-hour continuing education course. If the tax preparer misses one year, they are required to take the AFSP program.
- ➢ Established state-based return preparer program participants with testing (Oregon, California, and Maryland).
- ➢ Those who have passed SEE (Special Enrollment Exam) Part 1 within the past 2 years.
- ➢ VITA/TCE volunteers: quality reviewers and instructors with active PTINs.
- ➢ Other accredited tax-focused credential holders such as the following:
  - o The Accreditation Council for Accountancy.
  - o Taxation's Accredited Business Accountant/Advisor (ABA).
  - o Accredited Tax Preparer (ATP).

The directory is a searchable directory available for taxpayers to find tax pros with credentials and other qualifications. The taxpayer can search the directory by individual name, city, state, and zip code. Any individual who wants to be on the list that is not an EA, CPA, or an attorney must check the appropriate box to be bound by the Circular 230 and make sure they have followed the continuing education requirements provided by an IRS-approved vendor.

- Curso y Examen Anual de 6 Horas de Actualización de Impuestos Federales
- 10 Horas de la Ley Federal de Impuestos
- 2 horas de ética

El curso AFTR tiene pautas anuales. La prueba de 100 preguntas y 3 horas cubre tres dominios que el RPO (Return Preparer Office) determina que las personas necesitan ser "actualizadas" para la próxima temporada de impuestos. Estos dominios pueden cambiar anualmente. El IRS no administra la prueba; solo los proveedores aprobados administran la prueba cronolacionada. El IRS establece los parámetros de prueba que deben seguir los proveedores aprobados. La prueba debe pasarse antes del 31 de diciembre y el proveedor aprobado tiene 10 días para cargar horas.

Después de completar las horas de educación continua y solicitar o renovar su PTIN, el preparador de impuestos debe dar su consentimiento para adherirse a las obligaciones específicas descritas en la Subparte B y el n.o 10.51 de la Circular 230. Vea el video en https://youtu.be/l6n_dAnQCn8.

Para las personas exentas, este curso incluye lo siguiente:

- 3 Horas de Actualizaciones de la Ley Federal de Impuestos
- 10 Horas de Ley Fiscal Federal
- 2 horas de ética

Las siguientes personas están exentas de tomar el curso AFSP:

- Cualquier persona que haya pasado la prueba RTRP administrada por el IRS entre noviembre de 2011 y enero de 2013.
- Establecimiento de participantes del programa de preparación de devoluciones basados en el estado actualmente con pruebas (Oregón, California y Maryland).
- Aquellos que han aprobado SEE (Examen de Inscripción Especial) Parte 1 en los últimos 2 años.
- Voluntarios de VITA: revisores e instructores de calidad con PNIN activos.
- Otros titulares de credenciales acreditados centrados en impuestos como los siguientes:
  - El Consejo de Acreditación de Contabilidad.
  - Contador/Asesor Comercial Acreditado (ABA) de Taxation.
  - Preparador de Impuestos Acreditado (ATP).

El directorio es un directorio de búsqueda disponible para que los contribuyentes encuentren profesionales de impuestos con credenciales y otras calificaciones. El contribuyente puede buscar en el directorio por nombre individual, ciudad, estado y código postal. Cualquier persona que quiera estar en la lista que no sea un EA, CPA o un abogado debe marcar la casilla apropiada para estar vinculada por la Circular 230 y asegurarse de que ha seguido los requisitos de educación continua proporcionados por un proveedor aprobado por el IRS.

How and When Will I Receive my AFSP Record of Completion?

When PTIN renewal season begins in October, a Record of Completion will be generated once all continuing education requirements have been met, including the yearly renewal of your PTIN and consent to the Circular 230 obligations. If you have an online PTIN account, you will receive an email from TaxPro_PTIN@irs.gov with instructions on how to sign the Circular 230 consent and receive your certificate in your online secure mailbox. If you do not have an online PTIN account, you will receive a letter with instructions for completing the application process and obtaining your certificate.

Included in this course:

➢ eBook
➢ 100 Question Timed Test

This course has been published by Latino Tax Professionals Association, LLC. We can be contacted at www.latinotaxpro.org or 866-936-2587.

This course expires December 31, 2022, at midnight your local time.

Included in this course:

➢ **Textbook Study Guide** (Must be purchased separately)
➢ **eBook** (The online course includes an eBook for every chapter)
➢ **Online Questions** "To Test Your Knowledge"
➢ **Online Finals**. You will have three final exams at the end of the course.

This course has been copyrighted and published by Latino Tax Professionals Association, LLC.

To receive your LTP Certificate of Completion, you must complete the course, online review questions, and pass the 100-question timed test with a 70% or better. You can take the test as many times as you need to do so. Use your reference guide as a test tool. Your LTP certificate is suitable for framing and should be displayed proudly in your office!

➢ Established state-based return preparer program participants with testing (Oregon, California, and Maryland).
➢ Those who have passed SEE (Special Enrollment Exam) Part 1 within the past 2 years.
➢ VITA/TCE volunteers: quality reviewers and instructors with active PTINs.
➢ Other accredited tax-focused credential holders such as the following:
  o The Accreditation Council for Accountancy.
  o Taxation's Accredited Business Accountant/Advisor (ABA).
  o Accredited Tax Preparer (ATP).

Enrolled agents (EA) are exempt from the AFTR course & exam. If the Annual Filing Season Program is completed, EA's will only earn the 10 hours of tax federal tax law and 2 hours of ethics.

If an EA opts to take an AFTR course, they will not receive credit toward their CE hours requirements.

¿Cómo y cuándo recibiré mi registro de finalización de AFSP?

Cuando la temporada de renovación del PTIN comience en octubre, se generará un Registro de Finalización una vez que se hayan cumplido todos los requisitos de educación continua, incluyendo la renovación anual de su PTIN y el consentimiento a las obligaciones de la Circular 230. Si tiene una cuenta PTIN en línea, recibirá un correo electrónico de TaxPro_PTIN@irs.gov con instrucciones sobre cómo firmar el consentimiento circular 230 y recibir su certificado en su buzón seguro en línea. Si no tiene una cuenta PTIN en línea, recibirá una carta con instrucciones para completar el proceso de solicitud y obtener su certificado.

Incluido en este curso:

➤ Libro electrónico
➤ Prueba de 100 preguntas cronometradas

Este curso ha sido publicado por Latino Tax Professionals Association, LLC. Podemos ser contactados al www.latinotaxpro.org o al 866-936-2587.

Este curso vence el 31 de diciembre de 2022 a la medianoche hora local.

Incluido en este curso:

➤ **Guía de estudio de** libros de texto (debe comprarse por separado)
➤ **eBook** (El curso en línea incluye un libro electrónico para cada capítulo)
➤ **Preguntas en línea** "Para poner a prueba sus conocimientos"
➤ **Finales online**. Tendrás tres exámenes finales al final del curso.

Este curso ha sido protegido por derechos de autor y publicado por Latino Tax Professionals Association, LLC.

Para recibir su Certificado de Finalización LTP, debe completar el curso, revisar las preguntas en línea y aprobar la prueba cronometrada de 100 preguntas con un 70% o más. Puede tomar la prueba tantas veces como sea necesario para hacerlo. Utilice su guía de referencia como herramienta de prueba. ¡Su certificado LTP es adecuado para el encuadre y debe mostrarse con orgullo en su oficina!

➤ Participantes establecidos del programa estatal de preparación de retorno con pruebas (Oregon, California y Maryland).
➤ Aquellos que han aprobado SEE (Examen de Inscripción Especial) Parte 1 en los últimos 2 años.
➤ Voluntarios de VITA/TCE: revisores e instructores de calidad con PTIN activos.
➤ Otros titulares de credenciales acreditados centrados en los impuestos, como los siguientes:
  o El Consejo de Acreditación para la Contabilidad.
  o Contador/Asesor de Negocios Acreditado (ABA) de Impuestos.
  o Preparador de impuestos acreditado (ATP).

Los agentes inscritos (EA) están exentos del curso y examen AFTR. Si se completa el Programa de Temporada de Presentación Anual, EA solo ganará las 10 horas de ley de impuestos federales y 2 horas de ética.

Si un EA opta por tomar un curso AFTR, no recibirá crédito para sus requisitos de horas CE.

The directory is a searchable directory available for taxpayers to find tax pros with credentials and other qualifications. The taxpayer can search the directory by individual name, city, state, and zip code. Any individual who wants to be on the list that is not an EA, CPA, or an attorney must check the appropriate box to be bound by the Circular 230 and make sure they have followed the continuing education requirements provided by an IRS-approved vendor.

How and When Will I Receive my AFSP Record of Completion?

When PTIN renewal season begins in October, a Record of Completion will be generated once all continuing education requirements have been met, including the yearly renewal of your PTIN and consent to the Circular 230 obligations. If you have an online PTIN account, you will receive an email from TaxPro_PTIN@irs.gov with instructions on how to sign the Circular 230 consent and receive your certificate in your online secure mailbox. If you do not have an online PTIN account, you will receive a letter with instructions for completing the application process and obtaining your certificate.

How to Use This Textbook

LTP has organized this study material to give line-by-line instructions for Form 1040. It is our editorial staff's belief that you, the student, should understand theory before putting it into practice. Therefore, we recommend that all practice returns be prepared by hand first. Our course is designed to explain where tax information is reported on the individual tax return. Yes, you will most likely preparer tax return using a software, but you still have to understand how the process works so you can identify what you need to know. The software will not tell you what form to use for certain tax items.

Chapter Introduction

Each chapter begins with an introductory paragraph that will give the student an overview of what is covered in the chapter.

LTP Commitment

This publication is designed to provide accurate and authoritative information on the matter covered. It is presented with the understanding that Latino Tax Professionals is not engaged in rendering legal or accounting services or other professional advice and assumes no liability in connection with its use. Pursuant to Circular 230, this text has been prepared with due diligence; however, the possibility of mechanical or human error does exist. The text is not intended to address every situation that may arise. Consult additional sources of information, as needed, to determine the solution of tax questions.

Tax laws are constantly changing and are subject to differing interpretation. In addition, the facts and circumstances of a particular situation may not be the same as those presented here. Therefore, the student should do additional research to understand fully the information contained in this publication.

El directorio es un directorio de búsqueda disponible para que los contribuyentes encuentren profesionales de impuestos con credenciales y otras calificaciones. El contribuyente puede buscar en el directorio por nombre individual, ciudad, estado y código postal. Cualquier persona que quiera estar en la lista que no sea un EA, CPA o un abogado debe marcar la casilla correspondiente para estar sujeto a la Circular 230 y asegurarse de haber seguido los requisitos de educación continua proporcionados por un proveedor aprobado por el IRS.

¿Cómo y cuándo recibiré mi registro de finalización de AFSP?

Cuando la temporada de renovación de PTIN comience en octubre, se generará un Registro de Finalización una vez que se hayan cumplido todos los requisitos de educación continua, incluida la renovación anual de su PTIN y el consentimiento a las obligaciones de la Circular 230. Si tiene una cuenta PTIN en línea, recibirá un correo electrónico de TaxPro_PTIN@irs.gov con instrucciones sobre cómo firmar el consentimiento de la Circular 230 y recibir su certificado en su buzón seguro en línea. Si no tiene una cuenta PTIN en línea, recibirá una carta con instrucciones para completar el proceso de solicitud y obtener su certificado.

Nuestro compromiso

Esta publicación está diseñada para proporcionar información precisa y fidedigna sobre el tema tratado. Se presenta con el entendimiento de que Latino Tax Professionals Association® no se dedica a prestar servicios legales o contables ni ninguna otra asesoría profesional y no asume ninguna responsabilidad en relación con su uso. De conformidad con la Circular 230, este texto ha sido preparado con la debida diligencia; sin embargo, existe la posibilidad de error mecánico o humano. El texto tampoco está destinado a abordar todas las situaciones que puedan surgir. Consulte fuentes de información adicionales según sea necesario para determinar las soluciones para las preguntas sobre impuestos.

Las leyes fiscales cambian constantemente y, a menudo, están sujetas a diferentes interpretaciones. Además, los hechos y circunstancias de su situación particular pueden no ser los mismos que se presentan aquí. Por lo tanto, le instamos a que realice una investigación adicional y se asegure de que esté completamente informado antes de utilizar la información contenida en esta publicación.

La ley federal prohíbe la reproducción no autorizada del material en este manual. Toda reproducción debe ser aprobada por escrito por Latino Tax Professionals Association®. Esta no es una publicación gratuita. La distribución ilegal de esta publicación está prohibida por las leyes y tratados internacionales y de los Estados Unidos sobre derechos de autor. Cualquier distribución ilegal por parte del comprador puede someter al comprador y a los compradores a multas de hasta $100,000 por cada copia distribuida. No se hace ninguna reclamación a las obras originales del gobierno; sin embargo, dentro de este producto o publicación, los siguientes están sujetos a los derechos de autor de LTPA:

Las leyes fiscales cambian constantemente y están sujetas a diferentes interpretaciones. Además, los hechos y circunstancias de una situación particular pueden no ser los mismos que los aquí presentados. Por lo tanto, el estudiante debe hacer una investigación adicional para comprender completamente la información contenida en esta publicación.

Authors: Kristeena S. Lopez, MA Ed, EA
                        Carlos C. Lopez, MDE, EA

Editor: Fernando Cabrera, MA

Contributing Staff: Niki Young, BS, EA
                        Fernando Cabrera, MA
                        Andres Santos, EA
                        Timur Taluy, BS
                        Roberto Pons, EA
                        Ricardo Rivas, EA
                        Pascual Garcia, EA

Graphic Designers: Susan Espinoza, BS
                        David Lopez

ISBN: 9798850254759   **Made in California, USA**

Published Date: June 28, 2023

Autores:	Kristeena S. Lopez, MA Ed, EA Carlos C. Lopez, MDE, EA
Editor:	Fernando Cabrera, MA
Contribuidores:	Niki Young, BS, EA Fernando Cabrera, MA Andres Santos, EA Timur Taluy, BS Roberto Pons, EA Ricardo Rivas, EA Pascual Garcia, EA
Diseño Gráfico:	Susan Espinoza, BS David Lopez

ISBN: 9798850254759

Hecho en California, USA

Fecha de Publicación: 28 de junio de 2023

Part I – Ethics

Parte I – Ética

Due Diligence and Preparer Penalties

Prerequisite

This course is designed for people with zero to basic tax knowledge and Form 8867. A beginning tax preparer will learn terminology that is industry specific. If you are afraid to learn, then this course may not be for you. This course will help the student with a new career if one is willing to take the time and energy to learn all you possibly can. This course will have a final exam that consists of 10 questions and must be passed with a 70% or better. You may retake the exam until you pass. Our online learning system randomizes the test questions and shuffles the answers.

Introduction

This course will cover basic due diligence and tax preparer penalties. Due diligence are actions that an individual will perform to satisfy a legal requirement. The Internal Revenue Service has a guideline for their requirements known as Circular 230. This chapter will give a brief description of the rules and regulations that govern the tax preparer outlined in Circular 230.

The dictionary definition of due diligence is "the care that a reasonable person exercises to avoid harm to other persons or to their property." Due diligence should always be a part of our daily decision process. In business due diligence refers to practicing prudence by carefully assessing associated costs and risks prior to completing the transaction.

Form 8867 was first introduced in 2006. The form was originally created for the paid preparer to report earned income credit and the paid preparer penalty was $100. In 2011 the penalty was raised to $500. The penalty amount is for each failure to comply with the diligence requirements. For tax year 2021, the penalty amount was $540 for each failure. For 2022 the penalty is $545 for each failure to comply with all due diligence requirements. The 2022 Form 8867 reports all refundable credits and head of household filing status. A tax preparer could be fined a total of $2,180 per Form 8867 for not completing their due diligence.

When the taxpayer files a return with the following credits and filing status the tax preparer needs to complete an accurate Form 8867, which then is attached to the taxpayer's return. The following are found on Form 8867 that require the preparer to ask question to determine if the taxpayer qualify for credits and filing status:

1. Earned Income Credit (EIC).
2. Child Tax Credit (CTC).
3. Additional Child Tax Credit (ACTC).
4. Other Dependent Credit (ODC).
5. American Opportunity Tax Credit (AOTC).
6. Head of Household Status

Debida diligencia y multas al preparador

Prerrequisito

Este curso está diseñado para personas con cero a conocimientos básicos de impuestos y del Formulario 8867. Un preparador de impuestos principiante aprenderá terminología que es específica de la industria. Si tienes miedo de aprender, entonces este curso puede no ser para ti. Este curso ayudará al estudiante con una nueva carrera si uno está dispuesto a tomarse el tiempo y la energía para aprender todo lo que pueda. Este curso tendrá un examen final que consta de 10 preguntas y debe aprobarse con un 70% o más. Puede volver a tomar el examen hasta que lo apruebe. Nuestro sistema de aprendizaje en línea aleatoriza las preguntas del examen y baraja las respuestas.

Introducción

Este capítulo cubrirá la debida diligencia básica y las multas del preparador de impuestos. La debida diligencia son acciones que una persona llevará a cabo para satisfacer un requisito legal. El Servicio de Impuestos Internos tiene un conjunto de normas y reglamentos para abordar sus requisitos de debida diligencia conocidos como Circular 230. Este capítulo brindará una breve descripción de las normas y reglamentos que rigen al preparador de impuestos descrito en la Circular 230.

La definición del diccionario de debida diligencia es "el cuidado que ejerce una persona razonable para evitar dañar a otras personas o a su propiedad". La debida diligencia siempre debe ser parte de nuestro proceso de decisión diario. En los negocios, la debida diligencia se refiere a practicar la prudencia al evaluar cuidadosamente los costos y riesgos asociados antes de completar la transacción.

El formulario 8867 se introdujo por primera vez en 2006. El formulario se creó inicialmente para que el preparador pagado evaluara e informara los requisitos del crédito por ingreso del trabajo, y el incumplimiento de este requisito conllevaba una multa de $100. Con el paso de los años, el IRS agregó más requisitos e incluyó otros créditos fiscales e incluso el estado civil de cabeza de familia a la lista de créditos fiscales que debe revisar un preparador de impuestos. En 2011 la multa se elevó a $500. La multa se impone por no cumplir con los requisitos de diligencia para cada crédito y el estado civil. Para el año fiscal 2021, el monto de la multa fue de $540 por cada incumplimiento. Para 2022, la multa era de $545 por cada incumplimiento de todos los requisitos de debida diligencia. El Formulario 8867 de 2022 declara todos los créditos reembolsables y el estado civil de cabeza de familia. Un preparador de impuestos podría recibir una multa por un total de $2,180 por no completar el Formulario 8867 por cada declaración de impuestos que prepare y firme.

Cuando el contribuyente presenta una declaración con los siguientes créditos y estados civiles, el preparador de impuestos debe llenar un Formulario 8867 de forma precisa y adjuntarlo a la declaración del contribuyente. Los siguientes puntos forman parte de los requisitos que figuran en el formulario 8867. El preparador de impuestos debe hacer preguntas para determinar si el contribuyente califica para los créditos y el estado civil de declaración:

1. Crédito por Ingreso del Trabajo (EIC).
2. Crédito Fiscal por Hijos (CTC)
3. Crédito Fiscal Adicional por Hijos (ACTC).
4. Crédito de Otro Dependiente (ODC).
5. Crédito Fiscal de Oportunidad Estadounidense (AOTC).
6. Estado civil de cabeza de familia

Contenido

Objectives

At the end of this lesson, the student will:

> ➤ Identify the due diligence requirements of the tax preparer when completing a tax return with refundable credits.
> ➤ Clarify what documentation the IRS requires to be maintained when preparing specific credits used on tax returns.
> ➤ Understand what documents the tax preparer should maintain for their records.
> ➤ Recognize what credits are on Form 8867.
> ➤ Know who is the paid preparer.

Resources

Form 886 Form 8867 Circular 230	Instructions Form 8867 Publication 596

Part 1 Due Diligence

"Ethics" is defined as the discipline of dealing with what is good and bad and with moral duty and obligation. It is a set theory or system of principles or moral values. It is also the rules and standards governing the conduct of a person or the members of a profession (e.g., tax practice ethics).

The rules and standards governing the conduct of tax professionals are contained in Circular 230. These rules and standards are the ethics of tax practice. "Ethical behavior" is defined as "of ethics or relating to ethics." In addition, it is being in accordance with or conforming to the accepted principles of right and wrong that govern the conduct of a profession (i.e., professional standards of conduct).

Most people would define ethics as "doing the right thing," which leads one to believe that individuals will, as a matter of common sense and conscience, instinctively react in an ethical manner in all situations. As evidenced by financial scandals involving Bernie Madoff and Lehman Brothers, this is not always true. "Doing the right thing" was not the basis for the decisions made by leaders of those organizations. As a result, many have become generally disillusioned and untrusting of the business community.

The U.S. Treasury Department requires all attorneys, certified public accountants, enrolled agents, enrolled actuaries, and registered tax return preparers to annually complete continuing education, including two hours of ethics or professional conduct.

Purpose of Form 8867

What is due diligence? The Internal Revenue Service (IRS) requires a tax preparer who prepares a return for a client that claims certain credits or head-of-household status thoroughly interview and question the taxpayer. This includes collecting documentation to show that the taxpayer is qualified for the tax advantage.

Objetivos

Al final de esta lección, el estudiante:

➢ Identificará los requisitos de debida diligencia del preparador de impuestos al completar una declaración de impuestos con créditos reembolsables.
➢ Aclarará qué documentación exige el IRS que se mantenga al preparar créditos específicos utilizados en las declaraciones de impuestos.
➢ Comprenderá qué documentos debe mantener el preparador de impuestos para sus registros.
➢ Reconocerá qué créditos se incluyen en el Formulario 8867.
➢ Sabrá quién es el preparador pagado.

Fuentes

Formulario 886	Instrucciones del Formulario 8867
Formulario 8867	Publicación 596
Circular 230	

Parte 1: Debida diligencia

La "ética" se define como la disciplina que trata de lo que es bueno y malo y del deber y la obligación moral. Es una teoría de conjunto o sistema de principios o valores morales. También son las reglas y normas que rigen la conducta de una persona o de los miembros de una profesión (por ejemplo, la ética en el ejercicio fiscal).

Las reglas y normas que rigen la conducta de los profesionales de impuestos están incluidas en la Circular 230. Estas reglas y normas son la ética del ejercicio fiscal. El "comportamiento ético" se define como "de ética o relativo a la ética". Además, es estar de acuerdo o ajustarse a los principios aceptados de lo correcto y lo incorrecto que rigen la conducta de una profesión (es decir, las normas profesionales de conducta).

La mayoría de las personas definiría la ética como "hacer lo correcto", lo que lleva a creer que las personas, como cuestión de sentido común y conciencia, reaccionarán instintivamente de manera ética en todas las situaciones. Como lo demuestran los escándalos financieros que involucran a Bernie Madoff y Lehman Brothers, esto no siempre es cierto. "Hacer lo correcto" no fue la base de las decisiones tomadas por los líderes de esas organizaciones. Como resultado, muchos se han desilusionado y desconfiado de la comunidad empresarial.

El Departamento del Tesoro de los EE. UU. exige que todos los abogados, contadores públicos certificados, agentes registrados, actuarios registrados y preparadores de declaraciones de impuestos registrados completen anualmente una educación continua, incluidas dos horas de ética o conducta profesional.

Objetivo del Formulario 8867

¿Qué es la debida diligencia? El Servicio de Impuestos Internos (IRS) exige que un preparador de impuestos que prepara una declaración para un cliente que reclama ciertos créditos o el estado civil de cabeza de familia entreviste e interrogue minuciosamente al contribuyente. Esto incluye la recopilación de documentación para demostrar que el contribuyente está calificado para la ventaja fiscal.

The paid preparer is required to perform due diligence when preparing tax returns with or without refundable credit. Treasury regulations Section 6695(g) requires the paid tax preparer to meet certain requirements when interviewing the client. Questions must be asked that will give the preparer enough information to complete Form 8867. IRS provides guidelines on how to interview.

The following guidelines have been set forth by the IRS.

1. Meet the knowledge requirement by interviewing the taxpayer, asking adequate questions, contemporaneous documenting the questions and the taxpayer's responses on the return or in your notes, reviewing adequate information to determine if the taxpayer is eligible to claim the credits(s) and/or head of household (HOH) filing status, and to figure the amount(s) of the credit(s) claimed.
2. Complete Form 8867 truthfully and accurately and complete actions described on Form 8867 for any applicable credit(s) claimed and HOH filing status, if claimed.
3. Submit Form 8867 in the manner required.
4. Keep all five of the following records for 3 years from the latest of the dates specified later.
   a. A copy of Form 8867.
   b. The applicable worksheet(s) or if tax preparer created their own for any credits claimed.
   c. Copies of any documents provided by the taxpayer on which the preparer relied to determine the taxpayer's eligibility for the credit(s) and/or HOH filing status and to figure amount(s) of the credits.
   d. A record of how, when, and from whom the information used was obtained to prepare Form 8867 and the applicable worksheet(s).
   e. A record of any additional information tax preparer relied upon, including questions asked and the taxpayer's responses, to determine taxpayer's eligibility for the credit(s) and/or HOH filing status and to figure the amount(s) of the credits(s).

Contemporaneous Documenting

Contemporaneous documents are files or notes that were created at the time of the interview with the taxpayer. Documentation is an important part of due diligence. The tax professional needs to be diligent in keeping records of how the tax return was prepared. Documents proving the taxpayer's income, expenses, credits claimed on the tax return and how the tax return was prepared should be kept. Documentation could save the preparer a due diligence penalty. Good intention of saving the taxpayers documentations and not doing keeping records of how the return was prepared, is only a good intention, and will not save the tax preparer from a due diligence penalty. There are three words that could save a preparer from penalties: DOCUMENT, DOCUMENT, & DOCUMENT.

Documentation should be completed during the interview of the client no matter how the interview takes place, such as in person, via phone, or virtually. When determining HOH filing status, make sure that the individual has paid more than half of the cost of keeping up a home with a qualifying dependent. (Discussed in more detail in the Filing Status Chapter).

El preparador pagado debe realizar la debida diligencia al preparar declaraciones de impuestos con o sin crédito reembolsable. La Sección 6695(g) de las regulaciones del Tesoro requiere que el preparador de impuestos pagado cumpla con ciertos requisitos al entrevistar al cliente. El preparador de impuestos debe hacer preguntas que le den suficiente información para completar el Formulario 8867. El IRS proporciona directrices sobre cómo entrevistar a los contribuyentes.

El IRS establece las siguientes directrices.

1. Cumplir el requisito de conocimiento entrevistando al contribuyente, haciendo las preguntas adecuadas, documentando simultáneamente las preguntas y las respuestas del contribuyente en la declaración o en sus notas, revisando la información adecuada para determinar si el contribuyente es elegible para reclamar los créditos y/o el estado civil de cabeza de familia (HOH) y calcular la(s) cantidad(es) del (los) crédito(s) reclamado(s).
2. Completar el Formulario 8867 de manera veraz y precisa y completar las acciones descritas en el Formulario 8867 para cualquier crédito aplicable reclamado y el estado civil de cabeza de familia, si se reclama.
3. Enviar el Formulario 8867 de la forma requerida.
4. Conservar los cinco registros siguientes durante 3 años a partir de la última de las fechas que se especifican más adelante.
   a. Una copia del Formulario 8867.
   b. Las hojas de trabajo correspondientes o si el preparador de impuestos creó las suyas propias para cualquier crédito reclamado.
   c. Copias de cualquier documento proporcionado por el contribuyente en los que se basó el preparador para determinar la elegibilidad del contribuyente para los créditos y/o el estado civil de Cabeza de familia y calcular los montos de los créditos.
   d. Un registro de cómo, cuándo y quién obtuvo la información utilizada para preparar el Formulario 8867 y las hojas de trabajo correspondientes.
   e. Un registro de cualquier información adicional en la que se basó el preparador de impuestos, incluidas las preguntas formuladas y las respuestas del contribuyente, a fin de determinar la elegibilidad del contribuyente para los créditos y/o el estado civil de Cabeza de familia y calcular la cantidad de los créditos.

Documentación contemporánea

Los documentos contemporáneos son archivos o notas que se crearon en el momento de la entrevista con el contribuyente. La documentación es una parte importante de la debida diligencia. El profesional de impuestos debe ser diligente en el mantenimiento de registros de cómo se preparó la declaración de impuestos. Deben conservarse los documentos que acrediten los ingresos, gastos, créditos reclamados en la declaración jurada del contribuyente y la forma en que se preparó la declaración. La documentación podría ahorrarle al preparador una multa por debida diligencia. La buena intención de guardar la documentación de los contribuyentes y no guardar registros de cómo se preparó la declaración, es solo una buena intención, y no salvará al preparador de impuestos de una multa por debida diligencia. Hay tres palabras que podrían salvar a un preparador de multas: DOCUMENTAR, DOCUMENTAR y DOCUMENTAR.

La documentación debe completarse durante la entrevista del cliente sin importar cómo se lleve a cabo la entrevista, ya sea en persona, por teléfono o virtualmente. Al determinar el estado civil de Cabeza de familia, asegúrese de que la persona haya pagado más de la mitad del costo de mantener una vivienda con un dependiente calificado. (Discutido en más detalle en el Capítulo de Estado civil de declaración).

Reasonable inquiries include asking pertinent questions, which should result in the needed information to complete Form 8867. Certain questions should determine age of taxpayer and/or dependents to help determine filing status and which credit(s) the taxpayer may qualify for.

The following questions are samples to determine taxpayer's filing status:

➢ Were you single on December 31st?
➢ Were you married on December 31st?
➢ Did you live apart the entire year from your spouse?
➢ Do you have qualifying children?
➢ Did the qualifying children live with you the entire year?
➢ How many months did the qualifying children live with you?
➢ Does anyone else live in your house?
➢ Do you live with another taxpayer? If so, what is that individual's relationship to you? Parent, in-laws, cousin, grandchild, etc.?

Creating Form 8867 Truthfully and Accurately

When completing Form 8867, each year is considered. Questions that were asked in the past only relate to the past, and not to the current tax year. It may seem like the same questions are being asked over and over with the same results, but this is essential. People's lives change, and the tax professional must ask the taxpayer about any changes. Asking the same questions to understand the taxpayer's situation is critical to preparing an accurate and truthful return. Even records furnished by the taxpayer must support the credits, income, and expenses claimed on the tax return.

Submitting Form 8867 Truthfully and Accurately

Tax preparer needs to complete Form 8867 by answering the questions that pertain to the taxpayer. Completing Form 8867 is not a cookie-cutter procedure. Every taxpayer is unique and so are the questions asked to determine due diligence for the taxpayer and the tax preparer.

Refundable Credits Due Diligence

Tax preparers must take additional steps to safeguard their compliance with the refundable credits' due diligence. Ignoring tax law could result in penalties and other consequences for the paid tax preparer and their clients. A paid tax preparer who prepares returns with *Earned Income Tax Credit* (EITC), *Child Tax Credit* (CTC), *Other Dependent Credit* (ODC), or the *American opportunity tax credit* (AOTC) must meet due diligence requirements. These requirements focus on accurately determining the client's eligibility and the amount of each credit. The four requirements are:

1. Complete and submit Form 8867 (Treasury Reg. §1.6695-2(b)(1)).
2. Compute the credits (Treasury Reg. §1.6695-2(b)(2)).
3. Knowledge of who and what is required for credits (Treasury Reg. §1.6695-2(b)(3)).
4. Keep records for three years (Treasury Reg. §1.6695-2(b)(4)).

Las consultas razonables incluyen hacer preguntas pertinentes, que deberían dar como resultado la información necesaria para completar el Formulario 8867. Ciertas preguntas deben determinar la edad del contribuyente y/o los dependientes para ayudar a determinar el estado civil de declaración y para qué crédito(s) puede calificar el contribuyente.

Las siguientes preguntas son ejemplos para determinar el estado civil del contribuyente:

> ¿Estaba soltero al 31 de diciembre?
> ¿Estaba casado al 31 de diciembre?
> ¿Vivió separado de su cónyuge todo el año?
> ¿Tiene hijos calificados?
> ¿Vivieron los hijos calificados con usted todo el año?
> ¿Cuántos meses vivieron con usted los hijos calificados?
> ¿Vive alguien más en su casa?
> ¿Vive con otro contribuyente? Si es así, ¿cuál es la relación de esa persona con usted? ¿Padre, familia política, primo, nieto, etc.?

Crear el formulario 8867 con veracidad y precisión

Al completar el Formulario 8867, cada año se consideran: Las preguntas que se hicieron en el pasado solo se relacionan con el pasado y no con el año fiscal actual. Puede parecer que se hacen las mismas preguntas una y otra vez con los mismos resultados, pero esto es esencial. La vida de las personas cambia, y el profesional de impuestos debe preguntarle al contribuyente sobre cualquier cambio. Hacer las mismas preguntas para entender la situación del contribuyente es fundamental para preparar una declaración precisa y veraz. Incluso los registros proporcionados por el contribuyente deben respaldar los créditos, ingresos y gastos reclamados en la declaración de impuestos.

Presentación veraz y precisa del formulario 8867

El preparador de impuestos debe llenera el Formulario 8867 respondiendo las preguntas que pertenecen al contribuyente. Llenar el Formulario 8867 no es un procedimiento sencillo. Cada contribuyente es único y también lo son las preguntas que se hacen para determinar la debida diligencia para el contribuyente y el preparador de impuestos.

Debida diligencia de créditos reembolsables

Los preparadores de impuestos deben tomar medidas adicionales para salvaguardar su cumplimiento con la debida diligencia de los créditos reembolsables. Ignorar la ley tributaria podría resultar en multas y otras consecuencias para el preparador de impuestos pagado y sus clientes. Un preparador de impuestos pagado que prepara declaraciones con *Crédito Fiscal por Ingresos del Trabajo* (EITC), *Crédito Fiscal por Hijos* (CTC), *Crédito para Otros Dependientes* (ODC) *o el Crédito Fiscal de Oportunidad Estadounidense* (AOTC) debe cumplir con los requisitos de debida diligencia. Estos requisitos se enfocan en determinar con precisión la elegibilidad del cliente y el monto de cada crédito. Los cuatro requisitos son:

1. Completar y enviar el Formulario 8867 (Reg. del Tesoro §1.6695-2(b)(1))
2. Calcular los créditos (Reg. del Tesoro §1.6695-2(b)(2))
3. Conocimiento de quién y qué se requiere para los créditos (Reg. del Tesoro §1.6695-2(b)(3))
4. Mantener registros durante tres años (Reg. del Tesoro §1.6695-2(b)(4))

Most due diligence penalties are a result of failure to comply with the knowledge requirement. To meet the knowledge requirement, one should:

➢ Ask questions regarding the information provided by the client to determine if the client truly can claim the credits or filing status.
➢ Assess if the information given is complete. Collect additional information if facts seem to be missing.
➢ Determine if the information is consistent; recognize contradictory statements, and statements you know are true.
➢ Conduct a thorough, in-depth interview with each client, every year. Don't rely on the statement "everything is the same as last year".
➢ Ask enough questions to realize the prepared tax return is correct and complete.
➢ Document, at the time of the interview, any questions asked and the clients' answers.

Documents must be kept for three years from the latest of:

➢ The due date of the return (not including extensions).
➢ The date the tax return was electronically filed.
➢ For a paper return, the date the return was presented to the client for signature.

Señor 1040 Says: The paid tax preparer cannot solely rely on software for their refundable credit due diligence. Professional software may not comply with Treasury Regulation 1.6695(b)(3). It is the paid tax preparer's due diligence responsibility to make sure that they have complied with Treasury Regulation 1.6695.

Most Common EIC Errors

1. Claiming EIC for a child who does not meet the qualifying child requirements.
2. Filing as single or head of household when married.
3. Incorrectly reporting income or expenses.

Consequences of Filing EIC Returns Incorrectly

Tax professionals should know that clients come to them to prepare an accurate tax return. The client trusts a tax professional to know and understand the guidelines to prepare correct tax returns. If a tax preparer incorrectly files EIC returns, it will affect their client, themselves, and, if an employee, their employer.

The following are some basic consequences that can occur when a paid tax preparer files an incorrect EIC tax return for his/her client.

➢ The client must pay back the amount in error as well as interest on the amount.
➢ The client may have to file Form 8862 for up to 10 years.

La mayoría de las multas por debida diligencia son el resultado del incumplimiento del requisito de conocimiento. Para cumplir con el requisito de conocimiento, el preparador debe:

➢ Hacer preguntas sobre la información proporcionada por el cliente para determinar si realmente puede reclamar los créditos o el estado civil.

➢ Evaluar si la información facilitada está completa. Recopilar información adicional si parece que faltan datos.

➢ Determinar si la información es consistente; reconocer declaraciones contradictorias y declaraciones que sabe que son verdaderas.

➢ Realizar una entrevista exhaustiva y en profundidad con cada cliente, cada año. No confiar en la afirmación "todo es igual que el año pasado".

➢ Hacer suficientes preguntas para darse cuenta de que la declaración de impuestos preparada es correcta y completa.

➢ Documentar, en el momento de la entrevista, las preguntas realizadas y las respuestas de los clientes.

Los documentos deben conservarse durante tres años a partir del último de los siguientes:

➢ La fecha de vencimiento de la declaración (sin incluir prórrogas).

➢ La fecha en que se presentó electrónicamente la declaración de impuestos.

➢ Para una declaración impresa, la fecha en que se presentó la declaración al cliente para su firma.

El señor 1040 dice: El preparador de impuestos pagado no puede confiar únicamente en el software para su debida diligencia de crédito reembolsable. Los programas informáticos profesionales pueden no cumplir el Reglamento del Tesoro 1,6695(b)(3). Es responsabilidad de la debida diligencia del preparador de impuestos pagado asegurarse de que ha cumplido con el Reglamento del Tesoro 1.6695.

Errores de EIC más comunes

1. Reclamar el EIC para un hijo que no cumple con los requisitos de hijo calificado.
2. Declarar como soltero o cabeza de familia cuando está casado.
3. Declarar los ingresos o gastos de forma incorrecta.

Consecuencias de presentar declaraciones de EIC de forma incorrecta

Los profesionales de impuestos deben saber que los clientes acuden a ellos para preparar una declaración de impuestos correcta. El cliente confía en que un profesional de impuestos conoce y comprende las directrices para preparar declaraciones de impuestos correctas. Si un preparador de impuestos presentó incorrectamente declaraciones de EITC, afectará a su cliente, a él mismo y, si es un empleado, a su empleador.

Las siguientes son algunas consecuencias básicas que pueden ocurrir cuando un preparador de impuestos pagado presenta una declaración de impuestos de EIC incorrecta para su cliente.

➢ El cliente deberá devolver la cantidad errónea así como los intereses sobre el monto.

➢ El cliente puede tener que presentar el Formulario 8862 hasta por 10 años.

➢ The client may be banned from claiming EIC for the next 2 years if the error is because of reckless or intentional disregard of the rules.
➢ The client may be banned from claiming EIC for the next 10 years if the error is because of fraud.

If the IRS examines a refundable tax credit return for a preparer, and the IRS finds that the preparer did not meet the four due diligence requirements (IRC §6694), they may be given a penalty:

➢ A $560 penalty for returns completed in 2023 for each failure to comply with due diligence requirements.
➢ The penalty is $1,000 or 50% of the income derived by tax preparer with the respect to the return or claim for refund

Remember the four due diligence requirements are:

1. Complete and submit Form 8867 (Treasury Reg. §1.6695-2(b)(1))
2. Compute the credits (Treasury Reg. §1.6695-2(b)(2))
3. Knowledge of who and what is required for credits (Treasury Reg. §1.6695-2(b)(3))
4. Keep records for three years (Treasury Reg. §1.6695-2(b)(4))

Example: Anet prepared a tax return for Lewis. Lewis qualified for refundable credits. Anet was audited and had no documentation and was assessed a penalty for not completing her due diligence on Form 8867. Her penalty for failure to meet the due diligence requirements containing EIC, CTC/ACTC/ODC, or AOTC filed in 2021 is $545 per credit per return. The amount Anet will be assessed for Lewis' return is $545.00 x 4 = $2,180.00.

If the tax preparer receives a return-related penalty, they can also face:

1. Loss of their tax preparer designation.
2. Suspension or expulsion from IRS e-file program.
3. Other disciplinary action by the IRS Office of Professional Responsibility (OPR).
4. Injunctions barring the preparer from preparing tax returns or imposing conditions on the tax returns they have prepared.

The IRS can also penalize the employer if an employee fails to comply with the EIC due diligence requirements.

Questions to ask to determine if the taxpayer qualifies for Earned Income Credit

Although Form 8867 is a paid preparer due diligence form, it provides answers to help tax professionals to determine appropriate questions to ask the taxpayer.

1. Did the child live with you for over half the year?
2. Have you supported the child the entire year?
3. Have you ever been disallowed to claim earned income credit?
4. Have you ever had to file Form 8862?

The tax professional should not rely on the above questions only.

➢ Se le puede prohibir al cliente reclamar el EIC durante los próximos 2 años si el error se debe a un incumplimiento imprudente o intencional de las reglas.
➢ Se le puede prohibir al cliente reclamar el EIC durante los próximos 10 años si el error se debe a un fraude.

Si el IRS examina una declaración de crédito fiscal reembolsable para un preparador y determina que el preparador no cumplió con los cuatro requisitos de debida diligencia (IRC §6694), se le puede imponer una multa:

➢ Una multa de $560 por declaraciones efectuadas en 2023 por cada incumplimiento de los requisitos de debida diligencia.
➢ La multa es de $1,000 o el 50% del ingreso obtenido por el preparador de impuestos con respecto a la declaración o reclamo de reembolso.

Recuerde que los cuatro requisitos de debida diligencia son:

1. Completar y enviar el Formulario 8867 (Reg. del Tesoro §1.6695-2(b)(1))
2. Calcular los créditos (Reg. del Tesoro §1.6695-2(b)(2))
3. Conocimiento de quién y qué se requiere para los créditos (Reg. del Tesoro §1.6695-2(b)(3))
4. Mantener registros durante tres años (Reg. del Tesoro §1.6695-2(b)(4))

Ejemplo: Anet preparó una declaración de impuestos para Lewis. Lewis calificó para créditos reembolsables. Anet fue auditada y no tenía documentación y se le impuso una multa por no completar su debida diligencia en la declaración. Su multa por no cumplir con los requisitos de debida diligencia que contienen EIC, CTC/ACTC/ODC o AOTC presentados en 2021 es de $545 por crédito por declaración. El monto que se le evaluará a Anet por la declaración de Lewis es de $545.00 x 4 = $2180.00.

Si el preparador de impuestos recibe una multa relacionada con la declaración, también puede enfrentar:

1. La pérdida de su designación de preparador de impuestos.
2. La suspensión o expulsión del programa de declaración electrónica del IRS.
3. Otras medidas disciplinarias de la Oficina de Responsabilidad Profesional (OPR) del IRS.
4. Medidas cautelares que prohíban al preparador preparar declaraciones de impuestos o imponer condiciones a las declaraciones de impuestos que ha preparado.

El IRS también puede multar al empleador si un empleado no cumple con los requisitos de debida diligencia de EIC.

Preguntas para hacer a fin de determinar si el contribuyente califica para el Crédito por Ingresos del Trabajo

Aunque el Formulario 8867 es un formulario de debida diligencia del preparador pagado, proporciona respuestas para ayudar a los profesionales de impuestos a determinar las preguntas apropiadas que deben formular al contribuyente.

1. ¿Vivió su hijo con usted durante más de la mitad del año?
2. ¿Ha pagado la manutención de su hijo todo el año?
3. ¿Alguna vez se le ha denegado reclamar el Crédito por ingresos del trabajo?
4. ¿Alguna vez ha tenido que presentar el Formulario 8862?

El profesional de impuestos no debe basarse únicamente en las preguntas anteriores.

To stay current on EIC changes and due diligence, go to www.irs.gov/eitc.

Most Common Child Tax Credit (CTC), Additional Child Tax Credit (ACTC), and/or Other Dependent Credit (ODC) Errors

1. Claiming the CTC/ACTC/ODC for a qualifying child or qualifying person who does not meet the age requirement.
2. Claiming the CTC/ACTC/ODC for a qualifying child or qualifying person who does not meet the dependency requirements.
3. Claiming the CTC/ACTC/ODC for a qualifying child or qualifying person who does not meet the residency requirement.
4. Not understanding that some credits are reduced based on income amounts.

Questions to ask to determine if the taxpayer qualifies for CTC/ACTC/ODC

1. Did the qualifying child live with the taxpayer for more than half the year?
2. Is the qualifying child a citizen, national, or resident of the United States?
3. Has the custodial parent released the qualifying dependent to the taxpayer?
4. Has the taxpayer supported the child? (Just paying child support is not supporting the child).

The tax professional should not rely on the above questions only.

Consequences of Filing CTC/ACTC/ODC Returns Incorrectly

The following are some basic consequences that can occur when a paid tax preparer files an incorrect CTC/ACTC/ODC tax return for his/her client.

➤ The client must pay back the difference in income, as well as interest and penalties.
➤ The tax preparer may get bad publicity from an angry client(s).
➤ The tax preparer may have to pay a due diligence interest and penalties because of reckless or intentional disregard of the rules or other penalties that apply.
➤ The tax preparer could be disciplined by Office of Professional Responsibility (OPR).

Most Common American opportunity tax credit (AOTC) Errors

1. Claiming AOTC for a student who did not attend an eligible educational institution.
2. Claiming AOTC for a student who did not pay qualifying college expenses.
3. Claiming AOTC for a student for too many years.
4. Preparer did not ask for Form 1098-T.

Questions to ask to determine if the taxpayer qualifies for AOTC

1. Did the qualifying child attend a higher education institution?
2. Was the qualifying child at least a half-time student?
3. Did the qualifying child receive Form 1098-T? (Did box 5 have an amount larger than box 1?)

Para mantenerse actualizado sobre los cambios de EIC y la debida diligencia, visite www.irs.gov/eitc.

Errores más comunes de crédito tributario por hijos (CTC), crédito tributario adicional por hijos (ACTC) y/u otros errores de crédito para dependientes (ODC)

1. Reclamar el CTC/ACTC/ODC para un hijo calificado o una persona calificada que no cumple con el requisito de edad.
2. Reclamar el CTC/ACTC/ODC para un hijo calificado o una persona calificada que no cumple con los requisitos de dependencia.
3. Reclamar el CTC/ACTC/ODC para un hijo calificado o una persona calificada que no cumple con el requisito de residencia.
4. No entender que algunos créditos se reducen en función de los montos de los ingresos.

Preguntas para hacer a fin de determinar si el contribuyente califica para CTC/ACTC/ODC

1. ¿Vivió el hijo calificado con el contribuyente durante más de la mitad del año?
2. ¿Es el hijo calificado ciudadano, nacional o residente de los Estados Unidos?
3. ¿Ha liberado el padre con custodia el estado de dependiente calificado al contribuyente?
4. ¿Ha mantenido el contribuyente al hijo? (Pagar la manutención del hijo no significa mantener al hijo).

El profesional de impuestos no debe basarse únicamente en las preguntas anteriores.

Consecuencias de presentar declaraciones CTC/ACTC/ODC de forma incorrecta

Las siguientes son algunas consecuencias básicas que pueden ocurrir cuando un preparador de impuestos pagado presenta una declaración de impuestos CTC/ACTC/ODC incorrecta para su cliente.

➢ El cliente deberá devolver la diferencia de sus ingresos, así como los intereses y multas.
➢ El preparador de impuestos puede recibir mala publicidad de un cliente descontento.
➢ El preparador de impuestos puede tener que pagar un interés y multas de por la diligencia debida a causa del incumplimiento imprudente o intencionado de las normas u otras multas aplicables.
➢ El preparador de impuestos podría ser sometido a medidas disciplinarias por la Oficina de Responsabilidad Profesional (OPR).

Errores más comunes del Crédito Fiscal de Oportunidad Estadounidense (AOTC)

1. Reclamar el AOTC para un estudiante que no asistió a una institución educativa elegible.
2. Reclamar el AOTC para un estudiante que no pagó los gastos universitarios calificados.
3. Reclamar el AOTC para un estudiante durante demasiados años.
4. El preparador no solicitó el Formulario 1098-T.

Preguntas para hacer a fin de determinar si el contribuyente califica para el AOTC

1. ¿Asistió el hijo calificado a una institución de educación superior?
2. ¿Era el hijo calificado al menos un estudiante de medio tiempo?
3. ¿Recibió el hijo calificado el formulario 1098-T? (¿Tenía la casilla 5 una cantidad mayor que la casilla 1?)

4. How many years has the taxpayer claimed this credit?
5. Is the student under age 24?
6. Was the student convicted of a felony drug possession or distribution before the end of the tax year?

Consequences of Filing AOTC Returns Incorrectly

➢ The client must pay back the amount in error as well as interest and penalties.
➢ The tax preparer may get some bad publicity from the angry client(s).
➢ The tax preparer could pay due diligence interest and penalties because of reckless or intentional disregard of the rules.
➢ The tax preparer could be disciplined by Office of Professional Responsibility (OPR).

Determining Head of Household (HOH) Filing Status

The information here is specifically what the tax preparer and taxpayer need to know about answering and completing Form 8867.

Head of household filing status was included on Form 8867 for 2021 tax returns. To be considered HOH, taxpayer must have a qualifying dependent and claim dependency exemption for the qualifying child who lived with the taxpayer more than half the year (exceptions may apply). Some documentation that the tax preparer should obtain when interviewing the taxpayer are official birth documents, marriage certificates, adoption agency letter or placement letter, or pertinent court documents to verify residence and relationship to the child.

The taxpayer must file Head of Household (HOH) if he or she meets any of the following criteria on December 31st of the tax year being filed:

➢ The taxpayer must be considered unmarried on the last day of the year.
➢ A qualifying child or relative lived in the home for more than half the year (there are exceptions for temporary absences). Children of divorced or separated parents, or of parents who lived apart, can be claimed based on the residency test in most cases.
➢ The taxpayer paid for more than half the cost of keeping up the home for the tax year.

Other items that could be useful to claim residency for the qualifying child are school, medical, daycare, or social services records. If the taxpayer brings in school records, then the letter should be written on school letterhead with a photo of the child on the letter. If the daycare provider is a relative, such as grandparents, siblings, or other relatives, then the tax preparer should require another letter of proof that is not from a relative.

Other items needed to determine HOH could be:

1. Qualifying person test.
2. Cost of keeping up a home test.
3. Divorce decree or separation agreement if applicable.

4. ¿Cuántos años ha reclamado el contribuyente este crédito?
5. ¿Es el estudiante menor de 24 años?
6. ¿Fue el estudiante condenado por un delito grave de posesión o distribución de drogas antes del final del año fiscal?

Consecuencias de presentar declaraciones de AOTC de forma incorrecta

➢ El cliente deberá devolver el monto incorrecto así como los intereses sobre el monto y pagar multas.
➢ El preparador de impuestos puede recibir mala publicidad de los clientes descontentos.
➢ El preparador de impuestos podría pagar intereses de debida diligencia y multas debido al incumplimiento imprudente o intencionado de las reglas.
➢ El preparador de impuestos podría ser sometido a medidas disciplinarias por la Oficina de Responsabilidad Profesional (OPR).

Determinación del estado civil de Cabeza de familia (HOH)

La información aquí es específicamente lo que el preparador de impuestos y el contribuyente necesitan saber para responder y completar el Formulario 8867.

El estado civil de cabeza de familia se incluyó en el Formulario 8867 para las declaraciones de impuestos de 2021. Para ser considerado cabeza de familia, el contribuyente debe tener un dependiente calificado y reclamar una exención de dependencia para el hijo calificado que vivió con el contribuyente más de la mitad del año (pueden aplicarse excepciones). Algunos documentos que el preparador de impuestos debe obtener al entrevistar al contribuyente son certificados oficiales de nacimiento, certificados de matrimonio, carta de agencia de adopción o carta de colocación, o documentos judiciales pertinentes para verificar la residencia y el parentesco con el niño.

El contribuyente debe declarar como cabeza de familia (HOH) si cumple con alguno de los siguientes criterios al 31 de diciembre del año fiscal en que declara:

➢ El contribuyente debe ser considerado soltero el último día del año.
➢ Un hijo calificado o pariente vivió en el hogar durante más de la mitad del año (hay excepciones para ausencias temporales). En la mayoría de los casos, los hijos de padres divorciados o separados, o de padres que vivían separados, se pueden reclamar basándose en la prueba de residencia.
➢ El contribuyente pagó más de la mitad del costo de mantenimiento de la vivienda durante el año fiscal.

Otros elementos que podrían ser útiles para reclamar la residencia para el hijo calificado son los registros escolares, médicos, de guardería o de servicios sociales. Si el contribuyente presenta registros escolares, entonces la carta debe escribirse en papel membretado de la escuela con una foto del hijo en la carta. Si el proveedor de cuidado infantil es un pariente, como abuelos, hermanos u otros parientes, entonces el preparador de impuestos debe solicitar otra carta de prueba que no sea de un pariente.

Otros elementos necesarios para determinar el estado de Cabeza de familia podrían ser:

1. Prueba de persona calificada.
2. Costo de mantener una prueba en casa.
3. Sentencia de divorcio o acuerdo de separación en su caso.

4. Documents showing that you and your spouse did not live together during the last 6 months of the year.
    a. Utility bills
    b. Lease agreement
    c. A letter from clergy or social services.

As a tax preparer the more information you gather, the better off you are in determining filing status.

Señor 1040 Says: To qualify for HOH **all** eligibility requirements must be met.

Questions to ask to determine if the taxpayer qualifies for Head of Household

Below are sample questions to ask to determine a taxpayer's best filing status:

1. Are you single?
2. Are you married?
3. Do you have children?
4. Did the children live with you the entire year?
5. How many months did the children live with you?
6. What documentation do you have to prove the child(ren) lived with you?
7. Does anyone else live in your house?
8. Do you live with another taxpayer?

It is necessary that the tax professional determines the correct filing status by asking pertinent questions such as above.

Self-employed Taxpayer's Due Diligence

Refundable credits due diligence regarding Schedule C requires the paid preparer to take additional steps to ensure that the taxpayer filing a Schedule C with refundable credits complies with tax law. Per Internal Revenue Code (IRC) section 6695(g), paid tax preparers are required to make additional inquiries of taxpayers who appear to be making inconsistent, incorrect, or incomplete claims for the credit.

Paid tax return preparers can generally rely on the taxpayer's representations until it involves EIC due diligence requirements. The paid tax preparer must take additional steps to determine the net self-employment income used to calculate refundable credits eligibility is correct and complete. The additional inquiries made to comply with due diligence and the client's response must be documented. The statute requires the return preparer to be reasonable, well-informed, and knowledgeable in tax law.

4. Documentos que demuestren que usted y su cónyuge no vivieron juntos durante los últimos 6 meses del año.
    a. Recibos de servicios públicos.
    b. Contrato de arrendamiento.
    c. Una carta del clero o de los servicios sociales.

Como preparador de impuestos, mientras más información recopile, mejor será para determinar el estado civil de declaración.

El señor 1040 dice: Para calificar para cabeza de familia se deben cumplir **todos** los requisitos de elegibilidad.

Preguntas para hacer a fin de determinar si el contribuyente califica para el estado civil de cabeza de familia

A continuación, se incluyen ejemplos de preguntas para determinar el mejor estado civil de declaración de impuestos de un contribuyente:

1. ¿Está soltero?
2. ¿Está casado?
3. ¿Tiene hijos?
4. ¿Vivieron sus hijos con usted todo el año?
5. ¿Cuántos meses vivieron sus hijos con usted?
6. ¿Qué documentación tiene para probar que los hijos vivieron con usted?
7. ¿Vive alguien más en su casa?
8. ¿Vive con otro contribuyente?

Es necesario que el profesional de impuestos determine el estado civil correcto de declaración haciendo preguntas pertinentes como las anteriores.

Debida diligencia del contribuyente que es trabajador por cuenta propia

La debida diligencia de créditos reembolsables con respecto al Anexo C requiere que el preparador pagado tome medidas adicionales para garantizar que el contribuyente que presenta un Anexo C con créditos reembolsables cumpla con la ley tributaria. De acuerdo con la sección 6695(g) del Código de Impuestos Internos (IRC), los preparadores de impuestos pagados deben realizar consultas adicionales de los contribuyentes que parecen estar haciendo reclamos inconsistentes, incorrectos o incompletos para el crédito.

Los preparadores de declaraciones de impuestos pagados generalmente pueden confiar en las declaraciones del contribuyente hasta que se trate de los requisitos de debida diligencia del EIC. El preparador de impuestos pagado debe tomar medidas adicionales para determinar si el ingreso neto del trabajo por cuenta propia utilizado para calcular la elegibilidad para los créditos reembolsables es correcto y completo. Se deben documentar las consultas adicionales realizadas para cumplir con la debida diligencia y la respuesta del cliente. El estatuto requiere que el preparador de la declaración sea razonable, esté bien informado y tenga conocimientos de la ley tributaria.

It is very important that the information is documented, and the paid tax preparer can prove that they have asked these or similar questions that will arrive at the same goal. The paid tax preparer should ask sufficient questions to taxpayers claiming self-employment income. Some questions that need to be asked include:

The paid tax preparer should ask sufficient questions to taxpayers claiming self-employment income. Some questions that need to be asked include:

1. Does the client have and conduct a business?
2. Does the client have records to support the documentation of the income and expenses claimed on the return?
3. Can the client reconstruct the documentation, if necessary?
4. Has the client included all income and related expenses reported on the Schedule C?

Reporting Schedule C Income Common Errors

The most common income reporting errors are from Schedule C. Self-employed taxpayers filing a Schedule C must report the correct gross income and all related deductions on their return. The knowledge requirement must be satisfied for correct and complete information. Clients who claim income without expense on a Schedule C should be able to answer probing questions, especially if the client claims they have no records to support the numbers given. Once again, be prepared to ask probing questions with supporting documentation supplied to determine the correct facts.

Example: Esperanza has a cleaning business, and she tells her paid preparer:

➢ She did not receive Form 1099.
➢ She was self-employed.
➢ She earned $12,000.
➢ She had no related expenses to the cleaning business.

Questions to ask should include:

➢ Do you have records of the amount of money you received from house cleaning?
➢ How much did you charge to clean a house?
➢ How many houses did you clean?
➢ Who provided the cleaning supplies?
➢ If you provided the cleaning supplies, how much did you spend weekly?
➢ Did you provide your own transportation to clean the houses?

Ultimately, the goal is for the paid tax preparer to feel confident that the prepared return is correct and complete, and the paid preparer knows that they have complied with their EIC due diligence requirements.

Best Practice Guidelines

By following these best practices when providing advice and preparing tax return submissions to the IRS, tax advisors are better able to provide their clients with the highest possible representation quality concerning federal tax matters.

Es muy importante que la información esté documentada, y el preparador de impuestos pagado pueda probar que ha hecho estas o similares preguntas que llegarán al mismo objetivo. El preparador de impuestos pagado debe hacer suficientes preguntas a los contribuyentes que reclaman ingresos de trabajo por cuenta propia. Algunas preguntas que deben hacerse incluyen:

El preparador de impuestos pagado debe hacer suficientes preguntas a los contribuyentes que reclaman ingresos del trabajo por cuenta propia. Algunas preguntas que deben hacerse incluyen:

1. ¿Tiene y dirige el cliente un negocio?
2. ¿Cuenta el cliente con registros que sustenten la documentación de los ingresos y gastos reclamados en la declaración?
3. ¿Puede el cliente reconstruir la documentación, si es necesario?
4. ¿Ha incluido el cliente todos los ingresos y gastos relacionados informados en el Anexo C?

Informe de errores comunes de ingresos del Anexo C

Los errores más comunes en la declaración de ingresos provienen del Anexo C. Los contribuyentes que trabajan por cuenta propia que presentan un Anexo C deben informar el ingreso bruto correcto y todas las deducciones relacionadas en su declaración. El requisito de conocimiento debe cumplirse para una información correcta y completa. Los clientes que reclaman ingresos sin gastos en un Anexo C deben poder responder preguntas de sondeo, especialmente si el cliente afirma que no tiene registros que respalden los números proporcionados. Una vez más, esté preparado para hacer preguntas de sondeo con la documentación de apoyo suministrada para determinar los hechos correctos.

Ejemplo: Esperanza tiene un negocio de limpieza y le dice a su preparador pagado:

➢ No recibió el Formulario 1099.
➢ Es una trabajadora por cuenta propia.
➢ Ganó $12,000.
➢ No tuvo gastos relacionados con el negocio de limpieza.

Las preguntas que se deben hacer deben incluir:

➢ ¿Tiene registros de la cantidad de dinero que recibió de la limpieza de la casa?
➢ ¿Cuánto cobró por limpiar una casa?
➢ ¿Cuántas casas limpió?
➢ ¿Quién suministró los artículos de limpieza?
➢ Si suministró los artículos de limpieza, ¿cuánto gastó semanalmente?
➢ ¿Proporcionó su propio transporte para limpiar las casas?

En última instancia, el objetivo es que el preparador de impuestos pagado se sienta seguro de que la declaración preparada es correcta y completa, y el preparador pagado sabe que ha cumplido con los requisitos de debida diligencia del EIC.

Directrices de mejores prácticas

Al seguir estas mejores prácticas brindando asesoramiento y preparando presentaciones de declaraciones de impuestos al IRS, los asesores de impuestos pueden ofrecer a sus clientes la mejor calidad de representación posible con respecto a asuntos de impuestos federales.

Tax professional best practices include the following:

➢ Communicate clearly with clients regarding the terms of the engagement. This means determining what the client is seeking and what he or she expects from the practitioner. In turn, make sure the client understands the scope and type of services that will be rendered.
➢ Establish the facts. Determine which facts are relevant to the matter at hand and evaluate the reasonableness of any assumptions or representations.
➢ Relate the applicable law to the relevant facts and arrive at a conclusion based on this support.
➢ Advise the client based on the meaning of any findings. Inform him or her of any tax repercussions as a result of any actions or lack thereof (e.g., accuracy-related penalties, interest, etc.).
➢ Act fairly and with integrity in practice before the IRS.

A practitioner, when advising a client to take a position on a tax return, document, affidavit, or other paperwork submitted to the IRS or when preparing or signing a tax return as a preparer, may generally rely in good faith, without verification, upon information furnished by the client.

The practitioner may not, however, ignore the implications of information furnished to or actually known by the practitioner and must make reasonable inquiries if the information as furnished appears to be incorrect, incomplete, or inconsistent with an important fact or other factual assumption.

Tax advisors responsible for overseeing a firm's practice of providing advice on federal tax issues and preparing or assisting in the preparation of submissions to the IRS should take reasonable steps to ensure that the firm's procedures for all members, associates, and employees are consistent with these best practices.

Document Guidelines and Procedures

A practitioner may not willfully, recklessly, or through gross incompetence sign a tax return or claim for refund that the tax practitioner knows or reasonably should know contains any of the following:

➢ An unreasonable basis.
➢ An unreasonable position as described in §6694(a)(2) of the IRC Code.
➢ A willful attempt by the practitioner to understate the tax liability or to intentionally disregard the rules and regulations as described in §6694(b)(2).

A paid tax preparer who guarantees a specific amount of refund is an example of the kind of action for this penalty. Others would include if the preparer intentionally disregards information given by the taxpayer to reduce the taxpayer's liability; in this case, the preparer is guilty of a willful attempt to understate tax liability. This does not mean that the preparer may not rely in good faith on the information furnished by the taxpayer. However, the tax preparer must make reasonable inquiries if the information furnished by the taxpayer appears to be incorrect or incomplete.

Las mejores prácticas profesionales de impuestos incluyen lo siguiente:

➢ Comunicarse claramente con los clientes con respecto a los términos del compromiso. Esto significa determinar qué busca el cliente y qué espera del profesional de impuestos. A su vez, debe asegurarse de que el cliente comprenda el alcance y el tipo de servicio que se prestará.

➢ Establecer los hechos. Determinar qué hechos son relevantes para el asunto en cuestión y evaluar la razonabilidad de cualquier suposición o declaración.

➢ Relacionar la ley aplicable con los hechos relevantes y llegar a una conclusión basada en este apoyo.

➢ Asesorar al cliente en función del significado de cualquier conclusión. Informar sobre cualquier repercusión fiscal como resultado de cualquier acción o falta de ella (por ejemplo, multas relacionadas con la fiabilidad, intereses, etc.).

➢ Actuar de manera justa y con integridad en el ejercicio ante el IRS.

Un profesional, cuando asesora a un cliente para tomar una postura en una declaración de impuestos, documento, declaración jurada u otro escrito presentado al IRS o cuando prepara o firma una declaración de impuestos como preparador, generalmente puede confiar de buena fe, sin verificación, en información proporcionada por el cliente.

Sin embargo, el profesional no puede ignorar las implicaciones de la información proporcionada o realmente conocida por el profesional y debe realizar investigaciones razonables si la información proporcionada parece ser incorrecta, incompleta o inconsistente con un hecho importante u otra suposición fáctica.

Los asesores fiscales responsables de supervisar el ejercicio de una empresa de brindar asesoramiento sobre asuntos de impuestos federales y preparar o ayudar en la preparación de presentaciones al IRS deben tomar medidas razonables para garantizar que los procedimientos de la empresa para todos los miembros, asociados y empleados sean consistentes con estas mejores prácticas.

Directrices y procedimientos del documento

Un profesional no puede firmar de forma deliberada, imprudente o por incompetencia grave una declaración de impuestos o un reclamo de reembolso que el profesional de impuestos sepa o razonablemente debería saber que contiene cualquiera de los siguientes:

➢ Una base poco razonable.
➢ Una postura poco razonable como se describe en §6694(a)(2) del Código IRC.
➢ Un intento deliberado por parte del profesional de impuestos de subestimar la obligación tributaria o de ignorar intencionalmente las reglas y regulaciones como se describe en §6694(b)(2).

Los preparadores de impuestos pagados que garantizan montos específicos de reembolso pueden recibir esta multa. Así como los preparadores que intencionalmente ignoren la información entregada por el contribuyente para reducir la responsabilidad del contribuyente; en este último caso, los preparadores son culpables de intentar deliberadamente subestimar la obligación tributaria. Esto no significa que el preparador no pueda confiar de buena fe en la información proporcionada por el contribuyente. Sin embargo, el preparador de impuestos debe realizar investigaciones razonables si la información proporcionada por el contribuyente parece ser incorrecta o estar incompleta.

If the tax professional receives a request for documents, records, or information concerning one of their clients from the IRS or the OPR, he or she must comply with the request unless the tax professional reasonably believes that the information is privileged. If the requested information is not in the tax professional or the tax professional client's possession, the tax professional must promptly inform the requesting IRS or OPR personnel of that fact.

A practitioner may not advise a client to take a position on a document, affidavit, or any other paper(s) submitted to the Internal Revenue Service unless the position is not frivolous. A position is frivolous if it purposefully contains or omits information that demonstrates an intentional disregard of a rule or regulation. If challenged, it is the taxpayer's responsibility to prove to the IRS that a position is not frivolous, and it is then up to the IRS to make the final decision thereof.

A practitioner may not advise a client to submit any document, affidavit, or other paper to the IRS under the following circumstances:

➢ If the purpose of the submission is to delay or impede the administration of the federal tax laws.
➢ The information is frivolous.
➢ The content omits information or demonstrates an intentional disregard of a rule or regulation unless the practitioner also advises the taxpayer to submit a document that shows evidence of a good faith challenge to the rule or regulations.

A practitioner must inform the client of any penalties that are reasonably likely to apply to the client with a position that was taken on the tax return. The tax preparer also needs to inform the client on how to avoid penalties.

The tax practitioner may generally rely in good faith upon any information provided by the taxpayer without having to verify the information the client has given. However, the tax practitioner cannot ignore any potential implications of the documentation that was given to him or any actual knowledge he may have of any errors thereof. A reasonable inquiry about the information furnished is necessary if the taxpayer's provided information seems to be inconsistent or incomplete.

Standards of Competence for Tax Professionals

A practitioner must possess the appropriate level of knowledge, skill, thoroughness, and preparation necessary for competent engagement in practice before the Internal Revenue Service. A practitioner may become competent for the matter for which the practitioner has been engaged through various methods, such as consulting with experts in the relevant area or studying the relevant law.

If the tax professional is not competent in a subject matter, they may consult another individual who the tax professional knows or believes has established competence in the field of study. When the tax professional does consult with another individual, they must consider the requirements of Internal Revenue Code §7216.

Si el profesional de impuestos recibe una solicitud de documentos, registros o información sobre uno de sus clientes del IRS o la OPR, debe cumplir con la solicitud a menos que el profesional de impuestos crea razonablemente que la información es privilegiada. Si la información solicitada no está en posesión del profesional de impuestos o del cliente, este debe informar de inmediato al personal del Servicio de Impuestos Internos (IRS) o del OPR que lo solicitó.

Un profesional no puede aconsejar a un cliente que adopte una postura sobre un documento, declaración jurada o cualquier otro documento presentado al Servicio de Impuestos Internos a menos que la postura no sea infundada. Una postura es infundada si contiene u omite intencionalmente información que demuestre un desprecio intencional de una regla o reglamento. Si la acción es impugnada, es responsabilidad del contribuyente demostrarle al IRS que una postura es insostenible, y luego le corresponde al IRS tomar la decisión final al respecto.

Un profesional no puede aconsejar a un cliente que presente cualquier documento, declaración jurada u otro documento al IRS en las siguientes circunstancias:

➢ Si el propósito de la presentación es retrasar o impedir la administración de las leyes fiscales federales.
➢ La información carece de fundamento.
➢ El contenido omite información o demuestra un incumplimiento intencional de una regla o reglamento, a menos que el profesional de impuestos también le aconseje al contribuyente que presente un documento que muestre evidencia de una impugnación de buena fe a la regla o reglamento.

Un profesional debe informar al cliente cualquier multa que sea razonablemente probable que se aplique al cliente con una postura que se adoptó en la declaración de impuestos. El preparador de impuestos también debe informar al cliente sobre cómo evitar multas.

El profesional de impuestos generalmente puede confiar de buena fe en cualquier información proporcionada por el contribuyente sin tener que verificar la información que el cliente ha proporcionado. Sin embargo, el profesional de impuestos no puede ignorar las implicaciones potenciales de la documentación que se le entregó o cualquier conocimiento real que pueda tener de cualquier error en la misma. Es necesaria una consulta razonable sobre la información proporcionada si la información proporcionada por el contribuyente parece ser inconsistente o incompleta.

Normas de competencia para profesionales de impuestos

Un profesional debe poseer el nivel apropiado de conocimiento, habilidad, minuciosidad y preparación necesarios para una participación competente en el ejercicio ante el Servicio de Impuestos Internos. Un profesional puede llegar a ser competente para el asunto para el que ha sido contratado a través de varios métodos, como consultar con expertos en el área pertinente o estudiar la ley pertinente.

Si el profesional de impuestos no es competente en un tema, puede consultar a otra persona que el profesional de impuestos sepa o crea que tiene competencia establecida en el campo de estudio. Cuando el profesional de impuestos consulta con otra persona, debe considerar los requisitos del Código de Impuestos Internos §7216.

Compliance Procedures

Any practitioner who has or shares principal authority and responsibility for overseeing a firm's practice of providing advice concerning federal tax issues must take reasonable steps to ensure that the firm has adequate procedures to raise awareness and to promote compliance with Circular 230 by the firm's members, associates, and employees, and that all such employees are complying with the regulations governing practice before the IRS. These compliance procedures are stated in full in Circular 230 subparts A, B, and C, which can be found on the IRS website.

Any individual or individuals who share principal authority will be subject to discipline for failing in the following ways through willfulness, recklessness, or gross incompetence:

➢ The individual does not take reasonable steps to ensure the procedures of the firm are adequate.
➢ The individual does not take reasonable steps to ensure the firm's procedures are properly followed.
➢ The individual fails to take prompt action to correct any noncompliance despite knowing (or being in a situation where it was the individual's duty to know) that one or more individuals who are associated with or employed by the individual are engaged in a pattern or practice that does not comply with the firm's position.

Taxpayers should receive and be advised to keep copies of the following:

➢ Form 8879 (PIN program).
➢ Any Form W-2, Form 1099, etc., and any other backup material for their return.
➢ A copy of the return that was electronically filed, in a form they can understand.
➢ A copy of Form 9325, *General Information for Taxpayers Who File Electronically*, which tells taxpayers the procedure to follow if they do not receive their refund.
➢ For those who request a bank product, a copy of the signed bank application and the disclosure statement.

Taxpayer Information Retention

The tax professional must provide a complete copy of the return to the taxpayer. Tax professionals may provide the copy in any media, including electronic, that is acceptable to both the taxpayer and the tax professional. The copy does not have to contain the Social Security number of the client. A complete copy of a taxpayer's return includes Form 8453 and other documents that the tax professional cannot electronically transmit, when applicable, as well as the electronic portion of the return.

Procedimientos de cumplimiento

Cualquier profesional que tenga o comparta la autoridad principal y la responsabilidad de supervisar el ejercicio de una empresa de brindar asesoramiento sobre asuntos de impuestos federales debe tomar medidas razonables a fin de garantizar que la empresa cuente con los procedimientos adecuados para crear conciencia y promover el cumplimiento de la Circular 230 por parte de los miembros y asociados y empleados de la empresa, y que todos esos empleados están cumpliendo con las regulaciones que rigen el ejercicio ante el IRS. Estos procedimientos de cumplimiento se establecen en su totalidad en las subpartes A, B y C de la Circular 230, que se pueden encontrar en el sitio web del IRS.

Aquella persona o personas que compartan la autoridad principal estarán sujetas a medidas disciplinarias por incumplir de las siguientes maneras por dolo, imprudencia o incompetencia grave:

> ➢ La persona no toma medidas razonables para garantizar que los procedimientos de la empresa sean adecuados.
> ➢ La persona no toma medidas razonables para garantizar que los procedimientos de la empresa se sigan correctamente.
> ➢ La persona no toma medidas inmediatas para corregir cualquier incumplimiento a pesar de saber (o estar en una situación en la que era su deber saber) que una o más personas que están asociadas o empleadas por la persona están involucradas en un patrón o práctica que incumple la postura de la empresa.

Los contribuyentes deben recibir, y se les debe recomendar que guarden, copias de lo siguiente:

> ➢ Formulario 8879 (programa PIN).
> ➢ Cualquier formulario W-2, formulario 1099, etc., y cualquier otro material de respaldo para su declaración.
> ➢ Una copia de la declaración que se presentó electrónicamente en una forma que puedan entender.
> ➢ Una copia del Formulario 9325, *Información general para los contribuyentes que presentan su declaración de forma electrónica,* que les indica a los contribuyentes el procedimiento a seguir si no reciben su reembolso.
> ➢ Para quienes soliciten un producto bancario, copia de la solicitud bancaria firmada y la declaración de divulgación.

Retención de información del contribuyente

El profesional de impuestos debe proporcionar una copia completa de la declaración al contribuyente. Los profesionales de impuestos pueden proporcionar la copia en cualquier medio, incluido el electrónico, que sea aceptable tanto para el contribuyente como para el profesional de impuestos. La copia no tiene que contener el número de Seguro Social del cliente. Una copia completa de la declaración de un contribuyente incluye el Formulario 8453 y otros documentos que el profesional de impuestos no puede transmitir electrónicamente, cuando corresponda, así como la parte electrónica de la declaración.

The electronic portion of the return can be contained on a replica of an official form or on an unofficial form. However, on an unofficial form, the tax professional must reference data entries to the line numbers or descriptions on an official form. If the taxpayer provided a completed paper return for electronic filing and the information on the electronic portion of the return is identical to the information provided by the taxpayer, the tax professional does not have to provide a printout of the electronic portion of the return to the taxpayer.

The tax professional should advise the taxpayer to retain a complete copy of his/her return and any supporting material. The tax professional should advise their clients that, if needed, they must file an amended return as a paper return and mail it to the submission processing center that handles the taxpayer's paper return.

Part 1 Review Questions

To obtain the maximum benefit from this chapter, LTP recommends that you complete each of the following questions, and then compare them to the answers with feedback that immediately follows. Under governing self-study standards, vendors must present review questions intermittently throughout each self-study course.

These questions and explanations are not part of the final examination and will not be graded by LTP.

DDPP1.1
Which of the following procedures is not a best practice for the tax professional?

  a. Communicate clearly with the client regarding the terms and condition of the LTPA website.
  b. Act fairly and with integrity.
  c. Advise clients on whether they may avoid accuracy-related penalties if the client relies on that person's advice.
  d. Establish facts to arrive at a conclusion supported by those facts.

DDPP1.2
Vicente prepared Esperanza's tax return but did not ask her any questions to determine if she qualified for Earned Income Tax Credit (EITC). Which of the following statements is not a paid tax preparer EITC due diligence requirement?

  a. Complete and maintain copies of all worksheets and additional questions asked.
  b. Does not have to complete the appropriate refundable credit worksheets.
  c. Know the law and use that knowledge of the law to ensure the client is being asked the right questions to get all relevant information.
  d. Complete and submit Form 8867 with each EITC return.

La parte electrónica de la declaración puede estar contenida en una réplica de un formulario oficial o en un formulario no oficial. Sin embargo, en un formulario no oficial, el profesional de impuestos debe hacer referencia a los registros de datos a los números de línea o descripciones en un formulario oficial. Si el contribuyente proporcionó una declaración impresa completa para la presentación electrónica y la información en la parte electrónica de la declaración es idéntica a la información proporcionada por el contribuyente, el profesional de impuestos no tiene que suministrar una copia impresa de la parte electrónica de la declaración al contribuyente.

El profesional de impuestos debe aconsejar al contribuyente que conserve una copia completa de su declaración y cualquier material de apoyo. El profesional de impuestos también debe informar a sus clientes que, de ser necesario, deben presentar una declaración enmendada como una declaración impresa y enviarla por correo al centro de procesamiento de la presentación que manejará la declaración impresa del contribuyente.

Parte 1 Preguntas de repaso

Para obtener el máximo beneficio de este curso, LTP recomienda que complete cada una de las preguntas a continuación, y luego las compare con las respuestas de los comentarios que se proporcionan posteriormente. Según la normativa reguladora del autoaprendizaje, los proveedores deben presentar preguntas de repaso de manera intermitente a lo largo de cada curso de autoaprendizaje.

Estas preguntas y explicaciones no son parte del examen final y no serán calificadas por LTP.

DDPP1.1
¿Cuál de los siguientes procedimientos no es una mejor práctica para el profesional de impuestos?

    a. Comunicarse claramente con el cliente sobre los términos y condiciones del sitio web de LTPA.
    b. Actuar de manera justa y con integridad.
    c. Asesorar a los clientes sobre la posibilidad de evitar multas relacionadas con la fiabilidad si el cliente confía en el consejo de esa persona.
    d. Establecer hechos para llegar a una conclusión respaldada por esos hechos.

DDPP1.2
Vicente preparó la declaración de impuestos de Esperanza, pero olvidó hacerle algunas preguntas para determinar si ella calificaba para el Crédito Tributario por Ingreso del Trabajo (EITC). ¿Cuál de las siguientes declaraciones no es un requisito de debida diligencia del preparador de impuestos pagado del EITC?

    a. Completar y mantener copias de todas las hojas de trabajo y preguntas adicionales.
    b. No tiene que completar las hojas de cálculo de crédito reembolsable correspondientes.
    c. Conocer la ley y utilizar ese conocimiento de la ley para garantizar que al cliente se le hagan las preguntas correctas para obtener toda la información relevante.
    d. Completar y enviar el Formulario 8867 con cada declaración de EITC.

DDPP1.3

Deborah is a new client to Gloria. Deborah owns a cleaning business and has a part-time W-2 job. Total gross wages reported on her W-2 were $8,500. Her cleaning business earned $7,000 with no expenses. Deborah has 3 children under the age of 17. Which of the following questions does Gloria not have to ask Deborah?

- a. Does Deborah have a business license?
- b. Does Deborah have a business checking account?
- c. What proof does Deborah have of her income?
- d. Does Deborah want Gloria to do her bookkeeping?

DDPP1.4

IRC Section _____ contains the income tax regulations pertaining to due diligence requirements for tax professional.

- a. 6695
- b. 4321
- c. 2295
- d. 8867

DDPP1.5

Which of the following is a due diligence requirement?

- a. Incomplete Form 8863
- b. Keep a copy of all information provided
- c. Have the client sign a declaration of truth statement
- d. Advising the client, the burden of proof is on them, is enough to protect the tax preparer

DDPP1.6

Due Diligence is requiring tax preparers to take additional steps to ensure Schedule C filers are truly in business. Which of the following steps is NOT a due diligence compliance check?

- a. Business license
- b. Bank statements of the business
- c. Proof of income such as 1099s
- d. Tax preparer visits the client's business office

DDPP1.7

Preparer penalties for due diligence non-compliance include:

- a. $560 penalty for each failure to comply
- b. $1,000 penalty for unreasonable position
- c. $5,000 penalty for recklessness or intent
- d. All the answers are penalties

DDPP1.3

Deborah es una nueva clienta de Gloria. Deborah es propietaria de un negocio de limpieza y tiene un trabajo de medio tiempo W-2. Los salarios brutos totales declarados en su W-2 fueron de $8,500. Su negocio de limpieza ganó $7,000 sin gastos. Deborah tiene 3 hijos menores de 17 años. ¿Cuál de las siguientes preguntas no tiene que hacerle Gloria a Deborah?

    a. ¿Tiene Deborah una licencia comercial?
    b. ¿Tiene Deborah una cuenta de cheques comercial?
    c. ¿Qué comprobantes tiene Deborah de sus ingresos?
    d. ¿Quiere Deborah que Gloria se encargue de su contabilidad?

DDPP1.4

La sección del IRC _____ contiene las normas del impuesto sobre la renta relacionadas con los requisitos de debida diligencia para los profesionales de impuestos.

    a. 6695
    b. 4321
    c. 2295
    d. 8867

DDPP1.5

¿Cuál de los siguientes es un requisito de debida diligencia?

    a. Formulario 8863 incompleto.
    b. Guardar una copia de toda la información proporcionada.
    c. Hacer que el cliente firme una declaración de veracidad.
    d. Asesorar al cliente, la carga de la prueba recae sobre ellos, es suficiente para proteger al preparador de impuestos.

DDPP1.6

La debida diligencia requiere que los preparadores de impuestos tomen medidas adicionales para garantizar que los contribuyentes del Anexo C sean realmente una empresa. ¿Cuál de los siguientes pasos NO es una verificación de cumplimiento de debida diligencia?

    a. Licencia Comercial
    b. Estados de cuenta bancarios de la empresa
    c. Constancia de ingresos como 1099
    d. El preparador de impuestos visita la oficina comercial del cliente

DDPP1.7

Las multas al preparador por incumplimiento de la debida diligencia incluyen:

    a. Multa de $560 por cada incumplimiento.
    b. Multa de $1,000 por postura poco razonable.
    c. Multa de $ 5,000 por imprudencia o intención.
    d. Todas las respuestas son multas.

DDPP1.8

The paid tax preparer must exercise _____ when preparing tax returns and determine _____ of representations made by themselves to their clients or to the IRS.

a. due diligence/correctness
b. regularly/accurately
c. good faith/evaluation
d. due diligence/faithfulness

DDPP1.9

Which of the following practitioner who has the responsibility of oversight for tax return preparation could be subject to disciplinary action if the procedures are not followed correctly?

a. A practitioner who knows of an employee's engagement in practices not in compliance with Circular 230, and the practitioner take prompt action to correct the noncompliance.
b. An employee engages in a noncompliant practice due to the practitioner's failure to take reasonable steps to ensure compliance with Circular 230.
c. A practitioner who fails to ensure adequate procedures; however, the firm's members, associates, and employees all comply with Circular 230.
d. A practitioner who does not know of an employee's noncompliance with Circular 230.

DDPP1.10

Which of the following practitioner who has the responsibility of oversight for tax return preparation could be subject to disciplinary action if the procedures are not followed correctly?

a. A practitioner who knows of an employee's engagement in practices not in compliance with Circular 230, and the practitioner take prompt action to correct the noncompliance.
b. An employee engages in a noncompliant practice due to the practitioner's failure to take reasonable steps to ensure compliance with Circular 230.
c. A practitioner who fails to ensure adequate procedures; however, the firm's members, associates, and employees all comply with Circular 230.
d. A practitioner who does not know of an employee's noncompliance with Circular 230.

Part 1 Review Questions Answers

DDPP1.1

Which of the following procedures is not a best practice for the tax professional?

a. **Communicate clearly with the client regarding the terms and conditions of the LTPA website.**
b. Act and with integrity.
c. Advise clients on whether they may avoid accuracy-related penalties if the client relies on that person's advice.
d. Establish facts to arrive at a conclusion supported by those facts.

Feedback: Please reread *Best Practice Guidelines.*

DDPP1.8

Alexandria está preparando la declaración de impuestos de Gloria. Gloria tiene un pequeño negocio de limpieza de casas. ¿Cuál de estas preguntas adicionales no debería hacerle Alexandria a Gloria para asegurarse de que tiene el negocio?

    a. ¿Gloria, tiene usted una licencia comercial?
    b. ¿Gloria, tiene usted estados de cuenta bancarios que muestren sus ingresos del trabajo?
    c. ¿Gloria, recibió usted algún formulario 1099MISC?
    d. ¿Gloria, cuántos dependientes tiene?

DDPP1.9

¿Cuál de los siguientes profesionales que tiene la responsabilidad de supervisar la preparación de declaraciones de impuestos podría estar sujeto a medidas disciplinarias si los procedimientos no se siguen correctamente?

    a. Un profesional que sabe de la participación de un empleado en prácticas que no cumplen con la Circular 230, y el profesional toma medidas inmediatas para corregir el incumplimiento.
    b. Un empleado se involucra en una práctica incumplidora debido a que el profesional no tomó las medidas razonables para garantizar el cumplimiento de la Circular 230.
    c. Un médico que no asegura los procedimientos adecuados; sin embargo, todos los miembros, asociados y empleados de la empresa cumplen con la Circular 230.
    d. Un profesional que no sabe del incumplimiento de un empleado con la Circular 230.

DDPP1.10

¿Cuál de los siguientes profesionales que tiene la responsabilidad de supervisar la preparación de declaraciones de impuestos podría estar sujeto a medidas disciplinarias si los procedimientos no se siguen correctamente?

    a. Un profesional que sabe de la participación de un empleado en prácticas que no cumplen con la Circular 230, y el profesional toma medidas inmediatas para corregir el incumplimiento.
    b. Un empleado se involucra en una práctica incumplidora debido a que el profesional no tomó las medidas razonables para garantizar el cumplimiento de la Circular 230.
    c. Un médico que no asegura los procedimientos adecuados; sin embargo, todos los miembros, asociados y empleados de la empresa cumplen con la Circular 230.
    d. Un profesional que no sabe del incumplimiento de un empleado con la Circular 230.

Parte 1 Respuestas a las preguntas de repaso

DDPP1.1

¿Cuál de los siguientes procedimientos no es una mejor práctica para el profesional de impuestos?

    a. Comunicarse claramente con el cliente sobre los términos y condiciones del sitio web de LTPA.
    b. Actuar de manera justa y con integridad.
    c. Asesorar a los clientes sobre la posibilidad de evitar multas relacionadas con la fiabilidad si el cliente confía en el consejo de esa persona.
    d. Establecer hechos para llegar a una conclusión respaldada por esos hechos.

Comentarios: Revise la sección *Directrices de mejores prácticas*.

DDPP1.2

Vicente prepared Esperanza's tax return but did not ask her any questions to determine if she qualified for Earned Income Tax Credit (EITC). Which of the following statements is not a paid tax preparer EITC due diligence requirement?

    a. Complete and maintain copies of all worksheets and additional questions asked.
    b. Does not have to complete the appropriate refundable credit worksheets.
    c. Know the law and use that knowledge of the law to ensure the client is being asked the right questions to get all relevant information.
    d. Complete and submit Form 8867 with each EITC return.

Feedback: Please reread *Purpose of Form 8867*.

DDPP1.3

Deborah is a new client to Gloria. Deborah owns a cleaning business and has a part-time W-2 job. Total gross wages reported on her W-2 were $8,500. Her cleaning business earned $7,000 with no expenses. Deborah has 3 children under the age of 17. Which of the following questions does Gloria not have to ask Deborah?

    a. Does Deborah have a business license?
    b. Does Deborah have a business checking account?
    c. What proof does Deborah have of her income?
    d. Does Deborah want Gloria to do her bookkeeping?

Feedback: Please reread *Self-employed Taxpayer's Due Diligence*.

DDPP1.4

IRC Section _____ contains the income tax regulations pertaining to due diligence requirements for tax professional.

    a. 6695
    b. 4321
    c. 2295
    d. 8867

Feedback: Please reread *Self-employed Taxpayer's Due Diligence*.

DDPP1.5

Which of the following is a due diligence requirement?

    a. Incomplete Form 8863
    b. Keep a copy of all information provided
    c. Have the client sign a declaration of truth statement
    d. Advising the client, the burden of proof is on them, is enough to protect the tax preparer

Feedback: Please reread *Document Guidelines and Procedures*

DDPP1.2

Vicente preparó la declaración de impuestos de Esperanza, pero olvidó hacerle algunas preguntas para determinar si ella calificaba para el Crédito Tributario por Ingreso del Trabajo (EITC). ¿Cuál de las siguientes declaraciones no es un requisito de debida diligencia del preparador de impuestos pagado del EITC?

    a. Completar y mantener copias de todas las hojas de trabajo y preguntas adicionales.
    b. No tiene que completar las hojas de cálculo de crédito reembolsable correspondientes.
    c. Conocer la ley y utilizar ese conocimiento de la ley para garantizar que al cliente se le hagan las preguntas correctas para obtener toda la información relevante.
    d. Completar y enviar el Formulario 8867 con cada declaración de EITC.

Comentarios: Revise la sección *Objetivo del formulario 8867*.

DDPP1.3

Deborah es una nueva clienta de Gloria. Deborah es propietaria de un negocio de limpieza y tiene un trabajo de medio tiempo W-2. Los salarios brutos totales declarados en su W-2 fueron de $8,500. Su negocio de limpieza ganó $7,000 sin gastos. Deborah tiene 3 hijos menores de 17 años. ¿Cuál de las siguientes preguntas no tiene que hacerle Gloria a Deborah?

    a. ¿Tiene Deborah una licencia comercial?
    b. ¿Tiene Deborah una cuenta de cheques comercial?
    c. ¿Qué comprobantes tiene Deborah de sus ingresos?
    d. ¿Quiere Deborah que Gloria se encargue de su contabilidad?

Comentarios: Revise la sección *Debida diligencia del contribuyente que es trabajador por cuenta propia*

DDPP1.4

La sección del IRC _____ contiene las normas del impuesto sobre la renta relacionadas con los requisitos de debida diligencia para los profesionales de impuestos.

    a. 6695
    b. 4321
    c. 2295
    d. 8867

Comentarios: Revise la sección *Debida diligencia de créditos reembolsables*

DDPP1.5

¿Cuál de los siguientes es un requisito de debida diligencia?

    a. Formulario 8863 incompleto.
    b. Guardar una copia de toda la información proporcionada.
    c. Hacer que el cliente firme una declaración de veracidad.
    d. Asesorar al cliente, la carga de la prueba recae sobre ellos, es suficiente para proteger al preparador de impuestos.

Comentarios: Revise la sección *Debida diligencia de créditos reembolsables*

DDPP1.6
EITC Due Diligence is requiring tax preparers to take additional steps to ensure Schedule C filers are truly in business. Which of the following steps is NOT an EITC compliance check?

    a. Business license
    b. Bank statements of the business
    c. Proof of income such as 1099s
    d. Tax preparer visits the client's business office

Feedback: Please reread *Self-employed Taxpayer's Due Diligence.*

DDPP1.7
Preparer penalties for due diligence non-compliance include:

    a. $560 penalty for each failure to comply
    b. $1,000 penalty for unreasonable position
    c. $5,000 penalty for recklessness or intent
    d. All of the answers are penalties

Feedback: Please reread *Consequences of Filing EIC Returns Incorrectly*

DDPP1.8
The paid tax preparer must exercise _____ when preparing tax returns and determine _____ of representations made by themselves to their clients or to the IRS.

    a. due diligence/correctness
    b. regularly/accurately
    c. good faith/evaluation
    d. due diligence/faithfulness

Feedback: Please reread *Best Practices Guidelines*

DDPP1.9
Which of the following practitioner who has the responsibility of oversight for tax return preparation could be subject to disciplinary action if the procedures are not followed correctly?

    a. A practitioner who knows of an employee's engagement in practices not in compliance with Circular 230, and the practitioner take prompt action to correct the noncompliance.
    b. An employee engages in a noncompliant practice due to the practitioner's failure to take reasonable steps to ensure compliance with Circular 230.
    c. A practitioner who fails to ensure adequate procedures; however, the firm's members, associates, and employees all comply with Circular 230.
    d. A practitioner who does not know of an employee's noncompliance with Circular 230.

Feedback: Please reread *Best Practices Guidelines*

DDPP1.6

La Diligencia Debida del EITC exige a los preparadores de declaraciones de impuestos que tomen medidas adicionales para asegurarse de que los declarantes del Anexo C realmente tienen un negocio. ¿Cuál de los siguientes pasos NO es una verificación de cumplimiento del EITC?

- a. Licencia Comercial
- b. Estados de cuenta bancarios de la empresa
- c. Constancia de ingresos como 1099
- d. **El preparador de impuestos visita la oficina comercial del cliente**

Comentarios: Revise la sección *Debida diligencia del contribuyente que es trabajador por cuenta propia*

DDPP1.7

Las multas al preparador por incumplimiento de la debida diligencia incluyen:

- a. Multa de $560 por cada incumplimiento.
- b. Multa de $1,000 por postura poco razonable.
- c. Multa de $ 5,000 por imprudencia o intención.
- d. **Todas las respuestas son multas.**

Comentarios: Revise la sección Preguntas para hacer a fin de determinar si el contribuyente califica para el Crédito por Ingresos del Trabajo

DDPP1.8

El preparador de impuestos pagado debe ejercer _____ al preparar declaraciones de impuestos y determinar _____ de las declaraciones hechas por ellos mismos a sus clientes o al IRS.

- a. **debida diligencia/nivel de exactitud.**
- b. regularmente/de forma precisa.
- c. buena fe/evaluación.
- d. debida diligencia/fidelidad.

Comentarios: Revise la sección *Debida diligencia*.

DDPP1.9

¿Cuál de los siguientes profesionales que tiene la responsabilidad de supervisar la preparación de declaraciones de impuestos podría estar sujeto a medidas disciplinarias si los procedimientos no se siguen correctamente?

- a. Un profesional que sabe de la participación de un empleado en prácticas que no cumplen con la Circular 230, y el profesional toma medidas inmediatas para corregir el incumplimiento.
- b. **Un empleado se involucra en una práctica incumplidora debido a que el profesional no tomó las medidas razonables para garantizar el cumplimiento de la Circular 230.**
- c. Un médico que no asegura los procedimientos adecuados; sin embargo, todos los miembros, asociados y empleados de la empresa cumplen con la Circular 230.
- d. Un profesional que no sabe del incumplimiento de un empleado con la Circular 230.

Comentarios: Revise la sección *Procedimientos de cumplimiento*.

DDPP1.10

Which of the following practitioner who has the responsibility of oversight for tax return preparation could be subject to disciplinary action if the procedures are not followed correctly?

a. A practitioner who knows of an employee's engagement in practices not in compliance with Circular 230, and the practitioner take prompt action to correct the noncompliance.

b. An employee engages in a noncompliant practice due to the practitioner's failure to take reasonable steps to ensure compliance with Circular 230.

c. A practitioner who fails to ensure adequate procedures; however, the firm's members, associates, and employees all comply with Circular 230.

d. A practitioner who does not know of an employee's noncompliance with Circular 230.

Feedback: Please reread *Best Practices Guidelines*

Part 2 Office of Professional Responsibility (OPR)

OPRs Mission

The Office of Professional Responsibility (OPR) follows a mission to ensure that all tax practitioners, tax preparers, and third parties in the tax system adhere to professional standards and follow the law. OPR is the governing body responsible for interpreting and applying Circular 230 to all who prepare tax returns, whether they are signing or non-signing tax practitioners. OPR has exclusive responsibility for practitioner conduct and discipline.

OPR has oversight of practitioner conduct as well as exclusive responsibility with respect to practitioner discipline, including disciplinary proceedings and sanctions. The OPR may, after notice and an opportunity for a conference, perform the following disciplinary proceedings:

➢ Disqualify an appraiser from further submissions in connection with tax matters.
➢ Propose a monetary penalty on any practitioner who engages in conduct subject to sanction. The monetary penalty may be proposed against the individual or a firm or both and can be done in addition to another form of discipline.
➢ Negotiate an appropriate level of discipline with a practitioner or initiate an administrative proceeding to Censure, Suspend, or Disbar the practitioner.
  o Censure: A public reprimand in which an offender is included on a quarterly list issued by the IRS that states the offender's city and state, name, professional designation, and the effective date(s) of the censure. If censured, offenders can still prepare taxes, but they are more closely monitored, and their newly-sullied names and reputations can negatively impact their businesses. This is the lightest form of punishment.
  o Suspend: If a taxpayer is suspended, it means they cannot prepare any returns for one to fifty-nine months; how long a taxpayer is suspended is determined by the OPR on a case-by-case basis.
  o Disbar: If a taxpayer is disbarred, he or she cannot prepare any returns whatsoever for at least five years.

DDPP1.10

¿Cuál de los siguientes profesionales que tiene la responsabilidad de supervisar la preparación de declaraciones de impuestos podría estar sujeto a medidas disciplinarias si los procedimientos no se siguen correctamente?

    a. Un profesional que sabe de la participación de un empleado en prácticas que no cumplen con la Circular 230, y el profesional toma medidas inmediatas para corregir el incumplimiento.

    b. **Un empleado se involucra en una práctica incumplidora debido a que el profesional no tomó las medidas razonables para garantizar el cumplimiento de la Circular 230.**

    c. Un médico que no asegura los procedimientos adecuados; sin embargo, todos los miembros, asociados y empleados de la empresa cumplen con la Circular 230.

    d. Un profesional que no sabe del incumplimiento de un empleado con la Circular 230.

Comentarios: Revise la sección *Procedimientos de cumplimiento*.

Parte 2 Oficina de Responsabilidad Profesional (OPR)

Misión de la OPR

La Oficina de Responsabilidad Profesional (OPR) tiene la misión de garantizar que todos los profesionales de impuestos, preparadores de impuestos y terceros en el sistema tributario se adhieran a la normativa profesional y cumplan la ley. La OPR es el organismo rector responsable de interpretar y aplicar la Circular 230 a todos los que preparan declaraciones de impuestos, ya sean profesionales de impuestos firmantes o no firmantes. La OPR tiene la responsabilidad exclusiva de la conducta y la disciplina de los profesionales.

La OPR tiene la supervisión de la conducta de los profesionales, así como la responsabilidad exclusiva con respecto a la disciplina de los profesionales, incluidos los procedimientos disciplinarios y las multas. La OPR puede, después de la notificación y una oportunidad para una conferencia, realizar los siguientes procedimientos disciplinarios:

➢ Descalificar a un tasador de otras presentaciones en relación con asuntos fiscales.

➢ Proponer una multa monetaria a cualquier profesional de impuestos que se involucre en una conducta sujeta a multa. La multa monetaria puede proponerse contra la persona o una empresa o ambos y puede hacerse además de otra forma de disciplina.

➢ Negociar un nivel apropiado de disciplina con un profesional de impuestos o iniciar un procedimiento administrativo para censurar, suspender o inhabilitar al profesional de impuestos.

    o Censura: Una reprimenda pública en la que se incluye a un infractor en una lista trimestral emitida por el IRS que indica la ciudad y el estado, el nombre, la designación profesional del infractor y la fecha de vigencia de la censura. Si son censurados, los infractores aún pueden preparar impuestos, pero son supervisados más de cerca, y sus nombres y reputaciones recientemente manchados pueden afectar negativamente sus negocios. Ésta es la forma más leve de castigo.

    o Suspensión: Si se suspende a un contribuyente, significa que no puede preparar ninguna declaración de uno a cincuenta y nueve meses. La OPR determina la duración de la suspensión de un contribuyente, caso por caso.

    o Inhabilitación: Si un contribuyente es inhabilitado, no puede preparar ninguna declaración durante al menos cinco años.

These penalties and punishments are connected to the activities that the tax preparer has been associated with on behalf of the employer, for it is the employer's legal responsibility to know what their employees are doing as the employer may be liable for the actions of their employee.

Example: Omar Tax Service (OTS), as an entity subject to the Circular 230 guidelines, needs to have a person in charge of ensuring all OTS and IRS procedures are followed and handled correctly. If employee Travis is caught preparing returns in some way that is non-compliant with these guidelines, there are two potential scenarios:

1. If Omar Tax Service did not have someone to ensure the procedures of both the IRS and OTS were being followed correctly, then OTS is liable for their employee's actions.
2. If OTS did have somebody in place to ensure all procedures were followed properly, and did so in full compliance with Circular 230, then Travis is considered a rogue employee, and OTS may not be liable for his actions because OTS correctly followed all the required procedures.

OPR's Authority

OPR oversees the conduct of tax practice. The oversight extends to all individuals who make a presentation to the IRS relating to a taxpayer's rights, privileges, or liabilities under the laws or regulations administered by the IRS. This authority generally extends to any individual who interacts with federal tax administration in person, orally, in writing, or by the preparation and submission of documents.

OPR oversees a practitioner's conduct and discipline, including disciplinary proceedings and sanctions. After serving a practitioner a notice and granting them an opportunity for a conference, OPR could negotiate an appropriate level of discipline with the practitioner; or could in fact initiate an administrative proceeding to censure (a public reprimand), suspend (one to fifty-nine months), or disbar (five years) the practitioner.

Rules Overseeing the Authority to Practice

The Circular 230 is the written guideline that governs those who represent taxpayers before the IRS. The rules and regulations found in Circular 230 are overseen by the Office of Professional Responsibility (OPR). In this section you will find a detailed list of each section of the Circular 230 and the rules and guidelines contained within each part. It is imperative that the paid tax preparer learns these guidelines and understands his or her individual responsibility to prepare tax returns accurately based on tax law and the information provided by the taxpayer.

Information Provided to the IRS and OPR

If an authorized officer or employee of the IRS or OPR requests information or records regarding or in reference to a taxpayer, the tax preparer is required by law to comply with the request promptly unless he or she believes in good faith or on reasonable grounds that such records or information is privileged or that the request for, or effort to obtain, such record or information is of doubtful legality.

Estas multas y castigos están relacionados con las actividades con las que el preparador de impuestos ha estado asociado en nombre del empleador, ya que es responsabilidad legal del empleador saber lo que sus empleados están haciendo, pues el empleador puede ser responsable de las acciones estos.

Ejemplo: Omar Tax Service (OTS), como entidad sujeta a los lineamientos de la Circular 230, necesita tener una persona a cargo de garantizar que todos los procedimientos de OTS y el IRS se sigan y manejen correctamente. Si el empleado Travis es sorprendido preparando declaraciones de alguna manera que no cumpla con estas directrices, hay dos escenarios posibles:

1. Si Omar Tax Service no tenía a alguien que se asegurara de que los procedimientos tanto del IRS como de OTS se siguieran correctamente, entonces OTS es responsable de las acciones de sus empleados.
2. Si OTS tenía a alguien para garantizar que todos los procedimientos se siguieran correctamente, y lo hizo en pleno cumplimiento de la Circular 230, entonces Travis se considera un empleado deshonesto y OTS puede no ser responsable de sus acciones porque OTS siguió correctamente todos los procedimientos requeridos.

Autoridad de la OPR

La OPR supervisa la conducta del ejercicio fiscal. La supervisión se extiende a todas las personas que hacen una presentación al IRS en relación con los derechos, privilegios o responsabilidades de un contribuyente según las leyes o regulaciones administradas por el IRS. Esta autoridad generalmente se extiende a cualquier persona que interactúe con la administración tributaria federal en persona, de manera oral, por escrito o mediante la preparación y presentación de documentos.

La OPR supervisa la conducta y la disciplina de un profesional, incluidos los procedimientos disciplinarios y las multas. Después de entregarle un aviso a un profesional y otorgarle la oportunidad de una conferencia, la OPR podría negociar un nivel apropiado de disciplina con el profesional; o podría de hecho iniciar un procedimiento administrativo para censurar (una amonestación pública), suspender (de uno a cincuenta y nueve meses) o inhabilitar (cinco años) al profesional.

Reglas que supervisan la autoridad para ejercer

La Circular 230 es la directriz escrita que rige a quienes representan a los contribuyentes ante el IRS. Las reglas y regulaciones que se encuentran en la Circular 230 son supervisadas por la Oficina de Responsabilidad Profesional (OPR). En esta sección encontrará una lista detallada de cada sección de la Circular 230 y las normas y directrices contenidas en cada parte. Es imperativo que el preparador de impuestos pagado aprenda estas directrices y comprenda su responsabilidad individual de preparar declaraciones de impuestos con precisión en función de la ley tributaria y la información proporcionada por el contribuyente.

Información proporcionada al IRS y OPR

Si un funcionario o empleado autorizado del IRS u la OPR solicita información o registros con respecto a un contribuyente o en referencia al mismo, la ley requiere que el preparador de impuestos cumpla con la solicitud de inmediato, a menos que considere de buena fe o por motivos razonables que tal registro o la información son privilegiados o que la solicitud o el esfuerzo por obtener dichos registros o información es de dudosa legalidad.

If the requested information is not in the possession of the tax professional or his or her client, the tax professional must promptly notify the requesting IRS or OPR personnel of that fact. In the case of requests from the IRS, the practitioner must make reasonable inquiries of the client regarding the identity of any person who has the records. The tax professional is not required to actually speak with anyone other than their client, but they must ask their client about the identity of any person who may have the records or information that was requested and then provide that information to the IRS.

A practitioner may not interfere, or attempt to interfere, with any proper and lawful effort by the IRS and its officers or employees or with the director of the Office of Professional Responsibility and his or her employees to obtain any record(s) or information unless the practitioner believes in good faith and on reasonable grounds that the record(s) or information is privileged.

As stated in §10.34(b) in regard to the submission of any documents that may be requested by the IRS or OPR, the tax professional cannot advise a client to submit any document to the IRS that falls under one or both of the following two categories:

- ➢ Frivolous.
- ➢ Contains or omits information in a manner demonstrating an intentional disregard of a rule or regulation unless the tax professional also advises the client to submit a document that evidences a good faith challenge to the rule or regulation.

Example: The IRS requests information about John Henry. Andres prepared Mr. Henry's return for the past two years; however, the year in question is prior to Mr. Henry becoming Andres' client. Andres has copies of Mr. Henry's tax return for the year in question, which contains the name, address, and identification number of the individual who prepared the return. Andres is required to provide the IRS with the information about the preparer listed on the return, but not the return itself. Andres needs to inform the client of the IRS request.
(Treasury Circular 230, §10.20, §10.34(b)).

Practice Before the IRS

"Practice before the IRS" constitutes all matters connected with a presentation to the IRS, or any of its officers or employees, related to a taxpayer's rights, privileges, or liabilities under the laws or regulations administered by the IRS. Such presentations include, but are not limited to, preparing documents, filing documents, and corresponding and communicating with the IRS. It also includes rendering oral and written advice with respect to any entity, transaction, plan, arrangement, or any matter that has a potential for tax avoidance or evasion; and representing a client at conferences, hearings, and meetings.

Individual Representation Rights

The following is a summary of the individuals who can practice before the IRS and their representation rights.

Si la información solicitada no está en posesión del profesional de impuestos o de su cliente, el profesional de impuestos debe notificar de inmediato al personal del IRS o de la OPR que lo solicitó. En el caso de solicitudes del IRS, el profesional de impuestos debe hacer averiguaciones razonables al cliente con respecto a la identidad de cualquier persona que tenga los registros. El profesional de impuestos no está obligado a hablar con nadie más que con su cliente, pero debe preguntar a su cliente sobre la identidad de cualquier persona que pueda tener los registros o la información solicitada y luego proporcionar esa información al IRS.

Un profesional no puede interferir, ni intentar interferir, con ningún esfuerzo adecuado y legal del IRS y sus funcionarios o empleados o con el director de la Oficina de Responsabilidad Profesional y sus empleados para obtener cualquier registro o información a menos que el practicante cree de buena fe y con motivos razonables que los registros o la información son confidenciales.

Como se establece en §10.34(b) con respecto a la presentación de cualquier documento que pueda solicitar el IRS o la OPR, el profesional de impuestos no puede aconsejar a un cliente que presente un documento al IRS que se encuentre dentro de una o las dos siguientes categorías:

> ➢ Infundado.
> ➢ Contiene u omite información de una manera que demuestra un incumplimiento intencional de una regla o reglamento, a menos que el profesional de impuestos también le aconseje al contribuyente que presente un documento que muestre evidencia de una impugnación de buena fe a la regla o reglamento.

Ejemplo: El IRS solicita información sobre John Henry. Andrés preparó la declaración del Sr. Henry durante los últimos dos años; sin embargo, el año en cuestión es anterior a que el Sr. Henry se convirtiera en cliente de Andrés. Andrés tiene copias de la declaración de impuestos del Sr. Henry para el año en cuestión, que contiene el nombre, dirección y número de identificación de la persona que preparó la declaración. Andrés debe proporcionar al IRS la información sobre el preparador que figura en la declaración, pero no la declaración en sí. Andrés necesita informar al cliente de la solicitud del IRS.
(Circular del Tesoro 230, §10.20, §10.34(b)).

Ejercicio ante el IRS

"Ejercicio ante el IRS" constituye todos los asuntos relacionados con una declaración ante el IRS, o cualquiera de sus funcionarios o empleados, relacionados con los derechos, privilegios o responsabilidades de un contribuyente conforme a las leyes o reglamentos administrados por el IRS. Dichas presentaciones incluyen, pero no se limitan a, la preparación de documentos, la presentación de documentos y la correspondencia y la comunicación con el IRS. También incluye brindar asesoramiento oral y escrito con respecto a cualquier entidad, transacción, plan, arreglo o cualquier asunto que tenga el potencial de elusión o evasión fiscal; y representar a un cliente en conferencias, audiencias y reuniones.

Derechos de representación individual

El siguiente es un resumen de las personas que pueden ejercer ante el IRS y sus derechos de representación.

a. ***Attorney***: Any attorney who is not currently under suspension or disbarment from practice before the Internal Revenue Service may do so by filing a written declaration stating that the individual is currently qualified as an attorney and is authorized to represent the party or parties.

b. ***Certified public accountant*** (CPA): Any certified public accountant who is not currently under suspension or disbarment from practice before the Internal Revenue Service may do so by filing a written declaration that the individual is qualified as a certified public accountant and is authorized to represent the party or parties.

c. ***Enrolled agents***: Any individual enrolled as an agent pursuant to this part who is not currently under suspension or disbarment from practice before the Internal Revenue Service may practice before the Internal Revenue Service. (Enrolled agents take a three-part test and must pass each part).

d. ***Enrolled actuaries***: Any individual who is enrolled as an actuary by the Joint Board for the Enrollment of Actuaries pursuant to 29 U.S.C. 1242 who is not currently under suspension or disbarment from practice may do so by filing a written declaration stating that the individual is currently qualified as an enrolled actuary and is authorized to represent the party or parties on their behalf.

e. ***Enrolled retirement plan agents***: An individual enrolled as a retirement plan agent pursuant to this part who is not currently under suspension or disbarment from practice before the Internal Revenue Service may practice before the IRS.

f. ***Annual Filing Season Program Participants (AFSP)***: This voluntary program recognizes the efforts of return preparers who are not attorneys, certified public accountants, or enrolled agents. The IRS issues an Annual Filing Season Program Record of Completion to return preparers who obtain a certain number of continuing education hours in preparation for a specific tax year.

Tax Return Preparer

LTP believes that taxpayers should choose a tax return preparer who will be available for them in case the IRS examines their tax return. Most tax return preparers are professional, honest, and provide excellent customer service to their clients. However, dishonest, and unscrupulous tax return preparers do exist. The taxpayer should always check their return for errors to avoid penalties, along with financial and legal problems.

First, anybody who is paid to prepare tax returns should have complete understanding of tax matters and is required to have a PTIN.

A paid tax return preparer is primarily responsible for the overall accuracy of the taxpayer's return. By law, the paid tax preparer is required to sign the return and include their PTIN. Although the tax return preparer signs the return, the taxpayer is ultimately responsible for the accuracy of every item reported on the return.

The paid tax preparer is subject to Section 6694 and is responsible for the accuracy of the return. The individual who signs the return will be primarily responsible for all the positions on the return and/or claim for refund.

a. *Abogado:* Cualquier abogado que no se encuentre actualmente bajo suspensión o inhabilitación del ejercicio ante el Servicio de Impuestos Internos (IRS) puede ejercer ante el IRS presentando una declaración escrita ante el IRS de que el abogado actualmente está calificado como abogado y está autorizado para representar a la parte o las partes.

b. *Contador público certificado* (CPA): Cualquier contador público certificado que no esté actualmente suspendido o inhabilitado del ejercicio ante el Servicio de Impuestos Internos (IRS) podrá hacerlo mediante la presentación de una declaración escrita de que la persona está calificada como contador público autorizado y está habilitado para representar a la parte o partes.

c. *Agentes inscritos:* Cualquier persona inscrita como agente de conformidad con esta parte que no esté actualmente suspendida o inhabilitada para ejercer ante el Servicio de Impuestos Internos puede ejercer ante el Servicio de Impuestos Internos. (Los agentes inscritos toman una prueba de tres partes y deben aprobar cada parte).

d. *Actuarios inscritos:* Cualquier persona que esté inscrita como actuario por la Junta Mixta para la Inscripción de Actuarios de conformidad con 29 U.S.C. 1242 que no se encuentra actualmente bajo suspensión o inhabilitación del ejercicio puede hacerlo mediante la presentación de una declaración por escrito que indique que la persona está actualmente calificada como actuario inscrito y está autorizada para representar a la parte o partes en su nombre.

e. *Agentes de planes de jubilación inscritos:* Una persona inscrita como agente de un plan de jubilación que no se encuentra actualmente bajo suspensión o inhabilitación del ejercicio ante el Servicio de Impuestos Internos (IRS) puede ejercer ante el IRS.

f. *Participantes del Programa Anual de la Temporada Tributaria (AFSP)*: Este programa voluntario reconoce los esfuerzos de los preparadores de declaraciones que no son abogados, contadores públicos autorizados o agentes registrados. El IRS emite un Registro de finalización del programa de temporada fiscal anual para los preparadores de declaraciones que obtienen una cierta cantidad de horas de educación continua en preparación para un año fiscal específico.

Preparador de declaraciones de impuestos

LTP considera que los contribuyentes deben elegir un preparador de declaraciones de impuestos que esté disponible para ellos en caso de que el IRS examine su declaración de impuestos. La mayoría de los preparadores de declaraciones de impuestos son profesionales, honestos y brindan un excelente servicio a sus clientes. Sin embargo, existen preparadores de impuestos deshonestos y sin escrúpulos. El contribuyente siempre debe revisar su declaración en busca de errores para evitar multas, junto con problemas financieros y legales.

En primer lugar, cualquier persona a la que se le pague por preparar declaraciones de impuestos debe tener un conocimiento completo de los asuntos fiscales y debe tener un PTIN.

Un preparador de declaraciones de impuestos pagado es el principal responsable de la precisión general de la declaración del contribuyente. De acuerdo a la Ley, el preparador de impuestos pagado debe firmar la declaración e incluir su PTIN. Aunque el preparador de la declaración de impuestos firme la declaración, el contribuyente es el responsable final de la fiabilidad de cada ítem informado en la declaración.

El preparador de impuestos pagado está sujeto a la Sección 6694 y es responsable de la fiabilidad de la declaración. La persona que firma la declaración será el principal responsable de todas las posturas en la declaración y/o reclamo de reembolso.

The Internal Revenue Service has also established ethical guidelines and practices. These guidelines, laws, and standard, in part, protect the *Taxpayer Bill of Rights* and are detailed in Circular 230, the consistent, definitive standard of tax professional responsibility that protects not only the taxpayer but the tax professional as well.

Everything the tax practitioner does, every choice he or she makes as a tax professional, affects not only him or herself but the professional's clients, coworkers, and firm as well. Decisions and judgments made in tax preparation are not always black and white. The paid tax preparer's first responsibility is to his or her clients, but one must still make decisions within the boundaries of the law. Issues are often not clearly defined and leave room for interpretation, and when making decisions or judgments as a professional tax preparer in such situations, you should take the following steps:

➢ Determine the nature of the issue in question.
➢ Obtain as much information and documentation from the client as possible.
➢ Research the issue thoroughly, documenting all findings, facts, and positions.
➢ Consider relevant case studies.
➢ Examine all possible solutions to the questions.
➢ Weigh the consequences of each solution and how each solution may affect all parties involved (the taxpayer, the preparer, and the firm).
➢ Inform the client of your position and explain the consequences of the available answers.
➢ Choose a solution that is legal, ethical, and actionable for all parties involved and comfortable for both you and your client.

LTP recommends that when the taxpayer is looking to hire a professional tax preparer, the taxpayers should keep in mind the following list.

1. Check the preparer's qualifications
2. Check the preparer's history
3. Ask about service fees
4. Ask to e-file the return
5. Make sure the preparer is available
6. Provide records and receipts
7. Never sign a blank check
8. Review your return before signing
9. Ensure the preparer signs and includes their PTIN
10. Report abusive tax preparers to the IRS
11. Visit the following link http://irs.treasury.gov/rpo/rpo.jsf to search for a tax professional in your area

> *Señor 1040 Says:* Privilege does not apply in a criminal matter unless the practitioner is an attorney.

El Servicio de Impuestos Internos también ha establecido directrices y prácticas éticas. Estas directrices, leyes y estándares, en parte, protegen la *Declaración de Derechos del Contribuyente* y se detallan en la Circular 230, el estándar consistente y definitivo de responsabilidad fiscal profesional que protege no solo al contribuyente, sino también al profesional fiscal.

Todo lo que hace el profesional, cada elección que hace como profesional de impuestos, no solo le afecta a sí mismo, sino también a los clientes, compañeros de trabajo y la empresa para la que trabaja. Las decisiones y los juicios que se toman en la preparación de impuestos no siempre son en blanco y negro. La primera responsabilidad del preparador de impuestos pagado es con sus clientes, pero aún se deben tomar decisiones dentro de los límites de la ley. Los problemas a menudo no están claramente definidos y dejan espacio para la interpretación, y al tomar decisiones o juicios como preparador de impuestos profesional en tales situaciones, debe seguir los pasos a continuación:

> ➢ Determinar la naturaleza del problema en cuestión.
> ➢ Obtener tanta información y documentación del cliente como sea posible.
> ➢ Investigar el problema a fondo, documentando todas las conclusiones, hechos y posiciones.
> ➢ Considerar estudios de casos relevantes.
> ➢ Examinar todas las posibles soluciones a las preguntas.
> ➢ Sopesar las consecuencias de cada solución y cómo cada solución puede afectar a todas las partes involucradas (el contribuyente, el preparador y la empresa).
> ➢ Informar al cliente de su postura y explicar las consecuencias de las respuestas disponibles.
> ➢ Elegir una solución que sea legal, ética y procesable para todas las partes involucradas y cómoda tanto para usted como para su cliente.

LTP recomienda que cuando el contribuyente busque contratar a un preparador de impuestos profesional, tenga en cuenta la siguiente lista.

1. Verificar las calificaciones del preparador
2. Consultar el historial del preparador
3. Preguntar por las tarifas de servicio
4. Pedir que se presente la declaración de forma electrónica
5. Asegurarse de que el preparador esté disponible
6. Proporcionar registros y recibos
7. Nunca firmar un cheque en blanco
8. Revisar su declaración antes de firmar
9. Asegurarse de que el preparador firme e incluya su PTIN
10. Denunciar a los preparadores de impuestos abusivos al IRS
11. Visitar el enlace del Directorio de Preparadores de Declaraciones de Impuestos Federales con Credenciales y Seleccionar Calificaciones http://irs.treasury.gov/rpo/rpo.jsf para buscar un profesional fiscal en su zona.

El señor 1040 dice: El privilegio no se aplica en un asunto penal a menos que el profesional sea un abogado.

Part 2 Review Questions

To obtain the maximum benefit from this chapter, LTP recommends that you complete each of the following questions, and then compare them to the answers with feedback that immediately follows. Under governing self-study standards, vendors are required to present review questions intermittently throughout each self-study course.

These questions and explanations are not part of the final examination and will not be graded by LTP.

DDPP2.1

A(n) _____ is any individual who has taken and passed a special three-part test and granted enrollment to practice before the IRS.

    a. Attorney
    b. Certified public accountant
    c. Enrolled agent
    d. Notary

DDPP2.2

A(n) _____ is any person who is a member in good standing of the bar of the highest court of any State, territory, or possession of the United States, including Commonwealth or the District of Columbia.

    a. Attorney
    b. Certified public account
    c. Enrolled agent
    d. Notary

DDPP2.3

Which of the following best describes the contents of Circular 230?

    a. Written regulations that govern those who represent taxpayers before the IRS.
    b. A document containing the statute and regulations detailing a tax professional's day and night job.
    c. A document containing statements and regulations detailing how to become a tax professional.
    d. A document containing the statute and regulations detailing the duties and obligations of the IRS.

DDPP2.4

What is the Office of Professional Responsibility authority (OPR)?

    a. The OPR oversees the Commissioner.
    b. The OPR oversees the United States Treasury.
    c. The OPR oversees the conduct of tax practice.
    d. The OPR oversees the unprofessional tax preparer.

Parte 2 Preguntas de Repaso

Para obtener el máximo beneficio de este curso, LTP recomienda que complete cada una de las preguntas a continuación, y luego las compare con las respuestas de los comentarios que se proporcionan posteriormente. Según las normativas reguladoras de autoaprendizaje, los proveedores deben presentar preguntas de repaso de manera intermitente a lo largo de cada curso de autoaprendizaje.

Estas preguntas y explicaciones no son parte del examen final y no serán calificadas por LTP.

DDPP2.1
Un _____ es cualquier persona que haya tomado y aprobado un examen especial de tres partes y que haya obtenido la inscripción para ejercer ante el IRS.

a. Abogado
b. Contador público certificado
c. Agente inscrito
d. Notario

DDPP2.2
Un _____ es cualquier persona que sea miembro acreditado del colegio de abogados del tribunal supremo de cualquier estado, territorio o posesión de los Estados Unidos, incluido el Estado Libre Asociado o el Distrito de Columbia.

a. Abogado
b. Contador público certificado
c. Agente inscrito
d. Notario

DDPP2.3
¿Cuál de las siguientes opciones describe mejor el contenido de la Circular 230?

a. Regulaciones escritas que rigen a quienes representan a los contribuyentes ante el IRS.
b. Un documento que contiene el estatuto y los reglamentos que detallan el trabajo diurno y nocturno de un profesional de impuestos.
c. Un documento que contiene declaraciones y reglamentos que detallan cómo convertirse en un profesional de impuestos.
d. Un documento que contiene el estatuto y los reglamentos que detallan los deberes y obligaciones del IRS.

DDPP2.4
¿Qué es la autoridad de la Oficina de Responsabilidad Profesional (OPR)?
.

a. La OPR supervisa al comisionado
b. La OPR supervisa el Tesoro de los Estados Unidos.
c. La OPR supervisa la conducta de la práctica tributaria.
d. La OPR supervisa al preparador de impuestos no profesional.

DDPP2.5
Circular 230 provides a consistent standard for the tax professional to follow. Sometimes the choices made by the paid tax professional affect themselves and the taxpayer. The first responsibility of the paid tax preparer is to the client. When making a decision as a tax preparer, which guideline below should be followed?

    a. Determine the nature of the issue in question.
    b. Get as little information and documentation from the client as possible.
    c. Examine only one possible solution.
    d. Choose a solution that the client is not able to support.

DDPP2.6
Which of the following is the paid tax preparer's responsibility?

    a. Being primarily responsible for the overall substantive accuracy of the taxpayer's return.
    b. Signing the return and including their PTIN on it.
    c. Practicing due diligence in questioning and examining each piece of information.
    d. All the options are correct.

DDPP2.7
Noncompliance due diligence penalty can affect the employer of the tax preparer if the IRS or OPR finds that the employer failed to comply with the EITC due diligence requirements. Which of the following would not impact the firm's penalty?

    a. Revocation of e-file privileges
    b. Suspension
    c. Appeals process
    d. Protecting your firm's reputation

DDPP2.8
Which of the following is not a best practice?

    a. Communicate clearly with the client regarding the terms and conditions of the LTPA website
    b. Act fairly and with integrity
    c. Advise clients whether they may avoid accuracy-related penalties if the client acts in reliance on that person's advice
    d. Establish facts to arrive at a conclusion supported by those facts

DDPP2.9
Joseph is a tax preparer with limited representation rights. Which of the following scenario is Joseph unable to do?

    a. Joseph cannot represent his client in an appeals conference
    b. Joseph can only represent the clients he signed and prepared a tax return before a revenue agent
    c. Joseph can only represent clients he signed and prepared a tax return before an IRS customer service representative
    d. Joseph can only represent clients he signed and prepared a tax return before the IRS Taxpayer Advocate Service (TAS)

DDPP2.5

La Circular 230 proporciona una normativa consistente para que lo siga el profesional de impuestos. A veces, las decisiones que toma el profesional de impuestos pagado lo afectan a él mismo y al contribuyente. La primera responsabilidad del preparador de impuestos pagado es con el cliente. Al tomar una decisión como preparador de impuestos, ¿cuál de las siguientes directrices se debe seguir?

   a. Determinar la naturaleza del problema en cuestión.
   b. Obtener la menor información y documentación posible del cliente.
   c. Examinar solo una solución posible.
   d. Elegir una solución que el cliente no pueda respaldar.

DDPP2.6

¿Cuál de las siguientes opciones es responsabilidad del preparador de impuestos pagado?

   a. Ser el principal responsable de la fiabilidad sustantiva general de la declaración del contribuyente.
   b. Firmar la declaración e incluir su PTIN en ella.
   c. Practicar la debida diligencia al cuestionar y examinar cada pieza de información.
   d. Todas las opciones son correctas.

DDPP2.7

La multa por incumplimiento de debida diligencia puede afectar al empleador del preparador de impuestos si el IRS o la OPR determina que el empleador no cumplió con los requisitos de debida diligencia del EITC. ¿Cuál de los siguientes no afectaría la multa de la empresa?

   a. Revocación de privilegios de presentación electrónica.
   b. Suspensión.
   c. Proceso de apelaciones.
   d. Protección de la reputación de su empresa.

DDPP2.8

¿Cuál de las siguientes no es una buena práctica?

   a. Comunicarse claramente con el cliente sobre los términos y condiciones del sitio web de LTPA.
   b. Actuar de manera justa y con integridad.
   c. Asesorar a los clientes si pueden evitar sanciones relacionadas con la precisión si el cliente actúa basándose en el consejo de esa persona.
   d. Establecer hechos para llegar a una conclusión respaldada por esos hechos.

DDPP2.9

Joseph es un preparador de impuestos con derechos de representación limitados. ¿Cuál de las siguientes situaciones es incapaz de hacer Joseph?

   a. Joseph no puede representar a su cliente en una conferencia de apelaciones.
   b. Joseph solo puede representar a aquellos clientes a los que les firmó y preparó una declaración de impuestos ante un agente de ingresos.
   c. Joseph solo puede representar a aquellos clientes a los que les firmó y preparó una declaración de impuestos ante un representante de servicio al cliente del IRS.
   d. Joseph solo puede representar a aquellos clientes a los que le firmó y preparó una declaración de impuestos ante el Servicio del Defensor del Contribuyente del IRS (TAS).

DDPP2.10
Which of the following does a paid tax return preparer need when preparing a tax return?

   a. ATIN
   b. PTIN
   c. ITIN
   d. ETIN

Part 2 Review Questions Answers

DDPP2.1
A(n) _____ is any individual who has taken and passed a special three-part test and granted enrollment to practice before the IRS.

   a. Attorney
   b. Certified public accountant
   c. Enrolled agent
   d. Notary

Feedback: Review section *Individual Representation Rights.*

DDPP2.2
A(n) _____ is any person who is a member in good standing of the bar of the highest court of any State, territory, or possession of the United States, including Commonwealth or the District of Columbia.

   a. Attorney
   b. Certified public account
   c. Enrolled agent
   d. Notary

Feedback: Review section *Individual Representation Rights*

DDPP2.3
Which of the following best describes the contents of Circular 230?

   a. Written regulations that govern those who represent taxpayers before the IRS.
   b. A document containing the statute and regulations detailing a tax professional's day and night job.
   c. A document containing statements and regulations detailing how to become a tax professional.
   d. A document containing the statute and regulations detailing the duties and obligations of the IRS.

Feedback: Review section *Rules Overseeing the Authority to Practice.*

DDPP2.10

¿Cuál de los siguientes necesita un preparador de declaraciones de impuestos pagado al preparar una declaración de impuestos?

    a. ATIN
    b. PTIN
    c. ITIN
    d. ETIN

Parte 2 Respuestas a las preguntas de repaso

DDPP2.1

Un _____ es cualquier persona que haya tomado y aprobado un examen especial de tres partes y que haya obtenido la inscripción para ejercer ante el IRS.

    a. Abogado
    b. Contador público certificado
    c. Agente inscrito
    d. Notario

Comentarios: Revise la sección *Derechos de representación individual*

DDPP2.2

Un _____ es cualquier persona que sea miembro acreditado del colegio de abogados del tribunal supremo de cualquier estado, territorio o posesión de los Estados Unidos, incluido el Estado Libre Asociado o el Distrito de Columbia.

    a. Abogado
    b. Contador público certificado
    c. Agente inscrito
    d. Notario

Comentarios: Revise la sección *Derechos de representación individual*

DDPP2.3

¿Cuál de las siguientes opciones describe mejor el contenido de la Circular 230?

    a. Regulaciones escritas que rigen a quienes representan a los contribuyentes ante el IRS.
    b. Un documento que contiene el estatuto y los reglamentos que detallan el trabajo diurno y nocturno de un profesional de impuestos.
    c. Un documento que contiene declaraciones y reglamentos que detallan cómo convertirse en un profesional de impuestos.
    d. Un documento que contiene el estatuto y los reglamentos que detallan los deberes y obligaciones del IRS.

Comentarios: Revise la sección *Reglas que supervisan la autoridad para ejercer.*

DDPP2.4

What is the Office of Professional Responsibility authority (OPR)?

    a. The OPR oversees the Commissioner.
    b. The OPR oversees the United States Treasury.
    c. The OPR oversees the conduct of tax practice.
    d. The OPR oversees the unprofessional tax preparer.

Feedback: Review section *Rules Overseeing the Authority to Practice*.

DDPP2.5

Circular 230 provides a consistent standard for the tax professional to follow. Sometimes the choices made by the paid tax professional affect themselves and the taxpayer. The first responsibility of the paid tax preparer is to the client. When making a decision as a tax preparer, which guideline below should be followed?

    a. Determine the nature of the issue in question.
    b. Get as little information and documentation from the client as possible.
    c. Examine only one possible solution.
    d. Choose a solution that the client is not able to support.

Feedback: Review section *Rules Overseeing the Authority to Practice*.

DDPP2.6

Which of the following is the paid tax preparer's responsibility?

    a. Being primarily responsible for the overall substantive accuracy of the taxpayer's return.
    b. Signing the return and including their PTIN on it.
    c. Practicing due diligence in questioning and examining each piece of information.
    d. All the options.

Feedback: Please reread *Best Practice Guidelines*.

DDPP2.7

Noncompliance due diligence penalty can affect the employer of the tax preparer if the IRS or OPR finds that the employer failed to comply with the EITC due diligence requirements. Which of the following would not impact the firm's penalty?

    a. Revocation of e-file privileges
    b. Suspension
    c. Appeals process
    d. Protecting your firm's reputation

Feedback: Please reread *Best Practice Guidelines*.

DDPP2.4

¿Cuál es la autoridad de la Oficina de Responsabilidad Profesional (OPR)?

a. La OPR supervisa al comisionado.
b. La OPR supervisa el Tesoro de los Estados Unidos.
c. **La OPR supervisa la conducta de la práctica tributaria.**
d. La OPR supervisa al preparador de impuestos no profesional.

Comentarios: Revise la sección *Autoridad de la OPR.*

DDPP2.5

La Circular 230 proporciona una normativa consistente para que lo siga el profesional de impuestos. A veces, las decisiones que toma el profesional de impuestos pagado lo afectan a él mismo y al contribuyente. La primera responsabilidad del preparador de impuestos pagado es con el cliente. Al tomar una decisión como preparador de impuestos, ¿cuál de las siguientes directrices se debe seguir?

a. **Determinar la naturaleza del problema en cuestión.**
b. Obtener la menor información y documentación posible del cliente.
c. Examinar solo una solución posible.
d. Elegir una solución que el cliente no pueda respaldar.

Comentarios: Revise la sección *Reglas que supervisan la autoridad para ejercer.*

DPP2.6

¿Cuál de las siguientes opciones es responsabilidad del preparador de impuestos pagado?

a. Ser el principal responsable de la fiabilidad sustantiva general de la declaración del contribuyente.
b. Firmar la declaración e incluir su PTIN en ella.
c. Practicar la debida diligencia al cuestionar y examinar cada pieza de información.
d. **Todas las opciones.**

Comentarios: Revise la sección *Directrices de mejores prácticas.*

DDPP2.7

La multa por incumplimiento de debida diligencia puede afectar al empleador del preparador de impuestos si el IRS o la OPR determina que el empleador no cumplió con los requisitos de debida diligencia del EITC. ¿Cuál de los siguientes no afectaría la multa de la empresa?

a. Revocación de privilegios de presentación electrónica.
b. Suspensión.
c. Proceso de apelaciones.
d. **Protección de la reputación de su empresa.**

Comentarios: Revise la sección *Reglas que supervisan la autoridad para ejercer.*

DDPP2.8
Which of the following is not a best practice?

    a. **Communicate clearly with the client regarding the terms and condition of the LTPA website**
    b. Act fairly and with integrity
    c. Advise clients whether they may avoid accuracy-related penalties if the client acts in reliance on that person's advice
    d. Establish facts to arrive at a conclusion supported by those facts

Feedback: Please reread *Best Practice Guidelines*.

DDPP2.9
Joseph is a tax preparer with limited representation rights. Which of the following scenario is Joseph unable to do?

    a. **Joseph cannot represent his client in an appeals conference**
    b. Joseph can only represent the clients he signed and prepared a tax return before a revenue agent
    c. Joseph can only represent clients he signed and prepared a tax return before an IRS customer service representative
    d. Joseph can only represent clients he signed and prepared a tax return before the IRS Taxpayer Advocate Service (TAS)

Feedback: Please reread *Practice Before the IRS.*

DDPP2.10
Which of the following does a paid tax return preparer need when preparing a tax return?

    a. ATIN
    b. **PTIN**
    c. ITIN
    d. ETIN

Feedback: Review section *Tax Return Preparer*

Part 3 Responsibilities of the Tax Preparer

The paid tax preparer must understand the ethical responsibility to prepare accurate tax returns based on tax law and the information provided by the taxpayer.

OPR may propose censure, suspension, or disbarment of any practitioner from practice before the IRS if the individual shows to be incompetent or disreputable and/or fails to comply with any regulations found in Circular 230. OPR may impose a monetary penalty for an individual or their employer subject to Circular 230. The monetary penalty relates to activities the tax preparer associates with on behalf of the employer. The employer should have known what the employee was doing.

DDPP2.8
¿Cuál de las siguientes no es una buena práctica?

    a. Comunicarse claramente con el cliente sobre los términos y condiciones del sitio web de LTPA.
    b. Actuar de manera justa y con integridad.
    c. Asesorar a los clientes si pueden evitar sanciones relacionadas con la precisión si el cliente actúa basándose en el consejo de esa persona.
    d. Establecer hechos para llegar a una conclusión respaldada por esos hechos.

Comentarios: Revise la sección *Reglas que supervisan la autoridad para ejercer.*

DDPP2.9
Joseph es un preparador de impuestos con derechos de representación limitados. ¿Cuál de las siguientes situaciones es incapaz de hacer Joseph?

    a. Joseph no puede representar a su cliente en una conferencia de apelaciones.
    b. Joseph solo puede representar a aquellos clientes a los que les firmó y preparó una declaración de impuestos ante un agente de ingresos.
    c. Joseph solo puede representar a aquellos clientes a los que les firmó y preparó una declaración de impuestos ante un representante de servicio al cliente del IRS.
    d. Joseph solo puede representar a aquellos clientes a los que le firmó y preparó una declaración de impuestos ante el Servicio del Defensor del Contribuyente del IRS (TAS).

Comentarios: Revise la sección *Derechos de representación individual*

DDPP2.10
¿Cuál de los siguientes necesita un preparador de declaraciones de impuestos pagado al preparar una declaración de impuestos?

    a. ATIN
    b. PTIN
    c. ITIN
    d. ETIN

Comentarios: Revise la sección *Derechos de representación individual*

Parte 3: Responsabilidades del preparador de impuestos

El preparador de impuestos pagado debe comprender la responsabilidad ética de preparar declaraciones de impuestos precisas basadas en la ley tributaria y la información proporcionada por el contribuyente.

La OPR puede proponer la censura, suspensión o inhabilitación de cualquier profesional del ejercicio ante el IRS si la persona demuestra ser incompetente o de mala reputación y/o no cumple con las normas que se encuentran en la Circular 230. La OPR puede imponer una multa monetaria a una persona o a su empleador sujeto a la Circular 230. La multa monetaria se relaciona con actividades con las que el preparador de impuestos se asocia en nombre del empleador. El empleador debería haber sabido lo que estaba haciendo el empleado.

You can find the following explanations of tax professionals' responsibilities under Treasury Circular 230. This summary does not address all provisions of the regulations. The tax professional should read Circular 230 for a complete understanding of the duties and obligations of someone practicing before the IRS. Preparing a tax return is also considered practicing before the IRS.

Due Diligence

Tax professionals must exercise due diligence in preparing and filing tax returns and the correctness of their representation to their clients or the IRS. The tax professional can rely on another person's work if they are carefully engaged, supervised, trained, and evaluated, considering the nature of the relationship between the tax professional and that person. The tax professional generally may rely in good faith and without verification on information furnished by the client, but the tax professional cannot ignore other information furnished to them or which they know. The tax professional must make reasonable inquiries if any information furnished to them appears to be incorrect, incomplete, or inconsistent with other facts or assumptions (Treasury Circular 230, §10.22, §10.34(d)).

The tax professional could rely on the work product of another person if the individual used reasonable care in engaging, supervising, training, and evaluating that person, taking proper account of the nature of the relationship between the tax professional and the taxpayer.

The tax professional may also generally rely in good faith and without verification upon information furnished by their client, but the tax professional cannot ignore other information furnished to them or known by them. The tax professional must make reasonable inquiries if any information furnished to them appears to be incorrect, incomplete, or inconsistent with other facts or assumptions.

Competence

Tax professionals must have the necessary knowledge, skill, thoroughness, and preparation to engage in tax matters. If the tax professional is not competent in an area, they should consult a subject matter expert. When a tax professional consults with another individual, they must consider the requirements of Internal Revenue Code §7216 (Treasury Circular 230 §10.35).

Conflict of Interest

A conflict of interest exists when representing a client who is directly averse to another client of the paid tax professional. A conflict of interest also exists if there is a significant risk that representing a client will be materially limited by the tax professional responsibilities to another client, a former client, a third person, or their interests. When a conflict of interest exists, the tax professional may not represent a client in an IRS matter unless:

1. The tax professional reasonably believes that they can provide competent and diligent representation to all affected clients.
2. The law does not prohibit the tax professional's representation.

Puede encontrar las siguientes explicaciones de las responsabilidades de los profesionales de impuestos en virtud de la Circular 230 del Tesoro. Este resumen no aborda todas las disposiciones de los reglamentos. El profesional de impuestos debe leer la Circular 230 para una comprensión completa de los deberes y obligaciones de alguien que ejerce ante el IRS. Preparar una declaración de impuestos también se considera ejercer ante el IRS.

Debida diligencia

Los profesionales de impuestos deben ejercer la debida diligencia en la preparación y presentación de declaraciones de impuestos y la exactitud de su representación a sus clientes o al IRS. El profesional de impuestos puede confiar en el trabajo de otra persona si está cuidadosamente contratado, supervisado, capacitado y evaluado, considerando la naturaleza de la relación entre el profesional de impuestos y esa persona. El profesional de impuestos generalmente puede confiar de buena fe y sin verificación en la información proporcionada por el cliente, pero no puede ignorar otra información que se le proporcione o que conozca. El profesional de impuestos debe realizar consultas razonables si la información que se le proporciona parece ser incorrecta, incompleta o inconsistente con otros hechos o suposiciones (Circular del Tesoro 230, §10.22, §10.34(d)).

El profesional de impuestos podría confiar en el producto del trabajo de otra persona si la persona ejerció un cuidado razonable al contratar, supervisar, capacitar y evaluar a esa persona, teniendo debidamente en cuenta la naturaleza de la relación entre el profesional de impuestos y el contribuyente.

Además, el profesional de impuestos generalmente puede confiar de buena fe y sin verificación en la información proporcionada por su cliente, pero no puede ignorar otra información que se le haya proporcionado o que conozca. El profesional de impuestos debe realizar consultas razonables si la información que se le suministró parece ser incorrecta, incompleta o inconsistente con otros hechos o suposiciones.

Competencia

Los profesionales de impuestos deben tener el conocimiento, la habilidad, la minuciosidad y la preparación necesarias para participar en asuntos fiscales. Si el profesional de impuestos no es competente en un área, debe consultar a un experto en la materia. Cuando un profesional de impuestos consulta con otra persona, debe considerar los requisitos del Código de Impuestos Internos §7216 (Circular del Tesoro 230 §10.35).

Conflicto de intereses

Existe un conflicto de intereses cuando se representa a un cliente que es directamente contrario a otro cliente del profesional de impuestos pagado. También se presenta un conflicto de intereses si existe un riesgo significativo de que la representación de un cliente se vea materialmente limitada por las responsabilidades del profesional fiscal hacia otro cliente, un antiguo cliente, una tercera persona o sus intereses. Cuando existe un conflicto de intereses, el profesional de impuestos no puede representar a un cliente en un asunto del IRS a menos que:

1. El profesional de impuestos cree razonablemente que puede brindar una representación competente y diligente a todos los clientes afectados.
2. La ley no prohíbe la representación del profesional de impuestos.

3. All affected clients give informed, written consent to the tax professional's representation. The tax professional must retain these consents for 36 months following the termination of the engagement and make them available to the IRS/OPR upon request (Treasury Circular 230, §10.29).

Tax Return Positions

Tax return positions are the strategies chosen when preparing a tax return. Tax preparers guide taxpayers in figuring out the proper positions for their return; it is the tax preparer's duty to perform due diligence and ensure the accuracy of the positions taken on the return and claim for refund. Good tax preparers will choose the positions that best help the taxpayer while complying with IRS guidelines.

The tax professional cannot sign a tax return or refund a claim or advise a client to take a position on a tax return, or refund claim that the tax professional knows (or should know) contains a position that (i) has no reasonable basis, (ii) is an unreasonable position as defined by Internal Revenue Code §6694(a)(2), or (iii) is a willful attempt to understate tax liability or a reckless or intentional disregard of rules or regulations.

On the other hand, an unreasonable position lacks substantial authority defined in IRC §6662, but it has a reasonable basis, and the taxpayer discloses the position. For Circular 230 disclosure, if the tax professional advised the client regarding a position, prepared, or signed the tax return, the tax professional must inform the client of any penalties that are reasonably likely to apply to the client with respect to the tax return position. The tax professional must then explain how to avoid the penalties through disclosure or not taking the position.

For purposes of Circular 230 disclosure, if the tax professional advises the client regarding a position or prepares or signs the tax return, the tax professional must inform the client of any penalties that will possibly apply to the client with respect to the tax return position, and how to avoid the penalties through disclosure (or, by not taking the position).

Written Tax Advice

In providing written advice concerning any federal tax matter, the tax professional must:

1. Base advice on reasonable assumptions.
2. Reasonably consider all relevant facts that a tax professional knows or should know.
3. Use reasonable efforts to identify and ascertain the relevant facts.

The tax professional cannot rely upon representations, statements, findings, or agreements that are unreasonable or known to be incorrect, inconsistent, or incomplete.

3. Todos los clientes afectados dan su consentimiento informado y por escrito a la representación del profesional de impuestos. El profesional de impuestos debe conservar estos consentimientos durante 36 meses después de la terminación del contrato y ponerlos a disposición del IRS/OPR cuando se solicite (Circular del Tesoro 230, §10.29).

Posturas de declaración de impuestos

Las posturas de declaración de impuestos son las estrategias elegidas al preparar una declaración de impuestos. Los preparadores de impuestos guían a los contribuyentes para determinar las posturas adecuadas para su declaración; es deber del preparador de impuestos realizar la debida diligencia y garantizar la fiabilidad de las posturas tomadas en la declaración y reclamo de reembolso. Los buenos preparadores de impuestos elegirán las posturas que mejor ayuden al contribuyente mientras cumplen con las directrices del IRS.

El profesional de impuestos no puede firmar una declaración de impuestos o reembolsar una solicitud de reintegro o aconsejar a un cliente que tome una postura en una declaración de impuestos, o un reclamo de reembolso que el profesional de impuestos sabe (o debería saber) que contiene una postura que (i) no tiene una base razonable, (ii) es una postura poco razonable según lo define el Código de Impuestos Internos §6694(a)(2), o (iii) es un intento deliberado de subestimar la obligación tributaria o una indiferencia imprudente o intencional de las reglas o regulaciones.

Por otro lado, una postura poco razonable carece de autoridad sustancial definida en el IRC §6662, pero tiene una base razonable y el contribuyente divulga la postura. Para la divulgación de la Circular 230, si el profesional de impuestos asesoró al cliente con respecto a una postura, preparó o firmó la declaración de impuestos, debe informar al cliente cualquier multa que sea razonablemente probable que se aplique con respecto a la postura de la declaración de impuestos. El profesional de impuestos debe entonces explicar cómo evitar las multas a través de la divulgación o no tomando la postura.

A los efectos de la divulgación de la Circular 230, si el profesional de impuestos asesora al cliente con respecto a una postura o prepara o firma la declaración de impuestos, el profesional de impuestos debe informar al cliente de cualquier multa que posiblemente se le aplique al cliente con respecto a la postura de la declaración de impuestos, y cómo evitar las multas a través de la divulgación (o, al no tomar la postura).

Asesoramiento fiscal por escrito

Al brindar asesoramiento por escrito sobre cualquier asunto de impuestos federales, el profesional de impuestos debe:

1. Basar el asesoramiento en supuestos razonables.
2. Considerar razonablemente todos los hechos relevantes que un profesional de impuestos sabe o debería saber.
3. Hacer esfuerzos razonables para identificar y determinar los hechos relevantes.

El profesional de impuestos no puede confiar en representaciones, declaraciones, hallazgos o acuerdos que no sean razonables o que se sepa que son incorrectos, inconsistentes o incompletos.

The tax professional must always consider the possibility of an IRS audit to a tax return or that a matter could raise an audit. When providing written advice, the tax professional may rely in good faith on the advice of another practitioner only if that advice is reasonable, considering all facts and circumstances. The tax professional cannot rely on the advice of a person they know, or should have known, is not competent to provide the advice, or has an unresolved conflict of interest as defined in §10.29 (Treasury Circular 230, §10.37).

Errors and Omissions

If the tax professional knows that a client has not complied with the U.S. revenue laws or has made an error in, or omission from, any return, affidavit, or other documents which the client submitted or executed under U.S. revenue laws, the tax professional must promptly inform the client of the noncompliance, error, or omission and advise the client regarding the consequences under the Code and regulations of the noncompliance, error, or omission. Depending on the facts and circumstances, the consequences of an error or omission could include (among other things) additional tax liability, civil penalties, interest, criminal penalties, and an extension of the statute of limitations (Treasury Circular 230, §10.21).

Handling Matters Promptly

The tax professional cannot unreasonably delay the prompt disposition of any matter before the Internal Revenue Service. This matter applies to responding to the tax professional's client and IRS personnel. The tax professional cannot advise a client to submit any document to the IRS for delaying or impeding the administration of the federal tax laws (Treasury Circular 230, §10.23, §10.34(b)).

Client Records

At the client's request, the tax professional must promptly return any client records necessary for the client to comply with their federal tax obligations, even if there is a dispute over fees. The tax professional may keep copies of these records. Suppose state law allows the tax professional to retain a client's records in the case of a fee dispute. In that case, the tax professional can only return the records attached to the client's return. Still, the tax professional must provide the client with reasonable access to review and copy any additional client records retained by the tax professional necessary for the client to comply with their federal tax obligations. The term "client records" includes all written or electronic materials provided by the client or a third party to the tax professional.

"Client records" also include any tax return or other document that the tax professional prepared and previously delivered to the client if that return or document is necessary for the client to comply with their current federal tax obligations. The tax professional is not required to provide a client with a copy of their work product. That is, any return, refund claim, or other documents that the tax professional prepared but has not yet delivered to the client if:

1. The tax professional is withholding the document pending the client's payment of fees related to the document.

El profesional de impuestos siempre debe considerar la posibilidad de una auditoría del IRS a una declaración de impuestos o que un asunto podría suscitar una auditoría. Al brindar asesoramiento por escrito, el profesional de impuestos puede basarse de buena fe en el asesoramiento de otro profesional solo si dicho asesoramiento es razonable, teniendo en cuenta todos los hechos y circunstancias. El profesional de impuestos no puede confiar en el consejo de una persona que sabe, o que debería haber sabido, que no es competente para brindar el asesoramiento o que tiene un conflicto de intereses sin resolver como se define en §10.29 (Circular del Tesoro 230, §10.37).

Errores y omisiones

Si el profesional de impuestos sabe que un cliente no ha cumplido con las leyes de ingresos de los EE. UU. o ha cometido un error u omisión en cualquier declaración, declaración jurada u otro documento que el cliente haya presentado o firmado de conformidad con las leyes de ingresos de los EE. UU., el profesional de impuestos debe informar inmediatamente al cliente del incumplimiento, error u omisión y asesorar al cliente sobre las consecuencias en virtud del Código y las regulaciones de ese incumplimiento, error u omisión. Dependiendo de los hechos y circunstancias, las consecuencias de un error u omisión podrían incluir (pero no se limitan a) obligaciones tributarias adicionales, multas civiles, intereses, multas penales y una extensión del estatuto de limitaciones (Circular del Tesoro 230, §10.21).

Manejar los asuntos con prontitud

El profesional de impuestos no puede demorar injustificadamente la pronta disposición de cualquier asunto ante el Servicio de Impuestos Internos. Este asunto se aplica a responder al cliente del profesional de impuestos y al personal del IRS. El profesional de impuestos no puede aconsejar a un cliente que presente algún documento al IRS por retrasar o impedir la administración de las leyes fiscales federales (Circular del Tesoro 230, §10.23, §10.34(b)).

Registros de clientes

A pedido del cliente, el profesional de impuestos debe devolver de inmediato todos los registros del cliente necesarios para que el cliente cumpla con sus obligaciones fiscales federales, incluso si hay una disputa sobre las tarifas. El profesional de impuestos puede conservar copias de estos registros. Suponga que la ley estatal permite que el profesional de impuestos conserve los reistros de un cliente en el caso de una disputa de honorarios. En ese caso, el profesional de impuestos solo puede devolver los registros adjuntos a la declaración del cliente. Aun así, el profesional de impuestos debe proporcionar al cliente un acceso razonable para revisar y copiar cualquier registro adicional del cliente retenido por el profesional de impuestos necesario para que el cliente cumpla con sus obligaciones fiscales federales. El término "registros de clientes" incluye todos los materiales escritos o electrónicos proporcionados por el cliente o un tercero al profesional de impuestos.

Los registros del cliente" también incluyen cualquier declaración de impuestos u otro documento que el profesional de impuestos preparó y entregó previamente al cliente si esa declaración o documento es necesario para que el cliente cumpla con sus obligaciones tributarias federales actuales. El profesional de impuestos no está obligado a proporcionar a un cliente una copia de su producto de trabajo. Es decir, cualquier declaración, solicitud de reintegro u otros documentos que el profesional de impuestos preparó pero aún no ha entregado al cliente si:

1. El profesional de impuestos está reteniendo el documento en espera del pago por parte del cliente de los honorarios relacionados con el documento.

2. The tax professional contract with the client requires the payment of those fees before delivery (Treasury Circular 230 §10.28).

Supervisory Responsibilities

If the tax professional has or shares principal authority and responsibility for overseeing the firm's tax practice, the tax professional must take reasonable steps to ensure that the tax professional firm has adequate procedures in place. These procedures should raise awareness and promote compliance with Circular 230 by the firm's members, associates, and employees. All such employees must comply with the regulations governing practice before the IRS (Treasury Circular 230, §10.36).

Personal Tax Compliance Responsibilities

The tax professional is responsible for ensuring the timely filing and payment of personal income tax returns and the tax returns for any entity over which the tax professional has, or shares, control. Failing to file 4 of the last 5 years' income tax returns, or 5 of the previous 7 quarters of employment/excise tax returns, is per se disreputable and incompetent conduct that can lead to sudden, indefinite suspension of the practitioner. The willful evasion of the assessment or payment of tax also violates Circular 230 regulations (Treasury Circular 230, §10.51(a)(6)).

Who Prepared the Return?

A tax return preparer is any person who prepares for compensation or employs one or more individuals to prepare all, or a substantial portion of the tax return or any claim for refund of tax. A signing tax return preparer is an individual tax return preparer responsible for the overall substantive accuracy of preparing such return or claim for refund.

A tax return preparer is any and all of the following:

➤ A preparer is any person who prepares all or a substantial portion of any tax return or claims for refund in exchange for compensation or employs one or more persons to prepare for payment.

➤ Any individual paid to prepare or assist with tax preparation of all or substantially all of a tax return or claim for refund must have a PTIN number and is subject to the duties and restrictions relating to practice in subpart B of Circular 230. Subpart B is §10.20 through §10.53. Anyone who prepares a return for compensation must have a PTIN.

➤ Any individual preparing or assisting others in preparing tax returns or claiming for refunds may appear as a witness for the taxpayer before the IRS or furnish information at the request of the IRS or any of the IRS officers or employees.

➤ Any individual preparing or assisting others to prepare all or a substantial portion of a document about any taxpayer's tax liability for compensation is subject to the duties and restrictions relating to practice in §10.20 through §10.53 (subpart B as well as subpart C) and §10.60 through §10.82.

2. El contrato profesional de impuestos con el cliente requiere el pago de esos honorarios antes de la entrega (Circular del Tesoro 230 §10.28).

Responsabilidades de supervisión

Si el profesional de impuestos tiene o comparte la autoridad principal y la responsabilidad de supervisar la práctica fiscal de la firma, el profesional de impuestos debe tomar medidas razonables para garantizar que la firma de profesionales de impuestos tenga los procedimientos adecuados. Estos procedimientos deben crear conciencia y promover el cumplimiento de la Circular 230 por parte de los miembros, asociados y empleados de la firma. Todos estos empleados deben cumplir con las normas que rigen el ejercicio ante el IRS (Circular del Tesoro 230, §10.36).

Responsabilidades personales de cumplimiento tributario

El profesional de impuestos es responsable de garantizar la presentación y pago oportunos de las declaraciones de impuestos sobre la renta de personas naturales y las declaraciones de impuestos de cualquier entidad sobre la que el profesional de impuestos tenga o comparta el control. No presentar 4 de las declaraciones de impuestos sobre la renta de los últimos 5 años, o 5 de los 7 trimestres anteriores de declaraciones de impuestos sobre el empleo o el consumo, es en sí una conducta de mala reputación e incompetencia que puede conducir a la suspensión repentina e indefinida del profesional. La evasión deliberada de la evaluación o pago de impuestos también viola las regulaciones de la Circular 230 (Circular del Tesoro 230, §10.51(a)(6)).

¿Quién preparó la declaración?

Un preparador de declaraciones de impuestos es cualquier persona que prepara una compensación o emplea a una o más personas para preparar la totalidad o una parte sustancial de la declaración de impuestos o cualquier reclamo de reembolso de impuestos. Un preparador de declaraciones de impuestos firmante es un preparador de declaraciones de impuestos individual responsable de la fiabilidad sustantiva general de la preparación de dicha declaración o reclamo de reembolso.

Un preparador de declaraciones de impuestos es cualquiera y todos los siguientes:

➢ Un preparador es cualquier persona que prepare la totalidad o una parte sustancial de cualquier declaración de impuestos o cualquier reclamo de reembolso a cambio de una remuneración o que emplee a una o más personas para preparar la declaración a cambio de una remuneración.

➢ Cualquier persona a la que se le pague para preparar o ayudar con la preparación de impuestos de la totalidad o prácticamente la totalidad de una declaración de impuestos o reclamo de reembolso debe tener un número PTIN y estar sujeto a los deberes y restricciones relacionados con la práctica en la subparte B de la Circular 230. La Subparte B es del §10.20 hasta el §10.53. Cualquiera que prepare una declaración de compensación debe tener un PTIN.

➢ Cualquier persona que prepare o ayude a preparar una declaración de impuestos o reclamo de un reembolso puede comparecer como testigo del contribuyente ante el IRS o proporcionar información a solicitud del IRS o de cualquiera de los funcionarios o empleados del IRS.

➢ Cualquier persona que prepare o ayude a otros a preparar todo o una parte sustancial de un documento relacionado con la obligación tributaria de cualquier contribuyente está sujeto a los deberes y restricciones relacionadas con la práctica en §10.20 al §10.53 (subparte B así como subparte C) y desde el §10.60 al §10.82.

A signing tax return preparer is the individual tax return preparer primarily responsible for the overall substantive accuracy of the preparation of such return or claim for refund. Even if someone else provides all the information and materials needed for the tax return, effectively "preparing" most of the return's material, the individual that inputs and arranges the material for the actual submission of the return or claim for refund is the person who must sign the return and thus claim responsibility for its accuracy. The person who needs to sign the return and claim responsibility for its accuracy is whoever decides the tax return's position.

A non-signing tax return preparer is any person who prepares all or a substantial portion of a return or claims for a refund but does not possess the primary responsibility for its accuracy. They were not individuals who input the information into the tax return or chose the tax return positions.

Whether or not an individual should be considered a non-signing or signing tax return preparer also depends on how much time the preparer spends advising the taxpayer. To be eligible to be a non-signing preparer, events that have occurred should represent less than 5% of the aggregated time incurred by the non-signing tax return preparer. You calculate the advice you give, whether written or oral, when given to the taxpayer and the signing tax preparer.

Example: An enrolled agent named Fiona hires Nick to do the literal inputting of W-2s, and other income documents, and other related materials into her preferred tax software. After Nick finishes, Fiona goes through the prepared material, ensures it is correct, and submits the return. Even though Nick spent more time on the return and was the one who put it all together, Fiona prepared the tax return because she was the one who checked its contents and performed the actual action of ensuring that the return was accurate. Therefore, Fiona must sign the return and thus claim responsibility for its accuracy. Even though Nick "prepared" the return by putting it together, Fiona checked and guaranteed its accuracy.

A person who renders tax advice on a position directly relevant to determining the existence, characterization, or amount of an entry on a return or claim for refund prepared the entry. The meaning of substantial portion is based upon whether the person knows or reasonably should know the tax characteristics of the schedule, entry, or other portion of a return or claim for refund. A single tax entry could constitute a considerable portion of the tax required to be shown on a return.

Example 1: Domingo is an attorney at ABC law firm; he provides legal advice to a large corporate taxpayer regarding a completed corporate transaction. The advice provided by Domingo is directly relevant to the determination of an entry on the taxpayer's return. Domingo, however, does not prepare any other portion of the taxpayer's return and is not signing the return. Domingo is a non-signing tax return preparer since his advice is limited to one entry on the tax return.

Un preparador de declaraciones de impuestos firmante es el preparador de declaraciones de impuestos de persona natural que tiene la responsabilidad principal de fiabilidad sustantiva general de la preparación de dicha declaración o reclamo de reembolso. Incluso si alguien más proporciona toda la información y los materiales necesarios para la declaración de impuestos, "preparando" efectivamente la mayor parte del material de la declaración, la persona que ingresa y organiza el material para la presentación real de la declaración o el reclamo de reembolso es la persona que debe firmar la planilla y así responsabilizarse de su fiabilidad. La persona que debe firmar la declaración y reclamar la responsabilidad de su fiabilidad es quien decide las posturas de la declaración de impuestos.

Un preparador de declaraciones de impuestos que no firma es cualquier persona que prepara la totalidad o una parte sustancial de una declaración o reclamo de reembolso, pero no posee la responsabilidad principal de su fiabilidad. No eran personas que ingresaron la información en la declaración de impuestos o eligieron las posturas de la declaración de impuestos.

El hecho de que una persona natural deba considerarse como preparador de declaraciones de impuestos firmante o no firmante también depende del tiempo que dedique a asesorar al contribuyente. Para ser elegible como preparador de declaraciones de impuestos no firmante, los eventos que han ocurrido deben representar menos del 5% del tiempo agregado incurrido por el preparador de declaraciones de impuestos no firmante. Usted calcula el asesoramiento que da, ya sea escrito u oral, cuando se lo da al contribuyente y al preparador de impuestos firmante.

Ejemplo: Una agente inscrita llamada Fiona contrata a Nick para que ingrese literalmente los formularios W-2 y otros documentos de ingresos y otros materiales relacionados en su software de impuestos preferido. Después de que Nick termina, Fiona revisa el material preparado, se asegura de que sea correcto y envía la declaración. Aunque Nick dedicó más tiempo a la declaración y fue quien lo reunió todo, Fiona preparó la declaración de impuestos porque fue ella quien verificó su contenido y realizó la acción real de garantizar que la declaración fuera precisa. Por lo tanto, Fiona debe firmar la declaración y así reclamar responsabilidad por su fiabilidad. Aunque Nick "preparó" la declaración armándola, Fiona verificó y garantizó su fiabilidad.

Una persona que brinda asesoramiento fiscal sobre una postura directamente relevante para determinar la existencia, caracterización o monto de una partida en una declaración o reclamo de reembolso preparado. El significado de parte sustancial se basa en si la persona conoce o debería conocer razonablemente las características fiscales del anexo, partida u otra sección de una declaración o reclamo de reembolso. Una sola partida de impuestos podría constituir una parte considerable del impuesto que se debe mostrar en una declaración.

Ejemplo 1: Domingo es abogado del bufete de abogados ABC; brinda asesoramiento legal a un gran contribuyente corporativo con respecto a una transacción corporativa completa. El asesoramiento brindado por Domingo es directamente relevante para la determinación de una partida en la declaración del contribuyente. Domingo, sin embargo, no prepara ninguna otra parte de la declaración del contribuyente y no firma la declaración. Domingo es un preparador de declaraciones de impuestos no firmante, ya que su asesoramiento se limita a una partida en la declaración de impuestos.

Example 2: The facts are the same as Example 1, except that Attorney Brittni provides supplemental advice to the corporate taxpayer on a phone call after completing the transaction. Brittni did not provide advice before the corporate transaction occurred with the primary intent to avoid being a tax return preparer. The time incurred on the supplemental advice by Brittni represents less than 5% of the aggregate amount of time spent by Brittni providing tax advice on the position. Brittni is not considered a tax return preparer.

Example 3: The facts are the same as Example 2, except that Attorney Brittni provides supplemental advice to the corporate taxpayer on a phone call after the transaction occurred with the primary intent to avoid being a tax return preparer. The time incurred on the supplemental advice by Brittni represents less than 5% of the aggregate amount of time spent by Brittni providing tax advice on the position. Brittni is not considered a tax return preparer.

Whether the schedule entry is a single-line entry or the entire schedule (A, B, K-1, etc.), or another entry on the tax return, the consideration is the substantial amount belonging to the single entry or the entire schedule. If the consideration is a significant portion of the return, then the individual responsible for the entry could be considered the signer of the tax return. The key is the amount of the entry. For example, Nick only entered Jesse's personal information and one W-2 into the tax return. Fernando completed Jesse's Schedule A, B, and C. Fernando would be the signer on the return since he entered a substantial portion of the return.

Any individual paid to prepare or assist with tax preparation of all or substantially all the tax returns or claims for refund must have a PTIN number and is subject to the duties and restrictions relating to practice in subpart B of Circular 230. Subpart B is §10.20 through §10.53.

Any individual preparing or assisting others to prepare a tax return or claims for a refund may appear as a witness for the taxpayer before the IRS. They can also furnish information at the request of the IRS or any of the IRS officers or employees.

Any individual who for compensation prepares, or assists in the preparation of, all or a substantial portion of a document pertaining to any taxpayer's tax liability is subject to the duties and restrictions relating to practice in §10.20 through §10.53 (subpart B as well as subpart C) and §10.60 through §10.82.

Example: Kristie is Maria's administrative assistant. Kristie collects information from Julie, Maria's client, to help Maria prepare the tax return. Maria signs the return. Kristie is not the paid preparer of Julie's tax return.

Factors to consider that make a substantial portion include:

1. The size and complexity of the item relative to the taxpayer's gross income
2. The size of the understatement attributable to the item compared to the taxpayer's reported tax liability

Ejemplo 2: Los hechos son los mismos que en el Ejemplo 1, excepto que la abogada Brittni brinda asesoramiento complementario al contribuyente corporativo a través de una llamada telefónica después de completar la transacción. Brittni no brindó asesoramiento antes de que ocurriera la transacción corporativa con la intención principal de evitar ser un preparador de declaraciones de impuestos. El tiempo incurrido en el asesoramiento complementario por parte de Brittni representa menos del 5% de la cantidad total de tiempo dedicado por Brittni al brindar asesoramiento fiscal sobre la postura. Brittni no se considera una preparadora de declaraciones de impuestos.

Ejemplo 3: Los hechos son los mismos que en el Ejemplo 2, excepto que la abogada Brittni brinda asesoramiento complementario al contribuyente corporativo en una llamada telefónica después de que ocurrió la transacción con la intención principal de evitar ser un preparador de declaraciones de impuestos. El tiempo incurrido en el asesoramiento complementario por parte de Brittni representa menos del 5% de la cantidad total de tiempo dedicado por Brittni al brindar asesoramiento fiscal sobre la postura. Brittni no se considera una preparadora de declaraciones de impuestos.

Ya sea que la partida del anexo sea una partida de una sola línea o todo el anexo (A, B, K-1, etc.), u otra partida en la declaración de impuestos, la consideración es la cantidad sustancial que pertenece a la única partida o al anexo completo. Si la consideración es una parte significativa de la declaración, entonces la persona responsable de la partida podría considerarse el firmante de la declaración de impuestos. La clave es el monto de la partida. Por ejemplo, Nick solo ingresó la información personal de Jesse y un formulario W-2 en la declaración de impuestos. Fernando completó el Anexo A, B y C de Jesse. Fernando sería el firmante de la declaración ya que ingresó una parte sustancial de la misma.

Cualquier persona a la que se le pague para preparar o ayudar con la preparación de impuestos de la totalidad o prácticamente la totalidad de una declaración de impuestos o reclamo de reembolso debe tener un número PTIN y estar sujeto a los deberes y restricciones relacionadas con el ejercicio descritas en la subparte B de la Circular 230. La Subparte B es del §10.20 hasta el §10.53.

Cualquier persona que prepare o ayude a otros a preparar una declaración de impuestos o reclamos de reembolso puede comparecer como testigo del contribuyente ante el IRS. También pueden proporcionar información a solicitud del IRS o cualquiera de los funcionarios o empleados del IRS.

Cualquier persona que por remuneración prepare o ayude en la preparación de todo o una parte sustancial de un documento relacionado con la obligación tributaria de cualquier contribuyente está sujeto a los deberes y restricciones relacionados con la práctica en §10.20 al §10.53 (subparte B así como subparte C) y del §10.60 al §10.82.

Ejemplo: Kristie es la asistente administrativa de María. Kristie recopila información de Julie, la clienta de María, para ayudarla a preparar la declaración de impuestos. María firma la declaración. Kristie no es la preparadora pagada de la declaración de impuestos de Julie.

Los factores a considerar que hacen una parte sustancial incluyen:

1. El tamaño y la complejidad del ítem en relación con los ingresos brutos del contribuyente
2. El tamaño de la infravaloración atribuible al ítem en comparación con la obligación tributaria declarada del contribuyente

Example 1: Timothy prepares Form 8886, "*Reportable Transaction Disclosure Statement.*" He does not prepare the tax return or advise the taxpayer regarding the tax return position for the transaction to which Form 8886 relates. The preparation of Form 8886 is not directly relevant to the determination of the existence, characterization, or amount of an entry on a tax return or claim for a refund. Timothy is preparing Form 8886 to disclose a reportable transaction and not to prepare a substantial portion of the tax return and is not considered a tax return preparer under §6694.

Example 2: Vicente prepares a schedule for Jose's Form 1040, reporting $4,000 in dividend income, and gives Jose oral or written advice about his Schedule A, which results in a medical expense deduction totaling $5,000, but does not sign the return. Vicente is a non-signing tax return preparer because the aggregate total amount of the deduction is less than $10,000.

A tax refund claim includes a credit claim against any tax. A claim for refund also includes a claim for payment under sections 6420, 6421, or 6427.

Example 1: Jose received employment tax information from Maria, who prepares her recordkeeping. Jose did not render any tax advice to Maria or exercise any discretion or independent judgment on Maria's tax positions. Jose just processed the information that Maria gave to him. Jose signed the return as authorized by the client according to Form 8655, *Reporting Agent Authorization,* and filed Maria's return using the information supplied by Maria. Jose is a tax return preparer.

Example 2: Matthew rendered tax advice to Sharon on determining whether her workers are employees or independent contractors for federal tax purposes. Matthew received compensation for his advice and is the tax return preparer. The following individuals are not tax return preparers:

1. An official or employee of the Internal Revenue Service (IRS) performing official duties.
2. Any individual who provides tax assistance under the Volunteer Income Tax Assistance (VITA) program established by the IRS but the individual can only prepare returns for VITA.
3. Any organization sponsoring or administering a VITA program established by the IRS, but only concerning the sponsorship or administration.
4. An individual who provides tax counseling for the elderly under a program established under section 163 of the Revenue Act of 1978, but only concerning those returns prepared as part of that program.
5. An organization sponsoring or administering a program to provide tax counseling for the elderly established under section 163 of the Revenue Act of 1978, but only concerning that sponsorship or administration.
6. An individual who provides tax assistance as part of a qualified Low-Income Taxpayer Clinic (LITC) as defined by §7526, subject to the requirements, but only for the LITC tax returns.
7. Any organization that is a qualified LITC.
8. An individual providing just typing, reproduction, or other mechanical assistance in the preparation of a return or claim for a refund.

Ejemplo 1: Timothy prepara el Formulario 8886, *"Declaración de divulgación de transacciones declarables"*. No prepara la planilla ni asesora al contribuyente sobre la postura de la planilla de la operación a que se refiere el Formulario 8886. La preparación del Formulario 8886 no es directamente relevante para la determinación de la existencia, caracterización o monto de una partida en una declaración de impuestos o reclamo de reembolso. Timothy está preparando el Formulario 8886 para divulgar una transacción declarable y no para preparar una parte sustancial de la declaración de impuestos y no se le considera preparador de declaraciones de impuestos según §6694.

Ejemplo 2: Vicente prepara un anexo para el Formulario 1040 de José, declarando $4,000 en ingresos por dividendos, y le da consejos orales o escritos a José sobre su Anexo A, lo que resulta en una deducción de gastos médicos por un total de $5,000, pero no firma la declaración. Vicente es un preparador de declaraciones de impuestos no firmante porque el monto total agregado de la deducción es menos de $10,000.

Un reclamo de reembolso de impuestos incluye un reclamo de crédito contra cualquier impuesto. Un reclamo de reembolso también incluye un reclamo de pago según las secciones 6420, 6421 o 6427.

Ejemplo 1: José recibió información de impuestos sobre la nómina de María, quien prepara su contabilidad. José no brindó ningún consejo fiscal a María ni ejerció ninguna discreción o juicio independiente sobre las posturas fiscales de María. José acaba de procesar la información que María le dio. José firmó la declaración según lo autorizado por el cliente de acuerdo con el Formulario 8655, *Autorización de agente informante,* y presentó la declaración de María usando la información provista por ella. José es preparador de declaraciones de impuestos.

Ejemplo 2: Matthew brindó asesoramiento fiscal a Sharon para determinar si sus trabajadores son empleados o contratistas independientes a los efectos de los impuestos federales. Matthew recibió una remuneración por su asesoramiento y es el preparador de declaraciones de impuestos. Las siguientes personas no son preparadores de declaraciones de impuestos:

1. Un funcionario o empleado del Servicio de Impuestos Internos (IRS) que desempeña funciones oficiales.
2. Cualquier persona que brinde asistencia fiscal bajo el programa de Asistencia Voluntaria de Impuestos sobre la Renta (VITA) establecido por el IRS, pero la persona solo puede preparar declaraciones para VITA.
3. Cualquier organización que patrocine o administre un programa VITA establecido por el IRS, pero solo con respecto al patrocinio o la administración.
4. Una persona que brinda asesoramiento fiscal a personas de la tercera edad bajo un programa establecido en la sección 163 de la Ley de Ingresos de 1978, pero solo con respecto a las declaraciones preparadas como parte de ese programa.
5. Una organización que patrocina o administra un programa para brindar asesoramiento fiscal a personas de la tercera edad establecido en virtud de la sección 163 de la Ley de Ingresos de 1978, pero solo con respecto a ese patrocinio o administración.
6. Una persona que brinda asistencia tributaria como parte de una Clínica calificada para contribuyentes de bajos ingresos (LITC) según se define en §7526, sujeto a los requisitos, pero solo para las declaraciones de impuestos de LITC.
7. Cualquier organización que sea una LITC calificada.
8. Una persona que proporciona simplemente transcripción, reproducción u otra asistencia mecánica en la preparación de una declaración o reclamo de reembolso.

9. An individual preparing a return or claim for refund of a taxpayer, or an officer, a general partner, member, shareholder, or employee of a taxpayer, by whom the individual is regularly and continuously employed, compensated or in which the individual is a general partner.
10. An individual preparing a return or claim for a refund for a trust, estate, or other entity, of which the individual either is a fiduciary or is an officer, general partner, or employee of the fiduciary.
11. An individual preparing a claim for a refund for a taxpayer in response to:
    a. A notice of deficiency issued to the taxpayer.
    b. A waiver of restriction on assessment after initiating an audit of the taxpayer or another taxpayer if the audit determines the other taxpayer affects, directly or indirectly, the taxpayer's liability.
12. A person who prepares a return or claim for a refund for a taxpayer with no explicit or implicit agreement for compensation, even if the person receives an insubstantial gift, return service, or favor.

Part 3 Review Questions

To obtain the maximum benefit from this chapter, LTP recommends that you complete each of the following questions, and then compare them to the answers with feedback that immediately follows. Under governing self-study standards, vendors are required to present review questions intermittently throughout each self-study course.

These questions and explanations are not part of the final examination and will not be graded by LTP.

DDPP3.1
Fernando prepared Andres and Alberto's partnership return. Alberto sued Andres for misrepresentation of income for their partnership. Which of the partners can Fernando represent before the IRS?

a. Fernando can represent them both since he knows the truth about both.
b. Fernando cannot represent either one since it will be a conflict of interest.
c. Fernando can represent either one if both have given him consent to do so.
d. Fernando must keep the consent form when a disagreement is in place.

DDPP3.2
Tax return positions are the strategies chosen when preparing a tax return. To perform their task, what must a paid tax preparer do?

a. Guide taxpayers in figuring out the proper positions for their return.
b. Perform due diligence and ensure the accuracy of the positions taken on the return and claim for refund.
c. Choose the positions that best help the taxpayer while still complying with IRS guidelines.
d. All the options.

9. Una persona que prepara una declaración o reclamo de reembolso de un contribuyente, o un funcionario, socio general, miembro, accionista o empleado de un contribuyente, por quien la persona es empleada regular y continuamente, remunerada o en el que la persona es un socio general.

10. Una persona que prepara una declaración o reclamo de reembolso para un fideicomiso, sucesión u otra entidad, de la cual la persona es fiduciaria o es un funcionario, socio general o empleado del fiduciario.

11. Una persona que prepara un reclamo de reembolso para un contribuyente en respuesta a:
    a. Un aviso de deficiencia emitido al contribuyente.
    b. Una renuncia a la restricción sobre la evaluación después de iniciar una auditoría del contribuyente o de otro contribuyente si la auditoría determina que el otro contribuyente afecta, directa o indirectamente, la responsabilidad del contribuyente.

12. La persona que prepara una declaración o reclamo de reembolso para un contribuyente sin acuerdo explícito o implícito de remuneración, aun cuando la persona reciba un obsequio, servicio de declaración o favor insustancial.

Parte 3 Preguntas de Repaso

Para obtener el máximo beneficio de este curso, LTP recomienda que complete cada una de las preguntas a continuación, y luego las compare con las respuestas de los comentarios que se proporcionan posteriormente. Según las normativas reguladoras de autoaprendizaje, los proveedores deben presentar preguntas de repaso de manera intermitente a lo largo de cada curso de autoaprendizaje.

Estas preguntas y explicaciones no son parte del examen final y no serán calificadas por LTP.

DDPP3.1
Fernando preparó la declaración de la sociedad de Andrés y Alberto. Alberto demandó a Andrés por tergiversación de ingresos de su sociedad. ¿A cuál de los socios puede representar Fernando ante el IRS?

   a. Fernando puede representarlos a ambos, ya que sabe la verdad sobre ambos.
   b. Fernando no puede representar a ninguno de los dos ya que será un conflicto de intereses.
   c. Fernando puede representar a cualquiera de los dos si ambos le han dado su
   d. Fernando debe conservar el formulario de consentimiento cuando exista un desacuerdo.

DDPP3.2
Las posturas de declaración de impuestos son las estrategias elegidas al preparar una declaración de impuestos. Para realizar su tarea, ¿qué debe hacer un preparador de impuestos pagado?

   a. Guiar a los contribuyentes para que determinen las posturas adecuadas para su declaración.
   b. Realizar la debida diligencia y garantizar la fiabilidad de las posturas adoptadas en la declaración y reclamo de reembolso.
   c. Elegir las posturas que mejor ayuden al contribuyente sin dejar de cumplir con las directrices del IRS.
   d. Todas las opciones.

DDPP3.3

Which of the following due diligence should a tax preparer carry out?

1. Prepare and file accurate tax returns.
2. Rely on work of another individual.
3. Ask additional questions.
4. Understand tax positions.

a. 1 and 2
b. 1, 2, and 4
c. 2, 3, and 4
d. 1, 2, and 3

DDPP3.4

Which of the following representation rights automatically has an ending date?

a. Form 8821
b. Form 2848
c. Third Party Designee
d. AFTR Course

DDPP3.5

Alexandria is preparing Gloria's tax return. Gloria has a small house cleaning business. Which of these additional questions is not something Alexandria should ask Gloria to ensure she has the business?

a. Gloria, do you have a business license?
b. Gloria, do you have bank statements that show your earned income?
c. Gloria, did you receive any 1099MISC Forms?
d. Gloria, how many dependents do you have?

DDPP3.6

Ruth, an unenrolled preparer, wants to open her own tax preparation business and needs to know where to find guidelines and standards for her tax preparation business. Which of the following would be the best resource?

a. California Tax Education Council Website
b. Circular 230
c. From her friend Jennifer who has just been sanctioned by the IRS
d. From her insurance agent who is also a tax preparer

2DDPP3.3

¿Cuál de las siguientes diligencias debidas debe llevar a cabo un preparador de impuestos?

1. Preparar y presentar declaraciones de impuestos precisas.
2. Confiar en el trabajo de otra persona.
3. Hacer preguntas adicionales.
4. Comprender las posturas fiscales.

a. 1 y 2
b. 1, 2, y 4
c. 2, 3, y 4
d. 1, 2, y 3

DDPP3.4

¿Cuál de los siguientes no es un requisito de competencia?

a. Preparación para participar en asuntos fiscales.
b. Conocimiento necesario.
c. Habilidades necesarias.
d. Minuciosidad.
e. Desprestigio.

DDPP3.5

El preparador de impuestos pagado debe ejercer _____ al preparar declaraciones de impuestos y determinar _____ de las declaraciones hechas por ellos mismos a sus clientes o al IRS.

a. debida diligencia; nivel de exactitud.
b. regularmente; de forma precisa.
c. buena fe; evaluación.
d. debida diligencia; fidelidad.

DDPP3.6

Ruth, una preparadora no inscrita, quiere abrir su propio negocio de preparación de impuestos y necesita saber dónde encontrar directrices y estándares para su negocio de preparación de impuestos. ¿Cuál de los siguientes sería la mejor fuente?

a. Sitio web del Consejo de Educación Tributaria de California.
b. Circular 230.
c. De su amiga Jennifer, quien recientemente fue multada por el IRS.
d. De su agente de seguros que también es preparador de impuestos.

DDPP3.7
Which of the following is not considered the tax preparer?

a. An official or employee of the Internal Revenue Service (IRS) performing official duties.
b. An individual providing only typing, reproduction, or other mechanical assistance in the preparation of a return or claim for a refund.
c. A person who prepares a return or claim for refund for a taxpayer with no explicit or implicit agreement for compensation, even if the person receives an insubstantial gift, return service, or favor.
d. A person who inputs tax information prepared by the taxpayer, does not give tax advice to the client or exercise any discretion or independent judgment on any tax positions; he or she only inputs and reviews the information, signs, and submits the return.

DDPP3.8
Any individual or individuals who share principal authority will be subject to discipline for failing in of the following ways through willfulness, recklessness, or gross incompetence except which?

a. The individual does not take reasonable steps to ensure the procedures of the firm are adequate.
b. The individual does not take reasonable steps to ensure the firm's procedures are properly followed.
c. The individual does not take a federal tax refresher course to stay current in federal tax law updates.
d. The individual fails to take prompt action to correct any noncompliance despite knowing that one or more individuals associated with or employed by

DDPP3.9
Martha prepared Abel's 2022 tax return. Abel has decided not to have Martha prepare his tax return and asked for his tax records to be returned to him. Which of the following scenarios is correct with respect to Abel requesting his records from Martha?

a. Martha may never return records to Abel even though he has requested them
b. Martha and Abel or in a dispute over fees, so Martha can keep Abel's records
c. Martha must promptly return to Abel his records, even if there is a dispute over fees
d. Martha has three months to return Abel's records to him, once she has received the request

DDPP3.7

¿Cuál de los siguientes no se considera como preparador de impuestos?

   a. Un funcionario o empleado del Servicio de Impuestos Internos (IRS) que desempeña funciones oficiales.
   b. Una persona que proporciona simplemente transcripción, reproducción u otra asistencia mecánica en la preparación de una declaración o reclamo de reembolso.
   c. La persona que prepara una declaración o reclamo de reembolso para un contribuyente sin acuerdo explícito o implícito de remuneración, aun cuando la persona reciba un obsequio, servicio de declaración o favor insustancial.
   d. Una persona que ingresa información fiscal preparada por el contribuyente no brinda asesoramiento fiscal al cliente ni ejerce ninguna discreción o juicio independiente sobre ninguna postura fiscal; solo ingresa y revisa la información, firma y presenta la declaración.

DDPP3.8

Cualquier persona o personas que compartan la autoridad principal estarán sujetas a medidas disciplinarias por incumplir las siguientes formas por voluntad, imprudencia o incompetencia grave, ¿excepto cuál?

   a. La persona no toma medidas razonables para garantizar que los procedimientos de la empresa sean adecuados.
   b. La persona no toma medidas razonables para garantizar que los procedimientos de la empresa se sigan correctamente.
   c. La persona no toma un curso de actualización de impuestos federales para mantenerse actualizado en las actualizaciones de la ley de impuestos federales.
   d. La persona no toma medidas inmediatas para corregir cualquier incumplimiento a pesar de saber que una o más personas están asociadas o empleadas con la persona.

DDPP3.9

Martha preparó la declaración de impuestos de 2022 de Abel. Abel ha decidido no pedirle a Martha que prepare su declaración de impuestos y le pidió que le devolviera sus registros impositivos. ¿Cuál de los siguientes escenarios es correcto en caso de que Abel le solicite a Martha sus registros?

   a. Martha puede que nunca le devuelva los registros a Abel aunque se los haya solicitado.
   b. Martha y Abel tienen una disputa por honorarios, por lo que Martha puede guardar los registros de Abel.
   c. Martha debe devolver de inmediato a Abel sus registros, incluso si hay una disputa sobre los honorarios.
   d. Martha tiene tres meses para devolverle los registros de Abel, una vez que ha recibido la solicitud.

DDPP3.10

Maria prepared a tax return for Jose, who claimed to have 3 children. He was unable to remember all the children's birthdays and their social security numbers were written on paper. Which of the following is not an EITC due diligence requirement?

a. Maria should ask additional questions and make sure the answers are documented and saved with the tax return.
b. Maria should complete Form 8867 and make sure that the form is submitted electronically with the tax return
c. Jose needs to mail his tax return in; Maria needs to make sure that Form 8867 is attached to the return being mailed
d. Maria only needs to make sure that the tax return is completed

Part 3 Review Questions Answers

DDPP3.1

Fernando prepared Andres and Alberto's partnership return. Alberto sued Andres for misrepresentation of income for their partnership. Which of the partners can Fernando represent before the IRS?

a. Fernando can represent them both since he knows the truth about both.
b. Fernando cannot represent either one since it will be a conflict of interest.
c. Fernando can represent either one if both have given him consent to do so.
d. Fernando must keep the consent form when a disagreement is in place.

Feedback: Please reread *Conflict of Interest*.

DDPP3.2

Tax return positions are the strategies chosen when preparing a tax return. To perform their task, what must a paid tax preparer do?

a. Guide taxpayers in figuring out the proper positions for their return.
b. Perform due diligence and ensure the accuracy of the positions taken on the return and claim for refund.
c. Choose the positions that best help the taxpayer while still complying with IRS guidelines.
d. All the options.

Feedback: Please reread *Tax Return Positions*.

DDPP3.10

María preparó una declaración de impuestos para José, quien afirmó tener 3 hijos. No podía recordar todos los cumpleaños de los hijos y tenía sus números de seguro social escritos en una hoja de papel. ¿Cuál de los siguientes no es un requisito de debida diligencia del EITC?

    a. María debe hacer preguntas adicionales y asegurarse de que las respuestas estén documentadas y guardadas con la declaración de impuestos.

    b. María debe completar el Formulario 8867 y asegurarse de que el formulario se envíe electrónicamente junto con la declaración de impuestos.

    c. José necesita enviar por correo su declaración de impuestos; María debe asegurarse de que el Formulario 8867 se adjunte a la declaración que se está enviando por correo.

    d. María solo necesita asegurarse de que se complete la declaración de impuestos.

Parte 3 Respuestas a las preguntas de repaso

DDPP3.1

Fernando preparó la declaración de la sociedad de Andrés y Alberto. Alberto demandó a Andrés por tergiversación de ingresos de su sociedad. ¿A cuál de los socios puede representar Fernando ante el IRS?

    a. Fernando puede representarlos a ambos, ya que sabe la verdad sobre ambos.

    b. Fernando no puede representar a ninguno de los dos ya que será un conflicto de intereses.

    c. Fernando puede representar a cualquiera de los dos si ambos le han dado su consentimiento para hacerlo.

    d. Fernando debe conservar el formulario de consentimiento cuando exista un desacuerdo.

Comentarios: Revise la sección *Conflicto de intereses*.

DDPP3.2

Las posturas de declaración de impuestos son las estrategias elegidas al preparar una declaración de impuestos. Para realizar su tarea, ¿qué debe hacer un preparador de impuestos pagado?

    a. Guiar a los contribuyentes para que determinen las posturas adecuadas para su declaración.

    b. Realizar la debida diligencia y garantizar la fiabilidad de las posturas adoptadas en la declaración y reclamo de reembolso.

    c. Elegir las posturas que mejor ayuden al contribuyente sin dejar de cumplir con las directrices del IRS.

    d. Todas las opciones.

Comentarios: Revise la sección *Posturas de declaración de impuestos*.

DDPP3.3
Which of the following due diligence should a tax preparer carry out?

1. Prepare and file accurate tax returns.
2. Rely on the work of another individual.
3. Ask additional questions.
4. Understand tax positions.

a. 1 and 2
b. 1, 2, and 4
c. 2, 3, and 4
d. 1, 2, and 3

Feedback: Please reread *Who Prepared the Return?*

DDPP3.4
Which of the following representation rights automatically has an ending date?

a. Form 8821
b. Form 2848
c. **Third Party Designee**
d. AFTR Course

Feedback: Please reread *Who Prepared the Return?*

DDPP3.5
Alexandria is preparing Gloria's tax return. Gloria has a small house cleaning business. Which of these additional questions is not something Alexandria should ask Gloria to ensure she has the business?

a. Gloria, do you have a business license?
b. Gloria, do you have bank statements that show your earned income?
c. Gloria, did you receive any 1099MISC Forms?
d. Gloria, how many dependents do you have?

Feedback: Please reread *Who Prepared the Return?*

DDPP3.6
Ruth, an unenrolled preparer, wants to open her own tax preparation business and needs to know where to find guidelines and standards for her tax preparation business. Which of the following would be the best resource?

a. California Tax Education Council Website
b. Circular 230
c. From her friend Jennifer who has just been sanctioned by the IRS
d. From her insurance agent who is also a tax preparer

Feedback: Please reread *Personal Tax Compliance Responsibilities*.

DDPP3.3
¿Cuál de las siguientes diligencias debidas debe llevar a cabo un preparador de impuestos?

    1. Preparar y presentar declaraciones de impuestos precisas.
    2. Confiar en el trabajo de otra persona.
    3. Hacer preguntas adicionales.
    4. Comprender las posturas fiscales.

    a. 1 y 2
    b. 1, 2 y 4
    c. 2, 3 y 4
    d. 1, 2 y 3

Comentarios: Revise la sección *¿Quién preparó la declaración?*

DDPP3.4

¿Cuál de los siguientes no es un requisito de competencia?

    a. Preparación para participar en asuntos fiscales.
    b. Conocimiento necesario.
    c. Habilidades necesarias.
    d. Minuciosidad.
    e. Desprestigio.

Comentarios: Revise la sección *Competencia.*

DDPP3.5
El preparador de impuestos pagado debe ejercer _____ al preparar declaraciones de impuestos y determinar _____ de las declaraciones hechas por ellos mismos a sus clientes o al IRS.

    a. debida diligencia; nivel de exactitud.
    b. regularmente; de forma precisa.
    c. buena fe; evaluación.
    d. debida diligencia; fidelidad.

Comentarios: Revise la sección *Debida diligencia.*

DDPP3.6
Ruth, una preparadora no inscrita, quiere abrir su propio negocio de preparación de impuestos y necesita saber dónde encontrar directrices y estándares para su negocio de preparación de impuestos. ¿Cuál de los siguientes sería la mejor fuente?

    a. Sitio web del Consejo de Educación Tributaria de California.
    b. Circular 230
    c. De su amiga Jennifer, quien recientemente fue multada por el IRS.
    d. De su agente de seguros que también es preparador de impuestos.

Comentarios: Revise la sección *Competencia.*

DDPP3.7

Which of the following is not considered the tax preparer?

    a. An official or employee of the Internal Revenue Service (IRS) performing official duties.

    b. An individual providing only typing, reproduction, or other mechanical assistance in the preparation of a return or claim for a refund.

    c. A person who prepares a return or claim for refund for a taxpayer with no explicit or implicit agreement for compensation, even if the person receives an insubstantial gift, return service, or favor.

    d. A person who inputs tax information prepared by the taxpayer, does not give tax advice to the client or exercise any discretion or independent judgment on any tax positions; he or she only inputs and reviews the information, signs, and submits the return.

Feedback: Please reread *Who preparers the Taxreturn?*

DDPP3.8

Any individual or individuals who share principal authority will be subject to discipline for failing in of the following ways through willfulness, recklessness, or gross incompetence except which?

    a. The individual does not take reasonable steps to ensure the procedures of the firm are adequate.

    b. The individual does not take reasonable steps to ensure the firm's procedures are properly followed.

    c. The individual does not take a federal tax refresher course to stay current in federal tax law updates.

    d. The individual fails to take prompt action to correct any noncompliance despite knowing that one or more individuals associated with or employed by

Feedback: Please reread *Competence.*

DDPP3.9

Martha prepared Abel's 2022 tax return. Abel has decided not to have Martha prepare his tax return and asked for his tax records to be returned to him. Which of the following scenarios is correct with respect to Abel requesting his records from Martha?

    a. Martha may never return records to Abel even though he has requested them

    b. Martha and Abel or in a dispute over fees, so Martha can keep Abel's records

    c. Martha must promptly return to Abel his records, even if there is a dispute over fees

    d. Martha has three months to return Abel's records to him, once she has received the request

Feedback: Please reread *Clients Records.*

DDPP3.7

¿Cuál de los siguientes no se considera como preparador de impuestos?

    a. Un funcionario o empleado del Servicio de Impuestos Internos (IRS) que desempeña funciones oficiales.

    b. Una persona que proporciona simplemente transcripción, reproducción u otra asistencia mecánica en la preparación de una declaración o reclamo de reembolso.

    c. La persona que prepara una declaración o reclamo de reembolso para un contribuyente sin acuerdo explícito o implícito de remuneración, aun cuando la persona reciba un obsequio, servicio de declaración o favor insustancial.

    d. Una persona que ingresa información fiscal preparada por el contribuyente no brinda asesoramiento fiscal al cliente ni ejerce ninguna discreción o juicio independiente sobre ninguna postura fiscal; solo ingresa y revisa la información, firma y presenta la declaración.

Comentarios: Revise la sección *Posturas de declaración de impuestos.*

DDPP3.8

Cualquier persona o personas que compartan la autoridad principal estarán sujetas a medidas disciplinarias por incumplir las siguientes formas por voluntad, imprudencia o incompetencia grave, ¿excepto cuál?

    a. La persona no toma medidas razonables para garantizar que los procedimientos de la empresa sean adecuados.

    b. La persona no toma medidas razonables para garantizar que los procedimientos de la empresa se sigan correctamente.

    c. La persona no toma un curso de actualización de impuestos federales para mantenerse actualizado en las actualizaciones de la ley de impuestos federales.

    d. La persona no toma medidas inmediatas para corregir cualquier incumplimiento a pesar de saber que una o más personas están asociadas o empleadas con la persona.

Comentarios: Revise la sección *Responsabilidades de supervisión.*

DDPP3.9

Martha preparó la declaración de impuestos de 2022 de Abel. Abel ha decidido no pedirle a Martha que prepare su declaración de impuestos y le pidió que le devolviera sus registros impositivos. ¿Cuál de los siguientes escenarios es correcto en caso de que Abel le solicite a Martha sus registros?

    a. Martha puede que nunca le devuelva los registros a Abel aunque se los haya solicitado.

    b. Martha y Abel tienen una disputa por honorarios, por lo que Martha puede guardar los registros de Abel.

    c. Martha debe devolver de inmediato a Abel sus registros, incluso si hay una disputa sobre los honorarios.

    d. Martha tiene tres meses para devolverle los registros de Abel, una vez que ha recibido la solicitud.

Comentarios: Revise la sección *Registros de clientes.*

DDPP3.10

Maria prepared a tax return for Jose, who claimed to have 3 children. He was unable to remember all the children's birthdays and their social security numbers were written on paper. Which of the following is not an EITC due diligence requirement?

    a. Maria should ask additional questions and make sure the answers are documented and saved with the tax return.
    b. Maria should complete Form 8867 and make sure that the form is submitted electronically with the tax return.
    c. Jose needs to mail his tax return in; Maria needs to make sure that Form 8867 is attached to the return being mailed.
    d. Maria only needs to make sure that the tax return is completed.

Feedback: Please reread *Who prepared the Return?*

Part 4 Preparer Penalties

The IRS has the authority to penalize the tax preparer for not being compliant with their due diligence in preparing a tax return with the following:

1. Earned Income Credit (EIC).
2. Child Tax Credit (CTC).
3. Additional Child Tax Credit (ACTC).
4. Other Dependent Credit (ODC).
5. American Opportunity Tax Credit (AOTC).
6. Head of Household Status

Although the ODC, is not refundable it is still a credit that one needs to ask questions about the dependent.

When completing Form 8867 the preparer should not just mark the question yes or no without asking the taxpayer. Don't assume that the questions are the same from year to year. Form 8867 is the form that determine in the tax preparer completed their due diligence in asking the appropriate questions. Compiling Taxpayers Information will guide you in identifying questions to help you determine if the taxpayer truly qualify for the credits and filing status. As a beginner preparer, you will soon find out that the taxpayer has learned to work the system. Your job is to ask and document the taxpayers' answers to your questions.

Failure to Furnish Tax Return Copy to Taxpayer

The penalty for the paid tax preparer is $50 for each failure to comply with IRC §6107 regarding furnishing a copy of a return or claim to a taxpayer. The maximum penalty imposed on any tax return preparer shall not exceed $27,000 (tax year 2022) in a calendar year. See IRC, §6695(a).

Failure to Sign Return

The penalty for each failure to sign a return or claim for refund as required by regulations is $50 for the paid tax preparer. The maximum penalty imposed on any tax return preparer shall not exceed $27,000 (tax year 2022) in a calendar year. See IRC, §6695(b).

DDPP3.10

María preparó una declaración de impuestos para José, quien afirmó tener 3 hijos. No podía recordar todos los cumpleaños de los hijos y tenía sus números de seguro social escritos en una hoja de papel. ¿Cuál de los siguientes no es un requisito de debida diligencia del EITC?

    a. María debe hacer preguntas adicionales y asegurarse de que las respuestas estén documentadas y guardadas con la declaración de impuestos.

    b. María debe completar el Formulario 8867 y asegurarse de que el formulario se envíe electrónicamente junto con la declaración de impuestos.

    c. José necesita enviar por correo su declaración de impuestos; María debe asegurarse de que el Formulario 8867 se adjunte a la declaración que se está enviando por correo.

    d. María solo necesita asegurarse de que se complete la declaración de impuestos.

Comentarios: Revise la sección *Registros de clientes*.

Parte 4: Multas al preparador

El IRS tiene la autoridad de penalizar al preparador de impuestos por no cumplir con su debida Diligencia en la preparación de una declaración de impuestos con lo siguiente:

1. Crédito por Ingreso del Trabajo (EIC).
2. Crédito tributario por hijos (CTC).
3. Crédito tributario adicional por hijos (ACTC).
4. Otros créditos dependientes (ODC).
5. American Opportunity Tax Credit (AOTC).
6. Condición de cabeza de familia

Aunque el ODC, no es reembolsable, sigue siendo un crédito que uno necesita hacer preguntas sobre el dependiente.

Al completar el Formulario 8867, el preparador no debe simplemente marcar la pregunta sí o no sin preguntarle al contribuyente. No asuma que las preguntas son las mismas de un año a otro. El Formulario 8867 es el formulario que determina que el preparador de impuestos completó su debida diligencia al hacer las preguntas apropiadas. La recopilación de información del contribuyente lo guiará en la identificación de preguntas para ayudarlo a determinar si el contribuyente realmente califica para los créditos y el estado civil. Como preparador principiante, pronto descubrirá que el contribuyente ha aprendido a trabajar el sistema. Su trabajo es preguntar y documentar las respuestas de los contribuyentes a sus preguntas.

No entregar la copia de la declaración de impuestos al contribuyente

La multa para el preparador de impuestos pagado es de $50 por cada incumplimiento de la sección §6107 del IRC en relación con la entrega de una copia de una declaración o reclamación a un contribuyente. La multa máxima impuesta a cualquier preparador de declaraciones de impuestos no deberá exceder los $27,000 (año fiscal 2022) en un año calendario. Consulte la sección §6695(a) del IRC.

No firmar la declaración

La multa por cada omisión de la firma de una declaración o reclamo de reembolso como lo requieren los reglamentos es de $50 para el preparador de impuestos pagado. La multa máxima impuesta a cualquier preparador de declaraciones de impuestos no deberá exceder los $27,000 (año fiscal 2022) en un año calendario. Consulte la sección §6695(b) del IRC.

A tax return is not considered to be valid unless the return has been signed. If the filing status is MFJ, both the taxpayer and spouse must sign the return. If the taxpayer and spouse have a representative sign the return for them, Form 2848 must be attached. If the taxpayer is filing a joint return, and he/she is the surviving spouse, the taxpayer must sign the return stating he/she is filing as the surviving spouse. The taxpayer and spouse (if filing jointly) must make sure to date the return and enter their occupation(s) and a daytime phone number. See Publication 501 and IRC §6695(b).

If the taxpayer received an identity protection PIN (IP PIN), he/she would enter it in the boxes. The tax professional does not enter it for the taxpayer. If the taxpayer has misplaced his/her IP PIN, the taxpayer should notify the IRS by telephone at 1-800-908-4490. The IP PIN is a 6-digit number.

When filing the return electronically, the return must still be signed using a personal identification number (PIN)—this is not the same number as the IP PIN. There are two ways to enter the PIN: self-select or practitioner PIN. The self-select PIN method allows the taxpayer and spouse (if filing jointly) to create their own PIN and enter it as their electronic signature. The practitioner PIN method allows the taxpayer to authorize the tax practitioner to generate or enter the PIN for the taxpayer(s). A PIN is a five-digit combination that can be any number except all zeros.

Señor 1040 Says: There is a difference between the electronically-filed PIN and the IP PIN. Do not mix up these numbers.

Preparers Failure to Furnish Identifying Number

The penalty for each failure to comply with IRC §6109(a)(4) regarding furnishing an identifying number on a return or claim is $50. The maximum penalty imposed on any tax return preparer shall not exceed $27,000 (tax year 2022) in a calendar year. See IRC §6695(c).

Preparer's Failure to Retain a Copy or List of Tax Return

The penalty is $50 for each failure to comply with IRC §6107(b) regarding retaining a copy or list of a return or claim. The maximum penalty imposed on any tax return preparer shall not exceed $27,000 in a return period. See IRC §6695(d). This list is what tax returns you completed for the current tax year. The preparer must maintain records for 4 years.

Preparers Filing Information Returns Incorrectly

If the tax professional is negligent or intentionally files incorrect information returns, the penalty is $50 per return or item on the return, with a maximum penalty of $27,000 (tax year 2022). See IRC §6695(e).

Una declaración de impuestos no se considera válida a menos que haya sido firmada. Si el estado civil de declaración es MFJ, tanto el contribuyente como el cónyuge deben firmar la declaración. Si el contribuyente y su cónyuge tienen un representante que firma la planilla por ellos, deberán adjuntar el Formulario 2848. Si el contribuyente presenta la planilla conjunta y es el cónyuge sobreviviente, debe firmar la planilla indicando que declara como cónyuge sobreviviente. El contribuyente y el cónyuge (si presentan una declaración conjunta) deben asegurarse de colocar la fecha en la declaración e ingresar su(s) ocupación(es) y un número de teléfono durante el día. Consulte la Publicación 501 y la sección §6695(b) del IRC.

Si el contribuyente recibe un PIN de protección de identidad (PIN de IP), lo debe ingresar en las casillas. El profesional de impuestos no lo ingresa por el contribuyente. Si el contribuyente extravió su PIN de IP, debe notificar al IRS por teléfono al 1-800-908-4490. El PIN de IP es un número de 6 dígitos.

Al presentar la declaración de forma electrónica, esta aún debe estar firmada con un número de identificación personal (PIN), que no es el mismo número PIN de IP. Hay dos formas de anotar el PIN: PIN de selección automática o del profesional. El método de PIN de selección automática permite que el contribuyente y el cónyuge (si presentan una declaración conjunta) creen su propio PIN y lo ingresen como su firma electrónica. El método de PIN del profesional permite que el contribuyente autorice al profesional de impuestos a generar o ingresar el PIN para el(los) contribuyente(s). Un PIN es una combinación de cinco dígitos que puede incluir cualquier número excepto el cero.

El señor 1040 dice: Existe una diferencia entre el PIN presentado de forma electrónica y el PIN de IP. No mezcle estos números.

Los preparadores no proporcionaron el número de identificación

La multa por cada incumplimiento de la sección §6109(a)(4) del IRC en relación con el suministro de un número de identificación en una declaración o solicitud de reintegro es de $50. La multa máxima impuesta a cualquier preparador de declaraciones de impuestos no deberá exceder los $27,000 (año fiscal 2022) en un año calendario. Consulte la sección §6695(c) del IRC.

El preparador no conserva una copia o una lista de la declaración de impuestos

La multa es de $50 por cada incumplimiento de la sección §6107(b) del IRC con respecto a la retención de una copia o lista de una declaración o solicitud de reintegro. La multa máxima impuesta a cualquier preparador de declaraciones de impuestos no excederá los $27,000 en un período de declaración. Consulte la sección §6695(d) del IRC. En esta lista figuran las declaraciones de impuestos que ha completado para el ejercicio fiscal en curso. El preparador debe mantener los registros durante 4 años.

Preparadores que presentan declaraciones informativas de forma incorrecta

Si el profesional de impuestos es negligente o intencionalmente presenta declaraciones con información incorrecta, la multa es de $50 por declaración o ítem en la declaración, con una multa máxima de $27,000 (año fiscal 2022). Consulte la sección §6695(e) del IRC.

Preparer Endorses Others Checks

If the tax preparer endorses or negotiates any check payable to another person, the penalty is $545.00 per check. See IRC §6695(f).

Failure to be Thorough in Due Diligence

If the tax preparer prepares an erroneous tax return for a head of household filing status and is claiming any of the following credits:

➤ Additional Child Tax Credit (ACTC) and Child Tax Credit (CTC)
➤ American Opportunity Credit (AOC)
➤ Earned income Tax Credit (EITC)
➤ Lifetime Learning Credit

See IRC §6695(g).

Preparer's Fraud and False Statements

Guilty of a felony and, upon conviction, a fine of not more than $100,000 ($500,000 in the case of a corporation), imprisonment of not more than three years, and are required to pay for the cost of prosecution. See IRC §7206.

Preparer's Fraudulent Returns, Statements, or Other Documents

Guilty of a misdemeanor and, upon conviction, a fine of not more than $10,000 ($50,000 in the case of a corporation), imprisonment of not more than one year. See IRC §7207.

Preparer's Disclosure or Use of Information of Client's Tax Return

Guilty of a misdemeanor for knowingly or recklessly disclosing information furnished about a tax return or using such information for any purpose other than preparing or assisting in the preparation of such return. Upon conviction, the tax preparer will receive a fine of not more than $1,000, imprisonment for not more than one year, or both as well as paying the costs of prosecution. See IRC §7216.

Preparer's Incompetence and Disreputable Conduct

The following is a summary of what is incompetence and disreputable conduct for which a practitioner may be sanctioned. The following was extracted from Circular 230 §10.51.

1. Conviction of any criminal offense under federal tax laws.
2. Conviction of any criminal offense involving dishonesty or breach of trust.
3. Conviction of any felony under federal or state law for which the conduct involved renders the practitioner unfit to practice before the IRS.
4. Giving false or misleading information or participating in any way in the giving of false or misleading information to the Department of the Treasury or any officer or employee.

El preparador endosa otros cheques

Si el preparador de impuestos endosa o negocia cualquier cheque pagadero a otra persona, la multa es de $545.00 por cheque. Consulte la sección §6695(f) del IRC.

No ser exhaustivo en la debida diligencia

Si el preparador de impuestos prepara una declaración de impuestos errónea para un estado civil de cabeza de familia y reclama cualquiera de los siguientes créditos:

> ➢ Crédito Tributario Adicional por Hijos (ACTC) y Crédito Tributario por Hijos (CTC)
> ➢ Crédito de Oportunidad Estadounidense (AOC)
> ➢ Crédito Tributario por Ingreso del Trabajo (EITC)
> ➢ Crédito de aprendizaje de por vida

Consulte la sección §6695(g) del IRC.

Fraude y declaraciones falsas del preparador

Culpable de un delito grave y, en caso de condena, una multa de no más de $100,000 ($500,000 en el caso de una empresa), una pena de prisión no superior a tres años, y deberá pagar los gastos de enjuiciamiento. Consulte la sección §7206 del IRC.

Declaraciones, estados de cuenta u otros documentos fraudulentos del preparador

Culpable de un delito menor y, en caso de condena, una multa de no más de $10,000 ($50,000 en el caso de una sociedad), encarcelamiento de no más de un año. Consulte la sección §7207 del IRC.

Divulgación o uso de la información de la declaración de impuestos del cliente por los preparadores.

Culpable de un delito menor por divulgar deliberadamente o de forma imprudente la información proporcionada sobre una declaración de impuestos o por usar dicha información para cualquier otro propósito que no sea la preparación o asistencia en la preparación de dicha declaración. En caso de condena, el preparador de impuestos recibirá una multa de no más de $1,000, encarcelamiento por no más de un año, o ambos, además de pagar los gastos de enjuiciamiento. Consulte la sección §7216 del IRC.

Incompetencia y conducta de mala reputación del preparador

El siguiente es un resumen de lo que es la incompetencia y la conducta de mala reputación por las cuales un profesional puede ser sancionado. Lo siguiente fue extraído de la Circular 230 §10.51.

1. Condena por cualquier delito penal en virtud de las leyes fiscales federales.
2. Condena por cualquier delito penal que implique deshonestidad o abuso de confianza.
3. Condena por cualquier delito grave bajo la ley federal o estatal por la cual la conducta involucrada hace que el profesional no sea apto para ejercer ante el IRS.
4. Dar información falsa o engañosa o participar de cualquier manera en dar información falsa o engañosa al Departamento del Tesoro o a cualquier funcionario o empleado.

5. Solicitation of employment as prohibited under section §10.30, the use of false or misleading representations with intent to deceive a client or prospective client to gain employment or insinuate that the practitioner can obtain special consideration with the IRS, or any officer or employee.
6. Willfully failing to make a federal tax return in violation of the federal tax laws or willfully evading or attempting to evade any assessment or payment of any federal tax.
7. Willfully assisting, counseling, encouraging a client or prospective client to violate any federal tax law, or knowingly counseling or suggesting to a client an illegal plan to evade paying federal tax.
8. Misappropriation of, or failure to remit properly or promptly, funds received from a client for the payment of taxes or other obligations due the United States.
9. Directly or indirectly attempting to influence or offer or agree to attempt to influence the official action of any officer or employee of the IRS using threats, false accusations, duress, or coercion, or any special inducement or promise of an advantage or by bestowing of any gift, favor, or item of value.
10. Disbarment or suspension from practice as an attorney, certified public accountant, public accountant, or actuary by any duly constituted authority of any state, territory, or possession of the United States, including a commonwealth or the District of Columbia, any federal court of record, or any federal agency, body, or board.
11. Knowingly aiding and abetting another person to practice before the IRS during a suspension, disbarment, or ineligibility of such other individual.
12. Contemptuous conduct in connection with practice before the IRS, including the use of abusive language, making false accusations or statements, knowing them to be false, or circulating or publishing malicious or libelous matter.
13. Giving a false opinion, knowingly recklessly or through gross incompetence including an opinion that is intentionally or recklessly misleading or engaging in a pattern of providing incompetent opinions on questions arising from federal tax laws.
14. Willfully failing to sign a tax return prepared by the practitioner when the practitioner's signature is required by federal tax laws unless the failure is due to reasonable cause and not due to neglect.
15. Willfully disclosing or otherwise using a tax return or tax return information in a manner not authorized by the IRC, contrary to the order of a court of competent jurisdiction or contrary to the order of an administrative law judge in a proceeding instituted under §10.60.
16. Willfully failing to file on magnetic or other electronic media a tax return prepared by the practitioner when the practitioner is required to do so by federal tax laws unless the failure is due to reasonable cause and not due to neglect.
17. Willfully preparing all or substantially all, or signing, a tax return or claim for refund when the practitioner does not possess a current or otherwise valid PTIN or other prescribed identifying number.
18. Willfully representing a taxpayer before an officer or employee of the IRS unless the practitioner is authorized to do so.

Depending on which of the above incompetence and disreputable conduct is how the penalty would be assessed. For example, if the preparer understated based on unreasonable position the penalty could be the greater of $250 or 50% of income obtained.

5. Captación de empleo según se prohíbe en la sección §10.30, el uso de declaraciones falsas o engañosas con la intención de engañar a un cliente o posible cliente para obtener un empleo o insinuar que el profesional puede obtener una consideración especial con el IRS o con cualquier funcionario o empleado.

6. Dejar deliberadamente de hacer una declaración de impuestos federal en violación de las leyes de impuestos federales o evadir o intentar evadir deliberadamente cualquier evaluación o pago de cualquier impuesto federal.

7. Asistir, asesorar, alentar deliberadamente a un cliente o cliente potencial a violar cualquier ley fiscal federal, o asesorar o sugerir deliberadamente a un cliente un plan ilegal para evadir el pago de impuestos federales.

8. Apropiarse indebidamente o no enviar de forma adecuada u oportuna los fondos recibidos de un cliente para el pago de impuestos u otras obligaciones adeudadas a los Estados Unidos.

9. Intentar influenciar directa o indirectamente u ofrecer o aceptar intentar influenciar la acción oficial de cualquier funcionario o empleado del IRS usando amenazas, acusaciones falsas, coacción o coerción, o cualquier incentivo especial o promesa de una ventaja u otorgar cualquier regalo, favor o artículo de valor.

10. Inhabilitación o suspensión de la práctica como abogado, contador público certificado, contador público o actuario por parte de cualquier autoridad debidamente constituida de cualquier estado, territorio o posesión de los Estados Unidos, incluida el Estado Libre Asociado o el Distrito de Columbia, cualquier tribunal federal de registro o cualquier agencia, organismo o junta federal.

11. Ayudar e incitar deliberadamente a otra persona a ejercer ante el IRS durante una suspensión o inhabilitación de esa otra persona.

12. Conducta despectiva en relación con el ejercicio ante el IRS, incluido el uso de lenguaje abusivo, hacer acusaciones o declaraciones falsas, sabiendo que son falsas, o circular o publicar material malicioso o difamatorio.

13. Dar deliberadamente una opinión falsa de manera imprudente o mediante una incompetencia grave, incluida una opinión que sea engañosa intencional o imprudentemente, o participar en un patrón de proporcionar opiniones incompetentes sobre asuntos que surjan de las leyes fiscales federales.

14. No firmar deliberadamente una declaración de impuestos preparada por el profesional cuando las leyes fiscales federales exigen la firma del profesional, a menos que el incumplimiento se deba a una causa razonable y no a negligencia.

15. Revelar o utilizar deliberadamente una declaración de impuestos o la información de una declaración de impuestos de una manera no autorizada por el IRC, en contra de la orden de un tribunal de jurisdicción competente o en contra de la orden de un juez de derecho administrativo en un procedimiento instituido según §10.60.

16. No enviar deliberadamente a través de medios magnéticos u otros medios electrónicos una declaración de impuestos preparada por el profesional cuando las leyes fiscales federales exigen que el profesional lo haga, a menos que el incumplimiento se deba a una causa razonable y no a negligencia.

17. Preparar deliberadamente todo o sustancialmente todo, o firmar, una declaración de impuestos o un reclamo de reembolso cuando el profesional no posee un PTIN actual o válido u otro número de identificación prescrito.

18. Representar deliberadamente a un contribuyente ante un funcionario o empleado del IRS, a menos que el profesional esté autorizado para hacerlo.

La multa se evaluará en función del grado de incompetencia y conducta desleal que se describieron anteriormente. Por ejemplo, si el preparador subestimó con base en una postura poco razonable, la multa podría ser de $250 o el 50% de los ingresos obtenidos, lo que sea mayor.

Preparers Understatement Due to Unreasonable Positions

If the preparer takes an unreasonable position for the tax return or claim for a refund, the penalty is $1,000 or 50% (whichever is greater). See IRC §6694(a).

Preparer's Understatement Due to Willful or Reckless Conduct

The penalty is the greater of $5,000 or 75% of the income derived by the tax return preparer with respect to the return or claim for refund. See IRC §6694(b).

Action to Enjoin Tax Return Preparers

A federal district court may enjoin a tax return preparer from engaging in certain proscribed conduct, or in extreme cases, from continuing to act as a tax return preparer altogether. See IRC §7407.

Action to Enjoin a Specified Conduct Related to Tax Shelters and Reportable Transactions

A federal district court may enjoin a person from engaging in certain proscribed conduct including any action, or failure to take action that is in violation of Circular 230. See IRC §7407.

Preparers Understatement of Tax Liability

If the tax preparer helps an individual or business entity to understate the tax liability, they could be assessed a penalty of $1,000 for individual; $10,000 for a corporate tax return. Penalties may be assessed for only once for documents involving to the same taxpayer and same tax period or event. See IRC §6701.

Preparers Disclosure or Use of Taxpayer Information

This penalty applies to disclosures or uses made on or after July 1, 2019. The tax preparer who uses or disclosure information from the taxpayer without permission will be penalized $250 for each tax return and up to $10,000 in a calendar year. For example, Watson gave his personal information to Chuck to prepare his tax return. Chuck is also an insurance agent. He added Watson's information to his insurance database, without Watson agreement.

If Chuck used Watson's information to commit identity theft, then the penalty is $1,000 for each use or disclosure and the maximum assessed is not greater than $50,000 in a calendar year. See IRC §6713.

Infravaloración de los preparadores debido a posturas poco razonables

Si el preparador toma una postura poco razonable para la declaración de impuestos o el reclamo de reembolso, la multa es de $1,000 o 50% (lo que sea mayor). Consulte la sección §6694(a) del IRC.

Infravaloración del preparador debido a conducta intencional o imprudente

La multa es la mayor de $5,000 o el 75% del ingreso obtenido por el preparador de declaraciones de impuestos con respecto a la declaración o reclamo de reembolso. Consulte la sección §6694(b) del IRC.

Acción que deben prohibirse a los preparadores de declaraciones de impuestos

Un tribunal de distrito federal puede prohibir que un preparador de declaraciones de impuestos se involucre en ciertas conductas prohibidas o, en casos extremos, continúe actuando como preparador de declaraciones de impuestos por completo. Consulte la sección §7407 del IRC.

Acción para prohibir una conducta específica relacionada con refugios fiscales y transacciones declarables

Un tribunal de distrito federal puede prohibir que una persona participe en ciertas conductas prohibidas, incluida cualquier acción u omisión que infrinja la Circular 230. Consulte la sección §7407 del IRC.

Infravaloración de la obligación tributaria de los preparadores

Si el preparador de impuestos ayuda a una persona o entidad comercial a subestimar la obligación tributaria, se le podría imponer una multa de $1,000 por persona natural; $10,000 para una declaración de impuestos corporativa. Las multas podrán imponerse una sola vez por documentos que involucren a un mismo contribuyente y mismo período o evento impositivo. Consulte la sección §6701 del IRC.

Divulgación o uso de la información del contribuyente por parte de los preparadores

Esta multa se aplica a las divulgaciones o usos realizados a partir del 1 de julio de 2019. El preparador de impuestos que use o divulgue información del contribuyente sin permiso será multado con $250 por cada declaración de impuestos y hasta $10,000 en un año calendario. Por ejemplo, Watson le dio su información personal a Chuck para preparar su declaración de impuestos. Chuck también es agente de seguros. Agregó la información de Watson a su base de datos de seguros, sin el consentimiento de Watson.

Si Chuck usó la información de Watson para cometer un robo de identidad, entonces la multa es de $1,000 por cada uso o divulgación y el máximo evaluado no supera los $50,000 en un año calendario. Consulte la sección §6713 del IRC.

How the IRS Calculates Penalties

The IRS may calculate tax preparer penalties based on the following:

1. Number of violations
2. Amount of regulations violated
3. Inflation rates
4. How many tax years involved in the penalties

Part 4 Review Questions

To obtain the maximum benefit from this chapter, LTP recommends that you complete each of the following questions, and then compare them to the answers with feedback that immediately follow. Under governing self-study standards, vendors are required to present review questions intermittently throughout each self-study course.

These questions and explanations are not part of the final examination and will not be graded by LTP.

DDPP4.1
Christina prepared Frank's tax return and failed to give him a copy of his return. Upon the discovery, she also realized that she did not provide copies to any of her clients during the 2021 tax season. Christina prepared 610 tax returns for the year. What could be her maximum penalty amount?

a. $27,000
b. $30,500
c. $50 per return
d. $2,500

DDPP4.2
Maribel prepared a tax return for Sergio. The IRS returned the tax return to Maribel because she did not sign the return. Maribel failed to sign 50 tax returns. What is the maximum amount of penalty that can be imposed upon a tax preparer for not signing their returns?

a. $27,000
b. $2,500
c. $50 per return
d. $2,750

DDPP4.3
Fernando was afraid of PTIN fraud, so he intentionally left off his PTIN on all tax returns he prepared. What could be his minimum penalty for not furnishing his identifying number?

a. $27,500 per year
b. No penalty
c. $50 per return
d. $2,500

¿Cómo calcula el IRS las multas?

El IRS puede calcular las multas del preparador de impuestos en función de lo siguiente:

1. Número de infracciones
2. Cantidad de regulaciones infringidas
3. Tasas de inflación
4. Cantidad de años fiscales involucrados en las multas

Parte 4 Preguntas de repaso

Para obtener el máximo beneficio de este curso, LTPA recomienda que complete cada una de las preguntas a continuación, y luego las compare con las respuestas de los comentarios que se proporcionan posteriormente. Según las normativas reguladoras de autoaprendizaje, los proveedores deben presentar preguntas de repaso de manera intermitente a lo largo de cada curso de autoaprendizaje.

Estas preguntas y explicaciones no son parte del examen final y no serán calificadas por LTP.

DDPP4.1
Christina preparó la declaración de impuestos de Frank y no le dio una copia de su declaración. Después de percatarse, recordó que no les dio ninguna copia a sus clientes durante la temporada de impuestos de 2021. Christina preparó 610 declaraciones de impuestos para el año. ¿Cuál podría ser el monto máximo de su multa?

a. $27,000
b. $30,500
c. $50 por declaración
d. $2,500

DDPP4.2
Maribel preparó una declaración de impuestos para Sergio. El IRS le devolvió la declaración de impuestos a Maribel porque no la firmó. Maribel no pudo firmar 50 declaraciones de impuestos. ¿Cuál es el monto máximo de la multa que se puede aplicar a un preparador de impuestos por no firmar sus declaraciones?

a. $27,000
b. $2,500
c. $50 por declaración
d. $2,750

DDPP4.3
Fernando temía el fraude por PTIN, así que intencionalmente eliminó su PTIN en todas las declaraciones de impuestos que preparó. ¿Cuál podría ser su multa mínima por no proporcionar su número de identificación?

a. $27,500 por año
b. Sin multa
c. $50 por declaración
d. $2,500

DDPP4.4

Which of the following penalties could a tax preparer receive for not completing the due diligence requirements?

a. $560 penalty per refundable credit for each failure to comply.
b. $1,500 penalty for unreasonable position.
c. $5,900 penalty for recklessness or intentional disregard of rules or regulations.
d. $27,000 maximum penalty per tax period.

DDPP4.5

Helen prepared Samuel's tax return with an understatement of liability because she took an unreasonable position. Which of the following scenarios would best describe Helen's penalty?

a. $545 for failure to disclose the understatement.
b. 20% of the underpayment, reduced for those items for which there was adequate disclosure.
c. Either $1,000 or 50% of the income derived by the understatement on Samuel's tax return, whichever is greater.
d. $1,000 for the failure to furnish the tax shelter registration number.

DDPP4.6

Vicente prepared Esperanza's tax return and he forgot to ask her some questions to determine if Esperanza qualified for Earned Income Tax Credit (EITC). Which of the following best describe the EITC paid preparer requirement?

1. Complete and maintain copies of all worksheets and additional questions asked
2. Compute the credit incorrectly
3. Knowledge of the taxpayers situation
4. Make sure Form 8867 is completed and submitted with all EITC returns

a. 1, 2, and 4
b. 1, 3 and 4
c. 3 only
d. 1 and 4

DDPP4.7

The IRS audited Estrella's tax return and discovered that Areslia the tax preparer did not complete the due diligence requirement when preparing Estrella's tax return. The IRS also discovered that the position that Areslia took was unreasonable. What could be Areslia's minimum penalty?

a. $1,510
b. $510
c. $1,000
d. $5,000

DDPP4.4

¿Cuál de las siguientes multas podría recibir un preparador de impuestos por no completar los requisitos de debida diligencia?

    a. Multa de $560 por crédito reembolsable por cada incumplimiento.
    b. Multa de $1,500 por postura poco razonable.
    c. Multa de $5,900 por imprudencia o desobediencia intencional de las normas o reglamentos.
    d. Multa máxima de $27,000 por período fiscal.

DDPP4.5

Helen preparó la declaración de impuestos de Samuel subestimando la responsabilidad porque tomó una postura poco razonable. ¿Cuál de los siguientes escenarios describiría mejor la multa de Helen?

    a. $545 por no revelar la infravaloración.
    b. 20% del pago incompleto, reducido para aquellos conceptos para los cuales hubo divulgación adecuada.
    c. Ya sea $1,000 o el 50% de los ingresos derivados de la infravaloración en la declaración de impuestos de Samuel, lo que sea mayor.
    d. $1,000 por no proporcionar el número de registro del refugio fiscal.

DDPP4.6

Vicente preparó la declaración de impuestos de Esperanza y olvidó hacerle algunas preguntas para determinar si Esperanza calificaba para el Crédito Tributario por Ingreso del Trabajo (EITC). ¿Cuál de los siguientes describe mejor el requisito de preparador pagado del EITC?

    1. Completar y mantener copias de todas las hojas de trabajo y preguntas adicionales.
    2. Calcular el crédito incorrectamente.
    3. Conocer la situación de los contribuyentes.
    4. Asegurarse de completar y enviar el Formulario 8867 con todas las declaraciones del EITC.

    a. 1, 2 y 4
    b. 1, 3 y 4
    c. 3 solamente
    d. 1 y 4

DDPP4.7

El IRS auditó la declaración de impuestos de Estrella y descubrió que Areslia, la preparadora de impuestos, no completó el requisito de debida diligencia al preparar la declaración de impuestos de Estrella. El IRS también descubrió que la postura que tomó Areslia no era razonable. ¿Cuál podría ser la pena mínima de Areslia?

    a. $1,510
    b. $510
    c. $1,000
    d. $5,000

DDPP4.8
A tax professional can be penalized $ _____ for each failure of EITC due diligence.

  a. $50
  b. $560
  c. $1,000
  d. No charge the taxpayer pays everything

DDPP4.9
Ruby was assigned an IP PIN from the IRS for identity protection. She is not sure if she brought the correct number to Rita to prepare her current year tax return. Ruby's IP number consists of how many digits?

  a. Three
  b. Five
  c. Six
  d. Seven

DDPP4.10
Which of the following IRC section deals with preparer penalties?

  a. §6695
  b. Both sections 6694 and 6695
  c. §6694
  d. Circular 230

Part 4 Review Questions Answers

DDPP4.1
Christina prepared Frank's tax return and failed to give him a copy of his return. Upon the discovery, she also realized that she did not provide copies to any of her clients during the 2021 tax season. Christina prepared 610 tax returns for the year. What could be her maximum penalty amount?

  a. $27,000
  b. $30,500
  c. $50 per return
  d. $2,500

Feedback: Review section *Failure to Furnish Tax Return Copy to Taxpayer.*

DDPP4.8

Un profesional de impuestos puede ser multado con $ _____ por cada error en la debida diligencia del EITC.

    a. $50
    b. $560
    c. $1,000
    d. Sin cargo, el contribuyente paga todo.

DDPP4.9

A Ruby se le asignó un PIN de IP del IRS para la protección de la identidad. No está segura si le dio el número correcto a Rita para preparar su declaración de impuestos del año en curso. ¿Cuántos dígitos tiene el número de IP de Ruby?

    a. Tres
    b. Cinco
    c. Seis
    d. Siete

DDPP4.10

¿Cuál de las siguientes secciones del IRC trata sobre las multas al preparador?

    a. §6695
    b. Ambas secciones 6694 y 6695
    c. §6694
    d. Circular 230

Parte 4 Respuestas a las preguntas de repaso

DDPP4.1

Christina preparó la declaración de impuestos de Frank y no le dio una copia de su declaración. Después de percatarse, recordó que no les dio ninguna copia a sus clientes durante la temporada de impuestos de 2021. Christina preparó 610 declaraciones de impuestos para el año. ¿Cuál podría ser el monto máximo de su multa?

    a. $27,000
    b. $30,500
    c. $50 por declaración
    d. $2,500

Comentarios: Revise la sección *No entregar la copia de la declaración de impuestos al contribuyente:*

DDPP4.2

Maribel prepared a tax return for Sergio. The IRS returned the tax return to Maribel because she did not sign the return. Maribel failed to sign 50 tax returns. What is the maximum amount of penalty that can be imposed upon a tax preparer for not signing their returns?

a. **$27,000**
b. $2,500
c. $50 per return
d. $2,750

Feedback: Review section *Failure to Sign Return.*

DDPP4.3

Fernando was afraid of PTIN fraud, so he intentionally left off his PTIN on all tax returns he prepared. What could be his minimum penalty for not furnishing his identifying number?

a. $27,000 per year
b. No penalty
c. **$50 per return**
d. $2,500

Feedback: Review section *Failure to Furnish Identifying Number.*

DDPP4.4

Which of the following penalties could a tax preparer receive for not completing the due diligence requirements?

a. **$560 penalty per refundable credit for each failure to comply.**
b. $1,500 penalty for unreasonable position.
c. $5,900 penalty for recklessness or intentional disregard of rules or regulations.
d. $27,000 maximum penalty per tax period.

Feedback: Review Section *Penalties.*

DDPP4.5

Helen prepared Samuel's tax return with an understatement of liability because she took an unreasonable position. Which of the following scenarios would best describe Helen's penalty?

a. $545 for failure to disclose the understatement.
b. 20% of the underpayment, reduced for those items for which there was adequate disclosure.
c. **Either $1,000 or 50% of the income derived by the understatement on Samuel's tax return, whichever is greater.**
d. $1,000 for the failure to furnish the tax shelter registration number.

Feedback: Review Section *Penalties.*

DDPP4.2

Maribel preparó una declaración de impuestos para Sergio. El IRS le devolvió la declaración de impuestos a Maribel porque no la firmó. Maribel no pudo firmar 50 declaraciones de impuestos. ¿Cuál es el monto máximo de la multa que se puede aplicar a un preparador de impuestos por no firmar sus declaraciones?

   a. $27,000
   b. $2,500
   c. $50 por declaración
   d. $2,750

Comentarios: Revise la sección *No firmar la declaración*

DDPP4.3

Fernando temía el fraude por PTIN, así que intencionalmente eliminó su PTIN en todas las declaraciones de impuestos que preparó. ¿Cuál podría ser su multa mínima por no proporcionar su número de identificación?

   a. $27,500 por año
   b. Sin multa
   c. $50 por declaración
   d. $2,500

Comentarios: Revise la sección *No suministrar el número de identificación:*

DDPP4.4

¿Cuál de las siguientes multas podría recibir un preparador de impuestos por no completar los requisitos de debida diligencia?

   a. Multa de $560 por crédito reembolsable por cada incumplimiento.
   b. Multa de $1,500 por postura poco razonable.
   c. Multa de $5,900 por imprudencia o desobediencia intencional de las normas o reglamentos.
   d. Multa máxima de $27,000 por período fiscal.

Comentarios: Revise la sección *Multas*.

DDPP4.5

Helen preparó la declaración de impuestos de Samuel subestimando la responsabilidad porque tomó una postura poco razonable. ¿Cuál de los siguientes escenarios describiría mejor la multa de Helen?

   a. $545 por no revelar la infravaloración.
   b. 20% del pago incompleto, reducido para aquellos conceptos para los cuales hubo divulgación adecuada.
   c. Ya sea $1,000 o el 50% de los ingresos derivados de la infravaloración en la declaración de impuestos de Samuel, lo que sea mayor.
   d. $1,000 por no proporcionar el número de registro del refugio fiscal.

DDPP4.6

Vicente prepared Esperanza's tax return and he forgot to ask her some questions to determine if Esperanza qualified for Earned Income Tax Credit (EITC). Which of the following best describe the EITC paid preparer requirement?

    1. Complete and maintain copies of all worksheets and additional questions asked
    2. Compute the credit incorrectly
    3. Knowledge of the taxpayers situation
    4. Make sure Form 8867 is completed and submitted with all EITC returns

    a. 1, 2, and 4
    b. 1, 3 and 4
    c. 3 only
    d. 1 and 4

Feedback: Review Section *Penalties*.

DDPP4.7

The IRS audited Estrella's tax return and discovered that Areslia the tax preparer did not complete the due diligence requirement when preparing Estrella's tax return. The IRS also discovered that the position that Areslia took was unreasonable. What could be Areslia's minimum penalty?

    a. $1,510
    b. $560
    c. $1,000
    d. $5,000

Feedback: Review Section *Penalties*.

DDPP4.8

A tax professional can be penalized $ _____ for each failure of due diligence.

    a. $50
    b. $560
    c. $1,000
    d. No charge the taxpayer pays everything

Feedback: Review Section *Penalties*.

DDPP4.6
Vicente preparó la declaración de impuestos de Esperanza y olvidó hacerle algunas preguntas para determinar si Esperanza calificaba para el Crédito Tributario por Ingreso del Trabajo (EITC). ¿Cuál de los siguientes describe mejor el requisito de preparador pagado del EITC?

1. Completar y mantener copias de todas las hojas de trabajo y preguntas adicionales.
2. Calcular el crédito incorrectamente.
3. Conocer la situación de los contribuyentes.
4. Asegurarse de completar y enviar el Formulario 8867 con todas las declaraciones del EITC.

a. 1, 2 y 4
b. 1, 3 y 4
c. 3 solamente
d. 1 y 4

Comentarios: Revise la sección *Multas*.

DDPP4.7
El IRS auditó la declaración de impuestos de Estrella y descubrió que Areslia, la preparadora de impuestos, no completó el requisito de debida diligencia al preparar la declaración de impuestos de Estrella. El IRS también descubrió que la postura que tomó Areslia no era razonable. ¿Cuál podría ser la pena mínima de Areslia?

a. $1,510
b. $510
c. $1,000
d. $5,000

Comentarios: Revise la sección *Multas*.

DDPP4.8
Un profesional de impuestos puede ser multado con $ _____ por cada error en la debida diligencia del EITC.
A tax professional can be penalized $ _____ for each failure of EITC due diligence.

a. $50
b. $560
c. $1,000
d. Sin cargo, el contribuyente paga todo/No charge the taxpayer pays everything

Comentarios: Revise la sección *Multas*.

DDPP4.9

Ruby was assigned an IP PIN from the IRS for identity protection. She is not sure if she brought the correct number to Rita to prepare her current year tax return. Ruby's IP number consists of how many digits?

    a. Three
    b. Five
    c. Six
    d. Seven

Feedback: Review Section *Penalties*.

DDPP4.10

Which of the following IRC section deals with preparer penalties?

    a. §6695
    b. Both sections 6694 and 6695
    c. §6694
    d. Circular 230

Feedback: Review Section *Penalties*.

Takeaways

Tax preparers must understand the ethical guidelines and practices established by the Internal Revenue Service provided in Circular 230. The Office of Professional Responsibility oversees the ethical guidelines and practices, and it also regulates practitioners' conduct and discipline. OPR also oversees the correct level of discipline to practitioners or imposes administrative proceeding to censure, suspend, or disbar practitioner from practicing before the IRS.

Tax preparers must recognize their rights, responsibilities, and representation limitations. We at LTP believe that everything a tax practitioner does—every choice one makes as a tax professional—affects not only themselves, but coworkers, the firm, and ultimately the taxpayer. We also believe that a paid tax preparer's first responsibility is to their client when making decisions and/or judgments about tax preparation.

TEST YOUR KNOWLEDGE!
Go online to take a practice quiz.

DDPP4.9

A Ruby se le asignó un PIN de IP del IRS para la protección de la identidad. No está segura si le dio el número correcto a Rita para preparar su declaración de impuestos del año en curso. ¿Cuántos dígitos tiene el número de IP de Ruby?

- a. Tres
- b. Cinco
- **c. Seis**
- **d.** Siete

Comentarios: Revise la sección *Multas*.

DDPP4.10

¿Cuál de las siguientes secciones del IRC trata sobre las multas al preparador?

- a. §6695
- **b. Ambas secciones 6694 y 6695**
- c. §6694
- d. Circular 230

Comentarios: Revise la sección *Multas*.

Aportes

Los preparadores de impuestos deben comprender las directrices y prácticas éticas establecidas por el Servicio de Impuestos Internos en la Circular 230. La Oficina de Responsabilidad Profesional supervisa las directrices y prácticas éticas y también regula la conducta y la disciplina de los profesionales. La OPR supervisa igualmente el nivel correcto de disciplina de los profesionales o impone procedimientos administrativos para censurar, suspender o inhabilitar a los profesionales para ejercer ante el IRS.

Los preparadores de impuestos deben reconocer sus derechos, responsabilidades y limitaciones de representación. En LTP creemos que todo lo que hace un profesional de impuestos, cada elección que hace como profesional de impuestos, no solo les afecta a ellos mismos, sino también a sus compañeros de trabajo, la empresa y, principalmente, al contribuyente. También creemos que la primera responsabilidad de un preparador de impuestos pagado es con su cliente al tomar decisiones y/o juicios sobre la preparación de impuestos.

¡PON A PRUEBA TUS CONOCIMIENTOS!
Ve en línea para tomar una prueba de práctica.

Parte II – Federal Tax Law

Parte II – Leyes federales de impuestos

Chapter 1 Schedule C

Introduction

This chapter presents an income and expenses overview of Schedule C. Business income or loss is reported on Schedule C then flows to Schedule 1, line 3. Sole proprietorship is not a legal entity; it is a popular business structure due to its simplicity, ease of setup, and nominal start-up costs. A sole proprietor would register the business name with the state and city, obtain local business licenses, and then open for business. A drawback of being a sole proprietor is that the owner is 100% personally liable for the business's income and/or debt.

Objectives

At the end of this lesson, the student will:

➤ Identify the differences between accounting periods and accounting methods.
➤ Understand the guidelines between an independent contractor and an employee.
➤ Recognize what determines start-up costs.
➤ Identify how to classify employees.

Resources

Form 1040	Publication 15	Instructions Form 1040
Form 1099-NEC	Publication 15-A	Instructions Form 1099-NEC
Form 3115	Publication 334	Instructions Form 3115
Form 4562	Publication 463	Instructions Form 4562
Form 4797	Publication 535	Instructions Form 4797
Form 8829	Publication 536	Instructions Form 8829
Schedule C	Publication 538	Instructions for Schedule C
Schedule SE	Publication 544	Instructions Schedule SE
	Publication 551	Publication 946
	Publication 560	Publication 527
	Publication 587	

Capítulo 1 Anexo C

Introducción

Este capítulo presenta una descripción general de ingresos y gastos del Anexo C. Los ingresos o pérdidas comerciales se reportan en el Anexo C y luego fluyen al Anexo 1, línea 3. La empresa unipersonal no es una entidad jurídica; Es una estructura empresarial popular debido a su simplicidad, facilidad de configuración y costos iniciales nominales. Un propietario único registraría el nombre comercial con el estado y la ciudad, obtendría licencias comerciales locales y luego abriría sus puertas. Un inconveniente de ser propietario único es que el propietario es 100% personalmente responsable de los ingresos y/o deudas de la empresa.

Objetivos

Al final de esta lección, el estudiante podrá:

> ➢ Identificar las diferencias entre los períodos contables y los métodos contables.
> ➢ Comprender las pautas entre un contratista independiente y un empleado.
> ➢ Reconocer lo que determina los costos iniciales.
> ➢ Identificar cómo clasificar a los empleados.

Recursos

Formulario 1040	Publicación 15	Instrucciones del Formulario 1040
Formulario 1099-NEC	Publicación 15-A	Formulario de instrucciones 1099-NEC
Formulario 3115	Publicación 334	Instrucciones del Formulario 3115
Formulario 4562	Publicación 463	Instrucciones del Formulario 4562
Formulario 4797	Publicación 535	Instrucciones del Formulario 4797
Formulario 8829	Publicación 536	Instrucciones del Formulario 8829
Anexo C	Publicación 538	Instrucciones para el Anexo C
Anexo SE	Publicación 544	Instrucciones del Anexo SE
	Publicación 551	Publicación 946
	Publicación 560	Publicación 527
	Publicación 587	

Table of Contents / contenidos

Part 1 Business Entity Types

There are many different types of business entities with their own sets of rules, regulations, and guidelines within the U.S. tax laws. The following entity type could apply to Schedule C, E, and/or F.

Sole Proprietorship

A sole proprietor is an individual owner of a business or a self-employed individual. Taxable income is reported on Schedule C and flows to Form 1040, Schedule 1, line 3. A business owner could have to pay self-employment tax reported, which is reported on Schedule SE.

A sole proprietorship reports the income and expenses from the owner's business on Schedule C, *Profit or Loss from a Business*. An individual is self-employed if the following apply:

  ➢ Conducts a trade or business as a sole proprietorship.
  ➢ Is an independent contractor.
  ➢ Is in business for themself.

Self-employment can include work in addition to regular full-time business activities. It can also include certain part-time work done at home or in addition to a regular job.

Minimum Income Reporting Requirements for Schedule C Filers

If the taxpayer's net earnings from self-employment are $400 or more, the taxpayer is required to file a tax return. If net earnings from self-employment were less than $400, the taxpayer may still have to file a tax return if they meet other filing requirements.

Husband and Wife Qualified Joint Venture (QJV)

A husband and wife cannot be sole proprietors of the same business. If they are joint owners, they are partners and should file a partnership return using Form 1065, *U.S. Partnership Return of Income*. They can be partners, but "sole" means one, and for the purposes of a business, the IRS does not recognize spouses as one.

If the taxpayer and spouse each materially participated in the business as the only members of a jointly owned and operated business, and if they file a joint return, they can elect to be taxed as a qualified joint venture (QJV) instead of a partnership. This election does not generally increase the total tax on the joint return, but it does give the self-employment credit for each taxpayer's Social Security earnings.

To make the QJV election, the spouses must divide all their income and expenses between them and file two separate Schedule Cs. Once the election has been made, it can only be revoked with IRS permission. The election will remain in effect if the spouses file as a qualified joint venture. If the taxpayer and spouse do not qualify in one year, then they will need to resubmit the paperwork to qualify as a qualified joint venture for the next year.

Parte 1 Tipos de entidades comerciales

Hay muchos tipos de entidades comerciales diferentes con sus propios conjuntos de reglas, regulaciones y pautas dentro de las leyes fiscales de Estados Unidos. El siguiente tipo de entidad podría aplicar a los anexos C, E y/o F.

Empresa individual

Un propietario único es un propietario individual de un negocio o un individuo que trabaja por cuenta propia. El ingreso imponible se reporta en el Anexo C y fluye al Formulario 1040, Anexo 1, línea 3. El propietario de un negocio podría tener que pagar el impuesto de trabajo por cuenta propia que se reporta en el Anexo SE.

Una empresa unipersonal reporta los ingresos y gastos del negocio del propietario en el Anexo C, *Ganancias o pérdidas de un negocio*. Una persona trabaja por cuenta propia si se aplica lo siguiente:

> ➢ Lleva a cabo un comercio o negocio como propietario único.
> ➢ Es un contratista independiente.
> ➢ Están en el negocio por sí mismos.

El trabajo por cuenta propia puede incluir trabajo además de las actividades comerciales regulares a tiempo completo. También puede incluir cierto trabajo a tiempo parcial realizado en casa o además de un trabajo regular.

Requisitos de declaración de ingresos mínimos para los declarantes del Anexo C

Si las ganancias netas del contribuyente por el trabajo por cuenta propia son de $400 o más, el contribuyente debe presentar una declaración de impuestos. Si las ganancias netas del trabajo por cuenta propia fueron inferiores a $400, es posible que el contribuyente aún tenga que presentar una declaración de impuestos si cumple con otros requisitos de presentación.

Empresa conjunta calificada de marido y mujer (QJV)

Un esposo y una esposa no pueden ser propietarios únicos del mismo negocio. Si son copropietarios, son socios y deben presentar una declaración de sociedad colectiva utilizando el Formulario 1065, *Declaración de ingresos de la sociedad colectiva U.S.* Pueden ser socios, pero "único" significa uno, y para los propósitos de un negocio, el IRS no reconoce a los cónyuges como uno.

Si el contribuyente y el cónyuge participaron materialmente en el negocio como los únicos miembros de un negocio de propiedad y operación conjunta, y si presentan una declaración conjunta, pueden elegir ser tributados como una empresa conjunta calificada (QJV) en lugar de una sociedad colectiva. Esta elección generalmente no aumenta el impuesto total en la declaración conjunta, pero sí otorga el crédito de trabajo por cuenta propia para las ganancias del Seguro Social de cada contribuyente.

Para hacer la elección de QJV, los cónyuges deben dividir todos sus ingresos y gastos entre ellos y presentar dos Anexos C separados. Una vez que se ha realizado la elección, solo se puede revocar con el permiso del IRS. La elección permanecerá vigente si los cónyuges se presentan como una empresa conjunta calificada. Si el contribuyente y el cónyuge no califican en un año, entonces deberán volver a presentar la documentación para calificar como una empresa conjunta calificada para el próximo año.

If the spouses own an unincorporated business and if they live in a state, foreign country, or a U.S. possession that has community property laws, the income must be treated as either a sole proprietorship or a partnership. Alaska, Arizona, California, Idaho, Louisiana, Nevada, New Mexico, Texas, Washington, and Wisconsin are the only states with community property laws.

Single-member Limited Liability Company (LLC)

For federal income tax purposes, a single-member LLC is not a separate entity. The single-member LLC would report income directly on the related Schedule as a sole-proprietor. A sole member of a domestic LLC would need to submit Form 8832 to the IRS prior to filing a corporation return if it is electing to treat the LLC as a corporation.

Accounting Periods

An accounting period is the fixed time that covers the company's financial statements. A tax year is an annual accounting period used for keeping records as well as for reporting income and expenses. An accounting period cannot be longer than 12 months, and options include:

> ➢ The standard calendar year.
> ➢ A fiscal year, which is a 12-month period that can end on the last day of any month except December.

Taxpayers generally choose the calendar-year accounting period for their individual income tax returns. Business owners must choose their accounting period before filing their first business tax return.

Calendar Year

A calendar tax year is the 12 consecutive months from January 1st to December 31st. Sole proprietors must adopt the calendar year if any of the following apply:

> ➢ The taxpayer does not keep books or records.
> ➢ The taxpayer has no annual accounting period.
> ➢ The taxpayer's present tax year does not qualify as a fiscal year.
> ➢ The taxpayer's use of the calendar tax year is required under the Internal Revenue Code (IRC) or the Income Tax Regulations.

Fiscal Year

A fiscal year is 12 consecutive months ending on the last day of any month except December. A "52 to 53-week tax year" is a fiscal year that varies from 52 to 53 weeks. It does not have to end on the last day of the month. For more information on fiscal years, who might choose them, and why, see Publication 538.

Change in Tax Year

To change the type of tax year used, the taxpayer would file Form 1128, *Application to Adopt, Change, or Retain a Tax Year.* See Instructions Form 1128.

Si los cónyuges son dueños de un negocio no incorporado y si viven en un estado, país extranjero o una posesión de Estados Unidos que tiene leyes de propiedad comunitaria, los ingresos deben tratarse como una empresa unipersonal o una sociedad. Alaska, Arizona, California, Idaho, Louisiana, Nevada, Nuevo México, Texas, Washington y Wisconsin son los únicos estados con leyes de propiedad comunitaria.

Sociedad de Responsabilidad Limitada (LLC) de un solo miembro

Para fines del impuesto federal sobre la renta, una LLC de un solo miembro no es una entidad separada. La LLC de un solo miembro reportaría los ingresos directamente en el Anexo relacionado como propietario único. Un único miembro de una LLC nacional tendría que presentar el Formulario 8832 al IRS antes de presentar una declaración de corporación si elige tratar a la LLC como una corporación.

Períodos contables

Un período contable es el tiempo fijo que cubre los estados financieros de la empresa. Un año fiscal es un período contable anual utilizado para mantener registros, así como para reportar ingresos y gastos. Un período contable no puede ser superior a 12 meses, y las opciones incluyen:

➢ El año natural estándar.
➢ Un año fiscal, que es un período de 12 meses que puede terminar el último día de cualquier mes, excepto diciembre.

Los contribuyentes generalmente eligen el período contable del año calendario para sus declaraciones de impuestos sobre la renta individual. Los dueños de negocios deben elegir su período contable antes de presentar su primera declaración de impuestos comerciales.

Año natural

Un año calendario tributario son los 12 meses consecutivos del 1 de enero al 31 de diciembre. Los propietarios únicos deben adoptar el año calendario si se aplica alguna de las siguientes condiciones:

➢ El contribuyente no lleva libros ni registros.
➢ El contribuyente no tiene período contable anual.
➢ El año tributario actual del contribuyente no califica como un año fiscal.
➢ El uso del año fiscal calendario por parte del contribuyente es requerido bajo el Código de Rentas Internas (IRC) o el Reglamento del Impuesto sobre la Renta.

Ejercicio

Un año fiscal son 12 meses consecutivos que terminan el último día de cualquier mes, excepto diciembre. Un "año fiscal de 52 a 53 semanas" es un año fiscal que varía de 52 a 53 semanas. No tiene que terminar el último día del mes. Para obtener más información sobre los años fiscales, quién podría elegirlos y por qué, consulte la Publicación 538.

Cambio en el año fiscal

Para cambiar el tipo de año tributario utilizado, el contribuyente debe presentar el Formulario 1128, *Solicitud para adoptar, cambiar o retener un año tributario.* Vea el Formulario de Instrucciones 1128.

Accounting Methods

Accounting methods are sets of rules used to determine when income and expenses are reported on a return. The accounting method chosen for the business must be used throughout the life of the business. If the owner wants to change the accounting method, approval from the IRS must be obtained. The two most common methods are cash and accrual. Businesses that have inventory must use the accrual accounting method.

The following are acceptable accounting methods:

> ➢ The cash method.
> ➢ The accrual method.
> ➢ Special methods of accounting for certain items of income and expenses.
> ➢ The combination (hybrid) method, using elements of two or more of the above.

F	Accounting method: **(1)** ☐ Cash **(2)** ☐ Accrual **(3)** ☐ Other (specify) _____
G	Did you "materially participate" in the operation of this business during 2022? If "No," see instructions for limit on losses . ☐ Yes ☐ No
H	If you started or acquired this business during 2022, check here . . . . ☐
I	Did you make any payments in 2022 that would require you to file Form(s) 1099? See instructions . . . . ☐ Yes ☐ No
J	If "Yes," did you or will you file required Form(s) 1099? . . . . ☐ Yes ☐ No

Portion of Schedule C

Taxpayers should choose whichever system best reflects their income. If the taxpayer does not choose an accounting method that clearly reflects their income, the IRS may recalculate the income to reflect the correct accounting method, which could involve penalties and interest. Taxpayers must use the same accounting method when figuring their taxable income and keeping their books. However, business owners can use a different accounting method for each business they operate. See Publication 538, *Accounting Periods and Methods*.

Cash Method

If one uses the cash method, all items must be reported as income in the year in which they are actually or constructively received. Income is constructively received when it becomes or is made available to the taxpayer without restrictions, such as through a bank account; the income does not necessarily have to be in the taxpayer's physical possession.

When using the cash method, all expenses are deducted in the year they are paid. This is the method most individual taxpayers use. Exceptions to the rule include prepaid expenses—for example, insurance or tuition. If expenses were paid in advance, they are generally deductible only in the year to which the expense applies.

Example: In the beginning of 2022, Chandler paid his business insurance expenses in advance for 2022, 2023, and 2024. For his 2022 tax return, he will only be able to claim the portion of those expenses that were used for 2022. He will only be able to claim the portion of the expense used for 2023 and 2024 on his tax returns for those respective years.

Cash method is the simplest accounting method, and taxpayers must use this method if they do not keep regular or adequate books.

Métodos contables

Los métodos contables son conjuntos de reglas utilizadas para determinar cuándo se reportan los ingresos y gastos en una declaración. El método de contable elegido para el negocio debe utilizarse durante toda la vida del negocio. Si el propietario desea cambiar el método de contabilidad, se debe obtener la aprobación del IRS. Los dos métodos más comunes son el efectivo y la acumulación. Las empresas que tienen inventario deben usar el método de contabilidad de devengo.

Los siguientes son métodos contables aceptables:

- ➢ El método de efectivo.
- ➢ El método de devengo.
- ➢ Métodos especiales de contabilización de ciertas partidas de ingresos y gastos.
- ➢ El método combinado (híbrido), utilizando elementos de dos o más de los anteriores.

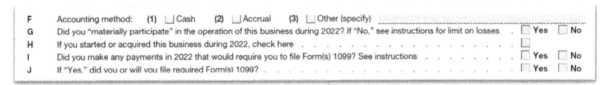

Parte del Anexo C

Los contribuyentes deben elegir el sistema que mejor refleje sus ingresos. Si el contribuyente no elige un método de contabilidad que refleje claramente sus ingresos, el IRS puede recalcular los ingresos para reflejar el método de contabilidad correcto, lo que podría implicar multas e intereses. Los contribuyentes deben usar el mismo método contable al calcular sus ingresos imponibles y mantener sus libros. Sin embargo, los dueños de negocios pueden usar un método de contabilidad diferente para cada negocio que operan. Véase la publicación 538, *Períodos y métodos contables*.

Método de efectivo

Si se utiliza el método de efectivo, todas las partidas se deben reportar como ingresos en el año en que se reciben real o constructivamente. Los ingresos se reciben constructivamente cuando se convierten o se ponen a disposición del contribuyente sin restricciones, por ejemplo, a través de una cuenta bancaria; El ingreso no necesariamente tiene que estar en posesión física del contribuyente.

Cuando se utiliza el método de efectivo, todos los gastos se deducen en el año en que se pagan. Este es el método que utilizan la mayoría de los contribuyentes individuales. Las excepciones a la regla incluyen gastos prepagados, por ejemplo, seguro o matrícula. Si los gastos se pagaron por adelantado, generalmente son deducibles solo en el año al que se aplica el gasto.

Ejemplo: A principios de 2022, Chandler pagó sus gastos de seguro comercial por adelantado para 2022, 2023 y 2024. Para su declaración de impuestos de 2022, solo podrá reclamar la parte de esos gastos que se utilizaron para 2022. Solo podrá reclamar la parte del gasto utilizado para 2023 y 2024 en sus declaraciones de impuestos para esos años respectivos.

El método de efectivo es el método de contabilidad más simple y los contribuyentes deben usar este método si no mantienen libros regulares o adecuados.

The following three types of taxpayers are unable to use the cash method:

- ➢ C corporations.
- ➢ Partnerships that have a C corporation as a partner.
- ➢ Tax shelters.

Accrual Method

If the accrual method is used, income is reported when earned, whether it has been actually or constructively received. Similarly, expenses are deducted when acquired rather than when paid. Businesses with inventory are required to use the accrual method to track the business' cost-of-goods-sold. Once this accounting method has been chosen, the taxpayer cannot change to a different accounting method without IRS permission.

If a business owner chooses the accrual method, the amount of gross income would be reported at the earliest of the following events:

- ➢ When payment was received.
- ➢ When the income is due.
- ➢ When the business earned the income.
- ➢ When title was passed to the business.

Example: Ruben is a calendar-year taxpayer who uses the accrual method and owns a dance studio. He received payment on October 1, 2022, for a one-year contract for 48 one-hour lessons beginning on October 1, 2022. Ruben gave eight lessons in 2022. Ruben would include one-sixth (8/48) of the payment in his 2022 income and the remaining five-sixths (40/48) would be reported in his 2023 tax year because, under the accrual method, income is reported when it has been earned, not when it has been actually or constructively received.

Combination (Hybrid) Method

The taxpayer can choose any combination of cash, accrual, and special methods of accounting if the combination clearly shows the taxpayer's income and expenses and if the method is used consistently. The combination (or hybrid) method is often used when a company possesses some kind of inventory that is not essential to accounting for income. The combination method cannot be used in the following cases:

- ➢ If inventory is necessary to account for income, the accrual method must be used.
- ➢ If the cash method for figuring income is used, the cash method must also be used for expenses. It cannot be combined with another method.
- ➢ If the taxpayer uses an accrual method for reporting expenses, then the accrual method of income must be used for everything else as well.
- ➢ If the taxpayer uses a combination method that includes the cash method, treat that combination method as the cash method.

Los siguientes tres tipos de contribuyentes no pueden usar el método de efectivo:

➢ Corporaciones C.
➢ Asociaciones que tienen una corporación C como socio.
➢ Refugios fiscales.

Método de acumulación

Si se utiliza el método de devengo, los ingresos se declaran cuando se obtienen, ya sea que se hayan recibido real o constructivamente. Del mismo modo, los gastos se deducen cuando se adquieren en lugar de cuando se pagan. Las empresas con inventario deben utilizar el método de acumulación para rastrear el costo de los bienes vendidos de la empresa. Una vez que se ha elegido este método de contabilidad, el contribuyente no puede cambiar a un método de contabilidad diferente sin el permiso del IRS.

Si el propietario de un negocio elige el método de acumulación, la cantidad de ingresos brutos se reportará lo antes posible de los siguientes eventos:

➢ Cuando se recibió el pago.
➢ Cuando se deben pagar los ingresos.
➢ Cuando el negocio obtuvo los ingresos.
➢ Cuando el título pasó al negocio.

Ejemplo: Rubén es un contribuyente del año calendario que usa el método de acumulación y es dueño de un estudio de danza. Recibió el pago el 1 de octubre de 2022, por un contrato de un año para 48 lecciones de una hora a partir del 1 de octubre de 2022. Rubén dio ocho lecciones en 2022. Rubén incluiría una sexta parte (8/48) del pago en sus ingresos de 2022 y los cinco sextos restantes (40/48) se reportarían en el año fiscal 2023 porque, según el método de devengo, los ingresos se reportan cuando se han ganado, no cuando se han recibido real o constructivamente.

Método combinado (híbrido)

El contribuyente puede elegir cualquier combinación de efectivo, acumulación y métodos especiales de contabilidad si la combinación muestra claramente los ingresos y gastos del contribuyente y si el método se usa de manera consistente. El método combinado (o híbrido) se utiliza a menudo cuando una empresa posee algún tipo de inventario que no es esencial para contabilizar los ingresos. El método de combinación no se puede utilizar en los siguientes casos:

➢ Si el inventario es necesario para contabilizar los ingresos, se debe utilizar el método de devengo.
➢ Si se utiliza el método de efectivo para calcular los ingresos, el método de efectivo también debe usarse para los gastos. No se puede combinar con otro método.
➢ Si el contribuyente utiliza un método de acumulación para declarar gastos, entonces el método de acumulación de ingresos también debe usarse para todo lo demás.
➢ Si el contribuyente utiliza un método de combinación que incluye el método de efectivo, trate ese método de combinación como el método de efectivo.

Independent Contractors

An independent contractor is an individual who is hired by employers on a per-contract basis where the employer only has the right to control or direct the result of the work but cannot dictate what or how the result will be achieved. This classification permits the taxpayer to certain tax benefits and full responsibility for their employment taxes. An independent contractor can itemize all ordinary and necessary business expenses by using the appropriate schedule.

To be considered an independent contractor, the taxpayer should set their own hours and work schedule, be responsible for having their own tools or equipment, and usually work for multiple individuals or companies.

If a taxpayer is an independent contractor, the taxpayer would not fill out Form W-4, *Employee's Withholding Allowance Certificate,* nor will taxes be withheld from the taxpayer's paycheck. The independent contractor is responsible for paying self-employment tax (Social Security and Medicare) and making estimated tax payments to cover both the self-employment tax and their income tax.

Taxpayers are considered employees and not independent contractors if the following apply:

➢ Must comply with their employer's work instructions.
➢ Receive training from the employer or the employer's designee.
➢ Provide services that are integral to the employer's business.
➢ Provide services that are personally rendered.
➢ Hire, pay, and supervise workers for the employer.
➢ Have an ongoing working relationship with the employer.
➢ Must follow set hours of work.
➢ Work full time for the employer.
➢ Work on the employer's premises.
➢ Work in a sequence set by the employer.
➢ Submit regular reports to the employer.
➢ Receive payments of regular amounts at regular intervals.
➢ Receive payments for business or travel expenses.
➢ Rely on employer to provide tools and materials.
➢ Do not have a major investment in resources for providing services.
➢ Do not make a profit or suffer a loss from services provided.
➢ Work for one employer at a time.
➢ Do not offer services to the general public.
➢ Can be fired by the employer.
➢ May quit anytime without incurring liability.
➢ Are statutory employees.

If one qualifies as a statutory employee for income tax purposes, the box titled "Statutory Employee" on Form W-2, *Wage and Tax Statement*, will be checked. Income and expenses must be ordinary and necessary business expenses, and are reported on Schedule C.

Contratistas independientes

Un contratista independiente es una persona que es contratada por los empleadores por contrato donde el empleador solo tiene el derecho de controlar o dirigir el resultado del trabajo, pero no puede dictar qué o cómo se logrará el resultado. Esta clasificación permite al contribuyente ciertos beneficios fiscales y la plena responsabilidad de sus impuestos sobre el empleo. Un contratista independiente puede detallar todos los gastos comerciales ordinarios y necesarios utilizando el anexo apropiado.

Para ser considerado un contratista independiente, el contribuyente debe establecer sus propias horas y horario de trabajo, ser responsable de tener sus propias herramientas o equipos, y generalmente trabajar para múltiples individuos o empresas.

Si un contribuyente es un contratista independiente, el contribuyente no llenaría el Formulario W-4, *Certificado de exención de retención del empleado,* ni se retendrán impuestos del cheque de pago del contribuyente. El contratista independiente es responsable de pagar el impuesto sobre el trabajo por cuenta propia (Seguro Social y Medicare) y hacer pagos de impuestos estimados para cubrir tanto el impuesto sobre el trabajo por cuenta propia como su impuesto sobre la renta.

Los contribuyentes se consideran empleados y no contratistas independientes si se aplica lo siguiente:

- ➢ Debe cumplir con las instrucciones de trabajo de su empleador.
- ➢ Recibir capacitación del empleador o de la persona designada por el empleador.
- ➢ Proporcionar servicios que son parte integral del negocio del empleador.
- ➢ Proporcionar servicios que se presten personalmente.
- ➢ Contratar, pagar y supervisar a los trabajadores para el empleador.
- ➢ Tener una relación de trabajo continua con el empleador.
- ➢ Debe seguir horas de trabajo establecidas.
- ➢ Trabajar a tiempo completo para el empleador.
- ➢ Trabajar en las instalaciones del empleador.
- ➢ Trabajar en una secuencia establecida por el empleador.
- ➢ Presentar informes periódicos al empleador.
- ➢ Recibir pagos de montos regulares a intervalos regulares.
- ➢ Recibir pagos por gastos de negocios o viajes.
- ➢ Depende del empleador para proporcionar herramientas y materiales.
- ➢ No tienen una inversión importante en recursos para la prestación de servicios.
- ➢ No obtiene ganancias ni sufre pérdidas por los servicios prestados.
- ➢ Trabaja para un empleador a la vez.
- ➢ No ofrece servicios al público en general.
- ➢ Puede ser despedido por el empleador.
- ➢ Puede renunciar en cualquier momento sin incurrir en responsabilidad.
- ➢ Son empleados estatutarios.

Si uno califica como empleado estatutario para fines del impuesto sobre la renta, se marca la casilla titulada "Empleado estatutario" en el Formulario W-2, *Declaración de salarios e impuestos.* Los ingresos y gastos deben ser gastos comerciales ordinarios y necesarios y se reportan en el Anexo C.

Statutory Employees

A statutory employee is an independent contractor who is nevertheless still treated as an employee due to some statute. This applies to the following occupational groups, all of whom qualify as statutory employees under U.S. law:

- ➤ Agent drivers or commissioned drivers limited to those who distribute food, beverages (other than milk products), and laundry or dry-cleaning services for someone else.
- ➤ Full-time life insurance salespeople who work for one company.
- ➤ A home worker who follows the guidelines of his or her employer using materials furnished by that employer and returning them as designated by the employer.
- ➤ Traveling or city salespeople who sell for one principal employer. The goods sold must be merchandise for resale or supplies for use in the buyer's business operation. The customers must be retailers, wholesalers, contractors, or operators of hotels, restaurants, or other businesses dealing with food or lodging.

To make sure the salespeople are employees under the usual common-law rules, individuals must be evaluated separately. If a salesperson does not meet the tests for a common-law employee, then they may be considered a statutory employee. See Publication 15 and Publication 535.

A statutory employee is very limited and must meet specific criteria to meet the definition. Tax preparers should watch for incorrectly marked Forms W-2 and advise people with incorrectly marked forms to have their employers reissue a corrected Form W-2. If the taxpayer does not wish to do this, the tax professional should prepare the return using the information reported on Form W-2.

Statutory Nonemployees

Statutory nonemployees are treated as self-employed for federal tax purposes, including income and employment taxes. The following are considered statutory nonemployees:

- ➤ Direct sellers.
- ➤ Qualified real estate agents.
- ➤ Certain types of caretakers.

Identification Numbers

Taxpayers can use their SSN or taxpayer identification number (TIN) on the appropriate schedule. However, the taxpayer must have an employer identification number (EIN) if either applies:

- ➤ The taxpayer pays wages to one or more employees.
- ➤ The taxpayer files pension or excise tax returns.

Empleados estatutarios

Un empleado estatutario es un contratista independiente que, sin embargo, todavía es tratado como un empleado debido a algún estatuto. Esto se aplica a los siguientes grupos ocupacionales, todos los cuales califican como empleados legales bajo la ley de Estados Unidos:

➢ Conductores agentes o conductores comisionados limitados a aquellos que distribuyen alimentos, bebidas (que no sean productos lácteos) y servicios de lavandería o limpieza en seco para otra persona.
➢ Vendedores de seguros de vida a tiempo completo que trabajan para una compañía.
➢ Un trabajador a domicilio que sigue las pautas de su empleador utilizando materiales proporcionados por ese empleador y devolviéndolos según lo designado por el empleador.
➢ Vendedores itinerantes o locales que venden para un empleador principal. Los bienes vendidos deben ser mercancía para reventa o suministros para su uso en la operación comercial del comprador. Los clientes deben ser minoristas, mayoristas, contratistas u operadores de hoteles, restaurantes u otros negocios relacionados con alimentos o alojamiento.

Para asegurarse de que los vendedores son empleados bajo las reglas habituales del derecho consuetudinario, se deben evaluar las personas por separado. Si un vendedor no cumple con las pruebas para un empleado de derecho consuetudinario, entonces puede ser considerado un empleado estatutario. Véanse las Publicaciones 15 y 535.

El estatuto de empleado estatutario es muy limitado y debe cumplir con criterios específicos para cumplir con la definición. Los preparadores de impuestos deben estar atentos a los Formularios W-2 marcados incorrectamente y aconsejar a las personas con formularios marcados incorrectamente que sus empleadores vuelvan a emitir un Formulario W-2 corregido. Si el contribuyente no desea hacer esto, el profesional de impuestos debe preparar la declaración utilizando la información reportada en el Formulario W-2.

No empleados estatutarios

Los no empleados estatutarios se tratan como trabajadores por cuenta propia para fines de impuestos federales, incluidos los impuestos sobre la renta y el empleo. Se consideran no empleados estatutarios:

➢ Vendedores directos.
➢ Agentes inmobiliarios cualificados.
➢ Ciertos tipos de cuidadores.

Números de identificación

Los contribuyentes pueden usar su SSN o número de identificación del contribuyente (TIN) en el anexo apropiado. Sin embargo, el contribuyente debe tener un número de identificación del empleador (EIN) si cualquiera de los dos aplica:

➢ El contribuyente paga salarios a uno o más empleados.
➢ El contribuyente presenta declaraciones de impuestos sobre pensiones o impuestos especiales.

Taxpayers can obtain an EIN by completing Form SS-4, *Application for Employer Identification Number.* A new EIN must be obtained if either the entity type or the ownership of the business changes. If the business has employees, the employer (or their delegate) must see the SSN to verify the name and number as it appears on the Social Security card. The employer (or their delegate) must have each employee complete Form W-4. See Publication 17 and SS-4 Instructions.

Schedule SE: Self-Employment Tax

Social Security and Medicare taxes become a little more complicated for self-employed taxpayers. Normally, the standard 12.4% tax for Social Security and 2.9% tax for Medicare is split between employees and their employer; an employee pays half this amount, and the employer matches it. Self-employed individuals, however, are simultaneously the employee and the employer and thus must pay the full 15.3% tax for Social Security and Medicare by themselves. This is called the self-employment tax (SE), and self-employed taxpayers must pay it because they do not have Social Security and Medicare taxes withheld from their earnings.

The self-employment tax is not as overwhelming as it might seem. For example, the 15.3% self-employment tax is figured from 92.35% of the taxpayer's net profit; it is not figured from their gross income or even from their total net profit, just 92.35% of it. Taxpayers who have net profit of $400 do not need to pay self-employment tax. If net earnings are more than $400, self-employment tax needs to be paid. Self-employed taxpayers are allowed to deduct half of the self-employment tax as an adjustment to income on Schedule 1, line 15.

Reported on Schedule 2, line 4, the SE tax applies to everyone who has self-employment income with net earnings of $400 or more. Self-employment income consists of income from self-employed business activities that are reported on Schedule C, E, and F, as well as income received by clergy and employees of churches and religious organizations. There are three ways to figure net earnings from self-employment:

➢ The regular method.
➢ The nonfarm optional method.
➢ The farm optional method.

The regular method must be used unless the taxpayer qualifies to use either one or both optional methods. To calculate net earnings (sometimes referred to as "actual earnings") using the regular method, multiply the self-employment earnings by 92.35% (.9235).

Taxpayers who would like to make estimated tax payments to cover the self-employment tax they expect to owe must send the estimated tax payments on the following due dates:

➢ April 15th.
➢ June 15th.
➢ September 15th.
➢ January 15th of the upcoming calendar year.

Los contribuyentes pueden obtener un EIN completando el Formulario SS-4, *Solicitud de Número de Identificación del Empleador.* Se debe obtener un nuevo EIN si cambia el tipo de entidad o la propiedad del negocio. Si la empresa tiene empleados, el empleador (o su delegado) debe ver el SSN para verificar el nombre y el número tal como aparece en la tarjeta del Seguro Social. El empleador (o su delegado) debe hacer que cada empleado complete el Formulario W-4. Consulte la Publicación 17 y las instrucciones SS-4.

Anexo SE: Impuesto sobre el trabajo por cuenta propia

Los impuestos del Seguro Social y Medicare se vuelven un poco más complicados para los contribuyentes que trabajan por cuenta propia. Normalmente, el impuesto estándar del 12.4% para el Seguro Social y el impuesto del 2.9% para Medicare se divide entre los empleados y su empleador; Un empleado paga la mitad de esta cantidad, y el empleador la iguala. Sin embargo, las personas que trabajan por cuenta propia son simultáneamente el empleado y el empleador y, por lo tanto, deben pagar el impuesto completo del 15.3% para el Seguro Social y Medicare por sí mismos. Esto se llama el impuesto al trabajo por cuenta propia (SE), y los contribuyentes que trabajan por cuenta propia deben pagarlo porque no se les retienen los impuestos del Seguro Social y Medicare de sus ganancias.

El impuesto sobre el trabajo por cuenta propia no es tan abrumador como podría parecer. Por ejemplo, el impuesto sobre el trabajo por cuenta propia del 15.3 por ciento se calcula a partir del 92.35 por ciento del beneficio neto del contribuyente; No se calcula a partir de sus ingresos brutos o incluso de su beneficio neto total, solo el 92.35% del mismo. Los contribuyentes que tienen una ganancia neta de $400 no necesitan pagar impuestos sobre el trabajo por cuenta propia. Si las ganancias netas son más de $ 400, se debe pagar el impuesto sobre el trabajo por cuenta propia. Los contribuyentes que trabajan por cuenta propia pueden deducir la mitad del impuesto sobre el trabajo por cuenta propia como un ajuste a los ingresos en el Anexo 1, línea 15.

Reportado en el Anexo 2, línea 4, el impuesto SE, se aplica a todos los que tienen ingresos de trabajo por cuenta propia con ganancias netas de $ 400 o más. Los ingresos del trabajo por cuenta propia consisten en los ingresos de las actividades comerciales por cuenta propia que se reportan en los Anexos C, E y F, así como los ingresos recibidos por el clero y los empleados de iglesias y organizaciones religiosas. Hay tres formas de calcular los ingresos netos del trabajo por cuenta propia:

> ➢ El método regular.
> ➢ El método opcional no agrícola.
> ➢ El método opcional agrícola.

El método regular debe usarse a menos que el contribuyente califique para usar uno o ambos métodos opcionales. Para calcular las ganancias netas (a veces denominadas "ganancias reales") utilizando el método regular, multiplique las ganancias del trabajo por cuenta propia por 92.35% (.9235).

Los contribuyentes que deseen hacer pagos de impuestos estimados para cubrir el impuesto sobre el trabajo por cuenta propia que esperan adeudar deben enviar los pagos de impuestos estimados en las siguientes fechas:

> ➢ 15 de abril.
> ➢ 15 de junio.
> ➢ 15 de septiembre.
> ➢ 15 de enero del próximo año calendario.

If any of these dates fall on a holiday or weekend, the payment is due the next business day.

Schedule C

Schedule C, *Profit or Loss from Business*, is used for the sole proprietor or the sole owner of an LLC to report the business income and expenses for the current tax year. If the business owner owns multiple businesses, then a separate Schedule C must be filed for each business.

Completing Schedule C

Schedule C is a very detailed form that categorizes the income and expense of the business. The first portion requires basic information about the business and its type.

Line A: Enter the business or professional activity that provided the principal source of income reported on line 1 of the Schedule C. If the taxpayer owned more than one business, each business must complete a separate Schedule C or appropriate form. If the general field or activity is wholesale or retail trade or services connected with production services, state the type of customer or client. For example, "wholesale of hardware to retailers," or "appraisal of real estate for lending institutions."

SCHEDULE C (Form 1040)	Profit or Loss From Business	OMB No. 1545-0074
Department of the Treasury Internal Revenue Service	(Sole Proprietorship) Go to *www.irs.gov/ScheduleC* for instructions and the latest information. Attach to Form 1040, 1040-SR, 1040-NR, or 1041; partnerships must generally file Form 1065.	2022 Attachment Sequence No. 09

Name of proprietor		Social security number (SSN)
A	Principal business or profession, including product or service (see instructions)	B Enter code from instructions
C	Business name. If no separate business name, leave blank.	D Employer ID number (EIN) (see instr.)
E	Business address (including suite or room no.) City, town or post office, state, and ZIP code	

Portion of Schedule C

Line B: Enter the six-digit code found in the instructions for Schedule C to designate the type of business. If the taxpayer's company-type is not listed, find a similar principal business or professional activity code. No matter how unsure you are about which code to use, try not to use business code 999999, *Unknown Business*; businesses with this code are significantly more likely to be audited by the IRS due to the lack of information provided by using that code.

Line C: Enter the business name.

Line D: Enter the employer ID number (EIN). The taxpayer would have obtained this number by filling out and submitting Form SS-4 online to the IRS. If there is no EIN, enter the taxpayer's SSN at the top of the page where indicated. Remember: as a sole proprietorship, the company only needs an EIN in the following cases:

➢ The company has a qualified retirement plan.

Si alguna de estas fechas cae en un día festivo o fin de semana, el pago vence el siguiente día hábil.

Anexo C

El Anexo C, *Ganancias o pérdidas de negocios*, se utiliza para que el propietario único o el único propietario de una LLC reporte los ingresos y gastos comerciales para el año fiscal actual. Si el propietario del negocio posee varios negocios, entonces se debe presentar un Anexo C por separado para cada negocio.

Completar el Anexo C

El Anexo C es un formulario muy detallado que categoriza los ingresos y gastos del negocio. La primera parte requiere información básica sobre el negocio y su tipo.

Línea A: Ingrese la actividad comercial o profesional que proporcionó la principal fuente de ingresos reportada en la línea 1 del Anexo C. Si el contribuyente era dueño de más de un negocio, cada negocio debe completar un Anexo C por separado o el formulario apropiado. Si el ámbito o actividad general es el comercio mayorista o minorista o los servicios relacionados con los servicios de producción, indíquese el tipo de cliente o cliente. Por ejemplo, "venta al por mayor de hardware a minoristas" o "tasación de bienes raíces para instituciones crediticias".

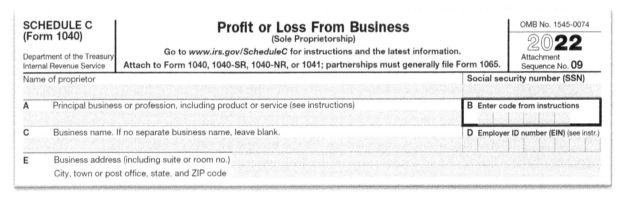

Parte del Anexo C

Línea B: Ingrese el código de seis dígitos que se encuentra en las instrucciones del Anexo C para designar el tipo de negocio. Si el tipo de empresa del contribuyente no aparece en la lista, busque un código de actividad comercial o profesional principal similar. No importa cuán inseguro esté sobre qué código usar, trate de no usar el código comercial 999999, *Negocios desconocidos*; las empresas con este código son significativamente más propensas a ser auditadas por el IRS debido a la falta de información proporcionada por el uso de ese código.

Línea C: Introduzca el nombre de la empresa.

Línea D: Ingrese el número de identificación del empleador (EIN). El contribuyente puede obtener este número llenando y enviando el Formulario SS-4 al IRS o en línea en la página web del IRS. Si no hay EIN, ingrese el SSN del contribuyente en la parte superior de la página donde se indique. Recuerde: como empresa unipersonal, la empresa solo necesita un EIN en los siguientes casos:

> ➤ La compañía tiene un plan de jubilación calificado.

> ➢ The company is required to file an employment, an excise, or an alcohol, tobacco, or firearms return.
> ➢ At least part of the company involves paying gambling winnings.

Line E: Business address. Enter the physical address of the business, not a P.O. Box number. If the business has a suite or room number, make sure that it is entered as well. If the business was conducted from the taxpayer's home, and if it is the same address used on Form 1040, page 1, do not complete this line.

Line F: Select which accounting method was used by the business during the tax year.

Line G: Material Participation

"Material participation" is when an owner of a passive activity takes part in the business's operations even though they typically wouldn't. A business is a passive activity if the owner does not regularly participate in the day-to-day operations of the business. Rental activity is the most common type of passive activity, but it is far from the only kind. If the business experienced a passive activity loss, the loss may be limited by reducing the percentage of the business's income that can be taxed, but only if the taxpayer can show that they materially participated in the business.

To be able to limit losses by claiming "material participation", the taxpayer must meet any of the seven material participation tests from the requirements listed below. These generally cover any work done in connection with an activity in which one owned an interest at the time the work was completed. However, work is considered participation if it is work that the owner would not customarily do in the same type of activity, and if one of the main reasons for doing the work was to avoid the disallowance of losses or credits from the activity under the passive activity rules.

If the taxpayer meets any of these tests, check "Yes" on line G; otherwise, check "No." For the purposes of the passive activity rules, any of the following requirements must be met to be considered to have materially participated:

1. The taxpayer substantially participated in the activity on a regular and continuous basis for more than 500 hours during the tax year.
2. The taxpayer substantially participated in the activity of all individuals, even including those who do not own an interest in the activity.
3. The taxpayer participated during the tax year as much as any other person in the company.
4. Taxpayer participated for more than 100 hours during the tax year but did not materially participate.
5. The taxpayer materially participated in the activity for any 5 of the prior 10 tax years.
6. The taxpayer is in a personal service activity in which the taxpayer materially participated for any three prior tax years. A personal service activity is an activity that involves performing personal services in the fields of health, law, engineering, architecture, accounting, consulting, or any other trade or business in which capital is not a material income-producing factor.

> La compañía está obligada a presentar una declaración de empleo, un impuesto especial o una declaración de alcohol, tabaco o armas de fuego.
> Al menos parte de la empresa implica pagar ganancias de juego.

Línea E: Dirección comercial. Ingrese la dirección física de la empresa, no un número de apartado postal. Si el negocio tiene un número de suite o habitación, asegúrese de que también se ingrese. Si el negocio se llevó a cabo desde el hogar del contribuyente, y si es la misma dirección utilizada en el Formulario 1040, página 1, no complete esta línea.

Línea F: Seleccione qué método contable utilizó la empresa durante el año fiscal.

Línea G: Participación material

La "participación material" es cuando un propietario de una actividad pasiva participa en las operaciones de la empresa a pesar de que normalmente no lo haría. Un negocio es una actividad pasiva si el propietario no participa regularmente en las operaciones diarias del negocio. La actividad de alquiler es el tipo más común de actividad pasiva, pero está lejos de ser el único. Si la empresa experimentó una pérdida de actividad pasiva, la pérdida puede limitarse reduciendo el porcentaje de los ingresos de la empresa que se puede gravar, pero solo si el contribuyente puede demostrar que participó materialmente en el negocio.

Para poder limitar las pérdidas alegando "participación material", el contribuyente debe cumplir con cualquiera de las siete pruebas de participación material de los requisitos que se enumeran más adelante. Estos generalmente cubren cualquier trabajo realizado en relación con una actividad en la que uno poseía un interés en el momento en que se completó el trabajo. Sin embargo, el trabajo se considera participación si es un trabajo que el propietario no haría habitualmente en el mismo tipo de actividad, y si una de las principales razones para realizar el trabajo fue evitar la desestimación de pérdidas o créditos de la actividad bajo las reglas de actividad pasiva.

Si el contribuyente cumple con alguna de estas pruebas, marque "Sí" en la línea G; de lo contrario, marque "No". Para efectos de las reglas de actividad pasiva, se debe cumplir cualquiera de los siguientes requisitos para que se considere que ha participado materialmente:

1. El contribuyente participó sustancialmente en la actividad de forma regular y continua durante más de 500 horas durante el año fiscal.
2. El contribuyente participó sustancialmente en la actividad de todos los individuos, incluso aquellos que no poseen un interés en la actividad.
3. El contribuyente participó durante el ejercicio fiscal tanto como cualquier otra persona de la empresa.
4. El contribuyente participó por más de 100 horas durante el año fiscal, pero no participó materialmente.
5. El contribuyente participó materialmente en la actividad durante 5 de los 10 años fiscales anteriores.
6. El contribuyente está en una actividad de servicio personal en la que el contribuyente participó materialmente durante tres años fiscales anteriores. Una actividad de servicio personal es una actividad que implica la realización de servicios personales en los campos de la salud, el derecho, la ingeniería, la arquitectura, la contabilidad, la consultoría o cualquier otro comercio o negocio en el que el capital no es un factor material que produce ingresos.

7. Taxpayer meets the test if any person other than the taxpayer did the following:
   a) Received compensation for performing management services in connection with the activity.
   b) Spent more hours during the tax year doing other activities than he or she spent performing management services in connection with the activity, regardless of whether the person was compensated for the service.

Line H: If the business was started or acquired in the current tax year, check the box.

Line I: If the taxpayer made any payments that would require the taxpayer to file Form(s) 1099, check yes; otherwise, check no.

Schedule C, Part I, Income

Part I	Income	
1	Gross receipts or sales. See instructions for line 1 and check the box if this income was reported to you on Form W-2 and the "Statutory employee" box on that form was checked . . . . ☐	1
2	Returns and allowances	2
3	Subtract line 2 from line 1	3
4	Cost of goods sold (from line 42)	4
5	**Gross profit.** Subtract line 4 from line 3	5
6	Other income, including federal and state gasoline or fuel tax credit or refund (see instructions)	6
7	**Gross income.** Add lines 5 and 6	7

Portion of Schedule C

Gross Income Receipts

Self-employment income is income earned from the performance of personal services that cannot be classified as wages because an employer-employee relationship does not exist between the payer and the payee because they are the same person. Self-employment tax is imposed on any U.S. citizen or resident alien who has self-employment income. If one is self-employed in a business that provides services (where products are not a factor), the gross income goes on line 7 of Schedule C and includes amounts reported on Form 1099-MISC, Form 1099-K, and Form 1099-NEC.

Different Kinds of Income

The taxpayer must report on their tax return all income received in business unless it is excluded by law. In most circumstances, income will be in the form of cash, checks, and credit card charges. Bartering is another form of income, and its fair market value must be included as income.

Example: Ernest operates a plumbing business and uses the cash method of accounting. Jim owns a computer store and contacts Ernest to discuss fixing the clogged pipes in his store in exchange for a laptop for Ernest's business. This is business-to-business bartering. If Ernest accepts the deal, he must report the fair market value of the laptop as income because it was the "income" he received in exchange for his service.

7. El contribuyente cumple con la prueba si cualquier persona que no sea el contribuyente hizo lo siguiente:
    a) Recibió una compensación por realizar servicios de gestión en relación con la actividad.
    b) Pasó más horas durante el año fiscal realizando otras actividades de las que pasó realizando servicios de gestión en relación con la actividad, independientemente de si la persona fue compensada por el servicio.

Línea H: Marque la casilla si el negocio se inició o se adquirió en el año fiscal actual.

Línea I: Si el contribuyente realizó algún pago que requiera que el contribuyente presente Formularios 1099, marque sí; de lo contrario, marque no.

Anexo C, Parte I, Ingresos

Part I	Income		
1	Gross receipts or sales. See instructions for line 1 and check the box if this income was reported to you on Form W-2 and the "Statutory employee" box on that form was checked . . . . ☐	1	
2	Returns and allowances	2	
3	Subtract line 2 from line 1	3	
4	Cost of goods sold (from line 42)	4	
5	**Gross profit.** Subtract line 4 from line 3	5	
6	Other income, including federal and state gasoline or fuel tax credit or refund (see instructions)	6	
7	**Gross income.** Add lines 5 and 6	7	

Parte del Anexo C

Ingresos brutos

Los ingresos del trabajo por cuenta propia son ingresos obtenidos de la prestación de servicios personales que no pueden clasificarse como salarios porque no existe una relación empleador-empleado entre el que paga y el beneficiario porque son la misma persona. El impuesto sobre el trabajo por cuenta propia se aplica a cualquier ciudadano estadounidense o extranjero residente que tenga ingresos de trabajo por cuenta propia. Si uno trabaja por cuenta propia en un negocio que brinda servicios (donde los productos no son un factor), el ingreso bruto va en la línea 7 del Anexo C e incluye los montos reportados en el Formulario 1099-MISC, el Formulario 1099-K y el Formulario 1099-NEC.

Diferentes tipos de ingresos

El contribuyente debe reportar en su declaración de impuestos todos los ingresos recibidos en el negocio, a menos que esté excluido por la ley. En la mayoría de las circunstancias, los ingresos serán en forma de efectivo, cheques y cargos de tarjetas de crédito. El trueque es otra forma de ingreso, y su valor justo de mercado debe incluirse como ingreso.

Ejemplo: Ernest opera un negocio de plomería y utiliza el método de contabilidad en efectivo. Jim es dueño de una tienda de computadoras y contacta a Ernest para discutir la reparación de las tuberías obstruidas en su tienda a cambio de una computadora portátil para el negocio de Ernest. Esto es trueque de empresa a empresa. Si Ernest acepta el trato, debe reportar el valor justo de mercado de la computadora portátil como ingreso porque fue el "ingreso" que recibió a cambio de su servicio.

Miscellaneous Income

If one is self-employed in a business involving manufacturing, merchandising, or mining, the gross income on line 7 of Schedule C is the total sales from that business, minus the cost of goods sold, and plus any income from investments and incidental or outside operations or sources. If the taxpayer is involved in more than one business, a separate Schedule C is filed for each business (for example, newspaper delivery and computer consulting). Other income commonly includes bank interest, rebates, and reimbursements from government food programs for a daycare provider.

Line 1: Enter the gross receipts for the year from the trade or business. Include all amounts received, even if the income was not reported on Form(s) 1099.

Line 2: Enter returns and allowances for the year from the trade or business. Even though this amount will be subtracted later, make sure it is entered here as a positive number. A sales return is a refund given to the taxpayer's customers who returned defective, damaged, or unwanted products.

Line 6: Report all amounts from finance reserve income, scrap sales, bad debts recovered, interest (on notes and accounts receivable), state gasoline or fuel tax refunds received in 2021. Prizes and awards related to the trade or business and other miscellaneous business income are also reported on line 6.

Schedule C, Part II, Expenses

To be a deductible business expense, the tangible or nontangible item must be either ordinary or necessary. An ordinary expense is an expense that is common, standard, and accepted in the taxpayer's industry. A necessary expense is one that is helpful and appropriate for the taxpayer's trade or business. An expense does not have to be indispensable to be considered necessary. The taxpayer needs to keep records of their expenses no matter how minimal the payment is. Documentation is the key if the taxpayer is ever audited for proof of expenses.

Part II	Expenses. Enter expenses for business use of your home **only** on line 30.					
8	Advertising	8		18	Office expense (see instructions)	18
9	Car and truck expenses (see instructions)	9		19	Pension and profit-sharing plans	19
10	Commissions and fees	10		20	Rent or lease (see instructions):	
11	Contract labor (see instructions)	11		a	Vehicles, machinery, and equipment	20a
12	Depletion	12		b	Other business property	20b
13	Depreciation and section 179 expense deduction (not included in Part III) (see instructions)	13		21	Repairs and maintenance	21
				22	Supplies (not included in Part III)	22
				23	Taxes and licenses	23
				24	Travel and meals:	
14	Employee benefit programs (other than on line 19)	14		a	Travel	24a
15	Insurance (other than health)	15		b	Deductible meals (see instructions)	24b
16	Interest (see instructions):			25	Utilities	25
a	Mortgage (paid to banks, etc.)	16a		26	Wages (less employment credits)	26

Portion of Schedule C

Ingresos varios

Si uno trabaja por cuenta propia en un negocio relacionado con la fabricación, la comercialización o la minería, el ingreso bruto en la línea 7 del Anexo C es el total de ventas de ese negocio, menos el costo de los bienes vendidos más cualquier ingreso de inversiones y operaciones o fuentes incidentales o externas. Si el contribuyente está involucrado en más de un negocio, se presenta un Anexo C separado para cada negocio (por ejemplo, entrega de periódicos y consultoría informática). Otros ingresos comúnmente incluyen intereses bancarios, reembolsos y reembolsos de programas de alimentos del gobierno para un proveedor de guardería.

Línea 1: Agregue los ingresos brutos del año del comercio o negocio. Incluya todos los montos recibidos, incluso si los ingresos no se reportaron en el Formulario (s) 1099.

Línea 2: Introduzca las devoluciones y asignaciones para el año del comercio o negocio. Aunque esta cantidad se restará más tarde, asegúrese de que se ingrese aquí como un número positivo. Una declaración de ventas es un reembolso otorgado a los clientes del contribuyente que devolvieron productos defectuosos, dañados o no deseados.

Línea 6: Reporte todos los montos de los ingresos de la reserva financiera, ventas de chatarra, deudas incobrables recuperadas, intereses (en notas y cuentas por cobrar), reembolsos estatales de impuestos a la gasolina o al combustible recibidos en 2021. Los premios y reconocimientos relacionados con el comercio o negocio y otros ingresos comerciales diversos también se reportan en la línea 6.

Anexo C, Parte II, Gastos

Para ser un gasto comercial deducible, el elemento tangible o no tangible debe ser ordinario o necesario. Un gasto ordinario es un gasto que es común, estándar y aceptado en la industria del contribuyente. Un gasto necesario es aquel que es útil y apropiado para el comercio o negocio del contribuyente. Un gasto no tiene que ser indispensable para ser considerado necesario. El contribuyente necesita mantener registros de sus gastos sin importar cuán mínimo sea el pago. La documentación es la clave si alguna vez se audita al contribuyente para obtener prueba de gastos.

Part II	Expenses.	Enter expenses for business use of your home **only** on line 30.				
8	Advertising	8		18	Office expense (see instructions) .	18
9	Car and truck expenses (see instructions) . . .	9		19	Pension and profit-sharing plans .	19
10	Commissions and fees .	10		20	Rent or lease (see instructions):	
11	Contract labor (see instructions)	11		a	Vehicles, machinery, and equipment	20a
12	Depletion	12		b	Other business property . . .	20b
13	Depreciation and section 179 expense deduction (not included in Part III) (see instructions)	13		21	Repairs and maintenance . . .	21
				22	Supplies (not included in Part III) .	22
				23	Taxes and licenses	23
				24	Travel and meals:	
14	Employee benefit programs (other than on line 19) .	14		a	Travel	24a
15	Insurance (other than health)	15		b	Deductible meals (see instructions)	24b
16	Interest (see instructions):			25	Utilities	25
a	Mortgage (paid to banks, etc.)	16a		26	Wages (less employment credits)	26

Parte del Anexo C

The following examples are expenses that can be deducted:

Line 8: Advertising. Advertising is communicating with the general public to promote a product or service that the business provides. All advertising expenses can generally be deducted if the expense is related to the business. Advertising for purposes of influencing legislation is not deductible as this is considered lobbying.

Line 9: Car and Truck Expenses. Expenses used for business can be deducted as a business expense. Vehicle expenses include gasoline, oil, repairs, license tags, insurance, and depreciation. For 2022 the rate is 58.5 cents per mile from January to June and 62.5 cents per mile from July to December. For tax year 2023 the business travel rate is 65.5 cents per mile. Standard mileage rate for each business mile can be used for the taxpayer's owned or leased vehicle. The standard mileage rate cannot be used if five or more cars or light trucks are used at the same time. Five or more cars are considered to be a fleet.

The taxpayer may choose between using the actual expenses incurred by using the vehicle or using the standard mileage rate. Report the expense amount on Schedule C, Part II, line 9. The taxpayer should include the following in their daily business mileage log:

➢ Beginning mileage.
➢ Ending mileage.
➢ Commuting mileage.

Business meals for 2022 are 100% deductible only if the properly applied rules from Revenue Procedure 2019-48 are used. The rule is for expenses incurred after December 31, 2020, and before January 1, 2022, the food and/or beverages must be provided by a restaurant. A restaurant means a business that prepares and sells food and beverages to retail customers for immediate consumption, regardless of whether the food or beverages are consumed on the restaurant's premises. A restaurant does not include a business that primarily sell prepackaged food or beverages not for immediate consumption, such as:

➢ A grocery store
➢ Specialty food store
➢ Beer, wine, or liquor store
➢ Drugstore
➢ Convivence store
➢ Newsstand
➢ A vending machine or kiosk

See Notice 2021-25.

When determining the 100% meal deduction, the following applies:

➢ Business meals that don't qualify for the 100% deduction, such as those that were purchased from a grocery store, may still qualify for the 50% deduction.
➢ The 100% meals deduction applies to amounts paid or incurred after December 31, 2020, and before January 1, 2023.

Los siguientes ejemplos son gastos que se pueden deducir:

Línea 8: Publicidad. La publicidad es comunicarse con el público en general para promocionar un producto o servicio que la empresa proporciona. Todos los gastos de publicidad generalmente se pueden deducir si el gasto está relacionado con el negocio. La publicidad con el fin de influir en la legislación no es deducible, ya que se considera cabildeo.

Línea 9: Gastos de automóviles y camiones. Los gastos utilizados para el negocio se pueden deducir como un gasto comercial. Los gastos del vehículo incluyen gasolina, aceite, reparaciones, etiquetas de licencia, seguro y depreciación. Para 2022, la tarifa es de 58.5 centavos por milla de enero a junio y 62.5 centavos por milla de julio a diciembre. Para el año fiscal 2023, la tarifa de viaje de negocios es de 65.5 centavos por milla. La tasa de millaje de S para cada milla comercial se puede usar para el vehículo propio o arrendado del contribuyente. La tasa de millaje estándar no se puede utilizar si se utilizan cinco o más automóviles o camiones ligeros al mismo tiempo. Cinco o más coches se consideran una flota.

El contribuyente puede elegir entre utilizar los gastos reales incurridos por el uso del vehículo o utilizar la tarifa de millaje estándar. Reporte el monto de los gastos en el Anexo C, Parte II, línea 9. El contribuyente debe incluir lo siguiente en su registro diario de millaje comercial:

- ➢ Millaje inicial.
- ➢ Millaje final.
- ➢ Millaje de desplazamiento.

Las comidas de negocios para 2022 son 100% deducibles solo si se utilizan las reglas aplicadas correctamente del Procedimiento de Ingresos 2019-48. La regla es para los gastos incurridos después del 31 de diciembre de 2020 y antes del 1 de enero de 2022, los alimentos y/o bebidas deben ser adquiridos en un restaurante. Un restaurante significa un negocio que prepara y vende alimentos y bebidas a clientes minoristas para consumo inmediato, independientemente de si los alimentos o bebidas se consumen en las instalaciones del restaurante. Un restaurante no incluye un negocio que vende principalmente alimentos o bebidas preenvasados que no son para consumo inmediato, tales como:

- ➢ Una tienda de comestibles
- ➢ Tienda de alimentos especializados
- ➢ Tienda de cerveza, vino o licores
- ➢ Farmacia
- ➢ Tienda de conveniencia o de abarrotes
- ➢ Quiosco
- ➢ Una máquina expendedora

Ver Aviso 2021-25.

Al determinar la deducción del 100% de comida, se aplica lo siguiente:

- ➢ Las comidas de negocios que no califican para la deducción del 100%, como las que se compraron en una tienda de comestibles, aún pueden calificar para la deducción del 50%.
- ➢ La deducción del 100% de comidas se aplica a los montos pagados o incurridos después del 31 de diciembre de 2020 y antes del 1 de enero de 2023.

Remember, ordinary business-related meals are 50% deductible if business travel is either overnight or long enough to require the taxpayer to stop for sleep or rest to properly perform his or her duties. The taxpayer should note the destination and the reason for travel on a daily business mileage document.

Business meals for 2023 revert back to prior to 2021 rules, which is 50% deductible, and most entertainment expenses are not deductible at all.

Line 10: Commissions and Fees. A commission is a service charge for providing advice on an investment purchase for the taxpayer. The commission must be ordinary and necessary for the type of business the taxpayer claims. Expenses paid for services rendered by a nonemployee could be considered commissions or fees. If more than $600 is paid to one individual, Form 1099-NEC and/or 1099-MISC must be filed, and a copy of the form should be issued to the independent contractor by January 31st of the following year. A copy of the form must be sent to the taxpayer who rendered the work; a copy must also be sent to the IRS along with Form 1096. See Instructions Form 1099(s).

Line 11: Contract Labor. Contract labor includes payments to individuals that are not employees, such as independent contractors. Report the payment amounts on this line.

Line 12: Depletion. Depletion is only deducted when a taxpayer has an economic interest in mineral property such as oil, gas, and standing timber reported on this line.

Line 13: Depreciation. Depreciation is the annual deduction that is allowed or allowable on all qualified business property reported on this line. If the taxpayer has timber depletion, they will use Form T. See Publication 535.

Line 14: Employee Benefit Programs. Employee benefit programs are an expense for the business owner and include retirement plans, disability insurance, life insurance, education assistance, and vacation and holiday pay. Expenses for employees such as accident plans, health plans, dependent-care expenses, and group life insurance plans can be deducted on this line.

Line 15: Insurance. The following business insurance premiums may be deducted on this line:

➢ Liability insurance.
➢ Malpractice insurance.
➢ Casualty insurance, such as fire or theft.
➢ Workers' compensation insurance.
➢ Disability insurance that covers the business's overhead expenses if the sole proprietor becomes unable to work.
➢ Bond insurance.
➢ Insurance to cover inventory and merchandise.
➢ Credit insurance.
➢ Business interruption insurance.

One who is self-employed may qualify to deduct up to 100% of the medical insurance premiums paid for themselves and qualifying family members. To take the deduction, the insurance plan must be established under the business, and the business must make a profit. See Publication 535.

Recuerde, las comidas ordinarias relacionadas con los negocios son deducibles en un 50% si los viajes de negocios son de noche u obligan al contribuyente dormir o descansar para realizar adecuadamente sus tareas. El contribuyente debe anotar el destino y el motivo del viaje en un documento de millaje comercial diario.

Las comidas de negocios para 2023 vuelven a las reglas anteriores a 2021, que es un deducible del 50%, y la mayoría de los gastos de entretenimiento no son deducibles en absoluto.

Línea 10: Comisiones y honorarios. Una comisión es un cargo por servicio para proporcionar asesoramiento sobre una compra de inversión para el contribuyente. La comisión debe ser ordinaria y necesaria para el tipo de negocio que reclama el contribuyente. Los gastos pagados por los servicios prestados por una persona no empleada podrían considerarse comisiones u honorarios. Si se pagan más de $600 a una persona, se debe presentar el Formulario 1099-NEC y/o 1099-MISC y se debe emitir una copia del formulario al contratista independiente antes del 31 de enero del año siguiente. Se debe enviar una copia del formulario al contribuyente que prestó el trabajo; también se debe enviar una copia al IRS junto con el Formulario 1096. Consulte los formularios de instrucciones 1099(s).

Línea 11: Mano de obra subcontratada. La mano de obra contratada incluye pagos a personas que no son empleados, como contratistas independientes. Informe los montos de pago en esta línea.

Línea 12: Agotamiento. El agotamiento solo se deduce cuando un contribuyente tiene un interés económico en propiedades minerales como petróleo, gas y madera en pie que se reportan en esta línea.

Línea 13: Depreciación. La depreciación es la deducción anual que se permite o se permite en todas las propiedades comerciales calificadas reportadas en esta línea. Si el contribuyente tiene agotamiento de madera, usará el Formulario T. Véase la publicación 535.

Línea 14: Programas de beneficios para empleados. Los programas de beneficios para empleados son un gasto para el propietario del negocio e incluyen planes de jubilación, seguro por discapacidad, seguro de vida, asistencia educativa y vacaciones y pago de vacaciones. Los gastos de los empleados, como planes de accidentes, planes de salud, gastos de cuidado de dependientes y planes de seguro de vida grupales se pueden deducir en esta línea.

Línea 15: Seguros. Las siguientes primas de seguro comercial se pueden deducir en esta línea:

- ➢ Seguro de responsabilidad civil.
- ➢ Seguro de negligencia.
- ➢ Seguro de accidentes, como incendio o robo.
- ➢ Seguro de compensación para trabajadores.
- ➢ Seguro de discapacidad que cubre los gastos generales del negocio si el propietario único no puede trabajar.
- ➢ Seguro de fianzas.
- ➢ Seguro para cubrir inventario y mercancía.
- ➢ Seguro de crédito.
- ➢ Seguro de interrupción de negocio.

Alguien que trabaja por cuenta propia puede calificar para deducir hasta el 100% de las primas de seguro médico pagadas por sí mismo y por los miembros de la familia que califiquen. Para tomar la deducción, el plan de seguro debe establecerse bajo el negocio, y el negocio debe obtener una ganancia. Véase la publicación 535.

Line 16: Interest. The following are examples of deductible interest reported on this line:

➢ The portion of mortgage interest related to the business.
➢ If auto is used in business, business percentage of the auto loan interest.
➢ Interest capitalization.
➢ Interest on business purchases.

See Publication 535.

Line 17: Legal and professional fees. The following are examples of deductible legal and professional expenses on this line:

➢ Bookkeeping and accounting fees.
➢ Tax preparation fees for business tax preparation.
➢ Business-related attorney's fees.

See Publication 334 and 535.

Line 18: Office Expense. Office expenses that are not included in office-in-home expenses are deducted here. The following are examples of deductible expenses on this line:

➢ Postage
➢ Office supplies

Line 19: Pension and profit-sharing plans. Deduct the contribution portion of an employee's pension or profit-sharing plan that is paid as a benefit to the employee using this line. See Publication 560.

Line 20: Rent or lease. Schedule C, Part II, line 20a, is used for the lease of vehicles, machinery, and equipment rentals. Part II, line 20b, is used for leasing other rental property, such as rent for an office, building, or warehouse. See Publication 560.

Line 21: Repairs and maintenance. Repairs and maintenance of equipment, offices, buildings, or structures are deductible expenses and should include the cost of labor and supplies on this line.

Line 22: Supplies. Ordinary and necessary expenses that are not included in inventory should be deducted on this line.

Line 23: Taxes and licenses. The following are examples of deductible expenses on this line:

➢ License and regulatory fees for the trade or business.
➢ Real estate and personal property taxes on business assets.
➢ State and local sales taxes imposed for the selling of goods or services.
➢ Social Security and Medicare taxes paid to match employee wages.
➢ Paid federal unemployment tax.

Línea 16: Interés. Los siguientes son ejemplos de intereses deducibles reportados en esta línea:

➤ La porción del interés hipotecario relacionada con el negocio.
➤ Si el automóvil se usa en negocios, el porcentaje comercial del interés del préstamo de automóvil.
➤ Capitalización de intereses.
➤ Intereses en compras comerciales.

Véase la publicación 535.

Línea 17: Honorarios legales y profesionales. Los siguientes son ejemplos de gastos legales y profesionales deducibles en esta línea:

➤ Gastos de teneduría de libros y contabilidad.
➤ Tarifas de preparación de impuestos para la preparación de impuestos comerciales.
➤ Honorarios de abogados relacionados con el negocio.

Véanse las publicaciones 334 y 535.

Línea 18: Gastos de oficina. Los gastos de oficina que no están incluidos en los gastos de oficina en el hogar se deducen aquí. Los siguientes son ejemplos de gastos deducibles en esta línea:

➤ Franqueo
➤ Material de oficina

Línea 19: Planes de pensiones y participación en beneficios. Deducir la parte de contribución de la pensión de un empleado o el plan de participación en las ganancias que se paga como un beneficio para el empleado que usa esta línea. Véase la Publicación 560.

Línea 20: Alquiler o arrendamiento. El Anexo C, Parte II, línea 20a, se utiliza para el arrendamiento de vehículos, maquinaria y alquiler de equipos. La Parte II, línea 20b, se utiliza para arrendar otras propiedades de alquiler, como el alquiler de una oficina, edificio o almacén. Véase la Publicación 560.

Línea 21: Reparaciones y mantenimiento. Las reparaciones y el mantenimiento de equipos, oficinas, edificios o estructuras son gastos deducibles y deben incluir el costo de la mano de obra y los suministros en esta línea.

Línea 22: Suministros. Los gastos ordinarios y necesarios que no están incluidos en el inventario deben deducirse en esta línea.

Línea 23: Impuestos y licencias. Los siguientes son ejemplos de gastos deducibles en esta línea:

➤ Licencia y tarifas regulatorias para el comercio o negocio.
➤ Impuestos sobre bienes inmuebles y bienes personales sobre activos comerciales.
➤ Impuestos estatales y locales sobre las ventas aplicados por la venta de bienes o servicios.
➤ Los impuestos del Seguro Social y Medicare pagados para igualar los salarios de los empleados.
➤ Pagó el impuesto federal de desempleo.

➢ Federal highway use tax.
➢ Contributions to a state unemployment insurance fund or to a disability benefit fund if the contributions are considered taxes under state law.

Do not deduct the following:

➢ Federal income tax, including the self-employment tax.
➢ Estate and gift taxes.
➢ Taxes used to pay for improvements, such as paving and sewers.
➢ Taxes on the taxpayer's primary residence.
➢ State and local sales taxes on property purchased for use in the business.
➢ State and local sales taxes imposed on the buyer that were required to be collected and paid to state and local governments.
➢ Other taxes and licenses fees not related to the business.

See Publication 535.

Line 24a: Travel. The following are examples of ordinary and necessary business travel expenses that can be deducted on this line:

➢ Business airfare.
➢ Hotels for business trips.
➢ Taxi fares and tips while on business.

Example: Gladys lives in Seattle, Washington, and is a paid tax practitioner. She went to the Latino Tax Fest to learn the latest tax law and updates. The Fest was held on Tuesday, Wednesday, and Thursday. Gladys flew from Seattle to Las Vegas, Nevada, on Sunday and then flew home on Friday. Her ordinary and necessary expenses are the above costs that were incurred during the days of the convention, not the costs that were incurred on Sunday, Monday, and Friday. Her meals and hotel room on Sunday, Monday, and Friday are not a business expense. See Publication 463.

Line 24b: Meals. Include expenses for meals while traveling away from home. Meals must be food or beverage provided by a restaurant.

Line 25: Utilities. Utility expenses include water, gas, electric, and telephone costs. Business telephone expenses do not include the base rate for any personal phone lines into the taxpayer's house, even if they are used for business. If the taxpayer has additional costs related to the business use of the phone, such as long-distance calls, the taxpayer can deduct those expenses. If the taxpayer has a dedicated second phone line for business, all expenses may be deducted regarding the second phone line.

Line 26: Wages. The gross amount paid in wages (minus employment credits) to employees is deducted from the business' gross income. If the self-employed taxpayer paid themselves out of the profits of the business, those "wages" are not deductible as an expense on line 26. This is considered a draw and is not a deductible expense.

Line 27: Other Expenses. Other expenses are deducted in Part V of Schedule C, and the total amount of any deductions in Part V is reported here. Other expenses include any expense that is not described elsewhere and is both ordinary and necessary in the operation of the taxpayer's business.

➢ Impuesto federal sobre el uso de carreteras.
➢ Contribuciones a un fondo estatal de seguro de desempleo o a un fondo de beneficios por discapacidad si las contribuciones se consideran impuestos según la ley estatal.

No deduzca lo siguiente:

➢ Impuesto federal sobre la renta, incluido el impuesto sobre el trabajo por cuenta propia.
➢ Impuestos sobre sucesiones y donaciones.
➢ Impuestos utilizados para pagar mejoras, como pavimentación y alcantarillado.
➢ Impuestos sobre la vivienda habitual del contribuyente.
➢ Impuestos estatales y locales sobre las ventas de la propiedad comprada para su uso en el negocio.
➢ Impuestos estatales y locales sobre las ventas impuestos al comprador que debían recaudarse y pagarse a los gobiernos estatales y locales.
➢ Otros impuestos y tarifas de licencia no relacionados con el negocio.

Véase la publicación 535.

Línea 24a: Viajes. Los siguientes son ejemplos de gastos de viajes de negocios ordinarios y necesarios que se pueden deducir en esta línea:

➢ Pasaje aéreo de negocios.
➢ Hoteles para viajes de negocios.
➢ Tarifas de taxi y propinas durante el viaje de negocios.

Ejemplo: Gladys vive en Seattle, Washington, y es una practicante de impuestos pagados. Ella fue al Latino Tax Fest para aprender las últimas leyes tributarias y actualizaciones. El Fest se llevó a cabo el martes, miércoles y jueves. Gladys voló de Seattle a Las Vegas, Nevada, el domingo y luego voló a casa el viernes. Sus gastos ordinarios y necesarios son los costos anteriores en los que se incurrió durante los días de la convención, no los costos en los que se incurrió el domingo, lunes y viernes. Sus comidas y habitación de hotel los domingos, lunes y viernes no son un gasto comercial. Véase la publicación 463.

Línea 24b: Comidas. Incluya los gastos de las comidas mientras viaja fuera de casa. Las comidas deben ser alimentos o bebidas proporcionados por un restaurante.

Línea 25: Servicios públicos. Los gastos de servicios públicos incluyen costos de agua, gas, electricidad y teléfono. Los gastos telefónicos comerciales no incluyen la tarifa base para ninguna línea telefónica personal en la casa del contribuyente, incluso si se utilizan para negocios. Si el contribuyente tiene costos adicionales relacionados con el uso comercial del teléfono, como llamadas de larga distancia, el contribuyente puede deducir esos gastos. Si el contribuyente tiene una segunda línea telefónica dedicada para negocios, todos los gastos pueden deducirse con respecto a la segunda línea telefónica.

Línea 26: Salarios. La cantidad bruta pagada en salarios (menos créditos de empleo) a los empleados se deduce de los ingresos brutos de la empresa. Si el contribuyente autónomo se pagó a sí mismo con las ganancias del negocio, esos "salarios" no son deducibles como un gasto en la línea 26. Esto se considera un sorteo y no es un gasto deducible.

Línea 27: Otros gastos. Otros gastos se deducen en la Parte V del Anexo C, y el monto total de cualquier deducción en la Parte V se reporta aquí. Otros gastos incluyen cualquier gasto que no se describe en otra parte y es ordinario y necesario en la operación del negocio del contribuyente.

Part 1 Review Questions

To obtain the maximum benefit from this chapter, LTP recommends that you complete each of the following questions, and then compare them to the answers with feedback that immediately follow. Under governing self-study standards, vendors are required to present review questions intermittently throughout each self-study course.

These questions and explanations are not part of the final examination and will not be graded by LTP.

SCP1.1
Which of the following best describes a self-employed taxpayer?

 a. An in-home caregiver who is paid by the family.
 b. An individual who owns their own corporate company.
 c. An individual who owns their own company.
 d. An individual who is the general partner of a partnership.

SCP1.2
Which business entity may be required to pay self-employment tax?

 a. Partnership
 b. Corporation
 c. Schedule C filer
 d. Qualified Joint Ventures

SCP1.3
Which accounting period ends in December?

 a. Calendar
 b. Fiscal
 c. Both
 d. None

SCP1.4
Which of the following would require a self-employed individual to obtain an Employer Identification Number (EIN)?

 a. Pays wages to his employees.
 b. Files Schedule C.
 c. Files Form 1099-MISC.
 d. Pays independent contractors.

SCP1.5
Which of the following is not considered a legal and professional fee?

 a. Bookkeeping
 b. Accounting fees
 c. Tax preparation fees
 d. Home mortgage interest

Parte 1 Preguntas de repaso

Para obtener el máximo beneficio de este capítulo, LTP recomienda que complete cada una de las siguientes preguntas y luego las compare con las respuestas con los comentarios que siguen inmediatamente. Bajo los estándares de autoestudio vigentes, los proveedores deben presentar preguntas de revisión intermitentemente a lo largo de cada curso de autoestudio.

Estas preguntas y explicaciones no son parte del examen final y no serán calificadas por LTP.

SCP1.1
¿Cuál de las siguientes opciones describe mejor a un contribuyente que trabaja por cuenta propia?

 a. Un cuidador en el hogar que es pagado por la familia.
 b. Un individuo que posee su propia empresa corporativa.
 c. Un individuo que posee su propia empresa.
 d. Una persona que es el socio general de una sociedad.

SCP1.2
¿Qué entidad comercial puede estar obligada a pagar impuestos sobre el trabajo por cuenta propia?

 a. Asociación
 b. Corporación
 c. Declarante de Anexo C
 d. Empresas conjuntas calificadas

SCP1.3
¿Qué período contable termina en diciembre?

 a. Calendario
 b. Fiscal
 c. Ambos
 d. Ninguno

SCP1.4
¿Cuál de los siguientes requeriría que una persona que trabaja por cuenta propia obtenga un Número de Identificación del Empleador (EIN)?

 a. Paga salarios a sus empleados.
 b. Declarar en Anexo C.
 c. Presenta el Formulario 1099-MISC.
 d. Paga a contratistas independientes.

SCP1.5
¿Cuál de los siguientes no se considera una tarifa legal y profesional?

 a. Contabilidad
 b. Honorarios contables
 c. Tasas de preparación de impuestos
 d. Interés hipotecario de la vivienda

SCP1.6
Which of the following is considered a legal and professional fee?

    a. Business-related attorney's fees
    b. Postage
    c. Office supplies
    d. Taxes and licenses

SCP1.7
Which of the following is not an accounting method?

    a. Cash method
    b. Accrual method
    c. Combination method
    d. First in, first out

SCP1.8
Which of the following is not a description of a self-employed taxpayer?

    1. Conducts a business as a sole proprietorship.
    2. Receives income from his employer.
    3. Is an independent contractor.
    4. Is in business for himself in any other way.

    a. 1, 3, and 4
    b. 2 only
    c. 3 and 4
    d. 1 and 2

SCP1.9
Which form is used to obtain an EIN?

    a. W-4
    b. I-9
    c. SS-4
    d. W-2

SCP1.10
Which insurance is not deducted on Schedule C?

    1. Liability insurance
    2. Malpractice insurance
    3. Workers' compensation insurance
    4. Self-employed health insurance

    a. 4 only
    b. 1, 2, and 3
    c. 2 and 4
    d. 1 and 3

SCP1.6

¿Cuál de los siguientes se considera una tarifa legal y profesional?

a. Honorarios de abogados relacionados con el negocio
b. Franqueo
c. Material de oficina
d. Impuestos y licencias

SCP1.7

¿Cuál de los siguientes no es un método contable?

a. Método de efectivo
b. Método de acumulación
c. Método de combinación
d. Primero en entrar, primero en salir

SCP1.8

¿Cuál de las siguientes no es una descripción de un contribuyente autónomo?

1. Lleva a cabo un negocio como propietario único.
2. Recibe ingresos de su empleador.
3. Es un contratista independiente.
4. Está en el negocio por sí mismo de cualquier otra manera.

a. 1, 3 y 4
b. 2 solamente
c. 3 y 4
d. 1 y 2

SCP1.9

¿Qué formulario se utiliza para obtener un EIN?

a. W-4
b. I-9
c. SS-4
d. W-2

SCP1.10

¿Qué seguro no se deduce en el Anexo C?

1. Seguro de responsabilidad civil
2. Seguro de negligencia
3. Seguro de compensación para trabajadores
4. Seguro médico autónomo

a. 4 solamente
b. 1, 2 y 3
c. 2 y 4
d. 1 y 3

Part 1 Review Questions Answers

SCP1.1
Which of the following best describes a self-employed taxpayer?

    a. An in-home caregiver who is paid by the family.
    b. An individual who owns their own corporate company.
    c. An individual who owns their own company.
    d. An individual who is the general partner of a partnership.

Feedback: Review section *Sole Proprietorship.*

SCP1.2
Which business entity may be required to pay self-employment tax?

    a. Partnership
    b. Corporation
    c. Schedule C filer
    d. Qualified Joint Ventures

Feedback: Review section *Schedule SE: Self-Employment Tax.*

SCP1.3
Which accounting period ends in December?

    a. Calendar
    b. Fiscal
    c. Both
    d. None

Feedback: Review section *Accounting Periods.*

SCP1.4
Which of the following would require a self-employed individual to obtain an Employer Identification Number (EIN)?

    a. Pays wages to his employees.
    b. Files Schedule C.
    c. Files Form 1099-MISC.
    d. Pays independent contractors.

Feedback: Review section *Identification Numbers.*

Parte 1 Respuestas a las preguntas de repaso

SCP1.1

¿Cuál de las siguientes opciones describe mejor a un contribuyente que trabaja por cuenta propia?

    a. Un cuidador en el hogar que es pagado por la familia.
    b. Un individuo que posee su propia empresa corporativa.
    c. Un individuo que posee su propia empresa.
    d. Una persona que es el socio general de una sociedad.

Comentarios: Sección de revisión *Empresa individual.*

SCP1.2

¿Qué entidad comercial puede estar obligada a pagar impuestos sobre el trabajo por cuenta propia?

    a. Asociación
    b. Corporación
    c. Declarante de Anexo C
    d. Empresas conjuntas calificadas

Comentarios: Revise la sección *Anexo SE: Impuesto sobre el trabajo por cuenta propia.*

SCP1.3

¿Qué período contable termina en diciembre?

    a. Calendario
    b. Fiscal
    c. Ambos
    d. Ninguno

Comentarios: Revise la sección *Períodos contables.*

SCP1.4

¿Cuál de los siguientes requeriría que una persona que trabaja por cuenta propia obtenga un Número de Identificación del Empleador (EIN)?

    a. Paga salarios a sus empleados.
    b. Declarar en Anexo C.
    c. Presenta el Formulario 1099-MISC.
    d. Paga a contratistas independientes.

Comentarios: Revise la sección *Números de identificación.*

SCP1.5

Which of the following is not considered a legal and professional fee?

    a. Bookkeeping
    b. Accounting fees
    c. Tax preparation fees
    d. Home mortgage interest

Feedback: Review section *Line 17: Legal and Professional Fees.*

SCP1.6

Which of the following is considered a legal and professional fee?

    a. Business-related attorney's fees
    b. Postage
    c. Office supplies
    d. Taxes and licenses

Feedback: Review section *Line 17: Legal and Professional Fees.*

SCP1.7

Which of the following is not an accounting method?

    a. Cash method
    b. Accrual method
    c. Combination method
    d. First in, first out

Feedback: Review section *Accounting Methods.*

SCP1.8

Which of the following is not a description of a self-employed taxpayer?

    1. Conducts a business as a sole proprietorship.
    2. Receives income from his employer.
    3. Is an independent contractor.
    4. Is in business for himself in any other way.

    a. 1, 3 and 4
    b. 2 only
    c. 3 and 4
    d. 1 and 2

Feedback: Review section *Sole Proprietorship.*

SCP1.5
¿Cuál de los siguientes no se considera una tarifa legal y profesional?

    a. Contabilidad
    b. Honorarios contables
    c. Tasas de preparación de impuestos
    d. Interés hipotecario de la vivienda

Comentarios: Sección de revisión *Línea 17: Honorarios legales y profesionales.*

SCP1.6
¿Cuál de los siguientes se considera una tarifa legal y profesional?

    a. Honorarios de abogados relacionados con el negocio
    b. Franqueo
    c. Material de oficina
    d. Impuestos y licencias

Comentarios: Sección de revisión *Línea 17: Honorarios legales y profesionales.*

SCP1.7
¿Cuál de los siguientes no es un método contable?

    a. Método de efectivo
    b. Método de acumulación
    c. Método de combinación
    d. Primero en entrar, primero en salir

Comentarios: Revise la sección *Métodos contables*.

SCP1.8
¿Cuál de las siguientes no es una descripción de un contribuyente autónomo?

    1. Lleva a cabo un negocio como propietario único.
    2. Recibe ingresos de su empleador.
    3. Es un contratista independiente.
    4. Está en el negocio por sí mismo de cualquier otra manera.

    a. 1, 3 y 4
    b. 2 solamente
    c. 3 y 4
    d. 1 y 2

Comentarios: Sección de revisión *Empresa individual*.

SCP1.9
Which form is used to obtain an EIN?

    a. W-4
    b. I-9
    c. SS-4
    d. W-2

Feedback: Review section *Identification Numbers*.

SCP1.10
Which insurance is not deducted on Schedule C?

    1. Liability insurance
    2. Malpractice insurance
    3. Workers' compensation insurance
    4. Self-employed health insurance

    a. 4 only
    b. 1, 2, and 3
    c. 2 and 4
    d. 1 and 3

Feedback: Review *Section C, Part II, Expenses*.

Part 2 Business Use of the Home

Report the total amount of expenses from business use of the home on Line 30 of Schedule C. If the taxpayer chooses to use the simplified method, they cannot claim more than 300-square-feet for storage of inventory or product samples. If the taxpayer runs a daycare, then use Form 8829.

Form 8829: Office in the Home

Self-employed taxpayers may be able to use Form 8829, *Expenses for Business Use of Your Home*, to claim deductions for certain expenses for business use of their home. To qualify for these deductions, the taxpayer must show that they used a space (such as an office) in the home exclusively and regularly for business. The amount of deduction a taxpayer can receive is based on what percent of the house's total square footage is being used for the business.

Example: Monica has an office she uses exclusively to manage and run her catering business. To receive a deduction for her home business expenses, Monica would divide the square footage of her office by the total square footage of her home to find the percentage of expense she can deduct. If her office is 130-square-feet and her home is 1,000-square-feet, then the percentage of her expenses she can deduct would be 13%.

Daycare providers would use Form 8829 to report expenses based on the number of hours spent caring for children or disabled dependents. The time also includes time spent cleaning the house before and after children arrive or leave as well as time spent preparing activities for the children.

SCP1.9

¿Qué formulario se utiliza para obtener un EIN?

    a. W-4
    b. I-9
    c. SS-4
    d. W-2

Comentarios: Revise la sección *Números de identificación*.

SCP1.10

¿Qué seguro no se deduce en el Anexo C?

    1. Seguro de responsabilidad civil
    2. Seguro de negligencia
    3. Seguro de compensación para trabajadores
    4. Seguro médico autónomo

    a. 4 solamente
    b. 1, 2 y 3
    c. 2 y 4
    d. 1 y 3

Comentarios: Revise *la Sección C, Parte II, Gastos*.

Parte 2 Uso comercial del hogar

Reporte el monto total de los gastos del uso comercial de la casa en la Línea 30 del Anexo C. Si el contribuyente elige usar el método simplificado, no puede reclamar más de 300 pies cuadrados para el almacenamiento de inventario o muestras de productos. Si el contribuyente administra una guardería, use el Formulario 8829.

Formulario 8829: Oficina en el hogar

Los contribuyentes que trabajan por cuenta propia pueden usar el Formulario 8829, *Gastos* por el uso comercial de su hogar, para reclamar deducciones por ciertos gastos por el uso comercial de su hogar. Para calificar para estas deducciones, el contribuyente debe demostrar que utilizó un espacio (como una oficina) en el hogar exclusiva y regularmente para negocios. La cantidad de deducción que un contribuyente puede recibir se basa en qué porcentaje del total de pies cuadrados de la casa se está utilizando para el negocio.

Ejemplo: Mónica tiene una oficina que utiliza exclusivamente para administrar y operar su negocio de catering. Para recibir una deducción por los gastos de su negocio en casa, Mónica dividiría los pies cuadrados de su oficina por el total de pies cuadrados de su casa vgpara encontrar el porcentaje de gastos que puede deducir. Si su oficina tiene 130 pies cuadrados y su casa es de 1,000 pies cuadrados, entonces el porcentaje de sus gastos que puede deducir sería del 13%.

Los proveedores de guarderías usarían el Formulario 8829 para reportar los gastos basados en la cantidad de horas dedicadas al cuidado de niños o dependientes discapacitados. El tiempo también incluye el tiempo dedicado a limpiar la casa antes y después de que los niños lleguen o se vayan, así como el tiempo dedicado a preparar actividades para los niños.

Portion of Schedule 8829

If childcare providers do not use their entire home for childcare, they will use a combination of hours and square feet to determine business use. The home portion does not have to meet the exclusive-use test if the use is for an in-home daycare facility.

Business expenses that apply to a part of the taxpayer's home may be a deductible business expense if the part of the home was exclusively used on a regular basis in all of the following ways:

➢ As the principal place of business for any of the taxpayer's trade or business.
➢ As a place of business used by patients, clients, or customers to meet or deal during the normal course of trade or business.
➢ In connection with the trade or business if the office is a separate structure that is not attached to the taxpayer's home.

Some exceptions to the "space rule used on a regular basis" are certain daycare facilities and storage spaces used for inventory or product samples. The tax professional must determine whether the office in the home qualifies as the taxpayer's principal place of business.

To qualify the office in the home as the primary place of business, the following requirements must be met:

➢ The taxpayer uses the home exclusively and regularly for administrative or management activities of the taxpayer's trade or business.
➢ The taxpayer has no other fixed location where the taxpayer conducts substantial administrative or management activities of his or her trade or business.

Administrative or Management Activities

There are many activities that can be considered administrative or managerial in nature. Some of the most common include:

➢ Billing customers, clients, or patients.
➢ Keeping books and records.

Form 8829

Department of the Treasury
Internal Revenue Service

Expenses for Business Use of Your Home

File only with Schedule C (Form 1040). Use a separate Form 8829 for each home you used for business during the year.
Go to *www.irs.gov/Form8829* for instructions and the latest information.

OMB No. 1545-0074

2022

Attachment
Sequence No. **176**

Name(s) of proprietor(s)

Your social security number

Part I Part of Your Home Used for Business

1	Area used regularly and exclusively for business, regularly for daycare, or for storage of inventory or product samples (see instructions)	1	
2	Total area of home	2	
3	Divide line 1 by line 2. Enter the result as a percentage	3	%

For daycare facilities not used exclusively for business, go to line 4. All others, go to line 7.

4	Multiply days used for daycare during year by hours used per day	4		hr.
5	If you started or stopped using your home for daycare during the year, see instructions; otherwise, enter 8,760	5		hr.
6	Divide line 4 by line 5. Enter the result as a decimal amount	6	.	
7	Business percentage. For daycare facilities not used exclusively for business, multiply line 6 by line 3 (enter the result as a percentage). All others, enter the amount from line 3	7		%

Parte del Anexo 8829

Si los proveedores de cuidado infantil no usan todo su hogar para el cuidado de niños, usarán una combinación de horas y pies cuadrados para determinar el uso comercial. La parte del hogar no tiene que cumplir con la prueba de uso exclusivo si el uso es para una guardería en el hogar.

Los gastos comerciales que se aplican a una parte de la vivienda del contribuyente pueden ser gastos comerciales deducibles si la parte de la vivienda se utilizó exclusivamente de forma regular de todas las siguientes maneras:

➢ Como el lugar principal de negocios para cualquiera de los comercios o negocios del contribuyente.
➢ Como un lugar de negocios utilizado por pacientes, clientes o clientes para reunirse o negociar durante el curso normal del comercio o negocio.
➢ En relación con el comercio o negocio si la oficina es una estructura separada que no está unida al hogar del contribuyente.

Algunas excepciones a la "regla de espacio utilizada regularmente" son ciertas guarderías y espacios de almacenamiento utilizados para inventario o muestras de productos. El profesional de impuestos debe determinar si la oficina en el hogar califica como el lugar principal de negocios del contribuyente.

Para calificar la oficina en el hogar como el lugar principal de negocios, se deben cumplir los siguientes requisitos:

➢ El contribuyente utiliza la vivienda exclusiva y regularmente para actividades administrativas o de gestión del comercio o negocio del contribuyente.
➢ El contribuyente no tiene otra ubicación fija donde el contribuyente lleva a cabo actividades administrativas o de gestión sustanciales de su comercio o negocio.

Actividades administrativas o de gestión

Hay muchas actividades que pueden considerarse de naturaleza administrativa o gerencial. Algunos de los más comunes incluyen:

➢ Facturación de clientes, consumidores o pacientes.
➢ Llevar libros y registros.

➢ Ordering supplies.
➢ Setting up appointments.
➢ Writing reports or forwarding orders.

If the following activities are performed at another location, the taxpayer would be disqualified from being able to claim the home office deduction:

➢ The taxpayer conducts administrative or management activities at other locations other than the home.
➢ The taxpayer conducts administrative or management activities at places that are not fixed locations, such as in a car or a hotel room.
➢ The taxpayer occasionally conducts administrative or management activities at an outside location.
➢ The taxpayer conducts substantial non-administrative or non-management business activities at another fixed location other than home.
➢ The taxpayer has suitable space to conduct administrative or management activities outside of their home but choose to work at home.

Example: Fernando is a self-employed plumber. Most of Fernando's time is spent installing and repairing plumbing at customers' homes and offices. He has a small office in his home that he uses exclusively and regularly for the administrative or management activities of his business, such as calling customers, ordering supplies, and keeping his books. Fernando writes up estimates and records of work completed at his customers' premises but does not conduct any substantial administrative or management activities at any fixed location other than his home office. Fernando does not do his own billing. He uses a local bookkeeping service to bill his customers.

Because it is the only fixed location where he does his administrative and managerial activities, Fernando's home office qualifies as his principal place of business for deducting expenses for its use. The fact that a bookkeeper does his billing is not important, as it does not change or impact where Fernando does his business administrative and managerial activities.

Simplified Option for Home Office Deduction

Taxpayers may use a simplified option to figure the home office business deduction. Revenue Procedure 2013-13 provides an optional safe harbor method that taxpayers may use, which is an alternative to the calculation, allocation, and substantiation of actual expenses for purposes of satisfying the Internal Revenue Code section 280A. These rules do not change the home office criteria for claiming business use but instead simplify the ruling for recordkeeping and calculation.

The major highlights of the simplified option are as follows:

➢ Standard deduction of $5-per-square-foot of home used for business with a maximum 300-square-feet.
➢ Allowable home-related itemized deductions claimed in full on Schedule A.
➢ No home depreciation deduction or later recapture of depreciation for the years the simplified option is used.

➢ Pedido de suministros.
➢ Concertar citas.
➢ Redacción de informes o envío de pedidos.

Si las siguientes actividades se realizan en otro lugar, el contribuyente estaría descalificado para poder reclamar la deducción de la oficina central:

➢ El contribuyente realiza actividades administrativas o de gestión en otros lugares que no sean el hogar.
➢ El contribuyente realiza actividades administrativas o de gestión en lugares que no son lugares fijos, como en un automóvil o una habitación de hotel.
➢ El contribuyente ocasionalmente realiza actividades administrativas o de gestión en un lugar externo.
➢ El contribuyente lleva a cabo actividades comerciales sustanciales no administrativas o no administrativas en otro lugar fijo que no sea el hogar.
➢ El contribuyente tiene un espacio adecuado para realizar actividades administrativas o de gestión fuera de su hogar, pero elige trabajar en casa.

Ejemplo: Fernando es plomero por cuenta propia. La mayor parte del tiempo de Fernando se dedica a instalar y reparar tuberías en los hogares y oficinas de los clientes. Tiene una pequeña oficina en su casa que utiliza exclusiva y regularmente para las actividades administrativas o de gestión de su negocio, como llamar a los clientes, pedir suministros y llevar sus libros. Fernando escribe estimaciones y registros del trabajo completado en las instalaciones de sus clientes, pero no realiza ninguna actividad administrativa o de gestión sustancial en ningún lugar fijo que no sea su oficina central. Fernando no hace su propia facturación. Utiliza un servicio de contabilidad local para facturar a sus clientes.

Debido a que es la única ubicación fija donde realiza sus actividades administrativas y gerenciales, la oficina central de Fernando califica como su principal lugar de negocios para deducir los gastos por su uso. El hecho de que un tenedor de libros haga su facturación no es importante, ya que no cambia ni afecta dónde Fernando realiza sus actividades administrativas y gerenciales comerciales.

Opción simplificada para la deducción de la oficina en casa

Los contribuyentes pueden usar una opción simplificada para calcular la deducción del negocio de la oficina en casa. El Procedimiento de Ingresos 2013-13 proporciona un método opcional de puerto seguro que los contribuyentes pueden usar, que es una alternativa al cálculo, asignación y justificación de los gastos reales con el fin de satisfacer la sección 280A del Código de Rentas Internas. Estas reglas no cambian los criterios de la oficina central para reclamar el uso comercial, pero simplifican la regla para determinar los registros y el cálculo.

Los aspectos más destacados de la opción simplificada son los siguientes:

➢ Deducción estándar de $5 por pie cuadrado de casa utilizada para negocios con un máximo de 300 pies cuadrados.
➢ Deducciones detalladas permitidas relacionadas con el hogar reclamadas en su totalidad en el Anexo A.
➢ No hay deducción por depreciación de la vivienda o recuperación posterior de la depreciación para los años en que se utiliza la opción simplificada.

When selecting a method, the taxpayer must choose to use either the simplified method or the regular method for any taxable year and can make that choice by using their selected method on their tax return. However, once the method has been chosen for the year, it cannot be changed. If the methods are used in different tax years, the correct depreciation table must be used. Year-by-year determination is acceptable.

The deduction under the safe harbor method cannot create a net loss; it is limited to the business' gross income reduced by deductions unrelated to the home office deduction. Any excess is disallowed and cannot be carried over or back, unlike the carryover of unallowed expenses that is available to offset income from that activity in the succeeding year when using the actual expense method.

Regardless of the method that is used to claim the home office, the space must be regularly and exclusively used as the taxpayer's principal place of business. If the taxpayer used the simplified method for tax year 2022, and they chose not to use it for 2023, taxpayer may have an unallowed expense from a prior year carryover to the current year. See Instructions Form 8829.

Regular and Exclusive Use

The portion of the home that is used must be used exclusively for conducting business.

Example: Nadine teaches piano lessons in her home. She has a piano in her spare bedroom and a grand piano in her living room. She uses the piano in her spare bedroom to teach her students and the grand piano for the students' recitals. Nadine does not use the spare bedroom for anything else except teaching students and storing music books related to her students. Her spare bedroom is used exclusively and regularly for business, but her grand piano is not; it is only used for recitals for her students. Therefore, she would only be able to claim the spare bedroom as a deduction and not the living room.

Like everything with tax law there are exceptions to the rule; the taxpayer does not have to meet the exclusive use test if either of the following applies:

➤ If the taxpayer uses part of their home for storage of inventory or sample product(s), they may deduct business use of the home expense if the following conditions are met:
  o The taxpayer sells products wholesale or retail as their trade or business.
  o The taxpayer keeps inventory in his or her home for the trade or business.
  o The home is the only fixed location for the trade or business.
  o The storage space is used on a regular basis.
  o The space used can be identifiable as a separate suitable space for storage.
➤ The taxpayer uses part of the home as a daycare facility.

Principal Place of Business

If the taxpayer conducts business outside of the home and uses their home substantially and regularly to conduct business, they may qualify for a home office deduction. The taxpayer can also deduct expenses for a separate freestanding structure such as a studio or a barn, but the regular and exclusive use test must apply. To determine if the place used is the primary place of business, the following factors must be considered:

Al seleccionar un método, el contribuyente debe elegir usar el método simplificado o el método regular para cualquier año fiscal y puede hacer esa elección utilizando el método seleccionado en su declaración de impuestos. Sin embargo, una vez que se ha elegido el método para el año, no se puede cambiar. Si los métodos se utilizan en diferentes ejercicios fiscales, se debe utilizar la tabla de amortización correcta. La determinación año por año es aceptable.

La deducción por el método de puerto seguro no puede crear una pérdida neta; Se limita a los ingresos brutos de la empresa reducidos por deducciones no relacionadas con la deducción de la oficina central. Cualquier exceso no está permitido y no se puede transferir o devolver, a diferencia del arrastre de gastos no permitidos que está disponible para compensar los ingresos de esa actividad en el año siguiente cuando se utiliza el método de gastos reales.

Independientemente del método que se utilice para reclamar la oficina central, el espacio debe usarse regular y exclusivamente como el lugar principal de negocios del contribuyente. Si el contribuyente utilizó el método simplificado para el año fiscal 2022 y optó por no utilizarlo para 2023, el contribuyente puede tener un gasto no permitido de un año anterior arrastrado al año en curso. Consulte el Formulario de instrucciones 8829.

Uso regular y exclusivo

La parte de la casa que se utiliza debe usarse exclusivamente para la realización de negocios.

Ejemplo: Nadine enseña clases de piano en su casa. Ella tiene un piano en su habitación libre y un piano de cola en su sala de estar. Ella usa el piano en su habitación libre para enseñar a sus estudiantes y el piano de cola para los recitales de los estudiantes. Nadine no usa la habitación libre para nada más que enseñar a los estudiantes y almacenar libros de música relacionados con sus estudiantes. Su habitación libre se usa exclusiva y regularmente para negocios, pero su piano de cola no lo es; Solo se usa para recitales para sus estudiantes. Por lo tanto, solo podría reclamar el dormitorio libre como deducción y no la sala de estar.

Como todo con la ley tributaria hay excepciones a la regla; El contribuyente no tiene que cumplir con la prueba de uso exclusivo si se aplica alguna de las siguientes condiciones:

> ➢ Si el contribuyente usa parte de su hogar para almacenar inventario o producto(s) de muestra, puede deducir el uso comercial del gasto del hogar si se cumplen las siguientes condiciones:
>   - o El contribuyente vende productos al por mayor o al por menor como su comercio o negocio.
>   - o El contribuyente mantiene inventario en su hogar para el comercio o negocio.
>   - o La casa es la única ubicación fija para el comercio o negocio.
>   - o El espacio de almacenamiento se utiliza regularmente.
>   - o El espacio utilizado puede ser identificable como un espacio adecuado separado para el almacenamiento.
> ➢ El contribuyente utiliza parte de la casa como guardería.

Lugar principal de negocios

Si el contribuyente realiza negocios fuera del hogar y usa su hogar sustancial y regularmente para realizar negocios, puede calificar para una deducción de oficina en el hogar. El contribuyente también puede deducir los gastos de una estructura independiente separada, como un estudio o un granero, pero debe aplicarse la prueba de uso regular y exclusivo. Para determinar si el lugar utilizado es el lugar principal de negocios, se deben considerar los siguientes factores:

> ➢ The relative importance of the activities performed at each location where the taxpayer conducts his or her business.
> ➢ The amount of time spent at each location where the taxpayer conducts business.

Expenses

When using Form 8829, there are two categories for expenses direct and indirect. The direct expenses are for the business portion of the home. Indirect expenses are for keeping up and running the home.

Direct expenses include:

> ➢ Business portion of casualty losses.
> ➢ Insurance: indirect insurance covers the entire home while direct insurance covers the business. A direct insurance policy is referred to as an umbrella policy.
> ➢ Business rent.
> ➢ Business repairs for the home.
> ➢ Business portion of real estate taxes.
> ➢ Business portion of home mortgage interest.

Indirect expenses include:

> ➢ *Security system:* The cost to maintain and monitor the system is considered an indirect cost. However, the taxpayer may depreciate the percentage of the system that relates to his business.
> ➢ *Utilities and services:* Including electricity, gas, trash removal, and cleaning services.
> ➢ *Telephone:* The basic local service charge, including taxes for the first line into the home, is a nondeductible personal expense. Long-distance phone calls and the cost of a secondary home phone line used exclusively for business are both deductible expenses.

> ➢ *Depreciation:* If the taxpayer owns the home, the business portion could be depreciable. See Publication 587. Before calculating the depreciation deduction, the following information is needed:
>   o The month and year the taxpayer began using the home for business.
>   o The adjusted basis and fair market value of the home at the time the taxpayer began using it for business; the cost of the home plus any improvements, minus casualty losses or depreciation deducted in earlier years; land is never considered part of the adjusted basis.
>   o The cost of improvements before and after the taxpayer began using the home for business.
>   o The percentage of the home used for business.

The following expenses are not deductible:

> ➢ Bribes and kickbacks.
> ➢ Charitable contributions.
> ➢ Demolition expenses or losses.
> ➢ Dues paid to business, social, athletic, luncheon, sporting, airline, and hotel clubs.
> ➢ Lobbying expenses.

➢ La importancia relativa de las actividades realizadas en cada lugar donde el contribuyente lleva a cabo su negocio.

➢ La cantidad de tiempo que pasa en cada lugar donde el contribuyente realiza negocios.

Gastos

Al usar el Formulario 8829, hay dos categorías para gastos directos e indirectos. Los gastos directos son para la gestión comercial de la casa. Los gastos indirectos son para mantener el funcionamiento de la casa.

Los gastos directos incluyen:

➢ Parte comercial de las pérdidas por accidentes.

➢ Seguro: el seguro indirecto cubre toda la vivienda mientras que el seguro directo cubre el negocio. Una póliza de seguro directo se conoce como una póliza paraguas.

➢ Alquiler de negocio.

➢ Reparaciones comerciales para el hogar.

➢ Parte comercial de los impuestos inmobiliarios.

➢ Parte comercial del interés hipotecario de la vivienda.

Los gastos directos incluyen:

➢ *Sistema de seguridad:* El costo de mantener y monitorear el sistema se considera un costo indirecto. Sin embargo, el contribuyente puede depreciar el porcentaje del sistema que se relaciona con su negocio.

➢ *Utilidades y servicios:* Incluyendo electricidad, gas, recolección de basura y servicios de limpieza.

➢ *Teléfono:* El cargo por servicio local básico, incluidos los impuestos para la primera línea de entrada al hogar, es un gasto personal no deducible. Las llamadas telefónicas de larga distancia y el costo de una línea telefónica residencial secundaria utilizada exclusivamente para negocios son gastos deducibles.

➢ *Depreciación:* Si el contribuyente es dueño de la casa, la porción del negocio podría ser depreciable. Vea la Publicación 587. Antes de calcular la deducción por depreciación, se necesita la siguiente información:
   o El mes y el año en que el contribuyente comenzó a usar la casa para negocios.
   o La base ajustada y el valor justo de mercado de la vivienda en el momento en que el contribuyente comenzó a usarla para negocios; el costo de la vivienda más cualquier mejora, menos las pérdidas por accidentes o la depreciación deducida en años anteriores; La tierra nunca se considera parte de la base ajustada.
   o El costo de las mejoras antes y después de que el contribuyente comenzara a usar la casa para negocios.
   o El porcentaje de la casa utilizada para negocios.

Los siguientes gastos no son deducibles:

➢ Sobornos y comisiones ilícitas.

➢ Contribuciones caritativas.

➢ Gastos o pérdidas de demolición.

➢ Cuotas pagadas a clubes de negocios, sociales, deportivos, de almuerzo, deportivos, de aerolíneas y hoteles.

➢ Gastos de cabildeo.

➢ Penalties and fines paid to a governmental agency for breaking the law.
➢ Personal, living, and family expenses.
➢ Political contributions.
➢ Repairs that add value to the home or increase the property life.

Business Auto Expenses

Taxpayers can deduct ordinary and necessary transportation expenses if they incur them while procuring income. If taxpayers use a personal vehicle for maintaining business activities, the deduction of the expenses is either by actual expenses or the standard mileage rate. For tax year 2023 the business travel rate is 65.5 cents per mile. Standard mileage rate for each business mile can be used for the taxpayer's owned or leased vehicle.

The taxpayer can deduct the ordinary and necessary business-related expenses of traveling away from home. The taxpayer must properly allocate expenses between rental and nonrental activities. Information needed to record auto expenses accurately:

➢ Beginning mileage
➢ Ending mileage
➢ Commuting mileage
➢ Business mileage (notes about the destination and reason for travel should be made)

Schedule C, Part III, Cost of Goods Sold

The cost of goods sold is used when a business has inventory or produces a product. Inventory must be calculated at the beginning and end of the year.

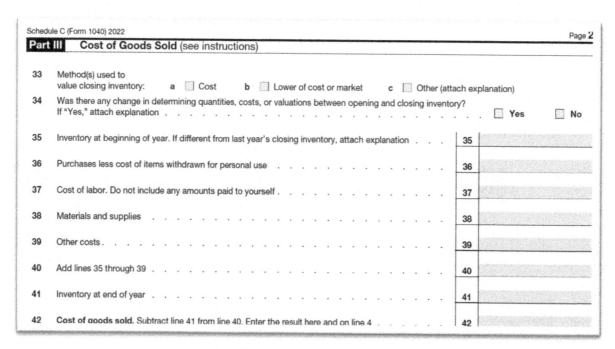

Portion of Schedule C

The following items are used to calculate a business's cost of goods sold:

Line 35: Beginning inventory. The beginning inventory is the closing inventory from the prior year. If this is the taxpayer's first business year, then beginning inventory is the amount of cost of goods purchased.

> ➢ Sanciones y multas pagadas a una agencia gubernamental por infringir la ley.
> ➢ Gastos personales, de manutención y familiares.
> ➢ Contribuciones políticas.
> ➢ Reparaciones que agregan valor a la vivienda o aumentan la vida útil de la propiedad.

Gastos de automóviles comerciales

Los contribuyentes pueden deducir los gastos de transporte ordinarios y necesarios si incurren en ellos mientras obtienen ingresos. Si los contribuyentes usan un vehículo personal para mantener actividades comerciales, la deducción de los gastos es ya sea por gastos reales o la tasa de millaje estándar. Para el año fiscal 2023, la tarifa de viaje de negocios es de 65.5 centavos por milla. La tasa de millaje estándar para cada milla comercial se puede usar para el vehículo propio o arrendado del contribuyente.

El contribuyente puede deducir los gastos ordinarios y necesarios relacionados con el negocio de viajar fuera de casa. El contribuyente debe asignar adecuadamente los gastos entre las actividades de alquiler y no alquiler. Información necesaria para registrar los gastos de automóviles con precisión:

> ➢ Millaje inicial
> ➢ Millaje final
> ➢ Millaje de desplazamiento
> ➢ Millaje comercial (se deben tomar notas sobre el destino y el motivo del viaje)

Anexo C, Parte III, Costo de los bienes vendidos

El costo de los bienes vendidos se utiliza cuando una empresa tiene inventario o produce un producto. El inventario debe calcularse al principio y al final del año.

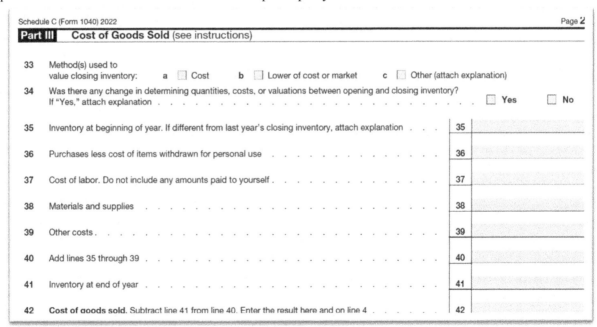

Parte del Anexo C

Los siguientes elementos se utilizan para calcular el costo de una empresa de bienes vendidos:

Línea 35: Inventario inicial. El inventario inicial es el inventario de cierre del año anterior. Si este es el primer año comercial del contribuyente, entonces el inventario inicial es la cantidad del costo de los bienes comprados.

Line 36: Purchases. The amount of reported purchases is the completed products or raw materials used for manufacturing, merchandising, or mining plus the cost of shipping minus the cost of items for personal use.

Line 37: Cost of labor. The cost of labor used in the actual production of the goods. The cost of labor is not wages, which are reported on Schedule C, Part II, line 26, *Wages*. The cost of labor is mainly used in manufacturing or mining, since the labor can be properly charged to the cost of goods sold. A manufacturing business can properly allocate indirect and direct labor to the expense of the cost of goods. A direct expense would be the labor to fabricate raw material into a saleable product.

Line 38: Materials and Supplies. Materials used in the actual production or processing of the goods such as hardware and chemicals are charged to the cost of goods sold.

Line 39: Other Costs. A proportion of overhead expenses related to creating a product. Containers and freight used for raw materials are examples of other costs.

Line 41: Ending Inventory. The counted inventory at the end of the tax year is used as the beginning inventory for the following year's return.

Inventory is an itemized list of goods, with valuations, held for sale or consumption in a manufacturing or merchandising business. Inventory should include all finished or partly finished goods and only those raw materials and supplies that have been acquired for sale or that will physically become a part of merchandise intended for sale. How companies valuate inventory varies from business to business. See Publication 334.

Schedule C, Part IV, Information on Your Vehicle

Portion of Schedule C

Línea 36: Compras. La cantidad de compras reportadas es los productos terminados o las materias primas utilizadas para la fabricación, comercialización o minería más el costo de envío menos el costo de los artículos para uso personal.

Línea 37: Costo de mano de obra. El costo de la mano de obra utilizada en la producción real de los bienes. El costo de la mano de obra no son los salarios, que se reportan en el Anexo C, Parte II, línea 26, Salarios. El costo de la mano de obra se utiliza principalmente en la fabricación o la minería, ya que la mano de obra se puede cargar adecuadamente al costo de los bienes vendidos. Una empresa manufacturera puede asignar adecuadamente mano de obra indirecta y directa a expensas del costo de los bienes. Un gasto directo sería la mano de obra para fabricar la materia prima en un producto vendible.

Línea 38: Materiales y suministros. Los materiales utilizados en la producción o procesamiento real de los bienes, como hardware y productos químicos, se cargan al costo de los bienes vendidos.

Línea 39: Otros costos. Una proporción de los gastos generales relacionados con la creación de un producto. Los contenedores y el flete utilizados para las materias primas son ejemplos de otros costos.

Línea 41: Inventario final. El inventario contado al final del año fiscal se utiliza como inventario inicial para la declaración del año siguiente.

El inventario es una lista detallada de bienes, con valoraciones, mantenidos para la venta o el consumo en un negocio de fabricación o comercialización. El inventario debe incluir todos los productos terminados o parcialmente terminados y solo aquellas materias primas y suministros que se hayan adquirido para la venta o que se convertirán físicamente en parte de la mercancía destinada a la venta. La forma en que las empresas valoran el inventario varía de una empresa a otra. Véase la publicación 334.

Anexo C, Parte IV, Información sobre su vehículo

Part IV — **Information on Your Vehicle.** Complete this part **only** if you are claiming car or truck expenses on line 9 and are not required to file Form 4562 for this business. See the instructions for line 13 to find out if you must file Form 4562.

43 When did you place your vehicle in service for business purposes? (month/day/year) ___ / ___ / ___

44 Of the total number of miles you drove your vehicle during 2022, enter the number of miles you used your vehicle for:

a Business _____ b Commuting (see instructions) _____ c Other _____

45 Was your vehicle available for personal use during off-duty hours? . . . . ☐ Yes ☐ No

46 Do you (or your spouse) have another vehicle available for personal use?. . . . . ☐ Yes ☐ No

47a Do you have evidence to support your deduction? . . . . ☐ Yes ☐ No

b If "Yes," is the evidence written? . . . . ☐ Yes ☐ No

Parte del Anexo C

The taxpayer would enter the information of the vehicle in Part IV to be able to claim the related expenses. Commuting is generally considered travel between home and work. Part IV is used to calculate the standard mileage rate for the taxpayer's vehicle. If more than one vehicle was used, attach a statement containing the same information included in Schedule C, Part IV. The following circumstances may not meet the commuting rules:

> ➢ The taxpayer has at least one regular location away from home, and the travel is to a temporary work location in the same trade or business. See Pub 463.
> ➢ The travel is to a temporary work location outside the location where he or she lives and normally works.
> ➢ The home is the principal place of business, and the travel is to another work location in the same trade or business, regardless of whether the location is regular or temporary and regardless of the distance. See IRC Section 280A(c)(1)(A).

For more information on recordkeeping rules for vehicles, see Publication 463.

Schedule C, Part V, Other Expenses

Other expenses are deducted in Part V, Schedule C. Other expenses include any expense that is not included elsewhere and is ordinary and necessary in the operation of the taxpayer's business. Once all other expenses have been reported, figure the total amount, and report it on line 48 and line 27a.

Any ordinary and necessary business expense that was not deducted elsewhere on Schedule C would be reported in this section. List the type and amount of each expense separately in the spaces provided. If more space is needed, use another sheet of paper. Other expenses can include the following:

> ➢ Amortization that began in 2022; Form 4562 will need to be attached.
> ➢ Bad business debt that was previously reported as income. If the bad debt is paid off after writing the amount off as a deduction or expense, the business must include the reduction amount that they had received as income on their next return.
> ➢ At-risk loss deduction.
> ➢ Business start-up costs.
> ➢ Costs of making commercial buildings energy efficient.
> ➢ Deductions for removing barriers to individuals with disabilities and the elderly.
> ➢ Excess farm loss.
> ➢ Film and television production expenses.
> ➢ Forestation and reforestation costs.

Do not include the following as other expenses:
> ➢ Charitable contributions.
> ➢ Cost of business equipment or furniture.
> ➢ Replacements or permanent improvements to property.
> ➢ Personal, living, and family expenses.
> ➢ Fines or penalties paid to a government for violating any law.

El contribuyente ingresaría la información del vehículo en la Parte IV para poder reclamar los gastos relacionados. Los desplazamientos generalmente se consideran viajes entre el hogar y el trabajo. La Parte IV se utiliza para calcular la tasa de millaje estándar para el vehículo del contribuyente. Si se utilizó más de un vehículo, adjunte una declaración que contenga la misma información incluida en la parte IV del Anexo C. Las siguientes circunstancias pueden no cumplir con las reglas de desplazamiento:

➢ El contribuyente tiene al menos una ubicación regular fuera de casa, y el viaje es a un lugar de trabajo temporal en el mismo comercio o negocio. Véase Pub 463.
➢ El viaje es a un lugar de trabajo temporal fuera del lugar donde él o ella vive y trabaja normalmente.
➢ El hogar es el lugar principal de negocios, y el viaje es a otro lugar de trabajo en el mismo comercio o negocio, independientemente de si la ubicación es regular o temporal e independientemente de la distancia. Véase la Sección 280A(c)(1)(A) del IRC.

Para obtener más información sobre las reglas de mantenimiento de registros para vehículos, consulte la Publicación 463.

Anexo C, Parte V, Otros gastos

Otros gastos se deducen en la Parte V, Anexo C. Otros gastos incluyen cualquier gasto que no esté incluido en otra parte y que sea ordinario y necesario en la operación del negocio del contribuyente. Una vez que se hayan reportado todos los demás gastos, calcule el monto total e infórmelo en la línea 48 y la línea 27a.

Cualquier gasto comercial ordinario y necesario que no se haya deducido en otra parte del Anexo C se reportará en esta sección. Enumere el tipo y la cantidad de cada gasto por separado en los espacios provistos. Si necesita más espacio, use otra hoja de papel. Otros gastos pueden incluir los siguientes:

➢ Amortización que comenzó en 2022; Será necesario adjuntar el formulario 4562.
➢ Deuda comercial incobrable que anteriormente se reportaba como ingreso. Si la deuda incobrable se paga después de cancelar el monto como una deducción o gasto, la empresa debe incluir el monto de reducción que había recibido como ingreso en su próxima declaración.
➢ Deducción por pérdida por riesgo.
➢ Costo de puesta en marcha de empresas.
➢ Costos de hacer que los edificios comerciales sean energéticamente eficientes.
➢ Deducciones para eliminar barreras para las personas con discapacidades y los ancianos.
➢ Exceso de pérdida de explotación.
➢ Gastos de producción de cine y televisión.
➢ Costos de forestación y reforestación.

No incluya lo siguiente como otros gastos:

➢ Contribuciones caritativas.
➢ Costo del equipo o mobiliario comercial.
➢ Reemplazos o mejoras permanentes a la propiedad.
➢ Gastos personales, de manutención y familiares.
➢ Multas o sanciones pagadas a un gobierno por violar cualquier ley.

Bad Debts from Sales or Services

The business owner accrues bad debt when the sales or service becomes uncollectable from a customer. Bad debt that is unrelated to business is not a reportable entry. When using the cash method of accounting, bad debts cannot be deducted unless the amount was previously included as income.

Start-Up Costs

Start-up costs are the expenses incurred before a business begins due to starting or purchasing a business. Taxpayers can elect to deduct up to $5,000 of start-up costs and up to $5,000 of organizational expenditures that were paid or incurred during the tax year in which the trade or business began. Start-up or organizational expenditures that are not deductible in the year in which the trade or business began must be capitalized and amortized over the course of the 15 years following the business or trade's beginning. See Publication 535.

The following are examples of start-up costs:

> ➢ Survey of market.
> ➢ Advertisements for the opening of the business.
> ➢ Training wages.
> ➢ Travel and other expenses incurred to secure distributors, suppliers, etc.
> ➢ Consulting fees and professional fees connected with starting a business.
> ➢ Legal fees.
> ➢ Net operating loss (NOL).

A net operating loss is incurred when business expenses and expenditures exceed business income. Sometimes the loss is great enough to offset income from other tax years. For more information, see Publication 536, *Net Operating Losses (NOLs) for Individuals, Estates and Trusts*.

Work Opportunity Tax Credit (WOTC)

An employee may claim the work opportunity credit for wages paid to workers from ten targeted groups. See IRC Code section 51 and 52 for a description of targeted groups. The credit is calculated on Form 5884 and reduces the taxpayer's deduction for wages and salaries. The work opportunity credit is a business credit, and the credit can be claimed against both regular and alternative minimum tax liabilities.

The credit is normally 40% of the first $6,000 of qualified wages during the first year of employment, then reduced to 25% of the first $6,000 if the employee works less than 400 hours. The employee needs to work at least 120 hours for the employer to qualify. See IRC code section 51.

This credit has been extended to 2020 and before 2026 for qualifying wages. Qualifying wages do not include:

Deudas incobrables de ventas o servicios

El propietario del negocio acumula deudas incobrables cuando las ventas o el servicio se vuelven incobrables de un cliente. La deuda incobrable que no está relacionada con el negocio no es una entrada reportable. Cuando se utiliza el método de contabilidad en efectivo, las deudas incobrables no se pueden deducir a menos que el monto se haya incluido previamente como ingreso.

Costos de puesta en marcha

Los costos iniciales son los gastos incurridos antes de que comience un negocio debido a la creación o compra de un negocio. Los contribuyentes pueden optar por deducir hasta $5,000 de costos iniciales y hasta $5,000 de gastos organizacionales que se pagaron o incurrieron durante el año fiscal en el que comenzó el comercio o negocio. Los gastos iniciales u organizativos que no sean deducibles en el año en que comenzó el comercio o negocio deben capitalizarse y amortizarse en el transcurso de los 15 años posteriores al comienzo del negocio o comercio. Vea la Publicación 535.

Los siguientes son ejemplos de costos iniciales:

> ➢ Estudio de mercado.
> ➢ Anuncios para la apertura del negocio.
> ➢ Salarios de formación.
> ➢ Gastos de viaje y otros gastos incurridos para asegurar distribuidores, proveedores, etc.
> ➢ Honorarios de consultoría y honorarios profesionales relacionados con el inicio de un negocio.
> ➢ Honorarios legales.
> ➢ Pérdida operativa neta (NOL).

Se incurre en una pérdida operativa neta cuando los gastos y gastos comerciales exceden los ingresos comerciales. A veces, la pérdida es lo suficientemente grande como para compensar los ingresos de otros años fiscales. Para obtener más información, consulte la Publicación 536, *Pérdidas operativas netas (NOL) para individuos, patrimonios y fideicomisos*.

Crédito Tributario por Oportunidad de Trabajo (WOTC)

Un empleado puede reclamar el crédito de oportunidad de trabajo por los salarios pagados a los trabajadores de diez grupos específicos. Consulte las secciones 51 y 52 del Código IRC para obtener una descripción de dichos grupos. El crédito se calcula en el Formulario 5884 y reduce la deducción del contribuyente por sueldos y salarios. El crédito de oportunidad de trabajo es un crédito comercial, y el crédito se puede reclamar contra las obligaciones fiscales mínimas regulares y alternativas.

El crédito es normalmente el 40% de los primeros $6,000 de salarios calificados durante el primer año de empleo, luego se reduce al 25% de los primeros $6,000 si el empleado trabaja menos de 400 horas. El empleado debe trabajar al menos 120 horas para que el empleador califique. Consulte la sección 51 del código IRC.

Este crédito se ha extendido hasta 2020 y antes de 2026 para salarios calificados. Los salarios calificados no incluyen:

- ➤ Wages paid to or earned for any employee during any period the employee was paid by a federally-funded on-the-job training program.
- ➤ Wages paid for a summer youth employee for services performed when the employee lived outside an empowerment zone.
- ➤ Wages paid to a designated community resident for services by a summer youth employee before or after any 90-day period between May 1 and September 15.

See Instructions Form 5884.

Research Credit

A sole proprietor, partnership, or corporation that does not have publicly-traded stock could claim the research credit. Any unused credit will be carryforward and deducted in the next year. To be able to claim this credit the research must relate to new or improved function, performance, reliability, or quality of a function purpose for the company. Capitalized expenses are reduced by the amount of the research credit that exceeds the amount of the allowable as a deduction for the expenses. For expenditures paid or incurred in the tax year 2022, the amount is capitalized and eligible for amortization over five years and is reduced by the excess (if any) of the research credit for the tax year.

Part 2 Review Questions

To obtain the maximum benefit from this chapter, LTP recommends that you complete each of the following questions, and then compare them to the answers with feedback that immediately follow. Under governing self-study standards, vendors are required to present review questions intermittently throughout each self-study course.

These questions and explanations are not part of the final examination and will not be graded by LTP.

SCP2.1
Which federal form is used with Schedule C to report home office expenses?

- a. Form 2106
- b. Form 8829
- c. Form 4562
- d. Form 8889

SCP2.2
Which of the following is not a major highlight of the new federal simplified option method?

- a. Standard deduction of $15-per-square-foot of home used for business, with a maximum of 300-square-feet.
- b. Allowable home-related itemized deductions claimed in full on Schedule A.
- c. No home depreciation deduction or later recapture of depreciation for the years the simplified option is used.
- d. Standard deduction of $5-per-square-foot of home used for business, with a maximum of 300-square-feet.

> ➤ Salarios pagados o ganados por cualquier empleado durante cualquier período en el que un programa de capacitación en el trabajo financiado por el gobierno federal le pago al empleado.
> ➤ Salarios pagados a un joven empleado de verano por servicios prestados cuando el empleado vivía fuera de una zona de empoderamiento.
> ➤ Salarios pagados a un residente designado de la comunidad por servicios por un empleado juvenil de verano antes o después de cualquier período de 90 días entre el 1 de mayo y el 15 de septiembre.

Consulte el Formulario de instrucciones 5884.

Crédito de investigación

Un propietario único, sociedad o corporación que no tenga acciones que cotizan en bolsa podría reclamar el crédito de investigación. Cualquier crédito no utilizado se arrastrará y deducirá en el próximo año. Para poder reclamar este crédito, la investigación debe estar relacionada con la función, el rendimiento, la confiabilidad o la calidad nuevos o mejorados de un propósito de función para la empresa. Los gastos capitalizados se reducen por el monto del crédito de investigación que excede el monto de lo permitido como deducción por los gastos. Para los gastos pagados o incurridos en el ejercicio fiscal 2022, el importe se capitaliza y es elegible para amortización a lo largo de cinco años y se reduce por el exceso (si lo hubiera) del crédito de investigación para el año fiscal.

Parte 2 Preguntas de repaso

Para obtener el máximo beneficio de este capítulo, LTP recomienda que complete cada una de las siguientes preguntas y luego las compare con las respuestas con los comentarios que siguen inmediatamente. Bajo los estándares de autoestudio vigentes, los proveedores deben presentar preguntas de revisión intermitentemente a lo largo de cada curso de autoestudio.

Estas preguntas y explicaciones no son parte del examen final y no serán calificadas por LTP.

SCP2.1
¿Qué formulario federal se utiliza con el Anexo C para reportar los gastos de la oficina en el hogar?

    a. Formulario 2106
    b. Formulario 8829
    c. Formulario 4562
    d. Formulario 8889

SCP2.2
¿Cuál de los siguientes no es un punto culminante importante del nuevo método federal de opción simplificada?

    a. Deducción estándar de $15 por pie cuadrado de casa utilizada para negocios, con un máximo de 300 pies cuadrados.
    b. Deducciones detalladas permitidas relacionadas con el hogar reclamadas en su totalidad en el Anexo A.
    c. No hay deducción por depreciación de la vivienda o recuperación posterior de la depreciación para los años en que se utiliza la opción simplificada.
    d. Deducción estándar de $5 por pie cuadrado de casa utilizada para negocios, con un máximo de 300 pies cuadrados.

SCP2.3
Which of the following is not used to calculate cost of goods?

a. Beginning and ending inventory
b. Vehicle mileage
c. Cost of labor
d. Materials

SCP2.4
Which of the following is not used to calculate cost of goods?

a. Cost of labor
b. Materials and supplies
c. Ending inventory only
d. Bad debts

SCP2.5
Which of the following is a simplified option for the home office deduction?

a. Standard deduction of $5-per-square-foot with a maximum of 300-square-feet
b. Claiming a home depreciation deduction on Form 8829
c. All home-related itemized deductions are claimed on the Schedule C
d. Setting up business appointments

SCP2.6
Which of the following is not a simplified option for the home office deduction?

a. Standard deduction of $5-per-square-foot with a maximum of 300-square-feet
b. Cannot claim a home depreciation deduction
c. All home-related itemized deductions are claimed on the Schedule A
d. Billing customers, clients, or patients

SCP2.7
Which of the following are administrative or management activities?

1. Billing customers, clients, or patients.
2. Keeping books and records.
3. Ordering supplies.
4. Setting up appointments.
5. Ordering pizza for dinner.

a. 1, 2, 3, and 5
b. 1, 2, and 4
c. 1, 2, 3, 4, and 5
d. 1, 2, 3, and 4

SCP2.8
To determine the principal place of business the activities performed must be relative.

a. True
b. False

SCP2.3
¿Cuál de los siguientes no se utiliza para calcular el costo de los bienes?

    a. Inventario inicial y final
    b. Millaje del vehículo
    c. Costo de mano de obra
    d. Materiales

SCP2.4
¿Cuál de los siguientes no se utiliza para calcular el costo de los bienes?

    a. Costo de mano de obra
    b. Materiales y suministros
    c. Solo inventario final
    d. Deudas incobrables

SCP2.5
¿Cuál de las siguientes es una opción simplificada para la deducción de la oficina en casa?

    a. Deducción estándar de $5 por pie cuadrado con un máximo de 300 pies cuadrados
    b. Reclamar una deducción de desaprobación de vivienda en el Formulario 8829
    c. Todas las deducciones detalladas relacionadas con el hogar se reclaman en el Anexo C
    d. Configuración de citas de negocios

SCP2.6
¿Cuál de las siguientes no es una opción simplificada para la deducción de la oficina en casa?

    a. Deducción estándar de $5 por pie cuadrado con un máximo de 300 pies cuadrados
    b. No puede reclamar una deducción por desprecio de la vivienda
    c. Todas las deducciones detalladas relacionadas con el hogar se reclaman en el Anexo A
    d. Facturación de clientes, clientes o pacientes

SCP2. 7
¿Cuáles de las siguientes son actividades administrativas o de gestión?

    1. Facturación de clientes, clientes o pacientes.
    2. Llevar libros y registros.
    3. Pedido de suministros.
    4. Concertar citas.
    5. Pedir pizza para la cena.

    a. 1, 2, 3 y 5
    b. 1, 2 y 4
    c. 1, 2, 3, 4 y 5
    d. 1, 2, 3 y 4

SCP2. 8
Para determinar el lugar principal de negocios, las actividades realizadas deben ser relativas.

    a. Verdadero
    b. Falso

SCP2.9
Form 8829 has 2 expense categories, indirect and direct.

    a. True
    b. False

SCP2.10
Which of the following is not a deductible expense on Schedule C?

    a. Telephone
    b. Depreciation
    c. Charitable contributions
    d. Repairs that do not add value to the property

Part 2 Review Questions Answers

SCP2.1
Which federal form is used with Schedule C to report home office expenses?

    a. Form 2106
    b. Form 8829
    c. Form 4562
    d. Form 8889

Feedback: Review section *Form 8829: Office in the Home.*

SCP2.2
Which of the following is not a major highlight of the new federal simplified option method?

    a. Standard deduction of $15-per-square-foot of home used for business, with a maximum of 300-square-feet.
    b. Allowable home-related itemized deductions claimed in full on Schedule A.
    c. No home depreciation deduction or later recapture of depreciation for the years the simplified option is used.
    d. Standard deduction of $5-per-square-foot of home used for business, with a maximum of 300-square-feet.

Feedback: Review section *Simplified Option for Home Office Deduction.*

SCP2.3
Which of the following is not used to calculate cost of goods?

    a. Beginning and ending inventory
    b. Vehicle mileage
    c. Cost of labor
    d. Materials

Feedback: Review section *Schedule C, Part III, Cost of Goods Sold.*

SCP2. 9
El Formulario 8829 tiene 2 categorías de gastos, indirectos y directos.

    a. Verdadero
    b. Falso

SCP2. 10
¿Cuál de los siguientes no es un gasto deducible en el Anexo C?

    a. Teléfono
    b. Depreciación
    c. Contribuciones caritativas
    d. Reparaciones que no agregan valor a la propiedad

Parte 2 Respuestas a las preguntas de repaso

SCP2.1
¿Qué formulario federal se utiliza con el Anexo C para reportar los gastos de la oficina en el hogar?

    a. Formulario 2106
    b. Formulario 8829
    c. Formulario 4562
    d. Formulario 8889

Comentarios: Revise la sección *Formulario 8829: Office in the Home.*

SCP2.2
¿Cuál de los siguientes no es un punto culminante importante del nuevo método federal de opción simplificada?

    a. Deducción estándar de $15 por pie cuadrado de casa utilizada para negocios, con un máximo de 300 pies cuadrados.
    b. Deducciones detalladas permitidas relacionadas con el hogar reclamadas en su totalidad en el Anexo A.
    c. No hay deducción por depreciación de la vivienda o recuperación posterior de la depreciación para los años en que se utiliza la opción simplificada.
    d. Deducción estándar de $5 por pie cuadrado de casa utilizada para negocios, con un máximo de 300 pies cuadrados.

Comentarios: Revise la sección *Opción simplificada para la deducción de la oficina en casa.*

SCP2.3
¿Cuál de los siguientes no se utiliza para calcular el costo de los bienes?

    a. Inventario inicial y final
    b. Millaje del vehículo
    c. Costo de mano de obra
    d. Materiales

Comentarios: Revise la sección *Anexo C, Parte III, Costo de los bienes vendidos.*

SCP2.4
Which of the following is not used to calculate cost of goods?

    a. Cost of labor
    b. Materials and supplies
    c. Ending inventory only
    d. Bad debts

Feedback: Review section *Schedule C, Part III, Cost of Goods Sold.*

SCP2.5
Which of the following is a simplified option for the home office deduction?

    a. Standard deduction of $5-per-square-foot with a maximum of 300-square-feet.
    b. Claiming a home depreciation deduction on Form 8829.
    c. All home-related itemized deductions are claimed on the Schedule C.
    d. Setting up business appointments.

Feedback: Review section *Simplified Option for Home Office Deduction.*

SCP2.6
Which of the following is not a simplified option for the home office deduction?

    a. Standard deduction of $5-per-square-foot with a maximum of 300-square-feet.
    b. Cannot claim a home depreciation deduction.
    c. All home-related itemized deductions are claimed on the Schedule A.
    d. Billing customers, clients, or patients.

Feedback: Review section *Simplified Option for Home Office Deduction.*

SCP2.7
Which of the following are administrative or management activities?

    1. Billing customers, clients, or patients.
    2. Keeping books and records.
    3. Ordering supplies.
    4. Setting up appointments.
    5. Ordering pizza for dinner.

    a. 1, 2, 3, and 5
    b. 1, 2, and 4
    c. 1, 2, 3, 4, and 5
    d. 1, 2, 3, and 4

Feedback: Review section *Administrative or Management Activities.*

SCP2.8
To determine the principal place of business the activities performed must be relative.

    a. True
    b. False

Feedback: Review section *Principal Place of Business.*

SCP2.4
¿Cuál de los siguientes no se utiliza para calcular el costo de los bienes?

    a. Costo de mano de obra
    b. Materiales y suministros
    c. Solo inventario final
    d. Deudas incobrables

Comentarios: Revise la sección *Anexo C, Parte III, Costo de los bienes vendidos.*

SCP2.5
¿Cuál de las siguientes es una opción simplificada para la deducción de la oficina en casa?

    a. Deducción estándar de $5 por pie cuadrado con un máximo de 300 pies cuadrados.
    b. Reclamar una deducción por desprecio de vivienda en el Formulario 8829.
    c. Todas las deducciones detalladas relacionadas con el hogar se reclaman en el Anexo C.
    d. Concertar citas de negocios.

Comentarios: Revise la sección *Opción simplificada para la deducción de la oficina en casa.*

SCP2.6
¿Cuál de las siguientes no es una opción simplificada para la deducción de la oficina en casa?

    a. Deducción estándar de $5 por pie cuadrado con un máximo de 300 pies cuadrados.
    b. No puede reclamar una deducción por desprecio de vivienda.
    c. Todas las deducciones detalladas relacionadas con el hogar se reclaman en el Anexo A.
    d. Facturación de clientes, clientes o pacientes.

Comentarios: Revise la sección *Opción simplificada para la deducción de la oficina en casa.*

SCP2. 7
¿Cuáles de las siguientes son actividades administrativas o de gestión?

    1. Facturación de clientes, clientes o pacientes.
    2. Llevar libros y registros.
    3. Pedido de suministros.
    4. Concertar citas.
    5. Pedir pizza para la cena.

    a. 1, 2, 3 y 5
    b. 1, 2 y 4
    c. 1, 2, 3, 4 y 5
    d. 1, 2, 3 y 4

Comentarios: Revisar la sección *Actividades Administrativas o de Gestión.*

SCP2. 8
Para determinar el lugar principal de negocios, las actividades realizadas deben ser relativas.

    a. Verdadero
    b. Falso

Comentarios: Sección de revisión *Lugar principal de negocios.*

SCP2.9

Form 8829 has 2 expense categories, indirect and direct.

    a. True
    b. False

Feedback: Review section *Expenses*.

SCP2.10

Which of the following is not a deductible expense on Schedule C?

    a. Telephone
    b. Depreciation
    c. Charitable contributions
    d. Repairs that do not add value to the property

Feedback: Review section *Expenses*.

Part 3 Qualified Business Income

Qualified Business Income (QBI)

Qualified business income deduction (QBI) is a tax deduction that allows eligible self-employed and small-business owners to deduct up to 20% of their qualified business income on the tax return. Taxpayers' total taxable income for 2022 must be under $170,100 for all filers except married filing joint. The joint filers income needs to be less than $340,100 to qualify.

Qualified Business Income (QBI) is the net amount of income, gain, deduction, and loss with respect to any qualified business of the taxpayer. Qualified items of income, gain deduction, and loss include items that are effectively connected with the conduct of a U.S. trade or business and are included in determining the business's taxable income for the tax year.

The Section 199A Qualified Business Income Deduction, enacted as part of the Tax Cuts and Jobs Act in 2017, was meant to provide a tax benefit to smaller flow-through businesses in response to the large decrease in the C corporation tax rate from 35% to 21%.

The initial step in calculating the Sec. 199A deduction begins with determining the QBI, which is determined separately for each of the taxpayer's qualified businesses. Certain investment items are excepted from QBI, including short-term and long-term capital gains and losses, dividends, and interest income not properly allocable to a trade or business. QBI also does not include reasonable compensation payments to a taxpayer for services rendered to a qualified business, guaranteed payments to a partner for services rendered to a business, and, to the extent provided in regulations, a Sec. 707(a) payment to a partner for services rendered to the business (Sec. 199A(c)).

SCP2. 9
El Formulario 8829 tiene 2 categorías de gastos, indirectos y directos.

    a. Verdadero
    b. Falso

Comentarios: Revise la sección *Gastos*.

SCP2. 10
¿Cuál de los siguientes no es un gasto deducible en el Anexo C?

    a. Teléfono
    b. Depreciación
    c. Contribuciones caritativas
    d. Reparaciones que no agregan valor a la propiedad

Comentarios: Revise la sección *Gastos*.

Parte 3 Ingresos comerciales calificados

Ingresos comerciales calificados (QBI)

La deducción de ingresos comerciales calificados (QBI) es una deducción de impuestos que permite a los propietarios elegibles de trabajadores por cuenta propia y pequeñas empresas deducir hasta el 20% de sus ingresos comerciales calificados en la declaración de impuestos. El ingreso imponible total de los contribuyentes para 2022 debe ser inferior a $170,100 para todos los declarantes, excepto los casados que presentan una declaración conjunta. Los ingresos de los contribuyentes en conjunto deben ser inferiores a $340,100 para calificar.

El ingreso comercial calificado (QBI) es el monto neto de ingresos, ganancias, deducciones y pérdidas con respecto a cualquier negocio calificado del contribuyente. Los elementos calificados de ingresos, deducción de ganancias y pérdidas incluyen elementos que están efectivamente conectados con la operación de un comercio o negocio estadounidense y se incluyen en la determinación de los ingresos imponibles de la empresa para el año fiscal.

La Sección 199A de Deducción de Ingresos Comerciales Calificados, promulgada como parte de la Ley de Empleos y Reducción de Impuestos en 2017, estaba destinada a proporcionar un beneficio fiscal a las empresas más pequeñas en respuesta a la gran disminución en la tasa del impuesto para corporaciones C del 35% al 21%.

El paso inicial para calcular la deducción de la Sección 199A comienza con la determinación del QBI, que se determina por separado para cada una de las empresas calificadas del contribuyente. Ciertos elementos de inversión están exceptuados de QBI, incluidas las ganancias y pérdidas de capital a corto y largo plazo, los dividendos y los ingresos por intereses que no se asignan adecuadamente a una operación o negocio. QBI tampoco incluye pagos de compensación razonable a un contribuyente por servicios prestados a una empresa calificada, pagos garantizados a un socio por servicios prestados a una empresa y, en la medida prevista en los reglamentos, un pago de la Sección 707 (a) a un socio por servicios prestados a la empresa (Sección 199A (c)).

20% Deduction for a Pass-Through Qualified Trade or Business

The combined QBI amount serves as a placeholder: it is the amount of the Section 199A deduction before considering a final overall limitation. Under this overall limitation, a taxpayer's QBI deduction is limited to 20% of the taxpayer's taxable income in excess of any net capital gain. The combined QBI amount is the sum of the deductible QBI amounts for each of the taxpayer's qualified businesses. The deductible QBI amount of a qualified business is generally 20% of its QBI, but the deductible QBI amount may be limited when the business is a specified service trade or business or by a wage and capital limitation. See Sec. 199A(b).

The calculation of a taxpayer's Sec. 199A deduction depends on whether the taxpayer's taxable income is below a lower taxable income threshold ($170,100, or $340,100 if filing a joint return). When computing taxable income for this purpose, the Sec. 199A deduction is ignored.

If a taxpayer has income below the lower threshold, calculating the Sec. 199A deduction is straightforward. The taxpayer first calculates the deductible QBI amount for each qualified business and combines the deductible QBI amounts to determine the combined QBI amount. If the taxpayer has only one qualified business, the combined QBI amount is the deductible QBI amount for that business. The taxpayer then applies the overall taxable income limitation to the combined QBI. Thus, the taxpayer's Sec. 199A deduction is equal to the lesser of the combined QBI amount or the overall limitation (20% × taxpayer's taxable income in excess of any net capital gain).

Issues in Calculating the Deduction

If the taxpayer has taxable income above the higher threshold amount, two issues arise in the calculation of the Sec. 199A deduction. First, a business of the taxpayer will not be treated as a qualified business, and the income of the business of the taxpayer will not be included in QBI if the business meets the definition of a specified service trade or business (see below). Thus, the Sec. 199A deduction will be denied in full for the business. Second, if a business is a qualified business (i.e., it is not a specified service trade or business), the deductible QBI amount for the business is subject to a W-2 wage and capital limitation. Taxpayers with taxable income that is over the phaseout amount are unable to use Sec. 199A deduction for the business income that is a specified service trade or business.

Specified Service Trade or Business

A specified service trade or business is defined in Sec. 199A(d)(2) as "any trade or business which is described in section 1202(e)(3)(A) (applied without regard to the words 'engineering, architecture,') ... or which involves the performance of services that consist of investing and investment management, trading, or dealing in securities (as defined in section 475(c)(2)), partnership interests, or commodities (as defined in section 475(e)(2))."

20% de deducción para un comercio o negocio calificado de transferencia

El monto combinado de QBI sirve como marcador de posición: es el monto de la deducción de la Sección 199A antes de considerar una limitación general final. Bajo esta limitación general, la deducción QBI de un contribuyente se limita al 20% del ingreso imponible del contribuyente que exceda cualquier ganancia neta de capital. El monto QBI combinado es la suma de los montos QBI deducibles para cada uno de los negocios calificados del contribuyente. El monto deducible de QBI de un negocio calificado es generalmente el 20% de su QBI, pero el monto deducible de QBI puede estar limitado cuando el negocio es un comercio o negocio de servicios específico o por una limitación salarial y de capital. Véase el artículo 199A(b).

El cálculo de la deducción de la Sección 199A de un contribuyente depende de si el ingreso imponible del contribuyente está por debajo de un umbral de ingreso imponible más bajo ($170,100, o $340,100 si presenta una declaración conjunta). Al calcular los ingresos imponibles para este propósito, se ignora la deducción de la Sección 199A.

Si un contribuyente tiene ingresos por debajo del umbral más bajo, calcular la deducción de la Sección 199A es sencillo. El contribuyente primero calcula el monto QBI deducible para cada negocio calificado y combina los montos QBI deducibles para determinar el monto QBI combinado. Si el contribuyente tiene solo un negocio calificado, el monto QBI combinado es el monto QBI deducible para ese negocio. Luego, el contribuyente aplica la limitación general de ingresos imponibles al QBI combinado. Por lo tanto, la deducción Sec. 199A del contribuyente es igual al menor de la cantidad combinada de QBI o la limitación general (20% × ingreso imponible del contribuyente en exceso de cualquier ganancia neta de capital).

Problemas en el cálculo de la deducción

Si el contribuyente tiene ingresos imponibles por encima del monto del umbral más alto, surgen dos problemas en el cálculo de la deducción Sec. 199A. Primero, un negocio del contribuyente no será tratado como un negocio calificado, y los ingresos del negocio del contribuyente no se incluirán en QBI si el negocio cumple con la definición de un comercio o negocio de servicios específico (ver más abajo). Por lo tanto, la deducción de la Sección 199A será denegada en su totalidad para el negocio. En segundo lugar, si una empresa es una empresa calificada (es decir, no es un comercio o negocio de servicios específico), el monto deducible de QBI para la empresa está sujeto a una limitación salarial y de capital W-2. Los contribuyentes con ingresos imponibles que superan el monto de eliminación gradual no pueden usar la deducción de la Sección 199A para los ingresos comerciales que son un comercio o negocio de servicios específico.

Comercio o negocio de servicios especificados

Un comercio o negocio de servicios especificado se define en la Sección 199A(d)(2) como "cualquier comercio o negocio que se describe en la sección 1202 (e)(3)(A) (aplicado sin tener en cuenta las palabras 'ingeniería, arquitectura') ... o que implique la prestación de servicios que consistan en invertir y administrar inversiones, negociar o negociar valores (como se define en la Sección 475(c)(2)), intereses de sociedades o productos básicos (como se define en la Sección 475(e)(2))".

Sec. 1202(e)(3)(A) defines a "qualified trade or business" as:

> "…any trade or business involving the performance of services in the fields of health, law, engineering, architecture, accounting, actuarial science, performing arts, consulting, athletics, financial services, brokerage services, or any trade or business where the principal asset of such trade or business is the reputation or skill of 1 or more of its employees or owners."

Thus, service trades or businesses (e.g., engineering, architecture, manufacturing, etc.) that are not specified service trades or businesses are eligible for the deduction regardless of the taxpayer's taxable income, but businesses providing specified services (e.g., law, accounting, consulting, investment management, etc.) of taxpayers who have taxable income above the higher taxable income threshold limit are excluded from the deduction.

Taxpayers with Income Above the Threshold

If a taxpayer has taxable income above the higher taxable income threshold and owns a business that is not a specified service trade or business, the QBI deductible amount for the business is subject to a limitation based on W-2 wages or capital (capital here is measured as the unadjusted basis of certain business assets) (Sec. 199A(b)(2)(B)). The deductible QBI amount for the business is equal to the *lesser* of 20% of the business's QBI or the *greater* of 50% of the W-2 wages for the business or 25% of the W-2 wages plus 2.5% of the business's unadjusted basis in all qualified property. Thus, two alternative limitations under Sec. 199A(b)(2) may limit the deductible QBI amount for each business that is included in a taxpayer's combined QBI amount (a pure 50% wage test or a combined 25% wage and capital test).

QBI and the W-2

W-2 wages are total wages subject to wage withholding, elective deferrals, and deferred compensation paid during the tax year that are attributable to QBI (Sec. 199A(b)(4)). However, amounts not properly included in a return filed with the Social Security Administration on or before the 60th day after the due date (including extensions) for that return are not included (Sec. 199A(b)(4)(C)). A partner's allocable share of W-2 wages is required to be determined in the same manner as the partner's share of wage expenses.

QBI and Property

The basis of qualifying property is calculated as the unadjusted basis immediately after acquisition of that property. Qualifying property is tangible property or depreciable property that was held by and available for use in the business at the close of the tax year, or was used in the production of QBI at any time during the year and the "depreciable period" has not ended before the close of the tax year (Sec. 199A(b)(6)).

El artículo 1202(e)(3)(A) define un "comercio o negocio calificado" como:

> "... cualquier comercio o negocio que implique la prestación de servicios en los campos de la salud, el derecho, la ingeniería, la arquitectura, la contabilidad, las ciencias actuariales, las artes escénicas, la consultoría, el atletismo, los servicios financieros, los servicios de corretaje, o cualquier comercio o negocio donde el activo principal de dicho comercio o negocio sea la reputación o habilidad de 1 o más de sus empleados o propietarios.

Por lo tanto, los oficios o negocios de servicios (por ejemplo, ingeniería, arquitectura, fabricación, etc.) que no son oficios o negocios de servicios especificados son elegibles para la deducción independientemente del ingreso imponible del contribuyente, pero las empresas que brindan servicios específicos (por ejemplo, derecho, contabilidad, consultoría, administración de inversiones, etc.) de contribuyentes que tienen ingresos imponibles por encima del límite más alto del umbral de ingresos imponibles están excluidos de la deducción.

Contribuyentes con ingresos por encima del umbral

Si un contribuyente tiene ingresos imponibles por encima del umbral de ingresos imponibles más alto y posee un negocio que no es un comercio o negocio de servicios específico, el monto deducible de QBI para el negocio está sujeto a una limitación basada en los salarios o el capital W-2 (el capital aquí se mide como la base no ajustada de ciertos activos comerciales) (Sec. 199A (b) (2) (B)). El monto deducible de QBI para el negocio es igual al *menor* de 20% del QBI del negocio o el *mayor* de 50% de los salarios W-2 para el negocio o 25% de los salarios W-2 más 2.5% de la base no ajustada del negocio en toda propiedad calificada. Por lo tanto, dos limitaciones alternativas bajo la Sección 199A(b)(2) pueden limitar el monto QBI deducible para cada negocio que se incluye en el monto QBI combinado de un contribuyente (una prueba salarial pura del 50% o una prueba combinada de salario y capital del 25%).

QBI y el W-2

Los salarios W-2 son salarios totales sujetos a retención de salarios, aplazamientos electivos y compensación diferida pagados durante el año fiscal que son atribuibles a QBI (Sec. 199A (b) (4)). Sin embargo, los montos no incluidos correctamente en una declaración presentada ante la Administración del Seguro Social en o antes del día 60 después de la fecha de vencimiento (incluidas las extensiones) para esa declaración no se incluyen (Sec. 199A (b) (4) (C)). Se requiere que la parte asignable de un socio de los salarios W-2 se determine de la misma manera que la parte del socio de los gastos salariales.

QBI y Propiedad

La base de la propiedad calificada se calcula como la base no ajustada inmediatamente después de la adquisición de esa propiedad. La propiedad calificada es propiedad tangible o depreciable que estaba en poder y disponible para su uso en el negocio al cierre del año fiscal, o se utilizó en la producción de QBI en cualquier momento durante el año y el "período depreciable" no ha terminado antes del cierre del año fiscal (Sec. 199A (b) (6)).

The depreciable period starts on the date the property is first placed in service and ends the last day of the last full year of the applicable recovery period under Sec. 168 (disregarding Sec. 168(g)) or 10 years after the beginning date, whichever is later. This rule allows "qualified property" to include property that has exhausted its modified accelerated cost recovery system (MACRS) depreciation period if it is still in its first 10 years of service. The statute directs Treasury to provide anti-abuse rules to prevent the manipulation of the depreciable period of qualified property through related-party transactions and for determining the unadjusted basis immediately after the acquisition of qualified property in like-kind exchanges and involuntary conversions.

Service Trade Disqualifier

A taxpayer potentially loses all or part of the Sec. 199A deduction if taxable income rises too high and the income is from a specified service business. The income phase-out amounts are as follows (adjusted for inflation in 2022):

- ➢ All other $170,050 - $220,050 partial phase out of Sec. 199A
  $220,051 + complete phase out of Sec. 199A
- ➢ MFJ $340,100 - $440,100 partial phase out of Sec. 199A
  $440,101+ complete phase out of Sec. 199A

A taxpayer potentially loses all or part of the Sec. 199A deduction if taxable income rises too high and the income is from a specified service business. This includes "fields of health, law, accounting, actuarial science, performing arts, consulting, athletics, financial services, brokerage services, or any trade or business where the principal asset of the business is the reputation or skill of one or more of its employees or owners."

Taxpayer earnings under the threshold amount could qualify for the Sec. 199A deduction even if the income is from a specified service business.

- ➢ All other < $170,050
- ➢ MFJ   < $340,100

Taxpayer earnings over the threshold amount qualify for a lesser amount or for none of the Sec. 199A deduction.

- ➢ Single $220,051+
- ➢ MFJ $440,101+

The terminology "within the United States" means taxpayers only receive the 20% deduction on business income earned exclusive in the U.S. and on rental income from property located inside the U.S. The taxpayer only counts W-2 wages for businesses or real estate located within the U.S. If depreciable property figures into the formula, the property must be located inside the U.S. Therefore, if an entrepreneur has qualified business income from within and outside the U.S., separate the two before calculating Sec. 199A deduction.

El período depreciable comienza en la fecha en que la propiedad se pone en servicio por primera vez y finaliza el último día del último año completo del período de recuperación aplicable bajo la Sección 168 (sin tener en cuenta la Sección 168 (g)) o 10 años después de la fecha de inicio, lo que ocurra más tarde. Esta regla permite que la "propiedad calificada" incluya la propiedad que ha agotado su período de depreciación del sistema de recuperación acelerada de costos (MACRS) modificado si todavía está en sus primeros 10 años de servicio. El estatuto ordena al Tesoro que establezca normas contra el abuso para evitar la manipulación del período depreciable de los bienes calificados mediante transacciones con partes vinculadas y para determinar la base no ajustada inmediatamente después de la adquisición de bienes calificados en intercambios similares y conversiones involuntarias.

Descalificador de comercio de servicios

Un contribuyente potencialmente pierde la totalidad o parte de la deducción de la Sección 199A si el ingreso imponible aumenta demasiado y el ingreso proviene de un negocio de servicios específico. Los importes de la eliminación gradual de los ingresos son los siguientes (ajustados para tener en cuenta la inflación en 2022):

> Todos los demás $170,050 - $220,050 eliminación parcial de la Sección 199A
> $220,051 + eliminación completa de la Sección 199A
> MFJ $340,100 - $440,100 eliminación parcial de la Sección 199A
> $440,101+ eliminación completa de la Sección 199A

Un contribuyente potencialmente pierde la totalidad o parte de la deducción de la Sección 199A si el ingreso imponible aumenta demasiado y el ingreso proviene de un negocio de servicios específico. Esto incluye "campos de salud, derecho, contabilidad, ciencias actuariales, artes escénicas, consultoría, atletismo, servicios financieros, servicios de corretaje o cualquier comercio o negocio donde el activo principal de la empresa sea la reputación o habilidad de uno o más de sus empleados o propietarios".

Las ganancias de los contribuyentes por debajo del monto umbral podrían calificar para la deducción de la Sección 199A, incluso si los ingresos provienen de un negocio de servicios específico.

> Todas las demás   < $170,050
> MFJ   < $340,100

Las ganancias de los contribuyentes por encima del monto umbral califican para una cantidad menor o para ninguna de las deducciones de la Sección 199A.

> Solteros $220,051+
> MFJ $440,101+

La terminología "dentro de Estados Unidos" significa que los contribuyentes solo reciben la deducción del 20% sobre los ingresos comerciales obtenidos exclusivamente en Estados Unidos y sobre los ingresos por alquiler de propiedades ubicadas dentro de Estados Unidos. El contribuyente solo cuenta los salarios W-2 para negocios o bienes raíces ubicados dentro de EE. UU. Si la propiedad depreciable figura en la fórmula, la propiedad debe estar ubicada dentro de EE. UU. Por lo tanto, si un empresario tiene ingresos comerciales calificados dentro y fuera de Estados Unidos, separe los dos antes de calcular la deducción de la Sección 199A.

Pass-Through Entities

The pass-through deduction is available regardless of which deduction method is chosen—itemized or standard deduction. The deduction cannot exceed 20% of the excess of a taxpayer's taxable income over net capital gain. If QBI is less than zero, it is treated as a loss from a qualified business in the following year.

For pass-through entities other than sole proprietorships, the deduction cannot exceed whichever of the following is greater:

> ➢ 50% of the W-2 wages with respect to the qualified trade or business ("W-2 wage limit").
> ➢ The sum of 25% of the W-2 wages paid with respect to the qualified trade or business *plus* 2.5% of the unadjusted basis of all "qualified property" immediately after acquisition.

Qualified property is any tangible, depreciable property that is held by and available for use in a qualified trade or business.

For a partnership or S corporation, each partner or shareholder is treated as having W-2 wages for the tax year in an amount equal to his or her allocable share of the W-2 wages of the entity for the tax year. A partner's or shareholder's allocable share of W-2 wages is determined in the same way as the partner's or shareholder's allocable share of wage expenses. For an S corporation, an allocable share is the shareholder's pro rata share of an item. However, the W-2 wage limit begins phasing out in the case of a taxpayer with taxable income exceeding $340,100 for married individuals filing jointly ($170,050 for other individuals). The application of the W-2 wage limit is phased in for individuals with taxable income exceeding the thresholds.

Sec. 199A Overview

To get the savings, a business owner may want to make operational, legal, and accounting changes early in the year.

The three major concepts with the Sec. 199A deduction are as follows:

> ➢ It benefits the following "pass-through entities":
>   o Sole proprietorships.
>   o Partnerships.
>   o S corporations.
>   o Real estate investment trusts (REITs).
>   o Qualified cooperatives.
> ➢ It shelters taxable income that would otherwise be taxed as ordinary income subject to the highest individual tax rates.
> ➢ The bigger the benefit, the more complex the rules.

Reporting and Taxability of Form 1099-K, Payment Card, and Third-Party Network Transactions

Third-party settlement organizations charge a fee for being the facilitator of the transaction. The reporting requirements are $600 or more.

Entidades de paso

La deducción de transferencia está disponible independientemente del método de deducción que se elija: deducción detallada o estándar. La deducción no puede exceder el 20% del exceso del ingreso imponible de un contribuyente sobre la ganancia neta de capital. Si QBI es menor que cero, se trata como una pérdida de un negocio calificado en el año siguiente.

Para las entidades de transferencia que no sean empresas unipersonales, la deducción no puede exceder cualquiera de los siguientes que sea mayor:

- 50% de los salarios W-2 con respecto al comercio o negocio calificado ("límite salarial W-2").
- La suma del 25% de los salarios W-2 pagados con respecto al comercio o negocio calificado *más* 2. 5% de la base no ajustada de todos los "bienes calificados" inmediatamente después de la adquisición.

La propiedad calificada es cualquier propiedad tangible y depreciable que está en poder y disponible para su uso en un comercio o negocio calificado.

Para una sociedad colectivca o corporación S, se trata que cada socio o accionista tiene salarios W-2 para el año fiscal en una cantidad igual a su parte asignable de los salarios W-2 de la entidad para el año fiscal. La parte asignable de un socio o accionista de los salarios W-2 se determina de la misma manera que la parte asignable del socio o accionista de los gastos salariales. Para una corporación S, una acción asignable es la participación prorrateada del accionista de un artículo. Sin embargo, el límite salarial W-2 comienza a eliminarse gradualmente en el caso de un contribuyente con ingresos imponibles superiores a $340,100 para personas casadas que presentan una declaración conjunta ($170,050 para otras personas). La aplicación del límite salarial W-2 se introduce gradualmente para las personas con ingresos imponibles que exceden los umbrales.

Visión general del artículo 199A

Para obtener los ahorros, el propietario de un negocio puede querer hacer cambios operativos, legales y contables a principios de año.

Los tres conceptos principales con la deducción del artículo 199A son los siguientes:

- Beneficia a las siguientes "entidades de transferencia":
  - Empresas unipersonales
  - Asociaciones colectivas
  - Corporaciones S
  - Fideicomisos de inversión inmobiliaria (REIT)
  - Cooperativas calificadas
- Protege los ingresos imponibles que de otro modo se gravarían como ingresos ordinarios sujetos a las tasas impositivas individuales más altas.
- Cuanto mayor sea el beneficio, más complejas serán las reglas.

Informes e impuestos del Formulario 1099-K, tarjetas de pago y transacciones de red de terceros

Las organizaciones de liquidación de terceros cobran una tarifa por ser el facilitador de la transacción. Los requisitos de presentación de informes son de 600 dólares o más.

Effective January 1, 2022, third-party payment providers must begin reporting to the IRS business transactions totaling $600 or more, (ARPA section 9674(a); IRC section 6050W(e)). This new provision is meant to apply transactions for goods and services only, but an individual taxpayer may receive a 1099-K for a nontaxable personal transaction. How do the new reporting guidelines determine what is business and personal?

When an individual sets up their third-party network transaction app such as PayPal, Zelle, Venmo, etc., they choose either a personal or a business account. When a payment is made to a personal profile, the payor could tag that transaction as payment for goods and services, which would be determined to be a business transaction, and yet it could be a personal payment for goods and services.

Employee Retention Credit

An employer may qualify for a refundable employment tax equal to 50% of qualified wages. The eligible employer who pays employees after March 21, 2020, and before December 31, 2021, may qualify for the Employee Retention Credit. The credit is 50% of the employees' wages up to $10,000 per employee. To receive the refunded money, the employer will need to file Form 7200, *Advance of Employer Credits Due to COVID-19*. This credit has expired but the taxpayer can still amend their 2021 tax return and 941s. See Instructions Form 7200.

Recordkeeping

This section will cover basic recordkeeping for all business returns. A tax professional should emphasize to their clients the importance of recordkeeping and to keep business and personal accounts separate. If a taxpayer has a loss on their business return, remind the taxpayer of the hobby rules. The taxpayer does not want to lose expense deductions due to poor recordkeeping; this is where the tax professional should spend time with their clients to educate them on how to track income and expenses. A good recordkeeping system includes a summary of all business transactions. These transactions in books are called journals and ledgers and can be kept electronically or as hard copies (paper). If paper records are kept, they must be locked up. The electronic records must be backed up in case of a computer crash and should be password protected.

Benefits of Recordkeeping

Everyone in business must keep appropriate and accurate records. Recordkeeping will help the taxpayer:

- ➤ Monitor the progress of their business.
- ➤ Prepare an accurate financial statement.
- ➤ Classify receipts.
- ➤ Track deductible business expenses.
- ➤ Prepare the tax return.
- ➤ Support reported income and expenses on the tax return.

A partir del 1 de enero de 2022, los proveedores de pagos externos deben comenzar a reportar al IRS transacciones comerciales por un total de $600 o más, (ARPA sección 9674 (a); Sección 6050W(e)del IRC). Esta nueva disposición está destinada a aplicar transacciones solo para bienes y servicios, pero un contribuyente individual puede recibir un 1099-K para una transacción personal no imponible. ¿Cómo determinan las nuevas pautas de presentación de informes lo que es comercial y personal?

Cuando una persona configura su aplicación de transacciones de red de terceros, como PayPal, Zelle, Venmo, etc., elige una cuenta personal o comercial. Cuando se realiza un pago a un perfil personal, el pagador podría etiquetar esa transacción como pago por bienes y servicios, lo que se determinaría como una transacción comercial y, sin embargo, podría ser un pago personal por bienes y servicios.

Crédito de retención de empleados

Un empleador puede calificar para un impuesto de empleo reembolsable equivalente al 50% de los salarios calificados. El empleador elegible que paga a los empleados después del 21 de marzo de 2020 y antes del 3 al 1 de diciembre de 2021, puede calificar para el Crédito de Retención de Empleados. El crédito es del 50% de los salarios de los empleados hasta $10,000 por empleado. Para recibir el dinero reembolsado, el empleador deberá presentar el Formulario 7200, *Adelanto de créditos del empleador debido a COVID-19*. Este crédito ha expirado, pero el contribuyente aún puede enmendar su declaración de impuestos de 2021 y 941. Vea las Instrucciones del Formulario 7200.

Mantenimiento de registros

Esta sección cubrirá el mantenimiento de registros básicos para todas las declaraciones comerciales. Un profesional de impuestos debe enfatizar a sus clientes la importancia de mantener registros y mantener separadas las cuentas comerciales y personales. Si un contribuyente tiene una pérdida en su declaración de negocios, recuérdele al contribuyente las reglas de pasatiempos. El contribuyente no quiere perder las deducciones de gastos debido a un mantenimiento deficiente de los registros; Aquí es donde el profesional de impuestos debe pasar tiempo con sus clientes para educarlos sobre cómo rastrear los ingresos y gastos. Un buen sistema de mantenimiento de registros incluye un resumen de todas las transacciones comerciales. Estas transacciones en libros se denominan diarios y libros de contabilidad y se pueden mantener electrónicamente o como copias impresas (papel). Si se mantienen registros en papel, deben ser encerrados. Los registros electrónicos deben ser respaldados en caso de un bloqueo de la computadora y deben estar protegidos con contraseña.

Beneficios del mantenimiento de registros

Todos en los negocios deben mantener registros apropiados y precisos. El mantenimiento de registros ayudará al contribuyente a:

> ➢ Monitorear el progreso de su negocio.
> ➢ Prepare un estado financiero preciso.
> ➢ Clasificar recibos.
> ➢ Realice un seguimiento de los gastos comerciales deducibles.
> ➢ Preparar la declaración de impuestos.
> ➢ Apoyar los ingresos y gastos reportados en la declaración de impuestos.

Records show the taxpayer if the business is improving, which items sell the best, and insights to increase the success of the business. Records are needed to prepare accurate financial statements, which include profit and loss, balance sheets, and any other financial statements.

Taxpayers should identify receipts at the time of purchase. It is easier to get into the habit of tracking receipts when received rather than dealing with them when preparing the tax return. A tax professional should teach clients how to identify and track receipts.

Kinds of Records to Keep

The taxpayer should choose the recordkeeping system that is best for their business. The system should match the accounting method of the taxpayer's tax year. The recordkeeping system should include a summary for all the taxpayer's business transactions. For example, recordkeeping should show gross income as well as deductions and credits for the business. Supporting documentation for consistent transactions, such as purchases, sales, and payroll, should be maintained. It is important to retain documentation that supports the entries in the journal, ledgers, and the tax return. Records for travel, transportation, and gift expenses fall under specific recordkeeping rules. For more information see Publication 463. There are also specific employment tax records the employer must keep. See Publication 51 (Circular A).

Assets used in business can be property, such as machinery and equipment used to conduct business. Records of the asset are used to figure depreciation and the gain or loss when the asset is sold. Records should show the following information:

➢ When and how the business asset was acquired.
➢ The purchase price of the business asset.
➢ The cost of any business improvements.
➢ Section 179 deduction.
➢ Business deductions taken for depreciation.
➢ Business deductions taken for casualty losses, such as losses resulting from fires, storms, or natural disasters.
➢ How the business asset was used.
➢ When and how the business asset was disposed.
➢ The selling price of the asset or the business.
➢ The expense of the business asset.

The following are examples of records that might show the information from the above list:

➢ Purchase and sales business invoices.
➢ Business purchase of real estate closing statements (HUD-1).
➢ Canceled business checks.
➢ A business' bank statements.

Los registros muestran al contribuyente si el negocio está mejorando, qué artículos se venden mejor y perspectivas para aumentar el éxito del negocio. Los registros son necesarios para preparar estados financieros precisos, que incluyen ganancias y pérdidas, balances y cualquier otro estado financiero.

Los contribuyentes deben identificar los recibos en el momento de la compra. Es más fácil adquirir el hábito de rastrear los recibos cuando se reciben en lugar de tratar con ellos al preparar la declaración de impuestos. Un profesional de impuestos debe enseñar a los clientes cómo identificar y rastrear recibos.

Tipos de registros que debe mantener

El contribuyente debe elegir el sistema de mantenimiento de registros que sea mejor para su negocio. El sistema debe coincidir con el método contable del año fiscal del contribuyente. El sistema de mantenimiento de registros debe incluir un resumen de todas las transacciones comerciales del contribuyente. Por ejemplo, el mantenimiento de registros debe mostrar el ingreso bruto, así como las deducciones y créditos para el negocio. Se debe mantener la documentación de respaldo para transacciones consistentes, como compras, ventas y nómina. Es importante conservar la documentación que respalde las entradas en el diario, los libros mayores y la declaración de impuestos. Los registros de gastos de viaje, transporte y regalos caen bajo reglas específicas de mantenimiento de registros. Para obtener más información, consulte la Publicación 463. También hay registros específicos de impuestos de empleo que el empleador debe mantener. Vea la Publicación 51 (Circular A).

Los activos utilizados en los negocios pueden ser propiedad, como maquinaria y equipo utilizados para realizar negocios. Los registros del activo se utilizan para calcular la depreciación y la ganancia o pérdida cuando se vende el activo. Los registros deben mostrar la siguiente información:

> - Cuándo y cómo se adquirió el activo comercial.
> - El precio de compra del activo comercial.
> - El costo de cualquier mejora comercial.
> - Deducción del artículo 179.
> - Deducciones comerciales tomadas por depreciación.
> - Deducciones comerciales tomadas por pérdidas por accidentes, como pérdidas resultantes de incendios, tormentas o desastres naturales.
> - Cómo se utilizó el activo empresarial.
> - Cuándo y cómo se eliminó el activo comercial.
> - El precio de venta del activo o del negocio.
> - El gasto del activo comercial.

Los siguientes son ejemplos de registros que pueden mostrar la información de la lista anterior:

> - Facturas comerciales de compra y venta.
> - Compra de negocios de declaraciones de cierre de bienes raíces (HUD-1).
> - Cheques comerciales cancelados.
> - Los extractos bancarios de una empresa.

Maintaining Records

Tax records should be kept as needed for the administration of any provision of the Internal Revenue Code. Business records should be kept that support an item of income or deduction appearing on the return until the period of limitations is finished. Generally, that time frame is a 3-year period, although certain records must be kept longer than 3 years.

Employment records must be kept for at least 4 years after the date the tax becomes due or is paid. Records that pertain to assets such as property should be kept if the taxpayer owns the business asset. Other creditors, such as an insurance company, may require the business records to be kept longer than the IRS.

Part 3 Review Questions

To obtain the maximum benefit from this chapter, LTP recommends that you complete each of the following questions, and then compare them to the answers with feedback that immediately follow. Under governing self-study standards, vendors are required to present review questions intermittently throughout each self-study course.

These questions and explanations are not part of the final examination and will not be graded by LTP.

SCP3.1
Jade started a new business in 2022. Which of the following is not considered to be self-employment income?

    a. Income from Schedule E
    b. Income from Schedule F
    c. Income from Schedule C
    d. Income from wages

SCP3.2
Which of the following chooses the recordkeeping system?

    a. Taxpayer
    b. Internal Revenue Service
    c. Franchise Tax Board
    d. Taxpayer's banker

SCP3.3
Which of the following best describes how long to keep records?

    a. Employment records need to be kept for at least 6 years.
    b. Business records should be kept if an item of income or deduction appear on the tax return.
    c. Business records that pertain to property should be kept for at least 10 years.
    d. Computer software that was purchased for the business does not need to be kept.

Mantenimiento de registros

Los registros de impuestos deben mantenerse según sea necesario para la administración de cualquier disposición del Código de Rentas Internas. Se deben mantener registros comerciales que respalden un elemento de ingreso o deducción que aparezca en la declaración hasta que finalice el período de limitaciones. Generalmente, ese marco de tiempo es un período de 3 años, aunque ciertos registros deben mantenerse por más de 3 años.

Los registros de empleo deben conservarse durante al menos 4 años después de la fecha en que el impuesto se devenga o se pague. Los registros que pertenecen a activos tales como la propiedad deben mantenerse si el contribuyente posee el activo comercial. Otros acreedores, como una compañía de seguros, pueden requerir que los registros comerciales se mantengan por más tiempo que el IRS.

Parte 3 Preguntas de repaso

Para obtener el máximo beneficio de este capítulo, LTP recomienda que complete cada una de las siguientes preguntas y luego las compare con las respuestas con los comentarios que siguen inmediatamente. Bajo los estándares de autoestudio vigentes, los proveedores deben presentar preguntas de revisión intermitentemente a lo largo de cada curso de autoestudio.

Estas preguntas y explicaciones no son parte del examen final y no serán calificadas por LTP.

SCP3.1
Jade comenzó un nuevo negocio en 2022. ¿Cuál de los siguientes no se considera ingreso de trabajo por cuenta propia?

    a. Ingresos del Anexo E
    b. Ingresos del Anexo F
    c. Ingresos del Anexo C
    d. Ingresos por salarios

SCP3.2
¿Cuál de las siguientes opciones elige el sistema de mantenimiento de registros?

    a. Contribuyente
    b. Servicio de Impuestos Internos
    c. Junta de Impuestos de Franquicias
    d. Banquero del contribuyente

SCP3.3
¿Cuál de las siguientes opciones describe mejor cuánto tiempo mantener registros?

    a. Los registros de empleo deben mantenerse durante al menos 6 años.
    b. Se deben mantener registros comerciales si aparece un elemento de ingreso o deducción en la declaración de impuestos.
    c. Los registros comerciales que pertenecen a la propiedad deben mantenerse durante al menos 10 años.
    d. El software de computadora que se compró para el negocio no necesita ser guardado.

SCP3.4
What is the beginning QBI phaseout for the MFJ taxpayer?

    a. $170,100
    b. $340,100
    c. $220,050
    d. $440,100

SCP3.5
What is the beginning QBI phaseout for all filers?

    a. $170,100
    b. $340,100
    c. $220,050
    d. $440,100

SCP3.6
What is the maximum QBI phaseout for all filers?

    a. $170,100
    b. $340,100
    c. $220,050
    d. $440,100

SCP3.7
What is the maximum QBI phaseout for MFJ?

    a. $170,100
    b. $340,100
    c. $220,050
    d. $440,100

SCP3.8
A taxpayer who uses cash apps to purchase items will receive Form 1099-K if their transactions are what amount?

    a. $400
    b. $600
    c. $800
    d. $1,000

SCP3.9
Which Congress Act reversed IRS Notice 2020-32?

    a. Additional Coronavirus Response and Relief Act
    b. Paycheck Protection Program
    c. Consolidated Appropriations Act
    d. American Rescue Plan Act

SCP3. 4

¿Cuál es la eliminación gradual de QBI inicial para el contribuyente de MFJ?

    a. $ 170.100
    b. $ 340.100
    c. $ 220.050
    d. $ 440.100

SCP3. 5

¿Cuál es la eliminación inicial de QBI para todos los declarantes?

    a. $ 170.100
    b. $ 340.100
    c. $ 220.050
    d. $ 440.100

SCP3. 6

¿Cuál es la eliminación máxima de QBI para todos los declarantes?

    a. $ 170.100
    b. $ 340.100
    c. $ 220.050
    d. $ 440.100

SCP3. 7

¿Cuál es la eliminación máxima de QBI para MFJ?

    a. $ 170.100
    b. $ 340.100
    c. $ 220.050
    d. $ 440.100

SCP3. 8

Un contribuyente que usa aplicaciones de efectivo para comprar artículos recibirá el Formulario 1099-K si sus transacciones son ¿qué cantidad?

    a. $ 400
    b. $ 600
    c. $ 800
    d. $1,000

SCP3. 9

¿Qué Ley del Congreso revirtió el Aviso del IRS 2020-32?

    a. Ley Adicional de Respuesta y Alivio del Coronavirus
    b. Programa de Protección de Cheques de Pago
    c. Ley de Asignaciones Consolidadas
    d. Ley del Plan de Rescate Americano

SCP3.10
Which Congress Act created the Restaurant Revitalization Fund Grant?

a. Additional Coronavirus Response and Relief Act
b. Employee Retention Credit
c. Consolidated Appropriations Act
d. American Rescue Plan Act

Part 3 Review Questions Answers

SCP3.1
Jade started a new business in 2022. Which of the following is not considered to be self-employment income?

a. Income from Schedule E
b. Income from Schedule F
c. Income from Schedule C
d. Income from wages

Feedback: Review section *Schedule C, Part I, Income.*
SCP3.2
Which of the following chooses the recordkeeping system?

a. Taxpayer
b. Internal Revenue Service
c. Franchise Tax Board
d. Taxpayer's banker

Feedback: Review section *Kinds of Record to Keep.*

SCP3.3
Which of the following best describes how long to keep records?

a. Employment records need to be kept for at least 6 years.
b. Business records should be kept if an item of income or deduction appear on the tax return.
c. Business records that pertain to property should be kept for at least 10 years.
d. Computer software that was purchased for the business does not need to be kept.

Feedback: Review section *How long to Keep Records.*

SCP3.4
What is the beginning QBI phaseout for the MFJ taxpayer?

a. $170,100
b. $340,100
c. $220,050
d. $440,100

Feedback: Review section *Qualified Business Income.*

SCP3. 10
¿Qué Ley del Congreso creó la Subvención del Fondo de Revitalización de Restaurantes?

    a. Ley Adicional de Respuesta y Alivio del Coronavirus
    b. Crédito de retención de empleados
    c. Ley de Asignaciones Consolidadas
    d. Ley del Plan de Rescate Americano

Parte 3 Respuestas a las preguntas de repaso

SCP3.1
Jade comenzó un nuevo negocio en 2022. ¿Cuál de los siguientes no se considera ingreso de trabajo por cuenta propia?

    a. Ingresos del Anexo E
    b. Ingresos del Anexo F
    c. Ingresos del Anexo C
    d. Ingresos por salarios

Comentarios: Revise la sección *Anexo C, Parte I, Ingresos.*

SCP3.2
¿Cuál de las siguientes opciones elige el sistema de mantenimiento de registros?

    a. Contribuyente
    b. Servicio de Impuestos Internos
    c. Junta de Impuestos de Franquicias
    d. Banquero del contribuyente

Comentarios: Revise la sección *Tipos de registros que se deben conservar.*

SCP3.3
¿Cuál de las siguientes opciones describe mejor cuánto tiempo mantener registros?

    a. Los registros de empleo deben mantenerse durante al menos 6 años.
    b. Se deben mantener registros comerciales si aparece un elemento de ingreso o deducción en la declaración de impuestos.
    c. Los registros comerciales que pertenecen a la propiedad deben mantenerse durante al menos 10 años.
    d. El software de computadora que se compró para el negocio no necesita ser guardado.

Comentarios: Revise la sección *Cuánto tiempo mantener los registros.*

SCP3. 4
¿Cuál es la eliminación gradual de QBI inicial para el contribuyente de MFJ?

    a. $ 170.100
    b. $ 340.100
    c. $ 220.050
    d. $ 440.100

Comentarios: Sección de revisión *Ingresos comerciales calificados.*

SCP3.5

What is the beginning QBI phaseout for all filers?

a. $170,100
b. $340,100
c. $220,050
d. $440,100

Feedback: Review section *Qualified Business Income*.

SCP3.6

What is the maximum QBI phaseout for all filers?

a. $170,100
b. $340,100
c. $220,050
d. $440,100

Feedback: Review section *Qualified Business Income*.

SCP3.7

What is the maximum QBI phaseout for MFJ?

a. $170,100
b. $340,100
c. $220,050
d. $440,100

Feedback: Review section *Qualified Business Income*.

SCP3.8

A taxpayer who uses cash apps to purchase items will receive Form 1099-K if their transactions are what amount?

a. $400
b. $600
c. $800
d. $1,000

Feedback: Review section *Qualified Business Income*.

SCP3.9

Which Congress Act reversed IRS Notice 2020-32?

a. Additional Coronavirus Response and Relief Act
b. Paycheck Protection Program
c. Consolidated Appropriations Act
d. American Rescue Plan Act

Feedback: Review section *Paycheck Protection Program*.

SCP3. 5

¿Cuál es la eliminación inicial de QBI para todos los declarantes?

    a. $ 170.100
    b. $ 340.100
    c. $ 220.050
    d. $ 440.100

Comentarios: Sección de revisión *Ingresos comerciales calificados*.

SCP3. 6

¿Cuál es la eliminación máxima de QBI para todos los declarantes?

    a. $ 170.100
    b. $ 340.100
    c. $ 220.050
    d. $ 440.100

Comentarios: Sección de revisión *Ingresos comerciales calificados*.

SCP3. 7

¿Cuál es la eliminación máxima de QBI para MFJ?

    a. $ 170.100
    b. $ 340.100
    c. $ 220.050
    d. $ 440.100

Comentarios: Sección de revisión *Ingresos comerciales calificados*.

SCP3. 8

Un contribuyente que usa aplicaciones de efectivo para comprar artículos recibirá el Formulario 1099-K si sus transacciones son ¿qué cantidad?

    a. $ 400
    b. $ 600
    c. $ 800
    d. $1,000

Comentarios: Sección de revisión *Ingresos comerciales calificados*.

SCP3. 9

¿Qué Ley del Congreso revirtió el Aviso del IRS 2020-32?

    a. Ley Adicional de Respuesta y Alivio del Coronavirus
    b. Programa de Protección de Cheques de Pago
    c. Ley de Asignaciones Consolidadas
    d. Ley del Plan de Rescate Americano

Comentarios: Revise la sección *Programa de protección de cheques de pago*.

SCP3.10

Which Congress Act created the Restaurant Revitalization Fund Grant?

    a. Additional Coronavirus Response and Relief Act
    b. Employee Retention Credit
    c. Consolidated Appropriations Act
    d. American Rescue Plan Act

Feedback: Review section *Restaurant Revitalization Fund Grants*.

Takeaways

Business income is derived from a multitude of sources using Schedules C, E, and F. How business income is calculated, and which deductions and expenses are reported can vary based on the type of business, the accounting method used, and many other considerations. It is fundamental that the tax professional be familiar with the concepts when preparing business returns. There are four common tax errors for business taxpayers:

1. Not paying enough estimated tax.
2. Depositing employment taxes.
3. Filing tax returns and payroll returns late.
4. Not separating business and personal expenses.

See Publication 15, 505, 535, and Circular E for more information.

TEST YOUR KNOWLEDGE!
Go online to take a practice quiz.

SCP3. 10

¿Qué Ley del Congreso creó la Subvención del Fondo de Revitalización de Restaurantes?

a. Ley Adicional de Respuesta y Alivio del Coronavirus
b. Crédito de retención de empleados
c. Ley de Asignaciones Consolidadas
d. Ley del Plan de Rescate Americano

Comentarios: Sección de revisión de *subvenciones del Fondo de Revitalización de Restaurantes*.

Aportes

Los ingresos comerciales se derivan de una multitud de fuentes que utilizan los Anexos C, E y F. La forma en que se calculan los ingresos comerciales y qué deducciones y gastos se reportan puede variar según el tipo de negocio, el método contable utilizado y muchas otras consideraciones. Es fundamental que el profesional de impuestos esté familiarizado con los conceptos al preparar declaraciones comerciales. Hay cuatro errores tributarios comunes para los contribuyentes comerciales:

5. No pagar suficiente impuesto estimado.
6. Depositar los impuestos sobre el empleo.
7. Presentación tardía de declaraciones de impuestos y nóminas.
8. No separar los gastos comerciales y personales.

Consulte las Publicaciones 15, 505, 535 y la Circular E para obtener más información.

¡PON A PRUEBA TUS CONOCIMIENTOS!
Ve en línea para tomar una prueba de práctica.

Chapter 2 Schedule E

Introduction

Rental income is any payment received for the use or occupation of real estate or personal property. The payment that is received is taxable to the taxpayer and is generally reported on Schedule E. Each Schedule E can report three properties. If the taxpayer has more than three properties, additional Schedule Es would be used. Schedule E is not used to report personal income and expenses. The taxpayer should not use Schedule E to report renting personal property that is not a business. To report other income, use Schedule 1, lines 8 – 24b.

Objectives

At the end of this lesson, the student will:

> ➤ Know the types of income reported on Schedule E.
> ➤ Realize the difference between repairs and improvements.
> ➤ Recognize where to find the rental property depreciation chart.

Resources

Form 1040	Publication 17	Instructions Form 1040
Form 4562	Publication 527	Instructions Form 4562
Form 4797	Publication 534	Instructions Form 4797
Form 6198	Publication 544	Instructions Form 6198
Form 8582	Publication 925	Instructions Form 8582
Schedule E	Publication 946	Instructions for Schedule E
		Tax Topics 414, 415, 425, 704

Part I Reporting Rental Income

If the taxpayer rents buildings, rooms, or apartments and provides heat and electric, trash collection, etc., the taxpayer should report the income and expenses in Part I of Schedule E. Do not use Schedule E to report a not-for-profit activity.

If the taxpayer provided significant services primarily for the tenant's convenience, such as regular cleaning, changing linens, or maid service, the taxpayer reports the rental income and expenses on Form 1040, Schedule E, *Supplemental Income and Loss*. Significant services do not include the furnishing of heat and light, cleaning of public areas, trash collection, etc. If the taxpayer provides significant services, the taxpayer may have to pay self-employment tax on the income.

Capítulo 2 Anexo E

Introducción

El ingreso por alquiler es cualquier pago recibido por el uso u ocupación de bienes inmuebles o bienes personales. El pago que se recibe está sujeto a impuestos para el contribuyente y generalmente se reporta en el Anexo E. Cada Anexo E puede reportar tres propiedades. Si el contribuyente tiene más de tres propiedades, se usaría el Anexo E adicional. El Anexo E no se utiliza para reportar ingresos y gastos personales. El contribuyente no debe usar el Anexo E para reportar el alquiler de bienes personales que no son un negocio. Para reportar otros ingresos, use el Anexo 1, líneas 8 – 24b.

Objetivos

Al final de esta lección, el estudiante podrá:

➢ Conocer los tipos de ingresos reportados en el Anexo E.
➢ Darse cuenta de la diferencia entre reparaciones y mejoras.
➢ Reconozca dónde encontrar la tabla de depreciación de la propiedad de alquiler.

Recursos

Formulario 1040	Publicación 17	Instrucciones Formulario 1040
Formulario 4562	Publicación 527	Instrucciones Formulario 4562
Formulario 4797	Publicación 534	Instrucciones Formulario 4797
Formulario 6198	Publicación 544	Instrucciones Formulario 6198
Formulario 8582	Publicación 925	Instrucciones Formulario 8582
Anexo E	Publicación 946	Instrucciones para el Anexo E Temas fiscales 414, 415, 425, 704

Parte I Reporte de ingresos por alquiler

Si el contribuyente alquila edificios, habitaciones o apartamentos y proporciona calefacción y electricidad, recolección de basura, etc., el contribuyente debe reportar los ingresos y gastos en la Parte I del Anexo E. No utilice el Anexo E para reportar sobre una actividad sin fines de lucro.

Si el contribuyente proporcionó servicios significativos principalmente para la conveniencia del inquilino, como limpieza regular, cambio de ropa de cama o servicio de limpieza, el contribuyente reporta los ingresos y gastos de alquiler en el Formulario 1040, Anexo E, *Ingresos y pérdidas suplementarios*. Los servicios significativos no incluyen el suministro de calefacción y luz, limpieza de áreas públicas, recolección de basura, etc. Si el contribuyente proporciona servicios significativos, el contribuyente puede tener que pagar el impuesto sobre el trabajo por cuenta propia sobre los ingresos.

Table of Contents / Contenido

Types of Rental Income

Income:		Properties:		
		A	B	C
3	Rents received	3			
4	Royalties received	4			

Portion of Schedule E

Cash or the fair market value of property received for the use of real estate or personal property is taxable rental income. Individuals who operate on the "cash basis" report their rental income as income when it is constructively received and deduct expenses as they are paid. In addition to normal rent, many other things may be considered rent.

Advance Rent

Advance rent is any amount collected by the taxpayer before the time it is due. This income is reported in the year the taxpayer receives it, regardless of the accounting method and when the income was due.

Example: On March 18, 2022, Matthew signed a 10-year lease to rent Martha's property. During 2022, Martha received $9,600 for the first year's rent and $9,600 as rent for the last year of the lease. Martha must include $19,200 as rental income in 2022 ($9,600 + $9,600 = $19,200).

Canceling a Lease

If the tenant paid the landlord to terminate the lease, the amount received is considered rent. The amount paid by the tenant is included in the year received, regardless of the accounting method.

Expenses Paid by Tenant

If the occupant pays any of the owner's expenses, the payments are rental income. The taxpayer must include them as income and can deduct the rental expenses if they are deductible.

Example: Anet pays the water and sewage bill for Fernando's rental property and deducts the amount from her rent payment. Under her terms of the lease, Anet is not required to pay those bills. Fernando would deduct the amount Anet paid for the water and sewage bill as a utility expense and include the amount as rental income.

Property or Services (instead of rent)

If the taxpayer receives property or services as rent instead of money, the fair market value of the property or service is included as rent income.

Tipos de ingresos por alquiler

		Properties:		
Income:		A	B	C
3 Rents received	3			
4 Royalties received	4			

Parte del Anexo E

El efectivo o el valor justo de mercado de la propiedad recibida por el uso de bienes raíces o bienes personales es un ingreso de alquiler imponible. Las personas que operan sobre la "base de efectivo" reportan sus ingresos de alquiler como ingresos cuando se reciben de manera constructiva y deducen los gastos a medida que se pagan. Además del alquiler normal, muchas otras cosas pueden considerarse alquiler.

Alquiler anticipado

El alquiler anticipado es cualquier cantidad cobrada por el contribuyente antes del momento en que vence. Estos ingresos se declaran en el año en que el contribuyente los recibe, independientemente del método contable y cuándo se debieron los ingresos.

Ejemplo: El 18 de marzo de 2022, Matthew firmó un contrato de arrendamiento de 10 años para alquilar la propiedad de Martha. Durante 2022, Martha recibió $9,600 por el alquiler del primer año y $9,600 como alquiler por el último año del contrato de arrendamiento. Martha debe incluir $19,200 como ingresos por alquiler en 2022 ($9,600 + $9,600 = $19,200).

Cancelar un contrato de arrendamiento

Si el inquilino pagó al propietario para rescindir el contrato de arrendamiento, la cantidad recibida se considera alquiler. El importe pagado por el inquilino se incluye en el año recibido, independientemente del método contable.

Gastos pagados por el inquilino

Si el ocupante paga alguno de los gastos del propietario, los pagos son ingresos por alquiler. El contribuyente debe incluirlos como ingresos y puede deducir los gastos de alquiler si son deducibles.

Ejemplo: Anet paga la factura de agua y alcantarillado de la propiedad de alquiler de Fernando y deduce el monto de su pago de alquiler. Bajo sus términos del contrato de arrendamiento, Anet no está obligada a pagar esas facturas. Fernando deduciría la cantidad que Anet pagó por la factura de agua y alcantarillado como gasto de servicios públicos e incluiría la cantidad como ingreso por alquiler.

Propiedad o Servicios (en lugar de alquiler)

Si el contribuyente recibe propiedad o servicios como alquiler en lugar de dinero, el valor justo de mercado de la propiedad o servicio se incluye como ingreso por alquiler.

Example: Lynn enjoys painting and she is Leonard's tenant. Lynn offers to paint the rental property in lieu of paying two months' rent. Leonard accepts the offer. Leonard will include in his rental income the amount that Lynn would have paid for two months' rent. Leonard can deduct the same amount that was included as rent as a rental expense.

Security Deposits

Do not include a security deposit as income when received if the owner returns it at the end of the lease. If the owner keeps part or all the security deposit during any year because the tenant did not perform under the terms of the lease, the owner must include the amount in income for that year. If a security deposit is to be used as the final rent payment, it is advance rent. The taxpayer would include it in income in the year received.

Rental Property Also Used as Home

If the taxpayer rented their primary residence for fewer than 15 days yearly, do not include the rent received as income. Rental expenses are not deductible either.

Fair Rental Value of Portion of Building Used as a Home

Fair rental value for property is an amount that a person who is not related to the owner would be willing to pay for rental use. If any part of the building or structure is occupied by the taxpayer for personal use, the gross rental income includes the fair rental value of the part occupied for personal use. See Publication 946, *Residential Rental Property*.

Room Rental

If a taxpayer rents out rooms of their primary residence, expenses that arise from the rental activity must be ordinary and necessary and to be deductible. All income is taxable. The taxpayer needs to prorate expenses based on the room's square footage. To get the percentage, take the entire square footage of the home and divide by the room's square footage. For example, Jenny's home is 1,800-square-feet, and the room she rents out is 180-square-feet. The percentage she would use to deduct expenses is 10%. 180/1,800=10%.

Part Interest

If the taxpayer is a partial owner in a rental property, the taxpayer must report their percentage of the rental income from the property.

Lease with Option to Buy

If the rental agreement offers the tenant the right to purchase the property, the payments received under the agreement are considered rental income. If the tenant exercises the right to purchase the property, the payments received for the period after the date of sale are considered part of the selling price.

Ejemplo: A Lynn le gusta pintar y es la inquilina de Leonard. Lynn se ofrece a pintar la propiedad de alquiler en lugar de pagar dos meses de alquiler. Leonard acepta la oferta. Leonard incluirá en sus ingresos de alquiler la cantidad que Lynn habría pagado por dos meses de alquiler. Leonard puede deducir la misma cantidad que se incluyó como alquiler como gasto de alquiler.

Depósitos de seguridad

No incluya un depósito de seguridad como ingreso cuando se reciba si el propietario lo devuelve al final del contrato de arrendamiento. Si el propietario mantiene parte o la totalidad del depósito de seguridad durante cualquier año porque el inquilino no cumplió con los términos del contrato de arrendamiento, el propietario debe incluir el monto en los ingresos de ese año. Si se va a utilizar un depósito de seguridad como pago final del alquiler, es un alquiler anticipado. El contribuyente lo incluiría en los ingresos en el año recibido.

Propiedad de alquiler también utilizada como hogar

Si el contribuyente alquiló su residencia principal por menos de 15 días al año, no incluya el alquiler recibido como ingreso. Los gastos de alquiler tampoco son deducibles.

Valor justo de alquiler de una parte del edificio utilizado como vivienda

El valor justo de alquiler de la propiedad es una cantidad que una persona que no está relacionada con el propietario estaría dispuesta a pagar por el uso del alquiler. Si cualquier parte del edificio o estructura es ocupada por el contribuyente para uso personal, el ingreso bruto de alquiler incluye el valor justo del alquiler de la parte ocupada para uso personal. Véase la Publicación 946, *Propiedad de alquiler residencial.*

Alquiler de habitaciones

Si un contribuyente alquila habitaciones de su vivienda habitual, los gastos que surjan de la actividad de alquiler deben ser ordinarios, necesarios y deducibles. Todos los ingresos están sujetos a impuestos. El contribuyente debe prorratear los gastos en función de los pies cuadrados de la habitación. Para obtener el porcentaje, tome todos los pies cuadrados de la casa y divídalos por los pies cuadrados de la habitación. Por ejemplo, la casa de Jenny es de 1,800 pies cuadrados, y la habitación que alquila es de 180 pies cuadrados. El porcentaje que usaría para deducir gastos es del 10%. 180/1.800 = 10%.

Interés parcial

Si el contribuyente es un propietario parcial en una propiedad de alquiler, el contribuyente debe reportar su porcentaje de los ingresos por alquiler de la propiedad.

Arrendamiento con opción de compra

Si el contrato de alquiler ofrece al inquilino el derecho a comprar la propiedad, los pagos recibidos en virtud del acuerdo se consideran ingresos por alquiler. Si el inquilino ejerce el derecho a comprar la propiedad, los pagos recibidos por el período posterior a la fecha de venta se consideran parte del precio de venta.

SCHEDULE E
(Form 1040)

Department of the Treasury
Internal Revenue Service

Supplemental Income and Loss
(From rental real estate, royalties, partnerships, S corporations, estates, trusts, REMICs, etc.)

Attach to Form 1040, 1040-SR, 1040-NR, or 1041.
Go to *www.irs.gov/ScheduleE* for instructions and the latest information.

OMB No. 1545-0074

2022

Attachment
Sequence No. **13**

Name(s) shown on return

Your social security number

Part I   **Income or Loss From Rental Real Estate and Royalties**

Note: If you are in the business of renting personal property, use **Schedule C.** See instructions. If you are an individual, report farm rental income or loss from **Form 4835** on page 2, line 40.

A   Did you make any payments in 2022 that would require you to file Form(s) 1099? See instructions . . . . . ☐ Yes ☐ No

B   If "Yes," did you or will you file required Form(s) 1099? . . . . ☐ Yes ☐ No

1a   Physical address of each property (street, city, state, ZIP code)

A	
B	
C	

Portion of Schedule E

Husband and Wife Qualified Joint Venture (QJV)

A husband and wife cannot be sole proprietors of the same business. If they are joint owners, they are partners and should file a partnership return on Form 1065, *U.S. Return of Partnership Income.* They can be partners, but "sole" means one. For purposes of a business, the IRS does not recognize spouses as one.

If the taxpayer and spouse each materially participated in the business as the only members of a jointly owned and operated business and file a joint return, they can elect to be taxed as a qualified joint venture instead of a partnership. Generally, this election does not increase the total tax on the joint return, but it gives the credit for each taxpayer's social security earnings. If Form 1065 was filed for a prior year, the partnership terminates the year immediately preceding the year the joint venture election takes effect.

To make the election, the taxpayers must divide all income and expenses and file two separate Schedule E. Once the election is made, it can only be revoked with IRS permission. The election remains in effect for as long as the spouses file as a qualified joint venture. If the taxpayer and spouse do not qualify in one year, then the next year they will need to redo the paperwork to become a qualified joint venture.

Community Income Exception

If the spouses own an unincorporated business and they live in a state, foreign country, or a U.S. possession that has community property laws, the income and deductions are reported as follows:

1. If only one spouse participates in the business, all the income from that business is self-employment earnings of the spouse who carried the business.
2. If both spouses participate, the income and the deductions are allocated to the spouses based on their distributive shares.
3. If either or both spouses are partners in a partnership, see Publication 541.

SCHEDULE E (Form 1040) Department of the Treasury Internal Revenue Service	**Supplemental Income and Loss** (From rental real estate, royalties, partnerships, S corporations, estates, trusts, REMICs, etc.) Attach to Form 1040, 1040-SR, 1040-NR, or 1041. Go to *www.irs.gov/ScheduleE* for instructions and the latest information.	OMB No. 1545-0074 2022 Attachment Sequence No. **13**
Name(s) shown on return		Your social security number

Part I **Income or Loss From Rental Real Estate and Royalties**

Note: If you are in the business of renting personal property, use **Schedule C**. See instructions. If you are an individual, report farm rental income or loss from **Form 4835** on page 2, line 40.

A Did you make any payments in 2022 that would require you to file Form(s) 1099? See instructions . . . . . ☐ **Yes** ☐ **No**
B If "Yes," did you or will you file required Form(s) 1099? . . . . ☐ **Yes** ☐ **No**

1a Physical address of each property (street, city, state, ZIP code)

A	
B	
C	

Parte del Anexo E

Empresa conjunta calificada de marido y mujer (QJV)

Un esposo y una esposa no pueden ser propietarios únicos del mismo negocio. Si son copropietarios, son socios y deben presentar una declaración de sociedad colectiva en el Formulario 1065, *Declaración de ingresos de sociedad colectiva de EE. UU.* Pueden ser socios, pero "único" significa uno. Para propósitos de un negocio, el IRS no reconoce a los cónyuges como uno.

Si el contribuyente y el cónyuge participaron materialmente en el negocio como los únicos miembros de un negocio de propiedad y operación conjunta y presentan una declaración conjunta, pueden elegir ser gravados como una empresa conjunta calificada en lugar de una sociedad colectiva. En general, esta elección no aumenta el impuesto total sobre la declaración conjunta, pero otorga el crédito por los ingresos del seguro social de cada contribuyente. Si el Formulario 1065 se presentó para un año anterior, la sociedad colectiva termina el año inmediatamente anterior al año en que entra en vigencia la elección de la empresa conjunta.

Para hacer la elección, los contribuyentes deben dividir todos los ingresos y gastos, y presentar dos Anexos E separados. Una vez que se realiza la elección, solo se puede revocar con el permiso del IRS. La elección permanece vigente mientras los cónyuges se presenten como una empresa conjunta calificada. Si el contribuyente y el cónyuge no califican en un año, entonces el próximo año deberán rehacer el papeleo para convertirse en una empresa conjunta calificada.

Excepción de ingresos comunitarios

Si los cónyuges son dueños de un negocio no incorporado y viven en un estado, país extranjero o una posesión de Estados Unidos que tiene leyes de propiedad comunitaria, los ingresos y las deducciones se reportan de la siguiente manera:

1. Si solo uno de los cónyuges participa en el negocio, todos los ingresos de ese negocio son ganancias de trabajo por cuenta propia del cónyuge que llevó el negocio.
2. Si ambos cónyuges participan, los ingresos y las deducciones se asignan a los cónyuges en función de sus partes iguales.
3. Si uno o ambos cónyuges son socios en una sociedad colectiva, vea la Publicación 541.

4. If the taxpayer and spouse elected to treat the business as a qualifying joint venture, both taxpayer and spouse must file separate Schedule E and a separate Schedule SE.

Community property law states are Arizona, California, Idaho, Louisiana, Nevada, New Mexico, Texas, Washington, and Wisconsin.

Types of Property

1b	Type of Property (from list below)	2	For each rental real estate property listed above, report the number of fair rental and personal use days. Check the QJV box only if you meet the requirements to file as a qualified joint venture. See instructions.		Fair Rental Days	Personal Use Days	QJV
A				A			☐
B				B			☐
C				C			☐

Type of Property:

1 Single Family Residence	3 Vacation/Short-Term Rental	5 Land	7 Self-Rental
2 Multi-Family Residence	4 Commercial	6 Royalties	8 Other (describe) _____

Portion of Schedule E

Like determining a filing status, rental property(s) need to be classified as well. Single family residence means any building situated on one lot with a single dwelling, and sharing no common wall, foundation, or other interconnection. Types of single-family residences are mobile homes, homes, and mansions. Use code 1 for these structures.

Multi-family residence is a classification of housing where multiple separate housing units for residential inhabitants are contained within one building. This includes duplex, tri-plex, condos, and/or apartments. Use code 2 for these structures.

Commercial buildings include offices, hotels, malls, retail stores, etc. Use code 4 for these structures.

Land is never depreciated, but property may need to report income for renting out the land. Use code 5 for this use. Items considered rent income include renting the land to a farmer to grow crops; this would not be reported on Schedule F, but Schedule E. Basis for land is the price determined by the county as land value. It is also found on the property statement.

A royalty payment is income derived from the use of the owner's property. It must relate to the use of a valuable right. A valuable right could be items such as precious minerals (gold, silver, etc.) and crude oil.

Self-rental is when the owner of the property rents the business to their business. This is regarded as materially participates, therefore any net income for the property is deemed to be nonpassive.

4. Si el contribuyente y el cónyuge eligieron tratar el negocio como una empresa conjunta calificada, tanto el contribuyente como el cónyuge deben presentar un Anexo E y un Anexo SE separado.

Los estados de derecho de propiedad comunitaria son Arizona, California, Idaho, Luisiana, Nevada, Nuevo México, Texas, Washington y Wisconsin.

Tipos de propiedad

1b	Type of Property (from list below)	2	For each rental real estate property listed above, report the number of fair rental and personal use days. Check the QJV box only if you meet the requirements to file as a qualified joint venture. See instructions.		Fair Rental Days	Personal Use Days	QJV
A				A			☐
B				B			☐
C				C			☐

Type of Property:
1 Single Family Residence   3 Vacation/Short-Term Rental   5 Land   7 Self-Rental
2 Multi-Family Residence   4 Commercial   6 Royalties   8 Other (describe) _____

Parte del Anexo E

Al igual que determinar un estado civil, las propiedades de alquiler también deben clasificarse. Residencia unifamiliar significa cualquier edificio situado en un lote con una sola vivienda, y que no comparte ninguna pared común, cimientos u otra interconexión. Los tipos de residencias unifamiliares son casas móviles, casas y mansiones. Utilice el código 1 para estas estructuras.

La residencia multifamiliar es una clasificación de vivienda donde múltiples unidades de vivienda separadas para habitantes residenciales están contenidas dentro de un edificio. Esto incluye dúplex, tríplex, condominios y/o apartamentos. Utilice el código 2 para estas estructuras.

Los edificios comerciales incluyen oficinas, hoteles, centros comerciales, tiendas minoristas, etc. Utilice el código 4 para estas estructuras.

La tierra nunca se deprecia, pero la propiedad podría reportar ingresos por alquilar la tierra. Utilice el código 5 para este uso. Los elementos considerados ingresos por alquiler incluyen el alquiler de la tierra a un agricultor para cultivar; esto no se reportaría en el Anexo F, pero en el Anexo E. La base de la tierra es el precio determinado por el condado como valor de la tierra. También se encuentra en la declaración de propiedad.

Un pago de regalías es un ingreso derivado del uso de la propiedad del dueño. Debe estar relacionado con el uso de un derecho valioso. Un derecho valioso podría ser por ejemplo minerales preciosos (oro, plata, etc.) y petróleo crudo.

El autoalquiler es cuando el dueño de la propiedad alquila el negocio a su negocio. Esto se considera como participación material, por lo tanto, cualquier ingreso neto para la propiedad se considera no pasivo.

Types of Expenses

Expenses:				
5 Advertising	5			
6 Auto and travel (see instructions)	6			
7 Cleaning and maintenance	7			
8 Commissions	8			
9 Insurance	9			
10 Legal and other professional fees	10			
11 Management fees	11			
12 Mortgage interest paid to banks, etc. (see instructions)	12			
13 Other interest	13			
14 Repairs	14			
15 Supplies	15			
16 Taxes	16			
17 Utilities	17			
18 Depreciation expense or depletion	18			
19 Other (list) _____	19			
20 Total expenses. Add lines 5 through 19	20			

Portion of Schedule E

Deductible rental expenses are expenditures that are incurred in renting the property. The taxpayer would deduct all ordinary and necessary expenses such as:

Advertising – line 5

Advertising is considered an ad in a local paper, online, or other means of advertising to cause a potential renter to inquire about the property. The price paid is the amount entered on line 5.

Auto and Travel – line 6

Taxpayers can deduct ordinary and necessary auto and travel expenses related to the rental activity. The taxpayer should keep track of the miles to and from the rental. Ordinary and necessary mileage is when the owner collects rent, works on the rental, etc. The standard mileage rate is used for the current tax year. Taxpayer can claim the mileage only if they:

1. Owned the vehicle and used the standard mileage rate for the first year placed in service.
2. Leased the vehicle and are using the standard mileage rate for the entire lease period.

Señor 1040 Says: The taxpayer cannot deduct car rental or lease payments, depreciation, or the actual auto expense if the standard mileage rate is used.

Tipos de gastos

	Expenses:					
5	Advertising	5				
6	Auto and travel (see instructions)	6				
7	Cleaning and maintenance	7				
8	Commissions	8				
9	Insurance	9				
10	Legal and other professional fees	10				
11	Management fees	11				
12	Mortgage interest paid to banks, etc. (see instructions)	12				
13	Other interest	13				
14	Repairs	14				
15	Supplies	15				
16	Taxes	16				
17	Utilities	17				
18	Depreciation expense or depletion	18				
19	Other (list) _____	19				
20	Total expenses. Add lines 5 through 19	20				

Parte del Anexo E

Los gastos de alquiler deducibles son gastos en los que se incurre en el alquiler de la propiedad. El contribuyente deduciría todos los gastos ordinarios y necesarios tales como:

Publicidad – línea 5

La publicidad se considera un anuncio en un periódico local, en línea u otro medio de publicidad para hacer que un inquilino potencial pregunte sobre la propiedad. El precio pagado es el importe ingresado en la línea 5.

Auto y viajes – línea 6

Los contribuyentes pueden deducir los gastos ordinarios y necesarios de automóviles y viajes relacionados con la actividad de alquiler. El contribuyente debe llevar un registro de las millas hacia y desde el alquiler. El millaje ordinario y necesario es cuando el propietario cobra el alquiler, trabaja en el alquiler, etc. La tasa de millaje estándar se utiliza para el año fiscal actual. El contribuyente puede reclamar el millaje solo si:

1. Es propietario del vehículo y utilizó la tarifa de millaje estándar durante el primer año de puesta en servicio.
2. Arrendó el vehículo y están utilizando la tarifa de millaje estándar durante todo el período de arrendamiento.

Señor 1040 dice: El contribuyente no puede deducir los pagos de alquiler o arrendamiento de automóviles, depreciación o el gasto real del automóvil si se usa la tasa de millaje estándar.

Cleaning and Maintenance – line 7

The day-to-day maintenance of the property is an allowed expense provided it is only for common areas and day-to-day cleanliness. These expenses are also limited to the days that are allowable rental days and not personal use days.

Commissions – line 8

Fees or commission paid to agents who collect the rent, maintain the rental, or find tenants could be reported on line 8.

Insurance – line 9

Insurance for the rental property and the rider policy if the taxpayer has one.

Legal and Other Professional Fees – line 10

You can't claim legal fees charged as part of buying or selling the property. The taxpayer can claim fees paid to an accountant for managing their accounts and the tax return preparation and tax advice. Fees involved for setting up the rental property are not a deduction.

Management Fees – line 11

Property management services are reported on line 11 and may lower the taxpayer's liability. The taxpayer may claim the entire cost of the services but must keep all invoices or statements the property management company issues as evidence of the deduction's eligibility.

Part of property management is to maintain the paperwork between the tenant and the landlord. This can come in handy during tax season, especially for landlords who are not particularly organized or good at bookkeeping. When the management company prepares the paperwork for the tax preparer, it can deliver a more accurate tax return.

Mortgage Interest Paid to Banks – line 12

The taxpayer can claim the interest charged on money borrowed to buy the rental property, but not the entire mortgage payment. If the taxpayer borrowed money against the rental and did not use it for the rental, the interest is not a deduction on Schedule E.

Other Interest – line 13

If the taxpayer paid interest on the rental income to an individual and did not receive Form 1098, enter the amount on line 13 and not on line 12. Attach to the return a statement that shows the name and address of the person who received the income. On the dotted line next to line 12 enter "See attached."

Limpieza y Mantenimiento – línea 7

El mantenimiento diario de la propiedad es un gasto permitido siempre que sea solo para áreas comunes y limpieza diaria. Estos gastos también se limitan a los días que son días de alquiler permitidos y no días de uso personal.

Comisiones – línea 8

Las tarifas o comisiones pagadas a los agentes que cobran el alquiler, que mantienen el alquiler o que encuentran inquilinos podrían reportarse en la línea 8.

Seguros – línea 9

Seguro para la propiedad de alquiler y la póliza de cláusula adicional si el contribuyente tiene una.

Honorarios legales y otros honorarios profesionales – línea 10

No puede reclamar honorarios legales cobrados como parte de la compra o venta de la propiedad. El contribuyente puede reclamar los honorarios pagados a un contador por la administración de sus cuentas y la preparación de la declaración de impuestos y el asesoramiento fiscal. Las tarifas involucradas para establecer la propiedad de alquiler no son una deducción.

Gastos de gestión – línea 11

Los servicios de administración de propiedades se reportan en la línea 11 y pueden reducir la responsabilidad del contribuyente. El contribuyente puede reclamar el costo total de los servicios, pero debe conservar todas las facturas o estados de cuenta que la compañía de administración de propiedades emite como evidencia de la elegibilidad de la deducción.

Parte de la administración de la propiedad es mantener el papeleo entre el inquilino y el propietario. Esto puede ser útil durante la temporada de impuestos, especialmente para los propietarios que no son particularmente organizados o buenos en la contabilidad. Cuando la compañía administradora prepara el papeleo para el preparador de impuestos, puede entregar una declaración de impuestos más precisa.

Intereses hipotecarios pagados a los bancos – línea 12

El contribuyente puede reclamar el interés cobrado sobre el dinero prestado para comprar la propiedad de alquiler, pero no el pago completo de la hipoteca. Si el contribuyente pidió dinero prestado contra el alquiler y no lo usó para el alquiler, el interés no es una deducción en el Anexo E.

Otros intereses – línea 13

Si el contribuyente pagó intereses sobre los ingresos por alquiler a una persona y no recibió el Formulario 1098, ingrese el monto en la línea 13 y no en la línea 12. Adjunte a la declaración una descripción que muestre el nombre y la dirección de la persona que recibió el ingreso. En la línea punteada junto a la línea 12, escriba "Ver adjunto".

Repairs – line 14

The taxpayer can claim costs for repairs to the property or general maintenance. Nevertheless, if the taxpayer is doing the work themselves, only claim the materials and not the time it took to repair the property. If the work is more of an improvement than a repair, then the taxpayer cannot claim the cost as an expense. The cost would be considered an asset and will be covered in the depreciation chapter.

Supplies – line 15

"Materials and supplies" are tangible property used or consumed in the business operations that fall within any of the following categories:

> ➢ Tangible items that cost less than $200.
> ➢ Personal property with an economic useful life of 12 months or less.
> ➢ Spare parts that have been acquired to maintain or repair a unit of tangible property.

The cost of such items may be deducted in the year the item is used or consumed. To use this deduction, the taxpayer should keep records of when items are used or consumed for the rental property.

Cleaning and repair supplies are fully deductible, and some materials are as well. Supplies used in maintenance or to complete repairs are reported under supplies and not added to line 14. Materials on the other hand are generally not "used up" and sometimes become a part of the property. Materials used for improvements are usually depreciated, but materials used for repairs are considered supplies and can be deducted.

For example, the taxpayer changed the roof on their rental property. Nails and tar would be considered repair supplies, while roof shingles would be considered an improvement. The supplies get deducted, and the materials are added to the basis and depreciated separately over 27.5 years.

If the roof replacement was a repair and not an improvement (replacing a leaky roof), the roof shingles would be considered repair supplies, and would be deducted in the year the expenses were incurred.

Taxes – line 16

This line reports the property tax paid on the property. Like the primary home, one cannot claim bonds or other add-on taxes that are not related to the property.

Utilities – line 17

Utilities that can be claimed are what the taxpayer pays, such as water, electricity, etc. If the renter is the one paying these expenses, it is not a landlord deduction.

Reparaciones – línea 14

El contribuyente puede reclamar costos por reparaciones a la propiedad o mantenimiento general. Sin embargo, si el contribuyente está haciendo el trabajo por sí mismo, solo reclame los materiales y no el tiempo que tomó reparar la propiedad. Si el trabajo es más una mejora que una reparación, entonces el contribuyente no puede reclamar el costo como un gasto. El costo se consideraría un activo y estará cubierto en el capítulo de depreciación.

Suministros – línea 15

Los "materiales y suministros" son bienes tangibles utilizados o consumidos en las operaciones comerciales que caen dentro de cualquiera de las siguientes categorías:

> ➢ Artículos tangibles que cuestan menos de $200.
> ➢ Bienes muebles con una vida útil económica igual o inferior a 12 meses.
> ➢ Piezas de repuesto que han sido adquiridas para mantener o reparar una unidad de bienes tangibles.

El costo de dichos artículos puede deducirse en el año en que se usa o consume el artículo. Para usar esta deducción, el contribuyente debe mantener registros de cuándo se usan o consumen artículos para la propiedad de alquiler.

Los suministros de limpieza y reparación son totalmente deducibles y algunos materiales también lo son. Los suministros utilizados en mantenimiento o para completar reparaciones se reportan en la sección de suministros y no se agregan a la línea 14.

Los materiales, por otro lado, generalmente no se "agotan" y, a veces, se convierten en parte de la propiedad. Los materiales utilizados para las mejoras generalmente se deprecian, pero los materiales utilizados para las reparaciones se consideran suministros y pueden deducirse.

Por ejemplo, el contribuyente cambió el techo de su propiedad de alquiler. Los clavos y el alquitrán se considerarían suministros de reparación, mientras que las tejas del techo se considerarían una mejora. Los suministros se deducen y los materiales se agregan a la base y se deprecian por separado durante 27.5 años.

Si el reemplazo del techo fue una reparación y no una mejora (reemplazar un techo con goteras), las tejas del techo se considerarían suministros de reparación y se deducirían en el año en que se incurriera en los gastos.

Impuestos – línea 16

Esta línea reporta el impuesto a la propiedad pagado sobre la propiedad. Al igual que la casa principal, uno no puede reclamar bonos u otros impuestos adicionales que no estén relacionados con la propiedad.

Utilidades – línea 17

Los servicios públicos que se pueden reclamar son los que paga el contribuyente, como agua, electricidad, etc. Si el inquilino es el que paga estos gastos, no es una deducción del propietario.

Depreciation – line 18

Depreciation is the annual deduction one must take to recover the cost or other basis of business or investment property having a useful life. Depreciation starts when the taxpayer puts the property into service. Property ends when the owner has sold or discontinued the property.

Other Expenses – line 19

What is claimed on this line is any ordinary and necessary expenses not included in lines 5 - 18.

Expenses That Cannot be Claimed

The taxpayer cannot claim deductions for capital expenses, private expenses, or expenses that do not relate to the rental. Capital expenses are the costs of buying a capital asset or increasing its value; for example, the cost of buying the property and making improvements. Private expenses are things purchased for their own benefit, rather than to generate rental income.

Rental income expenses that are unable to be used on the taxpayer's personal income tax return:

- ➢ Purchase price of a rental property.
- ➢ Capital portion of mortgage repayments.
- ➢ Interest on money borrowed for any purpose other than financing a rental property.
- ➢ The costs of making additions or improvements to the property.
- ➢ The costs of repairing or replacing damaged property, if the work increases the property's value.
- ➢ Real estate agent fees (commissions) charged as part of buying or selling the property.

Claiming Deductions When Renting Out the House or Part of the Home

The usual rule is to claim expenses related to the rental activity only. One cannot claim private living costs or capital expenses. Private living costs include the taxpayer's day-to-day costs, such as food, electricity, or gas. Capital expenses include buying furniture for the rented room or the cost of improving that portion of the property. The taxpayer can claim depreciation on capital expenses. Expenses the taxpayer may be able to claim include electricity, gas, telephone and internet, insurance, or rates that are related to the rental portion. If the taxpayer is living in the house, these expenses will need to be apportioned.

Renting Out the House - Apportionment

If the taxpayer rents out the house on an occasional basis, the taxpayer can claim the percentage of expenses for the time the house is rented. This may apply where the taxpayer rents out the house or property while away for a short period of time. The percentage of expenses claimed must match the amount of time in the tax year the house was rented out.

Depreciación – línea 18

La depreciación es la deducción anual que uno debe tomar para recuperar el costo u otra base de la propiedad comercial o de inversión que tiene una vida útil. La depreciación comienza cuando el contribuyente pone la propiedad en servicio. La propiedad termina cuando el propietario ha vendido o descontinuado la propiedad.

Otros gastos – línea 19

Lo que se reclama en esta línea son los gastos ordinarios y necesarios no incluidos en las líneas 5 a 18.

Gastos que no se pueden reclamar

El contribuyente no puede reclamar deducciones por gastos de capital, gastos privados o gastos que no se relacionen con el alquiler. Los gastos de capital son los costos de comprar un activo de capital o aumentar su valor; Por ejemplo, el costo de comprar la propiedad y hacer mejoras. Los gastos privados son cosas compradas para su propio beneficio, en lugar de generar ingresos por alquiler.

Gastos de renta de alquiler que no se pueden utilizar en la declaración del contribuyente sobre la renta de las personas físicas:

- ➢ Precio de compra de una propiedad de alquiler.
- ➢ Porción de capital de los pagos de la hipoteca.
- ➢ Intereses sobre el dinero prestado para cualquier propósito que no sea financiar una propiedad de alquiler.
- ➢ Los costos de hacer adiciones o mejoras a la propiedad.
- ➢ Los costos de reparar o reemplazar la propiedad dañada, si el trabajo aumenta el valor de la propiedad.
- ➢ Honorarios de agente de bienes raíces (comisiones) cobrados como parte de la compra o venta de la propiedad.

Reclamar deducciones al alquilar la casa o parte de la casa

La regla habitual es reclamar los gastos relacionados con la actividad de alquiler solamente. No se puede reclamar costos de vida privados o gastos de capital. Los costos de vida privados incluyen los costos diarios del contribuyente, como alimentos, electricidad o gas. Los gastos de capital incluyen la compra de muebles para la habitación alquilada o el costo de mejorar esa parte de la propiedad. El contribuyente puede reclamar la depreciación de los gastos de capital. Los gastos que el contribuyente puede reclamar incluyen electricidad, gas, teléfono e internet, seguro o tarifas relacionadas con la parte del alquiler. Si el contribuyente vive en la casa, estos gastos deberán prorratearse.

Alquilar la casa - prorrateo

Si el contribuyente alquila la casa de forma ocasional, el contribuyente puede reclamar el porcentaje de gastos por el tiempo que se alquila la casa. Esto puede aplicarse cuando el contribuyente alquila la casa o propiedad mientras está fuera por un corto período de tiempo. El porcentaje de gastos reclamados debe coincidir con la cantidad de tiempo en el año fiscal en que se alquiló la casa.

Renting Out a Room - Apportionment

If the taxpayer is renting out part of the home, the taxpayer can only claim expenses that relate to that part of the property. The taxpayer can only claim expenses for the time the room was rented out and occupied. Expenses could be claimed as a percentage based on the total area of the home and the rented room area.

Expenses Lines 5 - 19

Expenses reported on Schedule E are:

> ➢ Advertising
> ➢ Cleaning and maintenance
> ➢ Depreciation
> ➢ Rental insurance premiums
> ➢ Real estate taxes

Transportation and Travel Expenses, Line 6

Taxpayers can deduct ordinary and necessary local transportation expenses if they incur them while collecting rental income or to manage, conserve, or maintain the rental property. If taxpayers use a personal vehicle for maintaining rental activities, the deduction of the expenses is either by actual expenses or the standard mileage rate. For tax year 2022, the rate is 58.5 cents per mile from January to June and 62.5 cents per mile from July - December. For tax year 2023 the business travel rate is 65.5 cents per mile.

The taxpayer can deduct the ordinary and necessary expenses of traveling away from home if the primary purpose of the trip was to collect rental income or to manage, conserve, or maintain rental property. The taxpayer must properly allocate expenses between rental and nonrental activities. Information needed to record auto expenses accurately:

> ➢ Beginning mileage
> ➢ Ending mileage
> ➢ Commuting mileage
> ➢ Business mileage (notes about the destination and reason for travel should be made)
> ➢ Separate records for each rental property

If the taxpayer rents only part of the property, the expenses must be allocated between the part rented and the part that is not rented.

Insurance Premiums Prepaid, Line 9

If the owner prepays an insurance premium for more than one year in advance, the payment will be applied for the year it was used.

Example: Gary paid $1,200 for his insurance on April 15, 2022, for 2022 and 2023. Gary will apply $600 for insurance in 2022 and $600 for insurance in 2023. He cannot take the entire amount in 2022.

Alquilar una habitación - prorrateo

Si el contribuyente está alquilando parte de la casa, el contribuyente solo puede reclamar gastos relacionados con esa parte de la propiedad. El contribuyente solo puede reclamar gastos por el tiempo que la habitación fue alquilada y ocupada. Los gastos podrían reclamarse como un porcentaje basado en el área total de la casa y el área de la habitación alquilada.

Líneas de gastos 5 - 19

Los gastos reportados en el Anexo E son:

> ➢ Publicidad
> ➢ Limpieza y mantenimiento
> ➢ Depreciación
> ➢ Primas de seguro de alquiler
> ➢ Impuestos inmobiliarios

Transporte y gastos de viaje, línea 6

Los contribuyentes pueden deducir los gastos de transporte local ordinarios y necesarios si incurren en ellos mientras recaudan ingresos por alquiler o para administrar, conservar o mantener la propiedad de alquiler. Si los contribuyentes usan un vehículo personal para mantener las actividades de alquiler, la deducción de los gastos es ya sea por gastos reales o la tasa de millaje estándar. Para el año fiscal 2022, la tasa es de 58.5 centavos por milla de enero a junio y 62.5 centavos por milla de julio a diciembre. Para el año fiscal 2023, la tarifa de viaje de negocios es de 65.5 centavos por milla.

El contribuyente puede deducir los gastos ordinarios y necesarios de viajar fuera de casa si el propósito principal del viaje fue recaudar ingresos por alquiler o administrar, conservar o mantener la propiedad de alquiler. El contribuyente debe asignar adecuadamente los gastos entre las actividades de alquiler y no de alquiler. La siguiente es la información necesaria para registrar los gastos de automóviles con precisión:

> ➢ Millaje inicial
> ➢ Millaje final
> ➢ Millaje de desplazamiento
> ➢ Millaje comercial (se deben tomar notas sobre el destino y el motivo del viaje)
> ➢ Registros separados para cada propiedad de alquiler

Si el contribuyente alquila solo una parte de la propiedad, los gastos deben distribuirse entre la parte alquilada y la parte que no se alquila.

Primas de seguro prepagadas, línea 9

Si el propietario paga por adelantado una prima de seguro con más de un año de anticipación, el pago se aplicará por el año en que se utilizó.

Ejemplo: Gary pagó $1,200 por su seguro el 15 de abril de 2022, para 2022 y 2023. Gary solicitará $600 para el seguro en 2022 y $600 para el seguro en 2023. No puede tomar la cantidad total en 2022.

Legal and Other Professional Fees, Line 10

These fees include legal and other professional fees such as tax preparation and expenses paid to resolve a tax underpayment related to rental activities. Federal taxes and penalties are not deductible.

Mortgage Interest, Line 12

Mortgage interest paid on the rental building could be deducted in the year paid. If the taxpayer owns a partial interest in a rental property, part of the rental expenses for that property can be deducted based on the taxpayer's percentage interest.

Points

Points are used to describe certain charges paid or treated as paid by a borrower to obtain a home mortgage. Points are not added to the basis of the property. Points can also be called loan origination fees.

Taxes Line 16

State and local, real estate taxes paid for rental income owned by the taxpayer are deducted on line 16 of Schedule E. If the taxpayer's real estate taxes are included in the mortgage and paid out of an escrow account, the amount paid by the mortgage company is the deducted amount.

Depreciation Line 18

Depreciation is a capital expense. Depreciation begins when the property has been placed in service.

Depreciation is the annual deduction for recovery of the purchase price of the fixed-asset expenditure. Property used for business should be depreciated. The amount of depreciation taken each year is determined by the basis of the property, the recovery period for that property, and the depreciation method. The recovery period for residential rental property under MACRS is 27.5 years and is used for property placed in service after 1986.

Depreciation for rental property (in the year placed in service) is reported on Form 4562, *Depreciation and Amortization*, and flows to Schedule E.

Depreciation that was not taken in one year cannot be taken in a following year. But an amended return (Form 1040X) can be filed for the year in which it was not taken (if no more than three years prior). If depreciable property is sold, its basis for determining gain or loss will be reduced by depreciation "allowed or allowable," even if not deducted. Land is never depreciated.

Section 179 deductions cannot be used to depreciate rental property. The rental property can be depreciated if all the following requirements are met:

➤ The taxpayer owns the property.

Honorarios legales y otros honorarios profesionales, línea 10

Estos honorarios incluyen honorarios legales y otros honorarios profesionales, como la preparación de impuestos y los gastos pagados para resolver un pago insuficiente de impuestos relacionado con las actividades de alquiler. Los impuestos y multas federales no son deducibles.

Interés hipotecario, línea 12

Los intereses hipotecarios pagados por el edificio de alquiler podrían deducirse en el año pagado. Si el contribuyente posee un interés parcial en una propiedad de alquiler, parte de los gastos de alquiler de esa propiedad se pueden deducir en función del interés porcentual del contribuyente.

Puntos

Los puntos se utilizan para describir ciertos cargos pagados o tratados como pagados por un prestatario para obtener una hipoteca de vivienda. Los puntos no se agregan a la base de la propiedad. Los puntos también se pueden llamar tarifas de origen de préstamos.

Línea de Impuestos 16

Los impuestos estatales y locales, sobre bienes raíces pagados por los ingresos por alquiler propiedad del contribuyente se deducen en la línea 16 del Anexo E. Si los impuestos inmobiliarios del contribuyente están incluidos en la hipoteca y pagados de una cuenta de depósito en garantía, el monto pagado por la compañía hipotecaria es el monto deducido.

Línea de amortización 18

La depreciación es un gasto de capital. La depreciación comienza cuando la propiedad ha sido puesta en servicio.

La depreciación es la deducción anual por recuperación del precio de compra del gasto en activos fijos. La propiedad utilizada para negocios debe depreciarse. El monto de la depreciación tomada cada año está determinado por la base de la propiedad, el período de recuperación de esa propiedad y el método de depreciación. El período de recuperación de la propiedad residencial de alquiler bajo MACRS es de 27.5 años y se utiliza para la propiedad puesta en servicio después de 1986.

La depreciación de la propiedad de alquiler (en el año en que se puso en servicio) se reporta en el Formulario 4562, *Depreciación y amortización*, y fluye al Anexo E.

La depreciación que no se tomó en un año no se puede tomar en un año siguiente. Se puede presentar una declaración enmendada (formulario 1040X) para el año en que no se tomó (si no más de tres años antes). Si se vende una propiedad depreciable, su base para determinar la ganancia o pérdida se reducirá por la depreciación "permitida o permisible", incluso si no se deduce. La tierra nunca se deprecia.

Las deducciones de la Sección 179 no se pueden usar para depreciar la propiedad de alquiler. La propiedad de alquiler se puede depreciar si se cumplen todos los siguientes requisitos:

> ➢ El contribuyente es dueño de la propiedad.

➤ The taxpayer uses the property as an income-producing activity.
➤ The property has a determinable useful life.
➤ The property is expected to last more than one year.

Property That Can Be Depreciated

Most types of tangible property can be depreciated. Examples of tangible property are:

➤ Buildings
➤ Vehicles
➤ Machinery
➤ Furniture
➤ Equipment
➤ Storage facilities

Land is tangible property and can never be depreciated. Some intangible items that can be depreciated are:

➤ Copyrights
➤ Patents
➤ Computer software if life value is more than one year.

Property that needs to be depreciated must meet the following requirements:

➤ Must be the taxpayer's own property.
➤ Must be used in the taxpayer's business or income-producing activity.
➤ Property must have a determinable useful life.
➤ The property is expected to last more than one year.

Passive Activity Limits

Passive activity is when the taxpayer did not materially participate during the tax year. The two types of passive activity are:

1. Trade or business not materially participated in during the tax year.
2. Rental activities, regardless of the taxpayer participation.

Material participation is the involvement in the activity of the business on a regular, continuous, and substantial basis. The taxpayer can claim a passive loss only against active income. Any excess passive activity loss can be carried forward to future years until used, or until it can be deducted in the year when the taxpayer disposes of the activity in a taxable transaction.

Rental real estate activities are passive activities; exceptions may apply for certain real estate professionals. Rental activity is when the taxpayer receives income mainly for the use of tangible property, rather than for services. Deductions or losses from passive activities are limited. Taxpayers cannot offset their income with passive activity income; passive activity income can only offset passive activity loss. The excess loss or credit is carried forward to the next tax year.

> ➢ El contribuyente utiliza la propiedad como una actividad generadora de ingresos.
> ➢ El inmueble tiene una vida útil determinable.
> ➢ Se espera que la propiedad dure más de un año.

Propiedad que se puede depreciar

La mayoría de los tipos de bienes tangibles pueden depreciarse. Ejemplos de bienes tangibles son:

> ➢ Edificios
> ➢ Vehículos
> ➢ Maquinaria
> ➢ Mueble
> ➢ Equipo
> ➢ Instalaciones de almacenamiento

La tierra es propiedad tangible y nunca puede ser depreciada. Algunos elementos intangibles que se pueden depreciar son:

> ➢ Autor
> ➢ Patentes
> ➢ Software informático si el valor de vida es superior a un año.

La propiedad que necesita ser depreciada debe cumplir con los siguientes requisitos:

> ➢ Debe ser propiedad propia del contribuyente.
> ➢ Debe ser utilizado en el negocio del contribuyente o actividad generadora de ingresos.
> ➢ La propiedad debe tener una vida útil determinable.
> ➢ Se espera que la propiedad dure más de un año.

Límites de actividad pasiva

La actividad pasiva es cuando el contribuyente no participó materialmente durante el año fiscal. Los dos tipos de actividad pasiva son:

3. Comercio o negocio en el que no participó materialmente durante el año fiscal.
4. Actividades de alquiler, independientemente de la participación del contribuyente.

La participación material es la participación en la actividad del negocio de forma regular, continua y sustancial. El contribuyente puede reclamar una pérdida pasiva solo contra ingresos activos. Cualquier pérdida de actividad pasiva en exceso puede trasladarse a ejercicios futuros hasta que se utilice, o hasta que pueda deducirse en el año en que el contribuyente disponga de la actividad en una operación imponible.

Las actividades inmobiliarias de alquiler son actividades pasivas; Se pueden aplicar excepciones para ciertos profesionales de bienes raíces. La actividad de alquiler es cuando el contribuyente recibe ingresos principalmente por el uso de bienes tangibles, más que por servicios. Las deducciones o pérdidas de actividades pasivas son limitadas. Los contribuyentes no pueden compensar sus ingresos con ingresos por actividades pasivas; Los ingresos por actividad pasiva solo pueden compensar la pérdida de actividad pasiva. El exceso de pérdida o crédito se traslada al siguiente año fiscal.

At-Risk Rules

The at-risk rules place a limit on the amount that can be deducted as a loss from rental real estate activity. Losses from holding real property (other than mineral property) placed in service before 1987 are not subject to the at-risk rules.

Generally, any loss from an activity subject to the at-risk rules is allowed only to the extent of the total amount at risk in the activity at the end of the tax year. The taxpayer is considered at-risk in an activity to the extent that cash and the adjusted basis of other property contributed to the activity and certain amounts borrowed for use in the activity.

The taxpayer may need to complete Form 6198 to figure their loss if:

> ➤ The taxpayer has a loss from the activity that is a trade or business or for production of income.
> ➤ The taxpayer is not at-risk in this activity.

Active Participation

If a taxpayer owned at least 10% of the rental property and made management decisions in a significant and bona fide sense, he or she is considered to have active participation. Management decisions include approving new tenants, deciding on rental terms, approving expenditures, and similar decisions. In most cases, all rental real estate activities are passive activities. For this purpose, a rental activity is an activity from which income is received mainly for the use of tangible property rather than for services.

Example: Christian is single and had the following income and losses during the tax year:

Salary	$56,954
Lottery winnings	$10,000
Rental loss	($3,450)

The rental loss resulted from a residential rental house that Christian owned. Christian made all the management decisions including collecting rent, making repairs, or hiring someone to complete the repairs, and approving the current tenant. Christian actively participated in the rental property management; therefore, he can use the entire loss of $3,450 to offset his other income.

Local Benefit Taxes

A deduction cannot be taken for charges of local benefits that increase the value of the rental property. Examples of such charges are putting in streets, sidewalks, or water and sewer systems. These charges are capital expenditures that cannot be depreciated. The charges may be added to the basis of the property. Local benefit taxes may be deducted if they are for maintenance, repairing, or paying interest charges for the benefits.

Expenses Accrued While Fixing the Rental

The taxpayer can deduct ordinary and necessary expenses for managing, supporting, or maintaining rental property from the time it is made available for rent.

Reglas de riesgo

Las reglas de riesgo establecen un límite en la cantidad que se puede deducir como pérdida de la actividad inmobiliaria de alquiler. Las pérdidas derivadas de la tenencia de bienes inmuebles (distintos de los bienes minerales) puestos en servicio antes de 1987 no están sujetas a las normas de riesgo.

En general, cualquier pérdida de una actividad sujeta a las reglas de riesgo se permite solo en la medida del monto total en riesgo en la actividad al final del año fiscal. El contribuyente se considera en riesgo en una actividad en la medida en que el efectivo y la base ajustada de otros bienes contribuyeron a la actividad y ciertas cantidades prestadas para su uso en la actividad.

Es posible que el contribuyente deba completar el Formulario 6198 para calcular su pérdida si:

➢ El contribuyente tiene una pérdida de la actividad que es un comercio o negocio o para la producción de ingresos.
➢ El contribuyente no está en riesgo en esta actividad.

Participación activa

Si un contribuyente poseía al menos el 10% de la propiedad de alquiler y tomaba decisiones de gestión en un sentido significativo y de buena fe, se considera que tiene una participación activa. Las decisiones de administración incluyen aprobar nuevos inquilinos, decidir sobre los términos del alquiler, aprobar gastos y decisiones similares. En la mayoría de los casos, todas las actividades inmobiliarias de alquiler son actividades pasivas. A tal efecto, una actividad de alquiler es una actividad de la que se reciben ingresos principalmente por el uso de bienes corporales más que por servicios.

Ejemplo: Christian es soltero y tuvo los siguientes ingresos y pérdidas durante el año fiscal:

Salario $56,954
Ganancias de lotería $10,000
Pérdida de alquiler   ($3,450)

La pérdida de alquiler resultó de una casa residencial de alquiler que Christian poseía. Christian tomó todas las decisiones de administración, incluido el cobro del alquiler, las reparaciones o la contratación de alguien para completar las reparaciones y la aprobación del inquilino actual. Christian participó activamente en la gestión de propiedades de alquiler; Por lo tanto, puede usar la pérdida total de $3,450 para compensar sus otros ingresos.

Impuestos de beneficios locales

No se puede tomar una deducción por cargos de beneficios locales que aumentan el valor de la propiedad de alquiler. Ejemplos de tales cargos son poner en calles, aceras o sistemas de agua y alcantarillado. Estos cargos son gastos de capital que no se pueden depreciar. Los cargos pueden agregarse a la base de la propiedad. Los impuestos de beneficios locales pueden deducirse si son para mantenimiento, reparación o pago de cargos por intereses por los beneficios.

Gastos acumulados durante la fijación del alquiler

El contribuyente puede deducir los gastos ordinarios y necesarios para administrar, apoyar o mantener la propiedad de alquiler desde el momento en que se pone a disposición para el alquiler.

Rental of Equipment

The taxpayer could deduct the rent paid for equipment that is used for rental purposes. But, if the lease contract is a purchase contract, the taxpayer cannot deduct these payments.

Uncollected Rent

If the taxpayer uses the cash-basis, the taxpayer cannot deduct uncollected rent since the cash-basis taxpayer was never included in income. If the taxpayer is an accrual-basis taxpayer, the taxpayer must report the income when it is earned. If the taxpayer is unable to collect the rent, one may be able to deduct it as a bad-debt business expense.

Vacant Rental Property

If the taxpayer holds property for rental purposes, the taxpayer may be able to deduct ordinary and necessary expenses for managing, sustaining, or maintaining rental property from the time it became available for rent. Loss of rental income is not deductible.

Repairs and Improvements

Repairs

Maintaining the condition of the rental property. Repairs do not add to the value of the property or substantially prolong its life. The following are examples of repairs:

- ➢ Repainting the property inside and out.
- ➢ Fixing gutters or floors.
- ➢ Fixing leaks.
- ➢ Plastering a hole in a wall.
- ➢ Replacing broken windows.

If repairs are made during an extensive remodeling of the property, the whole job is an improvement. Improvements add value to the property and prolong the property's useful life. Improvements to property must be capitalized. The capitalized costs can generally be depreciated as if the improvements were separate property.

Example: Janice purchased an old Victorian house. The house needed many repairs, such as re-plastering, repainting, replacing broken windows, replacing roof tiles, and fixing leaks. After taking several months to complete the repairs, Janice was finally able to place the property on the market for rent. The remodeling of the property is considered an improvement, not a repair.

Improvements

Any expense that is paid to improve the property must be capitalized. An improvement adds value or prolongs the property life, restores the property, and/or adapts the property to a new or different use. Examples include:

Alquiler de equipos

El contribuyente podría deducir el alquiler pagado por el equipo que se utiliza para fines de alquiler. Pero, si el contrato de arrendamiento es un contrato de compra, el contribuyente no puede deducir estos pagos.

Alquiler no cobrado

Si el contribuyente utiliza la base de efectivo, el contribuyente no puede deducir el alquiler no cobrado ya que el contribuyente de base de efectivo nunca se incluyó en los ingresos. Si el contribuyente es un contribuyente de base devengada, el contribuyente debe declarar los ingresos cuando se ganan. Si el contribuyente no puede cobrar el alquiler, uno puede deducirlo como un gasto comercial de deudas incobrables.

Propiedad de alquiler vacante

Si el contribuyente tiene una propiedad para fines de alquiler, el contribuyente puede deducir los gastos ordinarios y necesarios para administrar, mantener o mantener la propiedad de alquiler desde el momento en que estuvo disponible para el alquiler. La pérdida de ingresos por alquiler no es deducible.

Reparaciones y mejoras

Reparaciones

Mantener el estado de la propiedad de alquiler. Las reparaciones no aumentan el valor de la propiedad ni prolongan sustancialmente su vida útil. Los siguientes son ejemplos de reparaciones:

- ➢ Repintando la propiedad por dentro y por fuera.
- ➢ Fijación de canalones o pisos.
- ➢ Reparación de fugas.
- ➢ Enyesar un agujero en una pared.
- ➢ Reemplazo de ventanas rotas.

Si se realizan reparaciones durante una remodelación extensa de la propiedad, todo el trabajo es una mejora. Las mejoras agregan valor a la propiedad y prolongan la vida útil de la propiedad. Las mejoras a la propiedad deben ser capitalizadas. Los costos capitalizados generalmente se pueden depreciar como si las mejoras fueran propiedad separada.

Ejemplo: Janice compró una antigua casa victoriana. La casa necesitaba muchas reparaciones, como volver a enyesar, volver a pintar, reemplazar ventanas rotas, reemplazar tejas y arreglar fugas. Después de tomar varios meses para completar las reparaciones, Janice finalmente pudo colocar la propiedad en el mercado para alquilar. La remodelación de la propiedad se considera una mejora, no una reparación.

Mejoras

Cualquier gasto que se pague para mejorar la propiedad debe ser capitalizado. Una mejora agrega valor o prolonga la vida útil de la propiedad, restaura la propiedad y/o adapta la propiedad a un uso nuevo o diferente. Algunos ejemplos son:

Betterment includes expenses for fixing a pre-existing defect or condition or for enlarging or expanding the property.

Restoration includes expenses for replacing a substantial structural part of the property, repairing damage to the property, or rebuilding the property to a like-new condition.

Adaptation includes expenses for altering the property to a use that is not consistent with the intended ordinary use of the property.

Recordkeeping

Keeping records is a way to show proof of any deduction that has been claimed on the tax return. Taxpayers should keep the tax records for at least five years from the date of filing the tax return and claiming the deduction. The individual should keep all receipts, loan documents, buyers closing statement of the assets that are claimed on the tax return.

Keeping records is a way to show proof of any deduction that has been claimed on the tax return. Taxpayers should keep the tax records for at least five years from the date of filing the tax return and claiming the deduction. The individual should keep all receipts, loan documents, and the buyers closing statement of the assets that are reported on the tax return.

The taxpayer must also keep records regarding expenses and days of rental use. Records should be kept if the taxpayer or a member of the family used the rental property for personal purposes. The taxpayer should keep records of dates and times they personally spent on repairing or maintaining the property.

Not Rented for Profit

If the property is not rented with the intent of making a profit, the expenses can be deducted only up to the amount of income. In this situation, the income is reported on Schedule 1, line 8a - z. The mortgage interest, real estate taxes, and casualty losses are deducted on the appropriate lines of Schedule A. If the taxpayer rents the home fewer than 15 days a year, the taxpayer does not need to report any of the rental income and cannot deduct any of the expenses.

Fair Rental Price

A fair rental price for property is an amount that a person who is not related to the taxpayer would be willing to pay. The rent charged is not a fair rental price if it is substantially less than rent charged for other similar properties. Ask the following questions when comparing one property to another:

> ➢ Is it used for the same purpose?
> ➢ Is it approximately the same size?
> ➢ Is it in approximately the same condition?
> ➢ Does it have similar furnishings?
> ➢ Is it in a similar location?

El mejoramiento incluye los gastos para arreglar un defecto o condición preexistente o para ampliar o expandir la propiedad.

La restauración incluye los gastos para reemplazar una parte estructural sustancial de la propiedad, reparar daños a la propiedad o reconstruir la propiedad a una condición como nueva.

La adaptación incluye los gastos de alteración de la propiedad a un uso que no es consistente con el uso ordinario previsto de la propiedad.

Mantenimiento de registros

Mantener registros es una forma de mostrar prueba de cualquier deducción que se haya reclamado en la declaración de impuestos. Los contribuyentes deben mantener los registros de impuestos durante al menos cinco años a partir de la fecha de presentación de la declaración de impuestos y reclamar la deducción. El individuo debe guardar todos los recibos, documentos de préstamo, declaración de cierre de compradores de los activos que se reclaman en la declaración de impuestos.

Mantener registros es una forma de mostrar prueba de cualquier deducción que se haya reclamado en la declaración de impuestos. Los contribuyentes deben mantener los registros de impuestos durante al menos cinco años a partir de la fecha de presentación de la declaración de impuestos y reclamar la deducción. La persona debe guardar todos los recibos, documentos de préstamo y la declaración de cierre del comprador de los activos que se reportan en la declaración de impuestos.

El contribuyente también debe mantener registros sobre gastos y días de uso de alquiler. Se deben mantener registros si el contribuyente o un miembro de la familia utilizó la propiedad de alquiler para fines personales. El contribuyente debe mantener registros de las fechas y horas que personalmente pasó en reparar o mantener la propiedad.

No alquilado con fines de lucro

Si la propiedad no se alquila con la intención de obtener ganancias, los gastos se pueden deducir solo hasta la cantidad de ingresos. En esta situación, los ingresos se reportan en el Anexo 1, línea 8a - z. Los intereses hipotecarios, los impuestos inmobiliarios y las pérdidas por accidentes se deducen en las líneas apropiadas del Anexo A. Si el contribuyente alquila la casa menos de 15 días al año, el contribuyente no necesita reportar ninguno de los ingresos por alquiler y no puede deducir ninguno de los gastos.

Precio de alquiler justo

Un precio de alquiler justo para la propiedad es una cantidad que una persona no relacionada con el contribuyente estaría dispuesta a pagar. El alquiler cobrado no es un precio de alquiler justo si es sustancialmente menor que el alquiler cobrado por otras propiedades similares. Haga las siguientes preguntas al comparar una propiedad con otra:

> ➤ ¿Se utiliza para el mismo propósito?
> ➤ ¿Es aproximadamente del mismo tamaño?
> ➤ ¿Está aproximadamente en la misma condición?
> ➤ ¿Tiene muebles similares?

> ➤ Is it in a similar location?

If any one of the answers are no, the properties are not similar.

Use as Main Home Before or After Renting

Do not count personal days when the property was used as a main home or after renting or offering it for rent in either of the following:

1. The taxpayer rented or tried to rent the property for 12 or more consecutive months.
2. The taxpayer rented or tried to rent the property for a period of less than 12 consecutive months, and the period ended because the property was sold or exchanged.

This special rule does not apply when dividing expenses between rental and personal use.

Dividing Expenses for Property Changed to Rental Use

If an expense is for both personal and rental use, the expense must be divided between personal and rental use. Any reasonable method can be used to divide the expense. For example, it may be reasonable to divide the cost of some items, such as water, based on the number of people using them. However, the two most common methods for dividing expenses are:

1. Dividing an expense based on the number of rooms in the home
2. Dividing an expense based on the square footage of the home

Property Changed to Rental Use

If the taxpayer converts their primary home or other property (or a part of it) to rental use at any time other than at the beginning of the year, the taxpayer must divide the yearly expenses (such as depreciation, taxes, and insurance) between rental use and personal use. The taxpayer can deduct as rental expenses only the portion of the expenses that was for the part of the year the property was used or held for rental purposes. The taxpayer cannot deduct insurance or depreciation for the part of the year the property was held for personal use. The taxpayer can deduct home mortgage interest and real estate taxes as an itemized deduction on Schedule A for the part of the year the property was used for personal purposes.

Rental of Vacation Homes and Other Dwelling Units

If the taxpayer uses a dwelling as both a home and a rental unit, expenses must be divided between personal use and rental use. The taxpayer uses a dwelling as a home if one uses it for personal use more than the greater of:

> ➤ 14 days
> ➤ 10% of the total days it is rented to others at a fair rental price

Personal use consists of any day the unit is used by:

> ¿Está en una ubicación similar?

Si alguna de las respuestas es no, las propiedades no son similares.

Uso como casa principal antes o después de alquilar

No cuente los días personales en que la propiedad se usó como vivienda principal o después de alquilarla u ofrecerla en alquiler en cualquiera de los siguientes:

1. El contribuyente alquiló o intentó alquilar la propiedad por 12 o más meses consecutivos.
2. El contribuyente alquiló o intentó alquilar la propiedad por un período de menos de 12 meses consecutivos, y el período terminó porque la propiedad fue vendida o intercambiada.

Esta regla especial no se aplica cuando se dividen los gastos entre alquiler y uso personal.

Dividir los gastos de la propiedad cambiada al uso de alquiler

Si un gasto es tanto para uso personal como para uso de alquiler, el gasto debe dividirse entre uso personal y de alquiler. Se puede utilizar cualquier método razonable para dividir el gasto. Por ejemplo, puede ser razonable dividir el costo de algunos artículos, como el agua, en función del número de personas que los usan. Sin embargo, los dos métodos más comunes para dividir los gastos son:

1. Dividir un gasto en función del número de habitaciones en el hogar
2. Dividir un gasto basado en los pies cuadrados de la casa

Propiedad cambiada a uso de alquiler

Si el contribuyente convierte su casa principal u otra propiedad (o una parte de ella) para uso de alquiler en cualquier momento que no sea al comienzo del año, el contribuyente debe dividir los gastos anuales (como depreciación, impuestos y seguro) entre el uso de alquiler y el uso personal. El contribuyente puede deducir como gastos de alquiler solo la parte de los gastos que fue para la parte del año en que la propiedad fue utilizada o mantenida para fines de alquiler. El contribuyente no puede deducir el seguro o la depreciación por la parte del año en que la propiedad se mantuvo para uso personal. El contribuyente puede deducir los intereses hipotecarios de la vivienda y los impuestos sobre bienes raíces como una deducción detallada en el Anexo A para la parte del año en que la propiedad se usó para fines personales.

Alquiler de casas de vacaciones y otras unidades de vivienda

Si el contribuyente utiliza una vivienda como vivienda y como unidad de alquiler, los gastos deben dividirse entre uso personal y uso de alquiler. El contribuyente utiliza una vivienda como vivienda si la utiliza para uso personal más que el mayor de:

> 14 días
> 10% del total de días se alquila a otros a un precio de alquiler justo

El uso personal consiste en cualquier día que la unidad sea utilizada por:

> ➢ The taxpayer or other person who has an interest in the home unless rented to another owner as the main home under a shared equity financing agreement.
> ➢ A family member or member of any other family who has an interest in the home unless the family member uses the dwelling as their main home and pays fair rental price.
> ➢ Anyone under an arrangement that lets the taxpayer use some other dwelling unit even if that person pays a fair rental price.
> ➢ Anyone who uses the dwelling at less than a fair rental price.

Days spent substantially working full time to repair or maintain the property do not count as personal days. If any part of a building or structure is occupied by the taxpayer for personal use, its gross rental income includes the fair rental value of the part occupied for personal use.

Dividing Expenses for Vacation Homes and Other Dwelling Units

If a unit is used for both rental and personal use, the expenses must be divided between the two. Any day that the unit is rented at the fair market value and used for both rental and personal use, the expenses are considered business use. Any day that the unit is available for rent but not actually rented is not a day of rental use.

Example: A ski lodge is available for rent from November 1 through March 31 (a total of 151 days, using 28 days for February). The taxpayer's family uses it for 14 days in October. No one rents it in the first week of November or at any time in March. The person who rented it the first week in December was called home for a family emergency. The taxpayer's daughter used it for two days. The remainder of the year the lodge was closed and not used by anyone.

Rental Days: $151 - 38 = 113$

The lodge was available for 38 days in which it was not rented. Days used by taxpayer and/or the taxpayer's family on which fair rental price was received count as rental days. The use by the taxpayer's daughter in December is recorded as rental days.

Total Use: $113 + 14 = 127$

Personal Use: Percentage on rental is $113/127 = 89\%$. The deductible portion of any expenses is 89%. If the taxpayer does not have a profit from the rental, deductible expenses are limited.

Real Estate Professional

Generally, rental activities are passive activities even if the taxpayer materially participates. However, the activity may not be passive if all of these are true:

> ➢ The taxpayer is a real estate professional
> ➢ During the year the individual materially participated in the rental activities

> ➢ El contribuyente u otra persona que tiene un interés en la casa a menos que se alquile a otro propietario como la casa principal bajo un acuerdo de financiamiento de capital compartido.
> ➢ Un miembro de la familia o miembro de cualquier otra familia que tiene un interés en la casa a menos que el miembro de la familia use la vivienda como su hogar principal y pague un precio de alquiler justo.
> ➢ Cualquier persona bajo un acuerdo que permita al contribuyente usar alguna otra unidad de vivienda, incluso si esa persona paga un precio de alquiler justo.
> ➢ Cualquier persona que use la vivienda a un precio de alquiler inferior al justo.

Los días dedicados sustancialmente a trabajar a tiempo completo para reparar o mantener la propiedad no cuentan como días personales. Si cualquier parte de un edificio o estructura es ocupada por el contribuyente para uso personal, su ingreso bruto de alquiler incluye el valor justo del alquiler de la parte ocupada para uso personal.

Dividir los gastos de casas de vacaciones y otras unidades de vivienda

Si una unidad se utiliza tanto para alquiler como para uso personal, los gastos deben dividirse entre los dos. Cualquier día que la unidad se alquile al valor justo de mercado y se utilice tanto para alquiler como para uso personal, los gastos se consideran uso comercial. Cualquier día que la unidad esté disponible para alquilar, pero no se alquile realmente no es un día de uso de alquiler.

Ejemplo: Un refugio de esquí está disponible para alquilar desde el 1 de noviembre hasta el 31 de marzo (un total de 151 días, utilizando 28 días para febrero). La familia del contribuyente lo usa durante 14 días en octubre. Nadie lo alquila en la primera semana de noviembre ni en ningún momento de marzo. La persona que lo alquiló la primera semana de diciembre fue llamada a casa por una emergencia familiar. La hija del contribuyente lo usó durante dos días. El resto del año el albergue estuvo cerrado y nadie lo utilizó.

Días de alquiler: 151 – 38 = 113

El albergue estuvo disponible durante 38 días en los que no se alquiló. Los días utilizados por el contribuyente y/o la familia del contribuyente en los que se recibió un precio de alquiler justo cuentan como días de alquiler. El uso por parte de la hija del contribuyente en diciembre se registra como días de alquiler.

Uso total: 113 + 14 = 127

Uso personal: El porcentaje en alquiler es 113/127 = 89%. La parte deducible de cualquier gasto es del 89%. Si el contribuyente no tiene un beneficio del alquiler, los gastos deducibles son limitados.

Profesional Inmobiliario

Generalmente, las actividades de alquiler son actividades pasivas incluso si el contribuyente participa materialmente. Sin embargo, la actividad puede no ser pasiva si todas estas son ciertas:

> ➢ El contribuyente es un profesional inmobiliario
> ➢ Durante el año, el individuo participó materialmente en las actividades de alquiler

➤ Participates more than 750 hours in performing personal services in the trade or business
➤ Spends half of the time performing personal services in real property

Qualified activities include developing, redeveloping, constructing, reconstructing, acquiring, converting, operating, managing, leasing, or selling real property. A taxpayer materially participates in an activity if for the tax year the taxpayer was involved in its operation on a regular, continuous, and substantial basis during the year. If the taxpayer meets these requirements, the rental business is not a passive activity. If the taxpayer has multiple properties, each one is treated separately unless the taxpayer chooses to treat them as one activity. Personal services that were performed as an employee cannot be counted. If the taxpayer files a joint return, the hours cannot be added together to fulfill the requirements.

Limited Partnership Interests

If the taxpayer held property in a limited partnership as a limited partner, the taxpayer does not materially participate in rental real estate. Failure to meet the minimum-hours threshold may result in the passive activity amount being limited. Proper recordkeeping is the key to making sure that if the taxpayer is ever audited, the taxpayer does not lose their passive activity loss (PAL).

Rental Property Sales

When rental property or other business assets are sold, the gain or loss must be reported on Form 4797, *Sales of Business Property*. If the property sold includes land, both the land and the property must be reported on Form 4797. Each property is reported separately in the appropriate part of Form 4797. The different sections of Form 4797 are as follows:

Part I: Used to report sales of the section 1231 portion of a real estate transaction. This includes land and all long-term property sold at a loss. A transaction reported here is not required to report in Part III.

Part II: Used to report sales of business property that are not reported in Part I or Part III.

Part III: Used to calculate the recapture of depreciation and certain other items that must be reported as ordinary income on the disposition of property. The property includes sections 1245, 1250, 1252, 1254, and 1255 property sales. This includes most long-term property that was depreciated and sold at a gain.

Depreciation should be calculated (and deducted on the appropriate form) for the period prior to the sale. If the taxpayer sells or exchanges property used partly for business or rental purposes and partly for personal purposes, the taxpayer must figure the gain or loss on the sale or exchange as though two separate pieces of property were sold. The taxpayer must divide the selling price, selling expenses, and the basis of the property between the business or rental part and the personal part. The taxpayer must subtract depreciation that was taken or could have taken from the basis of the business or rental part. Gain or loss on the business or rental part of the property may be a capital gain or loss or an ordinary gain or loss. Any gain on the personal part of the property is a capital gain. The taxpayer cannot deduct a loss on the personal part.

➤ Participa más de 750 horas en la realización de servicios personales en el comercio o negocio

➤ Pasa la mitad del tiempo realizando servicios personales en bienes inmuebles

Las actividades calificadas incluyen desarrollar, reurbanizar, construir, reconstruir, adquirir, convertir, operar, administrar, arrendar o vender bienes inmuebles. Un contribuyente participa materialmente en una actividad si para el año tributario el contribuyente estuvo involucrado en su operación de manera regular, continua y sustancial durante el año. Si el contribuyente cumple con estos requisitos, el negocio de alquiler no es una actividad pasiva. Si el contribuyente tiene múltiples propiedades, cada una se trata por separado a menos que el contribuyente elija tratarlas como una sola actividad. Los servicios personales que se realizaron como empleado no se pueden contar. Si el contribuyente presenta una declaración conjunta, las horas no se pueden sumar para cumplir con los requisitos.

Intereses de Sociedad Limitada

Si el contribuyente tenía propiedad en una sociedad limitada como socio limitado, el contribuyente no participa materialmente en bienes raíces de alquiler. El incumplimiento del umbral de horas mínimas puede resultar en que se limite la cantidad de actividad pasiva. El mantenimiento adecuado de registros es la clave para asegurarse de que si el contribuyente es auditado, el contribuyente no pierda su pérdida de actividad pasiva (PAL).

Venta de propiedades de alquiler

Cuando se venden propiedades de alquiler u otros activos comerciales, la ganancia o pérdida debe reportarse en el Formulario 4797, *Ventas de propiedades comerciales*. Si la propiedad vendida incluye terrenos, tanto el terreno como la propiedad deben ser reportados en el Formulario 4797. Cada propiedad se reporta por separado en la parte apropiada del Formulario 4797. Las diferentes secciones del Formulario 4797 son las siguientes:

Parte I: Se utiliza para reportar las ventas de la parte de la sección 1231 de una transacción de bienes raíces. Esto incluye la tierra y todas las propiedades a largo plazo vendidas con pérdidas. Una transacción reportada aquí no está obligada a reportar en la Parte III.

Parte II: Se utiliza para reportar las ventas de propiedades comerciales que no se reportan en la Parte I o la Parte III.

Parte III: Se utiliza para calcular la recuperación de la depreciación y ciertos otros conceptos que deben reportarse como ingresos ordinarios en la disposición de la propiedad. La propiedad incluye las secciones 1245, 1250, 1252, 1254 y 1255 ventas de propiedades. Esto incluye la mayoría de las propiedades a largo plazo que se depreciaron y se vendieron con una ganancia.

La depreciación debe calcularse (y deducirse en el formulario apropiado) para el período anterior a la venta. Si el contribuyente vende o intercambia bienes utilizados en parte para fines comerciales o de alquiler y en parte para fines personales, el contribuyente debe calcular la ganancia o pérdida en la venta o intercambio como si se hubieran vendido dos bienes separados. El contribuyente debe dividir el precio de venta, los gastos de venta y la base de la propiedad entre la parte comercial o de alquiler y la parte personal. El contribuyente debe restar la depreciación que se tomó o podría haber tomado de la base de la parte comercial o de alquiler. La ganancia o pérdida en el negocio o la parte de alquiler de la propiedad puede ser una ganancia o pérdida de capital o una ganancia o pérdida ordinaria. Cualquier ganancia en la parte personal de la propiedad es una ganancia de capital. El contribuyente no puede deducir una pérdida por parte personal.

their business or investment property over a certain number of years. Depreciation begins when a taxpayer places property in service for use in a trade or business or to produce income. The property ceases to be depreciable when the taxpayer has fully recovered the property's cost or other basis or when the property has been retired from service, whichever comes first.

Property Owned

To claim depreciation, one must be the owner of the property, even if the property has debt. Leased property can be claimed only if ownership in the property includes the following:

> ➢ The legal title to the property.
> ➢ The legal obligation to pay for the property.
> ➢ The responsibility to pay maintenance and operating expenses.
> ➢ The duty to pay any taxes on the property.
> ➢ The risk of loss if the property is destroyed, condemned, or diminished in value through obsolescence or exhaustion.

Example: Amanda made a down payment on a rental property and assumed Terrance's mortgage. Amanda owns the property and can depreciate it.

If the property is held as a business or investment property as a life tenant, the taxpayer may depreciate the property.

Property Having a Determinable Useful Life

Property must have a determinable useful life to be depreciated. It must be something that wears out, decays, is used up, becomes obsolete, or loses its value from natural causes.

Property Lasting More than One Year

To depreciate property, the useful life must be one year or more.

Example: Ms. Lady maintains a library for her tax business. She purchases yearly technical journals to use in her tax business. The library would be depreciated, but the technical journals do not have a useful life of more than one year. The technical journals can be taken as a yearly business expense.

Property used in Business or Income-Producing Activity

To claim depreciation on property one must use it in their business or an income-producing activity. If the taxpayer uses the property to produce an investment use, then the income is taxable. One cannot depreciate property that one uses solely for personal activities.

If the property has multiple use business and personal purpose, the portion used as business will be depreciated. For example, the taxpayer cannot deduct deprecation on a car used only for commuting to and from work or used for personal shopping trips and family vacations. Records must be kept showing business and personal use of the property.

La depreciación es la deducción anual que permite a los contribuyentes recuperar el costo u otra base de su propiedad comercial o de inversión durante un cierto número de años. La depreciación comienza cuando un contribuyente pone la propiedad en servicio para su uso en un comercio o negocio o para producir ingresos. La propiedad deja de ser depreciable cuando el contribuyente ha recuperado completamente el costo de la propiedad u otra base o cuando la propiedad ha sido retirada del servicio, lo que ocurra primero.

Propiedad Poseída

Para reclamar la depreciación, uno debe ser el propietario de la propiedad, incluso si la propiedad tiene deudas. La propiedad arrendada solo se puede reclamar si la propiedad de la propiedad incluye lo siguiente:

> ➢ El título legal de la propiedad.
> ➢ La obligación legal de pagar por la propiedad.
> ➢ La responsabilidad de pagar los gastos de mantenimiento y operación.
> ➢ El deber de pagar cualquier impuesto sobre la propiedad.
> ➢ El riesgo de pérdida si la propiedad es destruida, condenada o disminuida en valor por obsolescencia o agotamiento.

Ejemplo: Amanda hizo un pago inicial en una propiedad de alquiler y asumió la hipoteca de Terrance. Amanda es dueña de la propiedad y puede depreciarla.

Si la propiedad se mantiene como un negocio o una propiedad de inversión como inquilino vitalicio, el contribuyente puede depreciar la propiedad.

Propiedad que tiene una vida útil determinable

La propiedad debe tener una vida útil determinable para ser depreciada. Debe ser algo que se desgasta, se descompone, se agota, se vuelve obsoleto o pierde su valor por causas naturales.

Propiedad que dura más de un año

Para depreciar la propiedad, la vida útil debe ser de un año o más.

Ejemplo: Lady mantiene una biblioteca para su negocio de impuestos. Ella compra revistas técnicas anuales para usar en su negocio de impuestos. La biblioteca se depreciaría, pero las revistas técnicas no tienen una vida útil de más de un año. Las revistas técnicas se pueden tomar como un gasto comercial anual.

Propiedad utilizada en negocios o actividades generadoras de ingresos

Para reclamar la depreciación de la propiedad, uno debe usarla en su negocio o en una actividad generadora de ingresos. Si el contribuyente utiliza la propiedad para producir un uso de inversión, entonces el ingreso está sujeto a impuestos. Uno no puede depreciar la propiedad que utiliza únicamente para actividades personales.

Si la propiedad tiene un propósito comercial y personal de uso múltiple, la parte utilizada como negocio se depreciará. Por ejemplo, el contribuyente no puede deducir la depreciación de un automóvil utilizado solo para ir y volver del trabajo o utilizado para viajes personales de compras y vacaciones familiares. Se deben mantener registros que muestren el uso comercial y personal de la propiedad.

Inventory cannot be depreciated. Inventory is any property that is held primarily for sale to customers in the ordinary course of business. If the owner is in the rent-to-own business, certain property held in that business may be considered as depreciable instead of inventory. See Publication 946.

Containers for the products one sells are part of inventory and are not depreciable. Containers used to ship products can be depreciated if the life expectancy is more than one year and meet the following requirements:

1. Qualify as property used in business
2. Title to the containers does not pass to the buyer

Property That Cannot Be Depreciated

Land does not wear out; therefore, it cannot be depreciated. The cost of land generally includes clearing, grading, planting, and landscaping. Although land is never depreciated, certain improvements to the land can be depreciated, such as landscaping.

Excepted Property

The following property cannot be depreciated even if the requirements are met:

1. Property placed in service and disposed of in the same year.
2. Equipment used to build capital improvements.
3. Section 197 intangibles that must be amortized.
4. Certain term interests.

The Beginning and Ending of Depreciation

Depreciation begins when the property is placed in service for use in a trade or business or to produce income. Depreciation ends when the cost (or other basis) has been fully recovered or when it has been retired from service, whichever comes first.

Placed in Service

Property is placed in service when it is ready and available for a specific use for a business activity, an income-producing activity, a tax-exempt activity, or a personal activity. Even if the property is not being used, it is still placed in service when it is ready and available for its specific use.

Example 1: Joel purchased a machine in December of last year for his business. The machine was delivered but not installed. Joel had the machine installed and ready for use in February of the current tax year. The machine would be placed in service in February of the current year.

If the property has been converted from personal to business use, the "placed in service" date is the date it was converted to business use or to an income-producing activity. In other words, depreciation begins when the property has been placed in service.

Example 2: Nicolas purchased a home as his primary residence in 2016, and in 2021 he converted it to a rental property. He placed the home in service in 2021; therefore, Nicolas would start depreciation when it was placed in service as an income-producing property.

El inventario no se puede depreciar. El inventario es cualquier propiedad que se mantiene principalmente para la venta a los clientes en el curso ordinario de los negocios. Si el propietario está en el negocio de alquiler con opción a compra, cierta propiedad mantenida en ese negocio puede considerarse depreciable en lugar de inventario. Véase la publicación 946.

Los contenedores para los productos que uno vende son parte del inventario y no son depreciables. Los contenedores utilizados para enviar productos pueden depreciarse si la esperanza de vida es superior a un año y cumplen los siguientes requisitos:

3. Calificar como propiedad utilizada en los negocios
4. El título de los contenedores no pasa al comprador

Propiedad que no se puede depreciar

La tierra no se desgasta; por lo tanto, no se puede depreciar. El costo de la tierra generalmente incluye la limpieza, nivelación, plantación y paisajismo. Aunque la tierra nunca se deprecia, ciertas mejoras a la tierra pueden depreciarse, como el paisajismo.

Propiedad exceptuada

La siguiente propiedad no se puede depreciar incluso si se cumplen los requisitos:

5. Bienes puestos en servicio y enajenados en el mismo año.
6. Equipo utilizado para construir mejoras de capital.
7. Sección 197 intangibles que deben amortizarse.
8. Ciertos intereses a plazo.

El principio y el final de la depreciación

La depreciación comienza cuando la propiedad se pone en servicio para su uso en un comercio, negocio o para producir ingresos. La depreciación termina cuando el costo (u otra base) se ha recuperado completamente o cuando se ha retirado del servicio, lo que ocurra primero.

Puesta en servicio

La propiedad se pone en servicio cuando está lista y disponible para un uso específico para una actividad comercial, una actividad generadora de ingresos, una actividad exenta de impuestos o una actividad personal. Incluso si la propiedad no se está utilizando, todavía se pone en servicio cuando está lista y disponible para su uso específico.

Ejemplo 1: Joel compró una máquina en diciembre del año pasado para su negocio. La máquina fue entregada pero no instalada. Joel tenía la máquina instalada y lista para usar en febrero del año fiscal actual. La máquina se pondría en servicio en febrero del año en curso.

Si la propiedad se ha convertido de uso personal a uso comercial, la fecha de "puesta en servicio" es la fecha en que se convirtió para uso comercial o para una actividad generadora de ingresos. En otras palabras, la depreciación comienza cuando la propiedad ha sido puesta en servicio.

Ejemplo 2: Nicolas compró una casa como su residencia principal en 2016, y en 2021 la convirtió en una propiedad de alquiler. Puso la casa en servicio en 2021; por lo tanto, Nicolás comenzaría la depreciación cuando se pusiera en servicio como una propiedad generadora de ingresos.

Royalties

ncome:		A	B	C
3	Rents received **3**			
4	Royalties received **4**			

Portion of Schedule E

Royalty income is reported on Schedule E as ordinary income. The following are examples of royalty income:

➢ Copyrights on literary, musical, or artistic works.
➢ Patents on inventions.
➢ Gas, oil, and mineral properties.
➢ Depletion, if the taxpayer is the owner of an economic interest in mineral deposits or oil and gas wells.
➢ Coal and iron ore.

Like rental income, expenses reduce this income. If the taxpayer was self-employed as a writer, inventor, artist, etc., income and expenses should be reported on Schedule C.

If the taxpayer is in business as a self-employed writer, artist, or musician, or if they hold an operating oil, gas, or mineral interest, the income and expenses would be reported on Schedule C. Royalties from copyrights and patents, oil and gas, and mineral properties are taxable as ordinary income and are reported on page 1 of Schedule E.

Taxable rental income and taxable income from royalties are reported on Schedule E and reported on Schedule 1, line 5. However, income from renting hotel rooms or other retail property where the renter provides significant additional services is not reported on Schedule E; it is reported as business income on Schedule C.

Partnership or S Corporation Income

Part II **Income or Loss From Partnerships and S Corporations**

Note: If you report a loss, receive a distribution, dispose of stock, or receive a loan repayment from an S corporation, you **must** check the box in column **(e)** on line 28 and attach the required basis computation. If you report a loss from an at-risk activity for which **any** amount is **not** at risk, you **must** check the box in column **(f)** on line 28 and attach **Form 6198.** See instructions.

27	Are you reporting any loss not allowed in a prior year due to the at-risk or basis limitations, a prior year unallowed loss from a passive activity (if that loss was not reported on Form 8582), or unreimbursed partnership expenses? If you answered "Yes," see instructions before completing this section . . . . ☐ Yes ☐ No					
28	**(a) Name**	**(b) Enter P for partnership; S for S corporation**	**(c) Check if foreign partnership**	**(d) Employer identification number**	**(e) Check if basis computation is required**	**(f) Check if any amount is not at risk**
A			☐		☐	☐
B			☐		☐	☐
C			☐		☐	☐
D			☐		☐	☐

Portion of Schedule E

Derechos de autor

ncome:		A	B	C
3	Rents received **3**			
4	Royalties received **4**			

Parte del Anexo E

Los ingresos por regalías se presentan en el Anexo E como ingresos ordinarios. Los siguientes son ejemplos de ingresos por regalías:

➢ Derechos de autor sobre obras literarias, musicales o artísticas.
➢ Patentes de invención.
➢ Propiedades del gas, el petróleo y los minerales.
➢ Agotamiento, si el contribuyente es propietario de un interés económico en depósitos minerales o pozos de petróleo y gas.
➢ Carbón y mineral de hierro.

Al igual que los ingresos por alquiler, los gastos reducen estos ingresos. Si el contribuyente trabajaba por cuenta propia como escritor, inventor, artista, etc., los ingresos y gastos deben reportarse en el Anexo C.

Si el contribuyente está en el negocio como escritor, artista o músico que trabaja por cuenta propia, o si tiene un interés operativo de petróleo, gas o minerales, los ingresos y gastos se reportarían en el Anexo C. Las regalías de derechos de autor y patentes, petróleo y gas, y propiedades minerales están sujetas a impuestos como ingresos ordinarios y se reportan en la página 1 del Anexo E.

Los ingresos por alquiler imponibles y los ingresos imponibles por regalías se reportan en el Anexo E y en el Anexo 1, línea 5. Sin embargo, los ingresos por el alquiler de habitaciones de hotel u otras propiedades minoristas en las que el arrendatario proporciona servicios adicionales significativos no se reportan en el Anexo E; se reporta como ingresos comerciales en el Anexo C.

Sociedad colectiva o Ingresos de la Corporación S

Part II — Income or Loss From Partnerships and S Corporations

Note: If you report a loss, receive a distribution, dispose of stock, or receive a loan repayment from an S corporation, you **must** check the box in column **(e)** on line 28 and attach the required basis computation. If you report a loss from an at-risk activity for which **any** amount is **not** at risk, you **must** check the box in column **(f)** on line 28 and attach **Form 6198**. See instructions.

27 Are you reporting any loss not allowed in a prior year due to the at-risk or basis limitations, a prior year unallowed loss from a passive activity (if that loss was not reported on Form 8582), or unreimbursed partnership expenses? If you answered "Yes," see instructions before completing this section . . . . ☐ Yes ☐ No

28	(a) Name	(b) Enter P for partnership; S for S corporation	(c) Check if foreign partnership	(d) Employer identification number	(e) Check if basis computation is required	(f) Check if any amount is not at risk
A			☐		☐	☐
B			☐		☐	☐
C			☐		☐	☐
D			☐		☐	☐

Parte del Anexo E

Income a taxpayer receives from a partnership, or an S corporation is taxable. Neither the partnership nor the S corporation pays taxes. The taxes are "passed through" to the partners or shareholders, who report the income, as well as some of the expenses, on their individual tax returns. This income is reported on Schedule E, page 2.

Taxpayers should receive a Schedule K-1 from the partnership or S corporation, which will show the income and expenses the taxpayers would report on their individual returns.

Part II on page 2 of Form 1040, Schedule E is used to report partnership and shareholders of a subchapter S corporation income from the Schedule K-1. If the taxpayer actively participates in their partnership's business, it is nonpassive income or nonpassive loss. Partnership income is reported to each partner on Schedule K-1.

Part I Review Questions

To obtain the maximum benefit from this chapter, LTP recommends that you complete each of the following questions, and then compare them to the answers with feedback that immediately follow. Under governing self-study standards, vendors are required to present review questions intermittently throughout each self-study course.

These questions and explanations are not part of the final examination and will not be graded by LTP.

SEP1.1

Marlene paid $4,000 for real estate taxes on her rental property located at 1850 Happy Street, Jersey City, New Jersey. She paid $6,850 of real estate taxes on her primary residence. Marlene has household employees for whom she paid social security taxes of $1,300 and state income tax of $2,500. What amount of real estate tax will Marlene deduct on her Schedule E?

    a. $14,650
    b. $6,850
    c. $4,000
    d. $1,300

SEP1.2

Candy paid her landlord $3,000 to cancel her lease. What amount is included in her landlord's income for the year?

    a. $1,500
    b. $2,000
    c. $3,000
    d. $0

Los ingresos que un contribuyente recibe de una sociedad colectiva o una corporación S están sujetos a impuestos. Ni la sociedad colectiva ni la corporación S pagan impuestos. Los impuestos se "transfieren" a los socios o accionistas, que reportan los ingresos, así como algunos de los gastos, en sus declaraciones de impuestos individuales. Estos ingresos se presentan en el Anexo E, página 2.

Los contribuyentes deben recibir un Anexo K-1 de la sociedad colectiva o corporación S, que mostrará los ingresos y gastos que los contribuyentes reportarían en sus declaraciones individuales.

La Parte II en la página 2 del Anexo E del `Formulario 1040, se utiliza para reportar los ingresos de la sociedad colectiva y los accionistas de una corporación del subcapítulo S del Anexo K-1. Si el contribuyente participa activamente en el negocio de su sociedad colectiva, es un ingreso no pasivo o una pérdida no pasiva. Los ingresos de la sociedad colectiva se reportan a cada socio en el Anexo K-1.

Parte 1 Preguntas de repaso

Para obtener el máximo beneficio de este capítulo, LTP recomienda que complete cada una de las siguientes preguntas y luego las compare con las respuestas con los comentarios que siguen inmediatamente. Bajo los estándares de autoestudio vigentes, los proveedores deben presentar preguntas de revisión intermitentemente a lo largo de cada curso de autoestudio.

Estas preguntas y explicaciones no son parte del examen final y no serán calificadas por LTP.

SEP1.1

Marlene pagó $4,000 por impuestos inmobiliarios en su propiedad de alquiler ubicada en 1850 Happy Street, Jersey City, Nueva Jersey. Pagó $6,850 de impuestos inmobiliarios en su residencia principal. Marlene tiene empleadas domésticas por quienes pagó impuestos de seguridad social de $1,300 y un impuesto estatal sobre la renta de $2,500. ¿Qué cantidad de impuesto inmobiliario deducirá Marlene en su Anexo E?

    a. $14,650
    b. $6,850
    c. $4,000
    d. $1,300

SEP1.2

Candy le pagó a su arrendador $3,000 para cancelar su contrato de arrendamiento. ¿Qué cantidad se incluye en los ingresos de su arrendador para el año?

    e. $1,500
    f. $2,000
    g. $3,000
    h. $0

SEP1.3
Property _____ to be depreciable when the taxpayer has fully recovered the property's cost or other basis.

   a. ceases
   b. contains
   c. commences
   d. completes

SEP1.4
Royalty income is reported on which of the following as ordinary income?

   a. Schedule E, page 1
   b. Schedule E, page 2
   c. Royalty income is not reportable
   d. Form 1040, line 21

SEP1.5
Depreciation is a(n) _____ allowance for the wear and tear of the property.

   a. annual
   b. monthly
   c. quarterly
   d. taxpayer's choice

SEP1.6
Which of the following is **not** considered to be rent?

   a. Advance rent
   b. Security deposit used as last month's rent
   c. Expenses paid by the tenant in lieu of rent
   d. Royalty income

SEP1.7
Which of the following could increase the value of the property?

   a. Advertising fees paid to market the rental property.
   b. Insurance fees paid to insure the rental property.
   c. Adding a room to the rental property.
   d. Depreciation of the rental property.

SEP1.8
Which of the following is not depreciable?

   a. Buildings
   b. Furniture
   c. Land
   d. Machinery

SEP1.3

La propiedad _____ de/a ser depreciable cuando el contribuyente ha recuperado completamente el costo de la propiedad u otra base.

 a. deja
 b. contiene
 c. comienza
 d. completa

SEP1.4

¿En cuál de los siguientes formularios se reportan los ingresos por regalías como ingresos ordinarios?

 a. Anexo E, página 1
 b. Anexo E, página 2
 c. Los ingresos por regalías no son declarables
 d. Formulario 1040, línea 21

SEP1.5

La depreciación es una asignación _____ por el desgaste de la propiedad.

 a. anual
 b. mensual
 c. trimestral
 d. elección del contribuyente

SEP1.6

¿Cuál de los siguientes **no** se considera alquiler?

 a. Alquiler anticipado
 b. Depósito de seguridad utilizado como alquiler del mes pasado
 c. Gastos pagados por el inquilino en lugar de alquiler
 d. Ingresos por regalías

SEP1.7

¿Cuál de los siguientes podría aumentar el valor de la propiedad?

 a. Tarifas de publicidad pagadas para comercializar la propiedad de alquiler.
 b. Honorarios de seguro pagados para asegurar la propiedad de alquiler.
 c. Agregar una habitación a la propiedad de alquiler.
 d. Depreciación de la propiedad de alquiler.

SEP1.8

¿Cuál de los siguientes no es depreciable?

 a. Edificios
 b. Mueble
 c. Tierra
 d. Maquinaria

SEP1.9

Which of the following best describes when depreciation begins?

    a. When the property is placed in service
    b. When the property has used up its useful life
    c. When the property has not been converted from personal to business use
    d. When the property has not been placed in service

SEP1.10

Which of the following scenarios best describes when property is retired from service?

    a. When the property has been permanently withdrawn from its use in trade or business
    b. When the property has been temporarily withdrawn from use in trade or business
    c. When the property has not been converted to business use
    d. When the property has not been permanently withdrawn from its use in trade or business

Part 1 Review Questions Answers

SEP1.1

Marlene paid $4,000 for real estate taxes on her rental property located at 1850 Happy Street, Jersey City, New Jersey. She paid $6,850 of real estate taxes on her primary residence. Marlene has household employees for whom she paid social security taxes of $1,300 and state income tax of $2,500. What amount of real estate tax will Marlene deduct on her Schedule E?

    a. $14,650
    b. $6,850
    c. $4,000
    d. $1,300

Feedback: Review section *Taxes Line 16.*

SEP1.2

Candy paid her landlord $3,000 to cancel her lease. What amount is included in her landlord's income for the year?

    a. $1,500
    b. $2,000
    c. $3,000
    d. $0

Feedback: Review section *Canceling a Lease.*

SEP1.9

¿Cuál de las siguientes opciones describe mejor cuándo comienza la depreciación?

 a. Cuando la propiedad se pone en servicio
 b. Cuando el inmueble ha agotado su vida útil
 c. Cuando la propiedad no se ha convertido de uso personal a uso comercial
 d. Cuando la propiedad no ha sido puesta en servicio

SEP1.10

¿Cuál de los siguientes escenarios describe mejor cuándo se retira la propiedad del servicio?

 a. Cuando la propiedad ha sido retirada permanentemente de su uso en el comercio o negocio
 b. Cuando la propiedad ha sido retirada temporalmente de su uso en el comercio o negocio
 c. Cuando la propiedad no se ha convertido para uso comercial
 d. Cuando la propiedad no ha sido retirada permanentemente de su uso en el comercio o negocio

Parte 1 Respuestas a las preguntas de repaso

SEP1.1

Marlene pagó $4,000 por impuestos inmobiliarios en su propiedad de alquiler ubicada en 1850 Happy Street, Jersey City, Nueva Jersey. Pagó $6,850 de impuestos inmobiliarios en su residencia principal. Marlene tiene empleadas domésticas por quienes pagó impuestos de seguridad social de $1,300 y un impuesto estatal sobre la renta de $2,500. ¿Qué cantidad de impuesto inmobiliario deducirá Marlene en su Anexo E?

 a. $14.650
 b. $6.850
 c. $4,000
 d. $1.300

Comentarios: Sección de revisión *Línea de impuestos 16*.

SEP1.2

Candy le pagó a su arrendador $3,000 para cancelar su contrato de arrendamiento. ¿Qué cantidad se incluye en los ingresos de su arrendador para el año?

 a. $1.500
 b. $2,000
 c. $3,000
 d. $0

Comentarios: Revise la sección *Cancelación de un contrato de arrendamiento*.

SEP1.3

Property _____ to be depreciable when the taxpayer has fully recovered the property's cost or other basis.

    a. ceases
    b. contains
    c. commences
    d. completes

Feedback: Review section *Depreciation*.

SEP1.4

Royalty income is reported on which of the following as ordinary income?

    a. Schedule E, page 1
    b. Schedule E, page 2
    c. Royalty income is not reportable
    d. Form 1040, line 21

Feedback: Review section *Royalties*.

SEP1.5

Depreciation is a(n) _____ allowance for the wear and tear of the property.

    a. annual
    b. monthly
    c. quarterly
    d. taxpayer's choice

Feedback: Review section *Depreciation*.

SEP1.6

Which of the following is **not** considered to be rent?

    a. Advance rent
    b. Security deposit used as last month's rent
    c. Expenses paid by the tenant in lieu of rent
    d. Royalty income

Feedback: Review section *Royalties*.

SEP1.7

Which of the following could increase the value of the property?

    a. Advertising fees paid to market the rental property.
    b. Insurance fees paid to insure the rental property.
    c. Adding a room to the rental property.
    d. Depreciation of the rental property.

Feedback: Review section *Improvements*.

SEP1.3

La propiedad _____ de/a ser depreciable cuando el contribuyente ha recuperado completamente el costo de la propiedad u otra base.

    a. Deja
    b. Contiene
    c. Comienza
    d. Completa

Comentarios: Revise la sección *Depreciación*.

SEP1.4

¿En cuál de los siguientes formularios se reportan los ingresos por regalías como ingresos ordinarios?

    a. Anexo E, página 1
    b. Anexo E, página 2
    c. Los ingresos por regalías no son declarables
    d. Formulario 1040, línea 21

Comentarios: Sección de revisión *Regalías*.

SEP1.5

La depreciación es una asignación _____ por el desgaste de la propiedad.

    a. anual
    b. mensual
    c. trimestral
    d. Elección del contribuyente

Comentarios: Revise la sección *Depreciación*.

SEP1.6

¿Cuál de los siguientes **no** se considera alquiler?

    a. Alquiler anticipado
    b. Depósito de seguridad utilizado como alquiler del mes pasado
    c. Gastos pagados por el inquilino en lugar de alquiler
    d. Ingresos por regalías

Comentarios: Sección de revisión *Regalías*.

SEP1.7

¿Cuál de los siguientes podría aumentar el valor de la propiedad?

    a. Tarifas de publicidad pagadas para comercializar la propiedad de alquiler.
    b. Honorarios de seguro pagados para asegurar la propiedad de alquiler.
    c. Agregar una habitación a la propiedad de alquiler.
    d. Depreciación de la propiedad de alquiler.

Comentarios: *Revise las mejoras de la* sección.

SEP1.8
Which of the following is not depreciable?

    a. Buildings
    b. Furniture
    c. Land
    d. Machinery

Feedback: Review section *Depreciation*.

SEP1.9
Which of the following best describes when depreciation begins?

    a. When the property is placed in service
    b. When the property has used up its useful life
    c. When the property has not been converted from personal to business use
    d. When the property has not been placed in service

Feedback: Review section *Depreciation*.

SEP1.10
Which of the following scenarios best describes when property is retired from service?

    a. When the property has been permanently withdrawn from its use in trade or business
    b. When the property has been temporarily withdrawn from use in trade or business
    c. When the property has not been converted to business use
    d. When the property has not been permanently withdrawn from its use in trade or business

Feedback: Review section *Depreciation*.

Takeaways

There are two types of residential activities: rental-for-profit activity and not-for-profit rental activity. This chapter discussed the types of income and expenses reported on Schedule E and the different property types. Special rules limit the amount of rental expense deductions that may be taken by an individual taxpayer on a residence that is rented out for part of a year and used for personal use during other parts of the year. For passive activity rules, income is required to be classified as active, passive, or non-passive. Active income is attributable to the direct efforts of the taxpayer such as salary, commissions, wages, etc.

TEST YOUR KNOWLEDGE!
Go online to take a practice quiz.

SEP1.8

¿Cuál de los siguientes no es depreciable?

    a. Edificios
    b. Mueble
    c. Tierra
    d. Maquinaria

Comentarios: Revise la sección *Depreciación*.

SEP1.9

¿Cuál de las siguientes opciones describe mejor cuándo comienza la depreciación?

    a. Cuando la propiedad se pone en servicio
    b. Cuando el inmueble ha agotado su vida útil
    c. Cuando la propiedad no se ha convertido de uso personal a uso comercial
    d. Cuando la propiedad no ha sido puesta en servicio

Comentarios: Revise la sección *Depreciación*.

SEP1.10

¿Cuál de los siguientes escenarios describe mejor cuándo se retira la propiedad del servicio?

    a. Cuando la propiedad ha sido retirada permanentemente de su uso en el comercio o negocio
    b. Cuando la propiedad ha sido retirada temporalmente de su uso en el comercio o negocio
    c. Cuando la propiedad no se ha convertido para uso comercial
    d. Cuando la propiedad no ha sido retirada permanentemente de su uso en el comercio o negocio

Comentarios: Revise la sección *Depreciación*.

Aportes

Hay dos tipos de actividades residenciales: la actividad de alquiler con fines de lucro y la actividad de alquiler sin fines de lucro. Este capítulo discutió los tipos de ingresos y gastos reportados en el Anexo E y los diferentes tipos de propiedad. Las reglas especiales limitan la cantidad de deducciones de gastos de alquiler que puede tomar un contribuyente individual en una residencia que se alquila por parte de un año y se usa para uso personal durante otras partes del año. Para las reglas de actividad pasiva, se requiere que los ingresos se clasifiquen como activos, pasivos o no pasivos. Los ingresos activos son atribuibles a los esfuerzos directos del contribuyente como salario, comisiones, salarios, etc.

¡PON A PRUEBA TUS CONOCIMIENTOS!
Ve en línea para tomar una prueba de práctica.

Chapter 3 Schedule F

Introduction

Income received from the operation of a farm or from rental income from a farm is taxable. Farmers determine their taxable income from farming and related activities by using Schedule F. Profit or loss from farm income is first reported on Schedule F and then "flows" to Form 1040, Schedule 1, line 6. A farm could qualify to be a qualified joint venture (discussed in Schedule C chapter).

Objectives

At the end of this lesson, the student will:

➢ Understand basic farm income.
➢ Know when a taxpayer should file Schedule F.

Resources

Form 1040	Publication 17	Instructions Form 1040
Form 4797	Publication 51 (Circular A)	Instructions Form 4797
Form 4835	Publication 225	Instructions Form 4835
Form 8990	Publication 334	Instructions Form 8990
Schedule F	Publication 463	Instructions Schedule F
	Publication 536	
	Publication 538	

Part I: Schedule F

Livestock income from breeding, draft, sport, or dairy purposes such as beef, pork, and racehorses, is reportable on Schedule F. Individuals who breed dogs, or cats to sell need to report their income and expenses for the domestic animals on Schedule F.

Taxpayers are in the business of farming if they cultivate, operate, or manage a farm for profit, either as an owner or tenant. A farm can include livestock, dairy, poultry, fish, fruit, and truck farms. It can also include plantations, ranches, ranges, and orchards. See Publication 225.
A farmer must keep records to prepare an accurate tax return. Tax records are not the only type of records needed for a farming business. The taxpayer should keep records that measure the farm's financial performance.

Income reported on Schedule F does not include gains or losses from sales or other farm assets dispositions such as:

➢ Land
➢ Depreciable farm equipment
➢ Buildings and structures
➢ Livestock held for draft, breeding, sport, or dairy purposes

Capítulo 3 Anexo F

Introducción

Los ingresos recibidos de la explotación de una explotación agrícola o de los ingresos por alquiler de una explotación están sujetos a impuestos. Los agricultores determinan sus ingresos imponibles de la agricultura y actividades relacionadas utilizando el Anexo F. Las ganancias o pérdidas de los ingresos agrícolas se reportan primero en el Anexo F y luego "fluyen" al Formulario 1040, Anexo 1, línea 6. Una granja podría calificar para ser una empresa conjunta calificada (discutida en el capítulo del Anexo C).

Objetivos

Al final de esta lección, el estudiante:

➢ Comprender el ingreso agrícola básico.
➢ Sepa cuándo un contribuyente debe presentar el Anexo F.

Recursos

Formulario 1040	Publicación 17	Instrucciones Formulario 1040
Formulario 4797	Publicación 51 (Circular A)	Instrucciones Formulario 4797
Formulario 4835	Publicación 225	Instrucciones Formulario 4835
Formulario 8990	Publicación 334	Instrucciones Formulario 8990
Anexo F	Publicación 463	Instrucciones Anexo F
	Publicación 536	
	Publicación 538	

Parte I Anexo F

Los ingresos del ganado procedentes de la cría, el tiro, el deporte o los productos lácteos, como la carne de res, el cerdo y los caballos de carreras, se pueden reportar en el Anexo F. Las personas que crían perros o gatos para vender deben reportar sus ingresos y gastos para los animales domésticos en el Anexo F.

Los contribuyentes están en el negocio de la agricultura si cultivan, operan o administran una granja con fines de lucro, ya sea como propietario o inquilino. Una granja puede incluir ganado, lácteos, aves de corral, pescado, frutas y granjas de camiones. También puede incluir plantaciones, ranchos, pastizales y huertos. Véase la publicación 225.
Un agricultor debe mantener registros para preparar una declaración de impuestos precisa. Los registros de impuestos no son el único tipo de registros necesarios para un negocio agrícola. El contribuyente debe mantener registros que midan el desempeño financiero de la granja.

Los ingresos reportados en el Anexo F no incluyen ganancias o pérdidas por ventas u otras disposiciones de activos agrícolas, tales como:

➢ Tierra
➢ Equipo agrícola depreciable
➢ Edificios y estructuras
➢ Ganado mantenido con fines de tiro, cría, deporte o lácteos

Table of Contents / Contenido

Taxpayers are in the business of farming if they cultivate, operate, or manage a farm for profit, either as an owner or tenant. A farm can include livestock, dairy, poultry, fish, and fruit farms. It can also include plantations, ranches, ranges, and orchards. See Publication 225.

A farmer must keep records to prepare an accurate tax return. Tax records are not the only type of records needed for a farming business. The taxpayer should keep records that measure the farm's financial performance.

Where to Report Sales of Farm Products

When livestock, produce, grains, or other products raised on the taxpayer's farm are for sale or bought for resale, the entire amount received is income and reported on Schedule F.

When farm products are bought for resale, the profit or loss is the difference between the selling price and the basis in the product. The year that the payment was received is the year that the income is reported.

Item Sold	Schedule F	Form 4797
Farm products raised for sale	X	
Farm products bought for resale	X	
Farm products not held primarily for sale, such as livestock held for draft, breeding, sport, or dairy purposes (bought or raised)		X

Example: Avery purchased 20 feeder calves for $6,000, in the prior tax year, with the intent to resell them. Avery sold them in current tax year for $11,000. The $11,000 sale is reported as sales, and the $6,000 purchase price is reported as basis, resulting in $5,000 reported as profit on the current tax return.

$11,000	Sales price (reported on Schedule F, line 1a)
−$ 6,000	Purchase price (basis, reported on Schedule F, line 1b)
$5,000	Profit (reported on Schedule F, line 1c)

Livestock held for draft, breeding, sport, or dairy purposes may result in ordinary capital gain or loss when sold depending upon the circumstances and needs to be reported on Form 4797. Animals that are not held for primary sale are considered business assets of the farm.

Los contribuyentes están en el negocio de la agricultura si cultivan, operan o administran una granja con fines de lucro, ya sea como propietario o inquilino. Una granja puede incluir ganado, lácteos, aves de corral, peces y frutas. También puede incluir plantaciones, ranchos, pastizales y huertos. Véase la publicación 225.

Un agricultor debe mantener registros para preparar una declaración de impuestos precisa. Los registros de impuestos no son el único tipo de registros necesarios para un negocio agrícola. El contribuyente debe mantener registros que midan el desempeño financiero de la granja.

Dónde reportar las ventas de productos agrícolas

Cuando el ganado, los productos, los granos u otros productos criados en la granja del contribuyente están a la venta o se compran para la reventa, la cantidad total recibida es ingreso y se reporta en el Anexo F.

Cuando los productos agrícolas se compran para la reventa, la ganancia o pérdida es la diferencia entre el precio de venta y la base en el producto. El año en que se recibió el pago es el año en que se reportan los ingresos.

Artículo vendido	Anexo F	Formulario 4797
Productos agrícolas criados para la venta	X	
Productos agrícolas comprados para su reventa	X	
Productos agrícolas que no se mantienen principalmente para la venta, como el ganado con fines de tiro, cría, deporte o lácteos (comprado o criado)		X

Ejemplo: Avery compró 20 terneros de engorde por $ 6,000, en el año fiscal anterior, con la intención de revenderlos. Avery los vendió en el año fiscal actual por $ 11,000. La venta de $ 11,000 se reporta como ventas, y el precio de compra de $ 6,000 se reporta como base, lo que resulta en $ 5,000 reportados como ganancias en la declaración de impuestos actual.

$11,000	Precio de venta (reportado en el Anexo F, línea 1a)
–$ 6,000	Precio de compra (base, reportado en el Anexo F, línea 1b)
$5,000	Ganancia (reportada en el Anexo F, línea 1c)

El ganado mantenido con fines de tiro, cría, deporte o lácteos puede resultar en ganancias o pérdidas de capital ordinarias cuando se vende dependiendo de las circunstancias y debe reportarse en el Formulario 4797. Los animales que no se mantienen para la venta primaria se consideran activos comerciales de la granja.

Completing Schedule F

SCHEDULE F (Form 1040)	**Profit or Loss From Farming**	OMB No. 1545-0074
Department of the Treasury Internal Revenue Service	Attach to Form 1040, Form 1040-SR, Form 1040-NR, Form 1041, or Form 1065. Go to *www.irs.gov/ScheduleF* for instructions and the latest information.	**2022** Attachment Sequence No. **14**

Name of proprietor — Social security number (SSN)

A Principal crop or activity | B Enter code from Part IV | C Accounting method: ☐ Cash ☐ Accrual | D Employer ID number (EIN) (see instr.

E Did you "materially participate" in the operation of this business during 2022? If "No," see instructions for limit on passive losses ☐ Yes ☐ No
F Did you make any payments in 2022 that would require you to file Form(s) 1099? See instructions . . . . ☐ Yes ☐ No
G If "Yes," did you or will you file required Form(s) 1099? . . . . ☐ Yes ☐ No

Portion of Schedule F

As with any return, interviewing the taxpayer before entering the information is necessary. The SSN or the EIN must be entered in the appropriate area. Line B is the principal agricultural activity codes. Like a Schedule C, Schedule F has specific codes. Select the code that best describes the taxpayer's majority source of income. For example, Allen owns a dairy farm. He receives income from milk production and selling male calves. Allen receives most of the income from the dairy cattle and milk production. The code is used to determine where the farmer makes most of the income. Principal Agricultural Activity Codes are located on Schedule F, Part IV.

Line C Accounting Method: The two accounting methods are Cash and Accrual. Hybrid is not an option for farm income. Check the appropriate box. Using the cash accounting method, the taxpayer would complete Parts I and II. Income is reported in the year in which it was actually or constructively received. If payment on an expenditure such as prepaid expense creates an intangible asset that has a useful life that extends beyond 12 months of the end of the taxable year, that expense may not be deductible. See Publication 225.

If the accrual method is used, Parts II, III, and Part I, line 9 must be completed. Income is reported in the year it was earned, and expenses are deducted in the year they are incurred, even though they were paid in a prior year. Taxpayers who use the accrual method will use the cash basis for deducting business expense owed to a related cash-basis taxpayer. See Publication 538.

Certain farming collectives are unable to use the cash method of accounting.

A farming syndicate may be a partnership, LLC, S corporation, or any other enterprise other than a C corporation if:

➢ The interests in the business have at any time been offered for sale in a way that would require registration with any federal or state agency.
➢ More than 35% of the losses during any tax year are allocable to limited partners or limited entrepreneurs. A limited partner is one who can lose only the amount invested or required to be invested in the partnership. A limited entrepreneur is a person who does not take any active part in managing the business.

Completar el Anexo F

SCHEDULE F (Form 1040)	Profit or Loss From Farming		OMB No. 1545-0074
Department of the Treasury Internal Revenue Service	Attach to Form 1040, Form 1040-SR, Form 1040-NR, Form 1041, or Form 1065. Go to *www.irs.gov/ScheduleF* for instructions and the latest information.		2022 Attachment Sequence No. 14

Name of proprietor | | | **Social security number (SSN)**

A Principal crop or activity	B Enter code from Part IV	C Accounting method: ☐ Cash ☐ Accrual	D Employer ID number (EIN) (see instr.

E Did you "materially participate" in the operation of this business during 2022? If "No," see instructions for limit on passive losses ☐ Yes ☐ No

F Did you make any payments in 2022 that would require you to file Form(s) 1099? See instructions . . . . ☐ Yes ☐ No

G If "Yes," did you or will you file required Form(s) 1099? . . . . ☐ Yes ☐ No

Parte del Anexo F

Al igual que con cualquier declaración, es necesario entrevistar al contribuyente antes de ingresar la información. El SSN o el EIN deben introducirse en el área correspondiente. La línea B son los principales códigos de actividad agrícola. Al igual que un Anexo C, el Anexo F tiene códigos específicos. Seleccione el código que mejor describa la fuente de ingresos mayoritaria del contribuyente. Por ejemplo, Allen es dueño de una granja lechera. Recibe ingresos de la producción de leche y la venta de terneros machos. Allen recibe la mayor parte de los ingresos del ganado lechero y la producción de leche. El código se utiliza para determinar dónde el agricultor obtiene la mayor parte de los ingresos. Los Códigos de Actividad Agrícola Principal se encuentran en el Anexo F, Parte IV.

Línea C Método contable: Los dos métodos contables son efectivo y devengo. El híbrido no es una opción para los ingresos agrícolas. Marque la casilla correspondiente. Usando el método de contabilidad de caja, el contribuyente completaría las Partes I y II. Los ingresos se declaran en el año en que se recibieron real o constructivamente. Si el pago de un gasto, como el gasto pagado por adelantado, crea un activo intangible que tiene una vida útil que se extiende más allá de los 12 meses del final del año fiscal, ese gasto puede no ser deducible. Véase la publicación 225.

Si se utiliza el método de devengo, deben completarse las partes II, III y la parte I, línea 9. Los ingresos se reportan en el año en que se obtuvieron y los gastos se deducen en el año en que se incurren, aunque se pagaron en un año anterior. Los contribuyentes que usan el método de acumulación usarán la base de efectivo para deducir los gastos comerciales adeudados a un contribuyente relacionado con la base de efectivo. Ver Publicación 538.

Algunos colectivos agrícolas no pueden utilizar el método de contabilidad en efectivo.

Un sindicato agrícola puede ser una sociedad, LLC, corporación S o cualquier otra empresa que no sea una corporación C si:

➢ Los intereses en el negocio se han ofrecido en cualquier momento a la venta de una manera que requeriría el registro con cualquier agencia federal o estatal.
➢ Más del 35% de las pérdidas durante cualquier año fiscal son asignables a socios limitados o empresarios limitados. Un socio limitado es aquel que puede perder solo la cantidad invertida o requerida para ser invertida en la sociedad. Un empresario limitado es una persona que no toma parte activa en la gestión del negocio.

Line E is a yes or no question. Line E asks if the taxpayer materially participated in the activity. The taxpayer must meet the seven tests to qualify for material participation. To qualify for farming material participation, the taxpayer must own an interest at the time work is performed in connection with the activity.

Line F asks if any payments made in the current tax year require Form 1099s to be filed. See General Instructions for Certain Information Returns if more information is needed. If the taxpayer paid more than $600 in rents, services, and prizes, then see the specific instructions for the individual Form 1099-MISC or 1099-NEC.

Schedule F Profit or Loss Framing

Like Schedule C & E, farm income has specific line items for income and expenses that are industry related. This section is designed for the tax preparer to become aware of types of farm income. For more information, see Instructions Schedule F.

Part I: Farm Income Cash Method

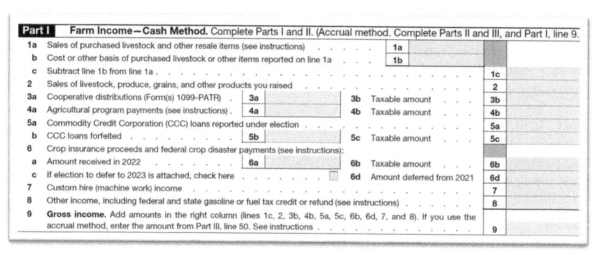

Portion of Schedule F

Sales Caused by Weather-Related Conditions

If the farmer sells or exchanges more livestock, including poultry, than normal due to a drought, flood, or other weather-related conditions, the farmer may qualify to postpone the reporting until the following year. All the conditions must be met:

> ➢ The principal trade or business is farming.
> ➢ The accounting method is the cash method.
> ➢ The taxpayers must be able to show that under their usual business practices, they would not have sold or exchanged the additional animals in that year except for the weather-related conditions.
> ➢ The weather-related condition caused an area to be designated as eligible for assistance by the federal government.

La línea E es una pregunta de sí o no. La línea E pregunta si el contribuyente participó materialmente en la actividad. El contribuyente debe cumplir con las siete pruebas para calificar para la participación material. Para calificar para la participación en material agrícola, el contribuyente debe poseer un interés en el momento en que se realiza el trabajo en relación con la actividad.

La línea F pregunta si algún pago realizado en el año tributario actual requiere que se presenten los Formularios 1099. Consulte Instrucciones generales para ciertas devoluciones de información si se necesita más información. Si el contribuyente pagó más de $600 en alquileres, servicios y premios, consulte las instrucciones específicas para el Formulario 1099-MISC o 1099-NEC individual.

Cuadro de pérdidas o ganancias del Anexo F

Al igual que los Anexos C y E, los ingresos agrícolas tienen partidas específicas para ingresos y gastos relacionados con la industria. Esta sección está diseñada para que el preparador de impuestos conozca los tipos de ingresos agrícolas. Para obtener más información, consulte Instrucciones Anexo F.

Parte I: Método de efectivo de la renta agrícola

Part I	Farm Income—Cash Method. Complete Parts I and II. (Accrual method. Complete Parts II and III, and Part I, line 9.				
1a	Sales of purchased livestock and other resale items (see instructions)	1a			
b	Cost or other basis of purchased livestock or other items reported on line 1a	1b			
c	Subtract line 1b from line 1a				1c
2	Sales of livestock, produce, grains, and other products you raised				2
3a	Cooperative distributions (Form(s) 1099-PATR)	3a		3b Taxable amount	3b
4a	Agricultural program payments (see instructions)	4a		4b Taxable amount	4b
5a	Commodity Credit Corporation (CCC) loans reported under election				5a
b	CCC loans forfeited	5b		5c Taxable amount	5c
6	Crop insurance proceeds and federal crop disaster payments (see instructions):				
a	Amount received in 2022	6a		6b Taxable amount	6b
c	If election to defer to 2023 is attached, check here	☐		6d Amount deferred from 2021	6d
7	Custom hire (machine work) income				7
8	Other income, including federal and state gasoline or fuel tax credit or refund (see instructions)				8
9	**Gross income.** Add amounts in the right column (lines 1c, 2, 3b, 4b, 5a, 5c, 6b, 6d, 7, and 8). If you use the accrual method, enter the amount from Part III, line 50. See instructions				9

Parte del Anexo F

Ventas causadas por condiciones climáticas

Si el agricultor vende o intercambia más ganado, incluidas aves de corral, de lo normal debido a una sequía, inundación u otras condiciones climáticas, el agricultor puede calificar para posponer la presentación de informes hasta el año siguiente. Deben cumplirse todas las condiciones:

➢ El principal oficio o negocio es la agricultura.
➢ El método contable es el método de efectivo.
➢ Los contribuyentes deben poder demostrar que, según sus prácticas comerciales habituales, no habrían vendido o intercambiado los animales adicionales en ese año, excepto por las condiciones climáticas.
➢ La condición relacionada con el clima causó que un área fuera designada como elegible para recibir asistencia del gobierno federal.

If sales or exchanges were made before the area became eligible for federal assistance due to weather-related conditions, the taxpayer could qualify if the weather-related condition caused the area to be designated. To qualify for the disaster, the president of the United States must declare the area as a disaster.

Señor 1040 Says: A weather-related sale or exchange of livestock (other than poultry) held for draft breeding or dairy purposes may be an involuntary conversion. See Publication 225.

Example: Bernie is a calendar-year taxpayer, and he normally sells 100 head of beef cattle a year. As a result of the disaster, Bernie sold 250 head during the current tax year. Bernie realized $70,200 from the sale. As a result of the drought, the affected area was declared a disaster area eligible for federal assistance in the same year. Bernie can postpone a portion ($42,120) of the income until the following year. ($70,200 ÷ 250 = $280.80 × 150 = $42,120).

Rents (Including Crop Share)

Rent received for farmland is rental income and not reported on Schedule F. However, if the farmer materially participates in the farming operations on the land, the rent received is farm income. If the taxpayer pastures someone else's livestock and takes care of them for a fee, the income is from the farming business. That income must be reported as "other" income on Schedule F. If the pasture is strictly rented out without providing services, the income is to be reported on Schedule E as rental income.

Rent received in the form of crop shares is income in the year the shares were converted to money or the equivalent. The accounting method used—cash or accrual—does not matter. Whether the material participation in operating the farm is crop sharing or livestock, the rental income is included in self-employment income.

Crop-sharing lease arrangements that involve a loss may be subject to the limits under the passive-loss rules.

Income Averaging for Farmers

Taxpayers can use income averaging to figure their tax for any year in which they were engaged in a farming business as an individual, a partner in a partnership, or a shareholder in an S corporation. Services performed as an employee are disregarded in determining whether an individual is engaged in a farming business. However, a shareholder of an S corporation engaged in a farming business may treat compensation received from the corporation that is attributable to the farming business as farm income. Corporations, partnerships, S corporations, estates, and trusts cannot use income averaging.

Si las ventas o los intercambios se realizaron antes de que el área fuera elegible para recibir asistencia federal debido a condiciones relacionadas con el clima, el contribuyente podría calificar si la condición relacionada con el clima causó que se designara el área. Para calificar para el desastre, el presidente de los Estados Unidos debe declarar el área como un desastre.

 Señor 1040 dice: Una venta o intercambio relacionado con el clima de ganado (que no sea aves de corral) realizado con fines de cría de tiro o lácteos puede ser una conversión involuntaria. Véase la Publicación 225.

Ejemplo: Bernie es un contribuyente del año calendario, y normalmente vende 100 cabezas de ganado de carne al año. Como resultado del desastre, Bernie vendió 250 cabezas durante el año fiscal actual. Bernie obtuvo $70,200 de la venta. Como resultado de la sequía, el área afectada fue declarada área de desastre elegible para recibir asistencia federal en el mismo año. Bernie puede posponer una porción ($42,120) de los ingresos hasta el año siguiente. ($70,200 ÷ 250 = $280.80 × 150 = $42,120).

Alquileres (incluida la participación en los cultivos)

El alquiler recibido por tierras agrícolas es un ingreso por alquiler y no se reporta en el Anexo F. Sin embargo, si el agricultor participa materialmente en las operaciones agrícolas en la tierra, la renta recibida es la renta agrícola. Si el contribuyente pastorea el ganado de otra persona y lo cuida por una tarifa, los ingresos provienen del negocio agrícola. Esos ingresos deben declararse como "otros" ingresos en el Anexo F. Si el pasto se alquila estrictamente sin proporcionar servicios, los ingresos deben declararse en el Anexo E como ingresos por alquiler.

La renta recibida en forma de acciones de cultivos es el ingreso en el año en que las acciones se convirtieron en dinero o su equivalente. El método contable utilizado, efectivo o devengo, no importa. Ya sea que la participación material en la operación de la granja sea compartir cultivos o ganado, los ingresos por alquiler se incluyen en los ingresos del trabajo por cuenta propia.

Los acuerdos de arrendamiento de cultivos compartidos que impliquen una pérdida pueden estar sujetos a los límites establecidos en las normas sobre pérdidas pasivas.

Promedio de ingresos para los agricultores

Los contribuyentes pueden usar el promedio de ingresos para calcular sus impuestos para cualquier año en el que participaron en un negocio agrícola como individuo, socio en una sociedad o accionista de una corporación S. Los servicios prestados como empleado no se tienen en cuenta para determinar si un individuo se dedica a un negocio agrícola. Sin embargo, un accionista de una corporación S dedicada a un negocio agrícola puede tratar la compensación recibida de la corporación que es atribuible al negocio agrícola como ingresos agrícolas. Las corporaciones, sociedades, corporaciones S, patrimonios y fideicomisos no pueden usar el promedio de ingresos.

Elected Farm Income (EFI)

EFI is the amount of income from the farming business that is elected to be taxed at base-year rates. EFI can be designated as any type of income attributable to the farming business. However, EFI cannot be more than the taxable income, and EFI from a net capital gain attributable to the farming business cannot be more than the total net income. If the taxpayer is using income averaging, that is figured on Schedule J. See Publication 225.

Line 1 Sale of Purchased Livestock and Other Resale Items

Income from farming reported on Schedule F includes amounts taxpayers receive from cultivating, operating, or managing a farm for gain or profit, either as an owner or tenant. Income is included but not limited to:

➢ Income from operating a nursery specializing in growing ornamental plants.
➢ Income from the sale of crop shares if the taxpayer materially participated in producing the crop.
➢ Operating a stock, dairy, poultry, fish, fruit, or truck farm and income from operating a plantation, ranch, range, orchard, or grove.

Both the actual cash received, and the fair market value of goods or income constructively received, are reported on lines 1 through 8. If the taxpayer ran the farm and received rents based on crop share or farm production, that income is reported as rents. If the taxpayer sold livestock due to drought, flood, or other weather-related conditions, the taxpayer could elect to report the income from the sale in the year after the year of sale.

For example, Caleb uses the cash method, and sold three Holstein heifers due to weather-related circumstances in the current tax year. Caleb chose to report the income in the next year after the sale. For Caleb to make the election, all the following must apply:

1. Caleb's main business is farming.
2. Caleb can show he sold the livestock due to a weather-related event.
3. Caleb's farm area qualified for federal aid.

Items Purchased for Resale

If the cash method is used, deduct the ordinarily deducted cost of the livestock and other items purchased for resale only in the year of sale. Deduct this cost, including freight charges for transporting the livestock to the farm, on Part I of Schedule F.

Example: The cash method of accounting is used in the current year Sandy purchased 50 steers, which she will sell in the next year. She cannot deduct the cost of the steers on her current return. She will deduct the cost in Part I of her next year Schedule F.

Ingresos Agrícolas Elegidos (EFI)

EFI es la cantidad de ingresos del negocio agrícola que se elige para ser gravada a las tasas del año base. EFI puede designarse como cualquier tipo de ingreso atribuible a la actividad agrícola. Sin embargo, EFI no puede ser más que el ingreso imponible, y EFI de una ganancia neta de capital atribuible a la actividad agrícola no puede ser más que el ingreso neto total. Si el contribuyente está utilizando el promedio de ingresos, eso se calcula en el Anexo J. Véase la publicación 225.

Línea 1 Venta de ganado comprado y otros artículos de reventa

Los ingresos de la agricultura reportados en el Anexo F incluyen los montos que los contribuyentes reciben al cultivar, operar o administrar una granja para obtener ganancias o ganancias, ya sea como propietario o inquilino. Los ingresos están incluidos, pero no se limitan a:

➢ Ingresos por operar un vivero especializado en el cultivo de plantas ornamentales.
➢ Ingresos por la venta de participaciones en los cultivos si el contribuyente participó materialmente en la producción del cultivo.
➢ Operar una granja de ganado, lácteos, aves de corral, pescado, frutas o camiones e ingresos de operar una plantación, rancho, pastizal, huerto o arboleda.

Tanto el efectivo real recibido, como el valor justo de mercado de los bienes o ingresos recibidos constructivamente, se reportan en las líneas 1 a 8. Si el contribuyente administró la granja y recibió rentas basadas en la participación en el cultivo o la producción agrícola, ese ingreso se reporta como alquileres. Si el contribuyente vendió ganado debido a sequías, inundaciones u otras condiciones relacionadas con el clima, el contribuyente podría optar por reportar los ingresos de la venta en el año posterior al año de venta.

Por ejemplo, Caleb utiliza el método de efectivo y vendió tres novillas Holstein debido a circunstancias relacionadas con el clima en el año fiscal actual. Caleb decidió reportar los ingresos en el próximo año después de la venta. Para que Caleb haga la elección, se debe aplicar todo lo siguiente:

1. El negocio principal de Caleb es la agricultura.
2. Caleb puede demostrar que vendió el ganado debido a un evento relacionado con el clima.
3. El área agrícola de Caleb calificó para recibir ayuda federal.

Artículos comprados para reventa

Si se utiliza el método de efectivo, deducir el costo normalmente deducido del ganado y otros artículos comprados para la reventa solo en el año de venta. Deducir este costo, incluidos los gastos de flete para transportar el ganado a la granja, en la Parte I del Anexo F.

Ejemplo: El método de contabilidad en efectivo se utiliza en el año en curso Sandy compró 50 novillos, que venderá el próximo año. Ella no puede deducir el costo de los novillos en su regreso actual. Ella deducirá el costo en la Parte I de su Anexo F del próximo año.

Line 3 Cooperative Distributions

Distributions from a farm cooperative are reported on Form 1099-PATR on line 3a. Taxpayer may receive multiple Form 1099-PATR if so, report the total distribution from all cooperatives. Distributions include:

- ➢ Patronage dividends
- ➢ Nonpatronage distributions
- ➢ Per-unit retain allocations
- ➢ Redemptions of nonqualified written notices of allocation
- ➢ Per-unit retain certificates

Line 4 Agriculture Payments

Government payments received on Form 1099-G or Form CCC-1099-G are reported on line 4a. Any of the following sources are reported:

- ➢ Price loss coverage payments.
- ➢ Agriculture risk coverage payments.
- ➢ Coronavirus Food Assistance Program Payments.
- ➢ Market Facilitation Program Payments.
- ➢ Market gain from the repayment of a secured Commodity Credit Corporation (CCC) loan for less than the original loan amount.
- ➢ Diversion payments.
- ➢ Cost-share payments.
- ➢ Payments in the form of materials (such as fertilizer or lime) or services (such as grading or building dams).

The taxpayer reports crop insurance proceeds in the year received. Federal crop disaster payments are treated as proceeds for crop insurance proceeds. If 2021 was the year of the crop damage, the taxpayer can elect to include certain proceeds in their 2022 income. To make this election, check the box on 6c.

Crop insurance proceeds received in a prior year, and elected to be treated in the current year's income, would be reported on line 6d. All other income that does not have a designated line on which to report is reported on line 8. Types of income could include, but are not limited to:

- ➢ Illegal federal irrigation subsidies
- ➢ Bartering income
- ➢ Income from Form 1099-C
- ➢ State gasoline or fuel tax refunds received in current tax year

See Schedule F Instructions for a complete list.

Línea 3 Distribuciones cooperativas

Las distribuciones de una cooperativa agrícola se reportan en el Formulario 1099-PATR en la línea 3a. El contribuyente puede recibir múltiples Formularios 1099-PATR si es así, informe la distribución total de todas las cooperativas. Las distribuciones incluyen:

➢ Dividendos de mecenazgo
➢ Distribuciones sin patrocinio
➢ Asignaciones de retención por unidad
➢ Reembolsos de avisos escritos de asignación sin reservas
➢ Certificados de retención por unidad

Línea 4 Pagos agrícolas

Los pagos gubernamentales recibidos en el Formulario 1099-G o el Formulario CCC-1099-G se reportan en la línea 4a. Se reporta de cualquiera de las siguientes fuentes:

➢ Pagos de cobertura de pérdida de precio.
➢ Pagos de cobertura de riesgos agrícolas.
➢ Pagos del Programa de Asistencia Alimentaria por Coronavirus.
➢ Pagos del Programa de Facilitación de Mercados.
➢ Ganancia de mercado del reembolso de un préstamo garantizado de Commodity Credit Corporation (CCC) por menos del monto original del préstamo.
➢ Pagos por desvío.
➢ Pagos de costos compartidos.
➢ Pagos en forma de materiales (como fertilizantes o cal) o servicios (como nivelación o construcción de presas).

El contribuyente reporta los ingresos del seguro de cosechas en el año recibido. Los pagos federales por desastres de cultivos se tratan como ingresos de los ingresos del seguro de cultivos. Si 2021 fue el año del daño al cultivo, el contribuyente puede optar por incluir ciertos ingresos en sus ingresos de 2022. Para hacer esta elección, marque la casilla 6c.

Los ingresos del seguro de cosechas recibidos en un año anterior, y elegidos para ser tratados en los ingresos del año en curso, se indicarían en la línea 6d. Todos los demás ingresos que no tienen una línea designada se reportan en la línea 8. Los tipos de ingresos pueden incluir, pero no se limitan a:

➢ Subsidios federales ilegales al riego
➢ Ingresos por trueque
➢ Ingresos del Formulario 1099-C
➢ Reembolsos estatales de impuestos a la gasolina o al combustible recibidos en el año fiscal actual

Consulte las instrucciones del Anexo F para obtener una lista completa.

Line 5 CCC (Commodity Credit Corporation Loans)

Loans are generally not reported as income. However, if the production was pledged in part to secure a CCC loan, then treat the loan as if it were a sale of the crop and report the loan proceeds as income in the year received. Approval is not needed from the IRS to adopt this method of reporting CCC loans. Once the CCC loan is reported as income for the year received, all CCC loans in that year and subsequent years are reported the same way.

If pledged crops are forfeited to the CCC in full payment of the loan, then the individual may receive a Form 1099-A, *Acquisition or Abandonment of Secured Property*. In box 6 of Form 1099-A, one would see "CCC," and the amount of the outstanding loan would also be indicated on the form. See Publication 225.

Line 8 Other Types of Income

➢ Bartering income.
➢ Income from canceled debt.
➢ State gasoline or fuel tax refunds received.
➢ Income from line 2 that includes Biofuel Producer Credit (Form 6478).
➢ Income from line 8 that includes Biodiesel and Renewable Diesel Fuels Credit (Form 8864).
➢ The amount of credit for federal tax paid on fuels claimed on the 2021 Schedule 3.
➢ Recapture of excess depreciation on listed property, including Section 179 expense deduction.
➢ Inclusion amount on leased property when the business drops 50% or less.
➢ Any recapture of a deduction or credit for clean-fuel vehicle.
➢ Any income from breeding fees.
➢ Gain or a loss on commodity sales.
➢ Any payroll tax credit amount from the employer payroll.

Income from the farming business is the sum of any farm income or gain minus any farm expenses or losses allowed as deductions in figuring taxable income. However, it does not include gain or loss from the sale or other disposition of land or from the sale of development rights, grazing rights, or other similar rights.

Canceled Debt

If a debt is canceled or forgiven other than as a gift or bequest to the taxpayer, the individual must include the canceled amount in gross income for tax purposes. Discharge of qualified farm indebtedness is one of the exceptions to the general rule. It is excluded from taxable income; report the canceled amount on Schedule F, line 10, if the canceled debt was incurred in the farming business. If the debt is a nonbusiness debt, report the canceled amount as "other income" on Schedule 1, line 8c. See Publication 225 and 982.

Línea 5 CCC (Préstamos para empresas de crédito para productos básicos)

Los préstamos generalmente no se reportan como ingresos. Sin embargo, si la producción se comprometió en parte para garantizar un préstamo CCC, entonces trate el préstamo como si fuera una venta de la cosecha e informe los ingresos del préstamo como ingresos en el año recibido. No se necesita la aprobación del IRS para adoptar este método de reportar préstamos CCC. Una vez que el préstamo CCC se reporta como ingreso para el año recibido, todos los préstamos CCC en ese año y años subsiguientes se reportan de la misma manera.

Si los cultivos prometidos se pierden a la CCC en el pago total del préstamo, entonces la persona puede recibir un Formulario 1099-A, *Adquisición o abandono de propiedad garantizada*. En la casilla 6 del Formulario 1099-A, se vería "CCC", y el monto del préstamo pendiente también se indicaría en el formulario. Véase la publicación 225.

Línea 8 Otros tipos de ingresos

> - Ingresos por trueque.
> - Ingresos por deudas canceladas.
> - Reembolsos estatales de impuestos a la gasolina o al combustible recibidos.
> - Ingresos de la línea 2 que incluye Crédito al Productor de Biocombustibles (Formulario 6478).
> - Ingresos de la línea 8 que incluye Crédito de Biodiesel y Combustibles Diesel Renovables (Formulario 8864).
> - El monto del crédito por el impuesto federal pagado sobre los combustibles reclamado en el Anexo 3 de 2021.
> - Recaptura del exceso de depreciación en la propiedad listada, incluida la deducción de gastos de la Sección 179.
> - Monto de inclusión en la propiedad arrendada cuando el negocio cae 50% o menos.
> - Cualquier recuperación de una deducción o crédito por vehículo de combustible limpio.
> - Cualquier ingreso de las cuotas de cría.
> - Ganancia o pérdida en las ventas de productos básicos.
> - Cualquier monto de crédito fiscal de nómina de la nómina del empleador.

Los ingresos del negocio agrícola son la suma de cualquier ingreso o ganancia agrícola menos cualquier gasto o pérdida agrícola permitida como deducciones para calcular el ingreso imponible. Sin embargo, no incluye la ganancia o pérdida de la venta u otra disposición de tierras o de la venta de derechos de desarrollo, derechos de pastoreo u otros derechos similares.

Deuda cancelada

Si una deuda se cancela o perdona de otra manera que no sea como un regalo o legado al contribuyente, el individuo debe incluir el monto cancelado en el ingreso bruto para fines fiscales. La condonación de deudas agrícolas calificadas es una de las excepciones a la regla general. Está excluido de la renta imponible; informe el monto cancelado en el Anexo F, línea 10, si la deuda cancelada se incurrió en el negocio agrícola. Si la deuda es una deuda no comercial, informe el monto cancelado como "otros ingresos" en el Anexo 1, línea 8c. Véanse las publicaciones 225 y 982.

Schedule F Part II Farm Expense Cash and Accrual Method

Part II reports expenses that are typically deductible. Current costs are expenses that do not have to be capitalized or included in inventory costs. The deduction for the cost of livestock feed and certain other supplies may be limited. If the taxpayer has an operating loss, the taxpayer may not be able to deduct the loss.

Certain expenses paid throughout the year may be part personal and part business. Some shared expenses could include expenses for gasoline, oil, fuel, water, rent, electricity, telephone, automobile upkeep, repairs, insurance, interest, and taxes. Shared expenses need to be allocated correctly between personal and business. The personal portion is not deductible; the business portion would be deducted on Schedule F.

Ordinary and necessary costs of operating a farm for profit are deductible business expenses. Current costs are expenses that do not have to be capitalized or included in inventory costs. However, the deduction for the cost of livestock feed and certain other supplies may be limited. If the taxpayer has an operating loss, the taxpayer may not be able to deduct this loss. The following are not deductible:

➤ Personal or living expenses.
➤ Expenses used to raise a family.
➤ Animal expenses used by the taxpayer to raise the animal.
➤ Repaid expenses.
➤ Inventory losses.
➤ Personal losses.

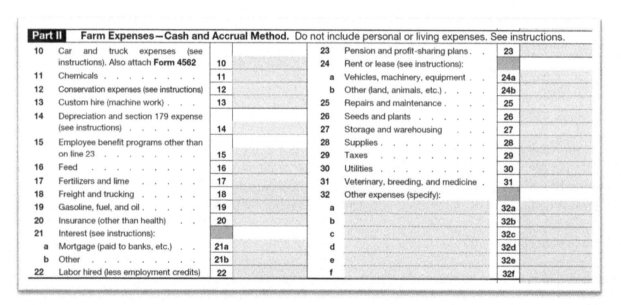

Portion of Schedule F

Prepaid farm supplies are amounts paid during the tax year for the following items:

Anexo F Parte II Gastos agrícolas Método de efectivo y devengo

La Parte II reporta los gastos que generalmente son deducibles. Los costos corrientes son gastos que no tienen que ser capitalizados o incluidos en los costos de inventario. La deducción por el coste de la alimentación del ganado y otros suministros puede ser limitada. Si el contribuyente tiene una pérdida operativa, es posible que el contribuyente no pueda deducir la pérdida.

Ciertos gastos pagados a lo largo del año pueden ser parte personal y parte comercial. Algunos gastos compartidos podrían incluir gastos de gasolina, petróleo, combustible, agua, alquiler, electricidad, teléfono, mantenimiento de automóviles, reparaciones, seguros, intereses e impuestos. Los gastos compartidos deben asignarse correctamente entre personal y comercial. La porción personal no es deducible; la parte comercial se deduciría en el Anexo F.

Los costos ordinarios y necesarios de operar una granja con fines de lucro son gastos comerciales deducibles. Los costos corrientes son gastos que no tienen que ser capitalizados o incluidos en los costos de inventario. No obstante, la deducción por el coste de la alimentación del ganado y otros suministros puede ser limitada. Si el contribuyente tiene una pérdida operativa, es posible que el contribuyente no pueda deducir esta pérdida. Los siguientes no son deducibles:

> - Gastos personales o de manutención.
> - Gastos utilizados para criar una familia.
> - Gastos de animales utilizados por el contribuyente para criar el animal.
> - Gastos reembolsados.
> - Pérdidas de inventario.
> - Pérdidas personales.

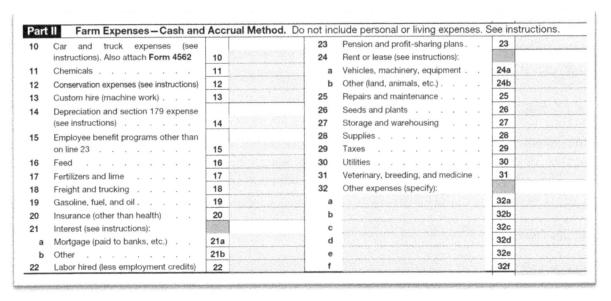

Parte del Anexo F

Los suministros agrícolas prepagados son montos pagados durante el año fiscal por los siguientes artículos:

> ➤ Feed, seed, fertilizer, and similar farm supplies not used or consumed during the year. Do not include amounts paid for farm supplies that would have been consumed if not for a fire, storm, flood, other casualty, disease, or drought.
> ➤ Poultry (including egg-laying hens and baby chicks) bought for use (or for both use and resale) in the farm business. Include only the amount that would be deductible in the following year if the taxpayer had capitalized the cost and deducted it ratably over the lesser of 12 months or the useful life of the poultry.
> ➤ Poultry bought for resale and not resold during the year.

Line 10, Car and Truck Expenses

Only expenses that are used for business can be deducted as a business expense. Items include gasoline, oil, repairs, license tags, insurance, and depreciation. For 2022 the rate is 58.5 cents per mile from January to June and 62.5 cents per mile from July to December. For tax year 2023 the business travel rate is 65.5 cents per mile. The standard mileage rate for each mile of business use can be used for the taxpayer's owned or leased vehicle. The standard mileage rate cannot be used if five or more cars or light trucks are used at the same time. See Instructions Schedule F.

Line 14, Depreciation

When property is acquired to be used in the farm business and expected to last more than one year, do not deduct the entire cost in the year. The cost is recovered over more than one year and deducted each year on Schedule F as depreciation or amortization. Depreciation will be covered in a later chapter. See Instructions Form 4562.

Line 17, Fertilizer and Lime

In the year paid or incurred, the cost of fertilizer, lime, and other materials applied to farmland to enrich, neutralize, or condition the land can be an expense. The cost to apply the raw material is also an expense.

Line 19, Gasoline, Fuel, and Oil

Some expenses paid during the tax year are part personal and part business. These can include expenses for gasoline, fuel and oil, water, utilities, automobile upkeep, repairs, insurance, and taxes. The taxpayer cannot mix business and personal portions to be reported. The business portion is deductible on the tax return.

Line 20, Insurance

Ordinary and necessary cost of insurance for the farm business is a business expense. Premiums can include payment for the following types of insurance:

> ➤ Fire, storm, crop, theft, liability, and other insurance on farm business assets

➢ Piensos, semillas, fertilizantes y suministros agrícolas similares no utilizados o consumidos durante el año. No incluya los montos pagados por suministros agrícolas que se habrían consumido si no fuera por un incendio, tormenta, inundación, otra víctima, enfermedad o sequía.

➢ Aves de corral (incluidas las gallinas ponedoras y los pollitos) compradas para su uso (o tanto para uso como para reventa) en el negocio agrícola. Incluya solo la cantidad que sería deducible en el año siguiente si el contribuyente hubiera capitalizado el costo y lo hubiera deducido de manera proporcional durante el menor de los 12 meses o la vida útil de las aves de corral.

➢ Aves de corral compradas para la reventa y no revendidas durante el año.

Línea 10, Gastos de automóviles y camiones

Solo los gastos que se utilizan para negocios se pueden deducir como gastos comerciales. Los artículos incluyen gasolina, aceite, reparaciones, etiquetas de licencia, seguros y depreciación. Para 2022, la tarifa es de 58.5 centavos por milla de enero a junio y 62.5 centavos por milla de julio a diciembre. Para el año fiscal 2023, la tarifa de viaje de negocios es de 65.5 centavos por milla. La tasa de millaje estándar por cada milla de uso comercial se puede usar para el vehículo propiedad o arrendado del contribuyente. La tasa de kilometraje estándar no se puede utilizar si se utilizan cinco o más automóviles o camiones ligeros al mismo tiempo. Ver Instrucciones Anexo F.

Línea 14, Depreciación

Cuando se adquiere una propiedad para ser utilizada en el negocio agrícola y se espera que dure más de un año, no deduzca el costo total en el año. El costo se recupera durante más de un año y se deduce cada año en el Anexo F como depreciación o amortización. La depreciación se tratará en un capítulo posterior. Consulte el Formulario de instrucciones 4562.

Línea 17, Fertilizante y Cal

En el año pagado o incurrido, el costo de fertilizantes, cal y otros materiales aplicados a las tierras agrícolas para enriquecer, neutralizar o acondicionar la tierra puede ser un gasto. El costo de aplicar la materia prima también es un gasto.

Línea 19, Gasolina, Combustible y Aceite

Algunos gastos pagados durante el año fiscal son en parte personales y en parte comerciales. Estos pueden incluir gastos de gasolina, combustible y aceite, agua, servicios públicos, mantenimiento de automóviles, reparaciones, seguros e impuestos. El contribuyente no puede mezclar partes comerciales y personales para ser reportadas. La parte comercial es deducible en la declaración de impuestos.

Línea 20, Seguros

El costo ordinario y necesario del seguro para el negocio agrícola es un gasto comercial. Las primas pueden incluir el pago de los siguientes tipos de seguro:

➢ Incendio, tormenta, cosecha, robo, responsabilidad civil y otros seguros sobre activos comerciales agrícolas

- ➤ Health and accident insurance on farm employees
- ➤ Workers' compensation insurance set by state law that covers claims for job-related bodily injuries or diseases suffered by employees on the farm, regardless of fault
- ➤ Business interruption insurance
- ➤ State unemployment insurance on farm employees (deductible as taxes if they are considered taxes under state law)

Self-employed health insurance can be deducted as well as medical, dental, and qualified long-term care insurance coverage for the taxpayer, the spouse, and dependents when figuring adjusted gross income. See Publication 535.

Line 21, Interest

Interest paid on farm mortgages and other obligations incurred in the farm business can be deductible. If the cash method of accounting is used, deduct interest paid during the tax year. Interest paid with other funds received from the original lender through another loan, advance, or other arrangement similar to a loan cannot be deducted until payments are made on the new loan. Under the cash method, if interest is prepaid before it is due, the deduction is taken in the tax year in which the interest is due. See Instructions Form 8990.

Line 22, Labor Hired

Reasonable wages paid for regular farm labor, piecework, contract labor, and other forms of labor hired to perform the farming operations can be paid in cash or in noncash items such as inventory, capital assets, or assets used in business. The cost of boarding farm labor is a deductible labor cost. Other deductible costs incurred for farm labor could include health insurance, workers' compensation insurance, and other benefits. Reduce the tax deduction that was claimed on the following:

- ➤ Form 5884, Work Opportunity Credit
- ➤ Form 8844, Empowerment Zone Employment Credit
- ➤ Form 8845, Indian Employment Credit
- ➤ Form 8932, Credit for Employer Differential Wage Payments
- ➤ Form 8994, Employer Credit for Paid Family and Medical Leave

Line 25, Repairs and Maintenance

Most expenses for repair and maintenance are deductible. However, repairs or an overhaul to depreciable property that increases the asset's value or adapts it to a different use is a capital expense. See Publication 225.

Line 29, Taxes

Real estate and property taxes on farm business assets such as farm equipment, animals, farmland, and farm buildings can be deducted in the year paid. The taxes on the part of the farm used for personal use are not a deductible expense on the business; those expenses may be deductible on Schedule A.

➢ Seguro médico y de accidentes para empleados agrícolas
➢ Seguro de compensación para trabajadores establecido por la ley estatal que cubre reclamos por lesiones corporales relacionadas con el trabajo o enfermedades sufridas por los empleados en la granja, independientemente de la culpa
➢ Seguro de interrupción del negocio
➢ Seguro estatal de desempleo para empleados agrícolas (deducible como impuestos si se consideran impuestos según la ley estatal)

El seguro de salud para trabajadores por cuenta propia se puede deducir, así como la cobertura de seguro médico, dental y de cuidado a largo plazo calificado para el contribuyente, el cónyuge y los dependientes al calcular el ingreso bruto ajustado. Véase la publicación 535.

Línea 21, Interés

Los intereses pagados sobre las hipotecas agrícolas y otras obligaciones incurridas en el negocio agrícola pueden ser deducibles. Si se utiliza el método de contabilidad en efectivo, deduzca los intereses pagados durante el año fiscal. Los intereses pagados con otros fondos recibidos del prestamista original a través de otro préstamo, anticipo u otro acuerdo similar a un préstamo no se pueden deducir hasta que se realicen los pagos del nuevo préstamo. Según el método de efectivo, si los intereses se pagan por adelantado antes de su vencimiento, la deducción se toma en el año fiscal en el que se vencen los intereses. Consulte el Formulario de instrucciones 8990.

Línea 22, Mano de obra contratada

Los salarios razonables pagados por el trabajo agrícola regular, el trabajo a destajo, el trabajo contratado y otras formas de trabajo contratado para realizar las operaciones agrícolas se pueden pagar en efectivo o en artículos no monetarios, como inventario, activos de capital o activos utilizados en negocios. El costo de la mano de obra agrícola es un costo de mano de obra deducible. Otros costos deducibles incurridos por el trabajo agrícola podrían incluir seguro de salud, seguro de compensación para trabajadores y otros beneficios. Reducir la deducción fiscal que se reclamó en lo siguiente:

➢ Formulario 5884, Crédito por oportunidad de trabajo
➢ Formulario 8844, Crédito de Empleo de Zona de Empoderamiento
➢ Formulario 8845, Crédito de empleo indio
➢ Formulario 8932, Crédito para pagos salariales diferenciales del empleador
➢ Formulario 8994, Crédito del empleador por licencia familiar y médica pagada

Línea 25, Reparaciones y Mantenimiento

La mayoría de los gastos de reparación y mantenimiento son deducibles. Sin embargo, las reparaciones o una revisión de la propiedad depreciable que aumenta el valor del activo o lo adapta a un uso diferente es un gasto de capital. Véase la publicación 225.

Línea 29, Impuestos

Los impuestos sobre bienes raíces y propiedad sobre activos comerciales agrícolas, como equipos agrícolas, animales, tierras de cultivo y edificios agrícolas, se pueden deducir en el año pagado. Los impuestos sobre la parte de la granja utilizada para uso personal no son un gasto deducible en el negocio; esos gastos pueden ser deducibles en el Anexo A.

State and local general sales tax on non-depreciable farm business items are deductible as part of the cost of those items. Include state and local general sales tax imposed on the purchase of the assets for use in the farm business as part of the cost that is depreciable.

Individuals cannot deduct state and federal income taxes as farm business expenses. Individuals can deduct state and local income taxes only as an itemized deduction on Schedule A. Federal income tax is not a deduction. One-half of the self-employment tax is figured as an adjustment to income on Form 1040. See Instructions Schedule F.

Line 32 Other Expenses

Travel Expenses

Ordinary and necessary expenses can be deducted if they are incurred while traveling away from home for farm business. Lavish and extravagant expenses cannot be deducted. For tax purposes, the farm business's location is considered the location of the farm and the taxpayer is traveling away from the farm if:

> ➢ Duties require the taxpayer to be absent from the farm for substantially longer than an ordinary workday
> ➢ Sleep and rest are required to meet the demands of work while away from home

Following are some examples of deductible travel expenses:

> ➢ Air, rail, bus, and car transportation
> ➢ Meals and lodging
> ➢ Dry cleaning and laundry
> ➢ Telephone and fax
> ➢ Transportation between hotel and temporary work or business meeting location
> ➢ Tips for any expenses

Remember, ordinary business-related meals are deductible if business travel is overnight or long enough to require the taxpayer to stop for sleep or rest to properly perform his or her duties.

The following list is not a complete list but includes some expenses that may be deducted as farm expense on Part II of Schedule F. These expenses must be for business purposes and paid in the year used (if using the cash method) or incurred (if using the accrual method).

> ➢ Accounting fees
> ➢ Advertising
> ➢ Business travel and meals
> ➢ Commissions
> ➢ Consultant fees
> ➢ Crop-scouting expenses
> ➢ Dues to cooperatives
> ➢ Educational expenses (to maintain and improve farming skills)

El impuesto general estatal y local sobre las ventas de artículos comerciales agrícolas no depreciables es deducible como parte del costo de esos artículos. Incluya el impuesto general a las ventas estatal y local impuesto sobre la compra de los activos para su uso en el negocio agrícola como parte del costo que es depreciable.

Las personas no pueden deducir los impuestos estatales y federales sobre la renta como gastos de negocios agrícolas. Las personas pueden deducir los impuestos estatales y locales sobre la renta solo como una deducción detallada en el Anexo A. El impuesto federal sobre la renta no es una deducción. La mitad del impuesto sobre el trabajo por cuenta propia se calcula como un ajuste a los ingresos en el Formulario 1040. Ver Instrucciones Anexo F.

Línea 32 Otros gastos

Gastos de viaje

Los gastos ordinarios y necesarios se pueden deducir si se incurre mientras viaja fuera de casa para negocios agrícolas. Los gastos lujosos y extravagantes no se pueden deducir. Para fines fiscales, la ubicación del negocio agrícola se considera la ubicación de la granja y el contribuyente está viajando fuera de la granja si:

  ➢ Los deberes requieren que el contribuyente esté ausente de la granja durante mucho más tiempo que un día de trabajo ordinario
  ➢ El sueño y el descanso son necesarios para satisfacer las demandas del trabajo mientras está fuera de casa

Los siguientes son algunos ejemplos de gastos de viaje deducibles:

  ➢ Transporte aéreo, ferroviario, en autobús y en automóvil
  ➢ Comidas y alojamiento
  ➢ Tintorería y lavandería
  ➢ Teléfono y fax
  ➢ Transporte entre el hotel y el lugar temporal de trabajo o reunión de negocios
  ➢ Propinas para cualquier gasto

Recuerde, las comidas ordinarias relacionadas con los negocios son deducibles si los viajes de negocios son lo suficientemente nocturnos o lo suficientemente largos como para requerir que el contribuyente se detenga a dormir o descansar para realizar adecuadamente sus deberes.

La siguiente, no es una lista completa, pero incluye algunos gastos que pueden deducirse como gastos agrícolas en la Parte II del Anexo F. Estos gastos deben ser para fines comerciales y pagados en el año utilizado (si se utiliza el método de efectivo) o incurridos (si se utiliza el método de devengo).

  ➢ Honorarios contables
  ➢ Publicidad
  ➢ Viajes de negocios y comidas
  ➢ Comisiones
  ➢ Honorarios de consultores
  ➢ Gastos de exploración de cultivos
  ➢ Cuotas a las cooperativas
  ➢ Gastos educativos (para mantener y mejorar las habilidades agrícolas)

➢ Farm-related attorney fees
➢ Farm magazines
➢ Ginning
➢ Insect sprays and dusts
➢ Litter and bedding
➢ Livestock fees
➢ Marketing fees
➢ Milk assessment
➢ Record-keeping expenses
➢ Service charges
➢ Small tools expected to last one year or less
➢ Stamps and stationery
➢ Subscriptions to professional, technical, and trade journals that deal with farming

Marketing Quota Penalties

Marketing quota penalties can be deducted as an "other expense" on Schedule F. These penalties are paid for marketing crops in excess of farm marketing quota. If the penalty is not paid but the purchaser of the crop deducts it from the payment, include the payment in gross income. Do not take a separate deduction for the penalty. See Publication 225.

Capital Expenses

A capital expense is a payment, or a debt incurred for the acquisition, improvement, or restoration of an asset that is expected to last more than one year. Include the expense in the basis of the asset. Uniform capitalization rules also require the asset to be capitalized or included in certain inventory expenses. See Publication 225.

Business Use of Home

Business use of the home can be deducted if part of the home is exclusively and regularly used as:

➢ The principal place of business for any trade or business.
➢ A place to meet or deal with patients, clients, or customers in the normal course of the trade or business.
➢ In connection with a trade or business, if using a separate structure that is not attached to the home.

An office in the home will qualify as the principal place of business for deducting expense for its use if both of the following requirements are met:

➢ The taxpayer uses it exclusively and regularly for the administrative or management activities of the trade or business.
➢ The taxpayer has no other fixed location where one conducts substantial administrative or management activities of the trade or business.

The IRS has provided a simplified method to determine the expense use of the home. This was covered in Schedule C chapter. See Publication 587.

- ➢ Honorarios de abogados relacionados con la granja
- ➢ Revistas agrícolas
- ➢ Desmotado
- ➢ Aerosoles y polvos de insectos
- ➢ Cama y ropa de cama
- ➢ Tasas ganaderas
- ➢ Tarifas de comercialización
- ➢ Evaluación de la leche
- ➢ Gastos de mantenimiento de registros
- ➢ Cargos por servicio
- ➢ Se espera que las herramientas pequeñas duren un año o menos
- ➢ Sellos y papelería
- ➢ Suscripciones a revistas profesionales, técnicas y comerciales que se ocupan de la agricultura

Penalizaciones por cuota de comercialización

Las multas por cuotas de comercialización pueden deducirse como un "otro gasto" en el Anexo F. Estas sanciones se pagan por la comercialización de cultivos que excedan de la cuota de comercialización agrícola. Si no se paga la penalización, pero el comprador de la cosecha la deduce del pago, incluya el pago en ingresos brutos. No tome una deducción separada por la multa. Véase la publicación 225.

Gastos de capital

Un gasto de capital es un pago o una deuda incurrida para la adquisición, mejora o restauración de un activo que se espera que dure más de un año. Incluya el gasto en la base del activo. Las reglas uniformes de capitalización también requieren que el activo se capitalice o se incluya en ciertos gastos de inventario. Véase la publicación 225.

Uso comercial del hogar

El uso comercial de la casa se puede deducir si parte de la casa se usa exclusiva y regularmente como:

- ➢ El lugar principal de negocios para cualquier comercio o negocio.
- ➢ Un lugar para reunirse o tratar con pacientes, clientes o clientes en el curso normal del comercio o negocio.
- ➢ En relación con un comercio o negocio, si se utiliza una estructura separada que no está unida a la casa.

Una oficina en el hogar calificará como el lugar principal de negocios para deducir gastos por su uso si se cumplen los dos requisitos siguientes:

- ➢ El contribuyente lo utiliza exclusiva y regularmente para las actividades administrativas o de gestión del comercio o negocio.
- ➢ El contribuyente no tiene otra ubicación fija donde se llevan a cabo actividades administrativas o de gestión sustanciales del comercio o negocio.

El IRS ha proporcionado un método simplificado para determinar el uso de gastos de la casa. Esto fue cubierto en el capítulo del Anexo C. Véase la Publicación 587.

Business Start-Up and Organizational Costs

The taxpayer can elect to deduct up to $5,000 of business start-up costs and $5,000 of organizational costs paid or incurred after October 22, 2004. The $5,000 deduction is reduced by the amount of the total start-up or organizational costs exceeding $50,000. Any remaining costs must be amortized. See Publication 225.

Crop Production Expenses

The uniform capitalization rules require the taxpayer to capitalize expense incurred in producing plants. However, for certain taxpayers who are required to use the accrual method of accounting, the capitalization rules do not apply to plants with a pre-productive period of two years or less. See Publication 225.

Timber

Capitalize the cost of acquiring timber; do not include the cost of the land. Generally, one must capitalize the direct costs incurred in reforestation; however, one can elect to deduct some forestation and reforestation costs.

Christmas Tree Cultivation

If the taxpayer is in the business of planting and cultivating Christmas trees to sell when they are more than 6 years old, capitalize expense incurred for planting and stump culture and add them to the basis of the standing trees. The taxpayer would recover these expenses as part of the adjusted basis when the trees are sold as standing trees, or as a depletion allowance when the trees are cut.

Breeding Fees

If the accrual method is used, breeding fees need to be capitalized and allocated to the cost of the basis of the calf, foal, etc. Breeding fees can be an expense on Schedule F. If the breeder guarantees live offspring or other veterinary procedure costs as the cost basis of the offspring.

Other Nondeductible Expenses

Personal expenses and certain other items on the tax return cannot be deducted even if they are farm related. The taxpayer cannot deduct certain personal and living expenses, including rent and insurance premiums paid on property used as the taxpayer's primary residence. The cost of maintaining personal vehicles or other items used for personal use or the cost of purchasing or raising produce or livestock consumed by the taxpayer and his or her family is not deductible.

Losses from Operating a Farm

If the farm expenses are more than the farm income, the taxpayer has a loss from the operation of the farm. The amount of the loss one can deduct when figuring the taxable income may be limited. To figure the deductible loss, the following limits must be applied:

Puesta en marcha de empresas y costos de organización

El contribuyente puede optar por deducir hasta $5,000 de costos de inicio de negocios y $5,000 de costos organizacionales pagados o incurridos después del 22 de octubre de 2004. La deducción de $5,000 se reduce por el monto de los costos totales iniciales u organizativos que excedan los $50,000. Cualquier costo restante debe ser amortizado. Véase la publicación 225.

Gastos de producción de cultivos

Las reglas uniformes de capitalización requieren que el contribuyente capitalice los gastos incurridos en plantas de producción. Sin embargo, para ciertos contribuyentes que están obligados a utilizar el método de contabilidad de devengo, las reglas de capitalización no se aplican a las plantas con un período pre-productivo de dos años o menos. Véase la publicación 225.

Madera

Capitalizar el costo de adquisición de madera; No incluyen el costo del terreno. En general, se deben capitalizar los costos directos incurridos en la reforestación; Sin embargo, uno puede optar por deducir algunos costos de forestación y reforestación.

Cultivo del árbol de Navidad

Si el contribuyente está en el negocio de plantar y cultivar árboles de Navidad para vender cuando tienen más de 6 años, capitalice los gastos incurridos para plantar y cultivar tocones y agréguelos a la base de los árboles en pie. El contribuyente recuperaría estos gastos como parte de la base ajustada cuando los árboles se venden como árboles en pie, o como una asignación de agotamiento cuando se cortan los árboles.

Tasas de cría

Si se utiliza el método de devengo, las tarifas de cría deben capitalizarse y asignarse al costo de la base del ternero, potro, etc. Las tarifas de reproducción pueden ser un gasto en el Anexo F. Si el criador garantiza la descendencia viva u otros costos de procedimiento veterinario como base de costos de la descendencia.

Otros gastos no deducibles

Los gastos personales y ciertos otros elementos en la declaración de impuestos no se pueden deducir, incluso si están relacionados con la granja. El contribuyente no puede deducir ciertos gastos personales y de subsistencia, incluyendo el alquiler y las primas de seguro pagadas por la propiedad utilizada como residencia principal del contribuyente. El costo de mantener vehículos personales u otros artículos utilizados para uso personal o el costo de comprar o criar productos o ganado consumido por el contribuyente y su familia no es deducible.

Pérdidas por operar una granja

Si los gastos de la granja son mayores que los ingresos de la granja, el contribuyente tiene una pérdida de la operación de la granja. El monto de la pérdida que uno puede deducir al calcular el ingreso imponible puede ser limitado. Para calcular la pérdida deducible, se deben aplicar los siguientes límites:

> ➤ The at-risk limits
> ➤ The passive activity limits

If the deductible loss after applying the limits is more than the income for the year, there may be a net operating loss. See Publication 536.

Not-for-Profit Farming

If the taxpayer operates a farm for profit, all ordinary and necessary expenses of carrying on the business of farming can be deducted on Schedule F. If the farming activity or other activity the taxpayer is engaged in or invests in is not-for-profit, the income from the activity is reported on Schedule 1, line 6. The expenses are no longer deducted on Schedule A. Losses from not-for-profit farming can be limited.

Estimated Payments Exception

If the taxpayer files their tax return yearly by March 1 and do the following, the penalty will be waived.

1. File the tax return and pay the tax due by March 1.
2. Taxpayers had no liability for the prior year and the current year was for the 12 months.
3. Taxpayers would not be charged a penalty if the total tax on the current year minus the amount of withholding tax paid is less than $1,000.

Benefits of Recordkeeping

Everyone in business must keep appropriate and accurate records. Recordkeeping will help the taxpayer:

> ➤ Monitor the progress of their business.
> ➤ Prepare an accurate financial statement.
> ➤ Classify receipts.
> ➤ Track deductible business expenses.
> ➤ Prepare the tax return.
> ➤ Support reported income and expenses on the tax return.

Records show the taxpayer if the business is improving, which items sell the best, and insights to increase the success of the business. Records are needed to prepare accurate financial statements, which include profit and loss, balance sheets, and any other financial statements.

Taxpayers should identify receipts at the time of purchase. It is easier to get into the habit of tracking receipts when received rather than dealing with them when preparing the tax return. A tax professional should teach clients how to identify and track receipts.

➢ Los límites de riesgo
➢ Los límites de la actividad pasiva

Si la pérdida deducible después de aplicar los límites es mayor que los ingresos del año, puede haber una pérdida operativa neta. Véase la publicación 536.

Agricultura sin fines de lucro

Si el contribuyente opera una granja con fines de lucro, todos los gastos ordinarios y necesarios de llevar a cabo el negocio de la agricultura pueden deducirse en el Anexo F. Si la actividad agrícola u otra actividad en la que el contribuyente participa o invierte no tiene fines de lucro, los ingresos de la actividad se reportan en el Anexo 1, línea 6. Los gastos ya no se deducen en el Anexo A. Las pérdidas de la agricultura sin fines de lucro pueden ser limitadas.

Excepción de pagos estimados

Si el contribuyente presenta su declaración de impuestos anualmente antes del 1 de marzo y hace lo siguiente, la multa no se aplicará.

➢ Presente la declaración de impuestos y pague el impuesto adeudado antes del 1 de marzo.
➢ Los contribuyentes no tenían responsabilidad por el año anterior y el año en curso era por los 12 meses.
➢ A los contribuyentes no se les cobraría una multa si el impuesto total en el año en curso menos el monto de la retención de impuestos pagada es inferior a $ 1,000.

Beneficios del mantenimiento de registros

Todos en los negocios deben mantener registros apropiados y precisos. El mantenimiento de registros ayudará al contribuyente a:

➢ Monitorear el progreso de su negocio.
➢ Prepare un estado financiero preciso.
➢ Clasificar recibos.
➢ Realice un seguimiento de los gastos comerciales deducibles.
➢ Preparar la declaración de impuestos.
➢ Apoyar los ingresos y gastos reportados en la declaración de impuestos.

Los registros muestran al contribuyente si el negocio está mejorando, qué artículos se venden mejor y perspectivas para aumentar el éxito del negocio. Los registros son necesarios para preparar estados financieros precisos, que incluyen ganancias y pérdidas, balances y cualquier otro estado financiero.

Los contribuyentes deben identificar los recibos en el momento de la compra. Es más fácil adquirir el hábito de rastrear los recibos cuando se reciben en lugar de tratar con ellos al preparar la declaración de impuestos. Un profesional de impuestos debe enseñar a los clientes cómo identificar y rastrear recibos.

Kinds of Records to Keep

The taxpayer should choose the recordkeeping system that is best for their business. The system should match the accounting method of the taxpayer's tax year. The recordkeeping system should include a summary for all the taxpayer's business transactions. For example, recordkeeping should show gross income as well as deductions and credits for the business. Supporting documentation for consistent transactions, such as purchases, sales, and payroll, should be maintained. It is important to retain documentation that supports the entries in the journal, ledgers, and the tax return. Records for travel, transportation, and gift expenses fall under specific recordkeeping rules. For more information see Publication 463. There are also specific employment tax records the employer must keep. See Publication 51 (Circular A).

Assets used in business can be property, such as machinery and equipment used to conduct business. Records of the asset are used to figure depreciation and the gain or loss when the asset is sold. Records should show the following information:

➢ When and how the business asset was acquired.
➢ The purchase price of the business asset.
➢ The cost of any business improvements.
➢ Section 179 deduction.
➢ Business deductions taken for depreciation.
➢ Business deductions taken for casualty losses, such as losses resulting from fires, storms, or natural disasters.
➢ How the business asset was used.
➢ When and how the business asset was disposed.
➢ The selling price of the asset or the business.
➢ The expense of the business asset.

The following are examples of records that might show the information from the above list:

➢ Purchase and sales business invoices.
➢ Business purchase of real estate closing statements (HUD-1).
➢ Canceled business checks.
➢ A business' bank statements.

Maintaining Records

Tax records should be kept as needed for the administration of any provision of the Internal Revenue Code. Business records should be kept that support an item of income or deduction appearing on the return until the period of limitations is finished. Generally, that time frame is a 3-year period, although certain records must be kept longer than 3 years.

Employment records must be kept for at least 4 years after the date the tax becomes due or is paid. Records that pertain to assets such as property should be kept if the taxpayer owns the business asset. Other creditors, such as an insurance company, may require the business records to be kept longer than the IRS.

Tipos de registros para mantener

El contribuyente debe elegir el sistema de mantenimiento de registros que sea mejor para su negocio. El sistema debe coincidir con el método contable del año fiscal del contribuyente. El sistema de mantenimiento de registros debe incluir un resumen de todas las transacciones comerciales del contribuyente. Por ejemplo, el mantenimiento de registros debe mostrar el ingreso bruto, así como las deducciones y créditos para el negocio. Se debe mantener la documentación de respaldo para transacciones consistentes, como compras, ventas y nómina. Es importante conservar la documentación que respalde las entradas en el diario, los libros mayores y la declaración de impuestos. Los registros de gastos de viaje, transporte y regalos caen bajo reglas específicas de mantenimiento de registros. Para obtener más información, consulte la Publicación 463. También hay registros específicos de impuestos de empleo que el empleador debe mantener. Véase la Publicación 51 (Circular A).

Los activos utilizados en los negocios pueden ser propiedad, como maquinaria y equipo utilizados para realizar negocios. Los registros del activo se utilizan para calcular la depreciación y la ganancia o pérdida cuando se vende el activo. Los registros deben mostrar la siguiente información:

➢ Cuándo y cómo se adquirió el activo comercial.
➢ El precio de compra del activo comercial.
➢ El costo de cualquier mejora comercial.
➢ Deducción del artículo 179.
➢ Deducciones comerciales tomadas por depreciación.
➢ Deducciones comerciales tomadas por pérdidas por accidentes, como pérdidas resultantes de incendios, tormentas o desastres naturales.
➢ Cómo se utilizó el activo empresarial.
➢ Cuándo y cómo se eliminó el activo comercial.
➢ El precio de venta del activo o del negocio.
➢ El gasto del activo comercial.

Los siguientes son ejemplos de registros que pueden mostrar la información de la lista anterior:

➢ Facturas comerciales de compra y venta.
➢ Compra de negocios de declaraciones de cierre de bienes raíces (HUD-1).
➢ Cheques comerciales cancelados.
➢ Los extractos bancarios de una empresa.

Mantenimiento de registros

Los registros de impuestos deben mantenerse según sea necesario para la administración de cualquier disposición del Código de Rentas Internas. Se deben mantener registros comerciales que respalden un elemento de ingreso o deducción que aparezca en la declaración hasta que finalice el período de limitaciones. Generalmente, ese marco de tiempo es un período de 3 años, aunque ciertos registros deben mantenerse por más de 3 años.

Los registros de empleo deben conservarse durante al menos 4 años después de la fecha en que el impuesto se devenga o se pague. Los registros que pertenecen a activos tales como la propiedad deben mantenerse si el contribuyente posee el activo comercial. Otros acreedores, como una compañía de seguros, pueden requerir que los registros comerciales se mantengan por más tiempo que el IRS.

Part 1 Review Questions

To obtain the maximum benefit from this chapter, LTP recommends that you complete each of the following questions, and then compare them to the answers with feedback that immediately follow. Under governing self-study standards, vendors are required to present review questions intermittently throughout each self-study course.

These questions and explanations are not part of the final examination and will not be graded by LTP.

SFP1.1
Which of the following farm assets could produce a gain or a loss for the taxpayer?

 a. Land
 b. Depreciable farm equipment
 c. Buildings and structures
 d. Livestock

SFP1.2
When farm products are sold, they are reported on_____.

 a. Schedule F
 b. Form 4797
 c. Form 8949
 d. Form 1040

SFP1.3
Dog breeding sales are reported on ____.

 a. Schedule A
 b. Schedule C
 c. Schedule E
 d. Schedule F

SFP1.4
EFI stands for _____.

 a. Electronic filing income
 b. Electronic farm income
 c. Elected farm income
 d. Elected filing income

SFP1.5
Cattle breeding sales are reported on which form?

 a. Schedule A
 b. Schedule C
 c. Schedule E
 d. Schedule F

Parte 1 Preguntas de repaso

Para obtener el máximo beneficio de este capítulo, LTP recomienda que complete cada una de las siguientes preguntas y luego las compare con las respuestas con los comentarios que siguen inmediatamente. Bajo los estándares de autoestudio vigentes, los proveedores deben presentar preguntas de revisión intermitentemente a lo largo de cada curso de autoestudio.

Estas preguntas y explicaciones no son parte del examen final y no serán calificadas por LTP.

SFP1.1
¿Cuál de los siguientes activos agrícolas podría producir una ganancia o una pérdida para el contribuyente?

    a. Tierra
    b. Equipo agrícola depreciable
    c. Edificios y estructuras
    d. Ganado

SFP1.2
Cuando se venden productos agrícolas, se reporta en_____.

    a. Anexo F
    b. Formulario 4797
    c. Formulario 8949
    d. Formulario 1040

SFP1.3
Las ventas de cría de perros se reportan en ____.

    a. Anexo A
    b. Anexo C
    c. Anexo E
    d. Anexo F

SFP1.4
EFI significa _____.

    a. Presentación electrónica de ingresos
    b. Ingresos agrícolas electrónicos
    c. Ingresos agrícolas elegidos
    d. Ingresos declarativos elegidos

SFP1.5
¿En qué forma se reportan las ventas de cría de ganado?

    a. Anexo A
    b. Anexo C
    c. Anexo E
    d. Anexo F

Part 1 Review Questions Answers

SFP1.1
Which of the following farm assets could produce a gain or a loss for the taxpayer?

    a. Land
    b. Depreciable farm equipment
    c. Buildings and structures
    d. Livestock

Feedback: Review section *Schedule F, Farm Income.*

SFP1.2
When farm products are sold, they are reported on_____.

    a. Schedule F
    b. Form 4797
    c. Form 8949
    d. Form 1040

Feedback: Review section *Farm Income.*

SFP1.3
Dog breeding sales are reported on____.

    a. Schedule A
    b. Schedule C
    c. Schedule E
    d. Schedule F

Feedback: Review section *Farm Income.*

SFP1.4
EFI stands for _____.

    a. Electronic filing income
    b. Electronic farm income
    c. Elected farm income
    d. Elected filing income

Feedback: Review section *Elected Farm Income.*

Parte 1 Respuesta a las preguntas de repaso

SFP1.1
¿Cuál de los siguientes activos agrícolas podría producir una ganancia o una pérdida para el contribuyente?

- a. Tierra
- b. Equipo agrícola depreciable
- c. Edificios y estructuras
- **d. Ganado**

Comentarios: Revise la sección *Anexo F, Ingresos agrícolas.*

SFP1.2
Cuando se venden productos agrícolas, se reporta en _____.

- **a. Anexo F**
- b. Formulario 4797
- c. Formulario 8949
- d. Formulario 1040

Comentarios: Sección de revisión *Ingresos agrícolas.*

SFP1.3
Las ventas de cría de perros se reportan en ____.

- a. Anexo A
- b. Anexo C
- c. Anexo E
- **d. Anexo F**

Comentarios: Sección de revisión *Ingresos agrícolas.*

SFP1.4
EFI significa _____.

- a. Presentación electrónica de ingresos
- b. Ingresos agrícolas electrónicos
- **c. Ingresos agrícolas elegidos**
- d. Ingresos declarativos elegidos

Comentarios: Sección de revisión *Ingresos agrícolas elegidos.*

SFP1.5

Cattle breeding sales are reported on which form?

  a. Schedule 1
  b. Schedule C
  c. Schedule E
  d. Schedule F

Feedback: Review section *Farm Income*.

Takeaways

Taxpayers are in the business of farming if they cultivate, operate, or manage a farm for profit, either as an owner or tenant. A farm includes livestock, dairy, poultry, fish, fruit, and truck farms. The farm can also include plantations, ranches, ranges, and orchards.

TEST YOUR KNOWLEDGE!
Go online to take a practice quiz.

SFP1.5
¿En qué forma se reportan las ventas de cría de ganado?

    a.   Anexo 1
    b.   Anexo C
    c.   Anexo E
    d.   Anexo F

Comentarios: Sección de revisión *Ingresos agrícolas.*

Aportes

Los contribuyentes están en el negocio de la agricultura si cultivan, operan o administran una granja con fines de lucro, ya sea como propietario o inquilino. Una granja incluye ganado, lácteos, aves de corral, pescado, frutas y granjas de camiones. La granja también puede incluir plantaciones, ranchos, pastizales y huertos.

¡PON A PRUEBA TUS CONOCIMIENTOS!
Ve en línea para tomar una prueba de práctica.

Chapter 4 Depreciation

Introduction

Depreciation is an annual deduction that allows taxpayers to recover the cost or other basis of their business or investment property over a specified number of years. Depreciation is an allowance for the wear and tear, decline, or uselessness of a property and begins when a taxpayer places property in service for use in a trade or business. The property ceases to be depreciable when the taxpayer has fully recovered the property's cost or other basis or when the property has been retired from service, whichever comes first. Depreciation is reported on Form 4562.

Objectives

At the end of this lesson, the student will:

➢ Describe when property cannot be depreciated.
➢ Recognize when depreciation begins and ends.
➢ Identify which method of depreciation to use for the property.

Resources

Form 1040	Publication 534	Instructions Form 1040
Form 3115	Publication 544	Instructions Form 3115
Form 4562	Publication 551	Instructions Form 4562
Form 8866	Publication 946	Instructions Form 8866

Part 1 Defining Depreciation and Depreciation Methods

Depreciation is an annual allowance for the wear and tear of certain property that includes the process of allocating the cost of a tangible asset to expense over its estimated useful life. To be depreciable, tangible property must have a limited life. Tangible property can be divided into two categories: real property and personal property. Real property is land, land improvements, buildings, and building improvements. Land does not have a limited life; therefore, it does not qualify for depreciation. Personal property is usually business machinery and equipment, office furniture, and fixtures. The term "personal property" should not be confused with property owned by an individual for personal use.

Depreciation

Depreciation is a way of accounting for the costs associated with durable goods used in a business, for investment, or for a hobby. The recovery period is determined by the IRS and the taxpayer deducts the cost of the item over the property class life. Only the percentage of the cost corresponding to the percentage of use attributable to deductible purposes can be depreciated; costs attributed to personal use can never be depreciated. Depreciation starts when the asset is placed into service and ends when the property is disposed or worn out.

Capítulo 4 Depreciación

Introducción

La depreciación es una deducción anual que permite a los contribuyentes recuperar el costo u otra base de su negocio o propiedad de inversión durante un número específico de años. La depreciación es una asignación por el desgaste, la disminución o la inutilidad de una propiedad y comienza cuando un contribuyente pone la propiedad en servicio para su uso en un comercio o negocio. La propiedad deja de ser depreciable cuando el contribuyente ha recuperado completamente el costo de la propiedad u otra base o cuando la propiedad ha sido retirada del servicio, lo que ocurra primero. La depreciación se reporta en el Formulario 4562.

Objetivos

Al final de esta lección, el estudiante:

- ➢ Describa cuándo la propiedad no se puede depreciar.
- ➢ Reconozca cuándo comienza y termina la depreciación.
- ➢ Identifique qué método de depreciación utilizar para la propiedad.

Recursos

Formulario 1040	Publicación 534	Instrucciones Formulario 1040
Formulario 3115	Publicación 544	Instrucciones Formulario 3115
Formulario 4562	Publicación 551	Instrucciones Formulario 4562
Formulario 8866	Publicación 946	Instrucciones Formulario 8866

Parte 1 Definición de la depreciación y los métodos de depreciación

La depreciación es una provisión anual por el desgaste de ciertos bienes que incluye el proceso de asignar el costo de un activo tangible al gasto durante su vida útil estimada. Para ser depreciable, los bienes tangibles deben tener una vida limitada. Los bienes tangibles se pueden dividir en dos categorías: bienes inmuebles y bienes personales. Los bienes inmuebles son terrenos, mejoras de terrenos, edificios y mejoras de edificios. La tierra no tiene una vida limitada; por lo tanto, no califica para la depreciación. La propiedad personal suele ser maquinaria y equipo comercial, muebles de oficina y accesorios. El término "propiedad personal" no debe confundirse con la propiedad de un individuo para uso personal.

Depreciación

La depreciación es una forma de contabilizar los costos asociados con los bienes duraderos utilizados en un negocio, para la inversión o para un pasatiempo. El período de recuperación es determinado por el IRS y el contribuyente deduce el costo del artículo durante la vida de la clase de propiedad. Sólo puede depreciarse el porcentaje del costo correspondiente al porcentaje de uso atribuible a efectos de deducción; Los costos atribuidos al uso personal nunca pueden depreciarse. La depreciación comienza cuando el activo se pone en servicio y termina cuando la propiedad se dispone o se desgasta.

Table of Contents / Contenido

Basis is a way of determining the cost of an investment in property and is decided by how it was acquired. If the property was purchased, the purchase price is the basis. Any improvements made to the property are then added to that basis. The purchase price plus improvements constitutes the adjusted basis. Other items that add to the basis are the expenses of acquiring the property (commissions, sales tax, and freight charges). There are also items that reduce the basis, which include depreciation, nontaxable distributions, and postponed gain on home sales. This is also referred to as "cost basis".

Depreciation is reported on Form 4562.

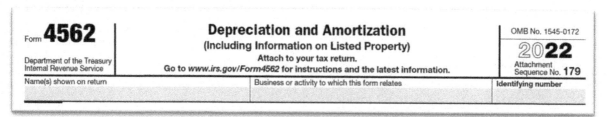

Portion of Form 4562

Section 179

Section 179 is an internal revenue code that allows the taxpayer an immediate deduction on certain business assets. Business owners can take the purchase price of business equipment in the year of purchase and depreciate the asset 100%. Federal law allows an expense election up to $1,050,000 of the cost of certain business property. For the tax year 2022 the limits are $1,080,000 with a total purchase of $2,700,000. For the tax year 2023 the limits are $1,160,000 with a total phaseout at $2,890,000.

Taxpayers can choose to take a portion of Section 179 instead of the entire amount of the asset. For example, Solomon purchased a tractor for his farming business. The tractor cost $45,000, and Solomon decided to use 50% of the cost as Section 179. The remaining $22,500 would be used as a yearly depreciation deduction.

Section 179 is reported on Form 4562, part I.

Part I **Election To Expense Certain Property Under Section 179**
Note: If you have any listed property, complete Part V before you complete Part I.

1	Maximum amount (see instructions)		1	
2	Total cost of section 179 property placed in service (see instructions)		2	
3	Threshold cost of section 179 property before reduction in limitation (see instructions)		3	
4	Reduction in limitation. Subtract line 3 from line 2. If zero or less, enter -0-		4	
5	Dollar limitation for tax year. Subtract line 4 from line 1. If zero or less, enter -0-. If married filing separately, see instructions		5	
6	(a) Description of property	(b) Cost (business use only)	(c) Elected cost	

7	Listed property. Enter the amount from line 29	7		
8	Total elected cost of section 179 property. Add amounts in column (c), lines 6 and 7		8	
9	Tentative deduction. Enter the **smaller** of line 5 or line 8		9	
10	Carryover of disallowed deduction from line 13 of your 2021 Form 4562		10	
11	Business income limitation. Enter the smaller of business income (not less than zero) or line 5. See instructions		11	
12	Section 179 expense deduction. Add lines 9 and 10, but don't enter more than line 11		12	
13	Carryover of disallowed deduction to 2023. Add lines 9 and 10, less line 12	13		

Note: Don't use Part II or Part III below for listed property. Instead, use Part V.

Portion of Form 4562

La base es una forma de determinar el costo de una inversión en propiedad y se decide por cómo se adquirió. Si la propiedad fue comprada, el precio de compra es la base. Cualquier mejora realizada en la propiedad se agrega a esa base. El precio de compra más las mejoras constituye la base ajustada. Otros elementos que se suman a la base son los gastos de adquisición de la propiedad (comisiones, impuesto sobre las ventas y cargos de flete). También hay elementos que reducen la base, que incluyen depreciación, distribuciones no imponibles y ganancias pospuestas en las ventas de viviendas. Esto también se conoce como "base de costos".

La depreciación se reporta en el Formulario 4562.

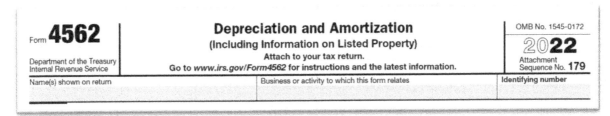

Parte del Formulario 4562

Artículo 179

La Sección 179 es un código de rentas internas que permite al contribuyente una deducción inmediata sobre ciertos activos comerciales. Los dueños de negocios pueden tomar el precio de compra de los equipos comerciales en el año de compra y depreciar el activo al 100%. La ley federal permite una elección de gastos de hasta $ 1,050,000 del costo de cierta propiedad comercial. Para el año fiscal 2022, los límites son de $ 1,080,000 con una compra total de $ 2,700,000. Para el año fiscal 2023, los límites son de $ 1,160,000 con una eliminación total de $ 2,890,000.

Los contribuyentes pueden optar por tomar una parte de la Sección 179 en lugar del monto total del activo. Por ejemplo, Salomón compró un tractor para su negocio agrícola. El tractor costó $ 45,000, y Solomon decidió usar el 50% del costo como Sección 179. Los $22,500 restantes se utilizarían como deducción anual por depreciación.

La Sección 179 se reporta en el Formulario 4562, parte I.

Part I	**Election To Expense Certain Property Under Section 179**			
	Note: If you have any listed property, complete Part V before you complete Part I.			
1	Maximum amount (see instructions)		1	
2	Total cost of section 179 property placed in service (see instructions)		2	
3	Threshold cost of section 179 property before reduction in limitation (see instructions)		3	
4	Reduction in limitation. Subtract line 3 from line 2. If zero or less, enter -0-		4	
5	Dollar limitation for tax year. Subtract line 4 from line 1. If zero or less, enter -0-. If married filing separately, see instructions		5	
6	**(a)** Description of property	**(b)** Cost (business use only)	**(c)** Elected cost	
7	Listed property. Enter the amount from line 29	7		
8	Total elected cost of section 179 property. Add amounts in column (c), lines 6 and 7		8	
9	Tentative deduction. Enter the **smaller** of line 5 or line 8		9	
10	Carryover of disallowed deduction from line 13 of your 2021 Form 4562		10	
11	Business income limitation. Enter the smaller of business income (not less than zero) or line 5. See instructions		11	
12	Section 179 expense deduction. Add lines 9 and 10, but don't enter more than line 11		12	
13	Carryover of disallowed deduction to 2023. Add lines 9 and 10, less line 12	13		
Note: Don't use Part II or Part III below for listed property. Instead, use Part V.				

Parte del Formulario 4562

Line 1 reports the maximum amount of Section 179.

Line 2 reports total cost of Section 179 that was placed in service in the current tax year.

Line 3 reports the maximum amount the taxpayer would elect to claim. The amount could be reduced based on taxpayer.

Line 4 reports the reduction limitation.

Line 5 reports the dollar limitation for the current tax year.

Bonus Depreciation

Bonus depreciation was designed to stimulate investment in business property that is not land or buildings. IRC section 168(k) is the code that provides the explanation of the accelerated depreciation. The IRS sometimes refers to bonus depreciation as a "special depreciation allowance". For tax year 2022, the allowable depreciation is 100% of qualified business property. The immediate deduction is eligible for property that has been placed in service between September 27, 2017, and January 1, 2023. After January 1, 2023, the phaseout amounts are:

2023: 80%
2024: 60%
2025: 40%
2026: 20%

Property that qualifies for bonus depreciation must have a useful life of 20 years or less. The property must also be new for the taxpayer. If the taxpayer leased the equipment, prior to purchase, the property is disqualified for bonus depreciation.

Part II reports Special Depreciation Allowance and other Depreciation, such as bonus depreciation.

Part II	**Special Depreciation Allowance and Other Depreciation (Don't** include listed property. See instructions.)		
14	Special depreciation allowance for qualified property (other than listed property) placed in service during the tax year. See instructions.	14	
15	Property subject to section 168(f)(1) election	15	
16	Other depreciation (including ACRS)	16	

Portion of Form 4562

The Beginning and End of Depreciation

Depreciation begins when the property is placed in service for use in the trade or business or for the production of income. Depreciation ends when the cost and added basis, if any, have been fully recovered or when the property is retired from service, whichever comes first.

La línea 1 reporta la cantidad máxima de la Sección 179.

Línea 2 reporta el costo total de la Sección 179 que se puso en servicio en el año fiscal actual.

La línea 3 reporta la cantidad máxima que el contribuyente elegiría reclamar. La cantidad podría reducirse en función del contribuyente.

La línea 4 reporta de la limitación de reducción.

La línea 5 reporta el límite en dólares para el año fiscal actual.

Depreciación de bonificación

La depreciación de bonificación fue diseñada para estimular la inversión en propiedades comerciales que no son terrenos o edificios. La sección 168(k) del IRC es el código que proporciona la explicación de la depreciación acelerada. El IRS a veces se refiere a la depreciación de bonificación como una "asignación especial de depreciación". Para el año fiscal 2022, la depreciación permitida es del 100% de la propiedad comercial calificada. La deducción inmediata es elegible para la propiedad que se ha puesto en servicio entre el 27 de septiembre de 2017 y el 1 de enero de 2023. Después del 1 de enero de 2023, los importes de eliminación gradual son:

2023: 80%
2024: 60%
2025: 40%
2026: 20%

La propiedad que califica para la depreciación de bonificación debe tener una vida útil de 20 años o menos. La propiedad también debe ser nueva para el contribuyente. Si el contribuyente arrendó el equipo, antes de la compra, la propiedad está descalificada para la depreciación de bonificación.

En la Parte II se reporta de la Provisión Especial por Depreciación y otras Depreciaciones, como la depreciación de bonificaciones.

Part II	Special Depreciation Allowance and Other Depreciation (Don't include listed property. See instructions.)		
14	Special depreciation allowance for qualified property (other than listed property) placed in service during the tax year. See instructions	14	
15	Property subject to section 168(f)(1) election	15	
16	Other depreciation (including ACRS)	16	

Parte del Formulario 4562

El principio y el fin de la depreciación

La depreciación comienza cuando la propiedad se pone en servicio para su uso en el comercio o negocio o para la producción de ingresos. La depreciación termina cuando el costo y la base adicional, si corresponde, se han recuperado por completo o cuando la propiedad se retira del servicio, lo que ocurra primero.

Property is placed in service when it is ready and available for a specific use for a business activity, an income-producing activity, a tax-exempt activity, or a personal activity. Even if the property is not being used, it is still placed in service when it is ready, available, and capable of performing its specific use.

When a taxpayer places an improvement or addition in service after the original asset was placed in service, the improvements or addition is a separate asset. For example, Gabriela placed her rental in service and then made some major improvements. The improvements were more than the purchase price of the rental. The improvements will be a separate line item to be depreciated and could have a different class life. See §1.263(a)-3T(e)(3) or (e)(5) for more information.

Example 1: Joel purchased a copy machine in December of last year for his printing business. The machine was delivered in January but not installed. Joel had the machine installed and ready for use in February of the current tax year. The machine would be considered to be placed in service in February of the current year, and not December or January, because it wasn't until it was installed in February that the machine became ready to be placed in service.

If the property has been converted from personal to business use, the "placed in service" date is the date it was converted to business use or to an income-producing activity. In other words, depreciation begins when the property has been placed in service.

Example 2: Nicolas purchased a home as his primary residence in 2010, and on February 10, 2022, he converted it to a rental property. Therefore, depreciation begins the day it was placed into service as an income-producing property.

Property That Can Be Depreciated

Most types of tangible property can be depreciated. Examples of tangible property are:

- Buildings
- Vehicles
- Machinery
- Furniture
- Equipment
- Storage facilities

Some intangible items that can be depreciated include:

- Copyrights
- Patents
- Computer software (if the software life value is more than one year)

Property that can be depreciated must meet the following requirements:

- Must be the taxpayer's own property.
- Must be used in the taxpayer's business or income-producing activity.
- Property must have a determinable useful life.
- The property is expected to last more than one year.

La propiedad se pone en servicio cuando está lista y disponible para un uso específico para una actividad comercial, una actividad generadora de ingresos, una actividad exenta de impuestos o una actividad personal. Incluso si la propiedad no se está utilizando, todavía se pone en servicio cuando está lista, disponible y capaz de realizar su uso específico.

Cuando un contribuyente coloca una mejora o adición en servicio después de que el activo original fue puesto en servicio, las mejoras o adiciones son un activo separado. Por ejemplo, Gabriela puso su alquiler en servicio y luego hizo algunas mejoras importantes. Las mejoras fueron más que el precio de compra del alquiler. Las mejoras serán una partida separada que se depreciará y podría tener una vida de clase diferente. Consulte §1.263(a)-3T(e)(3) o (e)(5) para obtener más reportación.

Ejemplo 1: Joel compró una fotocopiadora en diciembre del año pasado para su negocio de impresión. La máquina fue entregada en enero, pero no instalada. Joel tenía la máquina instalada y lista para usar en febrero del año fiscal actual. La máquina se consideraría puesta en servicio en febrero del año en curso, y no en diciembre o enero, porque no fue hasta que se instaló en febrero que la máquina estuvo lista para ser puesta en servicio.

Si la propiedad se ha convertido de uso personal a uso comercial, la fecha de "puesta en servicio" es la fecha en que se convirtió para uso comercial o para una actividad generadora de ingresos. En otras palabras, la depreciación comienza cuando la propiedad ha sido puesta en servicio.

Ejemplo 2: Nicolas compró una casa como su residencia principal en 2010, y el 10 de febrero de 2022, la convirtió en una propiedad de alquiler. Por lo tanto, la depreciación comienza el día en que se puso en servicio como una propiedad generadora de ingresos.

Propiedad que se puede depreciar

La mayoría de los tipos de bienes tangibles pueden depreciarse. Ejemplos de bienes tangibles son:

- ➢ Edificios
- ➢ Vehículos
- ➢ Maquinaria
- ➢ Mueble
- ➢ Equipo
- ➢ Instalaciones de almacenamiento

Algunos elementos intangibles que se pueden depreciar incluyen:

- ➢ Autor
- ➢ Patentes
- ➢ Software informático (si el valor de vida útil del software es superior a un año)

Los bienes que pueden amortizarse deben cumplir los siguientes requisitos:

- ➢ Debe ser propiedad propia del contribuyente.
- ➢ Debe ser utilizado en el negocio del contribuyente o actividad generadora de ingresos.
- ➢ La propiedad debe tener una vida útil determinable.
- ➢ Se espera que la propiedad dure más de un año.

Property Owned

To claim depreciation, one must be the owner of the property, even if the property has debt. Leased property can be claimed only if ownership of the property includes the following:

> ➤ The legal title to the property.
> ➤ The legal obligation to pay for the property.
> ➤ The responsibility to pay maintenance and operating expenses.
> ➤ The duty to pay any taxes on the property.
> ➤ The risk of loss if the property is destroyed, condemned, or diminished in value through obsolescence or exhaustion.

Example: Amanda made a down payment on a rental property and took over Tom's mortgage payments. Amanda owns the property and can depreciate it.

If the property is held as a business or as an investment property as a life tenant, the taxpayer may depreciate the property.

Property Having a Determinable Useful Life

Property must have a determinable useful life to be depreciated. It must be something that wears out, decays, gets used up, becomes obsolete, or loses its value from natural causes.

Property Lasting More than One Year

To be able to depreciate property, the useful life should extend significantly beyond the year the property was placed in service.

Example: Ms. Wilson maintains a library for her tax business and purchases yearly technical journals for its use. The library would not be depreciated because the technical journals do not have a useful life of more than one year. The technical journals should be taken as a yearly business expense.

Property Used in Business or an Income-Producing Activity

To claim depreciation on property, the income-producing activity must be used in business. If the taxpayer uses the property to produce an investment use, then the income is taxable. Personal property cannot be depreciated.

If the property is used for business and personal use, the portion used as business may be depreciated. For instance, the individual cannot deduct depreciation on a car used only for commuting to and from work or for personal shopping trips and family vacations. Taxpayer must keep records showing business and personal use of the property.

Containers used for the products one sells are considered inventory and cannot be depreciated. Containers used to ship products can be depreciated if they have a life expectancy of more than one year and meet the following requirements:

Propiedad Poseída

Para reclamar la depreciación, uno debe ser el propietario de la propiedad, incluso si la propiedad tiene deudas. La propiedad arrendada solo se puede reclamar si la propiedad de la propiedad incluye lo siguiente:

➢ El título legal de la propiedad.
➢ La obligación legal de pagar por la propiedad.
➢ La responsabilidad de pagar los gastos de mantenimiento y operación.
➢ El deber de pagar cualquier impuesto sobre la propiedad.
➢ El riesgo de pérdida si la propiedad es destruida, condenada o disminuida en valor por obsolescencia o agotamiento.

Ejemplo: Amanda hizo un pago inicial en una propiedad de alquiler y se hizo cargo de los pagos de la hipoteca de Tom. Amanda es dueña de la propiedad y puede depreciarla.

Si la propiedad se mantiene como un negocio o como una propiedad de inversión como inquilino vitalicio, el contribuyente puede depreciar la propiedad.

Propiedad que tiene una vida útil determinable

La propiedad debe tener una vida útil determinable para ser depreciada. Debe ser algo que se desgasta, se descompone, se agota, se vuelve obsoleto o pierde su valor por causas naturales.

Propiedad que dura más de un año

Para poder depreciar la propiedad, la vida útil debe extenderse significativamente más allá del año en que la propiedad se puso en servicio.

Ejemplo: La Sra. Wilson mantiene una biblioteca para su negocio de impuestos y compra revistas técnicas anuales para su uso. La biblioteca no se depreciaría porque las revistas técnicas no tienen una vida útil de más de un año. Las revistas técnicas deben tomarse como un gasto comercial anual.

Propiedad utilizada en un negocio o una actividad generadora de ingresos

Para reclamar la depreciación de la propiedad, la actividad generadora de ingresos debe utilizarse en los negocios. Si el contribuyente utiliza la propiedad para producir un uso de inversión, entonces el ingreso está sujeto a impuestos. La propiedad personal no puede ser depreciada.

Si la propiedad se utiliza para uso comercial y personal, la parte utilizada como negocio puede depreciarse. Por ejemplo, el individuo no puede deducir la depreciación de un automóvil utilizado solo para ir y volver del trabajo o para viajes personales de compras y vacaciones familiares. El contribuyente debe mantener registros que muestren el uso comercial y personal de la propiedad.

Los contenedores utilizados para los productos que uno vende se consideran inventario y no se pueden depreciar. Los contenedores utilizados para enviar productos pueden depreciarse si tienen una esperanza de vida de más de un año y cumplen con los siguientes requisitos:

➢ Qualify as property used in business.
➢ Title to the containers does not pass to the buyer.

To determine if the above requirements are met, the following things need to be considered:

➢ Does the sales contract, sales invoice, or some other type of order acknowledgement indicate whether the taxpayer has retained the title of the containers?
➢ Does the invoice treat the containers as a separate item?
➢ Do the taxpayer's records indicate the basis of the containers?

Auto Depreciation Limits

Maximum deprecation for passenger vehicles acquired after September 27, 2017, and placed in service in 2022 and taxpayer did not opt in for special depreciation. The depreciation is:

First year	$19,200
Second year	$18,000
Third year	$10,800
Fourth year and later	$6,460

For sport utility vehicles (SUV) placed in service beginning 2022, the maximum deduction is $27,000. For passenger automobiles placed in service for 2022, it is $19,200, if special depreciation is allowed, or $11,200 if special depreciation is applied. For IRS purposes an SUV is different than a passenger automobile because the depreciation limits are based on the vehicle weight.

Property That Cannot Be Depreciated

Land does not wear out; therefore, it cannot be depreciated. The cost of land generally includes clearing, grading, planting, and landscaping. Although land is never depreciated, certain improvements to the land can be depreciated, such as landscaping and improvements to a building.

The following exceptions are property that cannot be depreciated even if the requirements are met:

➢ Property placed in service and disposed of in the same year.
➢ Equipment used to build capital improvements.
➢ Section 197 intangibles that must be amortized.
➢ Certain term interests.

Inventory is not depreciated. Inventory is any property that is held primarily for sale to customers in the ordinary course of business. If the taxpayer is in the rent-to-own business, certain property held for business may be considered as depreciable instead of inventory. See Publication 946.

Property Acquired by Like-kind Exchanges

Like-kind property is property of the same nature, character, or class. Quality or grade does not matter. For example, real property that is improved with a residential rental house is like-kind to vacant land. Most common like-kind exchanges are real property, or better known as a 1031 exchange.

➤ Calificar como propiedad utilizada en los negocios.
➤ El título de los contenedores no pasa al comprador.

Para determinar si se cumplen los requisitos anteriores, se deben considerar las siguientes cosas:

➤ ¿El contrato de venta, la factura de venta o algún otro tipo de acuse de recibo del pedido indican si el contribuyente ha conservado el título de los contenedores?
➤ ¿La factura trata los contenedores como un artículo separado?
➤ ¿Los registros del contribuyente indican la base de los contenedores?

Límites de depreciación automática

Desuso máximo para vehículos de pasajeros adquiridos después del 27 de septiembre de 2017 y puestos en servicio en 2022 y el contribuyente no optó por una depreciación especial. La depreciación es:

Primer año	$ 19.200
Segundo año	$ 18.000
Tercer año	$ 10.800
Cuarto año y posteriores	$ 6.460

Para los vehículos utilitarios deportivos (SUV) puestos en servicio a partir de 2022, la deducción máxima es de $ 27,000. Para los automóviles de pasajeros puestos en servicio para 2022, es de $ 19,200, si se permite una depreciación especial, o $ 11,200 si se aplica una depreciación especial. Para fines del IRS, un SUV es diferente a un automóvil de pasajeros porque los límites de depreciación se basan en el peso del vehículo.

Propiedad que no se puede depreciar

La tierra no se desgasta; por lo tanto, no se puede depreciar. El costo de la tierra generalmente incluye la limpieza, nivelación, plantación y paisajismo. Aunque la tierra nunca se deprecia, ciertas mejoras a la tierra se pueden depreciar, como el paisajismo y las mejoras en un edificio.

Las siguientes excepciones son propiedades que no se pueden depreciar incluso si se cumplen los requisitos:

➤ Bienes puestos en servicio y enajenados en el mismo año.
➤ Equipo utilizado para construir mejoras de capital.
➤ Sección 197 intangibles que deben amortizarse.
➤ Ciertos intereses a plazo.

El inventario no se deprecia. El inventario es cualquier propiedad que se mantiene principalmente para la venta a los clientes en el curso ordinario de los negocios. Si el contribuyente está en el negocio de alquiler con opción a compra, ciertos bienes mantenidos para el negocio pueden considerarse depreciables en lugar de inventario. Véase la publicación 946.

Propiedad adquirida por intercambios similares

La propiedad similar es una propiedad de la misma naturaleza, carácter o clase. La calidad o el grado no importan. Por ejemplo, los bienes inmuebles que se mejoran con una casa residencial de alquiler son similares a los terrenos baldíos. Los intercambios similares más comunes son bienes raíces, o mejor conocidos como intercambio 1031.

A 1031 exchange gets its name from Section 1031 of the U.S. Internal Revenue Code, which allows you to postpone paying capital gains taxes when you sell an investment property and reinvest the proceeds from the sale within certain time limits in a property or properties of like-kind and equal or greater value.

Like-kind exchanges completed after December 31, 2017, are limited to real property exchanges not held primarily for sale. See IRC Section 1.168(i)-6.

De minimis Safe Harbor Election

The taxpayer can elect to deduct small dollar amounts for expenditures for acquiring or manufacturing of property that generally needs to be capitalized under the general rules. The amount spent needs to be ordinary and necessary expenses to carry on the trade or business for the taxpayer. Costs include materials, supplies, repairs, and maintenance usually under $2,500. See IRC Section 1.263.

Depreciation Methods

Depreciation methods consist of modified accelerated cost recovery system, along with straight-line and accelerated cost recovery system (ACRS). ACRS was used prior to 1987. The IRS now uses MACRS and straight-line.

Modified Accelerated Cost Recovery System (MACRS)

The Modified Accelerated Cost Recovery System (MACRS) is the current depreciation method used in the United States to calculate depreciable assets. MACRS should be used to depreciate property. MACRS is not used in the following circumstances:

> - Property placed in service before 1987.
> - Property owned or used in 1986.
> - Intangible property.
> - Films, video tapes, and recordings.
> - Certain corporate or partnership property that was acquired in a nontaxable transfer.
> - Property that has been elected to be excluded from MACRS.

Property Placed in Service Before 1987

If property was placed in service before 1987 (unless the taxpayer elected to use MACRS after July 31, 1986) it must use ACRS or Straight Line. See Publication 534.

MACRS is generally used to depreciate property that was acquired for personal use before 1987 but placed in service after 1986. Improvements made to the property placed in service before 1986 is depreciated as a separate entry using MACRS depreciation.

Certain property that was acquired and placed in service after 1986 may not qualify for MACRS. In any of the following personal property situations, MACRS cannot be used:

Un intercambio 1031 recibe su nombre de la Sección 1031 del Código de Rentas Internas de los Estados Unidos, que le permite posponer el pago de impuestos sobre las ganancias de capital cuando vende una propiedad de inversión y reinvierte los ingresos de la venta dentro de ciertos límites de tiempo en una propiedad o propiedades de igual tipo e igual o mayor valor.

Los intercambios similares completados después del 31 de diciembre de 2017 se limitan a intercambios de bienes raíces que no se mantienen principalmente para la venta. Véase la Sección 1.168(i)-6 del IRC.

Elección de puerto seguro de minimis

El contribuyente puede optar por deducir pequeñas cantidades en dólares para gastos para adquirir o fabricar propiedades que generalmente necesitan ser capitalizadas bajo las reglas generales. La cantidad gastada debe ser gastos ordinarios y necesarios para llevar a cabo el comercio o negocio para el contribuyente. Los costos incluyen materiales, suministros, reparaciones y mantenimiento, generalmente por debajo de $ 2,500. Véase IRC Sección 1.263.

Métodos de depreciación

Los métodos de depreciación consisten en un sistema de recuperación acelerada de costos modificado, junto con un sistema de recuperación de costos lineal y acelerado (ACRS). ACRS se utilizó antes de 1987. El IRS ahora usa MACRS y línea recta.

Sistema Acelerado de Recuperación de Costos Modificado (MACRS)

El Sistema Modificado de Recuperación Acelerada de Costos (MACRS) es el método de depreciación actual utilizado en los Estados Unidos para calcular los activos depreciables. MACRS debe usarse para depreciar la propiedad. MACRS no se utiliza en las siguientes circunstancias:

➢ Propiedad puesta en servicio antes de 1987.
➢ Propiedad en propiedad o utilizada en 1986.
➢ Propiedad intangible.
➢ Películas, cintas de vídeo y grabaciones.
➢ Cierta propiedad corporativa o de sociedad que fue adquirida en una transferencia no imponible.
➢ Propiedad que ha sido elegida para ser excluida de MACRS.

Propiedad puesta en servicio antes de 1987

Si la propiedad se puso en servicio antes de 1987 (a menos que el contribuyente haya elegido usar MACRS después del 31 de julio de 1986), debe usar ACRS o Straight Line. Véase la Publicación 534.

MACRS se utiliza generalmente para depreciar la propiedad que fue adquirida para uso personal antes de 1987 pero puesta en servicio después de 1986. Las mejoras realizadas en la propiedad puesta en servicio antes de 1986 se deprecian como una entrada separada utilizando la depreciación MACRS.

Ciertas propiedades que fueron adquiridas y puestas en servicio después de 1986 pueden no calificar para MACRS. En cualquiera de las siguientes situaciones de propiedad personal, MACRS no se puede utilizar:

- ➤ The taxpayer or someone related to the taxpayer owned or used the property in 1986.
- ➤ The taxpayer acquired the property from a person who owned it in 1986; and, as a part of the transaction, the user of the property did not change.
- ➤ The taxpayer leased the property to a person (or someone related to them) who owned or used the property in 1986.
- ➤ The taxpayer acquired the property in a transaction in which the following took place:
  - o The user of the property did not change.
  - o The property was not a MACRS property in the hands of the person from whom the taxpayer acquired it due to one of the reasons above.

A taxpayer cannot depreciate Section 1250 property using MACRS in any of the following situations:

- ➤ The taxpayer or someone related to the taxpayer owned the property in 1986.
- ➤ The taxpayer leased the property to a person who owned the property or to someone related to that person in 1986.
- ➤ The taxpayer acquired the property in a like-kind exchange, involuntary conversion, or repossession of property that was owned by the taxpayer, or someone related to the taxpayer in 1986.

MACRS only applies to the part of basis in the acquired property that represents cash paid or unlike property exchanged. It does not apply to the carried-over part of the basis.

Exceptions to the above include the following:

- ➤ Residential rental property or nonresidential real property.
- ➤ Any property if, in the first tax year that it is placed in service, the deduction under Accelerated Cost Recovery System (ACRS) is more than the deduction under MACRS using the half year convention. See Publication 534.

The following are related persons who cannot depreciate Section 1250 property:

- ➤ An individual and a member of their family, including only a spouse, child, parent, brother, sister, half-brother, half-sister, ancestor, and lineal descendant.
- ➤ A corporation or an individual who directly or indirectly owns more than 10% of the value of the outstanding stock of that corporation.
- ➤ Two corporations that are members of the same controlled group.
- ➤ A trust fiduciary and a corporation if more than 10% of the value of the outstanding stock is directly or indirectly owned by or for the trust or grantor of the trust.
- ➤ The grantor and fiduciary; and the fiduciary and beneficiary of any trust.
- ➤ The fiduciaries of two different trusts and the fiduciaries and beneficiaries of two different trusts if the same person is the grantor of both trusts.
- ➤ A tax-exempt educational or charitable organization and any person (or a member of that person's family) who directly or indirectly controls the organization.

➢ El contribuyente o alguien relacionado con el contribuyente poseía o usaba la propiedad en 1986.
➢ El contribuyente adquirió la propiedad de una persona que la poseía en 1986; y, como parte de la transacción, el usuario de la propiedad no cambió.
➢ El contribuyente arrendó la propiedad a una persona (o alguien relacionado con ellos) que poseía o usaba la propiedad en 1986.
➢ El contribuyente adquirió la propiedad en una transacción en la que se llevó a cabo lo siguiente:
  o El usuario de la propiedad no cambió.
  o La propiedad no era una propiedad MACRS en manos de la persona de quien el contribuyente la adquirió debido a una de las razones anteriores.

Un contribuyente no puede depreciar la propiedad de la Sección 1250 usando MACRS en ninguna de las siguientes situaciones:

➢ El contribuyente o alguien relacionado con el contribuyente era propietario de la propiedad en 1986.
➢ El contribuyente arrendó la propiedad a una persona que era propietaria de la propiedad o a alguien relacionado con esa persona en 1986.
➢ El contribuyente adquirió la propiedad en un intercambio similar, conversión involuntaria o recuperación de la propiedad que era propiedad del contribuyente, o alguien relacionado con el contribuyente en 1986.

MACRS solo se aplica a la parte de base en la propiedad adquirida que representa efectivo pagado o a diferencia de la propiedad intercambiada. No se aplica a la parte arrastrada de la base.

Las excepciones a lo anterior incluyen las siguientes:

➢ Propiedad residencial de alquiler o bienes inmuebles no residenciales.
➢ Cualquier propiedad si, en el primer año fiscal que se pone en servicio, la deducción bajo el Sistema de Recuperación Acelerada de Costos (ACRS) es mayor que la deducción bajo MACRS utilizando la convención de medio año. Véase la Publicación 534.

Las siguientes son personas relacionadas que no pueden depreciar la propiedad de la Sección 1250:

➢ Un individuo y un miembro de su familia, incluyendo solo un cónyuge, hijo, padre, hermano, hermana, medio hermano, media hermana, antepasado y descendiente directo.
➢ Una corporación o un individuo que directa o indirectamente posee más del 10% del valor de las acciones en circulación de esa corporación.
➢ Dos corporaciones que son miembros del mismo grupo controlado.
➢ Un fiduciario fiduciario y una corporación si más del 10% del valor de las acciones en circulación es directa o indirectamente propiedad de o para el fideicomiso o otorgante del fideicomiso.
➢ El otorgante y fiduciario; y el fiduciario y beneficiario de cualquier fideicomiso.
➢ Los fiduciarios de dos fideicomisos diferentes y los fiduciarios y beneficiarios de dos fideicomisos diferentes si la misma persona es el otorgante de ambos fideicomisos.
➢ Una organización educativa o caritativa exenta de impuestos y cualquier persona (o un miembro de la familia de esa persona) que directa o indirectamente controle la organización.

➢ Two S corporations, an S corporation and a regular corporation, if the same individual owns more than 10% of the value of the outstanding stock of each corporation.
➢ A corporation and a partnership if the same persons own both of the following:
  ○ More than 10% of the value of the outstanding stock of the corporation.
  ○ More than 10% of the interest gained from the capital or profits of the partnership.
➢ The executor and beneficiary of any estate.
➢ Two partnerships, if the same person directly or indirectly owns more than 10% of the capital or profits of each.
➢ The related person and a person who is engaged in trades or businesses under common control. See IRC section 52(a) and 52(b).

The buyer should determine the nature of a relationship before the property is acquired.

Intangible Property

Intangible property is anything of value that can be owned that has no corresponding physical object (e.g., a patent, copyright, or partnership interests). These are generally depreciated using the straight-line method. The taxpayer may choose to depreciate intangible property by using the income forecast method, which is not covered in this course. See Publication 946.

Straight Line Method

The straight-line method of depreciation allows the taxpayer to deduct the same amount each year over the useful life of the property. To determine the deduction, first determine the adjusted basis, salvage value, and estimated useful life of the property. Subtract the salvage value, if any, from the adjusted basis. The balance is the depreciation that can be taken for the property. Divide the balance by the number of years in the useful life. This is the yearly depreciation deduction. To use the straight-line method, prorate the depreciation deduction by dividing the value proportionally based on a unit of time or number of months in use.

Example: Francisco purchased a patent in August for $5,100 that is defined in Section 197. Francisco will depreciate the patent using the straight-line method. The useful life for a patent is 17 years with no salvage value. Francisco would divide the $5,100 basis by 17 years to get the yearly depreciation of $300. In the first year of business, Francisco only used the patent for 9 months so he would have to multiply the $300 x 9/12 to get his deduction of $225 for the first year. Over the next full year, Francisco would claim the $300 depreciation deduction.

Computer software is generally a Section 197 tangible and cannot be depreciated if the taxpayer acquired it in connection with the acquisition of assets constituting a business. However, when it meets the following tests, computer software that is not a Section 197 intangible can be depreciated even if it's acquired in a business acquisition:

➢ It is readily available for purchase by the general public.
➢ It is subject to a nonexclusive license.
➢ It has not been substantially modified.

If the software meets the above test, it may also qualify for Section 179. If computer software can be depreciated, use the straight-line method over a useful life of 36 months.

➤ Dos corporaciones S, una corporación S y una corporación regular, si el mismo individuo posee más del 10% del valor de las acciones en circulación de cada corporación.
➤ Una corporación y una sociedad si las mismas personas poseen lo siguiente:
    ○ Más del 10% del valor de las acciones en circulación de la corporación.
    ○ Más del 10% de los intereses obtenidos del capital o beneficios de la sociedad.
➤ El albacea y beneficiario de cualquier patrimonio.
➤ Dos sociedades, si la misma persona posee directa o indirectamente más del 10% del capital o beneficios de cada una.
➤ La persona relacionada y una persona que se dedica a oficios o negocios bajo control común. Véase la sección 52(a) y 52(b) del IRC).

El comprador debe determinar la naturaleza de una relación antes de que se adquiera la propiedad.

Propiedad intangible

La propiedad intangible es cualquier cosa de valor que pueda ser poseída que no tenga un objeto físico correspondiente (por ejemplo, una patente, derechos de autor o intereses de asociación). Estos generalmente se deprecian utilizando el método de línea recta. El contribuyente puede optar por depreciar la propiedad intangible utilizando el método de pronóstico de ingresos, que no está cubierto en este curso. Véase la publicación 946.

Método de línea recta

El método lineal de depreciación permite al contribuyente deducir la misma cantidad cada año durante la vida útil de la propiedad. Para determinar la deducción, primero determine la base ajustada, el valor de recuperación y la vida útil estimada de la propiedad. Reste el valor residual, si lo hubiera, de la base ajustada. El saldo es la depreciación que se puede tomar por la propiedad. Divide el saldo por el número de años en la vida útil. Esta es la deducción anual de depreciación. Para utilizar el método lineal, prorratee la deducción por depreciación dividiendo el valor proporcionalmente en función de una unidad de tiempo o número de meses de uso.

Ejemplo: Francisco compró una patente en agosto por $5,100 que se define en la Sección 197. Francisco depreciará la patente utilizando el método de línea recta. La vida útil de una patente es de 17 años sin valor de recuperación. Francisco dividiría la base de $5,100 por 17 años para obtener la depreciación anual de $300. En el primer año de negocios, Francisco solo usó la patente durante 9 meses, por lo que tendría que multiplicar los $ 300 x 9/12 para obtener su deducción de $ 225 durante el primer año. Durante el siguiente año completo, Francisco reclamaría la deducción por depreciación de $300.

El software de computadora es generalmente un material de la Sección 197 y no puede depreciarse si el contribuyente lo adquirió en relación con la adquisición de activos que constituyen un negocio. Sin embargo, cuando cumple con las siguientes pruebas, el software informático que no es un intangible de la Sección 197 puede depreciarse incluso si se adquiere en una adquisición comercial:

➤ Está disponible para su compra por el público en general.
➤ Está sujeto a una licencia no exclusiva.
➤ No se ha modificado sustancialmente.

Si el software cumple con la prueba anterior, también puede calificar para la Sección 179. Si el software de computadora se puede depreciar, use el método lineal durante una vida útil de 36 meses.

Part 1 Review Questions

To obtain the maximum benefit from this chapter, LTP recommends that you complete each of the following questions, and then compare them to the answers with feedback that immediately follow. Under governing self-study standards, vendors are required to present review questions intermittently throughout each self-study course.

These questions and explanations are not part of the final examination and will not be graded by LTP.

DP1.1

Which of the following is the current tax depreciation system in the United States?

    a. MACRS
    b. ACRS
    c. Half-year convention (HY)
    d. Mid-month convention (MM)

DP1.2

Depreciation is a(n)_____ allowance for the wear and tear of certain property.

    a. recovery period
    b. annual
    c. monthly
    d. quarterly

DP1.3

Which of the following is not tangible property?

    a. Buildings
    b. Machinery
    c. Furniture
    d. Cell phones

DP1.4

Bonus depreciation was designed to stimulate investment in business property that is not land or buildings. The IRS sometimes refers to bonus depreciation as a "special depreciation allowance". For tax year 2022, the allowable depreciation is what percent of qualified business property?

    a. 100%
    b. 50%
    c. 60%
    d. 75%

DP1.5

If the taxpayer does not take the first-year bonus depreciation for a passenger vehicle acquired Sept 27, 2017, what is the allowable depreciation for the first year?

    a. $19,200
    b. $18,000
    c. $10,800
    d. $6,460

Parte 1 Preguntas de revisión

Para obtener el máximo beneficio de este capítulo, LTP recomienda que complete cada una de las siguientes preguntas y luego las compare con las respuestas con los comentarios que siguen inmediatamente. Bajo los estándares de autoestudio vigentes, los proveedores deben presentar preguntas de revisión intermitentemente a lo largo de cada curso de autoestudio.

Estas preguntas y explicaciones no son parte del examen final y no serán calificadas por LTP.

DP1.1
¿Cuál de los siguientes es el sistema actual de depreciación fiscal en los Estados Unidos?

   a. MACRS
   b. ACRS
   c. Convención semestral (HY)
   d. Convención de mitad de mes (MM)

DP1.2
La depreciación es una asignación por el desgaste de ciertos bienes.

   a. Período de recuperación
   b. anual
   c. mensual
   d. trimestral

DP1.3
¿Cuál de los siguientes no es propiedad tangible?

   a. Edificios
   b. Maquinaria
   c. Mueble
   d. Teléfonos celulares

DP1.4
La depreciación de bonificación fue diseñada para estimular la inversión en propiedades comerciales que no son terrenos o edificios. El IRS a veces se refiere a la depreciación de bonificación como una "asignación especial de depreciación". Para el año fiscal 2022, la depreciación permitida es ¿qué porcentaje de propiedad comercial calificada?

   a. 100%
   b. 50%
   c. 60%
   d. 75%

DP1.5
Si el contribuyente no toma la depreciación de bonificación del primer año para un vehículo de pasajeros adquirido el 27 de septiembre de 2017, ¿cuál es la depreciación permitida para el primer año?

   a. $ 19.200
   b. $ 18.000
   c. $ 10.800
   d. $ 6.460

Part 1 Review Questions Answers

DP1.1
Which of the following is the current tax depreciation system in the United States?

   a. MACRS
   b. ACRS
   c. Half-year convention (HY)
   d. Mid-month convention (MM)

Feedback: Review section *Modified Accelerated Cost Recovery System (MACRS)*.

DP1.2
Depreciation is a(n)_____ allowance for the wear and tear of certain property.

   a. recovery period
   b. annual
   c. monthly
   d. quarterly

Feedback: Review section *Depreciation*.

DP1.3
Which of the following is not tangible property?

   a. Buildings
   b. Machinery
   c. Furniture
   d. Cell phones

Feedback: Review section *Property That Can Be Depreciated*.

DP1.4
Bonus depreciation was designed to stimulate investment in business property that is not land or buildings. The IRS sometimes refers to bonus depreciation as a "special depreciation allowance". For tax year 2022, the allowable depreciation is what percent of qualified business property?

   a. 100%
   b. 50%
   c. 60%
   d. 75%

Feedback: Review section *Bonus Depreciation*.

Parte 1 Preguntas de revisión Respuestas

DP1.1

¿Cuál de los siguientes es el sistema actual de depreciación fiscal en los Estados Unidos?

a. **MACRS**
b. ACRS
c. Convención semestral (HY)
d. Convención de mitad de mes (MM)

Comentarios: Sección de revisión *Sistema de recuperación acelerada de costos modificados (MACRS)*.

DP1.2

La depreciación es una asignación por el desgaste de ciertos bienes.

a. Período de recuperación
b. **anual**
c. mensual
d. trimestral

Comentarios: Revise la sección *Depreciación*.

DP1.3

¿Cuál de los siguientes no es propiedad tangible?

a. Edificios
b. Maquinaria
c. Mueble
d. **Teléfonos celulares**

Comentarios: Revise *la sección Propiedad que se puede depreciar*.

DP1.4

La depreciación de bonificación fue diseñada para estimular la inversión en propiedades comerciales que no son terrenos o edificios. El IRS a veces se refiere a la depreciación de bonificación como una "asignación especial de depreciación". Para el año fiscal 2022, la depreciación permitida es ¿qué porcentaje de propiedad comercial calificada?

a. **100%**
b. 50%
c. 60%
d. 75%

Comentarios: Sección de revisión *Depreciación de bonificación*.

DP1.5

If the taxpayer does not take the first-year bonus depreciation for a passenger vehicle acquired Sept 27, 2017, what is the allowable depreciation for the first year?

a. **$19,200**
b. $18,000
c. $10,800
d. $6,460

Feedback: Review section *Bonus Depreciation*.

Part 2 Depreciation Basis and Depreciation under MACRS

To the beginner tax professional, depreciation and basis can be overwhelming, but when one understands the basics, then depreciation and basis are easy to determine.

Basis of Depreciable Property

To calculate the depreciation deduction, you must know the basis of the property. To determine the basis of the property, you must know the cost of the property.

Cost Basis

The basis of property that has been purchased is the cost plus the amounts paid for certain items. The cost includes the amount paid in cash, debt obligations, other property, or services. Some items that might be added to basis are:

➢ Sales tax
➢ Freight charges
➢ Installation fees
➢ Testing fees
➢ Settlement costs such as:
   o Legal and recording fees
   o Abstract fees
   o Survey charges
   o Owner's title insurance
   o Amounts the seller owes that the buyer agrees to pay, such as back taxes, interest, recording or mortgage fees, charges for improvements or repairs, and sales commissions.

Other Basis

Other basis refers to the way the owner of the property received the property. Was the property acquired by a like-kind exchange, as payment for services performed, as a gift, inheritance, or some other way? See Publication 551.

Adjusted Basis

Certain adjustments, whether an increase or a decrease, may have to be made to determine the adjusted basis in property. These events occur between the time that the property was acquired and placed into service. The events could include any of the following:

DP1.5

Si el contribuyente no toma la depreciación de bonificación del primer año para un vehículo de pasajeros adquirido el 27 de septiembre de 2017, ¿cuál es la depreciación permitida para el primer año?

    a. **$ 19.200**
    b. $ 18.000
    c. $ 10.800
    d. $ 6.460

Comentarios: Sección de revisión *Depreciación de bonificación*.

Parte 2 Base de depreciación y depreciación bajo MACRS

Para el profesional de impuestos principiante, la depreciación y la base pueden ser abrumadoras, pero cuando uno entiende los conceptos básicos, entonces la depreciación y la base son fáciles de determinar.

Base de la propiedad depreciable

Para calcular la deducción por depreciación, debe conocer la base de la propiedad. Para determinar la base de la propiedad, debe conocer el costo de la propiedad.

Base de costos

La base de la propiedad que se ha comprado es el costo más las cantidades pagadas por ciertos artículos. El costo incluye el monto pagado en efectivo, obligaciones de deuda, otros bienes o servicios. Algunos elementos que podrían agregarse a la base son:

> ➢ Impuesto sobre las ventas
> ➢ Fletes
> ➢ Gastos de instalación
> ➢ Tarifas de prueba
> ➢ Costos de liquidación tales como:
>> o Honorarios legales y de grabación
>> o Tarifas de resumen
>> o Cargos por encuesta
>> o Seguro de título del propietario
>> o Montos que el vendedor debe que el comprador acepta pagar, como impuestos atrasados, intereses, tarifas de registro o hipoteca, cargos por mejoras o reparaciones y comisiones de ventas.

Otra base

Otra base se refiere a la forma en que el propietario de la propiedad recibió la propiedad. ¿La propiedad fue adquirida por un intercambio similar, como pago por servicios prestados, como regalo, herencia o de alguna otra manera? Véase la Publicación 551.

Base ajustada

Ciertos ajustes, ya sea un aumento o una disminución, pueden tener que hacerse para determinar la base ajustada en la propiedad. Estos eventos ocurren entre el momento en que la propiedad fue adquirida y puesta en servicio. Los eventos podrían incluir cualquiera de los siguientes:

> ➤ Installing utility lines
> ➤ Paying legal fees for perfecting the title
> ➤ Setting zoning issues
> ➤ Receiving rebates
> ➤ Incurring a casualty or theft loss

Reduce the basis of property by the depreciation allowed or allowable, whichever is greater. "Depreciation allowed" is depreciation that the taxpayer was entitled to and has already deducted as a tax benefit. "Depreciation allowable" is depreciation that the taxpayer was entitled to but did not yet deduct. See Publication 551.

Figuring Depreciation Under MACRS

The Modified Accelerated Cost Recovery System (MACRS) is used to recover the basis of most business and investment property placed in service after 1986. MACRS consists of two depreciation systems: the General Depreciation System (GDS) and the Alternative Depreciation System (ADS). These two systems provide different methods and recovery periods to figure deductions. The most common method used is GDS unless the law requires the ADS method to be used, or the taxpayer has elected to use ADS.

If the taxpayer is required to use ADS to depreciate the property, no special depreciation allowance can be claimed on the property. Although the property may qualify for GDS, the taxpayer can elect to use ADS. The election must cover all property in the same property class that was placed in service during the same year.

GDS Property Classifications

There are nine property classifications under GDS. The classifications are divided by the length of the depreciation period and by the type of property being depreciated. Most of the classifications have the same recovery period as the title of the year. The following are some samples of the type of asset for each classification. See Publication 946.

(a) Classification of property	(b) Month and year placed in service	(c) Basis for depreciation (business/investment use only—see instructions)	(d) Recovery period	(e) Convention	(f) Method	(g) Depreciation deduction
Section B—Assets Placed in Service During 2022 Tax Year Using the General Depreciation System						
19a 3-year property						
b 5-year property						
c 7-year property						
d 10-year property						
e 15-year property						
f 20-year property						
g 25-year property			25 yrs.		S/L	
h Residential rental			27.5 yrs.	MM	S/L	
property			27.5 yrs.	MM	S/L	
i Nonresidential real			39 yrs.	MM	S/L	
property				MM	S/L	
Section C—Assets Placed in Service During 2022 Tax Year Using the Alternative Depreciation System						
20a Class life					S/L	
b 12-year			12 yrs.		S/L	
c 30-year			30 yrs.	MM	S/L	
d 40-year			40 yrs.	MM	S/L	

Portion of Form 4562

- ➢ Instalación de líneas de servicios públicos
- ➢ Pagar honorarios legales para perfeccionar el título
- ➢ Configuración de problemas de zonificación
- ➢ Recibir reembolsos
- ➢ Incurrir en una pérdida por accidente o robo

Reducir la base de la propiedad por la depreciación permitida o permitida, la que sea mayor. "Depreciación permitida" es la depreciación a la que el contribuyente tenía derecho y que ya ha deducido como beneficio fiscal. "Depreciación permitida" es la depreciación a la que el contribuyente tenía derecho, pero aún no dedujo. Véase la Publicación 551.

Cálculo de la depreciación bajo MACRS

El Sistema Acelerado de Recuperación de Costos Modificado (MACRS) se utiliza para recuperar la base de la mayoría de las propiedades comerciales y de inversión puestas en servicio después de 1986. MACRS consta de dos sistemas de depreciación: el Sistema General de Depreciación (GDS) y el Sistema de Depreciación Alternativa (ADS). Estos dos sistemas proporcionan diferentes métodos y períodos de recuperación para calcular las deducciones. El método más común utilizado es GDS a menos que la ley requiera que se use el método ADS, o que el contribuyente haya elegido usar ADS.

Si se requiere que el contribuyente use ADS para depreciar la propiedad, no se puede reclamar ninguna asignación especial de depreciación sobre la propiedad. Aunque la propiedad puede calificar para GDS, el contribuyente puede optar por usar ADS. La elección debe cubrir todas las propiedades en la misma clase de propiedad que se pusieron en servicio durante el mismo año.

Clasificaciones de propiedades GDS

Hay nueve clasificaciones de propiedades bajo GDS. Las clasificaciones se dividen por la duración del período de depreciación y por el tipo de propiedad que se deprecia. La mayoría de las clasificaciones tienen el mismo período de recuperación que el título del año. Los siguientes son algunos ejemplos del tipo de activo para cada clasificación. Véase la publicación 946.

(a) Classification of property	(b) Month and year placed in service	(c) Basis for depreciation (business/investment use only—see instructions)	(d) Recovery period	(e) Convention	(f) Method	(g) Depreciation deduction
Section B—Assets Placed in Service During 2022 Tax Year Using the General Depreciation System						
19a 3-year property						
b 5-year property						
c 7-year property						
d 10-year property						
e 15-year property						
f 20-year property						
g 25-year property			25 yrs.		S/L	
h Residential rental property			27.5 yrs.	MM	S/L	
			27.5 yrs.	MM	S/L	
i Nonresidential real property			39 yrs.	MM	S/L	
				MM	S/L	
Section C—Assets Placed in Service During 2022 Tax Year Using the Alternative Depreciation System						
20a Class life					S/L	
b 12-year			12 yrs.		S/L	
c 30-year			30 yrs.	MM	S/L	
d 40-year			40 yrs.	MM	S/L	

Parte del Formulario 4562

Classification One, 3-year Property:

➤ Tractor units for over-the-road use.
➤ Racehorses that were over 2 years old when placed in service.
➤ Any other horses that were over 12 years old when placed in service.
➤ Qualified rent-to-own property

Classification Two, 5-year Property:

➤ Automobiles, taxis, buses, and trucks.
➤ Office machinery such as calculators, copiers, and computers.
➤ Dairy cattle and breeding cattle.
➤ Appliances, carpets, solar, and wind energy property

Classification Three, 7-year Property:

➤ Office furniture and fixtures such as desks, chairs, and a safe.
➤ Railroad tracks.
➤ Any property that does not have a class life and has not been designated by law as being in any other class.
➤ Certain motorsports entertainment complex property.

Classification Four, 10-year Property:

➤ Any tree or vine bearing fruit or nuts.
➤ Any single-purpose agricultural or horticultural structure.
➤ Vessels, barges, tugs, and similar water transportation equipment.
➤ Qualified small electric meter and qualified grid system placed in service on or after October 3, 2008.

Classification Five, 15-year Property:

➤ Certain improvements made directly to land or added to land, such as shrubbery, fences, roads, sidewalks, and bridges.
➤ Any municipal wastewater treatment plant.
➤ The initial clearing and grading for land improvements for gas utilities.
➤ Electric transmission section 1245 property, used in the transmission at 69 or more kilovolts of electricity placed in service after April 11, 2005.

Classification Six, 20-year property:

➤ Farm buildings, other than single-purpose agricultural or horticultural structures.
➤ Initial clearing and grading land improvements for electric utility transmission and distribution plants.
➤ Municipal sewers not classified as 25-year-property.

Classification Seven, 25-year Property:

➤ Property that is an integral part of the gathering, treatment, or commercial distribution of water; all other property regarding water would be 20-year property.
➤ Municipal sewers other than property placed in service under a binding contract in effect at all times since June 9, 1996.

Clasificación uno, propiedad de 3 años:

- ➢ Cabezas tractoras para uso en carretera.
- ➢ Caballos de carreras que tenían más de 2 años cuando se pusieron en servicio.
- ➢ Cualquier otro caballo que tuviera más de 12 años cuando se puso en servicio.
- ➢ Propiedad calificada de alquiler con opción a compra

Clasificación Dos, Propiedad de 5 años:

- ➢ Automóviles, taxis, autobuses y camiones.
- ➢ Maquinaria de oficina como calculadoras, copiadoras y computadoras.
- ➢ Ganado lechero y ganado de cría.
- ➢ Propiedad de electrodomésticos, alfombras, energía solar y eólica

Clasificación Tres, Propiedad de 7 años:

- ➢ Muebles y accesorios de oficina como escritorios, sillas y una caja fuerte.
- ➢ Vías férreas.
- ➢ Cualquier propiedad que no tenga una vida de clase y no haya sido designada por ley como perteneciente a ninguna otra clase.
- ➢ Cierta propiedad del complejo de entretenimiento de deportes de motor.

Clasificación cuatro, propiedad de 10 años:

- ➢ Cualquier árbol o vid que dé frutos o frutos secos.
- ➢ Cualquier estructura agrícola u hortícola de un solo propósito.
- ➢ Buques, barcazas, remolcadores y equipos similares de transporte acuático.
- ➢ Medidor eléctrico pequeño calificado y sistema de red calificado puesto en servicio a partir del 3 de octubre de 2008.

Clasificación cinco, propiedad de 15 años:

- ➢ Ciertas mejoras hechas directamente a la tierra o agregadas a la tierra, como arbustos, cercas, carreteras, aceras y puentes.
- ➢ Cualquier planta de tratamiento de aguas residuales municipales.
- ➢ La limpieza inicial y la nivelación para mejoras de tierras para servicios públicos de gas.
- ➢ Propiedad de la sección 1245 de transmisión eléctrica, utilizada en la transmisión a 69 o más kilovoltios de electricidad puesta en servicio después del 11 de abril de 2005.

Clasificación Seis, propiedad de 20 años:

- ➢ Edificios agrícolas, que no sean estructuras agrícolas u hortícolas de un solo propósito.
- ➢ Limpieza inicial y nivelación de mejoras de terrenos para plantas de transmisión y distribución de servicios eléctricos.
- ➢ Alcantarillado municipal no clasificado como propiedad de 25 años.

Clasificación Siete, Propiedad de 25 años:

- ➢ Propiedad que es parte integral de la recolección, tratamiento o distribución comercial de agua; Todas las demás propiedades relacionadas con el agua serían propiedad de 20 años.
- ➢ Alcantarillado municipal distinto de los bienes puestos en servicio bajo un contrato vinculante vigente en todo momento desde el 9 de junio de 1996.

Classification Eight, Residential Rental Property:

Rental property includes any building or structure such as rental income, which includes dwelling units and mobile homes. A dwelling unit is an apartment or house that provides living accommodations in a building or structure. Motels, hotels, and other similar establishments that use more than 50% of the rooms for transients are not included; for these, the property class-life is 27.5 years.

Classification Nine, Nonresidential Real Property:

This is Section 1250 property, such as an office building, store, or warehouse that is not a residential rental property or a property with a class life of less than 27.5 years. There are always exceptions to the rules. If this is the case, one must do research related to the particular situation. Any other GDS recovery periods that are not listed above can be found in Appendix B of Publication 946.

Which Convention Applies?

A convention method is established under MACRS to determine the portion of the year to depreciate property both in the year the property was placed in service and in the year of disposition. The convention used determines the number of months for which one can claim depreciation. The three methods are: Mid-month (MM), Mid-quarter (MQ), and Half-year (HY).

Mid-month convention is used for nonresidential real property, residential real property, and any railroad grading or tunnel bore. Under this convention, one-half month of depreciation is allowed for the month the property was placed in service or disposed of.

Example: Josue uses the calendar year accounting method and placed nonresidential real property in service in August. The property is in service for 4 months (September, October, November, and December). Josue's numerator is 4.5 (4 months plus 0.5). Josue would multiply the depreciation for a full year by 4.5/12, or 0.375.

If the taxpayer does not use the asset solely for business, then the asset must be multiplied by the business percentage for the year, and then multiply the result by the fraction found in the MACRS depreciation tables.

Example: In February 2022, Jennifer purchased office furniture for $2,600. She used the office furniture for her business only 50% of the time. Furniture is a 7-year property. The depreciation percentage is taken from Table A-2 found in Publication 946. Since Jennifer purchased the furniture in the first quarter of the year, she would use the mid-quarter convention placed in service in the first quarter. The amount Jennifer could depreciate her first year would be the cost of the furniture ($2,600) times the percentage of its use for business (50%) times the percentage provided from the depreciation table (25%), which amounts to $325.00.

The Mid-quarter convention is used if the Mid-month convention does not apply, and the total depreciable basis of MACRS property placed in service is in the last 3 months of the tax year. If the Mid-quarter convention is used for a particular year, each item of depreciable personal property placed in service during that year must be depreciated using the Mid-quarter convention for its entire recovery period.

Clasificación Octava, Propiedad de Alquiler Residencial:

La propiedad de alquiler incluye cualquier edificio o estructura, como los ingresos por alquiler, que incluyen unidades de vivienda y casas móviles. Una unidad de vivienda es un apartamento o casa que proporciona alojamiento en un edificio o estructura. No se incluyen moteles, hoteles y otros establecimientos similares que utilicen más del 50% de las habitaciones para transitorios; Para estos, la vida de clase de propiedad es de 27.5 años.

Clasificación Nueve, Bienes Inmuebles No Residenciales:

Esta es una propiedad de la Sección 1250, como un edificio de oficinas, tienda o almacén que no es una propiedad de alquiler residencial o una propiedad con una vida útil de clase de menos de 27.5 años. Siempre hay excepciones a las reglas. Si este es el caso, uno debe hacer una investigación relacionada con la situación particular. Cualquier otro período de recuperación de GDS que no se enumere anteriormente se puede encontrar en el Apéndice B de la Publicación 946.

¿Qué convenio se aplica?

Se establece un método de convención bajo MACRS para determinar la parte del año para depreciar la propiedad tanto en el año en que la propiedad se puso en servicio como en el año de disposición. La convención utilizada determina el número de meses por los cuales se puede reclamar la depreciación. Los tres métodos son: Mitad de mes (MM), Mitad de trimestre (MQ) y Medio año (HY).

La convención de mitad de mes se utiliza para bienes inmuebles no residenciales, bienes raíces residenciales y cualquier nivelación ferroviaria o perforación de túnel. En virtud de este convenio, se permite medio mes de depreciación para el mes en que la propiedad fue puesta en servicio o enajenada.

Ejemplo: Josué utiliza el método de contabilidad del año calendario y puso en servicio bienes inmuebles no residenciales en agosto. La propiedad está en servicio durante 4 meses (septiembre, octubre, noviembre y diciembre). El numerador de Josué es 4.5 (4 meses más 0.5). Josué multiplicaría la depreciación de un año completo por 4.5/12, o 0.375.

Si el contribuyente no utiliza el activo únicamente para negocios, entonces el activo debe multiplicarse por el porcentaje comercial del año y luego multiplicar el resultado por la fracción que se encuentra en las tablas de depreciación de MACRS.

Ejemplo: En febrero de 2022, Jennifer compró muebles de oficina por $ 2,600. Ella usaba los muebles de oficina para su negocio solo el 50% del tiempo. El mobiliario es una propiedad de 7 años. El porcentaje de depreciación se toma de la Tabla A-2 que se encuentra en la Publicación 946. Dado que Jennifer compró los muebles en el primer trimestre del año, usaría la convención de mitad de trimestre puesta en servicio en el primer trimestre. La cantidad que Jennifer podría depreciar en su primer año sería el costo de los muebles ($ 2,600) multiplicado por el porcentaje de su uso para negocios (50%) multiplicado por el porcentaje proporcionado de la tabla de depreciación (25%), que asciende a $ 325.00.

La convención de mitad de trimestre se utiliza si la convención de mitad de mes no se aplica, y la base depreciable total de la propiedad MACRS puesta en servicio es en los últimos 3 meses del año fiscal. Si el convenio de mitad de trimestre se utiliza para un año determinado, cada artículo de bienes personales depreciables puesto en servicio durante ese año debe depreciarse utilizando el convenio de mitad de trimestre durante todo su período de recuperación.

Nonresidential real property, residential rental property, railroad grading or tunnel bore property placed in service and disposed of in the same year, and property that is being depreciated under a method other than MACRS are all excluded from using the Mid-quarter convention. Under this convention, treat all property placed in service or disposed during any quarter of the tax year as placed in service. This means that 1½ months of depreciation is allowed for the quarter the property is placed in service or disposed.

The Half-year convention is used if neither the Mid-quarter nor the Mid-month convention applies. Under this convention, treat all property placed in service or disposed of during a tax year as placed in service or disposed of at the midpoint of the year. This means that one-half year of depreciation is allowed for the year the property is placed in service or disposed.

When the taxpayer elects to use the half-year convention, a half-year of depreciation is allowed in the first year their property is placed in service, regardless of when the property is placed in service during the tax year. For each of the remaining years of the recovery period, the taxpayer can claim a full year of depreciation. If the property is held for the entire recovery period, a half-year of depreciation is claimed for the year following the end of the recovery period. If the property is disposed before the recovery period ends, a half-year of depreciation is allowable for the year of disposition.

If the personal property has been placed into a farming business after 1988, and before 2018, the taxpayer must depreciate by using 150% of GDS. The exception to the rule is if the farmer must depreciate real property using the straight-line method. For 3-, 5-, 7-, or 10-year property placed in the farming business after 2017 no longer have to use the 150% declining balance.

Changing Accounting Methods

To change the accounting method used for depreciation, the taxpayer needs to file Form 3115, *Application for Change in Accounting Method,* to be approved by the IRS.

The following are examples of a change in the method of accounting used for depreciation:

➢ A change from an impermissible method of determining depreciation for property if it was used in two or more consecutively filed tax returns.
➢ A change in the treatment of an asset from non-depreciable to depreciable, or vice versa.
➢ A change in the depreciation method, period of recovery, or convention of a depreciable asset.
➢ A change from not claiming to claiming the special depreciation allowance if the election was made to not claim the special allowance.
➢ A change from claiming a 50% special depreciation allowance to claiming a 100% special depreciation allowance for qualified property acquired and placed in service after September 27, 2017, if the election was not made under IRC section 168(k)(10) to claim the 50% special allowable depreciation.

Changes in depreciation that are not a change in method of accounting are as follows:

Los bienes inmuebles no residenciales, los bienes de alquiler residencial, los bienes de nivelación ferroviaria o túnel puestos en servicio y enajenados en el mismo año, y los bienes que se deprecian bajo un método distinto del MACRS están excluidos del uso de la convención de mitad de trimestre. En virtud de esta convención, se consideren en servicio todos los bienes puestos en servicio o enajenados durante cualquier trimestre del ejercicio fiscal. Esto significa que se permiten 11/2 meses de depreciación para el trimestre en que la propiedad se pone en servicio o se enajena.

La convención semestral se utiliza si no se aplica ni la convención de mitad de trimestre ni la convención de mitad de mes. En virtud de esta convención, tratar todos los bienes puestos en servicio o enajenados durante un año fiscal como puestos en servicio o enajenados a mediados del año. Esto significa que se permite medio año de depreciación para el año en que la propiedad se pone en servicio o se enajena.

Cuando el contribuyente elige usar la convención de medio año, se permite un medio año de depreciación en el primer año en que su propiedad se pone en servicio, independientemente de cuándo la propiedad se ponga en servicio durante el año fiscal. Para cada uno de los años restantes del período de recuperación, el contribuyente puede reclamar un año completo de depreciación. Si los bienes se mantienen durante todo el período de recuperación, se reclama un medio año de depreciación para el año siguiente al final del período de recuperación. Si la propiedad se enajena antes de que finalice el período de recuperación, se permite medio año de depreciación para el año de disposición.

Si la propiedad personal se ha colocado en un negocio agrícola después de 1988 y antes de 2018, el contribuyente debe depreciarse utilizando el 150% de GDS. La excepción a la regla es si el agricultor debe depreciar bienes inmuebles utilizando el método de línea recta. Para propiedades de 3, 5, 7 o 10 años colocadas en el negocio agrícola después de 2017, ya no tienen que usar el saldo decreciente del 150%.

Cambio de los métodos contables

Para cambiar el método de contabilidad utilizado para la depreciación, el contribuyente debe presentar el Formulario 3115, *Solicitud de cambio en el método contable,* para ser aprobado por el IRS.

Los siguientes son ejemplos de un cambio en el método de contabilidad utilizado para la depreciación:

> ➢ Un cambio de un método inadmisible para determinar la depreciación de la propiedad si se utilizó en dos o más declaraciones de impuestos presentadas consecutivamente.
> ➢ Un cambio en el tratamiento de un activo de no depreciable a depreciable, o viceversa.
> ➢ Un cambio en el método de depreciación, período de recuperación o convención de un activo depreciable.
> ➢ Un cambio de no reclamar a reclamar la asignación especial de depreciación si se hizo la elección a no reclamar la asignación especial.
> ➢ Un cambio de reclamar una asignación de depreciación especial del 50% a reclamar una asignación de depreciación especial del 100% para la propiedad calificada adquirida y puesta en servicio después del 27 de septiembre de 2017, si la elección no se realizó bajo la sección 168 (k) (10) del IRC para reclamar la depreciación especial permitida del 50%.

Los cambios en la depreciación que no son un cambio en el método de contabilidad son los siguientes:

> ➤ An adjustment in the useful life of a depreciable asset for which depreciation is determined under Section 167.
> ➤ A change in use of an asset in the hands of the same taxpayer.
> ➤ Making a late depreciation election or revoking a timely valid depreciation election, including the election not to deduct the special depreciation allowance.
> ➤ Any change in date of when a depreciable asset was placed in service.

If the taxpayer does not qualify to use the automatic procedure by filing Form 3115, then he or she must use the advance consent request procedures. See Instructions Form 3115.

Idle Property

Depreciation can still be claimed on property that is placed in service, even if a property is temporarily idle and not being used. For instance, if Emilio owns a printing press but has not used it for six months of the current tax year because he has no jobs that require the machine, then he can continue claiming depreciation on his printing press.

Cost or Other Basis Fully Recovered

Stop depreciating property when the property has fully recovered its cost or other basis.

Retired from Service

When the property has been retired from service, depreciation stops. Property is retired from service when it has been permanently withdrawn from use in trade or business; in production of income; or if the property has been sold or exchanged, converted to personal use, abandoned, transferred to a supply, or destroyed. Disposition of an asset includes the sale, exchange, retirement, physical abandonment, or destruction of an asset.

Understanding the Table of Class Lives and Recovery Periods

There are two sections in the *Table of Class Lives and Recovery Periods* for depreciation. Table B-1 is *Specific Depreciable Assets Used in All Business Activities, Except as Noted*; this table lists the assets used in all business activities. Some items included could be office furniture; information systems such as computers; and secondary equipment, like printers or computer screens.

Table B-2 is used for all other activities, such as those involving agriculture, horse racing, farm buildings, and single purpose agricultural or horticultural structures.

Use the tables in numerical order. Look on Table B-1 first; if you do not find the asset you are looking for, then check Table B-2. Once the asset has been located, use the recovery period shown in the table. However, if the activity is specifically listed in Table B-2 under the type of activity in which it is used, then use the recovery period for that activity in that table.

➢ Un ajuste en la vida útil de un activo depreciable para el cual la depreciación se determina bajo la Sección 167.
➢ Un cambio en el uso de un activo en manos del mismo contribuyente.
➢ Hacer una elección de depreciación tardía o revocar una elección de depreciación válida oportuna, incluida la elección de no deducir la asignación especial de depreciación.
➢ Cualquier cambio en la fecha de puesta en servicio de un activo depreciable.

Si el contribuyente no califica para usar el procedimiento automático al presentar el Formulario 3115, entonces debe usar los procedimientos de solicitud de consentimiento anticipado. Consulte el Formulario de Instrucciones 3115.

Idle (propiedad)

La depreciación aún se puede reclamar en la propiedad que se pone en servicio, incluso si una propiedad está temporalmente inactiva y no se está utilizando. Por ejemplo, si Emilio posee una imprenta pero no la ha utilizado durante seis meses del año fiscal actual porque no tiene trabajos que requieran la máquina, entonces puede continuar reclamando la depreciación de su imprenta.

Costo u otra base totalmente recuperada

Deje de depreciar la propiedad cuando la propiedad haya recuperado completamente su costo u otra base.

Retirado del servicio

Cuando la propiedad ha sido retirada del servicio, la depreciación se detiene. Los bienes se retiran del servicio cuando se han retirado permanentemente de su uso en el comercio o los negocios; en la producción de ingresos; o si la propiedad ha sido vendida o intercambiada, convertida para uso personal, abandonada, transferida a un suministro o destruida. La disposición de un activo incluye la venta, el intercambio, el retiro, el abandono físico o la destrucción de un activo.

Comprender la tabla de vidas en clase y períodos de recuperación

Hay dos secciones en la *Tabla de Vidas de Clase y Períodos de Recuperación* para la depreciación. La Tabla B-1 es *Activos depreciables específicos utilizados en todas las actividades comerciales, excepto como se indica;* esta tabla enumera los activos utilizados en todas las actividades comerciales. Algunos artículos incluidos podrían ser muebles de oficina; sistemas de información como computadoras; y equipos secundarios, como impresoras o pantallas de ordenador.

La Tabla B-2 se utiliza para todas las demás actividades, como las relacionadas con la agricultura, las carreras de caballos, los edificios agrícolas y las estructuras agrícolas u hortícolas de propósito único.

Utilice las tablas en orden numérico. Mire primero la Tabla B-1; si no encuentra el activo que está buscando, consulte la Tabla B-2. Una vez localizado el activo, utilice el periodo de recuperación que se muestra en la tabla. Sin embargo, si la actividad se enumera específicamente en la Tabla B-2 bajo el tipo de actividad en la que se utiliza, utilice el período de recuperación para esa actividad en esa tabla.

Each table gives the asset class, the class life, and the recovery period in years. Understanding these tables is vital for the beginner tax professional. A tax professional does not have to memorize the tables – just know where to find the information and how to use it correctly.

If the property is not listed in either table, check the end of Table B-2 to find *Certain Property for Which Recovery Periods Assigned*. Generally, non-listed property has a recovery period of 7 years GDS or 12 years ADS.

Example: Peter Martinez owns a retail clothing store. During the year, he purchased a desk and cash register for business use. Peter finds "office furniture" in Table B-1, under asset class 00.11. Cash register is not listed in Table B-1. Peter then looks in Table B-2 and finds the activity "retail store" under asset class 57.0, *Distributive Trades and Services*, which includes assets used in wholesale and retail trade. The asset class does not specifically list office furniture or a cash register. Peter uses asset class 00.11 for the desk. The desk has a 10-year class life and a 7-year recovery period for GDS. Peter elects to use ADS; the recovery period is 10 years. For the cash register, Peter uses asset class 57.0 because a cash register is not listed in Table B-1, but it is an asset used in the retail business. The cash register has a 9-year class life and a 5-year recovery period for GDS. If Peter elects to use the ADS method, the recovery period is 9 years.

Part 2 Review Questions

To obtain the maximum benefit from this chapter, LTP recommends that you complete each of the following questions, and then compare them to the answers with feedback that immediately follow. Under governing self-study standards, vendors are required to present review questions intermittently throughout each self-study course.

These questions and explanations are not part of the final examination and will not be graded by LTP.

DP2.1
To determine the basis of property, which of the following should be added to the cost?

1. Sales tax
2. Testing fees
3. Survey charges
4. Settlement costs

a. 1 and 2
b. 2, 3, and 4
c. 3 and 4
d. 1, 2, 3, and 4

DP2.2
The General Depreciation System (GDS) has _____ property classifications.

a. 5
b. 7
c. 9
d. 12

Cada tabla proporciona la clase de activos, la vida útil de la clase y el período de recuperación en años. Comprender estas tablas es vital para el profesional de impuestos principiante. Un profesional de impuestos no tiene que memorizar las tablas, solo saber dónde encontrar la información y cómo usarla correctamente.

Si la propiedad no aparece en ninguna de las tablas, compruebe el final de la Tabla B-2 para encontrar *Cierta propiedad para la que se asignaron períodos de recuperación*. Generalmente, la propiedad no listada tiene un período de recuperación de 7 años GDS o 12 años ADS.

Ejemplo: Peter Martínez es dueño de una tienda de ropa al por menor. Durante el año, compró un escritorio y una caja registradora para uso comercial. Peter encuentra "mobiliario de oficina" en el cuadro B-1, en la clase de activos 00.11. La caja registradora no figura en el cuadro B-1. Peter luego busca en la Tabla B-2 y encuentra la actividad "tienda minorista" en la clase de activos 57.0, *Comercio y servicios de distribución*, que incluye los activos utilizados en el comercio mayorista y minorista. La clase de activos no enumera específicamente muebles de oficina o una caja registradora. Peter utiliza la clase de activo 00.11 para el escritorio. El escritorio tiene una vida de clase de 10 años y un período de recuperación de 7 años para GDS. Peter elige usar ADS; El período de recuperación es de 10 años. Para la caja registradora, Peter utiliza la clase de activos 57.0 porque una caja registradora no figura en la Tabla B-1, pero es un activo utilizado en el negocio minorista. La caja registradora tiene una vida de clase de 9 años y un período de recuperación de 5 años para GDS. Si Peter elige usar el método ADS, el período de recuperación es de 9 años.

Parte 2 Preguntas de revisión

Para obtener el máximo beneficio de este capítulo, LTP recomienda que complete cada una de las siguientes preguntas y luego las compare con las respuestas con los comentarios que siguen inmediatamente. Bajo los estándares de autoestudio vigentes, los proveedores deben presentar preguntas de revisión intermitentemente a lo largo de cada curso de autoestudio.

Estas preguntas y explicaciones no son parte del examen final y no serán calificadas por LTP.

DP2.1
Para determinar la base de la propiedad, ¿cuál de los siguientes debe agregarse al costo?

1. Impuesto sobre las ventas
2. Tarifas de prueba
3. Cargos por encuesta
4. Costes de liquidación

   a. 1 y 2
   b. 2, 3 y 4
   c. 3 y 4
   d. 1, 2, 3 y 4

DP2.2
El Sistema General de Depreciación (GDS) tiene _____ clasificaciones de propiedad.

   a. 5
   b. 7
   c. 9
   d. 12

DP2.3

Andres would like to change his accounting method. Which form would he submit to receive the IRS approval?

    a. Form 8829
    b. Form 3115
    c. Form 8867
    d. Form 8849

DP2.4

Which of the following depreciation method(s) is a component of MACRS?

    a. Global Depreciation System and Accelerated Cost Recovery System
    b. Another Depreciation System and Accelerated Cost Recovery System
    c. Accelerated Cost Recovery System and Alternative Depreciation System (ADS)
    d. General Depreciation System (GDS) and Alternative Depreciation System (ADS)

DP2.5

James needs to change his accounting method. Which form would he need to file?

    a. Form 3115
    b. Form 8332
    c. Form 4797
    d. Form 6252

DP2.6

What does the acronym MACRS mean?

    a. Modified Accelerated Custom Recreation Study
    b. Modified Accelerated Cost Recovery System
    c. Modified Adjusted Cost Recovery System
    d. Modified Adjusted Certain Recovery System

DP2.7

Which of the following can be depreciated?

    a. Idle property
    b. Land
    c. Property that has not been placed into service
    d. Idle property and property that has not been placed into service

DP2.3

A Andrés le gustaría cambiar su método contable. ¿Qué formulario presentaría para recibir la aprobación del IRS?

    a. Formulario 8829
    b. Formulario 3115
    c. Formulario 8867
    d. Formulario 8849

DP2.4

¿Cuál de los siguientes métodos de depreciación es un componente de MACRS?

    a. Sistema Global de Depreciación y Sistema Acelerado de Recuperación de Costos
    b. Otro sistema de depreciación y sistema acelerado de recuperación de costos
    c. Sistema Acelerado de Recuperación de Costos y Sistema de Depreciación Alternativa (ADS)
    d. Sistema General de Depreciación (GDS) y Sistema de Depreciación Alternativa (ADS)

DP2.5

James necesita cambiar su método de contabilidad. ¿Qué formulario necesitaría presentar?

    a. Formulario 3115
    b. Formulario 8332
    c. Formulario 4797
    d. Formulario 6252

DP2.6

¿Qué significa el acrónimo MACRS?

    a. Estudio de recreación personalizada acelerado modificado
    b. Sistema Acelerado de Recuperación de Costos Modificado
    c. Sistema de recuperación de costos ajustado modificado
    d. Modificado Ajustado Cierto Sistema de Recuperación

DP2.7

¿Cuál de los siguientes se puede depreciar?

    a. Propiedad Idle
    b. Tierra
    c. Propiedad que no ha sido puesta en servicio
    d. Propiedad ociosa y propiedad que no se ha puesto en servicio

Part 2 Review Questions Answers

DP2.1
To determine the basis of property, which of the following should be added to the cost?

1. Sales tax
2. Testing fees
3. Survey charges
4. Settlement costs

a. 1 and 2
b. 2, 3, and 4
c. 3 and 4
d. 1, 2, 3, and 4

Feedback: Review section *Basis of Depreciable Property.*

DP2.2
The General Depreciation System (GDS) has _____ property classifications.

a. 5
b. 7
c. 9
d. 12

Feedback: Review section *GDS Property Classifications.*

DP2.3
Andres would like to change his accounting method. Which form would he submit to receive the IRS approval?

a. Form 8829
b. Form 3115
c. Form 8867
d. Form 8849

Feedback: Review section *Changing Accounting Methods.*

DP2.4
Which of the following depreciation method(s) is a component of MACRS?

a. Global Depreciation System and Accelerated Cost Recovery System
b. Another Depreciation System and Accelerated Cost Recovery System
c. Accelerated Cost Recovery System and Alternative Depreciation System (ADS)
d. General Depreciation System (GDS) and Alternative Depreciation System (ADS)

Feedback: Review section *GDS Property Classifications.*

Parte 2 Preguntas de revisión Respuestas

DP2.1

Para determinar la base de la propiedad, ¿cuál de los siguientes debe agregarse al costo?

1. Impuesto sobre las ventas
2. Tarifas de prueba
3. Cargos por encuesta
4. Costes de liquidación

a. 1 y 2
b. 2, 3 y 4
c. 3 y 4
d. 1, 2, 3 y 4

Comentarios: Sección de revisión *Base de la propiedad depreciable.*

DP2.2

El Sistema General de Depreciación (GDS) tiene _____ clasificaciones de propiedad.

a. 5
b. 7
c. 9
d. 12

Comentarios: Revise la sección *Clasificaciones de propiedades GDS.*

DP2.3

A Andrés le gustaría cambiar su método contable. ¿Qué formulario presentaría para recibir la aprobación del IRS?

a. Formulario 8829
b. Formulario 3115
c. Formulario 8867
d. Formulario 8849

Comentarios: Revise la sección *Cambio de métodos contables.*

DP2.4

¿Cuál de los siguientes métodos de depreciación es un componente de MACRS?

a. Sistema Global de Depreciación y Sistema Acelerado de Recuperación de Costos
b. Otro sistema de depreciación y sistema acelerado de recuperación de costos
c. Sistema Acelerado de Recuperación de Costos y Sistema de Depreciación Alternativa (ADS)
d. Sistema General de Depreciación (GDS) y Sistema de Depreciación Alternativa (ADS)

Comentarios: Revise la sección *Clasificaciones de propiedades GDS.*

DP2.5

James needs to change his accounting method. Which form would he need to file?

 a. **Form 3115**
 b. Form 8332
 c. Form 4797
 d. Form 6252

Feedback: Review section *GDS Property Classifications.*

DP2.6

What does the acronym MACRS mean?

 a. Modified Accelerated Custom Recreation Study
 b. **Modified Accelerated Cost Recovery System**
 c. Modified Adjusted Cost Recovery System
 d. Modified Adjusted Certain Recovery System

Feedback: Review section *Figuring Depreciation Under MACRS.*

DP2.7

Which of the following can be depreciated?

 a. **Idle property**
 b. Land
 c. Property that has not been placed into service
 d. Idle property and property that has not been placed into service

Feedback: Review section *Idle Property.*

Takeaways

Although depreciation may seem overwhelming, this subject must be understood to prepare accurate business tax returns. Depreciation is used to benefit the taxpayer; the IRS has defined the convention and class type and has figured the percentage amount. All the tax professional needs to do is find the correct class type and percentage amount to calculate the correct depreciation amount for the taxpayer. A tax professional should not rely on software to do the calculation but understand depreciation to make sure the software is calculating the depreciation correctly.

TEST YOUR KNOWLEDGE!
Go online to take a practice quiz.

DP2.5

James necesita cambiar su método de contabilidad. ¿Qué formulario necesitaría presentar?

    a. Formulario 3115
    b. Formulario 8332
    c. Formulario 4797
    d. Formulario 6252

Comentarios: Revise la sección *Clasificaciones de propiedades GDS.*

DP2.6

¿Qué significa el acrónimo MACRS?

    a. Estudio de recreación personalizada acelerado modificado
    b. Sistema Acelerado de Recuperación de Costos Modificado
    c. Sistema de recuperación de costos ajustado modificado
    d. Modificado Ajustado Cierto Sistema de Recuperación

Comentarios: Revise la sección *Calculando la depreciación bajo MACRS.*

DP2.7

¿Cuál de los siguientes se puede depreciar?

    a. Propiedad Idle
    b. Tierra
    c. Propiedad que no ha sido puesta en servicio
    d. Propiedad ociosa y propiedad que no se ha puesto en servicio

Comentarios: Sección de revisión *Propiedad inactiva.*

Aportes

Aunque la depreciación puede parecer abrumadora, este tema debe entenderse para preparar declaraciones de impuestos comerciales precisas. La depreciación se utiliza para beneficiar al contribuyente; el IRS ha definido la convención y el tipo de clase y ha calculado la cantidad porcentual. Todo lo que el profesional de impuestos necesita hacer es encontrar el tipo de clase y el monto porcentual correctos para calcular el monto de depreciación correcto para el contribuyente. Un profesional de impuestos no debe confiar en el software para hacer el cálculo, sino comprender la depreciación para asegurarse de que el software está calculando la depreciación correctamente.

¡PON A PRUEBA TUS CONOCIMIENTOS!
Ve en línea para tomar una prueba de práctica.

Part III – Annual Federal Tax Refresher

Parte III – Actualización anual de impuestos federales (AFTR)

Contenido

Domain 1 New Tax Law/Recent Updates

1.1 Annual Inflation Adjustment (Rev. Proc. 2022-38)

Tax Rate Tables

For tax year 2023, the top tax rate remains 37% for married filing jointly and surviving spouses with incomes greater than $693,750. The other for married filing jointly and surviving spouses' rates are:

- 35% for incomes over $462,500
- 32% for incomes over $364,200
- 24% for incomes over $190,750
- 22% for incomes over $89,450
- 12% for incomes over $22,000
- 10% for incomes not over $22,000

Tax year 2023 married filing separately taxpayer rates:

- 37% for incomes over $346,875
- 35% for incomes over $231,250
- 32% for incomes over $182,100
- 24% for incomes over $95,375
- 22% for incomes over $44,725
- 12% for incomes over $11,000
- 10% for incomes not over $11,000

Tax year 2023 head of household taxpayer rates:

- 37% for incomes over $578,100
- 35% for incomes over $231,250
- 32% for incomes over $182,100
- 24% for incomes over $95,350
- 22% for incomes over $59,850
- 12% for incomes over $15,700
- 10% for incomes not over $15,700

Tax year 2023 unmarried (single) taxpayer rates:

- 37% for incomes over $578,125

- 35% for incomes over $231,250
- 32% for incomes over $182,100
- 24% for incomes over $95,375
- 22% for incomes over $44,725
- 12% for incomes over $11,000
- 10% for incomes not over $11,000

1.2 New Standard Mileage Provisions (Notice 2023-03)

Standard mileage rate as defined by the IRS as an ordinary and necessary expense is:

Dominio 1 Nueva Ley Tributaria/Actualizaciones Recientes

1.1 Ajuste anual por inflación (Rev. Proc. 2022-38)

Tablas de tasas impositivas

Para el año fiscal 2023, la tasa impositiva máxima sigue siendo del 37% para los cónyuges casados que presentan una declaración conjunta y los cónyuges sobrevivientes con ingresos superiores a $693,750. Las otras para las tasas de cónyuges casados que presentan una declaración conjunta y de cónyuges sobrevivientes son:

➢ 35% para ingresos superiores a $462,500
➢ 32% para ingresos superiores a $364,200
➢ 24% para ingresos superiores a $190,750
➢ 22% para ingresos superiores a $89,450
➢ 12% para ingresos superiores a $22,000
➢ 10% para ingresos no superiores a $22,000

Año fiscal 2023 casado que presenta por separado las tasas de contribuyente:

➢ 37% para ingresos superiores a $346,875
➢ 35% para ingresos superiores a $231,250
➢ 32% para ingresos superiores a $182,100
➢ 24% para ingresos superiores a $95,375
➢ 22% para ingresos superiores a $44,725
➢ 12% para ingresos superiores a $11,000
➢ 10% para ingresos no superiores a $11,000

Tasas de contribuyentes del Cabeza de familia del año fiscal 2023:

➢ 37% para ingresos superiores a $578,100
➢ 35% para ingresos superiores a $231,250
➢ 32% para ingresos superiores a $182,100
➢ 24% para ingresos superiores a $95,350
➢ 22% para ingresos superiores a $59,850
➢ 12% para ingresos superiores a $15,700
➢ 10% para ingresos no superiores a $15,700

Tasas de contribuyentes solteros (solteros) del año fiscal 2023:

➢ 37% para ingresos superiores a $578,125
➢ 35% para ingresos superiores a $231,250
➢ 32% para ingresos superiores a $182,100
➢ 24% para ingresos superiores a $95,375
➢ 22% para ingresos superiores a $44,725
➢ 12% para ingresos superiores a $11,000
➢ 10% para ingresos no superiores a $11,000

1.2 Nuevas disposiciones estándar de kilometraje (Aviso 2023-03)

La tasa de millaje estándar definida por el IRS como un gasto ordinario y necesario es:

1. The deductible costs of operating for business purposes automobiles, including vans, pickups, or panel trucks, owned, or leased
2. Deductible costs of operating automobiles for charitable, medical, or moving expense purposes

Transportation expenses are described as expenses of operating an automobile for local transportation or transportation away from home.

Mileage allowance means a payment under a reimbursement or other expense allowance arrangement that is:

1. Paid for the ordinary and necessary business expenses an employee incurs, for transportation expenses in performing services as an employee.
2. Reasonably calculated not to exceed the amount of the expenses.
3. Paid at the applicable standard mileage rate, a flat rate or stated schedule or under the IRS-specified rate or schedule.

For tax year 2023 the business travel rate is 65.5 cents per mile.

For 2023 the medical rate is 22 cents per mile.

Armed Forces active duty who move due to military orders standard mileage rate is 22 cents per mile. If the military paid for the move, no adjustment is made.

Charitable standard mileage rate is 14 cents per mile.

1.3 Filing Status Name Change

The qualifying widow(er) has been changed to Surviving spouse going forward.

1.4 Updated Digital Asset Question Language and Instructions

A taxpayer and spouse who own or trade digital assets must report the income on their individual tax return. Types of digital assets are:

➤ Convertible virtual currency and cryptocurrency.
➤ Non-fungible tokens (NFTs)
➤ Stablecoins

The IRS defines "virtual currency" (VC) as a digital representation of value that functions as a medium of exchange, a unit of account and a store of value other than a representation of the United States dollar or a foreign currency. Digital asset is virtual currency (VC) that has an equivalent value in real currency, or that acts as a substitute for real currency. Cryptocurrency is generally referred to as coins or tokens and is a type of virtual currency that utilizes cryptography to secure transactions that are digitally recorded on a distributed ledger, such as a blockchain. A taxpayer has gross income when the individual receives the cryptocurrency (i.e., recorded on the distributed ledger) and has dominion and control over it.

Transactions involving a digital asset are reportable on the tax return. Taxable income, gain or loss may result from transactions such as:

1. Los costos deducibles de operar automóviles con fines comerciales, incluidas camionetas, camionetas o camiones de panel, propios o arrendados
2. Costos deducibles de operar automóviles con fines caritativos, médicos o de mudanza

Los gastos de transporte se describen como los gastos de operar un automóvil para el transporte local o el transporte fuera de casa.

Subsidio de millaje significa un pago bajo un acuerdo de reembolso u otro acuerdo de asignación de gastos que es:

1. Pagado por los gastos comerciales ordinarios y necesarios en los que incurre un empleado, por los gastos de transporte en la prestación de servicios como empleado.
2. Razonablemente calculado para no exceder el monto de los gastos.
3. Pagado a la tarifa de millaje estándar aplicable, una tarifa fija o un horario establecido o bajo la tarifa o programa especificado por el IRS.

Para el año fiscal 2023, la tarifa de viaje de negocios es de 65.5 centavos por milla.

Para 2023 la tarifa médica es de 22 centavos por milla.

La tarifa de kilometraje estándar de las Fuerzas Armadas que se mueve debido a órdenes militares es de 22 centavos por milla. Si los militares pagaron por el traslado, no se hace ningún ajuste.

La tarifa de millaje estándar caritativa es de 14 centavos por milla.

1.3 Cambio de nombre del estado civil

El viudo (a) calificado (a) se ha cambiado a Cónyuge sobreviviente en el futuro.

1.4 Lenguaje e instrucciones actualizados de la pregunta sobre activos digitales

Un contribuyente y su cónyuge que poseen o comercian con activos digitales deben informar los ingresos en su declaración de impuestos individual. Los tipos de activos digitales son:

➢ Moneda virtual convertible y criptomoneda.
➢ Tokens no fungibles (NFT)
➢ Monedas estables

El IRS define "moneda virtual" (VC) como una representación digital de valor que funciona como un medio de intercambio, una unidad de cuenta y una reserva de valor que no sea una representación del dólar de los Estados Unidos o una moneda extranjera. El activo digital es una moneda virtual (VC) que tiene un valor equivalente en moneda real, o que actúa como sustituto de la moneda real. La criptomoneda generalmente se conoce como monedas o tokens y es un tipo de moneda virtual que utiliza criptografía para asegurar las transacciones que se registran digitalmente en un libro mayor distribuido, como una cadena de bloques. Un contribuyente tiene ingresos brutos cuando el individuo recibe la criptomoneda (es decir, registrada en el libro mayor distribuido) y tiene dominio y control sobre ella.

Las transacciones que involucran un activo digital son reportables en la declaración de impuestos. Los ingresos, ganancias o pérdidas imponibles pueden resultar de transacciones tales como:

➢ Sale of a digital asset for agreement
➢ Exchange of a digital asset for property, goods, or services
➢ Swap or trade of one digital asset for another
➢ Receipt of a digital asset as payment for goods or services
➢ Receipt of a new digital asset as a result of a hard fork
➢ Receipt of a new digital asset as a result of mining or staking activities
➢ Receipt of a digital asset as a result of an airdrop
➢ Any other disposition of a financial interest in a digital asset

Payment by virtual currency is included as income, the FMV is determined by the United States dollar (USD). Employers paying VC as compensation for services constitute wages for employment tax purposes and are subject to federal tax withholding. VC payments are subject to the same information reporting as other payments (e.g., Forms W-2, 1099, 1042 – Misc., etc.). See Notice 2014-21, 2014-16, and IRB 938.

Payments made by VC are subject to back-up withholding rules to the same extent as other payments. A taxpayer who successfully "mines" virtual currency has gross income equal to the fair market value of the virtual currency as of the date of receipt.

Form 1040 has a question that is to be asked of all taxpayers: "did you receive, sell, exchange, or otherwise dispose of any financial interest in any virtual currency?".

As the tax professional, do not assume the answer is no; ask the taxpayer and mark the appropriate box, based on their answer.

Not reporting the sale or exchange of virtual currencies could resort to a tax consequence. See Publication 544.

1.5 Third Party Network Transaction (Form 1099-K) change in reporting requirement to greater than $600 (Notice 2023-10)

Third-party settlement organizations charge a fee for being the facilitator of the transaction.

Beginning January 1, 2023, a Third Party Settlement Organization (TPSO) is not required to report payments in settlement of third party network transaction with the gross amount of aggregate payments reported to exceeds $20,000 and the amount of transaction exceed 200. See Notice 2023-10.

1.6 Required Minimum Distribution (RMD) Age Requirement (Consolidated Appropriations Act of 2023/ Secure Act 2.0 Act)

The required minimum distribution age requirement is 73 years old.

1.7 Reduction in Excise Tax on Certain Accumulation in Qualified Retirement Plans (Secure 2.0 Act)

Reduction in excise tax from 50% to 25% and 10% for failure to take RMDs. To receive an early distribution penalty of the following could be waived:

➢ Venta de un activo digital por acuerdo
➢ Intercambio de un activo digital por propiedades, bienes o servicios
➢ Intercambio o intercambio de un activo digital por otro
➢ Recepción de un activo digital como pago por bienes o servicios
➢ Recepción de un nuevo activo digital como resultado de una bifurcación dura
➢ Recepción de un nuevo activo digital como resultado de actividades mineras o de replanteo
➢ Recepción de un activo digital como resultado de un airdrop
➢ Cualquier otra disposición de un interés financiero en un activo digital

El pago por moneda virtual se incluye como ingreso, el FMV está determinado por el dólar estadounidense (USD). Los empleadores que pagan VC como compensación por servicios constituyen salarios para fines de impuestos sobre el empleo y están sujetos a retención de impuestos federales. Los pagos de VC están sujetos a la misma información que otros pagos (por ejemplo, Formularios W-2, 1099, 1042 – Misc., etc.). Consulte el Aviso 2014-21, 2014-16 y el IRB 938.

Los pagos realizados por VC están sujetos a reglas de retención de respaldo en la misma medida que otros pagos. Un contribuyente que "extrae" con éxito la moneda virtual tiene un ingreso bruto igual al valor justo de mercado de la moneda virtual a partir de la fecha de recepción.

El Formulario 1040 tiene una pregunta que debe hacerse a todos los contribuyentes: "¿recibió, vendió, intercambió o dispuso de algún interés financiero en alguna moneda virtual?".

Como profesional de impuestos, no asuma que la respuesta es no; Pregúntele al contribuyente y marque la casilla correspondiente, en función de su respuesta.

No reportar la venta o cambio de monedas virtuales podría recurrir a una consecuencia fiscal. Véase la publicación 544.

1.5 Transacción de red de terceros (Formulario 1099-K) cambio en el requisito de presentación de informes a más de $600 (Aviso 2023-10)

Las organizaciones de liquidación de terceros cobran una tarifa por ser el facilitador de la transacción.

A partir del 1 de enero de 2023, una Organización de Liquidación de Terceros (TPSO) no está obligada a informar los pagos en la liquidación de transacciones de red de terceros con el monto bruto de los pagos agregados reportados que excede los $20,000 y el monto de la transacción excede los 200. Ver Aviso 2023-10.

1.6 Requisito de edad de distribución mínima requerida (RMD) (Ley de Asignaciones Consolidadas de 2023 / Ley Secure 2.0)

El requisito de edad mínima de distribución requerida es de 73 años.

1.7 Reducción del impuesto especial sobre cierta acumulación en planes de jubilación calificados (Ley Secure 2.0)

Reducción del impuesto especial del 50% al 25% y del 10% por no tomar RMD. Para recibir una multa de distribución anticipada de lo siguiente se podría renunciar:

➤ Private firefighters
➤ Substantially equal periodic payments
➤ Individuals with terminal illness
➤ Qualified public safety employees with 25 years of service
➤ State corrections officers and forensic security employees
➤ Corrective distributions of excess contributions

1.8 Energy Efficient Home Improvement Credit (modified Section 25C credit by the Inflation Reduction Act)

The nonrefundable Nonbusiness Energy Credit available to individuals who make their homes more energy efficient by installing items such as insulation or energy efficient windows and doors is:

➤ Reinstated retroactively to property placed in service after 2021 (the credit had previously only been available for property placed in service prior to 2022);
➤ Renamed the "Energy Efficient Home Improvement Credit"; and
➤ Extended an additional 11 years and is now available for purchases of qualified property placed in service after 2021 and prior to January 1, 2033.
(IRA '22 §13301; IRC §25C(g)(2))

Other changes to the Nonbusiness Energy Credit, applicable to property placed in service after December 31, 2022, except as noted, include:

➤ Increasing the percentage of the credit from 10% of the cost to 30% of cost of the:
  o Amount paid or incurred by the taxpayer for qualified energy efficiency improvements installed during such taxable year.
  o The amount of the residential energy property expenditures paid or incurred by the taxpayer during such taxable year prior to the Inflation Reduction Act.
➤ Allowing the credit to be claimed for home energy audits (up to $150 maximum)
➤ The definition of residential energy property, removed the requirement that the residence be the taxpayer's principal residence and opens up the ability to claim the credit on for second homes and/or vacation home.
➤ Replacing the $500 lifetime cap on the credit with a $1,200 annual credit limitation; however, there may be additional limits for certain purchases, and some taxpayer may qualify for credits in excess of $1,200
➤ Updating the energy efficient standards that must be met for various items
➤ Adding air sealing material or systems to the list of qualified residential energy property for which the credit may be claimed
➤ Expanding the list of qualified energy property to include a natural gas heat pump and a natural gas, propane, or oil furnace or hot water boiler, a biomass stove or boiler, and improvements to or replacements of a qualified panelboard, sub-panelboard, branch circuit, or feeders
➤ Removing asphalt and metal roofs from the list of building envelope components for which the credit may be claimed
➤ Requiring all items placed in service after 2024 for which the credit is claimed to be produced by a qualified manufacturer, and a qualified product identification number must be provided on the tax return filed by the taxpayer.

➤ Bomberos privados
➤ Pagos periódicos sustancialmente iguales
➤ Individuos con enfermedad terminal
➤ Empleados calificados de seguridad pública con 25 años de servicio
➤ Oficiales correccionales estatales y empleados de seguridad forense
➤ Distribuciones correctivas del exceso de contribuciones

1.8 Crédito para mejoras en el hogar energéticamente eficientes (crédito modificado de la Sección 25C por la Ley de Reducción de la Inflación)

El crédito de energía no reembolsable para empresas disponible para las personas que hacen que sus hogares sean más eficientes energéticamente mediante la instalación de elementos como aislamiento o ventanas y puertas energéticamente eficientes es:

➤ Reintegrado retroactivamente a la propiedad puesta en servicio después de 2021 (el crédito anteriormente solo estaba disponible para la propiedad puesta en servicio antes de 2022);
➤ Se cambió el nombre de "Crédito para mejoras en el hogar energéticamente eficientes"; y
➤ Se extendió por 11 años adicionales y ahora está disponible para compras de propiedades calificadas puestas en servicio después de 2021 y antes del 1 de enero de 2033. (IRA '22 §13301; IRC §25C(g)(2))

Otros cambios al Crédito de Energía No Comercial, aplicable a la propiedad puesta en servicio después del 31 de diciembre de 2022, excepto como se indique, incluyen:

➤ Aumentar el porcentaje del crédito del 10% del costo al 30% del costo de:
  o Monto pagado o incurrido por el contribuyente por mejoras calificadas de eficiencia energética instaladas durante dicho año fiscal.
  o El monto de los gastos de propiedad de energía residencial pagados o incurridos por el contribuyente durante dicho año fiscal antes de la Ley de Reducción de Inflación.
➤ Permitir que se reclame el crédito para auditorías de energía en el hogar (hasta un máximo de $150)
➤ La definición de propiedad residencial de energía eliminó el requisito de que la residencia sea la residencia principal del contribuyente y abre la capacidad de reclamar el crédito para segundas residencias y / o casas de vacaciones.
➤ Reemplazar el límite de por vida de $500 en el crédito con una limitación de crédito anual de $1,200; Sin embargo, puede haber límites adicionales para ciertas compras, y algunos contribuyentes pueden calificar para créditos que excedan los $1,200
➤ Actualización de los estándares de eficiencia energética que deben cumplirse para varios artículos
➤ Agregar material o sistemas de sellado de aire a la lista de propiedades energéticas residenciales calificadas para las cuales se puede reclamar el crédito
➤ Ampliar la lista de propiedades energéticas calificadas para incluir una bomba de calor de gas natural y un horno de gas natural, propano o aceite o caldera de agua caliente, una estufa o caldera de biomasa, y mejoras o reemplazos de un tablero de panel, súbanle, circuito de derivación o alimentadores calificados.
➤ Eliminar los techos de asfalto y metal de la lista de componentes de la envolvente del edificio por los cuales se puede reclamar el crédito
➤ Exigir que todos los artículos puestos en servicio después de 2024 para los cuales se reclama el crédito sean producidos por un fabricante calificado, y se debe proporcionar un número de identificación de producto calificado en la declaración de impuestos presentada por el contribuyente.

Credits starting in 2023. They are:

➢ Building envelope components that satisfy specified energy requirements, labor and installation costs excluded:
  o Exterior doors (30% of costs up to $250 per door, up to a total of $500)
  o Exterior windows and skylights (30% of costs up to $600)
  o Insulation materials or systems and air sealing materials or systems (30% of costs with no specific dollar credit limit)
➢ Home energy audits (30% of costs up to $150) (subject to the $1,200 aggregate cap discussed above)
➢ Residential energy property (30% of costs, including labor and installation, up to $600 for each item) (subject to the $1,200 aggregate cap discussed above):
  o Central air conditioners;
  o Natural gas, propane, or oil water heaters;
  o Natural gas, propane, or oil furnaces and hot water boilers; and
  o Improvements to or replacements of panelboards, sub-panelboards, branch circuits, or feeders that are installed along with building envelope components or other energy property listed here; and
➢ Heat pumps and biomass stoves and biomass boilers (30% of costs, including labor) (subject to the $2,000 aggregate cap discussed above):
  o Electric or natural gas heat pump water heaters;
  o Electric or natural gas heat pumps; and
  o Biomass stoves and biomass boilers.

If taxpayers made energy-saving improvements to their main home in the United States, they might be able to claim the residential energy efficient property credit and report it on Form 1040, Schedule 3, line 5. The credit and its ability to carry forward any portion are still available from 2022 to 2032. The following residential energy efficient property credits are available for the 2022 tax year if the taxpayer made such improvements to the main home located in the United States:

➢ Qualified solar electric property costs.
➢ Qualified solar water heating property costs.
➢ Qualified small wind energy property costs.
➢ Qualified geothermal heat pump property costs.
➢ Qualified biomass fuel property costs.

If the taxpayer is a condominium owner or a tenant-stockholder in a cooperative housing corporation and has paid their proportionate share of the cost, the taxpayer could qualify for the credit. There is a 30% credit for installing qualified solar water-heating property, qualified solar electric property, geothermal heat pumps, and small wind-energy property. The credit applies for property placed in service for 2022 and 2032.

Energy efficient home improvement credit reported on Part II of Form 5695 may be able to take a credit equal to the sum of:

1. 10% of the amount paid or incurred by the taxpayer for qualified energy efficiency improvements installed during such taxable year, and
2. any residential energy property expenditures paid or incurred by the taxpayer during such taxable year.

Créditos a partir de 2023. Son los siguientes:

> Componentes de la envolvente del edificio que satisfagan los requisitos de energía especificados, mano de obra y costos de instalación excluidos:
>   o Puertas exteriores (30% de los costos hasta $250 por puerta, hasta un total de $500)
>   o Ventanas exteriores y tragaluces (30% de los costos hasta $600)
>   o Materiales o sistemas de aislamiento y materiales o sistemas de sellado de aire (30% de los costos sin límite de crédito específico en dólares)
> Auditorías de energía en el hogar (30% de los costos hasta $150) (sujeto al límite agregado de $1,200 discutido anteriormente)
> Propiedad de energía residencial (30% de los costos, incluida la mano de obra y la instalación, hasta $600 por cada artículo) (sujeto al límite agregado de $1,200 discutido anteriormente):
>   o Acondicionadores de aire centrales;
>   o Calentadores de agua de gas natural, propano o aceite;
>   o Hornos de gas natural, propano o petróleo y calderas de agua caliente; y
>   o Mejoras o reemplazos de tableros, sub-paneles, circuitos de derivación o alimentadores que se instalan junto con los componentes de la envolvente del edificio u otras propiedades energéticas enumeradas aquí; y
> Bombas de calor y estufas de biomasa y calderas de biomasa (30% de los costos, incluida la mano de obra) (sujeto al límite agregado de $2,000 discutido anteriormente):
>   o Calentadores de agua con bomba de calor eléctrica o de gas natural;
>   o Bombas de calor eléctricas o de gas natural; y
>   o Estufas de biomasa y calderas de biomasa.

Si los contribuyentes hicieron mejoras de ahorro de energía a su hogar principal en los Estados Unidos, podrían reclamar el crédito de propiedad residencial de eficiencia energética e informarlo en el Formulario 1040, Anexo 3, línea 5. El crédito y su capacidad para trasladar cualquier porción todavía están disponibles de 2022 a 2032. Los siguientes créditos de propiedad residencial de eficiencia energética están disponibles para el año fiscal 2022 si el contribuyente realizó tales mejoras en la casa principal ubicada en los Estados Unidos:

> Costos calificados de propiedad eléctrica solar.
> Costos calificados de la propiedad de calentamiento solar de agua.
> Costos calificados de propiedad de energía eólica pequeña.
> Costos de propiedad de bomba de calor geotérmica calificada.
> Costos calificados de propiedad de combustible de biomasa.

Si el contribuyente es propietario de un condominio o un inquilino-accionista en una corporación de vivienda cooperativa y ha pagado su parte proporcional del costo, el contribuyente podría calificar para el crédito. Hay un crédito del 30% para instalar propiedades calificadas de calentamiento solar de agua, propiedades eléctricas solares calificadas, bombas de calor geotérmicas y pequeñas propiedades de energía eólica. El crédito se aplica a la propiedad puesta en servicio para 2022 y 2032.

El crédito para mejoras en el hogar de eficiencia energética reportado en la Parte II del Formulario 5695 puede tomar un crédito igual a la suma de:

1. 10% del monto pagado o incurrido por el contribuyente por mejoras calificadas de eficiencia energética instaladas durante dicho año fiscal, y
2. cualquier gasto de propiedad de energía residencial pagado o incurrido por el contribuyente durante dicho año fiscal.

The credit is limited to the following:

> ➢ A total of $500 for all tax years after 2005.
> ➢ A combined credit limit of $200 for windows.

Any subsidized energy financing cannot be used to figure the energy credit. See Instructions Form 5695.

1.9 Residential Clean Energy Property Credit (Modified Section 25D credit by the Inflation Reduction Act)

The Residential Energy Efficient Property (REEP) Credit is renamed the Residential Clean Energy Credit. It is now available for property placed in service prior to January 1, 2035. (IRA '22 §13302; IRC §25D(g)(2))

The Residential Clean Energy Credit is often referred to as the Solar Energy Credit, although it also applies to qualified fuel cell property, qualified small wind energy property, geothermal heat pump property, and biomass stove and water heater property.

The Inflation Reduction Act also adds qualified battery storage technology expenditures to the list of qualified expenditures eligible for the credit, applicable to expenditures made after December 31, 2022.

Full 30% credit retroactively reinstated

The Inflation Reduction Act retroactively reinstates the full 30% credit for properties placed in service after 2021. (IRC §25D(g)) Under pre-Inflation Reduction Act law, the amount of the credit was phased down to 26% for solar energy property placed in service in 2021 and 2022 and was scheduled to be further reduced to 22% if the property was placed in service in 2023.

The Inflation Reduction Act limits the application of the 26% rate to those properties that were placed in service in 2021. This means taxpayers will be able to claim a 30% credit on their 2022 return if the property was placed in service in 2022.

The full 30% credit is now available for eligible expenditures through the end of 2032. The credit is phased down to 26% in 2033 and then to 22% in 2034.

1.10 Clean Vehicle Credits (Modified Section 30D and 25E by the Inflation Reduction Act)

The Inflation Reduction Act renamed and significantly modified the plug-in car credit under IRC §30D. The credit, now known simply as the Clean Vehicle Credit, generally applies to new four-wheel vehicles placed in service after December 31, 2022, and sunsets at the end of 2032. (IRA '22 §13401; IRC§30D) A new clean vehicle is generally viewed to be placed in service on the date the taxpayer takes ownership of the vehicle.

El crédito se limita a lo siguiente:

> ➢ Un total de $500 para todos los años fiscales posteriores a 2005.
> ➢ Un límite de crédito combinado de $200 para Windows.

Cualquier financiamiento de energía subsidiada no se puede utilizar para calcular el crédito de energía. Consulte el Formulario de instrucciones 5695.

1.9 Crédito a la Propiedad de Energía Limpia Residencial (Crédito modificado de la Sección 25D por la Ley de Reducción de la Inflación)

El Crédito de Propiedad Residencial de Eficiencia Energética (REEP) pasa a llamarse Crédito de Energía Limpia Residencial. Ahora está disponible para la propiedad puesta en servicio antes del 1 de enero de 2035. (IRA '22 §13302; IRC §25D(g)(2))

El Crédito de Energía Limpia Residencial a menudo se conoce como el Crédito de Energía Solar, aunque también se aplica a la propiedad calificada de celdas de combustible, la propiedad calificada de energía eólica pequeña, la propiedad de bomba de calor geotérmica y la propiedad de estufas y calentadores de agua de biomasa.

La Ley de Reducción de la Inflación también agrega los gastos calificados de tecnología de almacenamiento de baterías a la lista de gastos calificados elegibles para el crédito, aplicable a los gastos realizados después del 31 de diciembre de 2022.

Crédito total del 30% reinstalado retroactivamente

La Ley de Reducción de la Inflación restablece retroactivamente el crédito total del 30% para las propiedades puestas en servicio después de 2021. (IRC §25D(g)) Según la ley anterior a la Ley de Reducción de la Inflación, el monto del crédito se redujo gradualmente al 26% para la propiedad de energía solar puesta en servicio en 2021 y 2022 y estaba programado para reducirse aún más al 22% si la propiedad se ponía en servicio en 2023.

La Ley de Reducción de la Inflación limita la aplicación de la tasa del 26% a aquellas propiedades que se pusieron en servicio en 2021. Esto significa que los contribuyentes podrán reclamar un crédito del 30% en su declaración de 2022 si la propiedad se puso en servicio en 2022.

El crédito total del 30% ya está disponible para gastos elegibles hasta finales de 2032. El crédito se reduce gradualmente al 26% en 2033 y luego al 22% en 2034.

1.10 Créditos para vehículos limpios (Sección 30D y 25E modificadas por la Ley de Reducción de la Inflación)

La Ley de Reducción de la Inflación cambió el nombre y modificó significativamente el crédito para automóviles enchufables bajo IRC §30D. El crédito, ahora conocido simplemente como el Crédito de Vehículo Limpio, generalmente se aplica a los vehículos nuevos de cuatro ruedas puestos en servicio después del 31 de diciembre de 2022 y las puestas de sol a fines de 2032. (IRA '22 §13401; IRC§30D) Un vehículo nuevo y limpio generalmente se considera puesto en servicio en la fecha en que el contribuyente toma posesión del vehículo.

The Clean Vehicle Credit can only be claimed once per vehicle, but taxpayers can claim a Clean Vehicle Credit for every eligible new vehicle they purchase, even if multiple vehicles are purchased in the same year.

The credit is nonrefundable and cannot be carried forward if claimed for a personal-use vehicle. If the credit is claimed for a business-use vehicle, then the credit (or potentially only a portion of it) is included in the general business credit and therefore unused credit may be carried forward.

2-Wheeled Plug-in Electric Vehicle

The taxpayer could qualify for purchasing a qualified 2-wheeled electric vehicle that was acquired before 2022 and with certain characteristics:

➢ Can go 45+ miles per hour.
➢ Is propelled by an electric motor that the battery is not less than 2.5 kilowatt hours and can be recharged.
➢ Is manufactured primarily for use on public streets, roads, and highways.
➢ Has a gross vehicle weight of less than 14,000 pounds.
➢ Other certain additional requirements. See Instructions Form 8936.

Qualified 4-Wheel Plug-in Electric Drive Motor Vehicle (EV)

The taxpayer could receive a credit for purchasing a 4-wheel vehicle (placed in service before 2023), with gross weight of less than 14,000 pounds and the battery with at least 4 kilowatt hours and is rechargeable. The electric motor must draw electricity from a rechargeable battery with not less than 4 kilowatt hours. The vehicle must be manufactured primarily to be used on public streets, roads, and highways. The owner is the only one that can claim the credit. If the vehicle is leased, only the lessor and not the lessee is able to claim the credit. The vehicle must be used primarily in the United States and the final assembly of the car must occur in North America. See IRC Code Section 30D.

200,000-unit limitation no longer applies

The 200,000 per-vehicle manufacturer phaseout of the credit is repealed applicable to vehicles sold after December 31, 2022. As such, vehicles from manufacturers such as Tesla and General Motors qualify for the Clean Vehicle Credit for vehicles sold after 2022 if all other requirements are met. However, credit cannot be claimed for these vehicles if they were purchased in 2022.

Leased vehicles

The IRS, through its FAQs, interprets the Inflation Reduction Act's leased vehicle verbiage to mean that the lessee of vehicles does not qualify for the Clean Vehicle Credit. The Inflation Reduction Act states that a qualified vehicle is one whose original use commences with the taxpayer, which is "acquired for use or lease by the taxpayer and not for resale." (IRC §30D(d)(1)(A) and (B))

El Crédito para Vehículos Limpios solo se puede reclamar una vez por vehículo, pero los contribuyentes pueden reclamar un Crédito para Vehículos Limpios por cada vehículo nuevo elegible que compren, incluso si se compran varios vehículos en el mismo año.

El crédito no es reembolsable y no se puede transferir si se reclama para un vehículo de uso personal. Si el crédito se reclama para un vehículo de uso comercial, entonces el crédito (o potencialmente solo una parte de este) se incluye en el crédito comercial general y, por lo tanto, el crédito no utilizado puede transferirse.

Vehículo eléctrico enchufable de 2 ruedas

El contribuyente podría calificar para comprar un vehículo eléctrico de 2 ruedas calificado que fue adquirido antes de 2022 y con ciertas características:

> ➢ Puede ir 45+ millas por hora.
> ➢ Está propulsado por un motor eléctrico que la batería no es inferior a 2,5 kilovatios hora y se puede recargar.
> ➢ Se fabrica principalmente para su uso en calles públicas, carreteras y autopistas.
> ➢ Tiene un peso bruto del vehículo de menos de 14,000 libras.
> ➢ Otros requisitos adicionales. Consulte el Formulario de instrucciones 8936.

Vehículo de motor (EV) eléctrico enchufable en las 4 ruedas calificado

El contribuyente podría recibir un crédito por comprar un vehículo de 4 ruedas (puesto en servicio antes de 2023), con un peso bruto de menos de 14,000 libras y la batería con al menos 4 kilovatios hora y es recargable. El motor eléctrico debe extraer electricidad de una batería recargable con no menos de 4 kilovatios hora. El vehículo debe fabricarse principalmente para ser utilizado en calles, carreteras y autopistas públicas. El propietario es el único que puede reclamar el crédito. Si el vehículo está arrendado, solo el arrendador y no el arrendatario puede reclamar el crédito. El vehículo debe usarse principalmente en los Estados Unidos y el ensamblaje final del automóvil debe ocurrir en América del Norte. Véase la sección 30D del Código IRC.

La limitación de 200.000 unidades ya no se aplica

Se deroga la eliminación gradual del crédito de 200,000 por fabricante por vehículo aplicable a los vehículos vendidos después del 31 de diciembre de 2022. Como tal, los vehículos de fabricantes como Tesla y General Motors califican para el Crédito para Vehículos Limpios para vehículos vendidos después de 2022 si se cumplen todos los demás requisitos. Sin embargo, no se puede reclamar crédito por estos vehículos si se compraron en 2022.

Vehículos arrendados

El IRS, a través de sus preguntas frecuentes, interpreta que la verborrea de vehículos arrendados de la Ley de Reducción de la Inflación significa que el arrendatario de vehículos no califica para el Crédito para Vehículos Limpios. La Ley de Reducción de la Inflación establece que un vehículo calificado es aquel cuyo uso original comienza con el contribuyente, que es "adquirido para uso o arrendamiento por el contribuyente y no para reventa". (IRC §30D(d)(1)(A) y (B))

However, the IRS FAQ at Q&A 8 of Topic A states: "Where a vehicle is acquired for lease to another person, the lessor is the original user." (IRS Fact Sheet 2023-08) This means that a taxpayer who leases a new vehicle is unable to claim the Clean Vehicle Credit because the credit belongs to the lessor. Similar language is contained in the IRS FAQs regarding the Qualified Commercial Clean Vehicle Credit under IRC §45W.

Credit amount

The maximum amount of the Clean Vehicle Credit is $7,500 per qualified vehicle if the vehicle meets both the critical materials and battery component requirements, which essentially require that a specified percentage (which increases each year) of the critical materials and battery components be manufactured, processed, extracted, or produced in the U.S. or in countries with which the U.S. has entered a free trade agreement. (IRC §30D(b)) However, this new limitation only applies to vehicles for which the taxpayer takes delivery after April 17, 2023, the day after the IRS published the requisite guidance in the Federal Register. (IRS Notice 2023-1, IRS FAQ Topic 6)

The transition relief discussed in the box on page 2-1 for taxpayers who enter into a binding written agreement to purchase a qualifying vehicle before August 17, 2022, still applies to those taxpayers, meaning the critical material and battery component criteria do not apply to these taxpayers.

If the vehicle only meets one of the requirements, then the credit is limited to $3,750.
If a vehicle is purchased before guidance is issued but delivered to the taxpayer after guidance is issued, then the critical materials requirement will apply to the vehicle.

Sin embargo, las preguntas frecuentes del IRS en la pregunta y respuesta 8 del Tema A establecen: "Cuando un vehículo se adquiere para arrendarlo a otra persona, el arrendador es el usuario original". (Hoja informativa del IRS 2023-08) Esto significa que un contribuyente que arrienda un vehículo nuevo no puede reclamar el Crédito para Vehículos Limpios porque el crédito pertenece al arrendador. Un lenguaje similar está contenido en las Preguntas frecuentes del IRS con respecto al Crédito Calificado para Vehículos Limpios Comerciales bajo IRC §45W.

Importe del crédito

El monto máximo del Crédito para Vehículos Limpios es de $7,500 por vehículo calificado si el vehículo cumple con los requisitos de materiales críticos y componentes de la batería, que esencialmente requieren que un porcentaje específico (que aumenta cada año) de los materiales críticos y componentes de la batería se fabriquen, procesen, extraigan o produzcan en los Estados Unidos o en países con los que los Estados Unidos han firmado un acuerdo de libre comercio. (IRC §30D(b)) Sin embargo, esta nueva limitación solo se aplica a los vehículos para los cuales el contribuyente recibe la entrega después del 17 de abril de 2023, el día después de que el IRS publicó la guía requerida en el Registro Federal. (Aviso del IRS 2023-1, Preguntas frecuentes del IRS Tema 6)

El alivio de transición discutido en el recuadro en la página 2-1 para los contribuyentes que celebran un acuerdo vinculante por escrito para comprar un vehículo calificado antes del 17 de agosto de 2022, todavía se aplica a esos contribuyentes, lo que significa que los criterios de materiales críticos y componentes de batería no se aplican a estos contribuyentes.

Si el vehículo solo cumple con uno de los requisitos, entonces el crédito está limitado a $3,750. Si un vehículo se compra antes de que se emita la guía, pero se entrega al contribuyente después de que se emita la guía, entonces el requisito de materiales críticos se aplicará al vehículo.

Domain 2 General Review

The IRS has the authority to tax all income from whatever source it is derived. This includes compensation for services, gains from dispositions of property, interest and dividends, rent and royalties, pensions and annuities, gambling winnings, and even illegal activities. All such income a person receives is collectively referred to as "worldwide income." However, not all money or property is taxable or subject to tax. This chapter will cover the different types of taxable and nontaxable income and show you where and how to report such wages on a professionally prepared tax return. A tax professional must recognize the different kinds of taxable income, tax-exempt income, and other income included in Schedule 1, line 21, and must know how to figure out the taxable percentage on Social Security benefits.

2.1 Taxability of Earnings (wages, salaries, tips)

There are two major types of income: *earned income* and *unearned income*. Earned income is income the taxpayer received for working and includes the following types of income:

➢ Wages, salaries, tips, and other types of taxable employee pay.
➢ Net earnings from self-employment.
➢ Gross income received as a statutory employee.
➢ Union strike benefits.
➢ Long-term disability benefits received prior to reaching the minimum retirement age.

Unearned income is any amount received indirectly and not as a direct repayment of any services rendered or work provided. Unearned income includes:

➢ Interest and dividends.
➢ Pensions and annuities.
➢ Social Security and railroad retirement benefits (including disability benefits).
➢ Alimony and child support.
➢ Welfare benefits.
➢ Workers' compensation benefits.
➢ Unemployment compensation.
➢ Income while an inmate.
➢ Workfare payments (see Publication 596 for a definition).

If a taxpayer is an employee, they should receive a Form W-2 from their employer that shows the wages the taxpayer earned in exchange for services performed. A W-2 is a tax form created by employers that details the earnings and government withholdings of their employees for a given tax year. A tax year's W-2 should be distributed to the employees by the end of the first month after the tax year ends; for example, W-2s for tax year 2023 should be delivered before the end of January 31, 2024. A taxpayer will receive a W-2 from each employer the individual was employed by and should present each W-2 received to their tax professional. Most taxpayers will only receive one W-2; it is possible to receive more than one if a taxpayer has worked multiple jobs during a given tax year. If employees notice an error on their Form W-2, they should notify their employer and request a corrected Form W-2 before filing their taxes.

Dominio 2 Repaso general

El IRS tiene la autoridad para gravar todos los ingresos de cualquier fuente que se deriven. Esto incluye compensación por servicios, ganancias de disposiciones de propiedad, intereses y dividendos, alquileres y regalías, pensiones y anualidades, ganancias de juegos de azar e incluso actividades ilegales. Todos los ingresos que recibe una persona se denominan colectivamente "ingresos mundiales". Sin embargo, no todo el dinero o la propiedad están sujetos a impuestos o sujetos a impuestos. Este capítulo cubrirá los diferentes tipos de ingresos imponibles y no imponibles y le mostrará dónde y cómo informar dichos salarios en una declaración de impuestos preparada profesionalmente. Un profesional de impuestos debe reconocer los diferentes tipos de ingresos imponibles, ingresos exentos de impuestos y otros ingresos incluidos en el Anexo 1, línea 21, y debe saber cómo calcular el porcentaje imponible de los beneficios del Seguro Social.

2.1 Tributación de las ganancias (sueldos, salarios, propinas)

Hay dos tipos principales de ingresos: *ingresos del trabajo* e *ingresos no ganados*. El ingreso del trabajo es el ingreso que el contribuyente recibió por trabajar e incluye los siguientes tipos de ingresos:

- ➢ Salarios, propinas y otros tipos de pago de empleados sujetos a impuestos.
- ➢ Ingresos netos del trabajo por cuenta propia.
- ➢ Ingresos brutos percibidos como empleado estatutario.
- ➢ Beneficios de la huelga sindical.
- ➢ Beneficios por discapacidad a largo plazo recibidos antes de alcanzar la edad mínima de jubilación.

Los ingresos no devengados son cualquier cantidad recibida indirectamente y no como reembolso directo de ningún servicio o trabajo prestado. Los ingresos no devengados incluyen:

- ➢ Intereses y dividendos.
- ➢ Pensiones y rentas vitalicias.
- ➢ Seguro Social y beneficios de jubilación ferroviaria (incluidos los beneficios por discapacidad).
- ➢ Pensión alimenticia y manutención de los hijos.
- ➢ Prestaciones sociales.
- ➢ Beneficios de compensación para trabajadores.
- ➢ Compensación por desempleo.
- ➢ Ingresos mientras está preso.
- ➢ Pagos de tarifas de trabajo (consulte la Publicación 596 para una definición).

Si un contribuyente es un empleado, debe recibir un Formulario W-2 de su empleador que muestre los salarios que el contribuyente ganó a cambio de los servicios prestados. Un W-2 es un formulario de impuestos creado por los empleadores que detalla las ganancias y las retenciones gubernamentales de sus empleados para un año fiscal determinado. El W-2 de un año fiscal debe distribuirse a los empleados al final del primer mes después de que finalice el año fiscal; por ejemplo, los W-2 para el año fiscal 2023 deben entregarse antes del final del 31 de enero de 2024. Un contribuyente recibirá un W-2 de cada empleador por el que el individuo fue empleado y debe presentar cada W-2 recibido a su profesional de impuestos. La mayoría de los contribuyentes solo recibirán un W-2; Es posible recibir más de uno si un contribuyente ha trabajado en varios trabajos durante un año fiscal determinado. Si los empleados notan un error en su Formulario W-2, deben notificar a su empleador y solicitar un Formulario W-2 corregido antes de presentar sus impuestos.

The total amount of wages is reported on line 1 of Form 1040. Wages include salaries, vacation allowances, bonuses, commissions, and fringe benefits. Compensation includes everything received in payment for personal services.

Tips and Gratuities

All tips (also called gratuities) received are income, subject to federal income tax, and must be reported to employers regardless of whether they were received directly or indirectly via a tip-splitting pool, a tip-pooling arrangement, or some other method. Noncash tips, such as tickets, passes, or other items of value must also be reported to employers. The market value of the item is counted as income and subject to tax, although the taxpayer does not pay Social Security or Medicare taxes on them. The IRS states that all tips received from customers must be included as income regardless of what an employer considers to be a tip; an employer's characterization of a payment as a "tip" is not determinative for withholding purposes.

Employees who receive tips should keep daily records of the tips received. A daily report will help the employee when it comes to filing their tax return. Employees should do the following:

➢ Report tips accurately to their employer.
➢ Report all tips accurately on their tax return.
➢ Provide their tip income report if their tax return is ever audited.

There are two ways to keep a daily tip log. Employees can:

➢ Write information about their tips in a tip diary.
➢ Keep copies of documents that show their tips.

This daily record should be kept with tax and other personal records. The daily tip report should include:

➢ The date and time of work.
➢ Cash tips received directly from customers or other employees.
➢ Credit and debit card charges that customers paid directly to the employer.
➢ Total tips paid out to other employees through tip pools or tip splitting.
➢ The value of noncash tips received, such as tickets, passes, etc.

If $20 worth of tips or more are received per month from one employer, they must be reported to the taxpayer's employer on Form 4070: *Employee's Report of Tips to Employer*. Just like with normal earned wages, the employer will withhold Social Security, Medicare, federal taxes, and state taxes from the employee's reported tips based on the total amount of the employee's regular wages and reported tips. Form 4070 should be filed with the employer no later than the 10th of each month. If the 10th of the month falls on a Saturday, Sunday, or legal holiday, the due date to report tips becomes the next business day. Tips not reported to the employer are still required to be reported as income on Form 1040.

El monto total de los salarios se informa en la línea 1 del Formulario 1040. Los salarios incluyen salarios, subsidios de vacaciones, bonificaciones, comisiones y beneficios complementarios. La compensación incluye todo lo recibido en pago por servicios personales.

Propinas y propinas

Todas las propinas (también llamadas propinas) recibidas son ingresos, sujetas al impuesto federal sobre la renta, y deben informarse a los empleadores, independientemente de si se recibieron directa o indirectamente a través de un grupo de división de propinas, un acuerdo de agrupación de propinas o algún otro método. Las propinas que no son en efectivo, como boletos, pases u otros artículos de valor también deben informarse a los empleadores. El valor de mercado del artículo se cuenta como ingreso y está sujeto a impuestos, aunque el contribuyente no paga impuestos de Seguro Social o Medicare sobre ellos. El IRS establece que todas las propinas recibidas de los clientes deben incluirse como ingresos, independientemente de lo que un empleador considere una propina; La caracterización de un pago por parte de un empleador como una "propina" no es determinante para fines de retención.

Los empleados que reciben propinas deben mantener registros diarios de las propinas recibidas. Un informe diario ayudará al empleado a la hora de presentar su declaración de impuestos. Los empleados deben hacer lo siguiente:

> ➢ Informe las propinas con precisión a su empleador.
> ➢ Informe todos los consejos con precisión en su declaración de impuestos.
> ➢ Proporcione su informe de ingresos de propinas si alguna vez se audita su declaración de impuestos.

Hay dos formas de mantener un registro diario de propinas. Los empleados pueden:

> ➢ Escriba información sobre sus consejos en un diario de consejos.
> ➢ Guarde copias de los documentos que muestren sus consejos.

Este registro diario debe mantenerse con impuestos y otros registros personales. El informe diario de propinas debe incluir:

> ➢ La fecha y hora del trabajo.
> ➢ Propinas en efectivo recibidas directamente de los clientes u otros empleados.
> ➢ Cargos de tarjetas de crédito y débito que los clientes pagaron directamente al empleador.
> ➢ El total de propinas pagadas a otros empleados a través de grupos de propinas o división de propinas.
> ➢ El valor de las propinas recibidas que no son en efectivo, como boletos, pases, etc.

Si se reciben $20 en propinas o más por mes de un empleador, deben ser reportadas al empleador del contribuyente en el Formulario 4070: *Informe del empleado de propinas al empleador*. Al igual que con los salarios normales ganados, el empleador retendrá el Seguro Social, Medicare, los impuestos federales y los impuestos estatales de las propinas reportadas por el empleado en función del monto total de los salarios regulares del empleado y las propinas reportadas. El formulario 4070 debe presentarse ante el empleador a más tardar el día 10 de cada mes. Si el día 10 del mes cae en sábado, domingo o feriado legal, la fecha de vencimiento para reportar propinas se convierte en el siguiente día hábil. Las propinas no reportadas al empleador aún deben ser reportadas como ingresos en el Formulario 1040.

If the taxpayer fails to report tips, the taxpayer may be subject to a penalty equal to 50% of the Social Security and Medicare taxes or railroad retirement tax owed on unreported tips. This penalty amount is in addition to the taxes owed; although the taxpayer can try to avoid this penalty by attaching a statement to the return showing he or she had a reasonable cause for not reporting tips to the employer. The taxpayer must use Form 4137: *Social Security Tax on Unreported Tip Income*, to report unreported tips to the IRS.

Service charges that are added to the customer's bill and paid to the employee are treated as wages, not tips. Taxpayers should not include service charges in their tip diary. The absence of any of the following factors creates doubt as to whether a payment is a tip and indicates that the payment may be a service charge:

➤ The payment must be made free from obligation.
➤ The customer must have an unrestricted right to determine the amount.
➤ The payment should not be subject to negotiation or dictated by employer policy.
➤ The customer has the right to determine who receives the payment.

Example: Fish 'n' Chips for You specifies that an 18% service charge will be added to bills with parties of six or more. Julio's bill included the service charge for food and beverages for the party of eight he served. Under these circumstances, Julio did not have the unrestricted right to determine the amount of payment because it was dictated by Fish 'n' Chips for You. The 18% charge is not a tip; it is distributed to the employees as wages. Julio would not include that amount in his tip diary.

Employees who work in an establishment that must allocate tips to its employees or who fail to earn or report an amount of tips that is equal to at least 8% of the total amount of their gross receipts are subject to "allocated tips". In this case, the employer will assign them (or "allocate") additional tips to ensure they reach the 8% minimum. Allocated tips are calculated by adding the tips reported by all employees from food and drink sales (this does not include carryout sales or sales with a service charge of 10% or more). The employee's share is then determined using his or her sales or his or her hours worked.

Allocated tips are shown separately in box 8 of Form W-2 and are reported as wages on Form 1040, line 7. Social Security and Medicare taxes have not been taken out of allocated tips, but since they are still subject to them, they must be reported on Form 4137: *Social Security Tax on Unreported Tip Income*. Employers must also report them by filing Form 8027: *Employer's Annual Information Return of Tip Income and Allocated Tips*. The purpose of Form 4137 is to calculate the Social Security and Medicare tax on tips that were not reported to the taxpayer's employer. Once calculated, report the amount of unreported Social Security and Medicare tax on Form 1040, Schedule 2, line 5.

Sick Pay

Pay received from an employer while the employee is sick or injured is part of the employee's salary or wages. Taxpayers must include sick pay benefits in their income that are received from any of the following sources:

➤ A welfare fund.

Si el contribuyente no reporta propinas, el contribuyente puede estar sujeto a una multa igual al 50% de los impuestos del Seguro Social y Medicare o el impuesto de jubilación ferroviaria adeudado por propinas no declaradas. Este monto de multa es adicional a los impuestos adeudados; Aunque el contribuyente puede tratar de evitar esta multa adjuntando una declaración a la declaración que demuestre que tenía una causa razonable para no informar las propinas al empleador. El contribuyente debe usar el Formulario 4137: *Impuesto del Seguro Social sobre los ingresos por propinas* no declaradas, para reportar propinas no declaradas al IRS.

Los cargos por servicio que se agregan a la factura del cliente y se pagan al empleado se tratan como salarios, no como propinas. Los contribuyentes no deben incluir cargos por servicio en su diario de propinas. La ausencia de cualquiera de los siguientes factores crea dudas sobre si un pago es una propina e indica que el pago puede ser un cargo por servicio:

> ➢ El pago debe realizarse libre de obligación.
> ➢ El cliente debe tener un derecho ilimitado para determinar la cantidad.
> ➢ El pago no debe estar sujeto a negociación o dictado por la política del empleador.
> ➢ El cliente tiene derecho a determinar quién recibe el pago.

Ejemplo: Fish 'n' Chips for You especifica que se agregará un cargo por servicio del 18% a las facturas con grupos de seis o más. La factura de Julio incluía el cargo por servicio de alimentos y bebidas para el grupo de ocho que servía. Bajo estas circunstancias, Julio no tenía el derecho irrestricto de determinar el monto del pago porque fue dictado por Fish 'n' Chips for You. El cargo del 18% no es una propina; Se distribuye a los empleados como salarios. Julio no incluyó esa cantidad en su diario de consejos.

Los empleados que trabajan en un establecimiento que debe asignar propinas a sus empleados o que no ganan o informan una cantidad de propinas que es igual a al menos el 8% del monto total de sus ingresos brutos están sujetos a "propinas asignadas". En este caso, el empleador les asignará (o "asignará") propinas adicionales para garantizar que alcancen el mínimo del 8%. Las propinas asignadas se calculan sumando las propinas reportadas por todos los empleados de las ventas de alimentos y bebidas (esto no incluye las ventas para llevar o las ventas con un cargo por servicio del 10% o más). La participación del empleado se determina utilizando sus ventas o sus horas trabajadas.

Las propinas asignadas se muestran por separado en la casilla 8 del Formulario W-2 y se informan como salarios en el Formulario 1040, línea 7. Los impuestos del Seguro Social y Medicare no se han deducido de las propinas asignadas, pero como todavía están sujetos a ellas, deben informarse en el Formulario 4137: *Impuesto del Seguro Social sobre los ingresos por propinas no declaradas*. Los empleadores también deben informarlos presentando el Formulario 8027: *Declaración de información anual del empleador sobre los ingresos de propinas y las propinas asignadas*. El propósito del Formulario 4137 es calcular el impuesto del Seguro Social y Medicare sobre las propinas que no se informaron al empleador del contribuyente. Una vez calculado, informe el monto del impuesto no declarado del Seguro Social y Medicare en el Formulario 1040, Anexo 2, línea 5.

Pago por enfermedad

El pago recibido de un empleador mientras el empleado está enfermo o lesionado es parte del salario o salarios del empleado. Los contribuyentes deben incluir beneficios de pago por enfermedad en sus ingresos que se reciben de cualquiera de las siguientes fuentes:

> ➢ Un fondo de bienestar.

➢ A state sickness or disability fund.
➢ An association of employers or employees.
➢ An insurance company if the employer paid for the plan.

If the employee paid the premiums on an accident or health insurance policy, the benefits received under the policy are not taxable.

Sick pay is intended to replace regular wages while an employee is unable to work due to injury or illness. Payments received from the employer or an agent of the employer that qualify as sick pay must have federal withholding, just as any other wage compensation. Payments under a plan in which the employer does not participate (i.e., the taxpayer paid all the premiums) are not considered sick pay and are not taxable.

Sick pay does not include any of the following payments:

➢ Disability retirement payments.
➢ Workers' compensation.
➢ Payments to public employees as workers' compensation.
➢ Medical expense payments.
➢ Payments unrelated to absences from work.

Disability Income

Disability income is the amount paid to an employee under the employee or employer's insurance or pension plan (under some plans, employees can also contribute) while the employee is absent from work due to a disability. Disability income reported as wages on Form W-2 is taxable, but income attributable to employee contributions would not be taxable. If the employee pays for the entire cost of the accident or health plan, he or she should not include any amount received as income. If the premiums of a health or accident plan were paid through a cafeteria plan, and the amount of the premium was not included as taxable income, then it is assumed that the employer paid the premiums, and the disability benefits are taxable.

If a taxpayer retires using disability payments before reaching the minimum retirement age of 59½, the payments will be treated as wages until the taxpayer reaches the minimum retirement age. Once a taxpayer is over the age of 59½, their disability payments will be taxed as a pension and not as regular income. Tax professionals should not confuse disability income (which may be taxable) with workers' compensation (which may not be taxable) for those who are injured at work.

2.2 Schedule B: Interest, Dividends, Foreign Accounts and Trusts

Interest

Any interest or dividends can be taxable income if they are credited to the taxpayer's account and can be withdrawn. Interest is constructively received when it is credited to the taxpayer's account or made available to the taxpayer; the taxpayer does not need to have physical possession of the money. The taxpayer is considered to have received interest, dividends, or other earnings from any deposit, bank accounts, savings, loans, similar financial institution, or life insurance policy when the income has been credited to the taxpayer's account and becomes subject to withdrawal.

➤ Un fondo estatal de enfermedad o discapacidad.
➤ Una asociación de empleadores o empleados.
➤ Una compañía de seguros si el empleador pagó por el plan.

Si el empleado pagó las primas de una póliza de seguro de accidentes o de salud, los beneficios recibidos bajo la póliza no están sujetos a impuestos.

El pago por enfermedad está destinado a reemplazar los salarios regulares mientras un empleado no puede trabajar debido a una lesión o enfermedad. Los pagos recibidos del empleador o de un agente del empleador que califican como pago por enfermedad deben tener retención federal, al igual que cualquier otra compensación salarial. Los pagos bajo un plan en el que el empleador no participa (es decir, el contribuyente pagó todas las primas) no se consideran pagos por enfermedad y no están sujetos a impuestos.

El pago por enfermedad no incluye ninguno de los siguientes pagos:

➤ Pagos de jubilación por discapacidad.
➤ Compensación de trabajadores.
➤ Pagos a empleados públicos como compensación de trabajadores.
➤ Pagos de gastos médicos.
➤ Pagos no relacionados con ausencias del trabajo.

Ingresos por discapacidad

El ingreso por discapacidad es la cantidad pagada a un empleado bajo el seguro o plan de pensiones del empleado o empleador (bajo algunos planes, los empleados también pueden contribuir) mientras el empleado está ausente del trabajo debido a una discapacidad. Los ingresos por discapacidad reportados como salarios en el Formulario W-2 están sujetos a impuestos, pero los ingresos atribuibles a las contribuciones de los empleados no estarían sujetos a impuestos. Si el empleado paga el costo total del accidente o plan de salud, no debe incluir ninguna cantidad recibida como ingreso. Si las primas de un plan de salud o accidente se pagaron a través de un plan de cafetería, y el monto de la prima no se incluyó como ingreso imponible, entonces se supone que el empleador pagó las primas y los beneficios por discapacidad están sujetos a impuestos.

Si un contribuyente se jubila utilizando pagos por discapacidad antes de alcanzar la edad mínima de jubilación de 591/2, los pagos se tratarán como salarios hasta que el contribuyente alcance la edad mínima de jubilación. Una vez que un contribuyente tiene más de 59 años y medio, sus pagos por discapacidad se gravarán como una pensión y no como ingresos regulares. Los profesionales de impuestos no deben confundir los ingresos por discapacidad (que pueden estar sujetos a impuestos) con la compensación de los trabajadores (que puede no estar sujeta a impuestos) para aquellos que se lesionan en el trabajo.

2.2 Anexo B: Intereses, dividendos, cuentas extranjeras y fideicomisos

Interés

Cualquier interés o dividendo puede ser ingreso imponible si se acreditan a la cuenta del contribuyente y pueden retirarse. El interés se recibe constructivamente cuando se acredita en la cuenta del contribuyente o se pone a disposición del contribuyente; el contribuyente no necesita tener posesión física del dinero. Se considera que el contribuyente ha recibido intereses, dividendos u otras ganancias de cualquier depósito, cuentas bancarias, ahorros, préstamos, institución financiera similar o póliza de seguro de vida cuando los ingresos se han acreditado en la cuenta del contribuyente y están sujetos a retiro.

Interest is a cost created by those who lend money (lenders) that is charged to the people they lent money to (borrowers). A taxpayer will pay interest whenever one borrows money and will earn money whenever one lends or deposits money, such as into a bank account. Any interest is taxable income if it is credited to the taxpayer's account and can be withdrawn. Interest is typically not calculated based on the original amount of borrowed money (called the principal) but is instead usually determined by multiplying a predetermined percentage point by the total amount of money currently owed to the lender by the borrower. For example, John borrowed $5,000 at a 5% interest rate. Although his principal was $5,000, after making several payments, he now owes $4,365, making his interest payment for the month 5% of $4,365, or $218.25.

Taxpayers should always keep a list showing their sources of income. For example, all Forms 1099-INT and Forms 1099-DIV should be kept with their yearly tax return. If parents elect to claim the investment income of their child, those forms should be kept with their tax returns as well. Interest earned as a beneficiary of an estate or trust is generally taxable income. Taxpayers should receive a Schedule K-1 for their portion of the interest. A copy of the Schedule K-1 should be kept with the tax return as well.

Constructively Received

Interest is constructively received when it is credited to the taxpayer's account or made available to the taxpayer; the taxpayer does not need to have physical possession of the money. The taxpayer is considered to have received interest, dividends, or other earnings from any deposit, bank accounts, savings, loans, similar financial institution, or life insurance policy when the income has been credited to the taxpayer's account and becomes subject to withdrawal.

Income is constructively received on the deposit or account even if the taxpayer must do any of the following:

➢ Make withdrawals in multiples of even amounts.
➢ Give notice of a withdrawal before making the withdrawal.
➢ Withdraw all or part of the account to be able to withdraw the earnings.
➢ Pay a penalty on early withdrawals unless the interest received on an early withdrawal or redemption is substantially less than the interest payable at maturity of the account.

Under the *accrual method*, interest income is reported when the income is earned, whether it was received or not. Interest is earned over the life of the debt. With *coupon bonds*, interest is taxable the year the coupon becomes due and payable; it does not matter when the coupon payment is mailed.

Underreported Interest and Dividends

The taxpayer may be considered to have underreported interest and dividends if either of the following has been determined:

➢ The taxpayer failed to include any part of a reportable interest or dividend payment.
➢ The taxpayer was required to file a return and include a reportable interest or dividend payment on the tax return and the taxpayer failed to do so.

El interés es un costo creado por aquellos que prestan dinero (prestamistas) que se cobra a las personas a las que prestaron dinero (prestatarios). Un contribuyente pagará intereses cada vez que pida dinero prestado y ganará dinero cada vez que preste o deposite dinero, como en una cuenta bancaria. Cualquier interés es ingreso imponible si se acredita a la cuenta del contribuyente y se puede retirar. Por lo general, el interés no se calcula en función de la cantidad original de dinero prestado (llamado principal), sino que generalmente se determina multiplicando un punto porcentual predeterminado por la cantidad total de dinero que el prestatario debe actualmente al prestamista. Por ejemplo, John pidió prestados $5,000 a una tasa de interés del 5%. Aunque su capital era de $5,000, después de hacer varios pagos, ahora debe $4,365, lo que hace que su pago de intereses para el mes sea del 5% de $4,365, o $218.25.

Los contribuyentes siempre deben mantener una lista que muestre sus fuentes de ingresos. Por ejemplo, todos los Formularios 1099-INT y 1099-DIV deben conservarse con su declaración anual de impuestos. Si los padres eligen reclamar los ingresos de inversión de su hijo, esos formularios también deben mantenerse con sus declaraciones de impuestos. Los intereses devengados como beneficiario de un patrimonio o fideicomiso generalmente son ingresos imponibles. Los contribuyentes deben recibir un Anexo K-1 por su parte del interés. También se debe guardar una copia del Anexo K-1 con la declaración de impuestos.

Recibido constructivamente

Los intereses se reciben constructivamente cuando se acreditan en la cuenta del contribuyente o se ponen a disposición del contribuyente; El contribuyente no necesita tener posesión física del dinero. Se considera que el contribuyente ha recibido intereses, dividendos u otras ganancias de cualquier depósito, cuentas bancarias, ahorros, préstamos, institución financiera similar o póliza de seguro de vida cuando los ingresos se han acreditado en la cuenta del contribuyente y están sujetos a retiro.

Los ingresos se reciben constructivamente en el depósito o cuenta, incluso si el contribuyente debe hacer cualquiera de los siguientes:

- ➢ Hacer retiros en múltiplos de cantidades pares.
- ➢ Notifique un retiro antes de realizar el retiro.
- ➢ Retire la totalidad o parte de la cuenta para poder retirar las ganancias.
- ➢ Pagar una multa por retiros anticipados a menos que el interés recibido en un retiro o redención anticipada sea sustancialmente menor que el interés pagadero al vencimiento de la cuenta.

Según el *método de devengo*, los ingresos por intereses se declaran cuando se obtienen los ingresos, ya sea que se hayan recibido o no. Los intereses se devengan durante la vida de la deuda. Con *los bonos de cupón*, el interés está sujeto a impuestos el año en que el cupón vence y es pagadero; no importa cuándo se envíe el pago del cupón.

Intereses y dividendos no declarados

Se puede considerar que el contribuyente tiene intereses y dividendos no declarados si se ha determinado cualquiera de los siguientes:

- ➢ El contribuyente no incluyó ninguna parte de un pago de intereses o dividendos reportables.
- ➢ Se requirió que el contribuyente presentara una declaración e incluyera un pago de intereses o dividendos reportables en la declaración de impuestos y el contribuyente no lo hizo.

Dividends

Dividends are a share of the profits generated by a company that can be paid in money, stock, stock rights, other property, or services; they can also be paid by a corporation, mutual fund, partnership, estate, trust, or association that is taxed as a corporation. Distributions are benefits from a closely held entity such as the S-corporation, Partnership, Limited Liability Company, and Trusts.

Dividends can be paid in the form of additional stock sometimes referred to as a reinvested dividend. These are fully taxable to the recipient and must be reported, although some amounts reported as dividends may be taxed at different rates.

Qualified Dividends Form 1040, line 3a

Qualified dividends are taxed at the capital gains rate for the taxpayer. If the taxpayer has $38,600 or less of ordinary income, the tax will be zero. If the taxpayer has $38,600 to $425,799 of ordinary income, then the tax rate will be 15% on qualified dividends. For amounts above $425,800 or more, the tax rate is 20%. Qualified dividends are included with ordinary dividends on Form 1040, page 2, line 3b. Qualified dividends are shown in box 1b of Form 1099-DIV.

Ordinary Dividends Form 1040, line 3b

Ordinary dividends are the most common type of dividend distributions and are taxed as ordinary income (as are mutual fund dividends) at the same tax rate as wages and other ordinary income of the taxpayer. All dividends are considered ordinary unless they are specifically classified as qualified dividends. Dividends received from common or preferred stock are considered ordinary dividends and are reported in box 1a of Form 1099-DIV. Ordinary dividends received on common or preferred stock can be reinvested and taxed as ordinary income.

Dividends That Are Really Interest

Certain distributions that are often reported as "dividends" are actually interest income. The taxpayer will report as interest any received dividends from deposits, or shared accounts, from the following sources:

> Credit unions.
> Cooperative banks.
> Domestic building and loan associations.
> Federal savings and loan associations.
> Mutual savings banks.

These dividends will be reported as interest in box 1 of Form 1099-INT. Generally, amounts received from money market funds are dividends and should not be reported as interest.

Dividendos

Los dividendos son una parte de las ganancias generadas por una empresa que se pueden pagar en dinero, acciones, derechos de acciones, otra propiedad o servicios; También pueden ser pagados por una corporación, fondo mutuo, sociedad, patrimonio, fideicomiso o asociación que se grava como una corporación. Las distribuciones son beneficios de una entidad cerrada como la corporación S, la sociedad, la compañía de responsabilidad limitada y los fideicomisos.

Los dividendos se pueden pagar en forma de acciones adicionales a veces denominadas dividendos reinvertidos. Estos son totalmente imponibles para el destinatario y deben ser reportados, aunque algunas cantidades reportadas como dividendos pueden ser gravadas a diferentes tasas.

Formulario de dividendos calificados 1040, línea 3a

Los dividendos calificados se gravan a la tasa de ganancias de capital para el contribuyente. Si el contribuyente tiene $38,600 o menos de ingresos ordinarios, el impuesto será cero. Si el contribuyente tiene $38,600 a $425,799 de ingresos ordinarios, entonces la tasa impositiva será del 15% sobre los dividendos calificados. Para montos superiores a $425,800 o más, la tasa impositiva es del 20%. Los dividendos calificados se incluyen con los dividendos ordinarios en el Formulario 1040, página 2, línea 3b. Los dividendos calificados se muestran en la casilla 1b del Formulario 1099-DIV.

Formulario de dividendos ordinarios 1040, línea 3b

Los dividendos ordinarios son el tipo más común de distribuciones de dividendos y se gravan como ingresos ordinarios (al igual que los dividendos de fondos mutuos) a la misma tasa impositiva que los salarios y otros ingresos ordinarios del contribuyente. Todos los dividendos se consideran ordinarios a menos que se clasifiquen específicamente como dividendos calificados. Los dividendos recibidos de acciones ordinarias o preferentes se consideran dividendos ordinarios y se informan en la casilla 1a del Formulario 1099-DIV. Los dividendos ordinarios recibidos en acciones ordinarias o preferentes pueden reinvertirse y gravarse como ingresos ordinarios.

Dividendos que son realmente de interés

Ciertas distribuciones que a menudo se reportan como "dividendos" son en realidad ingresos por intereses. El contribuyente reportará como intereses cualquier dividendo recibido de depósitos, o cuentas compartidas, de las siguientes fuentes:

> ➢ Cooperativas de ahorro y crédito.
> ➢ Bancos cooperativos.
> ➢ Asociaciones nacionales de construcción y préstamo.
> ➢ Asociaciones federales de ahorro y préstamo.
> ➢ Cajas de ahorro mutuo.

Estos dividendos se reportarán como intereses en la casilla 1 del Formulario 1099-INT. En general, los montos recibidos de los fondos del mercado monetario son dividendos y no deben reportarse como intereses.

Dividends Used to Buy More Stock

The corporation in which the taxpayer owns stock may have a dividend reinvestment plan. This plan allows the taxpayer to choose whether to use the dividends to purchase more shares of stock or to simply receive the dividends in cash. If the reinvestment plan is chosen, the taxpayer still reports the dividends as income.

The taxpayer may choose to use dividends to purchase additional shares of stock if the corporation has such a plan. The plan is called a "dividend reinvestment plan." If the taxpayer chooses to have the dividends reinvested, the taxpayer is still required to report the dividends as income in the year they are received. The amount of the dividend is then considered part of the purchase price of the stock. Taxpayers should be reminded to keep records of reinvested dividends to help establish an accurate cost basis for their stocks at the time of purchase. "Reinvested dividend" is not a tax term; it is a phrase that is used by investors to refer to dividends earned by reinvesting dividend distributions to purchase more stock instead of receiving money.

Dividends and other distributions that earn $10 or more are reported to the taxpayer on Form 1099-DIV by the income provider. If the taxpayer's ordinary dividends are more than $1,500, the taxpayer would complete Schedule B, Part III, in addition to Form 1099-DIV. Ordinary dividends stated in box 1a are reported on Form 1040, page 2, line 3b. Qualified dividends are reported on line 9b of Form 1040. The amount reported on 1b is a portion of the amount shown in box 1a.

The taxpayer must answer the questions in Part III of Schedule B if their interest and ordinary dividends are over $1,500. Answering the questions will determine if the taxpayer has a Financial Crimes Enforcement Network (FinCEN) reporting requirement. FinCEN is part of the Department of Treasury, whose mission is to safeguard the financial system in the United States and combat money laundering.

Money Market Funds

Income received from money market funds is considered dividend income. Money market funds are a kind of mutual fund and should not be confused with money market accounts that one may get at the local bank, which report the income earned as interest, not dividends. A mutual fund is a regulated investment company generally created by "pooling" funds of investors to allow them to take advantage of a diversity of investments and professional management.

A distribution received from a mutual fund may be an ordinary dividend, a capital gain distribution, an exempt-interest dividend, a nontaxable return of capital, or a combination of two or more of these types of distributions. The fund company reports the distributions on Form 1099-DIV or a similar statement that indicates the type of distributions received.

If a mutual fund or another regulated investment company declares a dividend, including any exempt-interest dividend or capital gain distribution in the last quarter of the tax year, the dividend is considered paid in the year that the dividend was declared.

Dividendos utilizados para comprar más acciones

La corporación en la que el contribuyente posee acciones puede tener un plan de reinversión de dividendos. Este plan permite al contribuyente elegir si usar los dividendos para comprar más acciones o simplemente recibir los dividendos en efectivo. Si se elige el plan de reinversión, el contribuyente aún informa los dividendos como ingresos.

El contribuyente puede optar por usar dividendos para comprar acciones adicionales si la corporación tiene dicho plan. El plan se llama "plan de reinversión de dividendos". Si el contribuyente elige que los dividendos se reinviertan, el contribuyente aún debe informar los dividendos como ingresos en el año en que se reciben. El monto del dividendo se considera parte del precio de compra de la acción. Se debe recordar a los contribuyentes que mantengan registros de los dividendos reinvertidos para ayudar a establecer una base de costos precisa para sus acciones en el momento de la compra. "Dividendo reinvertido" no es un término fiscal; Es una frase que utilizan los inversores para referirse a los dividendos obtenidos al reinvertir las distribuciones de dividendos para comprar más acciones en lugar de recibir dinero.

Los dividendos y otras distribuciones que ganan $10 o más son reportados al contribuyente en el Formulario 1099-DIV por el proveedor de ingresos. Si los dividendos ordinarios del contribuyente son más de $1,500, el contribuyente completaría el Anexo B, Parte III, además del Formulario 1099-DIV. Los dividendos ordinarios indicados en la casilla 1a se informan en el Formulario 1040, página 2, línea 3b. Los dividendos calificados se informan en la línea 9b del Formulario 1040. El importe notificado en el punto 1b es una parte del importe indicado en el recuadro 1a.

El contribuyente debe responder las preguntas en la Parte III del Anexo B si sus intereses y dividendos ordinarios son superiores a $1,500. Responder las preguntas determinará si el contribuyente tiene un requisito de presentación de informes de la Red de Control de Delitos Financieros (FinCEN). FinCEN es parte del Departamento del Tesoro, cuya misión es salvaguardar el sistema financiero en los Estados Unidos y combatir el lavado de dinero.

Fondos del mercado monetario

Los ingresos recibidos de los fondos del mercado monetario se consideran ingresos por dividendos. Los fondos del mercado monetario son un tipo de fondo mutuo y no deben confundirse con las cuentas del mercado monetario que uno puede obtener en el banco local, que informan los ingresos obtenidos como intereses, no dividendos. Un fondo mutuo es una compañía de inversión regulada generalmente creada mediante la "agrupación" de fondos de inversionistas para permitirles aprovechar una diversidad de inversiones y administración profesional.

Una distribución recibida de un fondo mutuo puede ser un dividendo ordinario, una distribución de ganancias de capital, un dividendo de interés exento, un retorno de capital no imponible o una combinación de dos o más de estos tipos de distribuciones. La compañía del fondo reporta las distribuciones en el Formulario 1099-DIV o una declaración similar que indique el tipo de distribuciones recibidas.

Si un fondo mutuo u otra compañía de inversión regulada declara un dividendo, incluido cualquier dividendo de interés exento o distribución de ganancias de capital en el último trimestre del año fiscal, el dividendo se considera pagado en el año en que se declaró el dividendo.

Capital Gains Distributions

Capital gains distributions (CGD) received as part of dividends from a mutual fund or real estate investment trusts (REIT) are taxed on Schedule D. These distributions are found in box 2a of Form 1099-DIV. These dividends should be considered long-term regardless of the length of time the taxpayer owned the share in the REIT.

Non-dividend Distributions

Non-dividend distributions are a return of a shareholder's original investment. These distributions are not treated the same as ordinary dividends or capital gain distributions. Non-dividend distributions reduce the taxpayer's basis in the stock. Return of capital distributions are not taxable until the taxpayer's remaining basis (investment) is reduced to zero. The basis of the stock has been reduced to zero when the taxpayer receives a distribution, and then it is reported as a capital gain. The holding period determines the reporting of short-term or long-term capital gain.

Return of Capital

A return of capital is a distribution that is not paid out of the earnings and profits of a corporation. It is a return of the taxpayer's investment in the stock of the company. The taxpayer will receive Form 1099-DIV or another statement from the corporation showing which part of the distribution is a return of capital. If the taxpayer does not receive such a statement, he will report the distribution as an ordinary dividend.

Liquidating Distributions

Liquidating distributions, also known as liquidating dividends, are distributions received during a partial or complete liquidation of a corporation. These distributions are, at least in part, one form of a "return of capital" and may be paid in two or more installments.

Any liquidating dividend received is not taxable until the basis of the stock has been recovered. However, the basis of the stock, which earned the right to the dividends, must be reduced by the amount of the dividends. After the basis of the stock is reduced to zero, the liquidating dividend must be reported as a capital gain.

Exempt-Interest Dividends

Exempt-interest dividends received from a regulated investment company or mutual fund are not included in taxable income. Exempt-interest dividends are reported on Form 1099-DIV, box 11. The taxpayer should receive a notice from the mutual fund giving information concerning the dividends the taxpayer received. The exempt-interest dividends should be shown on the return (if the taxpayer is required to file) as tax-exempt interest on line 8b of Form 1040.

Specified private activity bonds that have paid tax-exempt interest may be subject to alternative minimum tax. The exempt-interest dividends subject to alternative minimum tax should be shown on Form 1099-DIV, box 12.

Distribuciones de ganancias de capital

Las distribuciones de ganancias de capital (CGD) recibidas como parte de los dividendos de un fondo mutuo o fideicomisos de inversión inmobiliaria (REIT) se gravan en el Anexo D. Estas distribuciones se encuentran en la casilla 2a del Formulario 1099-DIV. Estos dividendos deben considerarse a largo plazo independientemente del tiempo que el contribuyente haya sido propietario de la acción en el REIT.

Distribuciones sin dividendos

Las distribuciones sin dividendos son un retorno de la inversión original de un accionista. Estas distribuciones no se tratan igual que los dividendos ordinarios o las distribuciones de ganancias de capital. Las distribuciones sin dividendos reducen la base del contribuyente en las acciones. La declaración de las distribuciones de capital no está sujeta a impuestos hasta que la base restante del contribuyente (inversión) se reduzca a cero. La base de la acción se ha reducido a cero cuando el contribuyente recibe una distribución, y luego se reporta como una ganancia de capital. El período de tenencia determina la declaración de la ganancia de capital a corto o largo plazo.

Retorno de capital

Un retorno de capital es una distribución que no se paga con las ganancias y ganancias de una corporación. Es un retorno de la inversión del contribuyente en las acciones de la empresa. El contribuyente recibirá el Formulario 1099-DIV u otra declaración de la corporación que muestre qué parte de la distribución es una devolución de capital. Si el contribuyente no recibe dicha declaración, reportará la distribución como un dividendo ordinario.

Liquidación de distribuciones

Las distribuciones de liquidación, también conocidas como dividendos de liquidación, son distribuciones recibidas durante una liquidación parcial o completa de una corporación. Estas distribuciones son, al menos en parte, una forma de "retorno de capital" y pueden pagarse en dos o más cuotas.

Cualquier dividendo de liquidación recibido no está sujeto a impuestos hasta que se haya recuperado la base de las acciones. Sin embargo, la base de la acción, que ganó el derecho a los dividendos, debe reducirse por el monto de los dividendos. Después de que la base de la acción se reduce a cero, el dividendo de liquidación debe reportarse como una ganancia de capital.

Dividendos de intereses exentos

Los dividendos de intereses exentos recibidos de una compañía de inversión regulada o fondo mutuo no se incluyen en los ingresos imponibles. Los dividendos de intereses exentos se reportan en el Formulario 1099-DIV, casilla 11. El contribuyente debe recibir un aviso del fondo mutuo con información sobre los dividendos que recibió el contribuyente. Los dividendos de interés exento deben mostrarse en la declaración (si se requiere que el contribuyente presente) como intereses exentos de impuestos en la línea 8b del Formulario 1040.

Los bonos de actividad privada especificados que han pagado intereses exentos de impuestos pueden estar sujetos a un impuesto mínimo alternativo. Los dividendos de interés exento sujetos a un impuesto mínimo alternativo deben mostrarse en el Formulario 1099-DIV, casilla 12.

Dividends on Insurance Policies

Insurance policy dividends that the insurer keeps and uses to pay premiums are not taxable. However, the taxpayer must report the interest that is paid or credited on dividends left with the insurance company as taxable income.

Patronage Dividends

Patronage dividends received as money from a cooperative organization are included as income. Do not include the following patronage dividends as income:

- ➢ Property bought for personal use.
- ➢ Capital assets or depreciable property bought for use in business. If the dividend is more than the adjusted basis of the asset, it is reported as excess income.

Foreign Accounts and Trusts

The reporting rules apply to a U.S. person who:

- ➢ Creates a foreign trust.
- ➢ Transfers any money or property to a foreign trust.
- ➢ Receives a distribution from a foreign trust.
- ➢ Is treated as the U.S. owner of a foreign trust.

Tax consequences can apply to the U.S. owners and U.S. beneficiaries of a foreign trust, and to the foreign trust itself.

The U.S. government passed the Foreign Account Tax Compliance Act (FATCA) in 2010. The intent since inception was based on seeking out undeclared foreign assets and requires anyone with a U.S. tax liability to be compliant with a set of laws in the U.S. tax code. In addition, certain business and financial institutions are required by law to divulge sensitive taxpayer information. The IRS is responsible for the collection of information and declaration of penalties.

FATCA also entails intergovernmental agreements (IGAs) between the U.S. and various countries exchanging tax-related information.

Form 8938, *Statement of Specified Foreign Financial Assets,* is used to report foreign assets. It is filed with the annual tax return and applies to individuals and businesses with foreign assets above the reporting thresholds (dependent on location of residence and filing status).

Domestic Taxpayer

Unmarried Taxpayers: The reporting threshold for specified foreign financial assets is more than $50,000 on the last day of the tax year or more than $75,000 at any time during the tax year.

Married Filing Joint: If the taxpayer and spouse file a joint tax return, the reporting threshold for specified foreign financial assets is more than $100,000 on the last day of the tax year or more than $150,000 at any time during the tax year.

Dividendos en pólizas de seguro

Los dividendos de la póliza de seguro que la aseguradora mantiene y utiliza para pagar las primas no están sujetos a impuestos. Sin embargo, el contribuyente debe reportar el interés que se paga o acredita sobre los dividendos dejados con la compañía de seguros como ingreso imponible.

Dividendos de patrocinio

Los dividendos de patrocinio recibidos como dinero de una organización cooperativa se incluyen como ingresos. No incluya los siguientes dividendos de patrocinio como ingresos:

➢ Propiedad comprada para uso personal.
➢ Bienes de capital o bienes depreciables comprados para su uso en negocios. Si el dividendo es mayor que la base ajustada del activo se reporta como exceso de ingresos.

Cuentas y fideicomisos extranjeros

Las reglas de reporte se aplican a una persona estadounidense que:

➢ Crea una confianza extranjera.
➢ Transfiere cualquier dinero o propiedad a un fideicomiso extranjero.
➢ Recibe una distribución de un fideicomiso extranjero.
➢ Es tratado como el propietario estadounidense de un fideicomiso extranjero.

Las consecuencias fiscales pueden aplicarse a los propietarios estadounidenses y a los beneficiarios estadounidenses de un fideicomiso extranjero, y al fideicomiso extranjero en sí.

El gobierno de los Estados Unidos aprobó la Ley de Cumplimiento Tributario de Cuentas Extranjeras (FATCA) en 2010. La intención desde el inicio se basó en la búsqueda de activos extranjeros no declarados y requiere que cualquier persona con una obligación tributaria de los Estados Unidos cumpla con un conjunto de leyes en el código tributario de los Estados Unidos. Además, ciertas instituciones comerciales y financieras están obligadas por ley a divulgar información confidencial de los contribuyentes. El IRS es responsable de la recopilación de información y la declaración de sanciones.

FATCA también implica acuerdos intergubernamentales (IGA) entre los Estados Unidos y varios países que intercambian información relacionada con los impuestos.

El Formulario 8938, *Estado de Activos Financieros Extranjeros Especificados,* se utiliza para reportar activos extranjeros. Se presenta con la declaración anual de impuestos y se aplica a individuos y empresas con activos extranjeros por encima de los umbrales de declaración (dependiendo de la ubicación de residencia y el estado civil).

Contribuyente Nacional

Contribuyentes solteros: El umbral de reporte para activos financieros extranjeros específicos es más de $50,000 el último día del año tributario o más de $75,000 en cualquier momento durante el año fiscal.

Casado que presenta una declaración conjunta: Si el contribuyente y el cónyuge presentan una declaración de impuestos conjunta, el umbral de presentación de informes para activos financieros extranjeros específicos es más de $ 100,000 el último día del año fiscal o más de $ 150,000 en cualquier momento durante el año fiscal.

Married Filing Separate: If the taxpayer and spouse are filing separate tax returns, the reporting threshold for specified foreign financial assets is more than $50,000 on the last day of the tax year or more than $75,000 at any time during the tax year.

Foreign Taxpayer

Unmarried Taxpayers: The reporting threshold for specified foreign financial assets is more than $200,000 on the last day of the tax year or more than $300,000 at any time during the tax year.

Married Filing Joint: If the taxpayer and spouse file a joint tax return, the reporting threshold for specified foreign financial assets is more than $400,000 on the last day of the tax year or more than $600,000 at any time during the tax year.

Married Filing Separate: If the taxpayer and spouse are filing separate tax returns, the reporting threshold for specified foreign financial assets is more than $200,000 on the last day of the tax year or more than $300,000 at any time during the tax year.

2.3 Reporting and Taxability of Retirement Income (Social Security Benefits, Pensions, Annuities, 401(k) Distributions)

Social Security

The Social Security system was designed to provide supplemental monthly benefits to taxpayers who contributed to the system. It is indexed for inflation, provides Medicare benefits, disability, and certain death insurance, and is reported on Form SSA-1099 based on the amount listed in Box 5 of W-2. Taxpayers also have the option to have federal taxes withheld from Social Security.

Social Security benefits are not taxable if income does not exceed these base amounts:

> ➢ $25,000: If Single, Head of Household, or Qualifying widow(er).
> ➢ $25,000: If Married filing separately and they lived apart from spouse the entire year.
> ➢ $32,000: If Married Filing Jointly.
> ➢ $0: If Married filing separately and lived with spouse at some time during the year.

The taxpayer should receive Form SSA-1099 from the SSA, which reports the total amount of Social Security benefits paid in box 3. Box 4 of the form shows the amount of any benefits that were repaid from a prior year. Railroad retirement benefits that should be treated as Social Security benefits are reported on Form RRB-1099.

Casado que presenta una declaración separada: Si el contribuyente y el cónyuge presentan declaraciones de impuestos separadas, el umbral de presentación de informes para activos financieros extranjeros específicos es más de $50,000 el último día del año fiscal o más de $75,000 en cualquier momento durante el año fiscal.

Contribuyente Extranjero

Contribuyentes solteros: El umbral de presentación de informes para activos financieros extranjeros específicos es de más de $200,000 el último día del año fiscal o más de $300,000 en cualquier momento durante el año fiscal.

Casado que presenta una declaración conjunta: Si el contribuyente y el cónyuge presentan una declaración de impuestos conjunta, el umbral de presentación de informes para activos financieros extranjeros específicos es más de $400,000 el último día del año fiscal o más de $600,000 en cualquier momento durante el año fiscal.

Casados que presentan declaraciones de impuestos por separado: Si el contribuyente y el cónyuge presentan declaraciones de impuestos separadas, el umbral de presentación de informes para activos financieros extranjeros específicos es más de $200,000 el último día del año fiscal o más de $300,000 en cualquier momento durante el año fiscal.

2.3 Declaración e imponibilidad de los ingresos de jubilación (beneficios del Seguro Social, pensiones, anualidades, distribuciones 401 (k))

Seguridad social

El sistema de Seguro Social fue diseñado para proporcionar beneficios mensuales suplementarios a los contribuyentes que contribuyeron al sistema. Está indexado por inflación, proporciona beneficios de Medicare, discapacidad y cierto seguro por fallecimiento, y se reporta en el Formulario SSA-1099 basado en la cantidad que figura en la Caja 5 de W-2. Los contribuyentes también tienen la opción de que se retengan los impuestos federales del Seguro Social.

Los beneficios del Seguro Social no están sujetos a impuestos si los ingresos no exceden estos montos base:

➢ $25,000: Si es soltero, Cabeza de familia o viudo (a) calificado.
➢ $25,000: Si está casado presenta una declaración por separado y vivieron separados del cónyuge todo el año.
➢ $32,000: Si está casado y presenta una declaración conjunta.
➢ $0: Si está casado y presenta una declaración por separado y vivió con su cónyuge en algún momento durante el año.

El contribuyente debe recibir el Formulario SSA-1099 de la SSA, que reporta el monto total de los beneficios del Seguro Social pagados en la casilla 3. En la casilla 4 del formulario se indica el importe de las prestaciones reembolsadas de un año anterior. Los beneficios de jubilación ferroviaria que deben tratarse como beneficios del Seguro Social se reportan en el Formulario RRB-1099.

How Much Is Taxable?

50% taxable: If the income plus half of the Social Security benefits is more than the above stated base amounts, up to half of the benefits must be included as taxable income. The following are base amounts for the applicable filing statuses:

> ➤ $25,000–$34,000: Single, Head of Household, Qualifying widow(er), and Married filing separately and lived apart from spouse
> ➤ $32,000–$44,000: Married Filing Jointly
> ➤ $0: Married filing separately and lived with spouse

85% Taxable: For taxpayers who file MFS and live with their spouse, 85% of their benefits will always be taxable. If the income plus half the benefits is more than the following adjusted base amounts, up to 85% of the benefits must be included as taxable income.

> ➤ $34,000: Single, Head of Household, or Qualifying widow(er)
> ➤ $34,000: Married filing separately and lived apart from spouse for entire year
> ➤ $44,000: Married Filing Jointly
> ➤ $0: Married filing separately and lived with spouse at any time during the tax year

Most taxpayers assume they will not be taxed if their income falls below the base amount, but they fail to include tax-exempt interest or half of their Social Security income when determining the amount.

Example: Napoleon and Ilene file a joint return. Both are over the age of 65 and have received Social Security benefits during the current tax year. In January, Napoleon's Form SSA-1099 showed benefits of $7,500 in box 5. Ilene's Form SSA-1099 showed a net benefit of $3,500 in box 5. Napoleon received a taxable pension of $20,800 and interest income of $500, which was tax exempt. Their benefits are not taxable for the current year because their income is not more than the base amount of $32,000.

Any benefit repayments made during the current year would be subtracted from the gross benefits received. It does not matter whether the repayment was for a benefit received in the current year or in an earlier year; it only matters what year the repayment was received.

Form 4137, Unreported Social Security and Medicare Tax

Form 4137 is used to calculate the Social Security and Medicare tax on tips not reported to the taxpayer's employer. Please refer back to that section if you wish to review the information. If this form is used and needed, mark box a on this line, attach the form to the return, and report the amount on line 58 in the space provided.

Form 8919, Uncollected Social Security and Medicare Tax on Wages

If the taxpayer was an employee but was treated as an independent contractor by the employer, Form 8919, *Uncollected Social Security and Medicare Tax on Wages*, is used to figure and report the taxpayer's share of uncollected Social Security and Medicare taxes due on compensation. Filing this form ensures that the Social Security and Medicare taxes will be credited to the correct Social Security record. Form 8919 must be filed if all the following apply:

¿Cuánto está sujeto a impuestos?

50% imponible: Si el ingreso más la mitad de los beneficios del Seguro Social es mayor que los montos base mencionados anteriormente, hasta la mitad de los beneficios deben incluirse como ingresos imponibles. Los siguientes son montos base para los estados de presentación aplicables:

> ➤ $25,000–$34,000: Soltero, Cabeza de familia, Viudo (a) calificado (a) y Casado que presenta una declaración por separado y vivió separado del cónyuge
> ➤ $32,000–$44,000: Casados que presentan una declaración conjunta
> ➤ $0: Casados que presentan una declaración por separado y vivieron con su cónyuge

85% imponible: Para los contribuyentes que presentan MFS y viven con su cónyuge, el 85% de sus beneficios siempre estarán sujetos a impuestos. Si el ingreso más la mitad de los beneficios es mayor que los siguientes montos base ajustados, hasta el 85% de los beneficios deben incluirse como ingresos imponibles.

> ➤ $34,000: Soltero, Cabeza de familia o viudo (a) calificado
> ➤ $34,000: Casados que presentan una declaración por separado y vivieron separados de su cónyuge durante todo el año
> ➤ $44,000: Casados que presentan una declaración conjunta
> ➤ $0: Casados que presentan una declaración por separado y vivieron con su cónyuge en cualquier momento durante el año tributario

La mayoría de los contribuyentes asumen que no serán gravados si sus ingresos caen por debajo del monto base, pero no incluyen intereses exentos de impuestos o la mitad de sus ingresos del Seguro Social al determinar el monto.

Ejemplo: Napoleón e Ilene presentan una declaración conjunta. Ambos son mayores de 65 años y han recibido beneficios del Seguro Social durante el año fiscal actual. En enero, el Formulario SSA-1099 de Napoleón mostró beneficios de $7,500 en la casilla 5. El formulario SSA-1099 de Ilene mostró un beneficio neto de $3,500 en la casilla 5. Napoleón recibió una pensión imponible de $20,800 e ingresos por intereses de $500, que estaban exentos de impuestos. Sus beneficios no están sujetos a impuestos para el año en curso porque sus ingresos no son más que el monto base de $32,000.

Los reembolsos de prestaciones efectuados durante el año en curso se restarían de las prestaciones brutas recibidas. No importa si el reembolso fue por una prestación recibida en el año en curso o en un año anterior; Solo importa en qué año se recibió el reembolso.

Formulario 4137, Impuesto no declarado sobre el Seguro Social y Medicare

El Formulario 4137 se utiliza para calcular el impuesto del Seguro Social y Medicare sobre las propinas no reportadas al empleador del contribuyente. Consulte esa sección si desea revisar la información. Si este formulario es utilizado y necesario, marque la casilla a en esta línea, adjunte el formulario a la declaración e informe la cantidad en la línea 58 en el espacio provisto.

Formulario 8919, Impuesto no cobrado del Seguro Social y Medicare sobre los salarios

Si el contribuyente era un empleado, pero fue tratado como un contratista independiente por el empleador, el Formulario 8919, *Impuesto no recaudado del Seguro Social y Medicare sobre los salarios, se utiliza para calcular y reportar la parte del contribuyente de los impuestos no recaudados del Seguro Social y Medicare* adeudados en concepto de compensación. Presentar este formulario garantiza que los impuestos del Seguro Social y Medicare se acreditarán al registro correcto del Seguro Social. El Formulario 8919 debe presentarse si se aplican todas las condiciones siguientes:

➤ The taxpayer performed services for a firm.
➤ The firm did not withhold the taxpayer's share of Social Security and Medicare taxes from the employee's pay.
➤ The pay from the firm was not for services as an independent contractor.
➤ One of the reasons listed below and taken from the Form 8919 under "Reason Codes" applies to the taxpayer.

A—The taxpayer filed Form SS-8, *Determination of Worker Status for Purposes of Federal Employment Taxes and Income Tax Withholding,* and received a determination letter stating that the taxpayer was an employee of the firm. A taxpayer would file Form SS-8 if their income was reported to them on the 1099-MISC, but the IRS determined that the income should have been reported to the taxpayer on a W-2.

C—The taxpayer received other correspondence from the IRS that states, "I am an employee."

G—The taxpayer filed Form SS-8 with the IRS and has not received a reply.

H—The taxpayer received Form W-2 and Form 1099-NEC from their employer for the tax year 2021, but the amount on Form 1099-NEC should have been included as wages on Form W-2. Do not file Form SS-8 if code *H* was selected on Form 8919.

Pensions and Annuities

A distribution is a payment received by taxpayers from their pension or annuity. If taxpayers contributed "after-tax" dollars to their pension or annuity plan, they could exclude part of each annuity payment from income as a recovery of their cost. This tax-free part of the payment is figured when their annuity starts and remains the same each year, even if the amount of the payment changes. Pension is a contract for a fixed sum to be paid regularly following retirement from service. The rest of each payment is taxable.

401(k) Distributions

If a taxpayer borrows money from their retirement plan such as a 401(k), the money received is treated as a nonperiodic distribution from the plan unless the distribution qualifies for an exception. The exceptions to the loan-as-a distribution rule occur only if one of the following applies:

1. Loan is used to acquire taxpayer main home.
2. Must be repaid within 5 years.

If the loan qualifies for the exception, it is treated as a nonperiodic distribution up to the extent of the loan. For tax year 2020, taxpayer was able to withdraw up to $100,000 and pay back within 3 years.

➢ El contribuyente realizó servicios para una empresa.
➢ La firma no retuvo la parte del contribuyente de los impuestos del Seguro Social y Medicare del salario del empleado.
➢ El pago de la empresa no era por servicios como contratista independiente.
➢ Una de las razones enumeradas a continuación y tomadas del Formulario 8919 bajo "Códigos de Razón" se aplica al contribuyente.

A—El contribuyente presentó el Formulario SS-8, *Determinación de la condición de trabajador para fines de Impuestos sobre el empleo y retención del impuesto sobre la renta,*
y recibió una carta de determinación que indica que el contribuyente era un empleado de la
empresa. Un contribuyente presentaría el Formulario SS-8 si sus ingresos se le informaron
en el 1099-MISC, pero el IRS determinó que los ingresos deberían haberse informado al contribuyente en un W-2.

C—El contribuyente recibió otra correspondencia del IRS que dice: "Soy un empleado".

G—El contribuyente presentó el Formulario SS-8 ante el IRS y no ha recibido respuesta.

H—El contribuyente recibió el Formulario W-2 y el Formulario 1099-NEC de su empleador para el impuesto año 2021, pero la cantidad en el Formulario 1099-NEC debería haberse incluido como salarios en el Formulario W-2. No presente el Formulario SS-8 si *se seleccionó el código H* en el Formulario 8919.

Pensiones y Rentas Vitalicias

Una distribución es un pago recibido por los contribuyentes de su pensión o anualidad. Si los contribuyentes contribuyeran dólares "después de impuestos" a su plan de pensiones o anualidades, podrían excluir parte de cada pago de anualidad de los ingresos como una recuperación de su costo. Esta parte libre de impuestos del pago se calcula cuando comienza su anualidad y sigue siendo la misma cada año, incluso si el monto del pago cambia. La pensión es un contrato por una suma fija que debe pagarse regularmente después de la jubilación del servicio. El resto de cada pago está sujeto a impuestos.

Distribuciones 401(k)

Si un contribuyente pide dinero prestado de su plan de jubilación, como un 401(k), el dinero recibido se trata como una distribución no periódica del plan, a menos que la distribución califique para una excepción. Las excepciones a la regla de préstamo como distribución solo se producen si se aplica una de las siguientes condiciones:

1. El préstamo se utiliza para adquirir la vivienda principal del contribuyente.
2. Debe ser reembolsado dentro de los 5 años.

Si el préstamo califica para la excepción, se trata como una distribución no periódica hasta la medida del préstamo. Para el año tributario 2020, el contribuyente pudo retirar hasta $100,000 y pagar dentro de 3 años.

2.4 IRAs (contributions, deductions, distributions, and 10% penalty)

Taxpayers may participate in a personal savings plan that offers tax advantages to set aside money for retirement or education expenses. This personal savings plan is known as an individual retirement account or IRA. There are different types of IRAs: traditional, Roth, SIMPLE, or education.

It is necessary to understand the difference between a contribution and a deduction. Contributions are amounts paid to a taxpayer's plan whereas deductions are actual amounts by which the taxpayer may reduce their taxable income. Any money received from a traditional IRA is a distribution and must be reported as income in the year it was received. On Form 1040, report the nontaxable distribution on line 4a and report the taxable distributions on line 4b.

Beginning tax year 2020, there is no age limit on making contributions to traditional or Roth IRAs. Compensation for IRA purposes includes wages, salaries, commissions, tips, professional fees, bonuses, and other amounts received for personal services. Also included are taxable alimony and separate maintenance payments.

The deductible amount of the IRA contributions may be limited depending on the following two factors:

 ➢ If the taxpayer or spouse had an employer-provided pension plan.
 ➢ The amount of the modified adjusted gross income.

The maximum a single taxpayer can contribute is either $6,000 or the taxpayer's taxable compensation, whichever is lowest. If the taxpayers are married and only one spouse has taxable compensation, the maximum contribution the couple can make is $12,000. The maximum that can be contributed to one account is $6,000. If the married spouses have compensation in excess of $6,000 each, they both may contribute $6,000.

If the taxpayer is 50-years-old or older, they may make a "catch-up" contribution to their IRA account in the amount of $1,000. Taxpayers may not contribute more than $7,000 to their IRA account during the tax year. Contributions must be in the form of money. Property cannot be contributed to an IRA.

If a taxpayer contributes more than $6,000 ($7,000 if age 50 or older) in one year to an IRA, the taxpayer will be penalized with a tax on the excess contribution and its earnings each year until the taxpayer withdraws the excess contribution and its earnings. This penalty is not limited to the year in which the excess contribution is made. The excess contributions must be reported on Form 5329, *Additional Taxes Attributable to IRAs, Other Qualified Retirement Plans, Annuities, Modified Endowment Contracts, and MSAs*, Part II.

In addition to the adjustment to the taxpayer's gross income, interest earned on a traditional IRA account is accumulated tax-deferred until it is withdrawn, thus benefiting the taxpayer.

Distributions from a traditional IRA are taxed as ordinary income. Not all distributions will be taxable if the taxpayer made nondeductible contributions. Complete Form 8606 to report the taxable and nontaxable portions of the IRA distribution.

2.4 IRA (contribuciones, deducciones, distribuciones y multa del 10%)

Los contribuyentes pueden participar en un plan de ahorro personal que ofrece ventajas fiscales para reservar dinero para gastos de jubilación o educación. Este plan de ahorro personal se conoce como cuenta de jubilación individual o IRA. Hay diferentes tipos de IRA: tradicionales, Roth, SIMPLE o educación.

Es necesario entender la diferencia entre una contribución y una deducción. Las contribuciones son montos pagados al plan de un contribuyente, mientras que las deducciones son montos reales por los cuales el contribuyente puede reducir su ingreso imponible. Cualquier dinero recibido de una IRA tradicional es una distribución y debe ser reportado como ingreso en el año en que fue recibido. En el Formulario 1040, reporte la distribución no imponible en la línea 4a y reporte las distribuciones imponibles en la línea 4b.

A partir del año fiscal 2020, no hay límite de edad para hacer contribuciones a las cuentas IRA tradicionales o Roth. La compensación para fines de IRA incluye sueldos, salarios, comisiones, propinas, honorarios profesionales, bonificaciones y otros montos recibidos por servicios personales. También se incluyen la pensión alimenticia imponible y los pagos de manutención por separado.

El monto deducible de las contribuciones de la IRA puede limitarse dependiendo de los siguientes dos factores:

➢ Si el contribuyente o cónyuge tenía un plan de pensiones proporcionado por el empleador.
➢ El importe del ingreso bruto ajustado modificado.

El máximo que un solo contribuyente puede contribuir es de $6,000 o la compensación imponible del contribuyente, lo que sea más bajo. Si los contribuyentes están casados y solo uno de los cónyuges tiene una compensación imponible, la contribución máxima que la pareja puede hacer es de $12,000. El máximo que se puede contribuir a una cuenta es de $6,000. Si los cónyuges casados tienen una compensación superior a $6,000 cada uno, ambos pueden contribuir con $6,000.

Si el contribuyente tiene 50 años o más, puede hacer una contribución de "recuperación" a su cuenta IRA por un monto de $1,000. Los contribuyentes no pueden contribuir con más de $7,000 a su cuenta IRA durante el año tributario. Las contribuciones deben ser en forma de dinero. La propiedad no puede ser aportada a una IRA.

Si un contribuyente contribuye con más de $6,000 ($7,000 si tiene 50 años o más) en un año a una IRA, el contribuyente será penalizado con un impuesto sobre el exceso de contribución y sus ganancias cada año hasta que el contribuyente retire el exceso de contribución y sus ganancias. Esta penalización no se limita al año en el que se realiza el exceso de contribución. El exceso de contribuciones debe reportarse en el Formulario 5329, *Impuestos adicionales atribuibles a las IRA, otros planes de jubilación calificados, anualidades, contratos de dotación modificados y MSA*, Parte II.

Además del ajuste a los ingresos brutos del contribuyente, los intereses devengados en una cuenta IRA tradicional se acumulan con impuestos diferidos hasta que se retiran, beneficiando así al contribuyente.

Las distribuciones de una IRA tradicional se gravan como ingresos ordinarios. No todas las distribuciones estarán sujetas a impuestos si el contribuyente hizo contribuciones no deducibles. Complete el Formulario 8606 para reportar las partes imponibles y no gravables de la distribución de IRA.

The following distributions are not subject to the early withdrawal penalty:

➢ A rollover from one IRA to another.
➢ Tax-free withdrawals of contributions.
➢ The return of nondeductible contributions.

These funds will be reported as received, but the taxable portion will be reduced or eliminated.

Normal IRA distributions are usually fully taxable because contributions to the IRA account were fully tax-deferred when they were originally contributed. Form 5329, *Additional Taxes on Qualified Plans*, is not required if the early withdrawal penalty is the only reason for using the form. This penalty is in addition to any tax due on the distributions, though some exceptions to it exist.

Tax on Lump-Sum Distributions

A qualified lump-sum distribution is a distribution or payment in one tax year of the entire balance of the participants' funds, but only if the participant was born before January 2, 1936. Form 4972 is used to calculate the tax on a qualified lump-sum distribution that was received in the current tax year. There are two formulas that are used to figure the tax: the 20% capital gain election and the 10-year tax option. The tax is paid only once and not over a 10-year period. The formulas are used to calculate an independent tax that could result in a lower tax than if the entire distribution was treated as ordinary income. Distributions that do not qualify for the 20% capital gain election or the 10-year tax option are as follows:

➢ The part of the distribution not rolled over if the distribution is partially rolled over to another qualified plan or an IRA.
➢ Any distribution if an earlier election to use either the 5 or 10-year tax option had been made after 1986 for the same plan participant.
➢ U.S. Retirement Plan Bonds distributed with the lump sum.
➢ A distribution made during the first 5 tax years that included the participant in the plan, unless it was paid because the participant died.
➢ The current actuarial value of any annuity contract included in the lump sum, Form 1099-R, box 8, shows the total amount, which is used to calculate the tax on the distribution as ordinary income.
➢ A distribution that is subject to penalties under IRC §72(m)(5)(A), but only if it is to an individual who owns at least 5% of the company.
➢ A distribution from an IRA.
➢ A distribution from a tax shelter annuity from a section 403(b) plan.
➢ A distribution of the redemption proceeds of bonds rolled over tax free from a qualified bond purchase plan to a qualified pension plan.
➢ A distribution from a qualified plan, but only if the participant or the participant's surviving spouse previously received an eligible rollover distribution from the same plan or another plan of the employer. The distribution must be combined with the first plan to meet the lump-sum distribution rules.
➢ A distribution from a qualified plan that received a rollover from an IRA after 2001, a governmental section 457 plan, or a section 403(b) tax shelter annuity on behalf of the plan participant.
➢ A distribution from a qualified plan that received a rollover after 2001 from another qualified plan on behalf of that plan participant's surviving spouse.

Las siguientes distribuciones no están sujetas a la penalización por retiro anticipado:

- Una reinversión de una IRA a otra.
- Retiros de contribuciones libres de impuestos.
- La declaración de las cotizaciones no deducibles.

Estos fondos se reportarán como recibidos, pero la parte imponible se reducirá o eliminará.

Las distribuciones normales de IRA generalmente están totalmente sujetas a impuestos porque las contribuciones a la cuenta IRA fueron totalmente diferidas cuando se contribuyeron originalmente. El Formulario 5329, *Impuestos adicionales sobre planes calificados*, no se requiere si la multa por retiro anticipado es la única razón para usar el formulario. Esta multa es adicional a cualquier impuesto adeudado sobre las distribuciones, aunque existen algunas excepciones.

Impuesto sobre las distribuciones a tanto alzado

Una distribución calificada de suma global es una distribución o pago en un año fiscal de todo el saldo de los fondos de los participantes, pero solo si el participante nació antes del 2 de enero de 1936. El Formulario 4972 se utiliza para calcular el impuesto sobre una distribución de suma global calificada que se recibió en el año fiscal actual. Hay dos fórmulas que se utilizan para calcular el impuesto: la elección de ganancia de capital del 20% y la opción de impuestos a 10 años. El impuesto se paga una sola vez y no durante un período de 10 años. Las fórmulas se utilizan para calcular un impuesto independiente que podría resultar en un impuesto más bajo que si toda la distribución se tratara como ingreso ordinario. Las distribuciones que no califican para la elección de ganancia de capital del 20% o la opción de impuestos de 10 años son las siguientes:

- La parte de la distribución no se transfiere si la distribución se transfiere parcialmente a otro plan calificado o una IRA.
- Cualquier distribución si una elección anterior para usar la opción de impuestos de 5 o 10 años se había hecho después de 1986 para el mismo participante del plan.
- U.S. Plan de Bonos de Jubilación distribuido con la suma global.
- Una distribución realizada durante los primeros 5 ejercicios fiscales que incluyó al participante en el plan, a menos que se haya pagado porque el participante falleció.
- El valor actuarial actual de cualquier contrato de anualidad incluido en la suma global, formulario 1099-R, casilla 8, muestra el monto total, que se utiliza para calcular el impuesto sobre la distribución como ingreso ordinario.
- Una distribución que está sujeta a sanciones bajo IRC §72 (m) (5) (A), pero solo si es a un individuo que posee al menos el 5% de la compañía.
- Una distribución de una IRA.
- Una distribución de una anualidad de refugio fiscal de un plan de la sección 403(b).
- Una distribución de los ingresos de rescate de bonos reinvertidos libres de impuestos de un plan de compra de bonos calificado a un plan de pensiones calificado.
- Una distribución de un plan calificado, pero solo si el participante o el cónyuge sobreviviente del participante recibieron previamente una distribución de reinversión elegible del mismo plan u otro plan del empleador. La distribución debe combinarse con el primer plan para cumplir con las reglas de distribución de suma global.
- Una distribución de un plan calificado que recibió una reinversión de una IRA después de 2001, un plan gubernamental de la sección 457 o una anualidad de refugio fiscal de la sección 403(b) en nombre del participante del plan.
- Una distribución de un plan calificado que recibió una reinversión después de 2001 de otro plan calificado en nombre del cónyuge sobreviviente de ese participante del plan.

➢ A corrective distribution of excess deferrals, excess contributions, excess aggregate contributions, or excess annual additions.
➢ A lump-sum credit or payment under the alternative annuity option from the Federal Civil Service Retirement System or the Federal Employees' Retirement System.

Only one Form 4972 can be attached to the current Form 1040 or Form 1040NR for each plan participant. If there are multiple distributions in the same tax year, combine all distributions on one form. If the election is made for a deceased participant, it will not affect the taxpayer who is filing for the decedent. For more information, see Instructions Form 4972.

Self-Employment Retirement Plans

This line item for adjustments is for self-employed taxpayers who provide retirement plans for themselves and their employees.

The plans that can be deducted on this line are as follows:

➢ Simplified Employee Pension (SEP) plans.
➢ Savings Incentive Match Plan for Employees (SIMPLE).
➢ Qualified plans, including HR (10) or Keogh plans, which are beyond the scope of this course.

SEP (Simplified Employee Pension)

A business of any size may establish a specific type of traditional IRA for their employees called a Simplified Employee Pension (SEP), also referred to as a SEP-IRA. A self-employed individual is also eligible to participate in this plan. There are three basic steps in starting a SEP:

➢ Must have a formal written agreement to provide benefits to all eligible employees.
➢ Must give each eligible employee certain information.
➢ A SEP-IRA must be set up for each employee.

The formal written agreement must state that the employer will provide benefits to all eligible employees under the SEP. The employer may adopt an IRS-provided model by filing Form 5305-SEP. Professional advice should be sought when setting up the SEP. Form 5305-SRP cannot be filed if any of the following apply:

➢ The company already has a qualified retirement plan other than a SEP.
➢ The company has eligible employees whose IRAs have not been set up.
➢ The company uses the service of leased employees who are not common-law employees.
➢ The company is a member of one of the following trades or businesses:
  o An affiliated service group described in section 414(m).
  o A controlled group of corporations described in section 414(b).
  o A trade or business under common control described in section 414(c).
➢ The company does not pay the cost of the SEP contributions.

➢ Una distribución correctiva de aplazamientos excesivos, contribuciones en exceso, contribuciones agregadas en exceso o adiciones anuales en exceso.
➢ Un crédito o pago de suma global bajo la opción de anualidad alternativa del Sistema Federal de Jubilación del Servicio Civil o el Sistema de Jubilación de Empleados Federales.

Solo se puede adjuntar un Formulario 4972 al Formulario 1040 o al Formulario 1040NR actual para cada participante del plan. Si hay varias distribuciones en el mismo año fiscal, combine todas las distribuciones en un formulario. Si la elección se hace para un participante fallecido, no afectará al contribuyente que está presentando la solicitud para el difunto. Para obtener más información, vea el Formulario de instrucciones 4972.

Planes de jubilación por cuenta propia

Esta partida para ajustes es para contribuyentes que trabajan por cuenta propia que proporcionan planes de jubilación para ellos y sus empleados.

Los planos que se pueden deducir en esta línea son los siguientes:

➢ Planes simplificados de pensión de empleados (SEP).
➢ Plan de igualación de incentivos de ahorro para empleados (SIMPLE).
➢ Planes calificados, incluidos los planes HR (10) o Keogh, que están más allá del alcance de este curso.

SEP (Pensión Simplificada de Empleados)

Una empresa de cualquier tamaño puede establecer un tipo específico de IRA tradicional para sus empleados llamada Pensión Simplificada para Empleados (SEP), también conocida como SEP-IRA. Una persona que trabaja por cuenta propia también es elegible para participar en este plan. Hay tres pasos básicos para iniciar un SEP:

➢ Debe tener un acuerdo formal por escrito para proporcionar beneficios a todos los empleados elegibles.
➢ Debe dar a cada empleado elegible cierta información.
➢ Se debe establecer una SEP-IRA para cada empleado.

El acuerdo formal por escrito debe indicar que el empleador proporcionará beneficios a todos los empleados elegibles bajo el SEP. El empleador puede adoptar un Formulario proporcionado por el IRS presentando el Formulario 5305-SEP. Se debe buscar asesoramiento profesional al establecer el SEP. El Formulario 5305-SRP no se puede presentar si se aplica alguna de las siguientes condiciones:

➢ La compañía ya tiene un plan de jubilación calificado que no sea un SEP.
➢ La compañía tiene empleados elegibles cuyas cuentas IRA no se han establecido.
➢ La compañía utiliza el servicio de empleados arrendados que no son empleados de derecho consuetudinario.
➢ La compañía es miembro de uno de los siguientes oficios o negocios:
   o Un grupo de servicio afiliado descrito en la sección 414(m).
   o Un grupo controlado de corporaciones descritas en la sección 414(b).
   o Un comercio o negocio bajo control común descrito en la sección 414(c).
➢ La empresa no paga el costo de las contribuciones de la SEP.

The contributions are made to IRAs (SEP-IRAs) of the eligible participants in that plan. Interest accumulates tax-free until the participant begins to make withdrawals. Contribution limits are based on net profits.

A taxpayer is eligible for a SEP if they meet the following requirements:

➢ Has reached age 21.
➢ Has worked for the employer for at least 3 of the past 5 years.
➢ Has received at least $600 in compensation from the employer during each of the last three tax years.

The least of the following amounts is the maximum amount that an employer may annually contribute to an employee's IRA:

➢ $61,000 (for 2022).
➢ $66,000 (for 2023).
➢ 25% of the employee's compensation, or 20% for the self-employed taxpayer.

Contributions made by the employer are not reported as income by the employee, nor can they be deducted as an IRA contribution. Excess contributions are included in the employee's income for the year and are treated as contributions. Do not include SEP contributions on the employee's Form W-2 unless the contributions are pretax contributions.

Example: Susan Plant earned $21,000 in 2022. Because the maximum employer contribution for 2022 is 25% of the employee's compensation, the employer can contribute only $5,250 to her SEP-IRA (25% x $21,000).

SIMPLE Retirement Plan

A SIMPLE retirement plan is a tax-favored retirement plan that certain small employers (including self-employed individuals) can set up for the benefit of their employees.

A SIMPLE plan can be established for any employee who received at least $5,000 in compensation during the two years prior to the current calendar year and is reasonably expected to receive at least $5,000 during the current calendar year. Self-employed individuals are also eligible. The plan may also use less restrictive guidelines, but it may not use more stringent ones.

The employee's elective deferrals from salary reduction are limited to $14,000; or $17,000 (an additional $3,000) if age 50 or older (for 2022). For 2023 the limit is $15,500. Salary-reduction contributions are not treated as catch-up contributions. The employer can match employee deferrals dollar-for-dollar up to 3% of the employee's compensation.

SIMPLE IRA

A SIMPLE IRA is a plan that uses separate IRA accounts for each eligible employee. A SIMPLE plan is a written agreement (salary-reduction agreement) between the taxpayer and their employer that allows the taxpayer to choose to do either of the following:

Las contribuciones se realizan a las IRA (SEP-IRA) de los participantes elegibles en ese plan. Los intereses se acumulan libres de impuestos hasta que el participante comienza a hacer retiros. Los límites de contribución se basan en los beneficios netos.

Un contribuyente es elegible para un SEP si cumple con los siguientes requisitos:

➢ Ha cumplido 21 años.
➢ Ha trabajado para el empleador durante al menos 3 de los últimos 5 años.
➢ Ha recibido al menos $600 en compensación del empleador durante cada uno de los últimos tres años fiscales.

La menor de las siguientes cantidades es la cantidad máxima que un empleador puede contribuir anualmente a la IRA de un empleado:

➢ $61,000 (para 2022).
➢ $66,000 (para 2023).
➢ 25% de la indemnización del empleado, o 20% para el contribuyente autónomo.

Las contribuciones hechas por el empleador no se reportan como ingresos por el empleado, ni pueden deducirse como una contribución IRA. Las contribuciones excedentes se incluyen en los ingresos del empleado para el año y se tratan como contribuciones. No incluya contribuciones SEP en el Formulario W-2 del empleado a menos que las contribuciones sean contribuciones antes de impuestos.

Ejemplo: Susan Plant ganó $21,000 en 2022. Debido a que la contribución máxima del empleador para 2022 es del 25% de la compensación del empleado, el empleador puede contribuir solo $5,250 a su SEP-IRA (25% x $21,000).

Plan de jubilación SIMPLE

Un plan de jubilación SIMPLE es un plan de jubilación favorecido por los impuestos que ciertos pequeños empleadores (incluidas las personas que trabajan por cuenta propia) pueden establecer para el beneficio de sus empleados.

Se puede establecer un plan SIMPLE para cualquier empleado que haya recibido al menos $5,000 en compensación durante los dos años anteriores al año calendario actual y se espera razonablemente que reciba al menos $5,000 durante el año calendario actual. Las personas que trabajan por cuenta propia también son elegibles. El plan también puede usar pautas menos restrictivas, pero puede no usar pautas más estrictas.

Los aplazamientos electivos del empleado de la reducción salarial están limitados a $14,000; o $17,000 ($3,000 adicionales) si tiene 50 años o más (para 2022). Para 2023 el límite es de $15,500. Las contribuciones de reducción salarial no se tratan como contribuciones de recuperación. El empleador puede igualar los aplazamientos de los empleados dólar por dólar hasta el 3% de la compensación del empleado.

SIMPLE IRA

Una IRA simple es un plan que utiliza cuentas IRA separadas para cada empleado elegible. Un plan SIMPLE es un acuerdo escrito (acuerdo de reducción salarial) entre el contribuyente y su empleador que le permite elegir hacer cualquiera de los siguientes:

➤ Reduce the taxpayer's compensation by a certain percentage each pay period.
➤ Have the employer contribute the salary reductions to a SIMPLE IRA on the taxpayer's behalf. These contributions are called "salary-reduction contributions."

All contributions under a SIMPLE IRA plan must be made to SIMPLE IRAs, not to any other type of IRA. The SIMPLE IRA can be an individual retirement account or an individual retirement annuity. In addition to salary-reduction contributions, the employer must make either matching contributions or non-elective contributions. The taxpayer is eligible to participate in the employer's SIMPLE plan if the taxpayer meets the following requirements:

➤ The individual received compensation from their employer during any two years prior to the current year.
➤ The individual is reasonably expected to receive at least $5,000 in compensation during the calendar year in which contributions were made.

The difference between the SIMPLE retirement plan and the SIMPLE IRA is that the retirement plan is part of a 401(k) plan, and the IRA plan uses individual IRAs for each employee. See Publication 560.

2.5 Reporting and Taxability of Unemployment Compensation

Unemployment compensation is taxable, and the taxpayer may elect to have taxes withheld for income tax purposes. To make this choice, the taxpayer must complete Form W-4V, *Voluntary Withholding Request.* The recipient of unemployment compensation will receive Form 1099-G to report the income.

If the taxpayer had to repay unemployment compensation for a prior year because they received unemployment while employed, he or she would subtract the total amount repaid for the year from the total amount received and enter the difference on Form 1040, Schedule 1, line 7. On the dotted line, next to the entry on the tax return, write "Repaid" and enter the amount repaid.

Paid Medical Family Leave

Paid family leave is an element of a state disability insurance program, and workers covered by State Disability Insurance (SDI) could be covered for this benefit. The maximum claim is six weeks; this is reported as unemployment on the individual's tax return. In some states, paid family leave and unemployment could be reported on separate forms. Be aware of how the individual state reports the two programs. Both are considered a form of unemployment compensation that must be reported on Form 1040, Schedule 1, line 7.

> Reducir la compensación del contribuyente en un cierto porcentaje en cada período de pago.
> Haga que el empleador contribuya con las reducciones salariales a una cuenta IRA SIMPLE en nombre del contribuyente. Estas contribuciones se denominan "contribuciones de reducción salarial".

Todas las contribuciones bajo un plan SIMPLE IRA deben hacerse a SIMPLE IRA, no a ningún otro tipo de IRA. La cuenta IRA SIMPLE puede ser una cuenta de jubilación individual o una anualidad de jubilación individual. Además de las contribuciones de reducción salarial, el empleador debe hacer contribuciones equivalentes o contribuciones no electivas. El contribuyente es elegible para participar en el plan SIMPLE del empleador si cumple con los siguientes requisitos:

> El individuo recibió una compensación de su empleador durante los dos años anteriores al año en curso.
> Se espera razonablemente que la persona reciba al menos $5,000 en compensación durante el año calendario en el que se hicieron las contribuciones.

La diferencia entre el plan de jubilación SIMPLE y el SIMPLE IRA es que el plan de jubilación es parte de un plan 401 (k), y el plan IRA utiliza IRA individuales para cada empleado. Véase la Publicación 560.

2.5 Declaración e imponibilidad de la compensación por desempleo

La compensación por desempleo está sujeta a impuestos, y el contribuyente puede optar por que se retengan los impuestos para fines del impuesto sobre la renta. Para hacer esta elección, el contribuyente debe completar el Formulario W-4V, Solicitud de *Retención Voluntaria*. El beneficiario de la compensación por desempleo recibirá el Formulario 1099-G para reportar los ingresos.

Si el contribuyente tuviera que pagar la compensación por desempleo de un año anterior porque recibió desempleo mientras estaba empleado, restaría el monto total reembolsado para el año del monto total recibido e ingresaría la diferencia en el Formulario 1040, Anexo 1, línea 7. En la línea punteada, junto a la entrada en la declaración de impuestos, escriba "Reembolsado" e ingrese el monto reembolsado.

Licencia familiar médica pagada

La licencia familiar pagada es un elemento de un programa estatal de seguro de discapacidad, y los trabajadores cubiertos por el Seguro Estatal de Discapacidad (SDI) podrían estar cubiertos por este beneficio. La reclamación máxima es de seis semanas; Esto se reporta como desempleo en la declaración de impuestos del individuo. En algunos estados, la licencia familiar pagada y el desempleo podrían reportarse en formularios separados. Tenga en cuenta cómo el estado individual reporta los dos programas. Ambos se consideran una forma de compensación por desempleo que debe reportarse en el Formulario 1040, Anexo 1, línea 7.

2.6 Alimony (divorce agreements executed before 2018; executed after 2018; and modified after 2018)

Alimony is a payment or series of payments to a spouse or former spouse required under a divorce or separation instrument that must meet certain requirements. Alimony payments are deductible by the payer and are includable as income by the recipient. Alimony received should be reported on Form 1040, Schedule 1, line 2a. Alimony paid should be deducted as an adjustment on Form 1040, Schedule 1, line 18a. The Tax Cuts and Jobs Act changed the alimony rule; alimony will no longer be an adjustment to income or a source of income if the divorce or separation agreement is completed after December 31, 2018.

Payments are alimony if *all* the following are true:

➢ Payments are required by a divorce or separation agreement.
➢ The taxpayer and the recipient spouse do not file a joint return.
➢ Payments are in cash (including checks or money orders).
➢ Payments are not designated in the instrument as "not alimony."
➢ Spouses are legally separated under a decree of divorce or separate maintenance agreement and are not members of the same household.
➢ Payments are not required after the death of the recipient spouse.
➢ Payments are not designated as child support.

Payments are not alimony if *any* of the following are true:

➢ Payments are designated as child support.
➢ A noncash property settlement.
➢ Payments that are the spouse's part of community property income.
➢ Used for property upkeep of the alimony payer's house.

These payments are neither deductible by the payer nor includable in income by the recipient.

For additional information regarding rules for payments under a pre-1985 instrument, see Publication 504: *Divorced or Separated Individuals*.

Payments made by cash, check, or money order for the taxpayer's spouse's medical expenses, rent, utilities, mortgage, taxes, tuition, etc., are considered third-party payments. If the payments are made on behalf of the taxpayer's spouse under the terms of the divorce or separation agreement, they may be considered alimony.

If the payer must pay all mortgage payments (both principal and interest) on a jointly-owned home and if the payments otherwise qualify, they may deduct one-half of the payments as alimony payments. The spouse will report one-half as alimony received.

The deductibility of real estate taxes and insurance depend on how the title is held. Additional research may be needed to determine how to handle the taxpayer's situation.

2.6 Pensión alimenticia (acuerdos de divorcio ejecutados antes de 2018; ejecutados después de 2018; y modificados después de 2018)

La pensión alimenticia es un pago o serie de pagos a un cónyuge o excónyuge requerido bajo un instrumento de divorcio o separación que debe cumplir con ciertos requisitos. Los pagos de pensión alimenticia son deducibles por el pagador y son incluibles como ingresos por el receptor. La pensión alimenticia recibida debe reportarse en el Formulario 1040, Anexo 1, línea 2a. La pensión alimenticia pagada debe deducirse como un ajuste en el Formulario 1040, Anexo 1, línea 18a. La Ley de Empleos y Reducción de Impuestos cambió la regla de pensión alimenticia; La pensión alimenticia ya no será un ajuste a los ingresos o una fuente de ingresos si el acuerdo de divorcio o separación se completa después del 31 de diciembre de 2018.

Los pagos son pensión alimenticia si *todo* lo siguiente es cierto:

➢ Los pagos son requeridos por un acuerdo de divorcio o separación.
➢ El contribuyente y el cónyuge beneficiario no presentan una declaración conjunta.
➢ Los pagos son en efectivo (incluyendo cheques o giros postales).
➢ Los pagos no se designan en el instrumento como "no pensión alimenticia".
➢ Los cónyuges están separados legalmente en virtud de una sentencia de divorcio o un acuerdo de alimentos separado y no son miembros del mismo hogar.
➢ No se requieren pagos después de la muerte del cónyuge receptor.
➢ Los pagos no se designan como manutención infantil.

Los pagos no son pensión alimenticia si *se cumple alguna* de las siguientes condiciones:

➢ Los pagos se designan como manutención infantil.
➢ Un acuerdo de propiedad no monetario.
➢ Pagos que son parte del cónyuge de los ingresos de la comunidad de bienes.
➢ Se utiliza para el mantenimiento de la propiedad de la casa del pagador de pensión alimenticia.

Estos pagos no son deducibles por el pagador ni incluyen en los ingresos del receptor.

Para obtener información adicional sobre las normas para los pagos en virtud de un instrumento anterior a 1985, véase la Publicación 504: *Personas divorciadas o separadas.*

Los pagos realizados en efectivo, cheque o giro postal por los gastos médicos, alquiler, servicios públicos, hipoteca, impuestos, matrícula, etc. del cónyuge del contribuyente se consideran pagos de terceros. Si los pagos se realizan en nombre del cónyuge del contribuyente bajo los términos del acuerdo de divorcio o separación, pueden considerarse pensión alimenticia.

Si el pagador debe pagar todos los pagos de la hipoteca (tanto el capital como los intereses) de una casa de propiedad conjunta y si los pagos califican de otra manera, puede deducir la mitad de los pagos como pagos de pensión alimenticia. El cónyuge reportará la mitad como pensión alimenticia recibida.

La deducibilidad de los impuestos inmobiliarios y el seguro dependen de cómo se mantenga el título. Es posible que se necesite investigación adicional para determinar cómo manejar la situación del contribuyente.

Example: In November 1984, Kael and Braxton executed a written separation agreement. In February 1985, a decree of divorce was substituted for the written separation agreement. The decree of divorce did not change the terms for the alimony that Kael had to pay Braxton because it is treated as having executed before 1985 because the terms of the alimony are still the same as the original agreement made in 1984. Alimony payments under this decree are not subject to the rules for payments under instruments after 1984.

Alimony Recapture Rule

If the amount of alimony paid by the taxpayer decreases or terminates within the first three calendar years, the payments may be subject to the recapture rule. If the taxpayer is subject to the rule, he will include a portion of the previously deducted alimony payments as income in the third year. The spouse would then be entitled to deduct previously included alimony that was received as income in the same year. The three-year period begins with the first calendar year in which the payer makes a qualifying alimony payment under a decree of divorce or separate maintenance or a written separation agreement. No further discussion of alimony recapture will be covered in this course.

Alimony will no longer be an adjustment to income or a source of income if the divorce or separation agreement was completed after December 31, 2018. If an agreement was executed on or before December 31, 2018, and then modified after that date, the new law also applies. The new law applies if the modification does these two things:

> ➢ It changes the terms of the alimony or separate maintenance payments.
> ➢ It specifically says that alimony or separate maintenance payments are not deductible by the payer spouse or includable in the income of the receiving spouse.

Agreements executed on or before December 31, 2018, follow the previous rules. If an agreement was modified after January 1, 2019, the new agreement should state that they are following the 2018 laws, if the modifications didn't change what's described above.

2.7 Schedule C, Profit or Loss from Business (Sole Proprietorship)

A sole proprietor is an individual owner of a business or a self-employed individual. Taxable income is reported on Schedule C and flows to Form 1040, Schedule 1, line 3. A business owner could have to pay self-employment tax reported, which is reported on Schedule SE.

A sole proprietorship reports the income and expenses from the owner's business on Schedule C, *Profit or Loss from a Business*. An individual is self-employed if the following apply:

> ➢ Conducts a trade or business as a sole proprietorship.
> ➢ Is an independent contractor.
> ➢ Is in business for themself.

Self-employment can include work in addition to regular full-time business activities. It can also include certain part-time work done at home or in addition to a regular job.

Ejemplo: En noviembre de 1984, Kael y Braxton ejecutaron un acuerdo de separación por escrito. En febrero de 1985, el acuerdo escrito de separación sustituyó por un decreto de divorcio. El decreto de divorcio no cambió los términos de la pensión alimenticia que Kael tuvo que pagar a Braxton porque se considera que se ejecutó antes de 1985 porque los términos de la pensión alimenticia siguen siendo los mismos que el acuerdo original hecho en 1984. Los pagos de pensión alimenticia en virtud de este decreto no están sujetos a las normas para los pagos en virtud de instrumentos después de 1984.

Regla de recaptura de pensión alimenticia

Si el monto de la pensión alimenticia pagada por el contribuyente disminuye o termina dentro de los primeros tres años calendario, los pagos pueden estar sujetos a la regla de recuperación. Si el contribuyente está sujeto a la regla, incluirá una parte de los pagos de pensión alimenticia previamente deducidos como ingresos en el tercer año. El cónyuge tendría derecho a deducir la pensión alimenticia previamente incluida que se recibió como ingreso en el mismo año. El período de tres años comienza con el primer año calendario en el que el pagador realiza un pago de pensión alimenticia calificado bajo un decreto de divorcio o manutención separada o un acuerdo de separación por escrito. No se cubrirá ninguna otra discusión sobre la recuperación de la pensión alimenticia en este curso.

La pensión alimenticia ya no será un ajuste a los ingresos o una fuente de ingresos si el acuerdo de divorcio o separación se completó después del 31 de diciembre de 2018. Si un acuerdo se ejecutó en o antes del 31 de diciembre de 2018, y luego se modificó después de esa fecha, también se aplica la nueva ley. La nueva ley se aplica si la modificación hace estas dos cosas:

➢ Cambia los términos de la pensión alimenticia o pagos de manutención por separado.
➢ Dice específicamente que la pensión alimenticia o los pagos de manutención separados no son deducibles por el cónyuge pagador o incluidos en los ingresos del cónyuge receptor.

Los acuerdos ejecutados en o antes del 31 de diciembre de 2018, siguen las reglas anteriores. Si un acuerdo se modificó después del 1 de enero de 2019, el nuevo acuerdo debe indicar que están siguiendo las leyes de 2018, si las modificaciones no cambiaron lo descrito anteriormente.

2.7 Anexo C, Ganancias o pérdidas del negocio (empresa individual)

Un propietario único es un propietario individual de un negocio o un individuo que trabaja por cuenta propia. El ingreso imponible se reporta en el Anexo C y fluye al Formulario 1040, Anexo 1, línea 3. El propietario de un negocio podría tener que pagar el impuesto de trabajo por cuenta propia, que se reporta en el Anexo SE.

Una empresa unipersonal informa los ingresos y gastos del negocio del propietario en el Anexo C, *Ganancias o pérdidas de un negocio*. Una persona trabaja por cuenta propia si se aplica lo siguiente:

➢ Lleva a cabo un comercio o negocio como propietario único.
➢ Es un contratista independiente.
➢ Está en el negocio por sí mismos.

El trabajo por cuenta propia puede incluir trabajo además de las actividades comerciales regulares a tiempo completo. También puede incluir cierto trabajo a tiempo parcial realizado en casa o además de un trabajo regular.

Chapter 2 Excess Business Loss Threshold

To determine a taxpayer's excess business loss, the amount for joint filers need to be less than $578,000 and $289,000 for all others.

2.7.1 Determination of Gross Income & Deductions

Self-employment income is income earned from the performance of personal services that cannot be classified as wages because an employer-employee relationship does not exist between the payer and the payee because they are the same person. A self-employment tax is imposed on any U.S. citizen or resident alien who has self-employment income. If one is self-employed in a business that provides services (where products are not a factor), the gross income goes on line 7 of Schedule C and includes amounts reported on Form 1099-MISC.

Chapter 3 Sole Proprietorship

A sole proprietor is an individual owner of a business or a self-employed individual. Taxable income is reported on Schedule C and on Form 1040, Schedule 1, line 12. A business owner may also be required to pay self-employment tax reported on Schedule SE.

A sole proprietorship reports the income and expenses from the owner's business on Schedule C, *Profit or Loss from a Business*. One is self-employed if some of the following apply:

➢ Conducts a trade or business as a sole proprietorship.
➢ Is an independent contractor.
➢ Is in business for himself or herself in any way.

Self-employment can include work in addition to regular full-time business activities. It can also include certain part-time work done at home or in addition to a regular job.

Chapter 4 Minimum Income Reporting Requirements for Schedule C Filers

If the taxpayer's net earnings from self-employment is $400 or more, the taxpayer is required to file a tax return. If net earnings from self-employment was less than $400, the taxpayer may still have to file a tax return if one meets other filing requirements.

Chapter 5 Different Kinds of Income

The taxpayer must report on their tax return all income received in business unless it is excluded by law. In most circumstances, income will be in the form of cash, checks, and credit card charges. Bartering is another form of income, and its fair market value must be included as income.

Umbral de exceso de pérdida de negocio

Para determinar el exceso de pérdida comercial de un contribuyente, el monto para los contribuyentes conjuntos debe ser inferior a $578,000 y $289,000 para todos los demás.

2.7.1 Determinación de ingresos brutos y deducciones

Los ingresos del trabajo por cuenta propia son ingresos obtenidos de la prestación de servicios personales que no pueden clasificarse como salarios porque no existe una relación empleador-empleado entre el pagador y el beneficiario porque son la misma persona. Se impone un impuesto sobre el trabajo por cuenta propia a cualquier ciudadano estadounidense o extranjero residente que tenga ingresos de trabajo por cuenta propia. Si uno trabaja por cuenta propia en un negocio que brinda servicios (donde los productos no son un factor), el ingreso bruto va en la línea 7 del Anexo C e incluye los montos reportados en el Formulario 1099-MISC.

Empresa individual

Un propietario único es un propietario individual de un negocio o un individuo que trabaja por cuenta propia. El ingreso imponible se reporta en el Anexo C y en el Formulario 1040, Anexo 1, línea 12. El propietario de un negocio también puede estar obligado a pagar el impuesto sobre el trabajo por cuenta propia reportado en el Anexo SE.

Una empresa unipersonal reporta los ingresos y gastos del negocio del propietario en el Anexo C, *Ganancias o pérdidas de un negocio*. Uno trabaja por cuenta propia si se aplican algunas de las siguientes condiciones:

> ➢ Lleva a cabo un comercio o negocio como propietario único.
> ➢ Es un contratista independiente.
> ➢ Está en el negocio por sí mismo de alguna manera.

El trabajo por cuenta propia puede incluir trabajo además de las actividades comerciales regulares a tiempo completo. También puede incluir cierto trabajo a tiempo parcial realizado en casa o además de un trabajo regular.

Requisitos de declaración de ingresos mínimos para los declarantes del Anexo C

Si las ganancias netas del contribuyente por cuenta propia son de $400 o más, el contribuyente debe presentar una declaración de impuestos. Si las ganancias netas del trabajo por cuenta propia fueron inferiores a $400, es posible que el contribuyente aún tenga que presentar una declaración de impuestos si cumple con otros requisitos de presentación.

Diferentes tipos de ingresos

El contribuyente debe reportar en su declaración de impuestos todos los ingresos recibidos en el negocio, a menos que esté excluido por la ley. En la mayoría de las circunstancias, los ingresos serán en forma de efectivo, cheques y cargos de tarjetas de crédito. El trueque es otra forma de ingreso, y su valor justo de mercado debe incluirse como ingreso.

Example: Ernest operates a plumbing business and uses the cash method of accounting. Jim owns a computer store and contacted Ernest to discuss fixing the clogged pipes in his store in exchange for a laptop for Ernest's business. This is business-to-business bartering. If Ernest accepts the deal, he must report the fair market value of the laptop as income because it was the "wage" he received in exchange for his service.

Miscellaneous Income

If one is self-employed in a business involving manufacturing, merchandising, or mining, the gross income on line 7 of Schedule C is the total sales from that business, minus the cost of goods sold, and plus any income from investments and incidental or outside operations or sources. If the taxpayer is involved in more than one business, a separate Schedule C is filed for each business (for example, newspaper delivery and computer consulting). Other income commonly includes bank interest, rebates, and reimbursements from government food programs.

Expenses

An expense must meet the following requirements (the taxpayer must keep written records of expenses):

➢ Paid within the taxable year (for cash-basis taxpayers).
➢ Not a capital investment (most capital investments are depreciated).
➢ Must be ordinary and necessary.
➢ Not start-up or organization costs.
➢ Not inventory.
➢ Not prepaid expenses (e.g., paying 2 years' worth of insurance).

Other expenses are deducted in Part V, Schedule C. Other expenses include any expense that does not fit the description of another category and is ordinary and necessary in the operation of the taxpayer's business (Line 27). Include all ordinary and necessary business expense not deducted elsewhere on Schedule C. Do not include the following:

➢ Charitable contributions.
➢ Cost of business equipment or furniture.
➢ Replacements or permanent improvements to property.
➢ Personal, living, and family expenses.
➢ Fines or penalties paid to a government for violating any law.

However, do include these items:

➢ Amortization that began in 2018.
➢ Bad debts.
➢ At-risk loss deduction.
➢ Business start-up costs.
➢ Cost of making commercial buildings energy efficient.
➢ Deductions for removing barriers to the elderly and to individuals with disabilities.
➢ Excess farm loss.
➢ Film and television production expenses.
➢ Forestation and reforestation costs.

See Publication 535 for more information.

Ejemplo: Ernest opera un negocio de plomería y utiliza el método de contabilidad en efectivo. Jim es dueño de una tienda de computadoras y contactó a Ernest para discutir la reparación de las tuberías obstruidas en su tienda a cambio de una computadora portátil para el negocio de Ernest. Esto es trueque de empresa a empresa. Si Ernest acepta el trato, debe reportar el valor justo de mercado de la computadora portátil como ingreso porque era el "salario" que recibió a cambio de su servicio.

Ingresos varios

Si uno trabaja por cuenta propia en un negocio relacionado con la fabricación, la comercialización o la minería, el ingreso bruto en la línea 7 del Anexo C es el total de ventas de ese negocio, menos el costo de los bienes vendidos, y más cualquier ingreso de inversiones y operaciones o fuentes incidentales o externas. Si el contribuyente está involucrado en más de un negocio, se presenta un Anexo C separado para cada negocio (por ejemplo, entrega de periódicos y consultoría informática). Otros ingresos comúnmente incluyen intereses bancarios, reembolsos y reembolsos de programas de alimentos del gobierno.

Expensas

Un gasto debe cumplir con los siguientes requisitos (el contribuyente debe mantener registros escritos de los gastos):

> ➢ Pagado dentro del año fiscal (para contribuyentes en efectivo).
> ➢ No es una inversión de capital (la mayoría de las inversiones de capital se deprecian).
> ➢ Debe ser ordinario y necesario.
> ➢ No costos de puesta en marcha u organización.
> ➢ No inventario.
> ➢ No pagar gastos prepagados (por ejemplo, pagar 2 años de seguro).

Otros gastos se deducen en la Parte V, Anexo C. Otros gastos incluyen cualquier gasto que no se ajuste a la descripción de otra categoría y sea ordinario y necesario en la operación del negocio del contribuyente (Línea 27). Incluya todos los gastos comerciales ordinarios y necesarios que no se deduzcan en otra parte del Anexo C. No incluya lo siguiente:

> ➢ Contribuciones caritativas.
> ➢ Costo del equipo o mobiliario comercial.
> ➢ Reemplazos o mejoras permanentes a la propiedad.
> ➢ Gastos personales, de manutención y familiares.
> ➢ Multas o sanciones pagadas a un gobierno por violar cualquier ley.

Sin embargo, incluya estos elementos:

> ➢ Amortización que comenzó en 2018.
> ➢ Deudas incobrables.
> ➢ Deducción por pérdida por riesgo.
> ➢ Costes de puesta en marcha de empresas.
> ➢ Costo de hacer que los edificios comerciales sean energéticamente eficientes.
> ➢ Deducciones para eliminar barreras para los ancianos y para las personas con discapacidades.
> ➢ Exceso de pérdida de explotación.
> ➢ Gastos de producción de cine y televisión.
> ➢ Costos de forestación y reforestación.

Consulte la Publicación 535 para obtener más información.

2.7.2 Business vs Hobby

Since TCJA eliminated Form 2106, a taxpayer does not have a place to deduct the allowable hobby deductions. An ordinary expense is one that is customary and recognized for the activity. A necessary expense is one that is suitable for the activity. Income still needs to be reported on Form 1040.

Income received through activities from which the taxpayer does not expect to make a profit (such as money made from a hobby) must be reported on Form 1040, Schedule 1, line 8. Deductions for the business or investment activity cannot offset other income. To determine if the taxpayer is carrying on an activity for profit, you must consider the following factors:

➢ The taxpayer carries on the activity in a businesslike manner.
➢ The time and effort put into the activity indicate the taxpayer intended to make a profit.
➢ Losses are due to circumstances beyond the taxpayer's control.
➢ Methods of operation were changed to improve profitability.
➢ The taxpayer or the taxpayer's advisor(s) have the knowledge needed to carry on the activity as a successful business.
➢ The taxpayer was successful in making a profit in similar activities in the past.
➢ The activity makes a profit in some years.
➢ The taxpayer can expect to make a future profit from the appreciation of the assets used in the activity.
➢ The taxpayer depends on the income for their livelihood.

An activity is presumed to be carried on for profit if it produced a profit in at least three of the last five years, including the current year. Activities that consist of breeding, training, showing, or racing horses are presumed to be carried on for profit if they produced a profit in at least two of the last seven years. The activity must be substantially the same for each year within the period, and the taxpayer has a profit when the gross income from the activity exceeds the deductions.

Not-for-profit income could include income from a hobby or rental income from tangible property; both are reported on Form 1040, Schedule 1, line 8. See Publication 527.

Hobby income is one example of an activity not for profit; however, a hobby can become a business. The ability to claim losses on a hobby have been suspended until 2026 due to the Tax Cuts and Jobs Act (TCJA). In order to show the IRS that an activity is a business, the taxpayer should maintain the following:

➢ Comprehensive recordkeeping.
➢ A separate business checking account for the income.
➢ Separate credit cards for business and personal purchases.
➢ Logbook(s) to keep records of business and personal use of such items as computers, charter boats, camcorders, etc.
➢ Required licenses, insurance, certifications, etc.
➢ If operated from home, keeping a separate phone line for business use.
➢ An attempt to make a profit.

2.7.2 Negocios vs Hobby

Desde que TCJA eliminó el Formulario 2106, un contribuyente no tiene un lugar para deducir las deducciones permitidas por pasatiempos. Un gasto ordinario es aquel que es habitual y reconocido para la actividad. Un gasto necesario es aquel que es adecuado para la actividad. Los ingresos aún deben reportarse en el Formulario 1040.

Los ingresos recibidos a través de actividades de las cuales el contribuyente no espera obtener ganancias (como el dinero obtenido de un pasatiempo) deben reportarse en el Formulario 1040, Anexo 1, línea 8. Las deducciones por el negocio o la actividad de inversión no pueden compensar otros ingresos. Para determinar si el contribuyente está llevando a cabo una actividad con fines de lucro, debe considerar los siguientes factores:

- El contribuyente lleva a cabo la actividad de manera profesional.
- El tiempo y el esfuerzo invertidos en la actividad indican que el contribuyente tenía la intención de obtener un beneficio.
- Las pérdidas se deben a circunstancias fuera del control del contribuyente.
- Se cambiaron los métodos de operación para mejorar la rentabilidad.
- El contribuyente o el(los) asesor(es) del contribuyente tienen los conocimientos necesarios para llevar a cabo la actividad como un negocio exitoso.
- El contribuyente tuvo éxito en obtener ganancias en actividades similares en el pasado.
- La actividad obtiene ganancias en algunos años.
- El contribuyente puede esperar obtener un beneficio futuro de la apreciación de los activos utilizados en la actividad.
- El contribuyente depende de los ingresos para su sustento.

Se presume que una actividad se lleva a cabo con fines de lucro si produjo un beneficio en al menos tres de los últimos cinco años, incluido el año en curso. Se presume que las actividades que consisten en criar, entrenar, mostrar o correr caballos se llevan a cabo con fines de lucro si produjeron un beneficio en al menos dos de los últimos siete años. La actividad debe ser sustancialmente la misma para cada año dentro del período, y el contribuyente tiene una ganancia cuando los ingresos brutos de laactividad exceden las deducciones.

Los ingresos sin fines de lucro podrían incluir ingresos de un pasatiempo o ingresos de alquiler de bienes tangibles; ambos se reportan en el Formulario 1040, Anexo 1, línea 8. Véase la Publicación 527.

Los ingresos de pasatiempos son un ejemplo de una actividad sin fines de lucro; Sin embargo, un pasatiempo puede convertirse en un negocio. La capacidad de reclamar pérdidas en un pasatiempo se ha suspendido hasta 2026 debido a la Ley de Recortes de Impuestos y Empleos (TCJA). Para demostrarle al IRS que una actividad es un negocio, el contribuyente debe mantener lo siguiente:

- Mantenimiento integral de registros.
- Una cuenta de cheques comercial separada para los ingresos.
- Tarjetas de crédito separadas para compras comerciales y personales.
- Cuaderno de bitácora para mantener registros del uso comercial y personal de artículos tales como computadoras, barcos de alquiler, videocámaras, etc.
- Licencias requeridas, seguros, certificaciones, etc.
- Si se opera desde casa, mantenga una línea telefónica separada para uso comercial.
- Un intento de obtener ganancias.

➤ Research on market trends or technology related to the taxpayer's business.
➤ If the taxpayer has employees, the taxpayer must file forms to report employment taxes (See Publication 15, Circular E, *Employer's Tax Guide* for more info). Employment taxes include the following items:
  ○ Social Security and Medicare.
  ○ Federal income tax withholding.
  ○ Federal unemployment (FUTA) tax.

2.7.3 Business Use of Home (regular vs simplified method)

Self-employed taxpayers may be able to use Form 8829, *Expenses for Business Use of Your Home*, to claim deductions for certain expenses for business use of their home. To qualify for these deductions, the taxpayer must show that they used a space (such as an office) in the home exclusively and regularly for business. The amount of deduction a taxpayer can receive is based on what percent of the house's total square footage is being used for the business.

Example: Monica has an office she exclusively uses to manage and run her catering business. To receive a deduction for her home business expenses, Monica would divide the square footage of her office by the total square footage of her home to find the percentage of expense she can deduct. If her office is 130-square-feet and her home is 1,000-square-feet, then the percentage of expenses she can deduct would be 13%.

Day-care providers would use Form 8829 to report expenses based on the number of hours spent caring for children or disabled dependents. The time includes cleaning the house before and after children arrive as well as time spent preparing activities for the children.

If childcare providers do not use their entire home for childcare, they will use a combination of hours and square feet to determine business use. The home portion does not have to meet the exclusive-use test if the use is for an in-home day-care facility.

Business expenses that apply to a part of the taxpayer's home may be a deductible business expense if the part of the home was exclusively used on a regular basis in all of the following ways:

➤ As the principal place of business for any of the taxpayer's trade or business.
➤ As a place of business used by patients, clients, or customers to meet or deal during the normal course of trade or business.
➤ In connection with the trade or business if the office is a separate structure that is not attached to the taxpayer's home.

Some exceptions to the "space rule used on a regular basis" are certain day-care facilities and storage spaces used for inventory or product samples. The tax professional must determine whether the office in the home qualifies as the taxpayer's principal place of business.

To qualify the office in the home as the primary place of business, the following requirements must be met:

➤ Investigación sobre tendencias de mercado o tecnología relacionada con el negocio del contribuyente.
➤ Si el contribuyente tiene empleados, el contribuyente debe presentar formularios para declarar los impuestos sobre el empleo (consulte la Publicación 15, Circular E, *Guía tributaria del empleador* para obtener más información). Los impuestos sobre el empleo incluyen los siguientes elementos:
  o Seguro Social y Medicare.
  o Retención del impuesto federal sobre la renta.
  o Impuesto federal de desempleo (FUTA).

2.7.3 Uso comercial del hogar (método regular vs simplificado)

Los contribuyentes que trabajan por cuenta propia pueden usar el Formulario 8829, *Gastos por el uso comercial de su hogar, para reclamar deducciones por ciertos gastos por el uso comercial de su hogar*. Para calificar para estas deducciones, el contribuyente debe demostrar que utilizó un espacio (como una oficina) en el hogar exclusiva y regularmente para negocios. La cantidad de deducción que un contribuyente puede recibir se basa en qué porcentaje del total de pies cuadrados de la casa se está utilizando para el negocio.

Ejemplo: Mónica tiene una oficina que utiliza exclusivamente para administrar y administrar su negocio de catering. Para recibir una deducción por los gastos de su negocio en casa, Mónica dividiría los pies cuadrados de su oficina por el total de pies cuadrados de su casa para encontrar el porcentaje de gastos que puede deducir. Si su oficina tiene 130 pies cuadrados y su casa es de 1,000 pies cuadrados, entonces el porcentaje de gastos que puede deducir sería del 13%.
Los proveedores de guarderías usarían el Formulario 8829 para reportar los gastos basados en la cantidad de horas dedicadas al cuidado de niños o dependientes discapacitados. El tiempo incluye la limpieza de la casa antes y después de que lleguen los niños, así como el tiempo dedicado a preparar actividades para los niños.

Si los proveedores de cuidado infantil no usan todo su hogar para el cuidado de niños, usarán una combinación de horas y pies cuadrados para determinar el uso comercial. La parte del hogar no tiene que cumplir con la prueba de uso exclusivo si el uso es para una guardería en el hogar.

Los gastos comerciales que se aplican a una parte de la vivienda del contribuyente pueden ser gastos comerciales deducibles si la parte de la vivienda se utilizó exclusivamente de forma regular de todas las siguientes maneras:

➤ Como el lugar principal de negocios para cualquiera de los comercios o negocios del contribuyente.
➤ Como un lugar de negocios utilizado por pacientes, clientes o clientes para reunirse o negociar durante el curso normal del comercio o negocio.
➤ En relación con el comercio o negocio si la oficina es una estructura separada que no está unida al hogar del contribuyente.

Algunas excepciones a la "regla de espacio utilizado regularmente" son ciertas guarderías y espacios de almacenamiento utilizados para inventario o muestras de productos. El profesional de impuestos debe determinar si la oficina en el hogar califica como el lugar principal de negocios del contribuyente.

Para calificar la oficina en el hogar como el lugar principal de negocios, se deben cumplir los siguientes requisitos:

➤ The taxpayer uses the home exclusively and regularly for administrative or management activities of the taxpayer's trade or business.
➤ The taxpayer has no other fixed location where the taxpayer conducts substantial administrative or management activities of the trade or business.

Administrative or Management Activities

There are many activities that can be considered administrative or managerial in nature. Some of the most common include the following:

➤ Billing customers, clients, or patients.
➤ Keeping books and records.
➤ Ordering supplies.
➤ Setting up appointments.
➤ Writing reports or forwarding orders.

If the following activities are performed at another location, the taxpayer would be disqualified from being able to claim the home office deduction:

➤ The taxpayer conducts administrative or management activities at locations other than the home.
➤ The taxpayer conducts administrative or management activities at places that are not fixed locations of the business, such as in a car or a hotel room.
➤ The taxpayer occasionally conducts administrative or management activities at an outside location that is not at their home.
➤ The taxpayer conducts substantial non-administrative or non-management business activities at a fixed location outside of the home.
➤ The taxpayer has suitable space to conduct administrative or management activities outside of their home but chooses to work at home for these activities.

Example: Francisco is a self-employed plumber. Most of Francisco's time is spent installing and repairing plumbing at customers' homes and offices. He has a small office in his home that he uses exclusively and regularly for the administrative or management activities of his business, such as calling customers, ordering supplies, and keeping his books. Francisco writes up estimates and records of work completed at his customers' premises but does not conduct any substantial administrative or management activities at any fixed location other than his home office. Francisco does not do his own billing. He uses a local bookkeeping service to bill his customers.

Because it is the only fixed location where he does his administrative and managerial activities, Francisco's home office qualifies as his principal place of business for deducting expenses for its use. The fact that a bookkeeper does his billing is not important, as it does not change or impact where Francisco does his business's administrative and managerial activities.

Taxpayers may use a simplified option to figure the home office business deduction. Revenue Procedure 2013-13 provides an optional safe harbor method that taxpayers may use that is an alternative to the calculation, allocation, and substantiation of actual expenses for purposes of satisfying the Internal Revenue Code section 280A. These rules do not change the home office criteria for claiming business use but instead simplify the ruling for recordkeeping and calculation.

> El contribuyente utiliza la vivienda exclusiva y regularmente para actividades administrativas o de gestión del comercio o negocio del contribuyente.
> El contribuyente no tiene otra ubicación fija donde el contribuyente lleva a cabo actividades administrativas o de gestión sustanciales del comercio o negocio.

Actividades administrativas o de gestión

Hay muchas actividades que pueden considerarse de naturaleza administrativa o gerencial. Algunos de los más comunes incluyen los siguientes:

> Facturación de clientes, clientes o pacientes.
> Llevar libros y registros.
> Pedido de suministros.
> Concertar citas.
> Redacción de informes o envío de pedidos.

Si las siguientes actividades se realizan en otro lugar, el contribuyente estaría descalificado para poder reclamar la deducción de la oficina central:

> El contribuyente realiza actividades administrativas o de gestión en lugares distintos al hogar.
> El contribuyente realiza actividades administrativas o de gestión en lugares que no son ubicaciones fijas del negocio, como en un automóvil o una habitación de hotel.
> El contribuyente ocasionalmente realiza actividades administrativas o de gestión en un lugar externo que no está en su hogar.
> El contribuyente lleva a cabo actividades comerciales sustanciales no administrativas o no administrativas en una ubicación fija fuera del hogar.
> El contribuyente tiene un espacio adecuado para realizar actividades administrativas o de gestión fuera de su hogar, pero elige trabajar en casa para estas actividades.

Ejemplo: Francisco es un fontanero autónomo. La mayor parte del tiempo de Francisco se dedica a instalar y reparar tuberías en los hogares y oficinas de los clientes. Tiene una pequeña oficina en su casa que utiliza exclusiva y regularmente para las actividades administrativas o de gestión de su negocio, como llamar a los clientes, pedir suministros y llevar sus libros. Francisco escribe estimaciones y registros del trabajo realizado en las instalaciones de sus clientes, pero no realiza ninguna actividad administrativa o de gestión sustancial en ningún lugar fijo que no sea su oficina central. Francisco no hace su propia facturación. Utiliza un servicio de contabilidad local para facturar a sus clientes.

Debido a que es el único lugar fijo donde realiza sus actividades administrativas y gerenciales, la oficina central de Francisco califica como su principal lugar de negocios para deducir los gastos por su uso. El hecho de que un tenedor de libros haga su facturación no es importante, ya que no cambia ni afecta el lugar donde Francisco realiza las actividades administrativas y gerenciales de su negocio.

Los contribuyentes pueden usar una opción simplificada para calcular la deducción del negocio de la oficina en casa. El Procedimiento de Ingresos 2013-13 proporciona un método opcional de puerto seguro que los contribuyentes pueden usar como alternativa al cálculo, asignación y justificación de los gastos reales con el fin de satisfacer la sección 280A del Código de Rentas Internas. Estas reglas no cambian los criterios de la oficina central para reclamar el uso comercial, sino que simplifican la regla para el mantenimiento de registros y el cálculo.

The major highlights of the simplified option are as follows:

➢ Standard deduction of $5-per-square-foot of home used for business with a maximum 300-square-feet.
➢ Allowable home-related itemized deductions claimed in full on Schedule A.
➢ No home depreciation deduction or later recapture of depreciation for the years the simplified option is used.

When selecting a method, the taxpayer must choose to use either the simplified method or the regular method for any taxable year. They can make that choice by using their selected method on their tax return. However, once the method has been chosen for the year, it cannot be changed. If the methods are used in different tax years, the correct depreciation table must be used. Year-by-year determination is acceptable.

The deduction under the safe harbor method cannot create a net loss; it is limited to the business' gross income reduced by deductions unrelated to the home office deduction. Any excess is disallowed and cannot be carried over or back, unlike the carryover of unallowed expenses that is available to offset income from that activity in the succeeding year when using the actual expense method.

Regardless of the method that is used to claim the home office, the space must be regularly and exclusively used as the taxpayer's principal place of business. If the taxpayer used the simplified method for tax year 2021, and chooses not to use it for 2022, they may have an unallowed expense from a prior year carryover to the current year. This is beyond the scope of this course; see Instructions Form 8829 lines 25 and 31 for more information.

Regular and Exclusive Use

The portion of the home that is used must be used exclusively for conducting business.

Example: Nadine teaches piano lessons in her home. She has a piano in her spare bedroom and a grand piano in her living room. She uses the piano in her spare bedroom to teach her students and the grand piano for the students' recitals. Nadine does not use the spare bedroom for anything else except teaching students and storing music books related to her students. Her spare bedroom is used exclusively and regularly for business, but her grand piano is not; it is only used for recitals for her students. Therefore, she would only be able to claim the spare bedroom as a deduction and not the living room.

Like everything with tax law there are exceptions to the rule. The taxpayer does not have to meet the exclusive use test if either of the following applies:

➢ If the taxpayer uses part of their home for storage of inventory or sample product(s), they may be able to deduct business use of the home if the following conditions are met:
  o The taxpayer sells products at wholesale or retail as their trade or business.
  o The taxpayer keeps inventory in their home for the trade or business.
  o The taxpayer's home is the only fixed location for their trade or business.

Los aspectos más destacados de la opción simplificada son los siguientes:

➢ Deducción estándar de $5 por pie cuadrado de casa utilizada para negocios con un máximo de 300 pies cuadrados.
➢ Deducciones detalladas permitidas relacionadas con el hogar reclamadas en su totalidad en el Anexo A.
➢ No hay deducción por depreciación de la vivienda o recuperación posterior de la depreciación para los años en que se utiliza la opción simplificada.

Al seleccionar un método, el contribuyente debe optar por utilizar el método simplificado o el método regular para cualquier año fiscal. Pueden hacer esa elección utilizando el método seleccionado en su declaración de impuestos. Sin embargo, una vez que se ha elegido el método para el año, no se puede cambiar. Si los métodos se utilizan en diferentes ejercicios fiscales, se debe utilizar la tabla de amortización correcta. La determinación año por año es aceptable.

La deducción por el método de puerto seguro no puede crear una pérdida neta; Se limita a los ingresos brutos de la empresa reducidos por deducciones no relacionadas con la deducción de la oficina central. Cualquier exceso no está permitido y no se puede transferir o devolver, a diferencia del arrastre de gastos no permitidos que está disponible para compensar los ingresos de esa actividad en el año siguiente cuando se utiliza el método de gastos reales.

Independientemente del método que se utilice para reclamar la oficina central, el espacio debe usarse regular y exclusivamente como el lugar principal de negocios del contribuyente. Si el contribuyente utilizó el método simplificado para el año tributario 2021 y elige no usarlo para 2022, es posible que tenga un gasto no permitido de un arrastre del año anterior al año en curso. Esto está más allá del alcance de este curso; consulte las líneas 25 y 31 del Formulario de instrucciones 8829 para obtener más información.

Uso regular y exclusivo

La parte de la casa que se utiliza debe ser utilizada exclusivamente para la realización de negocios.

Ejemplo: Nadine enseña clases de piano en su casa. Ella tiene un piano en su habitación libre y un piano de cola en su sala de estar. Ella usa el piano en su habitación libre para enseñar a sus estudiantes y el piano de cola para los recitales de los estudiantes. Nadine no usa la habitación libre para nada más que enseñar a los estudiantes y almacenar libros de música relacionados con sus estudiantes. Su habitación libre se usa exclusiva y regularmente para negocios, pero su piano de cola no lo es; Solo se usa para recitales para sus estudiantes. Por lo tanto, solo podría reclamar el dormitorio libre como deducción y no la sala de estar.

Como todo con la ley tributaria hay excepciones a la regla. El contribuyente no tiene que cumplir con la prueba de uso exclusivo si se aplica alguna de las siguientes condiciones:

➢ Si el contribuyente usa parte de su hogar para almacenar inventario o producto(s) de muestra, es posible que pueda deducir el uso comercial de la vivienda si se cumplen las siguientes condiciones:
  o El contribuyente vende productos al por mayor o al por menor como su comercio o negocio.
  o El contribuyente mantiene inventario en su hogar para el comercio o negocio.
  o El hogar del contribuyente es la única ubicación fija para su comercio o negocio.

- ○ The storage space is used on a regular basis.
- ○ The space used can be identifiable as a separate suitable space for storage.
➢ The taxpayer uses part of the home as a day-care facility.

2.7.4 Recordkeeping Requirements

Chapter 6 Benefits of Recordkeeping

A tax professional should emphasize how important it is for their clients to keep good records and to keep their business accounts separate from personal accounts. If a taxpayer has a loss on Schedule C, remind the taxpayer of the hobby rules. The IRS may rule the business is a hobby if the taxpayer cannot prove their intent is to become profitable. A taxpayer does not want to lose expense deductions due to poor recordkeeping because of the high amount of taxes they may have to pay on the profit. The tax professional should spend time with their clients who start a business or are thinking of starting a business to educate them on how to track income and expenses. The taxpayer could save significant amounts of money on taxes by making sure they keep good records.

Everyone in business must keep appropriate and accurate records. Recordkeeping will help the taxpayer do the following things:

➢ Monitor the progress of the business.
➢ Prepare the financial statements.
➢ Identify source(s) of the receipts.
➢ Keep track of deductible business expenses.
➢ Prepare the tax return.
➢ Support items reported on the tax return.

Records will show the taxpayer if the business is improving, which items are selling the best, or which changes might be necessary to increase the success of the business. Records are needed to prepare accurate financial statements, which include profit and loss, balance sheets, and any other financial statements. This course does not cover profit and loss statements, balance sheets, or any other financial statements.

Taxpayers should identify receipts as they obtain them. It is easier to get into the habit of tracking receipts when received rather than having to deal with them or find them when the tax return is being prepared. A tax professional should teach clients how to identify and track receipts. In the long run, this will make your job easier!

- El espacio de almacenamiento se utiliza regularmente.
- El espacio utilizado puede ser identificable como un espacio adecuado separado para el almacenamiento.
➢ El contribuyente utiliza parte de la casa como guardería.

2.7.4 Requisitos de mantenimiento de registros

Beneficios del mantenimiento de registros

Un profesional de impuestos debe enfatizar lo importante que es para sus clientes mantener buenos registros y mantener sus cuentas comerciales separadas de las cuentas personales. Si un contribuyente tiene una pérdida en el Anexo C, recuérdele al contribuyente las reglas de pasatiempos. El IRS puede dictaminar que el negocio es un pasatiempo si el contribuyente no puede probar que su intención es ser rentable. Un contribuyente no quiere perder las deducciones de gastos debido a un mantenimiento deficiente de registros debido a la gran cantidad de impuestos que puede tener que pagar sobre las ganancias. El profesional de impuestos debe pasar tiempo con sus clientes que inician un negocio o están pensando en iniciar un negocio para educarlos sobre cómo realizar un seguimiento de los ingresos y gastos. El contribuyente podría ahorrar cantidades significativas de dinero en impuestos asegurándose de mantener buenos registros.

Todos en los negocios deben mantener registros apropiados y precisos. El mantenimiento de registros ayudará al contribuyente a hacer lo siguiente:

➢ Monitorear el progreso del negocio.
➢ Preparar los estados financieros.
➢ Identifique la(s) fuente(s) de los recibos.
➢ Lleve un registro de los gastos comerciales deducibles.
➢ Preparar la declaración de impuestos.
➢ Elementos de apoyo reportados en la declaración de impuestos.

Los registros mostrarán al contribuyente si el negocio está mejorando, qué artículos se están vendiendo mejor o qué cambios podrían ser necesarios para aumentar el éxito del negocio. Los registros son necesarios para preparar estados financieros precisos, que incluyen ganancias y pérdidas, balances y cualquier otro estado financiero. Este curso no cubre estados de pérdidas y ganancias, balances o cualquier otro estado financiero.

Los contribuyentes deben identificar los recibos a medida que los obtienen. Es más fácil adquirir el hábito de rastrear los recibos cuando se reciben en lugar de tener que lidiar con ellos o encontrarlos cuando se está preparando la declaración de impuestos. Un profesional de impuestos debe enseñar a los clientes cómo identificar y rastrear recibos. ¡A la larga, esto hará que su trabajo sea más fácil!

Kinds of Records to Keep

The taxpayer should choose the recordkeeping system that is best for him or her. The system to be chosen is the one that matches the accounting method of the taxpayer's tax year. The recordkeeping system should include a summary for all the taxpayer's business transactions. For example, recordkeeping should show gross income as well as deductions and credits for the business. Supporting documentation for consistent transactions such as purchases, sales, and payroll should also be maintained. It is important to retain the documentation that supports the entries in the journal, ledgers, and the tax return. Records for travel, transportation, and gift expenses fall under specific recordkeeping rules. For more information see Publication 463.

There are also specific employment tax records the employer must keep. For a complete list, see Publication 51 (Circular A).

Assets used in business can be property such as machinery and equipment used to conduct business. Records of the asset are used to figure depreciation and the gain or loss when the asset is sold. Records should show the following pieces of information:

> When and how the business asset was acquired.
> The purchase price of the business asset.
> The cost of any business improvements.
> Section 179 deduction.
> Business deductions taken for depreciation.
> Business deductions taken for casualty losses, such as losses resulting from fires, storms, or natural disasters.
> How the business asset was used.
> When and how the business asset was disposed.
> The selling price of the asset or the business.
> The expense of the business asset.

The following are examples of records that might show the information from the above list:

> Purchase and sales business invoices.
> Business purchase of real estate closing statements (HUD-1).
> Canceled business checks.
> A business' bank statements.

Tax records should be kept as needed for the administration of any provision of the Internal Revenue Code. Business records should be kept that support an item of income or deduction appearing on the return until the period of limitations is finished. Generally, that time frame is a 3-year period, although certain records must be kept longer than 3 years.

Employment records must be kept for at least 4 years after the date the tax becomes due or is paid. Records that pertain to assets such as property should be kept as long as the taxpayer owns the business asset. Other creditors, such as an insurance company, may want the business records kept longer than the Internal Revenue Service.

Tipos de registros para mantener

El contribuyente debe elegir el sistema de mantenimiento de registros que sea mejor para él o ella. El sistema por elegir es el que se ajusta al método contable del ejercicio fiscal del contribuyente. El sistema de mantenimiento de registros debe incluir un resumen de todas las transacciones comerciales del contribuyente. Por ejemplo, el mantenimiento de registros debe mostrar el ingreso bruto, así como las deducciones y créditos para el negocio. También se debe mantener la documentación de respaldo para transacciones consistentes como compras, ventas y nómina. Es importante conservar la documentación que respalda las entradas en el diario, los libros mayores y la declaración de impuestos. Los registros de gastos de viaje, transporte y regalos caen bajo reglas específicas de mantenimiento de registros. Para obtener más información, consulte la Publicación 463.

También hay registros específicos de impuestos de empleo que el empleador debe mantener. Para obtener una lista completa, consulte la Publicación 51 (Circular A).

Los activos utilizados en los negocios pueden ser propiedades tales como maquinaria y equipo utilizado para realizar negocios. Los registros del activo se utilizan para calcular la depreciación y la ganancia o pérdida cuando se vende el activo. Los registros deben mostrar la siguiente información:

➢ Cuándo y cómo se adquirió el activo comercial.
➢ El precio de compra del activo comercial.
➢ El costo de cualquier mejora comercial.
➢ Deducción del artículo 179.
➢ Deducciones comerciales tomadas por depreciación.
➢ Deducciones comerciales tomadas por pérdidas por accidentes, como pérdidas resultantes de incendios, tormentas o desastres naturales.
➢ Cómo se utilizó el activo empresarial.
➢ Cuándo y cómo se eliminó el activo comercial.
➢ El precio de venta del activo o del negocio.
➢ El gasto del activo comercial.

Los siguientes son ejemplos de registros que pueden mostrar la información de la lista anterior:

➢ Facturas comerciales de compra y venta.
➢ Compra de negocios de declaraciones de cierre de bienes raíces (HUD-1).
➢ Cheques comerciales cancelados.
➢ Los extractos bancarios de una empresa.

Los registros de impuestos deben mantenerse según sea necesario para la administración de cualquier disposición del Código de Rentas Internas. Se deben mantener registros comerciales que respalden un elemento de ingreso o deducción que aparezca en la declaración hasta que finalice el período de limitaciones. Generalmente, ese marco de tiempo es un período de 3 años, aunque ciertos registros deben mantenerse por más de 3 años.

Los registros de empleo deben conservarse durante al menos 4 años después de la fecha en que el impuesto se devenga o se pague. Los registros que pertenecen a activos tales como la propiedad deben mantenerse mientras el contribuyente sea dueño del activo comercial. Otros acreedores, como una compañía de seguros, pueden querer que los registros comerciales se mantengan por más tiempo que el Servicio de Impuestos Internos.

2.7.5 Entertainment Expenses (50% of business meals deductible)

Entertainment expenses must be ordinary and necessary. This includes activities generally considered to provide entertainment, recreation, or amusement to clients, customers, or employees. Expenses for entertainment that are lavish or extravagant are not deductible. An expense is not considered lavish or extravagant if the expense is reasonably based on facts and circumstances related to the business.

Entertainment expense deductions are limited to 50% of the actual expense and are further reduced by the 2% floor. "Entertainment" includes any activity that generally is considered to provide diversion, amusement, or recreation. It does not include club dues and membership fees for such things as country clubs, airline clubs, and hotel clubs. The taxpayer may deduct entertainment expenses only if they are ordinary and necessary. Deducting entertainment expenses must meet either the "directly related" test or the "associated" test.

To qualify for deduction under the "directly related" test, entertainment must meet the following conditions:

- ➢ The expense must be directly related to the active conduct of business either before, during, or after the entertainment or associated with the active conduct of business.
- ➢ The expense was to engage in business with the client during the entertainment period.
- ➢ The entertainment was more than a general expectation of getting income or some other specific business benefit in the future.

To meet the "associated" test, the entertainment must be associated with the active conduct of the taxpayer's trade or business and occur directly before or after a substantial business discussion. Daily lunch or entertainment expenses with subordinates or coworkers are not deductible, even if business is discussed.

Due to the suspension of miscellaneous itemized deductions under section 67(a), employees who do not fit into the approved categories may not use Form 2106. The entertainment expense is included with this deduction. Even if the entertainment meals is ordinary and necessary, the expense is not a deduction. For example, Jim took his employees on a fishing trip; the excursion is not a business deduction. Business meals may still be allowed at a 50% deduction.

2.7.6 Section 179 Expense Limits

Under Section 179 the total amount to claim cannot exceed $1,160,000. The limitation is reduced, but not below zero, if §179 exceeds $2,800,000. For a sport utility vehicle to qualify for Section 179 expense the cost cannot be more than $25,900.

2.7.7 Depreciation

Depreciation is an annual deduction that allows taxpayers to recover the cost or other basis of their business or investment property over a certain number of years. Depreciation is an allowance for the wear and tear, decline, or uselessness of a property and begins when a taxpayer places property in service for use in a trade or business. The property ceases to be depreciable when the taxpayer has fully recovered the property's cost or other basis or when the property has been retired from service, whichever comes first. Depreciation is reported on Form 4562.

2.7.5 Gastos de entretenimiento (deducible el 50% de las comidas de negocios)

Los gastos de entretenimiento deben ser ordinarios y necesarios. Esto incluye actividades generalmente consideradas para proporcionar entretenimiento, recreación o diversión a clientes, clientes o empleados. Los gastos de entretenimiento que son lujosos o extravagantes no son deducibles. Un gasto no se considera lujoso o extravagante si el gasto se basa razonablemente en hechos y circunstancias relacionados con el negocio.

Las deducciones de gastos de entretenimiento se limitan al 50% del gasto real y se reducen aún más en el piso del 2%. "Entretenimiento" incluye cualquier actividad que generalmente se considera que proporciona diversión, diversión o recreación. No incluye las cuotas del club y las cuotas de membresía para cosas tales como clubes de campo, clubes de aerolíneas y clubes de hoteles. El contribuyente sólo podrá deducir los gastos de representación si son ordinarios y necesarios. La deducción de los gastos de entretenimiento debe cumplir con la prueba "directamente relacionada" o la prueba "asociada".

Para calificar para la deducción bajo la prueba "directamente relacionada", el entretenimiento debe cumplir con las siguientes condiciones:

➢ El gasto debe estar directamente relacionado con la conducta activa de los negocios, ya sea antes, durante o después del entretenimiento o asociado con la conducta activa del negocio.
➢ El gasto era participar en negocios con el cliente durante el período de entretenimiento.
➢ El entretenimiento era más que una expectativa general de obtener ingresos o algún otro beneficio comercial específico en el futuro.

Para cumplir con la prueba "asociada", el entretenimiento debe estar asociado con la conducta activa del comercio o negocio del contribuyente y ocurrir directamente antes o después de una discusión comercial sustancial. Los gastos diarios de almuerzo o entretenimiento con subordinados o compañeros de trabajo no son deducibles, incluso si se discute el negocio.

Debido a la suspensión de deducciones detalladas misceláneas bajo la sección 67(a), los empleados que no encajan en las categorías aprobadas no pueden usar el Formulario 2106. El gasto de entretenimiento está incluido con esta deducción. Incluso si el entretenimiento es ordinario y necesario, el gasto no es una deducción. Por ejemplo, Jim llevó a sus empleados a un viaje de pesca; La excursión no es una deducción comercial. Las comidas de negocios aún se pueden permitir con una deducción del 50%.

2.7.6 Sección 179 Límites de gastos

Con arreglo al artículo 179, la cantidad total a reclamar no puede exceder de 1.160.000 dólares. La limitación se reduce, pero no por debajo de cero, si §179 excede los $2,800,000. Para que un vehículo utilitario deportivo califique para el gasto de la Sección 179, el costo no puede ser superior a $25,900.

2.7.7 Depreciación

La depreciación es una deducción anual que permite a los contribuyentes recuperar el costo u otra base de su negocio o propiedad de inversión durante un cierto número de años. La depreciación es una asignación por el desgaste, la disminución o la inutilidad de una propiedad y comienza cuando un contribuyente pone la propiedad en servicio para su uso en un comercio o negocio. La propiedad deja de ser depreciable cuando el contribuyente ha recuperado completamente el costo de la propiedad u otra base o cuando la propiedad ha sido retirada del servicio, lo que ocurra primero. La depreciación se reporta en el Formulario 4562.

2.7.7.1 Bonus Depreciation

Bonus depreciation was designed to stimulate investment in business property that is not land or buildings. IRC section 168(k) is the code that provides the explanation of the accelerated depreciation. The IRS sometimes refers to bonus depreciation as a "special depreciation allowance". For tax year 2022, the allowable depreciation is 100% of qualified business property. The immediate deduction is eligible for property that has been placed in service between September 27, 2017, and January 1, 2023. After January 1, 2023, the phaseout amounts are:

2023: 80%
2024: 60%
2025: 40%
2026: 20%

Property that qualifies for bonus depreciation must have a useful life of 20 years or less. The property must also be new for the taxpayer. If the taxpayer leased the equipment, prior to purchase, the property is disqualified for bonus depreciation.

Part II reports Special Depreciation Allowance and other Depreciation, such as bonus depreciation.

2.7.7.2 Luxury Auto Depreciation Limits

Maximum deprecation for passenger vehicles acquired after September 27, 2017, and placed in service in 2023 and taxpayer did not opt in for special depreciation. The depreciation is:

First year	$12,200 without bonus depreciation
First year	$20,200 with bonus depreciation
Second year	$19,500
Third year	$11,700
Fourth year and later	$6,960

The above list also applies to SUVs, truck, and van depreciation.

2.7.7.3 Listed Property Updates

The TCJA removed computer or peripheral equipment from the definition of listed property. This change applies to property placed in service after Dec. 31, 2017.

Listed property refers to certain types of property that may be used for personal and business purposes. For listed property, you're allowed to claim first-year expensing and accelerated MACRS only if business use *exceeds* 50%. Tax law specifies the following as listed property:

> ➢ Passenger cars weighing 6,000 pounds are less.
> ➢ Any other property used for transportation if the nature of the property tends to be used as personal property as well. Such as motorcycles, trucks and SUV's, etc.

2.7.7.1 Depreciación de bonificación

La depreciación de bonificación fue diseñada para estimular la inversión en propiedades comerciales que no son terrenos o edificios. La sección 168(k) del IRC es el código que proporciona la explicación de la depreciación acelerada. El IRS a veces se refiere a la depreciación de bonificación como una "asignación especial de depreciación". Para el año fiscal 2022, la depreciación permitida es del 100% de la propiedad comercial calificada. La deducción inmediata es elegible para la propiedad que se ha puesto en servicio entre el 27 de septiembre de 2017 y el 1 de enero de 2023. Después del 1 de enero de 2023, los importes de eliminación gradual son:

2023: 80%
2024: 60%
2025: 40%
2026: 20%

La propiedad que califica para la depreciación de bonificación debe tener una vida útil de 20 años o menos. La propiedad también debe ser nueva para el contribuyente. Si el contribuyente arrendó el equipo, antes de la compra, la propiedad está descalificada para la depreciación de bonificación.

En la Parte II se reporta de la Provisión Especial por Depreciación y otras Depreciaciones, como la depreciación de bonificaciones.

2.7.7.2 Límites de depreciación de automóviles de lujo

Desuso máximo para vehículos de pasajeros adquiridos después del 27 de septiembre de 2017 y puestos en servicio en 2023 y el contribuyente no optó por una depreciación especial. La depreciación es:

Primer año	$12,200 sin depreciación de bonificación
Primer año	$20,200 con depreciación de bonificación
Segundo año	$19,500
Tercer año	$11,700
Cuarto año y posteriores	$6,960

La lista anterior también se aplica a la depreciación de SUV, camiones y camionetas.

2.7.7.3 Actualizaciones de propiedades listadas

La TCJA eliminó el equipo informático o periférico de la definición de propiedad listada. Este cambio se aplica a la propiedad puesta en servicio después del 31 de diciembre de 2017.

La propiedad listada se refiere a ciertos tipos de propiedad que pueden usarse para fines personales y comerciales. Para la propiedad listada, se le permite reclamar el gasto del primer año y MACRS acelerado solo si el uso comercial *supera el* 50%. La ley tributaria especifica lo siguiente como propiedad listada:

- ➤ Los autos de pasajeros que pesan 6,000 libras son menos.
- ➤ Cualquier otra propiedad utilizada para el transporte si la naturaleza de la propiedad tiende a ser utilizada como propiedad personal también. Tales como motocicletas, camiones y SUV, etc.

➤ Any property used for entertainment or recreational purposes such as communication and video recording equipment.

Tax law specifies the following is not listed property:

➤ Any photographic, sound, or video recording equipment that could be used for entertainment or recreational purposes.
➤ Computers and peripheral equipment.
➤ An ambulance, hearse, or vehicle used for transporting persons or for hire.
➤ Any truck or van placed in service after July 3, 2003, that is qualified nonpersonal use.

For 2023 bonus depreciation allowance is 100% for all qualified purchases made between September 27, 2017, and January 1, 2023.

2.8 Schedule D and Form 8949, Overview of Capital Gains and Losses

Almost everything a taxpayer owns and uses for personal or investment purposes is a capital asset. When a capital asset is sold, the difference between the basis in the asset and the amount the item is sold for is either a capital gain or a capital loss. A capital gain is the profit that results from selling an investment (stocks, bonds, or real estate) for a higher price than it was purchased. Capital gains may refer to investment income that arises in relation to real assets (such as property), financial assets (such as shares of stocks or bonds), and intangible assets (such as goodwill). A capital loss arises if the proceeds from the sale of a capital asset are less than the purchase price. The taxpayer can deduct up to a $3,000 loss ($1,500 if filing MFS). The capital loss that exceeds the limit amount may be taken in future years.

Holding Period

The holding period (the length of time an individual "held" or owned a property) determines whether the capital gain or loss is short-term or long-term. To determine the holding period, start counting on the day after the date the taxpayer acquired the property. Holding periods end on the day the taxpayer sold the property. Short-term property is property held for one year (365 days) or less. Long-term property is property held for more than one year. For example, if the taxpayer purchased property on September 20, 2021, and sold it on September 20, 2022, the taxpayer would have a short-term capital gain or loss. However, if the taxpayer waited one more day and sold the property on September 21, 2022, the transaction would be a long-term capital gain or loss. It is important to correctly determine the holding period because the maximum tax rate is based on the holding period. To calculate the total net gain or loss, combine the net short-term gains or losses with the net long-term gains or losses.

Capital Gain Distributions

Capital gains distributions are paid to the taxpayer by brokerage firms, mutual funds, and investment trusts. The capital gains distributions from mutual funds are long-term capital gains regardless of how long the taxpayer owned the stock. Distributions of net-realized short-term capital gains are reported on Form 1099-DIV as ordinary dividends.

> ➢ Cualquier propiedad utilizada para fines de entretenimiento o recreativos, como equipos de comunicación y grabación de video.

La ley tributaria especifica lo siguiente no está listado propiedad:

> ➢ Cualquier equipo de grabación fotográfica, sonora o de video que pueda usarse con fines de entretenimiento o recreativos.
> ➢ Computadoras y equipos periféricos.
> ➢ Una ambulancia, coche fúnebre o vehículo utilizado para el transporte de personas o para alquiler.
> ➢ Cualquier camión o camioneta puesta en servicio después del 3 de julio de 2003, que sea uso no personal calificado.

Para 2023, la asignación de depreciación de bonificación es del 100% para todas las compras calificadas realizadas entre el 27 de septiembre de 2017 y el 1 de enero de 2023.

2.8 Anexo D y Formulario 8949, Resumen de ganancias y pérdidas de capital

Casi todo lo que un contribuyente posee y utiliza para fines personales o de inversión es un activo de capital. Cuando se vende un activo de capital, la diferencia entre la base en el activo y la cantidad por la que se vende el artículo es una ganancia de capital o una pérdida de capital. Una ganancia de capital es la ganancia que resulta de vender una inversión (acciones, bonos o bienes raíces) por un precio más alto del que se compró. Las ganancias de capital pueden referirse a los ingresos de inversión que surgen en relación con activos reales (como propiedades), activos financieros (como acciones de acciones o bonos) y activos intangibles (como el fondo de comercio). Una pérdida de capital surge si los ingresos de la venta de un activo de capital son menores que el precio de compra. El contribuyente puede deducir hasta una pérdida de $3,000 ($1,500 si presenta MFS). La pérdida de capital que exceda el monto límite puede tomarse en años futuros.

Período de retención

El período de tenencia (el período de tiempo que un individuo "poseía" o poseía una propiedad) determina si la ganancia o pérdida de capital es a corto o largo plazo. Para determinar el período de tenencia, comience a contar el día después de la fecha en que el contribuyente adquirió la propiedad. Los períodos de tenencia terminan el día en que el contribuyente vendió la propiedad. La propiedad a corto plazo es la propiedad mantenida por un año (365 días) o menos. La propiedad a largo plazo es la propiedad mantenida por más de un año. Por ejemplo, si el contribuyente compró una propiedad el 20 de septiembre de 2021 y la vendió el 20 de septiembre de 2022, el contribuyente tendría una ganancia o pérdida de capital a corto plazo. Sin embargo, si el contribuyente esperó un día más y vendió la propiedad el 21 de septiembre de 2022, la transacción sería una ganancia o pérdida de capital a largo plazo. Es importante determinar correctamente el período de tenencia porque la tasa impositiva máxima se basa en el período de tenencia. Para calcular la ganancia o pérdida neta total, combine las ganancias o pérdidas netas a corto plazo con las ganancias o pérdidas netas a largo plazo.

Distribuciones de ganancias de capital

Las distribuciones de ganancias de capital son pagadas al contribuyente por firmas de corretaje, fondos mutuos y fideicomisos de inversión. Las distribuciones de ganancias de capital de los fondos mutuos son ganancias de capital a largo plazo, independientemente de cuánto tiempo el contribuyente haya sido propietario de las acciones. Las distribuciones de ganancias de capital netas realizadas a corto plazo se reportan en el Formulario 1099-DIV como dividendos ordinarios.

Adjusted Basis

To arrive at the adjusted basis, the taxpayer must make allowable adjustments to the basis of the property. The taxpayer would figure the gain or loss on a sale, exchange, or other disposition of property, or would figure the allowable depreciation, depletion, or amortization. The result is the property's adjusted basis.

Increases to Basis

To increase the property basis, the improvements must have a useful life of more than 1 year. Examples of capital improvements that would increase the property basis are an addition to the primary home, replacing the entire roof, and paving the driveway. Each one of these items may have a different class life for depreciation. Each would have to be depreciated by the rules for their property. Each depreciation class should have a separate set of recordkeeping.

Decreases to Basis

There are certain items that will cause the property to decrease its basis. Those items include certain vehicle credits, IRC section 179 deductions, residential energy credits, casualty and theft losses, and insurance reimbursement. See Publication 551.

Determining Capital Gains and Losses

Capital gains or losses are either short-term or long-term. If the property was disposed of and it was inherited, the basis is generally the fair market value of the property at the date of the owner's death. Nonbusiness bad debt is treated as a short-term capital loss.

Chapter 7 Sale of Stocks and Mutual Funds

The taxpayer should receive Form 1099-B, which reports the total proceeds from the sale of stock or mutual funds. The proceeds are reported on Form 8949.

To determine the capital gain on stocks or mutual funds, the taxpayer must know the cost basis. The cost basis is the purchase price plus any costs related to its purchase and/or to any paid commissions. The cost basis is subtracted from the selling price to determine the capital gains. This information, along with the purchase date and sales date, is included on Form 8949. The trade date—not the settlement date—is used to determine whether the transaction is long-term or short-term.

The cost basis of a mutual fund is the cash investment amount plus any reinvested dividends and capital gains minus any returns of capital that were received. If it is less than the entire value of the funds sold, then one must figure the cost basis of the shares sold. To use the average cost per share, the taxpayer must have acquired the shares at various times and various prices and must have left the shares on deposit in an account that is handled by a custodian or agent who acquires or redeems those shares.

Form 8949 is used to report the sales and exchanges of capital assets. It also allows the taxpayer and the IRS to reconcile what has been reported to the IRS on Forms 1099-B or 1099-S.

Base ajustada

Para llegar a la base ajustada, el contribuyente debe hacer ajustes permitidos a la base de la propiedad. El contribuyente calcularía la ganancia o pérdida en una venta, intercambio u otra disposición de propiedad, o calcularía la depreciación, el agotamiento o la amortización permitidos. El resultado es la base ajustada de la propiedad.

Aumentos a la base

Para aumentar la base de la propiedad, las mejoras deben tener una vida útil de más de 1 año. Ejemplos de mejoras de capital que aumentarían la base de la propiedad son una adición a la casa principal, reemplazar todo el techo y pavimentar el camino de entrada. Cada uno de estos artículos puede tener una vida de clase diferente para la depreciación. Cada uno tendría que ser depreciado por las reglas para su propiedad. Cada clase de depreciación debe tener un conjunto separado de mantenimiento de registros.

Disminuciones a base

Hay ciertos elementos que harán que la propiedad disminuya su base. Esos artículos incluyen ciertos créditos de vehículos, deducciones de la sección 179 del IRC, créditos de energía residencial, pérdidas por accidentes y robos y reembolso de seguros. Véase la Publicación 551.

Determinación de ganancias y pérdidas de capital

Las ganancias o pérdidas de capital son a corto o largo plazo. Si la propiedad fue enajenada y heredada, la base es generalmente el valor justo de mercado de la propiedad en la fecha de la muerte del propietario. La deuda incobrable no comercial se trata como una pérdida de capital a corto plazo.

Venta de acciones y fondos mutuos

El contribuyente debe recibir el Formulario 1099-B, que reporta los ingresos totales de la venta de acciones o fondos mutuos. Los ingresos se reportan en el Formulario 8949.

Para determinar la ganancia de capital en acciones o fondos mutuos, el contribuyente debe conocer la base de costos. La base de costo es el precio de compra más cualquier costo relacionado con su compra y / o con cualquier comisión pagada. La base de costo se resta del precio de venta para determinar las ganancias de capital. Esta información, junto con la fecha de compra y la fecha de venta, se incluye en el Formulario 8949. La fecha de negociación, no la fecha de liquidación se utiliza para determinar si la transacción es a largo o corto plazo.

La base de costo de un fondo mutuo es el monto de la inversión en efectivo más los dividendos reinvertidos y las ganancias de capital menos los rendimientos de capital que se recibieron. Si es menor que el valor total de los fondos vendidos, entonces uno debe calcular la base de costo de las acciones vendidas. Para utilizar el costo promedio por acción, el contribuyente debe haber adquirido las acciones en varios momentos y varios precios y debe haber dejado las acciones en depósito en una cuenta que es manejada por un custodio o agente que adquiere o reembolsa esas acciones.

El Formulario 8949 se utiliza para reportar las ventas e intercambios de activos de capital. También permite que el contribuyente y el IRS concilien lo que se ha reportado al IRS en los Formularios 1099-B o 1099-S.

Individual taxpayers report the following information on Form 8949:

 ➢ The sale or exchange of a capital asset.
 ➢ Gains from involuntary conversions.
 ➢ Nonbusiness bad debts.
 ➢ If the security becomes worthless.

When using Form 8949, the taxpayer separates the short-term and long-term capital gains and losses. Generally, if the disposed property was inherited, it is treated as a long-term asset. Remember, when figuring the holding period, the calculation starts one day after the property has been received. Short-term losses and gains are reported in Form 8949, Part I. Long-term losses and gains are reported in Form 8949, Part II.

Example: Rachel purchased 300 shares of Imperial Soap for $1,000. She sold the stock this year for $1,200. Rachel realized a gain of $200, not the $1,200 in proceeds she received from the sale. Only the $200 is included in gross income since the $1,000 is Rachel's return of capital.

Columns F and G are only completed if you received a corrected Form 1099-B, a 1099-S, or some substitute statement, which would include codes designating what was incorrect on the original form that needed to be changed.

2.9 Standard Deduction

There are two types of deductions available to taxpayers: standard or itemized deductions. The total amount is subtracted from the taxpayer's adjusted gross income to reduce the taxpayer's tax liability. Taxpayers must choose the one that is best for them. As a tax professional they should use the one that reduces the taxpayer's taxable liability the most.

Itemized deductions are a variety of personal expenses designated clearly as itemized deductions to help taxpayers lower their tax liability. The standard deduction is a pre-determined dollar amount based on the taxpayer's filing status. Standard deductions do not require taxpayers to save receipts for actual personal expenses such as medical bills, charitable contributions, and certain deductible taxes.

The standard deduction is not always an option for every taxpayer. In cases like these (for example, if the taxpayer's standard deduction amount is zero), it is best to check if itemizing deductions would benefit the taxpayer. Taxpayers are required to itemize deductions in the following:

 ➢ A taxpayer is married, filing a separate return, and their spouse itemizes deductions.
 ➢ The taxpayer is filing a tax return for a short tax year because of a change in his or her annual accounting period.
 ➢ The taxpayer is a nonresident or dual-status alien during the year. The taxpayer is a dual-status alien if both a nonresident and a resident alien during the year. Suppose the nonresident alien is married to a U.S. citizen or resident alien at the end of the year. In that case, the nonresident alien or the resident alien can choose to be treated as a U.S. resident.

Los contribuyentes individuales reportan la siguiente información en el Formulario 8949:

> ➤ La venta o intercambio de un activo de capital.
> ➤ Ganancias de las conversiones involuntarias.
> ➤ Deudas incobrables no comerciales.
> ➤ Si la seguridad se vuelve inútil.

Al usar el Formulario 8949, el contribuyente separa las ganancias y pérdidas de capital a corto y largo plazo. Generalmente, si la propiedad enajenada fue heredada, se trata como un activo a largo plazo. Recuerde, al calcular el período de retención, el cálculo comienza un día después de que se haya recibido la propiedad. Las pérdidas y ganancias a corto plazo se reportan en el Formulario 8949, Parte I. Las pérdidas y ganancias a largo plazo se reportan en el Formulario 8949, Parte II.

Ejemplo: Rachel compró 300 acciones de Imperial Soap por $1,000. Ella vendió las acciones este año por $1,200. Rachel obtuvo una ganancia de $200, no los $1,200 en ganancias que recibió de la venta. Solo los $200 se incluyen en el ingreso bruto, ya que los $1,000 son el retorno de capital de Rachel.

Las columnas F y G solo se completan si recibió un Formulario 1099-B corregido, un 1099-S o alguna declaración sustitutiva, que incluiría códigos que designan lo que era incorrecto en el formulario original que necesitaba ser cambiado.

2.9 Deducción estándar

Hay dos tipos de deducciones disponibles para los contribuyentes: deducciones estándar o detalladas. El monto total se resta del ingreso bruto ajustado del contribuyente para reducir la obligación tributaria del contribuyente. Los contribuyentes deben elegir el que sea mejor para ellos. Como profesional de impuestos, deben usar el que más reduzca la responsabilidad imponible del contribuyente.

Las deducciones detalladas son una variedad de gastos personales designados claramente como deducciones detalladas para ayudar a los contribuyentes a reducir su obligación tributaria. La deducción estándar es una cantidad predeterminada en dólares basada en el estado civil del contribuyente. Las deducciones estándar no requieren que los contribuyentes guarden recibos para gastos personales reales, como facturas médicas, contribuciones caritativas y ciertos impuestos deducibles.

La deducción estándar no siempre es una opción para todos los contribuyentes. En casos como estos (por ejemplo, si el monto de la deducción estándar del contribuyente es cero), es mejor verificar si detallar las deducciones beneficiaría al contribuyente. Los contribuyentes deben detallar las deducciones en lo siguiente:

> ➤ Un contribuyente está casado, presenta una declaración por separado y su cónyuge detalla las deducciones.
> ➤ El contribuyente está presentando una declaración de impuestos para un año fiscal corto debido a un cambio en su período contable anual.
> ➤ El contribuyente es un extranjero no residente o de doble estatus durante el año. El contribuyente es un extranjero de doble estatus si tanto un extranjero no residente como un extranjero residente durante el año. Supongamos que el extranjero no residente está casado con un ciudadano estadounidense o extranjero residente al final del año. En ese caso, el extranjero no residente o el extranjero residente puede optar por ser tratado como residente de los Estados Unidos.

Itemized deductions are discussed further in another chapter. See Publication 519.

Standard Deductions

The standard deduction amount varies depending on the taxpayer's filing status. Other factors that determine the amount of the allowable standard deduction are as follows:

- ➢ Is the taxpayer considered age 65 or older?
- ➢ Is the taxpayer blind?
- ➢ Is the taxpayer claimed as a dependent on another individual's tax return?

Standard Deduction for Most People

These deduction amounts apply to most people and are for the current year's filing status.*

Filing Status and Standard Deduction	Tax Year 2021	Tax Year 2022	Tax Year 2023
Single	$12,550	$12,950	$13,850
Married Filing Jointly and Qualifying Surviving Spouse	$25,100	$25,900	$27,700
Married Filing Separately	$12,550	$12,950	$13,850
Head of Household	$18,800	$19,400	$20,800

*Do not use the chart if:

- ➢ The taxpayer was born before January 2, 1958.
- ➢ The taxpayer is blind.
- ➢ Someone else can claim the taxpayer or taxpayer's spouse as a dependent if filing status is MFJ.

Example: Tax year 2022, Lilly is 26 years old, never married, and does not have children or other dependents. Lilly's filing status will be Single. Use the above chart. Her standard deduction will be $12,950.

Standard Deduction for Dependents

The standard deduction amount is limited if the taxpayer is a dependent on another return. The dependent's standard deduction amount will either be a). $1,150; or b). the taxpayer's earned income amount for the year, plus $400 if it does not exceed the regular standard deduction, whichever is greater. If the taxpayer is 65 or older or blind, they may still be eligible for a higher standard deduction even if claimed as a dependent.

Earned income consists of salaries, wages, tips, professional fees, and all other monetary amounts received for any work the taxpayer performed. Include scholarships or fellowship grants in the gross income to calculate the standard deduction correctly. For more information on what qualifies as a scholarship or fellowship grant. See Publication 970.

Las deducciones detalladas se discuten más adelante en otro capítulo. Véase la Publicación 519.

Deducciones estándar

El monto estándar de la deducción varía según el estado civil del contribuyente. Otros factores que determinan el monto de la deducción estándar permitida son los siguientes:

➢ ¿Se considera que el contribuyente tiene 65 años o más?
➢ ¿El contribuyente es ciego?
➢ ¿Se reclama al contribuyente como dependiente en la declaración de impuestos de otra persona?

Deducción estándar para la mayoría de las personas

Estos montos de deducción se aplican a la mayoría de las personas y son para el estado civil del año en curso. *

Estado civil y deducción estándar	Año Tributario 2021	Año Tributario 2022	Año Tributario 2023
Soltero	$12,550	$12,950	$13,850
Casados declarando en conjunto y cónyuge sobreviviente calificado	$25,100	$25,900	$27,700
Casados declarando por separado	$12,550	$12,950	$13,850
Cabeza de familia	$18,800	$19,400	$20,800

*No utilice la tabla si:

➢ El contribuyente nació antes del 2 de enero de 1958.
➢ El contribuyente es ciego.
➢ Otra persona puede reclamar al contribuyente o al cónyuge del contribuyente como dependiente si el estado civil es MFJ.

Ejemplo: Año fiscal 2022, Lilly tiene 26 años, nunca se casó y no tiene hijos u otros dependientes. El estado civil de Lilly será Soltero. Utilice la tabla anterior. Su deducción estándar será de $12,950.

Deducción estándar para dependientes

El monto de la deducción estándar está limitado si el contribuyente depende de otra declaración. El monto de deducción estándar del dependiente será a). 1.150 dólares; o b). El monto del ingreso del trabajo del contribuyente para el año, más $400 si no excede la deducción estándar regular, lo que sea mayor. Si el contribuyente tiene 65 años o más o es ciego, aún puede ser elegible para una deducción estándar más alta, incluso si se reclama como dependiente.

El ingreso del trabajo consiste en sueldos, salarios, propinas, honorarios profesionales y todas las demás cantidades monetarias recibidas por cualquier trabajo que el contribuyente haya realizado. Incluya becas o becas en el ingreso bruto para calcular correctamente la deducción estándar. Para obtener más información sobre lo que califica como una beca o subvención de beca. Véase la Publicación 970.

2.10 Schedule A, Itemized Deductions

Itemized deductions are beneficial if the total amount exceeds the standard deduction. Some taxpayers must itemize deductions because they do not qualify for the standard deduction. Taxpayers not eligible for the standard deduction include nonresident aliens and individuals who file a tax return for less than 12 months. When a married couple files individual returns, if one spouse itemizes deductions, the other spouse must also itemize deductions. Even if standard deductions deliver the best option for them. See Publication 501, *Exemptions, Standard Deduction, and Filing Information.*

Chapter 8 Itemizing While Married Filing Separate

If taxpayers are filing MFS and one spouse itemizes, the other spouse is obligated to itemize. This is true even if the spouse's total deductions may be less than the standard deduction to which the individual would otherwise be entitled. If one spouse later amends the return, the other spouse must also amend their return. To formally agree to the amendments, both taxpayers must file a "consent to assessment" for any additional tax that one might owe as a result of the amendment. In the case of a spouse who qualifies to file as Head of household, this rule will not apply. The spouse who qualifies as Head of household is not required to itemize deductions even if the spouse who is required to file MFS decides to itemize their deductions. However, if the spouse filing Head of household decides to itemize deductions, the spouse filing MFS is required to itemize deductions.

2.10.1 Medical and Dental Expenses

Medical care expenses can be deducted if amounts are paid for the diagnosis, cure, treatment, or prevention of a disease or condition affecting any part or function of the body. Procedures such as facelifts, hair transplants, hair removal, and liposuction are generally not deductible. Cosmetic surgery is only deductible if it is to improve a deformity arising from or directly related to a congenital abnormality, a personal injury from an accident or trauma, or a disfiguring disease. Medications are only deductible if prescribed by a doctor. The taxpayer can deduct any medical and dental expenses that exceed 7.5% of the taxpayer's AGI as shown on Form 1040, page 1, line 10.

Examples of nondeductible medical expenses include over-the-counter medications, bottled water, diaper services, expenses for general health items, health club dues (unless related to a specific medical condition), funeral expenses, illegal operations and treatments, weight-loss programs (unless recommended by a doctor for a specific medical condition), and swimming pool dues. However, prescribed therapeutic swimming costs are deductible.

The medical mileage rate for 2022 is 18 cents per mile from January to June and 22 cents per mile from July to December. For 2023 the rate is the same: 22 cents per mile.

2.10 Anexo A, Deducciones detalladas

Las deducciones detalladas son beneficiosas si el monto total excede la deducción estándar. Algunos contribuyentes deben detallar las deducciones porque no califican para la deducción estándar. Los contribuyentes que no son elegibles para la deducción estándar incluyen extranjeros no residentes y personas que presentan una declaración de impuestos por menos de 12 meses. Cuando una pareja casada presenta declaraciones individuales, si uno de los cónyuges detalla las deducciones, el otro cónyuge también debe detallar las deducciones. Incluso si las deducciones estándar ofrecen la mejor opción para ellos. Consulte la Publicación 501, *Exenciones, deducción estándar e información de presentación*.

Desglosar mientras está casado Presentar una declaración por separado

Si los contribuyentes están presentando MFS y uno de los cónyuges detalla, el otro cónyuge está obligado a detallar. Esto es cierto incluso si las deducciones totales del cónyuge pueden ser menores que la deducción estándar a la que el individuo tendría derecho de otro modo. Si uno de los cónyuges modifica posteriormente la declaración, el otro cónyuge también debe modificar su declaración. Para aceptar formalmente las enmiendas, ambos contribuyentes deben presentar un "consentimiento para la evaluación" para cualquier impuesto adicional que uno pueda deber como resultado de la enmienda. En el caso de un cónyuge que califica para presentar una declaración como Cabeza de familia, esta regla no se aplicará. El cónyuge que califica como Cabeza de familia no está obligado a detallar las deducciones, incluso si el cónyuge que debe presentar MFS decide detallar sus deducciones. Sin embargo, si el cónyuge que presenta la declaración como Cabeza de familia decide detallar las deducciones, se requiere que el cónyuge que presenta MFS detalle las deducciones.

2.10.1 Gastos médicos y dentales

Los gastos de atención médica se pueden deducir si se pagan cantidades para el diagnóstico, cura, tratamiento o prevención de una enfermedad o afección que afecte cualquier parte o función del cuerpo. Los procedimientos como estiramientos faciales, trasplantes de cabello, depilación y liposucción generalmente no son deducibles. La cirugía estética solo es deducible si es para mejorar una deformidad que surge o está directamente relacionada con una anomalía congénita, una lesión personal de un accidente o trauma, o una enfermedad desfigurante. Los medicamentos solo son deducibles si son recetados por un médico. El contribuyente puede deducir cualquier gasto médico y dental que exceda el 7.5% de la AGI del contribuyente como se muestra en el Formulario 1040, página 1, línea 10.

Ejemplos de gastos médicos no deducibles incluyen medicamentos de venta libre, agua embotellada, servicios de pañales, gastos de artículos de salud general, cuotas del club de salud (a menos que estén relacionadas con una condición médica específica), gastos funerarios, operaciones y tratamientos ilegales, programas de pérdida de peso (a menos que lo recomiende un médico para una condición médica específica) y cuotas de piscina. Sin embargo, los costos de natación terapéutica prescritos son deducibles.

La tarifa de kilometraje médico para 2022 es de 18 centavos por milla de enero a junio y de 22 centavos por milla de julio a diciembre. Para 2023 la tarifa es la misma: 22 centavos por milla.

Chapter 9 Medical Expense Reimbursement

Taxpayers can deduct only their medical amounts paid during the taxable year. If the taxpayer receives a reimbursement for a medical expense, the taxpayer must reduce their total medical deduction for the year. If taxpayers are reimbursed for more than their medical expenses, they may have to include the excess as income. If the taxpayer paid the entire premium for medical insurance, the taxpayer would not include the excess reimbursement as gross income.

2.10.2 State and Local Tax Deduction ($10,000 married / $5,000 married filing separately)

State and local tax amounts withheld from wages are reported on line 5 of Schedule A, and the taxpayer may deduct the amounts of the following state and local taxes to reduce the taxpayer's federal tax liability:

➢ State and local taxes withheld from wages during the current tax year.
➢ State estimated tax payments made during the current year.
➢ State and local taxes paid in the current tax year for a prior tax year.
➢ Mandatory contributions made to the California, New Jersey, or New York Non-occupational Disability Benefit Fund.
➢ Mandatory contributions made to the Rhode Island Temporary Disability Fund or Washington State Supplemental Workmen's Compensation Fund.
➢ Mandatory contributions to the Alaska, California, New Jersey, or Pennsylvania state unemployment funds.
➢ Mandatory contributions to state family leave programs such as the New Jersey Family Leave Insurance (FLI) program and the California Paid Family Leave program.

Interest and penalties for paying taxes late are never a deduction. For tax returns after December 31, 2017, and before January 1, 2026, the state and local tax (SALT) is capped at $10,000 or $5,000 if the taxpayer is married filing separate.

2.10.3 Home Mortgage Interest and Home Equity Loans

Home acquisition debt is a mortgage that a taxpayer took out to buy, build, or substantially improve a qualified home. A qualified loan is a loan used to acquire the taxpayer's primary residence or a second home, and the loan must be secured by the individual property.
A home mortgage is any loan that is secured for the taxpayer's main home or second home. To make the mortgage interest deductible, the loan must be secured and can be a first or second mortgage, a home improvement loan, or a home equity loan. The deductibility of interest expense is determined based on how the loan proceeds are used, otherwise referred to as interest tracing. For loans acquired before the TCJA went into effect on December 15, 2017, the interest on up to $1 million of debt ($500,000 for Married filing separately) that was used for acquiring, constructing, or substantially improving the residence is deductible.

If the taxpayer has a primary home and a second home, the home acquisition and home equity debt dollar limit apply to the total mortgage on both homes.

Reembolso de gastos médicos

Los contribuyentes pueden deducir solo sus montos médicos pagados durante el año fiscal. Si el contribuyente recibe un reembolso por un gasto médico, el contribuyente debe reducir su deducción médica total para el año. Si a los contribuyentes se les reembolsa más que sus gastos médicos, es posible que tengan que incluir el exceso como ingreso. Si el contribuyente pagó la prima completa del seguro médico, el contribuyente no incluiría el exceso de reembolso como ingreso bruto.

2.10.2 Deducción de impuestos estatales y locales ($10,000 casados / $5,000 casados declarando por separado)

Los montos de impuestos estatales y locales retenidos de los salarios se reportan en la línea 5 del Anexo A, y el contribuyente puede deducir los montos de los siguientes impuestos estatales y locales para reducir la obligación tributaria federal del contribuyente:

> ➢ Impuestos estatales y locales retenidos de los salarios durante el año fiscal actual.
> ➢ Pagos de impuestos estimados del estado realizados durante el año en curso.
> ➢ Impuestos estatales y locales pagados en el año fiscal actual para un año fiscal anterior.
> ➢ Contribuciones obligatorias hechas al Fondo de Beneficios por Discapacidad No Ocupacional de California, Nueva Jersey o Nueva York.
> ➢ Contribuciones obligatorias hechas al Fondo de Incapacidad Temporal de Rhode Island o al Fondo de Compensación Suplementaria para Trabajadores del Estado de Washington.
> ➢ Contribuciones obligatorias a los fondos de desempleo estatales de Alaska, California, Nueva Jersey o Pensilvania.
> ➢ Contribuciones obligatorias a los programas estatales de licencia familiar, como el programa de Seguro de Licencia Familiar de Nueva Jersey (FLI) y el programa de Licencia Familiar Pagada de California.

Los intereses y las multas por pagar impuestos tarde nunca son una deducción. Para las declaraciones de impuestos después del 31 de diciembre de 2017 y antes del 1 de enero de 2026, el impuesto estatal y local (SALT) tiene un límite de $10,000 o $5,000 si el contribuyente está casado y presenta una declaración por separado.

2.10.3 Intereses hipotecarios y préstamos con garantía hipotecaria

La deuda de adquisición de vivienda es una hipoteca que un contribuyente sacó para comprar, construir o mejorar sustancialmente una casa calificada. Un préstamo calificado es un préstamo utilizado para adquirir la residencia principal del contribuyente o una segunda vivienda, y el préstamo debe estar garantizado por la propiedad individual.
Una hipoteca de vivienda es cualquier préstamo que está garantizado para la casa principal o segunda casa del contribuyente. Para que el interés hipotecario sea deducible, el préstamo debe estar garantizado y puede ser una primera o segunda hipoteca, un préstamo para mejoras en el hogar o un préstamo con garantía hipotecaria. La deducibilidad de los gastos por intereses se determina en función de cómo se utilizan los fondos del préstamo, también conocido como rastreo de intereses. Para los préstamos adquiridos antes de que la TCJA entrara en vigor el 15 de diciembre de 2017, el interés de hasta $1 millón de deuda ($500,000 para la presentación de casados por separado) que se utilizó para adquirir, construir o mejorar sustancialmente la residencia es deducible.

Si el contribuyente tiene una vivienda principal y una segunda vivienda, el límite en dólares de adquisición de vivienda y deuda con garantía hipotecaria se aplica al total de la hipoteca de ambas viviendas.

For home loans secured after December 15, 2017, the deductible amount is limited to $750,000 ($375,000 for Married filing separately). Taxpayers may use the 2017 threshold amounts if the following are true:

> ➢ if the home acquisition debt was taken on prior to December 16, 2017
> ➢ if they entered into a written, binding contract on or before December 15, 2017, in order to close on a principal residence before January 1, 2018
> ➢ if they purchased the property before April 1, 2018.

If a taxpayer refinances a home acquisition loan that was acquired before the TCJA went into effect, the refinanced loan is subject to the same provisions as the original, pre-TCJA loan, but only up to the amount of the balance of the original loan. Any additional debt not used to buy, build, or substantially improve the home is not a home acquisition debt. For example, Cheryl took out a home equity line of credit for $100,000. She used $10,000 to redo the master bedroom and then used the rest to go on a world cruise. The $10,000 could be used as home acquisition debt, she is unable to use the world cruise as home acquisition debt. That could be considered income to Cheryl. See Publication 936.

Grandfathered Debt

If the taxpayer took out a mortgage on their home before October 14, 1987, or refinanced the loan, it may qualify as grandfathered debt. Grandfathered debt does not limit the amount of interest that can be deducted. All the interest paid on this loan is fully deductible home mortgage interest. However, the grandfathered debt amount could limit the home acquisition debt. For example, Sergio took out a first mortgage of $200,000 to buy a house in 1986. The mortgage was a 7-year balloon note, and the entire balance on the note was due in 1993. Sergio refinanced the debt in 1993 with a new 30-year mortgage. The refinanced debt is treated as grandfathered debt for the entire 30 years of the loan.

The main home is the property where the taxpayer lives the most. The second home is a similar property. The main or second home could be a boat or recreational vehicle, both must provide basic living accommodations, which include a sleeping space, a toilet, and cooking facilities. Mortgage interest and points are reported to the taxpayer on Form 1098 and entered on line 8 of Schedule A.

Form 1098, *Mortgage Interest Statement*, usually includes the paid amounts of mortgage interest, real estate taxes, and points (defined below). Mortgage companies will often "sell" mortgages during the year. If this occurs, the taxpayer could receive a Form 1098 from each mortgage company.

Mortgage interest paid to an individual not issued on Form 1098 is reported on line 8b of Schedule A. The recipient's name and Social Security number or employer identification number is required. Failure to provide this information may result in a $50 penalty.

Points, often called loan origination fees, maximum loan charges, loan discounts, or discount points, are prepaid interest. Points that the seller pays for on behalf of the borrower are treated as being paid by the borrower. This allows the borrower, not the seller, to deduct these points as interest.

Para los préstamos hipotecarios garantizados después del 15 de diciembre de 2017, el monto del deducible está limitado a $750,000 ($375,000 para los casados que presentan una declaración por separado). Los contribuyentes pueden usar los montos del umbral de 2017 si se cumple lo siguiente:

> ➤ si la deuda de adquisición de vivienda se asumió antes del 16 de diciembre de 2017
> ➤ si celebraron un contrato escrito y vinculante a más tardar el 15 de diciembre de 2017, para cerrar una residencia principal antes del 1 de enero de 2018
> ➤ si compraron la propiedad antes del 1 de abril de 2018.

Si un contribuyente refinancia un préstamo para la adquisición de vivienda que se adquirió antes de que la TCJA entrara en vigor, el préstamo refinanciado está sujeto a las mismas disposiciones que el préstamo original, anterior a la TCJA, pero solo hasta el monto del saldo del préstamo original. Cualquier deuda adicional que no se utilice para comprar, construir o mejorar sustancialmente la casa no es una deuda de adquisición de vivienda. Por ejemplo, Cheryl sacó una línea de crédito sobre el valor neto de la vivienda por $100,000. Usó $10,000 para rehacer el dormitorio principal y luego usó el resto para ir en un crucero mundial. Los $10,000 podrían usarse como deuda de adquisición de vivienda, ella no puede usar el crucero mundial como deuda de adquisición de vivienda. Eso podría considerarse un ingreso para Cheryl. Véase la publicación 936.

Deuda exenta

Si el contribuyente tomó una hipoteca sobre su casa antes del 14 de octubre de 1987, o refinanció el préstamo, puede calificar como deuda de derechos adquiridos. La deuda con derechos adquiridos no limita la cantidad de intereses que se pueden deducir. Todos los intereses pagados por este préstamo son totalmente deducibles de interés hipotecario. Sin embargo, el monto de la deuda exenta podría limitar la deuda de adquisición de vivienda. Por ejemplo, Sergio sacó una primera hipoteca de $200,000 para comprar una casa en 1986. La hipoteca era una nota globo a 7 años, y el saldo total de la nota vencía en 1993. Sergio refinanció la deuda en 1993 con una nueva hipoteca a 30 años. La deuda refinanciada se trata como deuda exenta durante los 30 años completos del préstamo.

La vivienda principal es la propiedad donde más vive el contribuyente. La segunda casa es una propiedad similar. El hogar principal o segundo podría ser un bote o un vehículo recreativo, ambos deben proporcionar alojamiento básico, que incluye un espacio para dormir, un baño e instalaciones para cocinar. Los intereses y puntos hipotecarios se reportan al contribuyente en el Formulario 1098 y se ingresan en la línea 8 del Anexo A.

El Formulario 1098, *Declaración de intereses hipotecarios, generalmente incluye los montos pagados de intereses hipotecarios*, impuestos sobre bienes raíces y puntos (definidos a continuación). Las compañías hipotecarias a menudo "venderán" hipotecas durante el año. Si esto ocurre, el contribuyente podría recibir un Formulario 1098 de cada compañía hipotecaria.

El interés hipotecario pagado a una persona no emitida en el Formulario 1098 se reporta en la línea 8b del Anexo A. Se requiere el nombre del destinatario y el número de Seguro Social o el número de identificación del empleador. No proporcionar esta información puede resultar en una multa de $50.

Los puntos, a menudo llamados cargos de originen de préstamos, cargos máximos de préstamo, descuentos de préstamos o puntos de descuento, son intereses pagados por adelantado. Los puntos que el vendedor paga en nombre del prestatario se tratan como pagados por el prestatario. Esto permite al prestatario, no al vendedor, deducir estos puntos como intereses.

The full amount of paid points cannot be 100% deducted in the year of purchase or refinance. Points are considered prepaid interest and are generally deducted over the life of the mortgage on an annual basis. Form 1098 points need to meet the following conditions:

1. Points are clearly designated on HUD-1 or HUD Closing Settlement points with titles
   a. loan discount
   b. discount points
   c. points
2. Points were computed as a percentage of the specified principal loan amount
3. Charged under a business practice of charging points where the loan was issued and does not exceed the generally charged in the area
4. Points were paid for the acquisition of the taxpayer's principal residence
5. Points were paid directly by the taxpayer. Points were paid directly if either one applies:
   a. Funds were not borrowed from the lender by the taxpayer
   b. The seller paid the points on behalf of the taxpayer

Points paid when borrowing money for a refinance are normally deductible over the life of the loan. If the taxpayer pays off a mortgage early, the taxpayer can deduct the remaining points in the year the loan was paid off. Points are currently deductible only if paid from the taxpayer's funds. Financed points must be deducted over the life of the loan. If the taxpayer refinances and ends the loan, the remaining points are deducted when the life of the loan ends.

2.10.4 Charitable Contributions

Contributions made to "qualified domestic organizations" by individuals and corporations are deductible as charitable contributions. Contributions of money or property, such as clothing, to qualified organizations may be deducted. Dues, fees, or bills to clubs, lodges, fraternal orders, civic leagues, political groups, for-profit organizations, or similar groups are not deductible. Gifts of money or property given to an individual are also not deductible, even if they were given for noble reasons. Raffle tickets or church bingo games would not be a deductible expense (they may count as gambling expenses). Another nondeductible item are Super Bowl squares by qualified domestic organizations. If the taxpayer received a benefit (for example, a gift of $60) from the donation, the donation amount must be reduced by the value of the benefit.

Chapter 10 Cash Contributions

Cash contributions include those paid by cash, checks, electronic funds transfer, debit card, credit card, or payroll deduction. Cash contributions are not deductible regardless of the amount unless the taxpayer keeps one of the following:

➢ A bank record that shows the name of the eligible organization, the date of the contribution, and the amount of the contribution. Bank records may include:
   o A canceled check.
   o A bank or credit union statement.
   o A credit card statement.

El monto total de los puntos pagados no se puede deducir al 100% en el año de compra o refinanciamiento. Los puntos se consideran intereses pagados por adelantado y generalmente se deducen anualmente durante la vigencia de la hipoteca. Los puntos del Formulario 1098 deben cumplir con las siguientes condiciones:

1. Los puntos están claramente designados en los puntos de liquidación de cierre HUD-1 o HUD con títulos
   A. Descuento de préstamo
   B. Puntos de descuento
   C. Puntos
2. Los puntos se calcularon como un porcentaje del monto del préstamo principal especificado
3. Se cobra bajo una práctica comercial de puntos de carga donde se emitió el préstamo y no excede el cobrado generalmente en el área
4. Se pagaron puntos por la adquisición de la residencia principal del contribuyente
5. Los puntos eran pagados directamente por el contribuyente. Los puntos se pagaron directamente si cualquiera de ellos aplica:
   a. Los fondos no fueron tomados prestados del prestamista por el contribuyente
   b. b. El vendedor pagó los puntos en nombre del contribuyente

Los puntos pagados al pedir dinero prestado para un refinanciamiento normalmente son deducibles durante la vigencia del préstamo. Si el contribuyente paga una hipoteca antes de tiempo, el contribuyente puede deducir los puntos restantes en el año en que se pagó el préstamo. Actualmente, los puntos son deducibles solo si se pagan con los fondos del contribuyente. Los puntos financiados deben deducirse durante la vida del préstamo. Si el contribuyente refinancia y termina el préstamo, los puntos restantes se deducen cuando termina la vida del préstamo.

2.10.4 Contribuciones caritativas

Las contribuciones hechas a "organizaciones nacionales calificadas" por individuos y corporaciones son deducibles como contribuciones caritativas. Las contribuciones de dinero o propiedad, como ropa, a organizaciones calificadas pueden ser deducidas. Las cuotas, cuotas o facturas a clubes, logias, órdenes fraternales, ligas cívicas, grupos políticos, organizaciones con fines de lucro o grupos similares no son deducibles. Los regalos de dinero o propiedad dados a un individuo tampoco son deducibles, incluso si fueron dados por razones nobles. Los boletos de la rifa o los juegos de bingo de la iglesia no serían un gasto deducible (pueden contar como gastos de juego). Otro elemento no deducible son las plazas del Super Bowl de organizaciones nacionales calificadas. Si el contribuyente recibió un beneficio (por ejemplo, un regalo de $60) de la donación, el monto de la donación debe reducirse por el valor del beneficio.

Contribuciones en efectivo

Las contribuciones en efectivo incluyen aquellas pagadas en efectivo, cheques, transferencia electrónica de fondos, tarjeta de débito, tarjeta de crédito o deducción de nómina. Las contribuciones en efectivo no son deducibles independientemente de la cantidad, a menos que el contribuyente mantenga uno de los siguientes:

➤ Un registro bancario que muestra el nombre de la organización elegible, la fecha de la contribución y el monto de la contribución. Los registros bancarios pueden incluir:
   o Un cheque cancelado.
   o Un estado de cuenta bancario o de la cooperativa de crédito.
   o Un extracto de tarjeta de crédito.

> ➤ A receipt or a letter or other written communication from the qualified organization showing the name of the organization, the date of the contribution, and the amount of the contribution.
> ➤ The payroll deduction records, or a pledge card or other document prepared by the organization. The document from the organization must show the name of the organization.

The tax professional should not overlook charitable contributions made through payroll deductions; they would appear on the taxpayer's last check stub or W-2. Make sure that the payroll deductions are not pretax contributions. Pretax contributions are not deductible. Advise your clients to make donations with checks, not cash. Make sure they get a receipt for all cash donations.

Other Than by Cash or Check

If the taxpayer gives items such as clothing or furniture, the taxpayer will be able to deduct the fair market value (FMV) at the time of the donation. The FMV is what a willing buyer would pay to purchase when both the buyer and seller are aware of the condition of the sale. If the noncash deduction amount is over $500, the taxpayer must fill out Form 8283. If the contribution is a motor vehicle, boat, or airplane, the organization accepting the donation must issue the taxpayer Form 1098-C with the required information for the taxpayer to attach it to Form 8283. If the deduction is over $5,000, the taxpayer must get an appraisal of the donated property. For more information, see Publication 526 and Instructions for Schedule A.

When taxpayers give items to Goodwill, AMVETS, etc., they must keep a list of the items donated as well as obtain and keep the receipt. Donated items are priced according to their resale value, not the price of the item when it was new.

2.10.4.1 60% AGI Limit for Cash Contribution Suspended

The 50% AGI ceiling limitation has been increased to 60% of AGI. This applies to carryovers as well.

2.10.4.2 Contemporaneous Written Acknowledgement Required for $250 or More

The written communication must include the name of the charity, the date of the contribution, and the amount of the contribution. If the contribution was more than $250, the taxpayer should receive a statement from the charitable organization. When figuring $250 or more, do not combine separate donations. The charitable organization must include the following on the letter or statement:

> ➤ The amount of money that was contributed and a description of any property that was donated.
> ➤ Whether or not the organization provided goods or services to the taxpayer in return; a description and estimate value of the taxpayer's contribution must be included.

> ➢ Un recibo o una carta u otra comunicación escrita de la organización calificada que muestre el nombre de la organización, la fecha de la contribución y el monto de la contribución.
> ➢ Los registros de deducción de nómina, o una tarjeta de compromiso u otro documento preparado por la organización. El documento de la organización debe mostrar el nombre de la organización.

El profesional de impuestos no debe pasar por alto las contribuciones caritativas realizadas a través de deducciones de nómina; aparecerían en el último talón de cheque del contribuyente o W-2. Asegúrese de que las deducciones de nómina no sean contribuciones antes de impuestos. Las contribuciones antes de impuestos no son deducibles. Aconseje a sus clientes que hagan donaciones con cheques, no con efectivo. Asegúrese de que obtengan un recibo de todas las donaciones en efectivo.

Que no sea en efectivo o cheque

Si el contribuyente da artículos como ropa o muebles, el contribuyente podrá deducir el valor justo de mercado (FMV) en el momento de la donación. El FMV es lo que un comprador dispuesto pagaría para comprar cuando tanto el comprador como el vendedor son conscientes de la condición de la venta. Si el monto de la deducción no monetaria es superior a $500, el contribuyente debe completar el Formulario 8283. Si la contribución es un vehículo motorizado, barco o avión, la organización que acepta la donación debe emitir el Formulario 1098-C del contribuyente con la información requerida para que el contribuyente lo adjunte al Formulario 8283. Si la deducción es superior a $5,000, el contribuyente debe obtener una tasación de la propiedad donada. Para obtener más información, consulte la Publicación 526 y las Instrucciones para el Anexo A.

Cuando los contribuyentes donan artículos a Goodwill, AMVETS, etc., deben mantener una lista de los artículos donados, así como obtener y conservar el recibo. Los artículos donados tienen un precio de acuerdo con su valor de reventa, no el precio del artículo cuando era nuevo.

2.10.4.1 Suspensión del límite del 60% de AGI para la contribución en efectivo

La limitación del límite máximo del 50% de AGI se ha aumentado al 60% de AGI. Esto también se aplica a los remanentes.

2.10.4.2 Se requiere un reconocimiento escrito contemporáneo por $250 o más

La comunicación escrita debe incluir el nombre de la organización benéfica, la fecha de la contribución y el monto de la contribución. Si la contribución fue más de $250, el contribuyente debe recibir una declaración de la organización caritativa. Al calcular $250 o más, no combine donaciones separadas. La organización caritativa debe incluir lo siguiente en la carta o declaración:

> ➢ La cantidad de dinero que se contribuyó y una descripción de cualquier propiedad que se donó.
> ➢ Si la organización proporcionó o no bienes o servicios al contribuyente a cambio; Debe incluirse una descripción y un valor estimado de la contribución del contribuyente.

2.10.5 Federal Declared Disaster Areas (including loss for non-itemizers)

If damage from a casualty is to personal, income-producing, or business property, taxpayers may be able to claim a casualty loss deduction on their tax return. Taxpayers must generally deduct a casualty loss in the year it occurred. However, if the property was damaged as a result of a federally declared disaster, taxpayers can choose to deduct that loss on their return for the tax year immediately preceding the year in which the disaster happened. A federally declared disaster is a disaster that took place in an area declared by the President to be eligible for federal assistance. Taxpayers can amend a tax return by filing Form 1040X, *Amended U.S. Individual Income Tax Return*.

2.10.6 Moving Expense Deduction Suspended and Reimbursement Taxable (Except Active Military)

One of the many changes made by the TCJA was to suspend adjustments for moving expenses with one exception: Active Armed Forces who have a military order to move or permanently change their station can claim moving expenses if they meet the normal qualifications. For 2022 the standard mileage rate is 18 cents per mile from January to June and 22 cents per mile from July - December. For 2023 the mileage rate is 22 cents per mile. If the taxpayer has made multiple moves in one tax year, then a different Form 3903 will be used for each move.

A permanent station change can be any of the following:

➢ A move from the taxpayer's current home to their first post of duty.
➢ A move from one permanent post to another.
➢ A move from the taxpayer's last permanent post to a new home in the United States. The move must occur within one year of the end of active duty or within the allowable period designated by the Joint Travel Regulations, which is beyond the scope of this course.

2.10.7 Recordkeeping and Documentation of Deductions

The written communication must include the name of the charity, the date of the contribution, and the amount of the contribution.

If the contribution was more than $250, the taxpayer should receive a statement from the charitable organization. When figuring the $250 or more, do not combine separate donations. The charitable organization must include the following on the letter or statement:

➢ The amount of money that was contributed and a description of any property that was donated.
➢ Whether or not the organization provided goods or services to the taxpayer in return, a description and estimate value of the taxpayer's contribution must be included. If the taxpayer received intangible religious benefits such as admission to a religious ceremony, the organization must state that, but it does not have to describe or value the benefit.

2.10.5 Áreas de desastre declaradas por el gobierno federal (incluidas las pérdidas por no contribuyentes que no detallan)

Si el daño causado por un siniestro es a la propiedad personal, generadora de ingresos o comercial, los contribuyentes pueden reclamar una deducción por pérdida accidental en su declaración de impuestos. Los contribuyentes generalmente deben deducir una pérdida por accidente en el año en que ocurrió. Sin embargo, si la propiedad fue dañada como resultado de un desastre declarado por el gobierno federal, los contribuyentes pueden optar por deducir esa pérdida en su declaración del año tributario inmediatamente anterior al año en que ocurrió el desastre. Un desastre declarado por el gobierno federal es un desastre que tuvo lugar en un área declarada por el Presidente como elegible para recibir asistencia federal. Los contribuyentes pueden enmendar una declaración de impuestos presentando el Formulario 1040X, *Declaración Enmendada de la Renta Individual de los Estados Unidos*.

2.10.6 Deducción de gastos de mudanza suspendida y reembolso imponible (excepto militares activos)

Uno de los muchos cambios realizados por la TCJA fue suspender los ajustes por gastos de mudanza con una excepción: las Fuerzas Armadas Activas que tienen una orden militar para mudarse o cambiar permanentemente su estación pueden reclamar gastos de mudanza si cumplen con los requisitos normales. Para 2022, la tarifa de millaje estándar es de 18 centavos por milla de enero a junio y de 22 centavos por milla de julio a diciembre. Para 2023, la tarifa de kilometraje es de 22 centavos por milla. Si el contribuyente ha realizado varias mudanzas en un año fiscal, entonces se usará un Formulario 3903 diferente para cada mudanza.

Un cambio de estación permanente puede ser cualquiera de los siguientes:

➢ Una mudanza del hogar actual del contribuyente a su primer puesto de servicio.
➢ Un cambio de un puesto permanente a otro.
➢ Una mudanza del último puesto permanente del contribuyente a un nuevo hogar en los Estados Unidos. La mudanza debe ocurrir dentro de un año del final del servicio activo o dentro del período permitido designado por el Reglamento de Viaje Conjunto, que está más allá del alcance de este curso.

2.10.7 Mantenimiento de registros y documentación de deducciones

La comunicación escrita debe incluir el nombre de la organización benéfica, la fecha de la contribución y el monto de la contribución.

Si la contribución fue más de $250, el contribuyente debe recibir una declaración de la organización caritativa. Al calcular los $250 o más, no combine donaciones separadas. La organización caritativa debe incluir lo siguiente en la carta o declaración:

➢ La cantidad de dinero que se contribuyó y una descripción de cualquier propiedad que se donó.
➢ Ya sea que la organización haya proporcionado o no bienes o servicios al contribuyente a cambio, se debe incluir una descripción y un valor estimado de la contribución del contribuyente. Si el contribuyente recibió beneficios religiosos intangibles, como la admisión a una ceremonia religiosa, la organización debe declararlo, pero no tiene que describir o valorar el beneficio.

Charitable Contribution Records

Records prove the amount of the contributions one makes during the year. The kind of records one must keep depends on the amount of the contributions and whether they are any of the following:

- ➤ Cash contributions.
- ➤ Noncash contributions.
- ➤ Out-of-pocket expenses when donating services.

Organizations are usually required to give a written statement if they receive a payment that is more than $75 and is partly a contribution and partly a payment made in exchange for goods or services. The statement should be kept with the taxpayer's records.

Reconstructing Disaster Tax Records

Reconstructing records after a disaster may be essential for tax purposes and for obtaining federal assistance or insurance reimbursement. After a disaster, taxpayers might need certain records to prove their loss. The more accurately a loss is estimated, the more loan and grant money may be available.

Below are some tips to help the taxpayer gather the information needed to reconstruct their records regarding their personal residence and real property. A piece of real estate is not just the land but is also anything built on, growing on, or attached to that land.

- ➤ Take photographs or videos as soon after the disaster as possible. This helps establish the extent of the damage.
- ➤ Contact the title company, escrow company, or bank that handled the purchase of the home to get copies of appropriate documents. Real estate brokers may also be able to help.
- ➤ Use the current property tax statement for land-versus-building ratios if available. If they are not available, owners can usually get copies from the county assessor's office.
- ➤ Establish a basis or fair market value of the home by reviewing comparable sales within the same neighborhood. This information can be found by contacting an appraisal company or visiting a website that provides home valuations.
- ➤ Check with the mortgage company for copies of appraisals or other information they may have about cost or fair market value in the area.
- ➤ Review insurance policies, as they usually list the value of a building, establishing a base figure for replacement value insurance. For details on how to reach the insurance company, check with the state insurance department.
- ➤ If improvements were made to the home, contact the contractors who did the work to see if records are available. If possible, get statements from the contractors that state their work and its cost.
  - o Get written accounts from friends and relatives who saw the house before and after any improvements. See if any of them have photos taken at get-togethers.
  - o If there is a home improvement loan, get paperwork from the institution that issued the loan. The amount of the loan may help establish the cost of the improvements.

Registros de contribuciones caritativas

Los registros prueban el monto de las contribuciones que uno hace durante el año. El tipo de registros que uno debe mantener depende del monto de las contribuciones y si son algunas de las siguientes:

➢ Contribuciones en efectivo.
➢ Contribuciones no monetarias.
➢ Gastos de bolsillo al donar servicios.

Por lo general, se requiere que las organizaciones den una declaración por escrito si reciben un pago que es más de $75 y es en parte una contribución y en parte un pago realizado a cambio de bienes o servicios. La declaración debe mantenerse con los registros del contribuyente.

Reconstrucción de registros tributarios por desastre

La reconstrucción de los registros después de un desastre puede ser esencial para fines fiscales y para obtener asistencia federal o reembolso de seguro. Después de un desastre, los contribuyentes podrían necesitar ciertos registros para probar su pérdida. Cuanto más precisa sea la estimación de una pérdida, más dinero de préstamos y subvenciones estará disponible.

A continuación, se presentan algunos consejos para ayudar al contribuyente a reunir la información necesaria para reconstruir sus registros con respecto a su residencia personal y bienes inmuebles. Un pedazo de propiedad inmobiliaria no es solo la tierra, sino que también es cualquier cosa construida, que crezca o esté unida a esa tierra.

➢ Tome fotografías o videos tan pronto como sea posible después del desastre. Esto ayuda a establecer el alcance del daño.
➢ Comuníquese con la compañía de títulos, la compañía de depósito en garantía o el banco que manejó la compra de la casa para obtener copias de los documentos apropiados. Los corredores de bienes raíces también pueden ayudar.
➢ Use la declaración de impuestos a la propiedad actual para conocer las proporciones de terrenos versus edificios si están disponibles. Si no están disponibles, los propietarios generalmente pueden obtener copias de la oficina del asesor del condado.
➢ Establezca una base o valor justo de mercado de la casa revisando ventas comparables dentro del mismo vecindario. Esta información se puede encontrar poniéndose en contacto con una empresa de tasación o visitando un sitio web que proporciona valoraciones de viviendas.
➢ Consulte con la compañía hipotecaria para obtener copias de las tasaciones u otra información que puedan tener sobre el costo o el valor justo de mercado en el área.
➢ Revisar las pólizas de seguro, ya que suelen enumerar el valor de un edificio, estableciendo una cifra base para el seguro de valor de reposición. Para obtener detalles sobre cómo comunicarse con la compañía de seguros, consulte con el departamento de seguros del estado.
➢ Si se hicieron mejoras en la casa, comuníquese con los contratistas que hicieron el trabajo para ver si hay registros disponibles. Si es posible, obtenga declaraciones de los contratistas que indiquen su trabajo y su costo.
  o Obtenga relatos escritos de amigos y familiares que vieron la casa antes y después de cualquier mejora. Vea si alguno de ellos tiene fotos tomadas en reuniones.
  o Si hay un préstamo para mejoras en el hogar, obtenga documentación de la institución que emitió el préstamo. El monto del préstamo puede ayudar a establecer el costo de las mejoras.

➤ For inherited property, check court records for probate values. If a trust or estate existed, contact the attorney who handled the estate or trust.
➤ If no other records are available, check the county assessor's office for old records that might address the value of the property.

2.11 Tax Credit Eligibility

Child Tax Credit

The child tax credit (CTC) is a nonrefundable credit for taxpayers who have a qualifying child. For tax year 2022, the credit reverted to $2,000 per child under the age of 17. The refundable portion is $1,500.

The maximum phaseout amounts are $400,000 for married taxpayers filing a joint return and all others is $200,000. The taxpayer's tax liability and modified AGI limits the child tax credit. If the child were not issued a valid Social Security number, they would not qualify the taxpayer for either credit. This credit is reported on Form 1040, line 19.

To be a qualifying child for the child tax credit, the child must be a citizen, national, or resident of the United States. Qualifying child must have an SSN for the taxpayer to claim the child for the Child Tax Credit and/or the Advanced child tax credit. If the dependent does not qualify for the child tax credit, the taxpayer cannot include that dependent in the calculation for the credit. However, the dependent may still qualify for the Other Dependent Credit (ODC).

The Additional Child Tax Credit (ACTC) is a refundable credit available for taxpayers with qualifying children. Use Schedule 8812, Parts II-III to calculate the additional child tax credit. This credit is reported on Form 1040, line 27 and Schedule 3 should be completed.

For a child to qualify for the child tax credit, they must meet the following conditions:

➤ The child is the son, daughter, stepchild, eligible foster child, brother, sister, stepbrother, stepsister, half-brother, half-sister, or a descendent of any of these.
➤ The child did not provide over half of their support.
➤ The child lived with the taxpayer for more than half of 2022.
➤ The child is claimed as a dependent on the taxpayer's return.
➤ The child does not file a joint return for the year or only files to claim a refund of withheld income tax or if the dependent paid estimated payments.
➤ The child was a U.S. citizen, U.S. national, U.S. resident alien, or adopted by a U.S. citizen, U.S. national, or U.S. resident alien.

Credit for Other Dependents

An individual qualifies for the Other Dependent Credit (ODC) if they meet the following conditions:

➤ The taxpayer claims the qualifying dependent on their tax return.
➤ The dependent is ineligible for the CTC or the ACTC.

➤ Para la propiedad heredada, verifique los registros judiciales para conocer los valores testamentarios. Si existía un fideicomiso o patrimonio, comuníquese con el abogado que manejó el patrimonio o fideicomiso.
➤ Si no hay otros registros disponibles, consulte la oficina del asesor del condado para obtener registros antiguos que puedan abordar el valor de la propiedad.

2.11 Elegibilidad para el crédito fiscal

Crédito tributario por hijos

El crédito tributario por hijos (CTC, por sus siglas en inglés) es un crédito no reembolsable para los contribuyentes que tienen un hijo calificado. Para el año fiscal 2022, el crédito volvió a $2,000 por hijo menor de 17 años. La porción reembolsable es de $1,500.

Los montos máximos de eliminación gradual son de $400,000 para los contribuyentes casados que presentan una declaración conjunta y todos los demás son de $200,000. La obligación tributaria del contribuyente y la AGI modificada limitan el crédito tributario por hijos. Si al niño no se le emitiera un número de Seguro Social válido, no calificaría al contribuyente para ninguno de los créditos. Este crédito se reporta en el Formulario 1040, línea 19.

Para ser un niño calificado para el crédito tributario por hijos, el niño debe ser ciudadano, nacional o residente de los Estados Unidos. El hijo calificado debe tener un SSN para que el contribuyente reclame al niño para el Crédito Tributario por Hijos y/o el Crédito Tributario por Hijo Avanzado. Si el dependiente no califica para el crédito tributario por hijos, el contribuyente no puede incluir a ese dependiente en el cálculo del crédito. Sin embargo, el dependiente aún puede calificar para el Otro Crédito Dependiente (ODC).

El Crédito Tributario Adicional por Hijos (ACTC, por sus siglas en inglés) es un crédito reembolsable disponible para contribuyentes con hijos calificados. Use el Anexo 8812, Partes II-III para calcular el crédito tributario adicional por hijos. Este crédito se reporta en el Formulario 1040, línea 27 y el Anexo 3 debe completarse.

Para que un niño califique para el crédito tributario por hijos, debe cumplir con las siguientes condiciones:

➤ El niño es el hijo, hija, hijastro, hijo adoptivo elegible, hermano, hermana, hermanastro, hermanastra, medio hermano, media hermana o un descendiente de cualquiera de estos.
➤ El niño no proporcionó más de la mitad de su manutención.
➤ El niño vivió con el contribuyente durante más de la mitad de 2022.
➤ El niño es reclamado como dependiente en la declaración del contribuyente.
➤ El niño no presenta una declaración conjunta para el año o solo presenta para reclamar un reembolso del impuesto sobre la renta retenido o si el dependiente pagó pagos estimados.
➤ El niño era ciudadano estadounidense, nacional estadounidense, extranjero residente en los Estados Unidos o adoptado por un ciudadano estadounidense, nacional estadounidense o extranjero residente en los Estados Unidos.

Crédito para otros dependientes

Una persona califica para el Otro Crédito Dependiente (ODC) si cumple con las siguientes condiciones:

➤ El contribuyente reclama la calificación dependiente en su declaración de impuestos.
➤ El dependiente no es elegible para el CTC o el ACTC.

➢ The dependent was a U.S. citizen, U.S. national, U.S. resident alien, or adopted by a U.S. citizen, U.S. national, or U.S. resident alien.
➢ They have a TIN on or before the due date of the 2022 tax return.
➢ The maximum phaseout amounts are $400,000 for married taxpayers filing a joint return and all others are $200,000.

Example: Levi is claiming his 10-year-old nephew Fernando, who lives in Mexico and qualifies as Levi's dependent. Because Fernando is not a U.S. citizen, U.S. national, or a U.S. resident alien, Levi cannot use Fernando to claim the Other Dependent Credit (ODC) unless Levi adopts him, and Fernando comes to live with Levi in the United States.

Child and Dependent Care

Dependent care benefits are payments the employer paid directly to either the taxpayer or the care provider for taking care of the qualifying dependent(s) while the taxpayer worked. Dependent care benefits are pre-taxed contributions made based on the fair market value of care in a daycare facility provided by or sponsored by the employer under a Flexible Spending Arrangement (FSA).

"Care" is the cost of attending a facility to qualifying individual(s) outside the taxpayer's home. It does not include food, lodging, education, clothing, or entertainment. If a dependent care facility provides the care, the center must meet all the applicable state and local regulations. A dependent care facility is a place that offers care for more than six individuals who do not live there and receives a fee, payment, or grant for providing those services for any individual. Include the cost of a day camp, but not the cost of an overnight camp, summer school, or tutoring program.

The taxpayer can take a nonrefundable credit of up to 50% of the qualifying expenses for the care of a qualified dependent when the expenditures are work-related. The percentage of credit goes down as income goes up, with 20% of eligible expenses as the least amount allowed. Expenses are limited to $6,000 for two or more qualified dependents. Child and dependent care are reported on Form 2441 and flow to Form 1040, Schedule 3, line 2.

A qualifying person is:

➢ A qualifying child under 13 and claimed as a dependent. If a child turns 13 during the tax year, you can still prorate their care for the portion of the year the child was not 13.
➢ A disabled spouse who wasn't physically or mentally able to care for him or herself.
➢ Any disabled person who wasn't physically or mentally able to care for him or herself and whom the taxpayer can claim as a dependent unless one of the following is true:
   o The disabled individual had a gross income of $4,400 or more.
   o The disabled individual filed a joint return.
   o The disabled individual or spouse, if filing a joint tax return, could be claimed as a dependent on another individual's 2022 tax return.

➢ El dependiente era ciudadano estadounidense, nacional estadounidense, extranjero residente en los Estados Unidos o adoptado por un ciudadano estadounidense, nacional estadounidense o extranjero residente en los Estados Unidos.

➢ Tienen un TIN en o antes de la fecha de vencimiento de la declaración de impuestos de 2022.

➢ Los montos máximos de eliminación gradual son de $400,000 para los contribuyentes casados que presentan una declaración conjunta y todos los demás son de $200,000.

Ejemplo: Levi está reclamando a su sobrino Fernando de 10 años, que vive en México y califica como dependiente de Levi. Debido a que Fernando no es ciudadano estadounidense, nacional estadounidense o extranjero residente en los Estados Unidos, Levi no puede usar a Fernando para reclamar el Otro Crédito para Dependientes (ODC) a menos que Levi lo adopte, y Fernando venga a vivir con Levi en los Estados Unidos.

Cuidado de niños y dependientes

Los beneficios de cuidado de dependientes son pagos que el empleador pagó directamente al contribuyente o al proveedor de cuidado por cuidar a los dependientes calificados mientras el contribuyente trabajaba. Los beneficios de cuidado de dependientes son contribuciones antes de impuestos hechas sobre la base del valor justo de mercado de la atención en una guardería proporcionada o patrocinada por el empleador bajo un Acuerdo de Gastos Flexibles (FSA).

"Cuidado" es el costo de asistir a una instalación a individuos calificados fuera del hogar del contribuyente. No incluye comida, alojamiento, educación, ropa o entretenimiento. Si un centro de cuidado de dependientes proporciona la atención, el centro debe cumplir con todas las regulaciones estatales y locales aplicables. Un centro de cuidado de dependientes es un lugar que ofrece atención a más de seis personas que no viven allí y recibe una tarifa, pago o subvención por proporcionar esos servicios para cualquier individuo.

Incluya el costo de un campamento diurno, pero no el costo de un campamento nocturno, escuela de verano o programa de tutoría.

El contribuyente puede tomar un crédito no reembolsable de hasta el 50% de los gastos calificados para el cuidado de un dependiente calificado cuando los gastos están relacionados con el trabajo. El porcentaje de crédito disminuye a medida que aumentan los ingresos, con el 20% de los gastos elegibles como la cantidad mínima permitida. Los gastos están limitados a $6,000 para dos o más dependientes calificados. El cuidado de niños y dependientes se reporta en el Formulario 2441 y fluye al Formulario 1040, Anexo 3, línea 2.

Una persona calificada es:

➢ Un hijo calificado menor de 13 años y reclamado como dependiente. Si un niño cumple 13 años durante el año fiscal, aún puede prorratear su cuidado durante la parte del año en que el niño no tenía 13 años.

➢ Un cónyuge discapacitado que no era física o mentalmente capaz de cuidar de sí mismo.

➢ Cualquier persona discapacitada que no era física o mentalmente capaz de cuidar de sí misma y a quien el contribuyente puede reclamar como dependiente a menos que se cumpla una de las siguientes condiciones:
  o La persona discapacitada tenía un ingreso bruto de $4,400 o más.
  o La persona discapacitada presentó una declaración conjunta.
  o La persona discapacitada o el cónyuge, si presenta una declaración de impuestos conjunta, podría ser reclamado como dependiente en la declaración de impuestos 2022 de otra persona.

To be able to claim the child and dependent care expenses, the taxpayer must meet all the following requirements:

➤ The care must be for one or more qualifying persons who are identified on Form 2441.
➤ If filing a joint return, the taxpayer (and spouse if filing a joint return) must have earned income during the year.
➤ The taxpayer must pay child and dependent care expenses to allow the taxpayer and spouse to work, or look for work.
➤ The taxpayer must make payments for child and dependent care to someone who cannot be claimed as a dependent on the taxpayer's return.
➤ The filing status may be Single, Head of Household, or Surviving spouse with a dependent child. If married, they must file a joint return (unless an exception applies).
➤ The taxpayer must fill out Form 2441 to identify the provider's name, TIN, the cost of care, and the address of the location where the care was provided and attach the form to their tax return.
➤ If the taxpayer excludes or deducts dependent care benefits provided by a dependent care benefit plan, the total amount excluded or deducted must be less than the dollar limit for qualifying expenses ($3,000 per child up to $6,000).

Below is the portion of the current chart used to calculate the child and dependent care credit. Calculate the credit amount by multiplying the percentage on the right against the credit's monetary limit ($3,000-$6,000) and which percentage, based on the taxpayer(s) combined income. For tax year 2022, the income increase was part of the American Rescue Plan Act. The percentage is 35% to 20%. The following is just a snapshot of certain portions of the percentage chart.

Income	Percentage
$0 – $15,000	35%
$23,001 – $25,000	30%
$33,001 – $35,000	25%
$43,001 – No limit	20%

For example, a taxpayer and his spouse each made $50,000 for a combined income of $100,000, and they paid $8,500 for childcare for one child. Because they paid $8,500 for childcare and only for one child, they will be allowed to use $3,000 of that expense to calculate their credit amount. This is because that is the credit limit no matter how much they paid on childcare. Because their combined income was under $125,000, they will calculate their credit amount using the 20% section from the chart. Therefore, the 20% deduction is calculated as follows: $3,000 × .20 = $600. Their credit amount is $600.

If all other details were the same, but they had only spent $2,000 on childcare, their credit amount would be 20% of that two thousand, not three. This is because they did not spend enough to reach the credit limit, meaning their credit amount would be $1,000 ($2,000 × .20 = $400).

Para poder reclamar los gastos de cuidado de hijos y dependientes, el contribuyente debe cumplir con todos los siguientes requisitos:

➢ El cuidado debe ser para una o más personas calificadas que se identifican en el Formulario 2441.

➢ Si presenta una declaración conjunta, el contribuyente (y el cónyuge si presenta una declaración conjunta) debe haber obtenido ingresos durante el año.

➢ El contribuyente debe pagar los gastos de cuidado de hijos y dependientes para permitir que el contribuyente y su cónyuge trabajen o busquen trabajo.

➢ El contribuyente debe hacer pagos por cuidado de niños y dependientes a alguien que no puede ser reclamado como dependiente en la declaración del contribuyente.

➢ El estado civil puede ser soltero, cabeza de familia o cónyuge sobreviviente con un hijo dependiente. Si están casados, deben presentar una declaración conjunta (a menos que se aplique una excepción).

➢ El contribuyente debe completar el Formulario 2441 para identificar el nombre del proveedor, el TIN, el costo de la atención y la dirección del lugar donde se brindó la atención y adjuntar el formulario a su declaración de impuestos.

➢ Si el contribuyente excluye o deduce los beneficios de cuidado de dependientes proporcionados por un plan de beneficios de cuidado de dependientes, el monto total excluido o deducido debe ser menor que el límite en dólares para gastos calificados ($3,000 por hijo hasta $6,000).

A continuación, se muestra la parte de la tabla actual utilizada para calcular el crédito por cuidado de hijos y dependientes. Calcule el monto del crédito multiplicando el porcentaje de la derecha contra el límite monetario del crédito ($3,000- $6,000) y qué porcentaje, basado en los ingresos combinados del contribuyente. Para el año fiscal 2022, el aumento de ingresos fue parte de la Ley del Plan de Rescate Estadounidense. El porcentaje es del 35% al 20%. La siguiente es solo una instantánea de ciertas partes del gráfico de porcentaje.

Ingreso	Porcentaje
$0 – $15,000	35%
$23,001 – $25,000	30%
$33,001 – $35,000	25%
$43,001 – Sin limite	20%

Por ejemplo, un contribuyente y su cónyuge ganaron cada uno $50,000 por un ingreso combinado de $100,000, y pagaron $8,500 por el cuidado de un niño. Debido a que pagaron $8,500 por cuidado infantil y solo por un niño, se les permitirá usar $3,000 de ese gasto para calcular el monto de su crédito. Esto se debe a que ese es el límite de crédito sin importar cuánto pagaron en el cuidado de los niños. Debido a que sus ingresos combinados fueron inferiores a $125,000, calcularán el monto de su crédito utilizando la sección del 20% de la tabla. Por lo tanto, la deducción del 20% se calcula de la siguiente manera: $3,000 × .20 = $600. Su monto de crédito es de $600.

Si todos los demás detalles fueran los mismos, pero solo hubieran gastado $2,000 en cuidado de niños, el monto de su crédito sería el 20% de esos dos mil, no tres. Esto se debe a que no gastaron lo suficiente para alcanzar el límite de crédito, lo que significa que su monto de crédito sería de $1,000 ($2,000 × .20 = $400).

Education Tax Credit

Education credits are available for taxpayers who pay expenses for postsecondary education. To claim the education credit, the student must receive Form 1098-T from the student's school and provide that form to the tax preparer. The two education credits are the American opportunity credit (AOC) and the lifetime learning credit; both are reported on Form 8863, *Education Credits*. Lifetime learning is a nonrefundable credit, and the American opportunity is a partially refundable credit. The student must meet the following requirements to be eligible for the education credits:

➢ Qualified education expenses were for higher education.
➢ Paid qualifying education expenses for the eligible student.
➢ The student is either taxpayer, spouse, or a qualifying dependent.

Tax Tip: If the qualifying dependent pays their own tuition, it is considered paid by the taxpayer.

Lifetime Learning Credit

The lifetime learning credit is available at any time for the taxpayer, the taxpayer's spouse, or the taxpayer's dependent. The maximum allowed credit is $2,000 per tax return. Qualified expenses include tuition and fees required for enrollment at an eligible post-secondary program. Expenses incurred to acquire or improve the taxpayer's job skills are eligible expenses.

An expense related to a course that involves sports, games, or hobbies is not a qualified expense unless it is part of the student's degree program. Taxpayers must reduce their qualified expense by any education assistance from the post-secondary program, scholarships, or amounts to compute the lifetime learning credit.

The lifetime learning credit is not based on the student's workload. Expenses for graduate-level courses are eligible. The amount of credit a taxpayer can claim does not increase based on the number of students for whom the taxpayer paid qualified expenses. The student does not have to be enrolled at least half-time in the course of study to be eligible for the credit. The nonrefundable portion of the education credits is reported on Form 8863, line 19, and is carried to Form 1040, Schedule 3, line 3. To qualify for the lifetime learning credit, the taxpayer's modified adjusted gross income (MAGI) should be less than $180,000 for taxpayers filing MFJ or less than $90,000 for all others.

American Opportunity Tax Act (AOTC)

The American opportunity credit can be claimed for a student who has not completed their first four years of postsecondary education determined by the post-secondary program. The student qualifications to claim AOC is all the following:

➢ The student did not complete the first 4 years of postsecondary education.
➢ For at least one academic period beginning in 2022, the student:

Crédito Tributario para Educación

Los créditos educativos están disponibles para los contribuyentes que pagan los gastos de la educación postsecundaria. Para reclamar el crédito educativo, el estudiante debe recibir el Formulario 1098-T de la escuela del estudiante y proporcionar ese formulario al preparador de impuestos. Los dos créditos de educación son el crédito de oportunidad estadounidense (AOC) y el crédito de aprendizaje de por vida; ambos se reportan en el Formulario 8863, *Créditos educativos*. El aprendizaje de por vida es un crédito no reembolsable, y la oportunidad estadounidense es un crédito parcialmente reembolsable. El estudiante debe cumplir con los siguientes requisitos para ser elegible para los créditos de educación:

➤ Los gastos de educación calificada fueron para la educación superior.
➤ Gastos de educación calificados pagados para el estudiante elegible.
➤ El estudiante es contribuyente, cónyuge o un dependiente calificado.

Consejo tributario: Si el dependiente calificado paga su propia matrícula, se considera pagada por el contribuyente.

Crédito de aprendizaje de por vida

El crédito de aprendizaje de por vida está disponible en cualquier momento para el contribuyente, el cónyuge del contribuyente o el dependiente del contribuyente. El crédito máximo permitido es de $2,000 por declaración de impuestos. Los gastos calificados incluyen la matrícula y las tarifas requeridas para la inscripción en un programa postsecundario elegible. Los gastos incurridos para adquirir o mejorar las habilidades laborales del contribuyente son gastos elegibles.

Un gasto relacionado con un curso que involucra deportes, juegos o pasatiempos no es un gasto calificado a menos que sea parte del programa de grado del estudiante. Los contribuyentes deben reducir sus gastos calificados por cualquier asistencia educativa del programa postsecundario, becas o montos para calcular el crédito de aprendizaje de por vida.

El crédito de aprendizaje de por vida no se basa en la carga de trabajo del estudiante. Los gastos de los cursos de posgrado son elegibles. La cantidad de crédito que un contribuyente puede reclamar no aumenta en función del número de estudiantes por quienes el contribuyente pagó gastos calificados. El estudiante no tiene que estar inscrito al menos medio tiempo en el curso de estudio para ser elegible para el crédito. La parte no reembolsable de los créditos educativos se reporta en el Formulario 8863, línea 19, y se lleva al Formulario 1040, Anexo 3, línea 3. Para calificar para el crédito de aprendizaje de por vida, el ingreso bruto ajustado modificado (MAGI) del contribuyente debe ser inferior a $180,000 para los contribuyentes que presentan MFJ o menos de $90,000 para todos los demás.

Ley Americana del Impuesto sobre Oportunidades (AOTC)

El crédito de oportunidad estadounidense se puede reclamar para un estudiante que no ha completado sus primeros cuatro años de educación postsecundaria determinados por el programa postsecundario. Las calificaciones de los estudiantes para reclamar AOC son todas las siguientes:

➤ El estudiante no completó los primeros 4 años de educación postsecundaria.
➤ Durante al menos un período académico a partir de 2022, el estudiante:

- o Was enrolled in a program that leads to a degree, certificate, or other recognized credential.
- o Carried at least one-half of the normal full-time workload for their course of study.
➤ The student did not have a felony conviction for possessing or distributing a controlled substance.

Earned Income Tax Credit

The earned income credit (EIC), also referred to as earned income tax credit (EITC), is a refundable tax credit for low-to-moderate-income working individuals and families. When the EIC exceeds the amount of taxes owed, it results in a refundable credit. Report the EIC on Form 1040, page 2, line 27.

Twenty-eight states and the District of Columbia have an EITC program. Most use federal eligibility rules, and their version of the credit parallels major elements of the federal structure. In most states and localities, the credit is refundable (as is federal), although, in a few areas, the EITC is used only to offset taxes owed. For more information, go to www.irs.gov/eitc. The taxpayer must have earned income during the tax year to be eligible for the earned income tax credit. If a married couple is filing a joint return, and only one spouse worked, both could still meet the earned income requirement.

Remember, earned income is revenue the taxpayer received for working and includes the following types of income:

➤ Wages, salaries, tips, and other types of taxable employee pay.
➤ Net earnings from self-employment.
➤ Gross income received as a statutory employee.
➤ Union strike benefits.
➤ Long-term disability benefits received before reaching the minimum retirement age.

Unearned income includes the following:

➤ Interest and dividends.
➤ Pensions and annuities.
➤ Social Security and railroad retirement benefits (including disability benefits).
➤ Alimony and child support.
➤ Welfare benefits.
➤ Workers' compensation benefits.
➤ Unemployment compensation.
➤ Income while an inmate.
➤ Workfare payments (see Publication 596).

  o Se inscribió en un programa que conduce a un título, certificado u otra credencial reconocida.
  o Llevar al menos la mitad de la carga de trabajo normal a tiempo completo para su curso de estudio.
➢ El estudiante no tenía una condena por delito grave por poseer o distribuir una sustancia controlada.

Crédito Tributario por Ingreso del Trabajo

El crédito por ingreso del trabajo (EIC, por sus siglas en inglés), también conocido como crédito tributario por ingreso del trabajo (EITC, por sus siglas en inglés), es un crédito tributario reembolsable para personas y familias trabajadoras de ingresos bajos a moderados. Cuando el EIC excede la cantidad de impuestos adeudados, resulta en un crédito reembolsable. Informe el EIC en el Formulario 1040, página 2, línea 27.

Veintiocho estados y el Distrito de Columbia tienen un programa EITC. La mayoría utiliza reglas federales de elegibilidad, y su versión del crédito es paralela a los principales elementos de la estructura federal. En la mayoría de los estados y localidades, el crédito es reembolsable (al igual que el federal), aunque, en algunas áreas, el EITC se usa solo para compensar los impuestos adeudados. Para obtener más información, vaya a www.irs.gov/eitc. El contribuyente debe tener ingresos del trabajo durante el año tributario para ser elegible para el crédito tributario por ingreso del trabajo. Si una pareja casada está presentando una declaración conjunta, y solo uno de los cónyuges trabajó, ambos aún podrían cumplir con el requisito de ingresos del trabajo.

Recuerde, el ingreso del trabajo es un ingreso que el contribuyente recibió por trabajar e incluye los siguientes tipos de ingresos:

➢ Salarios, propinas y otros tipos de pago de empleados sujetos a impuestos.
➢ Ingresos netos del trabajo por cuenta propia.
➢ Ingresos brutos percibidos como empleado estatutario.
➢ Beneficios de la huelga sindical.
➢ Prestaciones por discapacidad a largo plazo recibidas antes de alcanzar la edad mínima de jubilación.

Los ingresos no devengados incluyen lo siguiente:

➢ Intereses y dividendos.
➢ Pensiones y rentas vitalicias.
➢ Seguro Social y beneficios de jubilación ferroviaria (incluidos los beneficios por discapacidad).
➢ Pensión alimenticia y manutención de los hijos.
➢ Prestaciones sociales.
➢ Beneficios de compensación para trabajadores.
➢ Compensación por desempleo.
➢ Ingresos mientras está preso.
➢ Pagos de tarifas de trabajo (ver Publicación 596).

A taxpayer and their spouse, if filing jointly, must have a valid SSN to qualify for the earned income tax credit. If the SSN says, "Not valid for employment," and if the SSN was issued so the taxpayer or spouse could receive aid from a federally-funded program, they do not qualify to receive earned income credit. If the SSN says, "Valid for work only with INS authorization," or "Valid only with DHS authorization," then the SSN is valid, but only if the authorization has not expired.

To qualify for EIC, the taxpayer's adjusted gross income (AGI) must be below a certain amount, and the taxpayer (and spouse if married filing jointly) must meet the following requirements:

➢ Have a valid Social Security number (if filing MFJ, the spouse must also have a valid SSN).
➢ Have earned income from employment or self-employment income.
➢ Not file as Married filing separately (MFS).
➢ File MFJ as a U.S. citizen, as a resident alien all year, or as a nonresident alien married to a U.S. citizen.
➢ Not file Form 2555 or Form 2555-EZ.
➢ Not have investment income over $10,300.
➢ Have a qualifying child who meets the four dependent tests (age, relationship, residency, and joint return; see "Qualifying Child" below).
  ○ Be at least age 25 and under age 65 at the end of the year.
  ○ Live in the United States for more than half the year.
  ○ Not qualify as a dependent of another person.
➢ The 2022 AGI must be less than:
  ○ $53,057 ($59,187 MFJ) with three or more qualifying children.
  ○ $49,399 ($55,529 MFJ) with two qualifying children.
  ○ $43,492 ($49,662 MFJ) with one qualifying child.
  ○ $16,480 ($22,610 MFJ) with no qualifying children.

A Qualifying Child of More than One Person

Sometimes a child meets the rules to be a qualifying child of more than one person. However, only one person can use a qualifying child to claim the EIC. If two eligible taxpayers have the same qualifying child, they can decide who will take all the following related tax benefits:

➢ The child's exemption.
➢ The child tax credit.
➢ Head of Household filing status.
➢ The credit for child and dependent care expenses.
➢ The exclusion for dependent care benefits.
➢ The Earned Income Credit.

Only one taxpayer can claim these benefits, and they must claim either all of them or none of them. Do not divide the benefits between the two competing taxpayers. The tie-breaker rule applies if the taxpayer and the other person(s) cannot agree and if more than one person claims the EIC or other benefits using the same child. However, the tie-breaker rule does not apply if the other person is the taxpayer's spouse and files a joint return.

Un contribuyente y su cónyuge, si presentan una declaración conjunta, deben tener un SSN válido para calificar para el crédito tributario por ingreso del trabajo. Si el SSN dice: "No válido para el empleo", y si el SSN se emitió para que el contribuyente o cónyuge pudiera recibir ayuda de un programa financiado por el gobierno federal, no califican para recibir crédito por ingreso del trabajo. Si el SSN dice: "Válido para trabajar solo con autorización del INS" o "Válido solo con autorización del DHS", entonces el SSN es válido, pero solo si la autorización no ha expirado.

Para calificar para EIC, el ingreso bruto ajustado (AGI) del contribuyente debe estar por debajo de cierta cantidad, y el contribuyente (y el cónyuge si está casado y presenta una declaración conjunta) debe cumplir con los siguientes requisitos: Tener un número de Seguro Social válido (si presenta MFJ, el cónyuge también debe tener un SSN válido).

➢ Tener ingresos obtenidos del empleo o de los ingresos del trabajo por cuenta propia.
➢ No presentar como casado que presenta una declaración por separado (MFS).
➢ Presente MFJ como ciudadano estadounidense, como extranjero residente todo el año o como extranjero no residente casado con un ciudadano estadounidense.
➢ No presente el Formulario 2555 o el Formulario 2555-EZ.
➢ No tener ingresos por inversiones superiores a $10,300.
➢ Tener un hijo calificado que cumpla con las cuatro pruebas de dependientes (edad, relación, residencia y declaración conjunto; consulte "Hijo calificado" a continuación).
   o Tener al menos 25 años y ser menor de 65 años al final del año.
   o Vive en los Estados Unidos por más de la mitad del año.
   o No calificar como dependiente de otra persona.
➢ El AGI 2022 debe ser inferior a:
   o $53,057 ($59,187 MFJ) con tres o más hijos calificados.
   o $49,399 ($55,529 MFJ) con dos hijos calificados.
   o $43,492 ($49,662 MFJ) con un hijo calificado.
   o $16,480 ($22,610 MFJ) sin hijos calificados.

Un hijo calificado de más de una persona

A veces, un niño cumple con las reglas para ser un hijo calificado de más de una persona. Sin embargo, solo una persona puede usar a un niño calificado para reclamar el EIC. Si dos contribuyentes elegibles tienen el mismo hijo calificado, pueden decidir quién tomará todos los siguientes beneficios tributarios relacionados:

➢ La exención del niño.
➢ El crédito tributario por hijos.
➢ Estado civil del Cabeza de familia.
➢ El crédito para gastos de cuidado de hijos y dependientes.
➢ La exclusión de las prestaciones por cuidado de dependientes.
➢ El crédito por ingreso del trabajo.

Solo un contribuyente puede reclamar estos beneficios, y debe reclamar todos ellos o ninguno de ellos. No divida los beneficios entre los dos contribuyentes que compiten entre sí. La regla de desempate se aplica si el contribuyente y la(s) otra(s) persona(s) no pueden ponerse de acuerdo y si más de una persona reclama el EIC u otros beneficios utilizando el mismo hijo. Sin embargo, la regla de desempate no se aplica si la otra persona es el cónyuge del contribuyente y presenta una declaración conjunta.

If the taxpayer and someone else have the same qualifying child, but the other person cannot claim the EIC because the taxpayer is not eligible or because their earned income or AGI was too high, the child is a qualifying child for the taxpayer. Suppose a taxpayer's EIC is denied because the qualifying child is treated as the qualifying child of another person for the current tax year. In that case, one may claim the EIC if there is another, separate qualifying child. However, the taxpayer cannot take the EIC using the qualifying child that another individual claimed.

Example: Pedro has two children, Nora from his first marriage to Darla and a son named Francisco from his current spouse Martha. Even if Pedro and Darla agree to let Darla claim the EIC for Nora, Pedro can still claim the EIC for his son Francisco, and Pedro is not prohibited from claiming Francisco simply because he chose to give up his claim to Nora.

Tie-Breaker Rules

The following rules apply to determine which parent will claim the qualifying child:

> ➤ If both claimants are the parents and file a joint return, they can claim the child as a qualifying child. Even if there are other qualified claimants, the child cannot be the qualifying child of another person.
> ➤ If only one claimant is the child's parent, the child will be the parent's qualifying child.
> ➤ If both claimants are parents and do not file a joint return, the IRS will treat the child as a qualifying child of the parent with whom the child lived the longest during the year.
> ➤ If one of the above does not resolve the dispute, then the IRS will treat the child as the qualifying child of the claimant with the highest AGI for the year. Also, use this rule as a tiebreaker in the following instances:
>   ○ If the child lived with each of his two parents for the same amount of time.
>   ○ If no parent can claim the child as a qualifying child.
>   ○ If a parent can claim the child as a qualifying child, but no parent claims the child.

Example: 25-year-old Jeannie and her five-year-old son, Billy, lived with Jeannie's mother, Sarah, all year. Jeannie is unmarried, and her AGI is $8,100. Her only source of income was from a part-time job. Sarah's AGI was $20,000 from her job. Billy's father did not live with Billy or Jeannie. Billy is a qualifying child of both Jeannie and Sarah since he meets the relationship, age, residency, and joint return tests. Jeannie and Sarah must decide who will claim Billy as their dependent. If Jeannie does not claim Billy as a qualifying child for the EIC or Head of household filing status, Jeannie's mother can claim Billy as a qualifying child for each of those tax benefits for which she qualifies. Remember the dependent test for support does not apply to the EIC.

Special Rules for a Qualifying Child of More Than One Person

Sometimes, a child meets the relationship, age, residency, and support tests to be a qualifying child for more than one person. Even if an individual is a qualifying child of several people, only one claimant (a person attempting to claim something) can claim the child as their qualifying child.

Si el contribuyente y otra persona tienen el mismo hijo calificado, pero la otra persona no puede reclamar el EIC porque el contribuyente no es elegible o porque sus ingresos del trabajo o AGI eran demasiado altos, el niño es un hijo calificado para el contribuyente. Supongamos que el EIC de un contribuyente es denegado porque el hijo calificado es tratado como el hijo calificado de otra persona para el año tributario actual. En ese caso, se puede reclamar el EIC si hay otro hijo calificado separado. Sin embargo, el contribuyente no puede tomar el EIC utilizando el hijo calificado que otra persona reclamó.

Ejemplo: Pedro tiene dos hijos, Nora de su primer matrimonio con Darla y un hijo llamado Francisco de su actual esposa Martha. Incluso si Pedro y Darla acuerdan dejar que Darla reclame el EIC para Nora, Pedro todavía puede reclamar el EIC para su hijo Francisco, y Pedro no tiene prohibido reclamar a Francisco simplemente porque eligió renunciar a su reclamo a Nora.

Reglas de desempate

Las siguientes reglas se aplican para determinar qué padre reclamará al niño calificado:

> ➤ Si ambos reclamantes son los padres y presentan una declaración conjunta, pueden reclamar al niño como un niño calificado. Incluso si hay otros reclamantes calificados, el niño no puede ser el hijo calificado de otra persona.
> ➤ Si solo un reclamante es el padre del niño, el niño será el hijo calificado del padre.
> ➤ Si ambos reclamantes son padres y no presentan una declaración conjunta, el IRS tratará al niño como un hijo calificado del padre con quien el niño vivió más tiempo durante el año.
> ➤ Si uno de los anteriores no resuelve la disputa, entonces el IRS tratará al niño como el hijo calificado del reclamante con el AGI más alto para el año. Además, utilice esta regla como desempate en los siguientes casos:
> > ○ Si el niño vivió con cada uno de sus dos padres durante la misma cantidad de tiempo.
> > ○ Si ningún padre puede reclamar al niño como un niño calificado.
> > ○ Si un padre puede reclamar al niño como un niño calificado, pero ningún padre reclama al niño.

Ejemplo: Jeannie, de 25 años, y su hijo de cinco, Billy, vivieron con la madre de Jeannie, Sarah, todo el año. Jeannie no está casada y su AGI es de $8,100. Su única fuente de ingresos era un trabajo a tiempo parcial. El AGI de Sarah era de $20,000 de su trabajo. El padre de Billy no vivía con Billy o Jeannie. Billy es un hijo calificado de Jeannie y Sarah ya que cumple con las pruebas de relación, edad, residencia y declaración conjunto. Jeannie y Sarah deben decidir quién reclamará a Billy como su dependiente. Si Jeannie no reclama a Billy como un hijo calificado para el EIC o el estado civil de cabeza de familia, la madre de Jeannie puede reclamar a Billy como un niño calificado para cada uno de los beneficios fiscales para los que califica. Recuerde que la prueba dependiente para el apoyo no se aplica al EIC.

Reglas especiales para un hijo calificado de más de una persona

A veces, un niño cumple con las pruebas de relación, edad, residencia y apoyo para ser un niño calificado para más de una persona. Incluso si un individuo es un hijo calificado de varias personas, solo un reclamante (una persona que intenta reclamar algo) puede reclamar al niño como su hijo calificado.

If a taxpayer and one or more others have the same qualifying child, it is up to everyone involved to decide who will claim the child as a qualifying child. The individual can claim the following tax benefits based on the qualifying child (provided the taxpayer is eligible for each one):

➤ Child tax credit.
➤ HOH filing status (if applicable).
➤ Child and dependent care expenses.
➤ Earned income credit.

When one parent claims the child, other taxpayers do not share the tax benefits. Since you cannot divide the benefits between taxpayers, it is not uncommon for the parents to decide who will claim the qualifying child. If two or more taxpayers attempt to claim the child, the IRS will determine who will be able to claim the child based on the Tie-breaker Rules.

Qualifying Relative

Meet the following conditions to be considered a qualifying relative:

➤ The person cannot be the taxpayer's qualifying child or anyone else's qualifying child.
➤ The person must be only one of these things:
  ○ Be related to the taxpayer in one of the ways listed under "Relatives Who Do Not Need to live with the taxpayer."
  ○ Live with the taxpayer all year as a member of their household. This relationship must not violate local law.
➤ The person's gross income for the year must be less than $4,400. Exceptions apply.
➤ The taxpayer must provide more than half of the person's total support for the year. Exceptions apply.

EIC for Taxpayers Without Qualifying Children

Taxpayers who do not have qualifying children may also be eligible for the EIC. To be eligible for the EIC, the taxpayer must meet the following conditions:

➤ The taxpayer must be at least 25 years old and under the age of 65 at the end of 2022. If the taxpayer is filing a joint return; however, it is not required that both the taxpayer and the spouse meet the age requirement.
➤ The taxpayer must not be dependent on another person.
➤ The taxpayer must not be the qualifying child of another person.
➤ The taxpayers must have resided in the United States for more than half of the year.
➤ Maximum income should be more than $21,430 or $27,380 if married filing jointly.

Si un contribuyente y uno o más tienen el mismo hijo calificado, depende de todos los involucrados decidir quién reclamará al niño como hijo calificado. La persona puede reclamar los siguientes beneficios tributarios basados en el hijo calificado (siempre que el contribuyente sea elegible para cada uno):

> ➤ Crédito tributario por hijos.
> ➤ Estado civil de HOH (si corresponde).
> ➤ Gastos de cuidado de niños y dependientes.
> ➤ Crédito por ingreso del trabajo.

Cuando uno de los padres reclama al niño, otros contribuyentes no comparten los beneficios fiscales. Dado que no puede dividir los beneficios entre los contribuyentes, no es raro que los padres decidan quién reclamará al hijo calificado. Si dos o más contribuyentes intentan reclamar al niño, el IRS determinará quién podrá reclamar al niño según las Reglas de desempate.

Pariente calificado

Cumplir con las siguientes condiciones para ser considerado un pariente calificado:

> ➤ La persona no puede ser el hijo calificado del contribuyente o el hijo calificado de cualquier otra persona.
> ➤ La persona debe ser sólo una de estas cosas:
>   o Estar relacionado con el contribuyente de una de las maneras enumeradas en "Parientes que no necesitan vivir con el contribuyente".
>   o Vivir con el contribuyente todo el año como miembro de su hogar. Esta relación no debe violar la ley local.
> ➤ El ingreso bruto de la persona para el año debe ser inferior a $4,400. Se aplican excepciones.
> ➤ El contribuyente debe proporcionar más de la mitad de la manutención total de la persona para el año. Se aplican excepciones.

EIC para contribuyentes sin hijos calificados

Los contribuyentes que no tienen hijos calificados también pueden ser elegibles para el EIC. Para ser elegible para el EIC, el contribuyente debe cumplir con las siguientes condiciones:

> ➤ El contribuyente debe tener al menos 25 años y ser menor de 65 años a fines de 2022. Si el contribuyente presenta una declaración conjunta; Sin embargo, no se requiere que tanto el contribuyente como el cónyuge cumplan con el requisito de edad.
> ➤ El contribuyente no debe depender de otra persona.
> ➤ El contribuyente no debe ser el hijo calificado de otra persona.
> ➤ Los contribuyentes deben haber residido en los Estados Unidos durante más de la mitad del año.
> ➤ El ingreso máximo debe ser más de $21,430 o $27,380 si está casado y presenta una declaración conjunta.

Schedule EIC Worksheets

Taxpayers eligible for the EIC with qualifying children must complete Schedule EIC. Schedule EIC requires including the child's name, Social Security number, year of birth, the number of months lived in the home located in the United States, and the child's relationship to the taxpayer. Schedule EIC must be attached to the taxpayer's Form 1040. The taxpayer's income must be less than the threshold amounts to qualify for EIC. Worksheets are available to help with the calculations of the EIC and completing the EIC worksheets is essential to determining the amount of credit a taxpayer may claim on their return. The completed worksheet should be placed in the client's file and not be attached to the federal tax return. The IRS has the EIC worksheets on its website. If the taxpayer is self-employed, the taxpayer must complete EIC Worksheet B, found in Instructions Form 1040. All other taxpayers would figure their earned income by using Worksheet A of the Form 1040 Instructions.

2.12 Overview Topics

2.12.1 Tax Treatment of the Acquisition and Disposition of Virtual Currency (Notice 2014-21 and Rev Pro 2019-24)

The IRS defines "virtual currency" (VC) as a digital representation of value that functions as a medium of exchange, a unit of account and a store of value other than a representation of the United States dollar or a foreign currency. Convertible virtual currency is virtual currency (VC) that has an equivalent value in real currency, or that acts as a substitute for real currency. Cryptocurrency is generally referred to as coins or tokens and is a type of virtual currency that utilizes cryptography to secure transactions that are digitally recorded on a distributed ledger, such as a blockchain. A taxpayer has gross income when the individual receives the cryptocurrency (i.e., recorded on the distributed ledger) and has dominion and control over it.

Virtual currency received as payment for goods or services is considered income equal to the fair market value (FMV) on the date received. Payment by virtual currency is included as income, the FMV is determined by the United States dollar (USD). Employers paying VC as compensation for services constitute wages for employment tax purposes and is subject to Federal tax withholding. VC payments are subject to the same information reporting as other payments (e.g., Forms W-2, 1099, 1042 – Misc., etc.). See Notice 2014-21, 2014-16, and IRB 938.

Payments made by VC are subject to back-up withholding rules to the same extent as other payments. A taxpayer who successfully "mines" virtual currency has gross income equal to the fair market value of the virtual currency as of the date of receipt.

Form 1040 has a question that is to be asked of all taxpayers: "did you receive, sell, exchange, or otherwise dispose of any financial interest in any virtual currency?".

As the tax professional, do not assume the answer is no; ask the taxpayer and mark the appropriate box, based on their answer.

Not reporting the sale or exchange of virtual currencies could resort in a tax consequence. See Publication 544.

Programar hojas de trabajo de EIC

Los contribuyentes elegibles para el EIC con hijos calificados deben completar el Anexo EIC. El Anexo EIC requiere incluir el nombre del niño, el número de Seguro Social, el año de nacimiento, el número de meses vividos en el hogar ubicado en los Estados Unidos y la relación del niño con el contribuyente. El Anexo EIC debe adjuntarse al Formulario 1040 del contribuyente. Los ingresos del contribuyente deben ser menores que los montos de umbral para calificar para EIC. Las hojas de trabajo están disponibles para ayudar con los cálculos del EIC y completar las hojas de trabajo del EIC es esencial para determinar la cantidad de crédito que un contribuyente puede reclamar en su declaración. La hoja de trabajo completa debe colocarse en el archivo del cliente y no adjuntarse a la declaración de impuestos federales. El IRS tiene las hojas de trabajo del EIC en su sitio web. Si el contribuyente trabaja por cuenta propia, el contribuyente debe completar la Hoja de Trabajo B de EIC, que se encuentra en el Formulario de Instrucciones 1040. Todos los demás contribuyentes calcularían sus ingresos del trabajo utilizando la Hoja de Trabajo A de las Instrucciones del Formulario 1040.

2.12 Temas generales

2.12.1 Tratamiento fiscal de la adquisición y disposición de moneda virtual (Aviso 2014-21 y Rev Pro 2019-24)

El IRS define "moneda virtual" (VC) como una representación digital de valor que funciona como un medio de intercambio, una unidad de cuenta y una reserva de valor que no sea una representación del dólar de los Estados Unidos o una moneda extranjera. La moneda virtual convertible es una moneda virtual (VC) que tiene un valor equivalente en moneda real, o que actúa como un sustituto de la moneda real. La criptomoneda generalmente se conoce como monedas o tokens y es un tipo de moneda virtual que utiliza criptografía para asegurar las transacciones que se registran digitalmente en un libro mayor distribuido, como una cadena de bloques. Un contribuyente tiene ingresos brutos cuando el individuo recibe la criptomoneda (es decir, registrada en el libro mayor distribuido) y tiene dominio y control sobre ella.

La moneda virtual recibida como pago por bienes o servicios se considera ingreso igual al valor justo de mercado (FMV) en la fecha de recepción. El pago por moneda virtual se incluye como ingreso, el FMV está determinado por el dólar estadounidense (USD). Los empleadores que pagan VC como compensación por servicios constituyen salarios para fines de impuestos sobre el empleo y están sujetos a retención de impuestos federales. Los pagos de VC están sujetos a la misma información que otros pagos (por ejemplo, Formularios W-2, 1099, 1042 – Misc., etc.). Consulte el Aviso 2014-21, 2014-16 y el IRB 938.

Los pagos realizados por VC están sujetos a reglas de retención de respaldo en la misma medida que otros pagos. Un contribuyente que "extrae" con éxito la moneda virtual tiene un ingreso bruto igual al valor justo de mercado de la moneda virtual a partir de la fecha de recepción.

El Formulario 1040 tiene una pregunta que debe hacerse a todos los contribuyentes: "¿recibió, vendió, intercambió o dispuso de algún interés financiero en alguna moneda virtual?".

Como profesional de impuestos, no asuma que la respuesta es no; Pregúntele al contribuyente y marque la casilla correspondiente, en función de su respuesta.

No reportar la venta o cambio de monedas virtuales podría recurrir a una consecuencia fiscal. Véase la publicación 544.

2.12.2 Alternative Minimum Tax (AMT) Exemption/Phaseout Amounts

The alternative minimum tax (AMT) applies to taxpayers who qualify for certain deductions under tax law. The additional tax is on preference items, which is normally tax-free income or a high amount of itemized deductions. If the taxpayer has deducted preference items and their income exceeds a certain amount, AMT recalculates income tax after adding tax preference items back into the adjusted gross income. As the name suggests, the AMT is the minimum tax possible so that taxpayers cannot go without paying taxes, despite whatever exclusions, credits, or deductions may have been taken. If an adequate amount of a taxpayer's income is from the preference items, and that income exceeds the preset amounts discussed below, they will have to pay AMT even if they had otherwise lowered their tax liability below zero. Form 6251 calculates the AMT and reported on Schedule 2, line 1. AMT could offset personal and business taxes.

AMT is determined based on taxpayer's income. If a taxpayer with an excess amount of deductions received an amount of income that exceeds $75,900 (2022) (for Single and Head of Household), and $118,100 (2022) (for Qualifying Widow(er) or Married Filing Jointly), and $59,050 (for taxpayers filing separately), then the AMT will be triggered and applied. The 2022 AMT rate was 26% on the first $206,100 worth of income. If the taxpayer's income exceeds $199,900, the tax rate is 28%. Married Filing Separate taxpayers' AMT threshold is $103,050. For 2023, the AMT amount is $81,300 for singles and $126,500 for married couples. The 2023 begins to phase out as a single filer at $578,150 and for married jointly $1,079,800.

AMT is calculated using Alternative Minimum Tax Income (AMTI) instead of the adjusted gross income (AGI). If the AMTI amount is zero, then the taxpayer would use their AGI to calculate the AMT after reducing the AGI amount by their itemized or standard deduction and qualified business income deduction. AMTI cannot be reduced by the standard deduction or the net qualified disaster loss that increased the standard deduction. This amount will be added back into the AMT calculation later. For 2022 the AMTI excess is $206,100 for all taxpayers. For 2023 the AMTI is $220,700 for all taxpayers, except the married filing separately, and that excess is $110,350.

The following taxpayers must file Form 6251:

1. If line 7 on Form 6251 is greater than line 10.
2. Taxpayer claimed a general business credit, and either line 6 or 25 in Part I of Form 3800 is more than zero.
3. Taxpayer claimed the qualified electric vehicle credit on Form 8834, using the personal part of the alternative fuel vehicle refueling property credit on Form 8911 or the prior year minimum tax on Form 8801.
4. The total of lines 2c through 3 on Form 6251 is negative and line 7 is greater than line 10, if lines 2c through 3 were not taken into account.

The exemption begins to phase out when an individual income reaches $539,600 and $1,079,800 for married filing joint taxpayers. See Instructions Form 6251.

2.12.2 Importes alternativos de exención/eliminación gradual del impuesto mínimo (AMT)

El impuesto mínimo alternativo (AMT) se aplica a los contribuyentes que califican para ciertas deducciones bajo la ley tributaria. El impuesto adicional es sobre artículos preferenciales, que normalmente son ingresos libres de impuestos o una gran cantidad de deducciones detalladas. Si el contribuyente ha deducido elementos preferenciales y sus ingresos exceden una cierta cantidad, AMT vuelve a calcular el impuesto sobre la renta después de agregar elementos de preferencia fiscal nuevamente al ingreso bruto ajustado. Como su nombre indica, el AMT es el impuesto mínimo posible para que los contribuyentes no puedan quedarse sin pagar impuestos, a pesar de las exclusiones, créditos o deducciones que se hayan tomado. Si una cantidad adecuada de los ingresos de un contribuyente proviene de los elementos preferenciales, y ese ingreso excede los montos preestablecidos que se analizan a continuación, tendrá que pagar AMT incluso si de otra manera hubiera reducido su obligación tributaria por debajo de cero. El Formulario 6251 calcula el AMT y se reporta en el Anexo 2, línea 1. AMT podría compensar los impuestos personales y comerciales.

El AMT se determina en función de los ingresos del contribuyente. Si un contribuyente con un monto excesivo de deducciones recibió un monto de ingresos que excede los $75,900 (2022) (para solteros y jefes de familia), y $118,100 (2022) (para viudos calificados o casados que presentan una declaración conjunta), y $59,050 (para contribuyentes que presentan por separado), entonces se activará y aplicará el AMT. La tasa de AMT de 2022 fue del 26% sobre los primeros $206,100 en ingresos. Si los ingresos del contribuyente exceden los $199,900, la tasa impositiva es del 28%. El umbral de AMT de los contribuyentes separados que presentan una declaración de matrimonio es de $103,050. Para 2023, el monto de AMT es de $81,300 para solteros y $126,500 para parejas casadas. El 2023 comienza a eliminarse gradualmente como un solo declarante en $578,150 y para casados conjuntamente $1,079,800.

El AMT se calcula utilizando el ingreso mínimo fiscal alternativo (AMTI) en lugar del ingreso bruto ajustado (AGI). Si el monto de AMTI es cero, entonces el contribuyente usaría su AGI para calcular el AMT después de reducir el monto de AGI por su deducción detallada o estándar y la deducción de ingresos comerciales calificados. AMTI no puede reducirse por la deducción estándar o la pérdida neta calificada por desastre que aumentó la deducción estándar. Esta cantidad se volverá a agregar al cálculo de AMT más adelante. Para 2022, el exceso de AMTI es de $206,100 para todos los contribuyentes. Para 2023, el AMTI es de $220,700 para todos los contribuyentes, excepto los casados que presentan una declaración por separado, y ese exceso es de $110,350.

Los siguientes contribuyentes deben presentar el Formulario 6251:

> ➢ Si la línea 7 del Formulario 6251 es mayor que la línea 10.
> ➢ El contribuyente reclamó un crédito comercial general, y la línea 6 o 25 en la Parte I del Formulario 3800 es más que cero.
> ➢ El contribuyente reclamó el crédito calificado para vehículos eléctricos en el Formulario 8834, utilizando la parte personal del crédito a la propiedad de reabastecimiento de combustible del vehículo de combustible alternativo en el Formulario 8911 o el impuesto mínimo del año anterior en el Formulario 8801.
> ➢ El total de líneas 2c a 3 en el Formulario 6251 es negativo y la línea 7 es mayor que la línea 10, si no se tomaron en cuenta las líneas 2c a 3.

La exención comienza a eliminarse gradualmente cuando un ingreso individual alcanza los $539,600 y $1,079,800 para los contribuyentes casados que presentan una declaración conjunta. Consulte el Formulario de instrucciones 6251.

Taxpayers who need to file Form 8801, *Credit for Prior Year Minimum Tax*, could be an individual, estates or trust. This form is used when the taxpayer has a credit carryforward to the next year. The taxpayer had claimed a qualified vehicle credit that was unallowed. Another cause could be the AMT liability and adjustments or preferences that were not an exclusion item. See IRC Code Section 53.

2.12.3 QBI deduction (including Form 8995 and Form 8995-A)

Chapter 11 Qualified Business Income (QBI)

Qualified business income deduction (QBI) is a tax deduction that allows eligible self-employed and small-business owners to deduct up to 20% of their qualified business income on the tax return. Taxpayers' total taxable income for 2023 must be under $182,100 for all filers except married filing joint. The joint filer's income needs to be less than $364,200 to qualify.

Qualified Business Income (QBI) is the net amount of income, gain, deduction, and loss with respect to any qualified business of the taxpayer. Qualified items of income, gain deduction, and loss include items that are effectively connected with the conduct of a U.S. trade or business and are included in determining the business's taxable income for the tax year.

The Section 199A Qualified Business Income Deduction, enacted as part of the Tax Cuts and Jobs Act in 2017, was meant to provide a tax benefit to smaller flow-through businesses in response to the large decrease in the C corporation tax rate from 35% to 21%.

The initial step in calculating the Sec. 199A deduction begins with determining the QBI, which is determined separately for each of the taxpayer's qualified businesses. Certain investment items are excepted from QBI, including short-term and long-term capital gains and losses, dividends, and interest income not properly allocable to a trade or business. QBI also does not include reasonable compensation payments to a taxpayer for services rendered to a qualified business, guaranteed payments to a partner for services rendered to a business, and, to the extent provided in regulations, a Sec. 707(a) payment to a partner for services rendered to the business (Sec. 199A(c)).

Chapter 12 20% Deduction for a Pass-Through Qualified Trade or Business

The combined QBI amount serves as a placeholder: it is the amount of the Section 199A deduction before considering a final overall limitation. Under this overall limitation, a taxpayer's QBI deduction is limited to 20% of the taxpayer's taxable income in excess of any net capital gain. The combined QBI amount is the sum of the deductible QBI amounts for each of the taxpayer's qualified businesses. The deductible QBI amount of a qualified business is generally 20% of its QBI, but the deductible QBI amount may be limited when the business is a specified service trade or business or by a wage and capital limitation. See Sec. 199A(b).

Los contribuyentes que necesitan presentar el Formulario 8801, *Crédito para el Impuesto Mínimo del Año Anterior,* podrían ser un individuo, patrimonio o fideicomiso. Este formulario se utiliza cuando el contribuyente tiene un crédito arrastrado al año siguiente. El contribuyente había reclamado un crédito vehicular calificado que no estaba permitido. Otra causa podría ser la responsabilidad de AMT y los ajustes o preferencias que no eran un elemento de exclusión. Véase la sección 53 del Código IRC.

2.12.3 Deducción QBI (incluidos el Formulario 8995 y el Formulario 8995-A)

Ingresos comerciales calificados (QBI)

La deducción de ingresos comerciales calificados (QBI) es una deducción de impuestos que permite a los propietarios elegibles de trabajadores por cuenta propia y pequeñas empresas deducir hasta el 20% de sus ingresos comerciales calificados en la declaración de impuestos. El ingreso imponible total de los contribuyentes para 2023 debe ser inferior a $182,100 para todos los contribuyentes, excepto los casados que presentan una declaración conjunta. Los ingresos del declarante conjunto deben ser inferiores a $364,200 para calificar.

El ingreso comercial calificado (QBI) es el monto neto de ingresos, ganancias, deducciones y pérdidas con respecto a cualquier negocio calificado del contribuyente. Los elementos calificados de ingresos, deducción de ganancias y pérdidas incluyen elementos que están efectivamente conectados con la conducta de un comercio o negocio estadounidense y se incluyen en la determinación de los ingresos imponibles de la empresa para el año fiscal.

La Sección 199A de Deducción de Ingresos Comerciales Calificados, promulgada como parte de la Ley de Empleos y Reducción de Impuestos en 2017, estaba destinada a proporcionar un beneficio fiscal a las empresas más pequeñas en respuesta a la gran disminución en la tasa del impuesto corporativo C del 35% al 21%.

El paso inicial para calcular la deducción de la Sección 199A comienza con la determinación del QBI, que se determina por separado para cada una de las empresas calificadas del contribuyente. Ciertos elementos de inversión están exceptuados de QBI, incluidas las ganancias y pérdidas de capital a corto y largo plazo, los dividendos y los ingresos por intereses que no se asignan adecuadamente a una operación o negocio. QBI tampoco incluye pagos de compensación razonable a un contribuyente por servicios prestados a una empresa calificada, pagos garantizados a un socio por servicios prestados a una empresa y, en la medida prevista en las regulaciones, un pago de la Sección 707 (a) a un socio por servicios prestados a la empresa (Sección 199A (c)).

20% de deducción para un comercio o negocio calificado de transferencia

El monto combinado de QBI sirve como marcador de posición: es el monto de la deducción de la Sección 199A antes de considerar una limitación general final. Bajo esta limitación general, la deducción QBI de un contribuyente se limita al 20% del ingreso imponible del contribuyente que exceda cualquier ganancia neta de capital. El monto QBI combinado es la suma de los montos QBI deducibles para cada uno de los negocios calificados del contribuyente. El monto deducible de QBI de un negocio calificado es generalmente el 20% de su QBI, pero el monto deducible de QBI puede estar limitado cuando el negocio es un comercio o negocio de servicios específico o por una limitación salarial y de capital. Véase el artículo 199A(b).

The calculation of a taxpayer's Sec. 199A deduction depends on whether the taxpayer's taxable income is below a lower taxable income threshold ($182,100, or $364,200 if filing a joint return). When computing taxable income for this purpose, the Sec. 199A deduction is ignored.

If a taxpayer has income below the lower threshold, calculating the Sec. 199A deduction is straightforward. The taxpayer first calculates the deductible QBI amount for each qualified business and combines the deductible QBI amounts to determine the combined QBI amount. If the taxpayer has only one qualified business, the combined QBI amount is the deductible QBI amount for that business. The taxpayer then applies the overall taxable income limitation to the combined QBI. Thus, the taxpayer's Sec. 199A deduction is equal to the lesser of the combined QBI amount or the overall limitation (20% × taxpayer's taxable income in excess of any net capital gain).

Issues in Calculating the Deduction

If the taxpayer has taxable income above the higher threshold amount, two issues arise in the calculation of the Sec. 199A deduction. First, a business of the taxpayer will not be treated as a qualified business, and the income of the business of the taxpayer will not be included in QBI if the business meets the definition of a specified service trade or business (see below). Thus, the Sec. 199A deduction will be denied in full for the business. Second, if a business is a qualified business (i.e., it is not a specified service trade or business), the deductible QBI amount for the business is subject to a W-2 wage and capital limitation. Taxpayers with taxable income that is over the phaseout amount are unable to use Sec. 199A deduction for the business income that is a specified service trade or business.

Specified Service Trade or Business

A specified service trade or business is defined in Sec. 199A(d)(2) as "any trade or business which is described in section 1202(e)(3)(A) (applied without regard to the words 'engineering, architecture,') ... or which involves the performance of services that consist of investing and investment management, trading, or dealing in securities (as defined in section 475(c)(2)), partnership interests, or commodities (as defined in section 475(e)(2))."

Sec. 1202(e)(3)(A) defines a "qualified trade or business" as:

> "…any trade or business involving the performance of services in the fields of health, law, engineering, architecture, accounting, actuarial science, performing arts, consulting, athletics, financial services, brokerage services, or any trade or business where the principal asset of such trade or business is the reputation or skill of 1 or more of its employees or owners."

Thus, service trades or businesses (e.g., engineering, architecture, manufacturing, etc.) that are not specified service trades or businesses are eligible for the deduction regardless of the taxpayer's taxable income, but businesses providing specified services (e.g., law, accounting, consulting, investment management, etc.) of taxpayers who have taxable income above the higher taxable income threshold limit are excluded from the deduction.

El cálculo de la deducción de la Sección 199A de un contribuyente depende de si el ingreso imponible del contribuyente está por debajo de un umbral de ingreso imponible más bajo ($182,100, o $364,200 si presenta una declaración conjunta). Al calcular los ingresos imponibles para este propósito, se ignora la deducción de la Sección 199A.

Si un contribuyente tiene ingresos por debajo del umbral más bajo, calcular la deducción de la Sección 199A es sencillo. El contribuyente primero calcula el monto QBI deducible para cada negocio calificado y combina los montos QBI deducibles para determinar el monto QBI combinado. Si el contribuyente tiene solo un negocio calificado, el monto QBI combinado es el monto QBI deducible para ese negocio. Luego, el contribuyente aplica la limitación general de ingresos imponibles al QBI combinado. Por lo tanto, la deducción Sec. 199A del contribuyente es igual al menor de la cantidad combinada de QBI o la limitación general (20% × ingreso imponible del contribuyente en exceso de cualquier ganancia neta de capital).

Problemas en el cálculo de la deducción

Si el contribuyente tiene ingresos imponibles por encima del monto del umbral más alto, surgen dos problemas en el cálculo de la deducción Sec. 199A. Primero, un negocio del contribuyente no será tratado como un negocio calificado, y los ingresos del negocio del contribuyente no se incluirán en QBI si el negocio cumple con la definición de un comercio o negocio de servicios específico (ver más abajo). Por lo tanto, la deducción de la Sección 199A será denegada en su totalidad para el negocio. En segundo lugar, si una empresa es una empresa calificada (es decir, no es un comercio o negocio de servicios específico), el monto deducible de QBI para la empresa está sujeto a una limitación salarial y de capital W-2. Los contribuyentes con ingresos imponibles que superan el monto de eliminación gradual no pueden usar la deducción de la Sección 199A para los ingresos comerciales que son un comercio o negocio de servicios específico.

Comercio o negocio de servicios especificados

Un comercio o negocio de servicios especificado se define en la Sección 199A (d) (2) como "cualquier comercio o negocio que se describe en la sección 1202 (e) (3) (A) (aplicado sin tener en cuenta las palabras 'ingeniería, arquitectura') ... o que implique la prestación de servicios que consistan en invertir y administrar inversiones, negociar o negociar valores (como se define en la Sección 475 (c) (2)), intereses de sociedades o productos básicos (como se define en la Sección 475 (e) (2))".

El artículo 1202(e)(3)(A) define un "comercio o negocio calificado" como:

> "... cualquier comercio o negocio que implique la prestación de servicios en los campos de la salud, el derecho, la ingeniería, la arquitectura, la contabilidad, las ciencias actuariales, las artes escénicas, la consultoría, el atletismo, los servicios financieros, los servicios de corretaje, o cualquier comercio o negocio donde el activo principal de dicho comercio o negocio sea la reputación o habilidad de 1 o más de sus empleados o propietarios.

Por lo tanto, los oficios o negocios de servicios (por ejemplo, ingeniería, arquitectura, fabricación, etc.) que no son oficios o negocios de servicios especificados son elegibles para la deducción independientemente del ingreso imponible del contribuyente, pero las empresas que brindan servicios específicos (por ejemplo, derecho, contabilidad, consultoría, administración de inversiones, etc.) de contribuyentes que tienen ingresos imponibles por encima del límite más alto del umbral de ingresos imponibles están excluidos de la deducción.

Taxpayers with Income Above the Threshold

If a taxpayer has taxable income above the higher taxable income threshold and owns a business that is not a specified service trade or business, the QBI deductible amount for the business is subject to a limitation based on W-2 wages or capital (capital here is measured as the unadjusted basis of certain business assets) (Sec. 199A(b)(2)(B)). The deductible QBI amount for the business is equal to the *lesser* of 20% of the business's QBI or the *greater* of 50% of the W-2 wages for the business or 25% of the W-2 wages plus 2.5% of the business's unadjusted basis in all qualified property. Thus, two alternative limitations under Sec. 199A(b)(2) may limit the deductible QBI amount for each business that is included in a taxpayer's combined QBI amount (a pure 50% wage test or a combined 25% wage and capital test).

QBI and the W-2

W-2 wages are total wages subject to wage withholding, elective deferrals, and deferred compensation paid during the tax year that are attributable to QBI (Sec. 199A(b)(4)). However, amounts not properly included in a return filed with the Social Security Administration on or before the 60th day after the due date (including extensions) for that return are not included (Sec. 199A(b)(4)(C)). A partner's allocable share of W-2 wages is required to be determined in the same manner as the partner's share of wage expenses.

QBI and Property

The basis of qualifying property is calculated as the unadjusted basis immediately after acquisition of that property. Qualifying property is tangible property or depreciable property that was held by and available for use in the business at the close of the tax year, or was used in the production of QBI at any time during the year and the "depreciable period" has not ended before the close of the tax year (Sec. 199A(b)(6)).

The depreciable period starts on the date the property is first placed in service and ends the last day of the last full year of the applicable recovery period under Sec. 168 (disregarding Sec. 168(g)) or 10 years after the beginning date, whichever is later. This rule allows "qualified property" to include property that has exhausted its modified accelerated cost recovery system (MACRS) depreciation period if it is still in its first 10 years of service. The statute directs Treasury to provide anti-abuse rules to prevent the manipulation of the depreciable period of qualified property through related-party transactions and for determining the unadjusted basis immediately after the acquisition of qualified property in like-kind exchanges and involuntary conversions.

Service Trade Disqualifier

A taxpayer potentially loses all or part of the Sec. 199A deduction if taxable income rises too high and the income is from a specified service business. The income phase-out amounts are as follows (adjusted for inflation in 2022):

➤ All other	$182,100 - $232,100 partial phase out of Sec. 199A
	$230,101 + complete phase out of Sec. 199A
➤ MFJ	$364,200 - $464,200 partial phase out of Sec. 199A
	$464,201+ complete phase out of Sec. 199A

Contribuyentes con ingresos por encima del umbral

Si un contribuyente tiene ingresos imponibles por encima del umbral de ingresos imponibles más alto y posee un negocio que no es un comercio o negocio de servicios específico, el monto deducible de QBI para el negocio está sujeto a una limitación basada en los salarios o el capital W-2 (el capital aquí se mide como la base no ajustada de ciertos activos comerciales) (Sec. 199A (b) (2) (B)). El monto deducible *de QBI para el negocio es igual al menor* de 20% del QBI del negocio o el *mayor de 50% de los salarios W-2* para el negocio o 25% de los salarios W-2 más 2.5% de la base no ajustada del negocio en toda propiedad calificada. Por lo tanto, dos limitaciones alternativas bajo la Sección 199A (b) (2) pueden limitar el monto QBI deducible para cada negocio que se incluye en el monto QBI combinado de un contribuyente (una prueba salarial pura del 50% o una prueba combinada de salario y capital del 25%).

QBI y el W-2

Los salarios W-2 son salarios totales sujetos a retención de salarios, aplazamientos electivos y compensación diferida pagados durante el año fiscal que son atribuibles a QBI (Sec. 199A (b) (4)). Sin embargo, los montos no incluidos correctamente en una declaración presentada ante la Administración del Seguro Social en o antes del día 60 después de la fecha de vencimiento (incluidas las extensiones) para esa declaración no se incluyen (Sec. 199A (b) (4) (C)). Se requiere que la parte asignable de un socio de los salarios W-2 se determine de la misma manera que la parte del socio de los gastos salariales.

QBI y Propiedad

La base de la propiedad calificada se calcula como la base no ajustada inmediatamente después de la adquisición de esa propiedad. La propiedad calificada es propiedad tangible o depreciable que estaba en poder y disponible para su uso en el negocio al cierre del año fiscal, o se utilizó en la producción de QBI en cualquier momento durante el año y el "período depreciable" no ha terminado antes del cierre del año fiscal (Sec. 199A (b) (6)).

El período depreciable comienza en la fecha en que la propiedad se pone en servicio por primera vez y finaliza el último día del último año completo del período de recuperación aplicable bajo la Sección 168 (sin tener en cuenta la Sección 168 (g)) o 10 años después de la fecha de inicio, lo que ocurra más tarde. Esta regla permite que la "propiedad calificada" incluya la propiedad que ha agotado su período de depreciación del sistema de recuperación acelerada de costos (MACRS) modificado si todavía está en sus primeros 10 años de servicio. El estatuto ordena al Tesoro que establezca normas contra el abuso para evitar la manipulación del período depreciable de los bienes calificados mediante transacciones con partes vinculadas y para determinar la base no ajustada inmediatamente después de la adquisición de bienes calificados en intercambios similares y conversiones involuntarias.

Descalificador de comercio de servicios

Un contribuyente potencialmente pierde la totalidad o parte de la deducción de la Sección 199A si el ingreso imponible aumenta demasiado y el ingreso proviene de un negocio de servicios específico. Los montos de eliminación gradual de ingresos son los siguientes (ajustados por inflación en 2022):

> Todos los demás $182,100 - $232,100 eliminación parcial de la Sección 199A
> $230,101 + eliminación completa de la Sección 199A
> MFJ $364,200 - $464,200 eliminación parcial de la Sección 199A
> $464,201+ eliminación completa de la Sección 199A

A taxpayer potentially loses all or part of the Sec. 199A deduction if taxable income rises too high and the income is from a specified service business. This includes "fields of health, law, accounting, actuarial science, performing arts, consulting, athletics, financial services, brokerage services, or any trade or business where the principal asset of the business is the reputation or skill of one or more of its employees or owners."

Taxpayer earnings under the threshold amount could qualify for the Sec. 199A deduction even if the income is from a specified service business.

➤ All other < $182,100
➤ MFJ   < $364,200

Taxpayer earnings over the threshold amount qualify for a lesser amount or for none of the Sec. 199A deduction.

➤ All other $232,101+
➤ MFJ $464,201+

The terminology "within the United States" means taxpayers only receive the 20% deduction on business income earned exclusive in the U.S. and on rental income from property located inside the U.S. The taxpayer only counts W-2 wages for businesses or real estate located within the U.S. If depreciable property figures into the formula, the property must be located inside the U.S. Therefore, if an entrepreneur has qualified business income from within and outside the U.S., separate the two before calculating Sec. 199A deduction.

Pass-Through Entities

The pass-through deduction is available regardless of which deduction method is chosen—itemized or standard deduction. The deduction cannot exceed 20% of the excess of a taxpayer's taxable income over net capital gain. If QBI is less than zero, it is treated as a loss from a qualified business in the following year.

For pass-through entities other than sole proprietorships, the deduction cannot exceed whichever of the following is greater:

➤ 50% of the W-2 wages with respect to the qualified trade or business ("W-2 wage limit").
➤ The sum of 25% of the W-2 wages paid with respect to the qualified trade or business *plus* 2.5% of the unadjusted basis of all "qualified property" immediately after acquisition.

Qualified property is any tangible, depreciable property that is held by and available for use in a qualified trade or business.

Un contribuyente potencialmente pierde la totalidad o parte de la deducción de la Sección 199A si el ingreso imponible aumenta demasiado y el ingreso proviene de un negocio de servicios específico. Esto incluye "campos de salud, derecho, contabilidad, ciencias actuariales, artes escénicas, consultoría, atletismo, servicios financieros, servicios de corretaje o cualquier comercio o negocio donde el activo principal de la empresa sea la reputación o habilidad de uno o más de sus empleados o propietarios".

Las ganancias de los contribuyentes por debajo del monto umbral podrían calificar para la deducción de la Sección 199A, incluso si los ingresos provienen de un negocio de servicios específico.

➢ Todas las demás < $182,100
➢ MFJ < $364,200

Las ganancias de los contribuyentes por encima del monto umbral califican para una cantidad menor o para ninguna de las deducciones de la Sección 199A.

➢ Todos los demás $232,101+
➢ MFJ $464,201+

La terminología "dentro de los Estados Unidos" significa que los contribuyentes solo reciben la deducción del 20% sobre los ingresos comerciales obtenidos exclusivamente en los Estados Unidos y sobre los ingresos por alquiler de propiedades ubicadas dentro de los Estados Unidos. El contribuyente solo cuenta los salarios W-2 para negocios o bienes raíces ubicados dentro de los EE. UU. Si la propiedad depreciable figura en la fórmula, la propiedad debe estar ubicada dentro de los EE. UU. Por lo tanto, si un empresario tiene ingresos comerciales calificados dentro y fuera de los Estados Unidos, separe los dos antes de calcular la deducción de la Sección 199A.

Entidades de paso

La deducción de transferencia está disponible independientemente del método de deducción que se elija: deducción detallada o estándar. La deducción no puede exceder el 20% del exceso del ingreso imponible de un contribuyente sobre la ganancia neta de capital. Si QBI es menor que cero, se trata como una pérdida de un negocio calificado en el año siguiente.

Para las entidades de transferencia que no sean empresas unipersonales, la deducción no puede exceder cualquiera de los siguientes que sean mayor:

➢ 50% de los salarios W-2 con respecto al comercio o negocio calificado ("límite salarial W-2").
➢ La suma del 25% de los salarios W-2 pagados con respecto al comercio o negocio calificado *más* 2.5% de la base no ajustada de todos los "bienes calificados" inmediatamente después de la adquisición.

La propiedad calificada es cualquier propiedad tangible y depreciable que está en poder y disponible para su uso en un comercio o negocio calificado.

For a partnership or S corporation, each partner or shareholder is treated as having W-2 wages for the tax year in an amount equal to his or her allocable share of the W-2 wages of the entity for the tax year. A partner's or shareholder's allocable share of W-2 wages is determined in the same way as the partner's or shareholder's allocable share of wage expenses. For an S corporation, an allocable share is the shareholder's pro rata share of an item. However, the W-2 wage limit begins phasing out in the case of a taxpayer with taxable income exceeding $340,100 for married individuals filing jointly ($170,050 for other individuals). The application of the W-2 wage limit is phased in for individuals with taxable income exceeding the thresholds.

Sec. 199A Overview

To get the savings, a business owner may want to make operational, legal, and accounting changes early in the year.

The three major concepts with the Sec. 199A deduction are as follows:

➢ It benefits the following "pass-through entities":
  o Sole proprietorships.
  o Partnerships.
  o S corporations.
  o Real estate investment trusts (REITs).
  o Qualified cooperatives.
➢ It shelters taxable income that would otherwise be taxed as ordinary income subject to the highest individual tax rates.
➢ The bigger the benefit, the more complex the rules.

2.12.4 Kiddie Tax

Although the Form 8615 is not included on Schedule 2 as an additional tax, it is an additional tax to the parent. If the parent claims their child's unearned income, the child will not file a tax return. Claiming the child's unearned income would change the parents' tax liability and could affect the taxpayers' adjusted gross income (AGI). The election is made annually. The parent can claim their child's unearned income if the child meets the following conditions:

1. The child had $2,300 or more of unearned income.
2. The child is required to file a tax return.
3. The child either:
   a. Was under age 18 at the end of 2022.
   b. Was age 18 at the end of 2022 and didn't have earned income that was more than half of their support.
   c. Was a full-time student at least age 19 and under age 24 at the end of 2022 and did not have earned income that was more than half of their support.
4. At least one of the child's parents was alive at the end of 2022.
5. The child does not need to file a joint return for 2022.

A "child" regarding the kiddie tax rules includes legally adopted children and stepchildren. These rules apply whether the child is or is not a dependent. If neither of the child's parents were living at the end of the year, none of the rules apply.

Para una sociedad o corporación S, se trata de que cada socio o accionista tiene salarios W-2 para el año fiscal en una cantidad igual a su parte asignable de los salarios W-2 de la entidad para el año fiscal. La parte asignable de un socio o accionista de los salarios W-2 se determina de la misma manera que la parte asignable del socio o accionista de los gastos salariales. Para una corporación S, una acción asignable es la participación prorrateada del accionista de un artículo. Sin embargo, el límite salarial W-2 comienza a eliminarse gradualmente en el caso de un contribuyente con ingresos imponibles superiores a $340,100 para personas casadas que presentan una declaración conjunta ($170,050 para otras personas). La aplicación del límite salarial W-2 se introduce gradualmente para las personas con ingresos imponibles que exceden los umbrales.

Visión general del artículo 199A

Para obtener los ahorros, el propietario de un negocio puede querer hacer cambios operativos, legales y contables a principios de año.

Los tres conceptos principales con la deducción del artículo 199A son los siguientes:

- ➤ Beneficia a las siguientes "entidades de transferencia":
  - o Empresas unipersonales.
  - o Asociaciones.
  - o S corporaciones.
  - o Fideicomisos de inversión inmobiliaria (REITs).
  - o Cooperativas calificadas.
- ➤ Protege los ingresos imponibles que de otro modo se gravarían como ingresos ordinarios sujetos a las tasas impositivas individuales más altas.
- ➤ Cuanto mayor sea el beneficio, más complejas serán las reglas.

2.12.4 Impuesto para niños

Aunque el Formulario 8615 no está incluido en el Anexo 2 como un impuesto adicional, es un impuesto adicional para el padre. Si el padre reclama los ingresos no ganados de su hijo, el niño no presentará una declaración de impuestos. Reclamar los ingresos no ganados del niño cambiaría la obligación tributaria de los padres y podría afectar el ingreso bruto ajustado (AGI) de los contribuyentes. La elección se realiza anualmente. El padre puede reclamar los ingresos no ganados de su hijo si el niño cumple con las siguientes condiciones:

1. El niño tenía $2,300 o más de ingresos no ganados.
2. El niño debe presentar una declaración de impuestos.
3. El niño:
   a. Tenía menos de 18 años a finales de 2022.
   b. Tenía 18 años a fines de 2022 y no tenía ingresos que fueran más de la mitad de su apoyo.
   c. Era un estudiante de tiempo completo de al menos 19 años y menor de 24 años a fines de 2022 y no tenía ingresos que fueran más de la mitad de su manutención.
4. Al menos uno de los padres del niño estaba vivo a finales de 2022.
5. El niño no necesita presentar una declaración conjunta para 2022.

Un "niño" con respecto a las reglas fiscales para niños incluye a los niños adoptados legalmente y a los hijastros. Estas reglas se aplican independientemente de que el niño sea o no un dependiente. Si ninguno de los padres del niño vivía al final del año, no se aplica ninguna de las reglas.

Support includes all amounts spent to provide the child with food, lodging, clothing, education, medical and dental care, recreation, transportation, and similar necessities. To calculate the child's support, count support provided by parents and their child, and others who support the child. Scholarship received by the child is not considered support if the child is a full-time student.

The Setting Every Community Up for Retirement Act (SECURE ACT) of 2019 repealed the TCJA changes made for Kiddie Tax. For tax year 2020 and beyond, the law reverts the kiddie tax back to the parent's marginal tax rate. See Publication 919 and IRC Section 1(g).

For tax year 2023 the first $1,250 of the child's unearned income is earned tax free and the next $1,250 is taxed at the child's rate. Anything over $2,500 in 2023 is taxed at the parent's tax rate instead of the child's generally lower rate.

2.12.5 Section 529 Plans

Section 529 plans are a valuable way to save for a child's college or other education expenses. The 529 plan money is not taxed when taken out of the plan as long as it is used for qualified education expenses.

Be aware that not all eligible education institutions treat certain Coverdell education savings accounts (529 Plans) the same way, nor do they consider the same things when determining if a scholarship or fellowship grant is not taxable. To determine if you can use the Coverdell education savings account for the college, university, vocational school, or another postsecondary education institute, the school in question must participate in a student aid program administered by the U.S. Department of Education. The education institution can be an accredited public, nonprofit, or proprietary postsecondary institution. Beginning in 2018, this includes any private, religious, or public school for kindergarten through 12th grade as determined by state law. To determine if scholarships and fellowship grants are tax-free, the education institution must maintain a regular facility and curriculum and normally have a regularly enrolled body of students where it carries on its educational activities.

2.12.6 Achieving a Better Life Experience (ABLE) Account

An ABLE program is established and maintained by a State (or State agency or instrumentality thereof) through which eligible individuals can open ABLE accounts. An Achieving a Better Life Experience (ABLE) account is:

> ➢ a tax-advantaged savings account;
> ➢ used by eligible individuals to pay for qualified disability expenses;
> ➢ owned by the eligible individual and designated beneficiary of the ABLE account; and
> ➢ established by an eligible individual provided the individual is blind or disabled by a condition that began before the individual's 26th birthday.

La manutención incluye todas las cantidades gastadas para proporcionar al niño alimentos, alojamiento, ropa, educación, atención médica y dental, recreación, transporte y necesidades similares. Para calcular la manutención del niño, cuente el apoyo proporcionado por los padres y su hijo, y otras personas que apoyan al niño. La beca recibida por el niño no se considera apoyo si el niño es un estudiante de tiempo completo.

La Ley de Preparación de Todas las Comunidades para la Jubilación (SECURE ACT) de 2019 derogó los cambios de TCJA realizados para Kiddie Tax. Para el año fiscal 2020 y más allá, la ley revierte el impuesto infantil a la tasa impositiva marginal de los padres. Véase la Publicación 919 y la Sección 1(g) del IRC.

Para el año fiscal 2023, los primeros $1,250 de los ingresos no ganados del niño se obtienen libres de impuestos y los siguientes $1,250 se gravan a la tasa del niño. Cualquier cosa por encima de $2,500 en 2023 se grava a la tasa impositiva de los padres en lugar de la tasa generalmente más baja del niño.

2.12.5 Planes de la Sección 529

Los planes de la Sección 529 son una forma valiosa de ahorrar para la universidad u otros gastos educativos de un hijo. El dinero del plan 529 no se grava cuando se saca del plan, siempre y cuando se use para gastos de educación calificados.

Tenga en cuenta que no todas las instituciones educativas elegibles tratan ciertas cuentas de ahorro para la educación Coverdell (Planes 529) de la misma manera, ni consideran las mismas cosas al determinar si una beca o subvención de beca no está sujeta a impuestos. Para determinar si puede usar la cuenta de ahorros para la educación Coverdell para el colegio, universidad, escuela vocacional u otro instituto de educación postsecundaria, la escuela en cuestión debe participar en un programa de ayuda estudiantil administrado por el Departamento de Educación de los Estados Unidos. La institución educativa puede ser una institución postsecundaria pública, sin fines de lucro o propietaria acreditada. A partir de 2018, esto incluye cualquier escuela privada, religiosa o pública desde kindergarten hasta el grado 12 según lo determine la ley estatal. Para determinar si las becas y becas están libres de impuestos, la institución educativa debe mantener una instalación y un plan de estudios regulares y normalmente tener un cuerpo regular de estudiantes matriculados donde lleva a cabo sus actividades educativas.

2.12.6 Lograr una mejor experiencia de vida (ABLE)

Un programa ABLE es establecido y mantenido por un Estado (o agencia estatal o instrumentalidad de este) a través del cual las personas elegibles pueden abrir cuentas ABLE. Una cuenta de Lograr una Mejor experiencia en la vida (ABLE) es:

> ➢ una cuenta de ahorros con ventajas fiscales;
> ➢ utilizado por personas elegibles para pagar gastos calificados por discapacidad;
> ➢ propiedad de la persona elegible y beneficiario designado de la cuenta ABLE; y
> ➢ establecido por una persona elegible siempre que la persona sea ciega o discapacitada por una condición que comenzó antes de que la persona cumpla 26 años.

Effective for tax years beginning after Dec. 22, 2017, and before Jan. 1, 2026, after the overall limitation on contributions to ABLE accounts is reached (i.e., the annual gift tax exemption amount; for 2022, $16,000), an ABLE account's designated beneficiary can contribute an additional amount up to the lesser of (a) the Federal poverty line for a one-person household or (b) the individual's compensation for the tax year (Code Sec. 529A(b), as amended by Act Sec. 11024(a)). Additionally, the designated beneficiary of an ABLE account can claim the saver's credit under Code Sec. 25B for contributions made to an ABLE account (Code Sec. 25B(d)(1), as amended by Act Sec. 11024(b)).

The TCJA also allows that a Section 529 Plan be rolled over to an ABLE account without penalty if the rollover is completed within 60 days of the distribution before Jan 1, 2026. The transfer must be to an account with the same beneficiary or a member of the family of the beneficiary. The following are "members of the family":

- Spouse.
- Child or descendant of a child.
- Brother, sister, stepbrother, or stepsister.
- Mother, father, or ancestor of either.
- Stepfather or stepmother.
- Niece or nephew.
- Uncle, aunt, or in-law.
- Any first cousin of the designated beneficiary.

The rollover cannot exceed the contribution limits for an ABLE account. The maximum amount that can be contributed to an ABLE account yearly is $16,000 for 2022.

2.12.7 Cancellation of Student Debt (when to exclude from income)

The student loan debt relief has been paused until the litigation is resolved. The Biden Administration's Student Loan Debt Relief Plan has paused the repayment several times during these economic challenges.

A debt is any amount owed to the lender; this includes, but is not limited to, stated principal, stated interest, fees, penalties, administrative costs, and fines. If a taxpayer's debt is canceled or forgiven, the canceled amount would generally be included as income. The amount of canceled debt can be all, or part, of the total amount owed. For a lending transaction, the taxpayer is required to report only the stated principal. If the cancellation of a debt is a gift, it would not be included as income. If a federal government agency, financial institution, or credit union forgives or cancels a debt of $600 or more, the taxpayer should receive a Form 1099-C *Cancellation of Debt*. The amount to be included as income is listed in box 2 of Form 1099-C.

If the forgiven or canceled debt includes interest, the amount considered interest would be listed in box 3 and can only be included as income if it would have been deductible on the taxpayer's tax return.

The taxpayer should not include a canceled debt as income in the following situations:

Efectivo para los años fiscales que comiencen después del 22 de diciembre de 2017 y antes del 1 de enero de 2026, después de que se alcance la limitación general de las contribuciones a las cuentas ABLE (es decir, el monto anual de exención del impuesto sobre donaciones; para 2022, $16,000), el beneficiario designado de una cuenta ABLE puede contribuir con un monto adicional hasta el menor de (a) la línea de pobreza federal para un hogar de una sola persona o (b) la compensación del individuo para el año fiscal (Código Sec. 529A (b), modificada por la Ley 11024(a)). Además, el beneficiario designado de una cuenta ABLE puede reclamar el crédito del ahorrador bajo el Código Sec. 25B por las contribuciones realizadas a una cuenta ABLE (Código Sec. 25B(d)(1), según enmendada por la Ley Sec. 11024(b)).

La TCJA también permite que un Plan de la Sección 529 se transfiera a una cuenta ABLE sin penalización si la transferencia se completa dentro de los 60 días posteriores a la distribución antes del 1 de enero de 2026. La transferencia debe ser a una cuenta con el mismo beneficiario o un miembro de la familia del beneficiario. Los siguientes son "miembros de la familia":

➢ Esposo.
➢ Hijo o descendiente de un niño.
➢ Hermano, hermana, hermanastro o hermanastra.
➢ Madre, padre o antepasado de cualquiera de los dos.
➢ Padrastro o madrastra.
➢ Sobrina o sobrino.
➢ Tío, tía o suegro.
➢ Cualquier primo hermano del beneficiario designado.

La reinversión no puede exceder los límites de contribución para una cuenta ABLE. La cantidad máxima que se puede contribuir a una cuenta ABLE anualmente es de $16,000 para 2022.

2.12.7 Cancelación de la deuda estudiantil (cuándo excluir de los ingresos)

El alivio de la deuda de préstamos estudiantiles se ha detenido hasta que se resuelva el litigio. El Plan de Alivio de la Deuda de Préstamos Estudiantiles de la Administración Biden ha pausado el pago varias veces durante estos desafíos económicos.

Una deuda es cualquier cantidad adeudada al prestamista; Esto incluye, pero no se limita a, capital declarado, intereses declarados, tarifas, sanciones, costos administrativos y multas. Si la deuda de un contribuyente es cancelada o perdonada, la cantidad cancelada generalmente se incluiría como ingreso. El monto de la deuda cancelada puede ser todo o parte del monto total adeudado. Para una transacción de préstamo, el contribuyente está obligado a reportar solo el capital declarado. Si la cancelación de una deuda es un regalo, no se incluiría como ingreso. Si una agencia del gobierno federal, institución financiera o cooperativa de crédito perdona o cancela una deuda de $600 o más, el contribuyente debe recibir un Formulario 1099-C *Cancelación de deuda*. La cantidad que debe incluirse como ingreso se enumera en la casilla 2 del Formulario 1099-C.

Si la deuda perdonada o cancelada incluye intereses, la cantidad considerada interés se enumeraría en la casilla 3 y solo se puede incluir como ingreso si hubiera sido deducible en la declaración del contribuyente.

El contribuyente no debe incluir una deuda cancelada como ingreso en las siguientes situaciones:

> ➢ The debt is canceled in a bankruptcy case under Title 11 of the U.S. Code. See Publication 908, *Bankruptcy Tax Guide.*
> ➢ The debt is canceled when the taxpayer is insolvent. However, this does not apply to the extent the debt exceeds the amount by which the taxpayer is insolvent.
> ➢ The debt is qualified farm debt and is canceled by a qualified person. See chapter 3 of Publication 225, *Farmer's Tax Guide.*
> ➢ The debt is qualified real property business debt. See Publication 468, *Canceled Debts, Foreclosures, Repossessions and Abandonments (For Individuals).*
> ➢ The debt is qualified principal residence indebtedness.

If the taxpayer has included a canceled debt amount in their income and later pays the debt off, the taxpayer may be able to file an amended return for a refund. The statute of limitations for filing would apply.

There may be terms in the following section that you are not familiar with; research to become familiar with them.

Depending upon the actual date of the discharge, a debt is deemed canceled on the date one of the following identifiable events occur:

> ➢ A discharge in bankruptcy under Title 11 of the U.S. Code. There are certain discharges in bankruptcy that are not required to be reported.
> ➢ A cancellation or extinguishment making the debt unenforceable in a receivership, foreclosure, or similar federal non-bankruptcy or state court proceeding.
> ➢ A cancellation or extinguishment when the statute of limitations for collecting the debt expires, or when the statutory period for filing a claim or beginning a deficiency judgment proceeding expires. Expiration of the statute of limitations is an identifiable event only when the debtor's affirmative statute of limitations defense is upheld in a final judgment or decision of a court and the appeal period has expired.
> ➢ A cancellation or extinguishment when the creditor elects the foreclosure remedies, which by law extinguishes or bars the creditor's right to collect the debt. This event applies to a mortgage lender or holder who is barred by local law from pursuing debt collection after a "power of sale" in the mortgage or deed of trust is exercised.
> ➢ A cancellation or extinguishment making the debt unenforceable under a probate or similar proceeding.
> ➢ A discharge of indebtedness under an agreement between the creditor and the debtor to cancel the debt at less than full consideration, for example, short sales.
> ➢ A discharge of indebtedness because of a decision or a defined policy of the creditor to discontinue collection activity and cancel the debt. A creditor's defined policy can be in writing or an established business practice of the creditor. A creditor's established practice to stop collection activity and abandon a debt when a particular nonpayment period expires is a defined policy.
> ➢ The expiration of nonpayment testing period. This event occurs when the creditor has not received a payment on the debt during the testing period. The testing period is a 36-month period ending on December 31, plus any time when the creditor was precluded from collection activity by a stay in bankruptcy or similar bar under state or local law. The creditor can rebut the occurrence of this identifiable event if:

➢ La deuda se cancela en un caso de bancarrota bajo el Título 11 del Código de los Estados Unidos. Vea la Publicación 908, *Guía de impuestos sobre bancarrota*.

➢ La deuda se cancela cuando el contribuyente es insolvente. Sin embargo, esto no se aplica en la medida en que la deuda exceda la cantidad por la cual el contribuyente es insolvente.

➢ La deuda es una deuda agrícola calificada y es cancelada por una persona calificada. Vea el capítulo 3 de la Publicación 225, *Guía Tributaria del Agricultor*.

➢ La deuda es una deuda comercial de bienes raíces calificada. Véase la Publicación 468, *Deudas canceladas, ejecuciones hipotecarias, embargos y abandonos (para individuos)*.

➢ La deuda es endeudamiento calificado de residencia principal.

Si el contribuyente ha incluido un monto de deuda cancelado en sus ingresos y luego paga la deuda, el contribuyente puede presentar una declaración enmendada para un reembolso. Se aplicaría el estatuto de limitaciones para la presentación.

Puede haber términos en la siguiente sección con los que no esté familiarizado; Investiga para familiarizarte con ellos.

Dependiendo de la fecha real de la descarga, una deuda se considera cancelada en la fecha en que ocurra uno de los siguientes eventos identificables:

➢ Una descarga en bancarrota bajo el Título 11 del Código de los Estados Unidos. Hay ciertas descargas en bancarrota que no están obligadas a ser reportadas.

➢ Una cancelación o extinción que hace que la deuda sea inexigible en una administración judicial, ejecución hipotecaria o procedimiento federal similar de no bancarrota o de un tribunal estatal.

➢ Una cancelación o extinción cuando expira el plazo de prescripción para cobrar la deuda, o cuando expira el plazo legal para presentar una reclamación o iniciar un procedimiento de sentencia de deficiencia. La expiración del estatuto de limitaciones es un evento identificable solo cuando la defensa afirmativa del estatuto de limitaciones del deudor se confirma en una sentencia o decisión final de un tribunal y el período de apelación ha expirado.

➢ Una cancelación o extinción cuando el acreedor elige los recursos de ejecución hipotecaria, que por ley extingue o prohíbe el derecho del acreedor a cobrar la deuda. Este evento se aplica a un prestamista o titular hipotecario que está prohibido por la ley local de buscar el cobro de deudas después de que se ejerce un "poder de venta" en la hipoteca o escritura de fideicomiso.

➢ Una cancelación o extinción que hace que la deuda sea inexigible bajo un procedimiento testamentario o similar.

➢ Una exoneración de deudas en virtud de un acuerdo entre el acreedor y el deudor para cancelar la deuda a menos de la consideración total, por ejemplo, ventas cortas.

➢ Una descarga de endeudamiento debido a una decisión o una política definida del acreedor para interrumpir la actividad de cobro y cancelar la deuda. La política definida de un acreedor puede ser por escrito o una práctica comercial establecida del acreedor. La práctica establecida de un acreedor de detener la actividad de cobro y abandonar una deuda cuando expira un período de impago en particular es una política definida.

➢ El vencimiento del período de prueba de falta de pago. Este evento ocurre cuando el acreedor no ha recibido un pago de la deuda durante el período de prueba. El período de prueba es un período de 36 meses que finaliza el 31 de diciembre, más cualquier momento en que el acreedor haya sido excluido de la actividad de cobro por una suspensión en bancarrota o una prohibición similar según la ley estatal o local. El acreedor puede refutar la ocurrencia de este evento identificable si:

o The creditor (or a third-party collection agency on behalf of the creditor) has engaged in significant bona fide collection activity during the 12-month period ending on December 31.

o Facts and circumstances that exist on January 31 following the end of the 36-month period indicate that the debt was canceled. Significant bona fide collection activity does not include nominal or ministerial collection action, such as an automated mailing. Facts and circumstances indicating that a debt was not canceled include the existence of a lien relating to the debt (up to the value of the security) or the sale of the debt by the creditor.

➢ Other actual discharge before identifiable event.

2.12.8 Net Operating Loss (NOL)

The CARES Act temporarily repeals the 80% income limitation for net operating loss deductions for years beginning before 2021. For losses arising in 2018, 2019, 2020 and 2021, a five-year carryback is allowed.

Revenue Procedure 2020-24 provides guidance to taxpayers with net operating losses that are carried back under the CARES Act by providing procedures for:

➢ waiving the carryback period in the case of a net operating loss arising in a taxable year beginning after Dec. 31, 2017, and before Jan. 1, 2021,

➢ disregarding certain amounts of foreign income subject to transition tax that would normally have been included as income during the five-year carryback period, and

➢ waiving a carryback period, reducing a carryback period, or revoking an election to waive a carryback period for a taxable year that began before Jan. 1, 2018, and ended after Dec. 31, 2017.

In Notice 2020-26, the IRS grants a six-month extension of time to file Form 1045 or Form 1139, as applicable, with respect to the carryback of a net operating loss that arose in any taxable year that began during calendar year 2018 and that ended on or before June 30, 2019. Individuals, trusts, and estates would file Form 1045, while corporations would file Form 1139.

When a taxpayer makes an election under section 965(n) and it results in a net operating loss (NOL), the taxpayer may be able to claim the reduction on Schedule 1, line 8(a).

If the casualty loss deduction causes a taxpayer's deductions for the year to be more than their income for the year, there may be a net operating loss. See Publication 536, *Net Operating Losses (NOLs) for Individuals, Estates and Trusts*.

2.12.9 Premium Tax Credit

Although there is no penalty for not having health insurance, if the taxpayer purchased health care through the Marketplace, the individual must complete Form 8962 to calculate if they need to repay the premium tax credit repayment.

- o El acreedor (o una agencia de cobro de terceros en nombre del acreedor) ha participado en una actividad significativa de cobro de buena fe durante el período de 12 meses que finaliza el 31 de diciembre.
  - o Los hechos y circunstancias que existen el 31 de enero después del final del período de 36 meses indican que la deuda fue cancelada. La actividad significativa de cobro de buena fe no incluye la acción de cobro nominal o ministerial, como un envío automatizado por correo. Los hechos y circunstancias que indican que una deuda no fue cancelada incluyen la existencia de un gravamen relacionado con la deuda (hasta el valor de la garantía) o la venta de la deuda por parte del acreedor.
- ➢ Otra descarga real antes de un evento identificable.

2.12.8 Pérdida operativa neta (NOL)

La Ley CARES deroga temporalmente la limitación de ingresos del 80% para las deducciones de pérdidas operativas netas para los años que comienzan antes de 2021. Para las pérdidas que surjan en 2018, 2019, 2020 y 2021, se permite una prórroga de cinco años.

El Procedimiento de Ingresos 2020-24 proporciona orientación a los contribuyentes con pérdidas operativas netas que se transfieren bajo la Ley CARES al proporcionar procedimientos para:

- ➢ renunciar al período de arrastre en el caso de una pérdida operativa neta que surja en un año fiscal que comience después del 31 de diciembre de 2017 y antes del 1 de enero de 2021,
- ➢ sin tener en cuenta ciertas cantidades de ingresos extranjeros sujetos al impuesto de transición que normalmente se habrían incluido como ingresos durante el período de remanente de cinco años, y
- ➢ renunciar a un período de remanente, reducir un período de arrastre o revocar una elección para renunciar a un período de arrastre para un año fiscal que comenzó antes del 1 de enero de 2018 y finalizó después del 31 de diciembre de 2017.

En el Aviso 2020-26, el IRS otorga una extensión de tiempo de seis meses para presentar el Formulario 1045 o el Formulario 1139, según corresponda, con respecto al arrastre de una pérdida operativa neta que surgió en cualquier año fiscal que comenzó durante el año calendario 2018 y que terminó el 30 de junio de 2019 o antes. Los individuos, fideicomisos y patrimonios presentarían el Formulario 1045, mientras que las corporaciones presentarían el Formulario 1139.

Cuando un contribuyente hace una elección bajo la sección 965(n) y resulta en una pérdida operativa neta (NOL), el contribuyente puede reclamar la reducción en el Anexo 1, línea 8(a).

Si la deducción por pérdida por accidente hace que las deducciones de un contribuyente para el año sean mayores que sus ingresos para el año, puede haber una pérdida operativa neta. Vea la Publicación 536, *Pérdidas Operativas Netas (NOL) para individuos, patrimonios y fideicomisos.*

2.12.9 Crédito fiscal para primas

Aunque no hay multa por no tener seguro de salud, si el contribuyente compró atención médica a través del Mercado, la persona debe completar el Formulario 8962 para calcular si necesita pagar el reembolso del crédito tributario de la prima.

Using Form 8962, the Premium Tax Credit (PTC) is a credit that can help individuals and their families pay for their health insurance if they have enrolled in a qualified health plan through the Marketplace. The Marketplace is an exchange for those who need qualified health care to purchase qualifying plans, and a taxpayer may be able to claim the Premium Tax Credit if an individual and the tax family (as defined below) enrolled through the Marketplace for a qualified health plan. For more information, see Publication 974 and Instructions Form 8962. The Premium Tax Credit is reported on both Form 1040 and Form 1040NR.

Excess Advanced Premium Tax Credit Repayment

For tax year 2023 the excess subsidy repayments will vary from $350 to $3,000 based on income. Repayment begins if the taxpayer's income is under 400% of the poverty level.

The Premium Tax Credit helps pay health insurance premiums that were purchased through the Health Insurance Marketplace. If the advanced payments of this credit were made for coverage for the taxpayer, spouse, or dependents, Form 8962 would be used. If the advanced payments were more than the Premium Tax Credit, the taxpayer has an excess to be repaid, which is reported on Schedule 2, line 46, and added to their tax liability, meaning that paying their taxes will also repay that excess. An additional tax liability could be caused by the taxpayer or spouse having an increase in income and not reporting the change to the Marketplace. If the advanced payments exceed the credit allowed, the income tax liability imposed for the tax year is increased by the difference.

Shared Policy Allocation

For any month during the year the taxpayer, spouse, or dependents did not have minimum essential coverage and do not have a coverage exemption, the taxpayer may need to make an individual shared responsibility payment on the tax return. The annual payment amount is either a percentage of taxpayer's household income or a flat dollar amount, whichever is greater. The national average premium is capped for a bronze level health plan on the Marketplace.

2.12.10 Employee Fringe Benefits

A fringe benefit is any benefit provided by an employer to individuals in addition to their normal compensation. A person who performs services for the employer does not have to be an employee; he or she can be an independent contractor, partner, or director. The employer is the provider of the fringe benefit if it is provided for services performed for the employer, and the person who performs services for the employer is the recipient of the fringe benefit.

Usando el Formulario 8962, el Crédito Tributario para Primas (PTC, por sus siglas en inglés) es un crédito que puede ayudar a las personas y sus familias a pagar su seguro de salud si se han inscrito en un plan de salud calificado a través del Mercado. El Mercado es un intercambio para aquellos que necesitan atención médica calificada para comprar planes calificados, y un contribuyente puede reclamar el Crédito Tributario para Primas si un individuo y la familia tributaria (como se define a continuación) se inscribieron a través del Mercado para un plan de salud calificado. Para obtener más información, consulte la Publicación 974 y el Formulario de instrucciones 8962. El Crédito Tributario para Primas se reporta tanto en el Formulario 1040 como en el Formulario 1040NR.

Reembolso del Crédito Fiscal Anticipado por Exceso de Prima

Para el año fiscal 2023, los reembolsos de subsidios en exceso variarán de $350 a $3,000 según los ingresos. El reembolso comienza si los ingresos del contribuyente están por debajo del 400% del nivel de pobreza.

El Crédito Tributario para Primas ayuda a pagar las primas de seguro médico que se compraron a través del Mercado de Seguros Médicos. Si los pagos anticipados de este crédito se hicieran para la cobertura del contribuyente, cónyuge o dependientes, se usaría el Formulario 8962. Si los pagos anticipados fueron más que el Crédito Tributario de Prima, el contribuyente tiene un exceso que debe pagarse, que se reporta en el Anexo 2, línea 46, y se agrega a su obligación tributaria, lo que significa que el pago de sus impuestos también reembolsará ese exceso. Una obligación tributaria adicional podría ser causada por el contribuyente o cónyuge que tiene un aumento en los ingresos y no reporta el cambio al Mercado. Si los pagos anticipados exceden el crédito permitido, la obligación tributaria impuesta para el año fiscal se incrementa en la diferencia.

Asignación compartida de directivas

Para cualquier mes durante el año que el contribuyente, cónyuge o dependientes no tuvieron cobertura esencial mínima y no tienen una exención de cobertura, el contribuyente puede necesitar hacer un pago de responsabilidad compartida individual en la declaración de impuestos. El monto del pago anual es un porcentaje del ingreso familiar del contribuyente o un monto fijo en dólares, lo que sea mayor. La prima promedio nacional está limitada para un plan de salud de nivel bronce en el Mercado.

2.12.10 Beneficios complementarios para empleados

Un beneficio complementario es cualquier beneficio proporcionado por un empleador a individuos además de su compensación normal. Una persona que presta servicios para el empleador no tiene que ser un empleado; Él o ella puede ser un contratista independiente, socio o director. El empleador es el proveedor del beneficio complementario si se proporciona por servicios prestados para el empleador, y la persona que presta servicios para el empleador es el receptor del beneficio complementario.

Fringe benefits received from an employer are considered compensation. They are taxable and must be included in income unless tax law specifically excludes the benefits, or the taxpayer paid fair market value for the benefit (in which it would no longer be a provision from the employer or a fringe benefit). The employer usually determines the amount of the fringe benefits and includes this amount in the employee's W-2. The total value of the fringe benefits should be shown in box 12. The employer is the provider of the benefit even if a customer of the employer provided the services. The employee who profits from the fringe benefit reports the provision as income.

Employers can report noncash fringe benefits in box 1 of the W-2 (with a notation in box 14) using one of the two following accounting periods:

> ➢ The general rule, under which benefits are reported for a full calendar year (January 1st through December 31st).
> ➢ The special accounting period rule, under which benefits provided during the last two months of the calendar year (or any shorter period) are treated as being paid during the following calendar year.

Example 1: Smith's Enterprises has provided Frank Jones and Courtney Keys noncash fringe benefits since 2020 and reports some of them to the IRS using the special accounting period rule. To report the value of those provided benefits on their W-2s, Smith's Enterprises will count November and December of 2022 and January through October of 2023 as one calendar year.

Employers do not have to use the same accounting period for each fringe benefit they provide, but they must use whichever accounting period they choose for every person who receives the benefit. The employee must use the same accounting period as the employer to report taxable noncash fringe benefits.

Example 2: Smith's Enterprises provided employee discounts and athletic facilities as fringe benefits to both Frank Jones and Courtney Keys. The company can report each fringe benefit using a different accounting rule, but no matter which rule they use for each benefit, the fringe benefit must be reported the same way for both Frank and Courtney. In other words, the company can report the employee discounts using the general rule and the athletic facilities using the special accounting period rule, but they cannot report athletic facilities under the general rule for Courtney and then report them under the special accounting period rule for Frank.

Cafeteria Plans

Cafeteria plans are a type of benefit package consisting of fringe benefits; most are written flexible spending arrangement plans that allow employees to choose between receiving cash or taxable benefits instead of certain qualified benefits that are excluded from wages. Generally, a cafeteria plan does not include any plan that offers a benefit that defers pay, but a cafeteria plan can include a qualified 401(k) plan as a benefit. Qualified benefits under a cafeteria plan can include the following:

Los beneficios complementarios recibidos de un empleador se consideran compensación. Están sujetos a impuestos y deben incluirse en los ingresos, a menos que la ley tributaria excluya específicamente los beneficios, o que el contribuyente haya pagado el valor justo de mercado por el beneficio (en el que ya no sería una provisión del empleador o un beneficio complementario). El empleador generalmente determina el monto de los beneficios complementarios e incluye esta cantidad en el W-2 del empleado. El valor total de las prestaciones complementarias debe indicarse en la casilla 12. El empleador es el proveedor del beneficio, incluso si un cliente del empleador proporcionó los servicios. El empleado que se beneficia del beneficio complementario reporta la provisión como ingreso.

Los empleadores pueden reportar beneficios complementarios no monetarios en la casilla 1 del W-2 (con una anotación en la casilla 14) utilizando uno de los dos períodos contables siguientes:

➢ La regla general, según la cual los beneficios se reportan durante un año calendario completo (del 1 de enero al 31 de diciembre).
➢ La regla del período contable especial, en virtud de la cual las prestaciones concedidas durante los dos últimos meses del año civil (o cualquier período más corto) se consideran pagadas durante el año civil siguiente.

Ejemplo 1: Smith's Enterprises ha proporcionado beneficios complementarios no monetarios a Frank Jones y Courtney Keys desde 2020 e informa algunos de ellos al IRS utilizando la regla de período contable especial. Para informar el valor de los beneficios proporcionados en sus W-2, Smith's Enterprises contará noviembre y diciembre de 2022 y enero a octubre de 2023 como un año calendario.

Los empleadores no tienen que usar el mismo período contable para cada beneficio complementario que proporcionan, pero deben usar el período contable que elijan para cada persona que recibe el beneficio. El empleado debe usar el mismo período contable que el empleador para reportar beneficios complementarios no monetarios imponibles.

Ejemplo 2: Smith's Enterprises proporcionó descuentos para empleados e instalaciones deportivas como beneficios complementarios tanto para Frank Jones como para Courtney Keys. La compañía puede reportar cada beneficio complementario usando una regla contable diferente, pero no importa qué regla usen para cada beneficio, el beneficio adicional debe reportarse de la misma manera tanto para Frank como para Courtney. En otras palabras, la compañía puede reportar los descuentos de los empleados utilizando la regla general y las instalaciones deportivas utilizando la regla del período contable especial, pero no pueden reportar las instalaciones deportivas bajo la regla general para Courtney y luego reportarlos bajo la regla del período contable especial para Frank.

Planes de Cafetería

Los planes de cafetería son un tipo de paquete de beneficios que consiste en beneficios complementarios; La mayoría son planes escritos de arreglos de gastos flexibles que permiten a los empleados elegir entre recibir beneficios en efectivo o gravables en lugar de ciertos beneficios calificados que están excluidos de los salarios. Generalmente, un plan de cafetería no incluye ningún plan que ofrezca un beneficio que difiera el pago, pero un plan de cafetería puede incluir un plan 401(k) calificado como beneficio. Los beneficios calificados bajo un plan de cafetería pueden incluir lo siguiente:

➤ Accident and health benefits (but not Archer medical savings accounts or long-term care insurance).
➤ Adoption assistance.
➤ Dependent care assistance.
➤ Group-term life insurance coverage.
➤ Health savings accounts (HSAs). Distributions from an HSA may be used to pay eligible long-term care insurance premiums or qualified long-term care services in addition to unreimbursed medical expenses.

Excluded fringe benefits are not subject to federal income tax withholding; in most cases, they are not subject to Social Security, Medicare, or federal unemployment tax (FUTA) and aren't reported on Form W-2. A cafeteria plan cannot include the following benefits:

➤ Archer medical savings accounts (MSAs).
➤ Athletic facilities.
➤ *De minimis* (minimal) benefits.
➤ Educational assistance (including scholarships or fellowships; see Publication 970, *Tax Benefits for Education*).
➤ Employee discounts.
➤ Employer-provided cell phones.
➤ Lodging on the business premises.
➤ Meals.
➤ No-additional-cost services.
➤ Retirement planning services.
➤ Transportation (commuting) benefits.
➤ Tuition reduction.
➤ Working condition benefits.

The following are some of the possible fringe benefits that can be included under the cafeteria plan.

Adoption Assistance

Adoption assistance is considered a benefit when it meets the following requirements:

➤ The plan must benefit the employees who qualify under the rules set up by the employer, and the rules cannot give special treatment or perks to highly compensated employees or their dependents.
➤ The plan does not pay more than 5% of its payments during the year to shareholders, owners, their spouses, or their dependents.
➤ The employer gives reasonable notice of the adoption plan to all eligible employees.
➤ Employees provide substantiation that the payments or the reimbursements are used for qualifying expenses.

A highly compensated employee is an employee who meets either of the following tests:

➤ The employee was a 5% owner at any time during the year or the preceding year.

> ➢ Beneficios de accidentes y salud (pero no cuentas de ahorro médico Archer o seguro de cuidado a largo plazo).
> ➢ Asistencia para la adopción.
> ➢ Asistencia para el cuidado de dependientes.
> ➢ Cobertura de seguro de vida a término grupal.
> ➢ Cuentas de ahorro para la salud (HSA, por sus siglas en inglés). Las distribuciones de una HSA se pueden usar para pagar primas de seguro de cuidado a largo plazo elegibles o servicios calificados de cuidado a largo plazo, además de los gastos médicos no reembolsados.

Los beneficios complementarios excluidos no están sujetos a retención del impuesto federal sobre la renta; en la mayoría de los casos, no están sujetos al Seguro Social, Medicare o al impuesto federal de desempleo (FUTA) y no se reportan en el Formulario W-2. Un plan de cafetería no puede incluir los siguientes beneficios:

> ➢ Cuentas de ahorro médico (MSA) de Archer.
> ➢ Instalaciones deportivas.
> ➢ *Beneficios de minimis* (mínimos).
> ➢ Asistencia educativa (incluyendo becas o becas; ver Publicación 970, *Beneficios fiscales para la educación*).
> ➢ Descuentos para empleados.
> ➢ Teléfonos celulares proporcionados por el empleador.
> ➢ Alojamiento en el local comercial.
> ➢ Comidas.
> ➢ Servicios sin costo adicional.
> ➢ Servicios de planificación de la jubilación.
> ➢ Beneficios de transporte (desplazamiento).
> ➢ Reducción de matrícula.
> ➢ Beneficios de las condiciones de trabajo.

Los siguientes son algunos de los posibles beneficios adicionales que se pueden incluir en el plan de cafetería.

Asistencia para la adopción

La asistencia para la adopción se considera un beneficio cuando cumple con los siguientes requisitos:

> ➢ El plan debe beneficiar a los empleados que califican bajo las reglas establecidas por el empleador, y las reglas no pueden dar un trato especial o beneficios a los empleados altamente remunerados o sus dependientes.
> ➢ El plan no paga más del 5% de sus pagos durante el año a los accionistas, propietarios, sus cónyuges o sus dependientes.
> ➢ El empleador da un aviso razonable del plan de adopción a todos los empleados elegibles.
> ➢ Los empleados proporcionan una justificación de que los pagos o los reembolsos se utilizan para gastos calificados.

Un empleado altamente remunerado es un empleado que cumple con cualquiera de las siguientes pruebas:

> ➢ El empleado era un propietario del 5% en cualquier momento durante el año o el año anterior.

➢ The employee received more than $130,000 in pay for the preceding year.

The second test listed above can be disregarded if the employee was not in the top 20% of the employees' pay ranking for the preceding year. All payments or reimbursements made under the adoption assistance program is excluded from wages subject to federal income tax withholding.

All qualifying adoption assistance expenses paid or reimbursed by the employer is reported in box 12 of the employee's Form W-2. Code T is used to identify the amount of the nonrefundable credit. Nonrefundable credits lower the taxpayer's tax liability. See Publication 15-B and IRC Sec 137.

Dependent Care Assistance

If the employer provides dependent care assistance under a qualified plan, the taxpayer may be able to exclude the amount from income. Dependent care benefits include the following:

➢ Amounts the employer paid directly to the care provider.
➢ The fair market value of the care in a day-care facility provided or sponsored by the employer.

The amounts paid are reported on Form W-2, box 10. To claim the exclusion, the taxpayer would complete Part III of Form 2441: *Child and Dependent Care Expenses*. See Publication 503.

Señor 1040 Says: Individuals who provide childcare in their own home are considered self-employed and should report their income on Schedule C. If the childcare is provided in the child's home, they are considered employees and should receive a W-2 from the child's parent or guardian, who should report the caretaker's income on Schedule H.

Group-Term Life Insurance

Generally, group-term life insurance coverage provided by an employer (current or former) to employees is not included as income up to the cost of $50,000 after being reduced by any amount the employee paid toward the purchase of the insurance.

If the coverage is worth more than $50,000, the employee must include the amount of money that the employer-provided insurance is costing the employer as the employee's personal income. If the employer provided more than $50,000 of coverage, the includable amount is reported as part of the employee's wages in boxes 1, 3, and 5 of Form W-2. It is also shown separately in box 12 with code C on the W-2. Life insurance coverage should meet the following conditions:

➢ The employer provided a general death benefit that is not included in income.
➢ The employer provided it to a group of employees (usually 10 or more).

➤ El empleado recibió más de $130,000 en pago por el año anterior.

La segunda prueba enumerada anteriormente puede descartarse si el empleado no estaba en el 20% superior de la clasificación salarial de los empleados durante el año anterior. Todos los pagos o reembolsos realizados bajo el programa de asistencia para la adopción están excluidos de los salarios sujetos a la retención del impuesto federal sobre la renta.

Todos los gastos de asistencia de adopción calificados pagados o reembolsados por el empleador se reportan en la casilla 12 del Formulario W-2 del empleado. El código T se utiliza para identificar el monto del crédito no reembolsable. Los créditos no reembolsables reducen la obligación tributaria del contribuyente. Véase la Publicación 15-B y el IRC, sección 137.

Asistencia para el cuidado de dependientes

Si el empleador proporciona asistencia para el cuidado de dependientes bajo un plan calificado, el contribuyente puede excluir el monto de los ingresos. Los beneficios de cuidado de dependientes incluyen lo siguiente:

➤ Montos que el empleador pagó directamente al proveedor de atención.
➤ El valor justo de mercado de la atención en una guardería proporcionada o patrocinada por el empleador.

Los montos pagados se reportan en el Formulario W-2, casilla 10. Para reclamar la exclusión, el contribuyente completaría la Parte III del Formulario 2441: Gastos por cuidado de *hijos y dependientes*. Véase la publicación 503.

Señor 1040 dice: Las personas que brindan cuidado infantil en su propio hogar se consideran trabajadores por cuenta propia y deben informar sus ingresos en el Anexo C. Si el cuidado infantil se proporciona en el hogar del niño, se consideran empleados y deben recibir un W-2 del padre o tutor del niño, quien debe informar los ingresos del cuidador en el Anexo H.

Seguro de vida a término grupal

En general, la cobertura de seguro de vida a término grupal proporcionada por un empleador (actual o anterior) a los empleados no se incluye como ingreso hasta el costo de $50,000 después de haber sido reducida por cualquier cantidad que el empleado haya pagado para la compra del seguro.

Si la cobertura vale más de $50,000, el empleado debe incluir la cantidad de dinero que el seguro proporcionado por el empleador le está costando al empleador como ingreso personal del empleado. Si el empleador proporcionó más de $50,000 de cobertura, la cantidad incluible se reporta como parte del salario del empleado en las casillas 1, 3 y 5 del Formulario W-2. También se muestra por separado en la casilla 12 con el código C en el W-2. La cobertura del seguro de vida debe cumplir con las siguientes condiciones:

➤ El empleador proporcionó un beneficio general por fallecimiento que no está incluido en los ingresos.
➤ El empleador lo proporcionó a un grupo de empleados (generalmente 10 o más).

➢ The employer provided an amount of insurance to each employee based on a formula that prevents individual selection.
➢ The employer provided the insurance under a policy that was directly or indirectly carried. Even if the employer did not pay any of the cost, the employer is considered to carry it since the employer arranged for payment of its cost by the employees and charged at least one employee less than, and one employee more than, the cost of their insurance.

Group-term life insurance that is payable on the death of the employee, employee's spouse, or dependent, and with a payment amount of less than $2,000, is considered a *de minimis* benefit.

The following types of insurance plans are not group-term insurance:

➢ Insurance that does not provide general death benefits such as travel insurance or only provides accidental death benefits.
➢ Life insurance on the life of the employee's spouse or dependent.
➢ Insurance provided under a policy that provides a permanent benefit (an economic value that extends more than 1 year unless certain requirements are met). See Internal Revenue Code (IRC) section 1.79-1 for more information.

Health Savings Accounts (HSAs)

A Health Savings Account (HSA) is a form of pretax savings account set up to help set aside money to pay for future medical costs. If the taxpayer is an eligible individual, HSA contributions can be made by the employer, the taxpayer, or any of the taxpayer's family members. Medical expenses must not be reimbursable by the insurance or other sources, Taxpayer must be covered by a High Deductible Health Plan (HDHP) and not covered by another health plan.

Contributions made by the employer are not included in income. Distributions from the HSA that are used to pay for qualified medical expenses are included in income. Contributions to the account are used to pay current or future medical expenses of the account owner, spouse, and any qualified dependent.

Contributions by a partnership to a bona fide partner's HSA are not considered to be contributions by an employer. The contributions are treated as a distribution and are not included in the partner's gross income.

If the contributions by the partnership are for the partner's services rendered, they are treated as guaranteed payments that are included in the partner's gross income.

Contributions by an S corporation to a 2% shareholder-employee's HSA for services rendered are treated as guaranteed payments and are included in the shareholder-employee's gross income. The shareholder-employee may deduct the contribution made to the shareholder-employee's HSA. See Publication 969.

➤ El empleador proporcionó una cantidad de seguro a cada empleado basada en una fórmula que impide la selección individual.
➤ El empleador proporcionó el seguro bajo una póliza que se llevó directa o indirectamente. Incluso si el empleador no pagó nada del costo, se considera que el empleador lo lleva a cabo, ya que el empleador organizó el pago de su costo por parte de los empleados y cobró al menos a un empleado menos que, y un empleado más que, el costo de su seguro.

El seguro de vida grupal a término que se paga a la muerte del empleado, el cónyuge del empleado o el dependiente, y con un monto de pago de menos de $2,000, se considera un *beneficio de minimis*.

Los siguientes tipos de planes de seguro no son seguros a término grupal:

➤ Seguro que no proporciona beneficios generales por fallecimiento, como el seguro de viaje, o solo proporciona beneficios por muerte accidental.
➤ Seguro de vida sobre la vida del cónyuge o dependiente del empleado.
➤ Seguro proporcionado bajo una póliza que proporciona un beneficio permanente (un valor económico que se extiende más de 1 año a menos que se cumplan ciertos requisitos). Consulte la sección 1.79-1 del Código de Rentas Internas (IRC) para obtener más información.

Cuentas de ahorro para la salud (HSA)

Una Cuenta de Ahorros para la Salud (HSA, por sus siglas en inglés) es una forma de cuenta de ahorros antes de impuestos establecida para ayudar a reservar dinero para pagar costos médicos futuros. Si el contribuyente es una persona elegible, las contribuciones a HSA pueden ser hechas por el empleador, el contribuyente o cualquiera de los miembros de la familia del contribuyente. Los gastos médicos no deben ser reembolsables por el seguro u otras fuentes, el contribuyente debe estar cubierto por un plan de salud con deducible alto (HDHP) y no cubierto por otro plan de salud.

Las contribuciones hechas por el empleador no se incluyen en los ingresos. Las distribuciones de la HSA que se utilizan para pagar gastos médicos calificados se incluyen en los ingresos. Las contribuciones a la cuenta se utilizan para pagar los gastos médicos actuales o futuros del propietario de la cuenta, el cónyuge y cualquier dependiente calificado.

Las contribuciones de una sociedad a la HSA de un socio de buena fe no se consideran contribuciones de un empleador. Las aportaciones se tratan como una distribución y no se incluyen en los ingresos brutos del socio.

Si las contribuciones de la sociedad son para los servicios prestados por el socio, se tratan como pagos garantizados que se incluyen en los ingresos brutos del socio.

Las contribuciones de una corporación S a una HSA del 2% de los accionistas-empleados por los servicios prestados se tratan como pagos garantizados y se incluyen en el ingreso bruto del accionista-empleado. El accionista-empleado puede deducir la contribución hecha a la HSA del accionista-empleado. Ver Publicación 969.

Holiday Gifts

If the employer provides nominal-value holiday gifts such as a turkey or ham, they do not have to be included in the employees' income. If the employer gives the employee cash, a gift certificate, or a similar item that can be exchanged for cash, the gift is compensation and must be included in the employee's income.

Transportation

If an employer provides a qualified transportation fringe benefit, a certain amount may be excluded from income. Providing any of the below can be a qualified transportation fringe benefit:

➢ A transit pass.
➢ Qualified parking.
➢ Transportation in a commuter highway vehicle (must seat at least 6 adults) between the taxpayer's home and workplace.

Cash reimbursements by an employer for these expenses under a bona fide reimbursement arrangement are also excludable. However, cash reimbursement for a transit pass is excludable only if a voucher or similar item that can be exchanged only for a transit pass is not readily available for direct distribution to the taxpayer.

The exclusion for commuter highway vehicle transportation and transit passes fringe benefits cannot be more than a total of $280 a month, regardless of the total value of both benefits.

The exclusion for the qualified parking fringe benefit cannot be more than $280 a month, regardless of its value. For benefits with a value higher than the limit, the excess must be included as income. If the benefits have a value that is more than these limits, the excess is included as income. See IRC Sec 132(f).

Other Fringe Benefits

The following fringe benefits are not included under the cafeteria plan.

Athletic Facilities

The value of an employee's on-site use of a gym or another athletic facility operated by the employer can be excluded from the employee's income. The gym must be primarily used by employees, their spouses, and their dependent children. However, if the employer pays for a fitness program provided to the employee that is off-site at a hotel or athletic club, the value of the program is included as income. Some exceptions apply.

De Minimis Fringe Benefits

If an employer provides its employees with a product or service, and the cost of it is so small that it would be unreasonable for the employer to account for it, the value is not included in the employee's income. These are *de minimis* fringe benefits. Generally, the value of these benefits, such as discounts at company cafeterias, cab fares when working overtime, and company picnics, are not included in the employee's income.

Regalos navideños

Si el empleador proporciona regalos navideños de valor nominal, como un pavo o jamón, no tienen que incluirse en los ingresos de los empleados. Si el empleador le da al empleado dinero en efectivo, un certificado de regalo o un artículo similar que se puede cambiar por dinero en efectivo, el regalo es una compensación y debe incluirse en los ingresos del empleado.

Transporte

Si un empleador proporciona un beneficio adicional de transporte calificado, una cierta cantidad puede ser excluida de los ingresos. Proporcionar cualquiera de los siguientes puede ser un beneficio adicional de transporte calificado:

> ➢ Un pase de tránsito.
> ➢ Estacionamiento calificado.
> ➢ Transporte en un vehículo de carretera de cercanías (debe tener capacidad para al menos 6 adultos) entre el hogar y el lugar de trabajo del contribuyente.

También se excluyen los reembolsos en efectivo por parte de un empleador por estos gastos en virtud de un acuerdo de reembolso de buena fe. Sin embargo, el reembolso en efectivo de un pase de tránsito sólo se puede excluir si un vale o artículo similar que sólo puede cambiarse por un pase de tránsito no está fácilmente disponible para su distribución directa al contribuyente.

La exclusión para el transporte de vehículos de carretera y los beneficios complementarios de pases de tránsito no puede ser más de un total de $280 por mes, independientemente del valor total de ambos beneficios.

La exclusión para el beneficio adicional de estacionamiento calificado no puede ser más de $280 por mes, independientemente de su valor. Para las prestaciones con un valor superior al límite, el exceso debe incluirse como ingreso. Si los beneficios tienen un valor que es mayor que estos límites, el exceso se incluye como ingreso. Véase IRC, artículo 132(f).

Otros beneficios adicionales

Los siguientes beneficios complementarios no están incluidos en el plan de cafetería.

Instalaciones deportivas

El valor del uso in situ de un empleado de un gimnasio u otra instalación deportiva operada por el empleador puede excluirse de los ingresos del empleado. El gimnasio debe ser utilizado principalmente por los empleados, sus cónyuges y sus hijos dependientes. Sin embargo, si el empleador paga por un programa de acondicionamiento físico proporcionado al empleado que está fuera del sitio en un hotel o club deportivo, el valor del programa se incluye como ingreso. Se aplican algunas excepciones.

Beneficios complementarios de minimis

Si un empleador proporciona a sus empleados un producto o servicio, y el costo de este es tan pequeño que no sería razonable que el empleador lo contabilice, el valor no se incluye en los ingresos del empleado. Estos son beneficios adicionales *de minimis*. En general, el valor de estos beneficios, como descuentos en las cafeterías de la empresa, tarifas de taxi cuando se trabaja horas extras y picnics de la empresa, no se incluyen en los ingresos del empleado.

While many of the *de minimis* fringe benefits are typically not included in an employee's gross income, in most circumstances, the employer is allowed a deduction for costs incurred. Any cash benefit or its equivalent (such as the use of a company credit card) cannot be excluded as a *de minimis* benefit under any circumstance.

Educational Assistance

If the taxpayer received educational assistance benefits from their employer under a qualified educational assistance program, up to $5,250 of eligible assistance can be excluded yearly, in which case it would not be included on the W-2 or be a part of a return. However, if the education was not work-related or if the taxpayer is a highly-compensated employee, the assistance from the employer may be taxable. See Publication 970.

An employee who meets either of the following tests is a highly-compensated employee:

➢ The employee was a 5% owner at any time during the year or the preceding year.
➢ The employee received more than $120,000 in pay for the preceding year.

The second test listed above can be ignored if the employee was not in the top 20% of the employees' pay ranking for the preceding year. All payments or reimbursements made under the adoption assistance program must be excluded from wages subject to federal income tax withholding.

A student in a degree-program can exclude amounts received from a qualified scholarship or fellowship. Excludable income from a qualified scholarship or fellowship is any amount received that is used for the following:

➢ Tuition and fees to enroll at or attend an eligible educational institution.
➢ Fees, books, and equipment required for courses at the eligible educational institution.

Payments received for services required as a condition of receiving a scholarship or fellowship grant must be included in the taxpayer's income, even if the services are required of all students for the degree. Amounts used for room and board do not qualify for the exclusion. This includes amounts received for teaching and research. Include these payments on Form 1040, line 1.

Employee Discounts

The exclusion applies to a price reduction given to the employee for property or services offered to the customer in the ordinary course of the line of business. The discount does not apply to discounts given on real property or discounts on personal property of a kind commonly held for investment, such as stocks and bonds.

Employer-Provided Cell Phones

The value of an employer-provided cell phone that is primarily for non-compensatory business reasons is excludable from an employee's income as a working condition. Personal use of an employer-provided cell phone is excludable from an employee's income as a *de minimis* fringe benefit.

Si bien muchos de los beneficios complementarios de *minimis* generalmente no se incluyen en el ingreso bruto de un empleado, en la mayoría de las circunstancias, al empleador se le permite una deducción por los costos incurridos. Cualquier beneficio en efectivo o su equivalente (como el uso de una tarjeta de crédito de la empresa) no puede excluirse como un beneficio de *minimis* en ninguna circunstancia.

Asistencia Educativa

Si el contribuyente recibió beneficios de asistencia educativa de su empleador bajo un programa de asistencia educativa calificado, se pueden excluir hasta $5,250 de asistencia elegible anualmente, en cuyo caso no se incluiría en el W-2 ni sería parte de una declaración. Sin embargo, si la educación no estaba relacionada con el trabajo o si el contribuyente es un empleado altamente remunerado, la asistencia del empleador puede estar sujeta a impuestos. Véase la Publicación 970.

Un empleado que cumple con cualquiera de las siguientes pruebas es un empleado altamente remunerado:

> ➤ El empleado era un propietario del 5% en cualquier momento durante el año o el año anterior.
> ➤ El empleado recibió más de $120,000 en pago por el año anterior.

La segunda prueba mencionada anteriormente puede ignorarse si el empleado no estaba en el 20% superior de la clasificación salarial de los empleados durante el año anterior. Todos los pagos o reembolsos realizados bajo el programa de asistencia para la adopción deben excluirse de los salarios sujetos a la retención del impuesto federal sobre la renta.

Un estudiante en un programa de grado puede excluir las cantidades recibidas de una beca o beca calificada. El ingreso excluible de una beca o beca calificada es cualquier cantidad recibida que se utilice para lo siguiente:

> ➤ Matrícula y cuotas para inscribirse o asistir a una institución educativa elegible.
> ➤ Tarifas, libros y equipo requeridos para los cursos en la institución educativa elegible.

Los pagos recibidos por los servicios requeridos como condición para recibir una beca o beca deben incluirse en los ingresos del contribuyente, incluso si los servicios se requieren de todos los estudiantes para el título. Las cantidades utilizadas para alojamiento y comida no califican para la exclusión. Esto incluye las cantidades recibidas para la enseñanza y la investigación. Incluya estos pagos en el Formulario 1040, línea 1.

Descuentos para empleados

La exclusión se aplica a una reducción de precio otorgada al empleado por bienes o servicios ofrecidos al cliente en el curso ordinario de la línea de negocios. El descuento no se aplica a los descuentos otorgados en bienes inmuebles o descuentos en bienes personales de un tipo comúnmente mantenido para inversión, como acciones y bonos.

Teléfonos celulares proporcionados por el empleador

El valor de un teléfono celular proporcionado por el empleador que es principalmente por razones comerciales no compensatorias se puede excluir de los ingresos de un empleado como condición de trabajo. El uso personal de un teléfono celular proporcionado por el empleador se excluye de los ingresos de un empleado como un *beneficio complementario* de minimis.

Employer-Provided Lodging and Meals

Do not include the value of meals and lodging the employer provided at no charge to the taxpayer and the taxpayer's family as income, if the following conditions are met:

The meals are:

> ➤ Furnished on the business premises of the employer.
> ➤ Furnished for the convenience of the employer.

The lodging is:

> ➤ Furnished on the business premises of the employer.
> ➤ Furnished for the convenience of the employer.
> ➤ A condition of employment (the taxpayer must accept the lodging to properly perform their duties).

The taxpayer does not include as income the value of meals, or meal money, that qualifies as a *de minimis* fringe benefit.

No-Additional-Cost Services

The value of services received from one's employer for free, at no cost, or for a reduced price is not included in the taxpayer's income if the employer does the following:

> ➤ Offers the same service for sale to customers in the ordinary course of the line of business in which the employee works.
> ➤ Does not have a substantial additional cost (including any sales income given up) to provide the employee with the service (regardless of what the employee paid for the service).

No-additional-cost services are excess capacity services, such as tickets for airlines, buses, or trains, hotel rooms, or telephone services provided for free or at a reduced price to employees working in that line of service.

Example: Amanda is employed as a flight attendant for a company that owns both an airline and a hotel chain. The employer allows Amanda to take free personal flights if there is an unoccupied seat and to stay in any of the company's hotels for free if there is an unoccupied room. What would and wouldn't be included as income?

Explanation: The value of the personal flight isn't included in her income because there is no cost involved in letting her take a seat that would have remained unoccupied anyway. However, if the company allowed Amanda to reserve her seat, then the value of the ticket would be included as income. This is because the company can no longer sell that seat and has lost the potential revenue they could have gained from it. However, this potential loss or gain isn't a factor with the hotel room; since Amanda does not work in the hotel side of the business, the value of the hotel room would be included as income either way. If the benefits have a value that is more than these limits, the excess is included as income.

Alojamiento y comidas proporcionadas por el empleador

No incluya el valor de las comidas y el alojamiento que el empleador proporcionó sin cargo al contribuyente y a la familia del contribuyente como ingreso, si se cumplen las siguientes condiciones:

Las comidas son:

> ➤ Amueblado en las instalaciones comerciales del empleador.
> ➤ Amueblado para la comodidad del empleador.

El alojamiento es:

> ➤ Amueblado en las instalaciones comerciales del empleador.
> ➤ Amueblado para la comodidad del empleador.
> ➤ Una condición de empleo (el contribuyente debe aceptar el alojamiento para desempeñar adecuadamente sus funciones).

El contribuyente no incluye como ingreso el valor de las comidas, o el dinero de la comida, que califica como un *beneficio complementario* de minimis.

Servicios sin costo adicional

El valor de los servicios recibidos del empleador de forma gratuita, sin costo o a un precio reducido no se incluye en los ingresos del contribuyente si el empleador hace lo siguiente:

> ➤ Ofrece el mismo servicio para la venta a los clientes en el curso ordinario de la línea de negocio en la que trabaja el empleado.
> ➤ No tiene un costo adicional sustancial (incluidos los ingresos por ventas entregados) para proporcionar al empleado el servicio (independientemente de lo que el empleado pagó por el servicio).

Los servicios sin costo adicional son servicios de exceso de capacidad, como boletos para aerolíneas, autobuses o trenes, habitaciones de hotel o servicios telefónicos proporcionados de forma gratuita o a un precio reducido a los empleados que trabajan en esa línea de servicio.

Ejemplo: Amanda trabaja como azafata para una compañía propietaria de una aerolínea y una cadena hotelera. El empleador permite a Amanda tomar vuelos personales gratuitos si hay un asiento desocupado y quedarse en cualquiera de los hoteles de la compañía de forma gratuita si hay una habitación desocupada. ¿Qué se incluiría y qué no se incluiría como ingreso?

Explicación: El valor del vuelo personal no está incluido en sus ingresos porque no hay ningún costo involucrado en dejarla tomar un asiento que habría permanecido desocupado de todos modos. Sin embargo, si la compañía permitía que Amanda reservara su asiento, entonces el valor del boleto se incluiría como ingreso. Esto se debe a que la compañía ya no puede vender ese asiento y ha perdido los ingresos potenciales que podrían haber obtenido de él. Sin embargo, esta pérdida o ganancia potencial no es un factor con la habitación del hotel; dado que Amanda no trabaja en el lado hotelero del negocio, el valor de la habitación del hotel se incluiría como ingreso de cualquier manera. Si los beneficios tienen un valor que es mayor que estos límites, el exceso se incluye como ingreso.

2.12.11 Depreciation of Rental Property

Depreciation is a capital expense. Depreciation begins when the property has been placed in service.

Depreciation is the annual deduction for recovery of the purchase price of the fixed-asset expenditure. Property used for business should be depreciated. The amount of depreciation taken each year is determined by the basis of the property, the recovery period for that property, and the depreciation method. The recovery period for residential rental property under MACRS is 27.5 years and is used for property placed in service after 1986.

Depreciation for rental property (in the year placed in service) is reported on Form 4562, *Depreciation and Amortization*, and flows to Schedule E.

Depreciation that was not taken in one year cannot be taken in a following year. But an amended return (Form 1040X) can be filed for the year in which it was not taken (if no more than three years prior). If depreciable property is sold, its basis for determining gain or loss will be reduced by depreciation "allowed or allowable," even if not deducted. Land is never depreciated.

Section 179 deductions cannot be used to depreciate rental property. The rental property can be depreciated if all the following requirements are met:

➢ The taxpayer owns the property.
➢ The taxpayer uses the property as an income-producing activity.
➢ The property has a determinable useful life.
➢ The property is expected to last more than one year.

Chapter 13 Property That Can Be Depreciated

Most types of tangible property can be depreciated. Examples of tangible property are:

➢ Buildings
➢ Vehicles
➢ Machinery
➢ Furniture
➢ Equipment
➢ Storage facilities

Land is tangible property and can never be depreciated. Some intangible items that can be depreciated are:

➢ Copyrights
➢ Patents
➢ Computer software if life value is more than one year.

2.12.11 Depreciación de la propiedad de alquiler

La depreciación es un gasto de capital. La depreciación comienza cuando la propiedad ha sido puesta en servicio.

La depreciación es la deducción anual por recuperación del precio de compra del gasto en activos fijos. La propiedad utilizada para negocios debe depreciarse. El monto de la depreciación tomada cada año está determinado por la base de la propiedad, el período de recuperación de esa propiedad y el método de depreciación. El período de recuperación de la propiedad residencial de alquiler bajo MACRS es de 27,5 años y se utiliza para la propiedad puesta en servicio después de 1986.

La depreciación de la propiedad de alquiler (en el año en que se puso en servicio) se reporta en el Formulario 4562, *Depreciación y amortización*, y fluye al Anexo E.

La depreciación que no se tomó en un año no se puede tomar en un año siguiente. Pero se puede presentar una declaración enmendada (Formulario 1040X) para el año en que no se tomó (si no más de tres años antes). Si se vende una propiedad depreciable, su base para determinar la ganancia o pérdida se reducirá por la depreciación "permitida o permitida", incluso si no se deduce. La tierra nunca se deprecia.

Las deducciones de la Sección 179 no se pueden usar para depreciar la propiedad de alquiler. La propiedad de alquiler se puede depreciar si se cumplen todos los siguientes requisitos:

➢ El contribuyente es dueño de la propiedad.
➢ El contribuyente utiliza la propiedad como una actividad generadora de ingresos.
➢ El inmueble tiene una vida útil determinable.
➢ Se espera que la propiedad dure más de un año.

Propiedad que se puede depreciar

La mayoría de los tipos de bienes tangibles pueden depreciarse. Ejemplos de bienes tangibles son:

➢ Edificios
➢ Vehículos
➢ Maquinaria
➢ Mueble
➢ Equipo
➢ Instalaciones de almacenamiento

La tierra es propiedad tangible y nunca puede ser depreciada. Algunos elementos intangibles que se pueden depreciar son:

➢ Autor
➢ Patentes
➢ Software informático si el valor de vida es superior a un año.

Property that needs to be depreciated must meet the following requirements:

> ➤ Must be the taxpayer's own property.
> ➤ Must be used in the taxpayer's business or income-producing activity.
> ➤ Property must have a determinable useful life.
> ➤ The property is expected to last more than one year.

Depreciation is a way of accounting for the costs associated with durable goods used in a business, for investment, or for a hobby. The recovery period is determined by the IRS and the taxpayer deducts the cost of the item over the property class life. Only the percentage of the cost corresponding to the percentage of use attributable to deductible purposes can be depreciated; costs attributed to personal use can never be depreciated. Depreciation starts when the asset is placed into service and ends when the property is disposed or worn out.

Basis is a way of determining the cost of an investment in property and is decided by how it was acquired. If the property was purchased, the purchase price is the basis. Any improvements made to the property are then added to that basis. The purchase price plus improvements constitutes the adjusted basis. Other items that add to the basis are the expenses of acquiring the property (commissions, sales tax, and freight charges). There are also items that reduce the basis, which include depreciation, nontaxable distributions, and postponed gain on home sales. This is also referred to as "cost basis".

TCJA keeps the general recovery periods of 39 years for nonresidential real property and 27.5 years for residential rental property; it does not change the alternative depreciation system recovery period for residential rental property from 40 years to 30 years. Qualified leasehold improvement property, qualified restaurant property, and qualified retail improvement property are no longer separately defined and given a special 15-year recovery period under the new law.

Under the new law, real property used in trade or business electing out of the interest deduction limit must use the alternative depreciation system to depreciate any of its nonresidential real property, residential rental property, and qualified improvement property. This change applies to taxable years beginning after Dec. 31, 2017.

2.13 Withholding and Estimated Tax Payments

Federal Income Tax Withheld

Form 1040, page 2, line 25, reports the federal income tax withheld from all income reported by forms such as the W-2, W-2G, 1099-R, 1099-NEC, SSA-1099, and Schedule K. The amount of tax withheld is on Form W-2 in box 2 and on the Form 1099 series in box 4. If the taxpayer had federal tax withheld from Social Security benefits, it is in box 6 of Form SSA-1099. If the taxpayer had additional Medicare tax withheld by their employer, that amount shows on Form 1040, Schedule 2, line 11. Calculate the additional Medicare tax on Form 8959 and attach it to the return.

La propiedad que necesita ser depreciada debe cumplir con los siguientes requisitos:

➢ Debe ser propiedad propia del contribuyente.
➢ Debe ser utilizado en el negocio del contribuyente o actividad generadora de ingresos.
➢ La propiedad debe tener una vida útil determinable.
➢ Se espera que la propiedad dure más de un año.

La depreciación es una forma de contabilizar los costos asociados con los bienes duraderos utilizados en un negocio, para la inversión o para un pasatiempo. El período de recuperación es determinado por el IRS y el contribuyente deduce el costo del artículo durante la vida de la clase de propiedad. Sólo puede depreciarse el porcentaje del coste correspondiente al porcentaje de uso atribuible a efectos de deducción; Los costos atribuidos al uso personal nunca pueden depreciarse. La depreciación comienza cuando el activo se pone en servicio y termina cuando la propiedad se dispone o se desgasta.

La base es una forma de determinar el costo de una inversión en propiedad y se decide por cómo se adquirió. Si la propiedad fue comprada, el precio de compra es la base. Cualquier mejora realizada en la propiedad se agrega a esa base. El precio de compra más las mejoras constituye la base ajustada. Otros elementos que se suman a la base son los gastos de adquisición de la propiedad (comisiones, impuesto sobre las ventas y cargos de flete). También hay elementos que reducen la base, que incluyen depreciación, distribuciones no imponibles y ganancias pospuestas en las ventas de viviendas. Esto también se conoce como "base de costos".

TCJA mantiene los períodos generales de recuperación de 39 años para bienes inmuebles no residenciales y 27.5 años para propiedades residenciales de alquiler; No cambia el período de recuperación del sistema de depreciación alternativo para propiedades residenciales de alquiler de 40 años a 30 años. La propiedad calificada de mejora de arrendamiento, la propiedad calificada de restaurante y la propiedad calificada de mejora minorista ya no se definen por separado y se les otorga un período especial de recuperación de 15 años bajo la nueva ley.

Bajo la nueva ley, los bienes inmuebles utilizados en el comercio o negocios que eligen fuera del límite de deducción de intereses deben usar el sistema de depreciación alternativo para depreciar cualquiera de sus bienes inmuebles no residenciales, propiedades de alquiler residencial y propiedades de mejora calificadas. Este cambio se aplica a los años fiscales que comiencen después del 31 de diciembre de 2017.

2.13 Retención y pago de impuestos estimados

Impuesto federal sobre la renta retenido

El Formulario 1040, página 2, línea 25, reporta el impuesto federal sobre la renta retenido de todos los ingresos reportados por formularios como el W-2, W-2G, 1099-R, 1099-NEC, SSA-1099 y el Anexo K. El monto del impuesto retenido está en el Formulario W-2 en la casilla 2 y en la serie del Formulario 1099 en la casilla 4. Si al contribuyente se le retuvo el impuesto federal de los beneficios del Seguro Social, se encuentra en la casilla 6 del Formulario SSA-1099. Si el contribuyente tuvo un impuesto adicional de Medicare retenido por su empleador, esa cantidad se muestra en el Formulario 1040, Anexo 2, línea 11. Calcule el impuesto adicional de Medicare en el Formulario 8959 y adjúntelo a la declaración.

Estimated Tax Payments

Form 1040, page 2, line 26, reports any estimated tax payments made in the current tax year and any overpayments applied from the prior year's tax return. If a taxpayer and their spouse have divorced during the current tax year and made estimated payments together, enter the former spouse's SSN in the space provided on the front of Form 1040. The taxpayer should attach a statement to Form 1040 explaining that the divorced couple made the payments together; that statement should also contain proof of payments, the name, and SSN of the individual making the payments. Taxpayers may need to pay estimated payments if they expect to owe at least $1,000.

Estimated tax payments are also referred to as quarterlies since the payments are due in four equal payments. If the due dates fall on a Saturday, Sunday, or a legal holiday, estimated payments are due on the next business day. Estimated payments are due on the following dates:

> ➢ April 15th
> ➢ June 15th
> ➢ September 15th
> ➢ January 15th (of the following year)

2.14 Balance Due and Refund Options

Balance Due Returns

Taxpayers who owe additional tax must pay their balances due by the original due date of the return or be subject to interest and penalties. An extension of time to file may be filed electronically by the original due date of the return, but it is an extension of time to file the return, not an extension of time to pay a balance due. Tax professionals should inform taxpayers of their obligations and options for paying balances due. Taxpayers have several choices when paying taxes owed on their returns as well as paying estimated tax payments.

Tax returns with amounts due can still be filed electronically, and the payment can also be made directly to the IRS via ACH withdrawals. The taxpayer can schedule a payment on or before the tax payment deadline. If a balance due return was submitted after the due date, the payment date must be the same day the Provider transmitted the return. Taxpayers can make payments by Electronic Fund Withdrawal for amounts due from the following forms:

> ➢ Current year Form 1040.
> ➢ Form 1040-ES, *Estimated Tax for Individuals*. When filing the tax return, the taxpayer can select all four dates to electronically make the payment.
> ➢ Form 4868, *Application for Automatic Extension of Time to File U.S. Individual Income Tax Return.*
> ➢ Form 2350, *Application for Extension of Time to File U.S. Income Tax Return for Citizens and Resident Aliens Abroad Who Expect to Qualify for Special Tax Treatment.*

Pagos de impuestos estimados

El Formulario 1040, página 2, línea 26, reporta cualquier pago de impuestos estimados realizado en el año tributario actual y cualquier sobrepago aplicado de la declaración de impuestos del año anterior. Si un contribuyente y su cónyuge se han divorciado durante el año tributario actual y han realizado pagos estimados juntos, ingrese el SSN del excónyuge en el espacio provisto en el frente del Formulario 1040. El contribuyente debe adjuntar una declaración al Formulario 1040 explicando que la pareja divorciada hizo los pagos juntos; esa declaración también debe contener prueba de pagos, el nombre y el SSN de la persona que realiza los pagos. Es posible que los contribuyentes tengan que hacer pagos estimados si esperan deber al menos $1,000.

Los pagos de impuestos estimados también se conocen como trimestrales, ya que los pagos vencen en cuatro pagos iguales. Si las fechas de vencimiento caen en sábado, domingo o feriado legal, los pagos estimados vencen el siguiente día hábil. Los pagos estimados vencen en las siguientes fechas:

- 15 de abril
- 15 de junio
- 15 de septiembre
- 15 de enero (del año siguiente)

2.14 Opciones de saldo adeudado y reembolso

Devoluciones de saldo adeudado

Los contribuyentes que adeudan impuestos adicionales deben pagar sus saldos adeudados antes de la fecha de vencimiento original de la declaración o estar sujetos a intereses y multas. Una extensión de tiempo para presentar puede presentarse electrónicamente antes de la fecha de vencimiento original de la declaración, pero es una extensión de tiempo para presentar la declaración, no una extensión de tiempo para pagar un saldo adeudado. Los profesionales de impuestos deben reportar a los contribuyentes de sus obligaciones y opciones para pagar los saldos adeudados. Los contribuyentes tienen varias opciones al pagar los impuestos adeudados en sus declaraciones, así como al pagar los pagos de impuestos estimados.

Las declaraciones de impuestos con montos adeudados aún se pueden presentar electrónicamente, y el pago también se puede hacer directamente al IRS a través de retiros de ACH. El contribuyente puede programar un pago en o antes de la fecha límite de pago de impuestos. Si se presentó una declaración de saldo adeudado después de la fecha de vencimiento, la fecha de pago debe ser el mismo día en que el Proveedor transmitió la declaración. Los contribuyentes pueden hacer pagos por Retiro Electrónico de Fondos por montos adeudados de los siguientes formularios:

- Formulario 1040 del año actual.
- Formulario 1040-ES, *Impuesto estimado para personas físicas*. Al presentar la declaración de impuestos, el contribuyente puede seleccionar las cuatro fechas para realizar el pago electrónicamente.
- Formulario 4868, *Solicitud de prórroga automática del plazo para presentar la declaración de impuestos sobre la renta individual de los Estados Unidos*.
- Formulario 2350, *Solicitud de prórroga para presentar la declaración de impuestos de los Estados Unidos para ciudadanos y extranjeros residentes en el extranjero que esperan calificar para un tratamiento fiscal especial*.

The tax professional needs to make sure the client's banking information is accurate and includes the routing transit number (RTN), the bank account number, the account type (checking or savings), the date the payment will be withdrawn (year, month, and day), and the amount of the payment. If the payment is being made after the due date, this should include interest and penalties as well.

Other ways to pay the balance due, such as IRS Direct Pay, via credit or debit card (though some credit card companies may charge an additional fee called a "cash advance" to use this method), using the Electronic Federal Tax Payment System (EFTPS), by check or money order, or through an installment agreement.

Chapter 14 Refund Options

When individual taxpayers have an overpayment on their current-year tax return, they have several ways to receive the overpayment:

> ➢ Apply the overpayment to next year's estimated tax return.
> ➢ Receive a paper check.
> ➢ Receive a direct deposit.
> ➢ Divide the refund amount into different bank accounts (not supported by all software).

2.15 Tax Return Due Dates and Filing for Extensions

The individual 2023 tax year due dates are April 16, 2023, and October 15, 2024.

Domain 2 Review Questions

To obtain the maximum benefit from this chapter, LTP recommends that you complete each of the following questions, and then compare them to the answers with feedback that immediately follows. Under governing self-study standards, vendors are required to present review questions intermittently throughout each self-study course.

These questions and explanations are not part of the final examination and will not be graded by LTP.

1. Raquel started her makeup business in 2022 and wants to know which accounting period is best for her. Which of the following accounting periods can Raquel choose from?

   a. Only calendar year
   b. Only fiscal year
   c. Month to month
   d. Calendar year or fiscal year

2. Which of the following is not considered self-employed?

   a. Conducts a trade or business as a sole proprietorship.
   b. Is an independent contractor.
   c. Hires, pays, and supervises workers for the employer.
   d. Is in business for him or herself.

El profesional de impuestos debe asegurarse de que la información bancaria del cliente sea precisa e incluya el número de tránsito de ruta (RTN), el número de cuenta bancaria, el tipo de cuenta (corriente o de ahorros), la fecha en que se retirará el pago (año, mes y día) y el monto del pago. Si el pago se realiza después de la fecha de vencimiento, esto también debe incluir intereses y multas.

Otras formas de pagar el saldo adeudado, como Direct Pay del IRS, con tarjeta de crédito o débito (aunque algunas compañías de tarjetas de crédito pueden cobrar una tarifa adicional llamada "adelanto en efectivo" para usar este método), utilizando el Sistema Electrónico de Pago de Impuestos Federales (EFTPS), por cheque o giro postal, o a través de un acuerdo de pago a plazos.

Opciones de reembolso

Cuando los contribuyentes individuales tienen un sobrepago en su declaración de impuestos del año en curso, tienen varias maneras de recibir el sobrepago:

➢ Aplique el sobrepago a la declaración de impuestos estimada del próximo año.
➢ Reciba un cheque impreso.
➢ Recibe un depósito directo.
➢ Divida el monto del reembolso en diferentes cuentas bancarias (no compatibles con todo el software).

2.15 Fechas de vencimiento de la declaración de impuestos y presentación de extensiones

Las fechas de vencimiento individuales del año tributario 2023 son el 16 de abril de 2023 y el 15 de octubre de 2024.

Dominio 2 Preguntas de repaso

Para obtener el máximo beneficio de este capítulo, LTP recomienda que complete cada una de las siguientes preguntas y luego las compare con las respuestas con los comentarios que siguen inmediatamente. Bajo los estándares de autoestudio vigentes, los proveedores deben presentar preguntas de revisión intermitentemente a lo largo de cada curso de autoestudio.

Estas preguntas y explicaciones no son parte del examen final y no serán calificadas por LTP.

1. Raquel comenzó su negocio de maquillaje en 2022 y quiere saber qué período contable es mejor para ella. ¿Cuál de los siguientes períodos contables puede elegir Raquel?

   a. Sólo año natural
   b. Sólo ejercicio fiscal
   c. Mes a mes
   d. Año calendario o año fiscal

2. ¿Cuál de los siguientes no se considera autónomo?

   a. Lleva a cabo un comercio o negocio como propietario único.
   b. Es un contratista independiente.
   c. Contrata, paga y supervisa a los trabajadores para el empleador.
   d. Está en el negocio por sí mismo.

3. Which of the following can be included in Part V "Other Expenses" on Schedule C?

    a. Bad debts from sales or services
    b. Charitable contributions
    c. Business equipment and furniture
    d. Personal living and family expenses

4. Susie is a server at the local grill. She needs to report uncollected Social Security and Medicare tax on her wages earned. Which of the following forms would she use?

    a. Form 4137
    b. Form 8919
    c. Form 2210
    d. Form 1040

5. Which type of income is **not** reported on 2022 Form 1040, Schedule 1, line 8?

    a. Hobby income
    b. Awards
    c. Tip income
    d. Gambling winnings

6. What is the maximum taxable amount of Social Security?

    a. 85%
    b. 35%
    c. 10%
    d. 25%

7. Which of the following income is taxable?

    a. Workers' compensation
    b. Welfare and other public assistance benefits
    c. Veterans' benefits
    d. Alimony (prior to December 31, 2018)

8. Which of the following is not the best description of constructively received income?

    a. Amanda received an interest payment on December 31 but did not put it into the bank until Jan 2.
    b. Andres earned money from his employer for the prior year. He did not pick the money up until the following year.
    c. Karina received an early penalty withdrawal that was substantially less than what she would have earned if she left the money in the account until maturity.
    d. Kevin had some bond payments credited to his account on January 1. He did not withhold the payment until April 15.

3. ¿Cuál de los siguientes puede incluirse en la Parte V "Otros gastos" del Anexo C?

    a. Deudas incobrables por ventas o servicios
    b. Contribuciones caritativas
    c. Equipamiento y mobiliario empresarial
    d. Gastos personales de vida y familiares

4. Susie es una mesera en la parrilla local. Ella necesita reportar los impuestos no cobrados del Seguro Social y Medicare sobre sus salarios ganados. ¿Cuál de las siguientes formas usaría?

    a. Formulario 4137
    b. Formulario 8919
    c. Formulario 2210
    d. Formulario 1040

5. ¿Qué tipo de ingresos **no** se reportan en la línea 8 en el Anexo 1 del Formulario 1040 de 2022?

    a. Ingresos por afición
    b. Premios
    c. Ingresos por propinas
    d. Ganancias de juego

6. ¿Cuál es la base imponible máxima del Seguro Social?

    a. 85%
    b. 35%
    c. 10%
    d. 25%

7. ¿Cuál de los siguientes ingresos está sujeto a impuestos?

    a. Compensación de trabajadores
    b. Prestaciones sociales y otras prestaciones de asistencia pública
    c. Beneficios para veteranos
    d. Pensión alimenticia (antes del 31 de diciembre de 2018)

8. ¿Cuál de las siguientes no es la mejor descripción de los ingresos recibidos constructivamente?

    a. Amanda recibió un pago de intereses el 31 de diciembre, pero no lo puso en el banco hasta el 2 de enero.
    b. Andrés ganó dinero de su empleador durante el año anterior. No recogió el dinero hasta el año siguiente.
    c. Karina recibió un retiro anticipado de penalización que fue sustancialmente menor de lo que habría ganado si hubiera dejado el dinero en la cuenta hasta su vencimiento.
    d. Kevin tenía algunos pagos de bonos acreditados en su cuenta el 1 de enero. No retuvo el pago hasta el 15 de abril.

9. Which of the following is a form of dividend income?

    a. Ordinary dividends
    b. Dividends from a credit union
    c. Reinvested dividends
    d. Dividends from a partnership

10. Jacob's daughter Peyton inherited some money from her great grandma. Peyton's interest earned this year was $2,210. Which of the following is the best answer for the scenario?

    a. Peyton will file her own tax return since the amount earned is more than $2,200.
    b. Jacob can file Form 8814 and report Peyton's earned interest.
    c. Jacob and Peyton need to decide which is the lowest tax consequence for the two of them and that is who files the interest earned.
    d. Peyton does not need to file a return since it is lower than her filing requirements.

11. Which of the following is taxable income?
    a. Workers' compensation
    b. Welfare benefits
    c. Veterans' benefits
    d. Disability reported on Form W-2

12. Jerry has three qualifying children for the federal dependent care expense. What is the maximum amount Jerry can claim?

    a. $3,000
    b. $10,500
    c. $16,000
    d. No limit

13. Which scenario could make a taxpayer pay a capital gains tax on their primary residence?

    a. The taxpayer lived in the main house for two of the last five years.
    b. The taxpayer's gain on his primary residence is less than $250,000.
    c. The taxpayer and their spouse have lived in the house for two of the last five years.
    d. The taxpayer sold the house in 18 months because they found a house they liked more.

14. Which of the following best describes basis?

    a. Basis is the amount of investment in the asset for tax purposes.
    b. Basis includes inventory.
    c. Basis includes land.
    d. Basis is a capital asset.

9. ¿Cuál de las siguientes es una forma de ingreso por dividendos?

    a. Dividendos ordinarios
    b. Dividendos de una cooperativa de ahorro y crédito
    c. Dividendos reinvertidos
    d. Dividendos de una sociedad

10. La hija de Jacob, Peyton, heredó algo de dinero de su bisabuela. El interés de Peyton ganado este año fue de $2,210. ¿Cuál de las siguientes es la mejor respuesta para el escenario?

    a. Peyton presentará su propia declaración de impuestos ya que la cantidad ganada es de más de $2,200.
    b. Jacob puede presentar el Formulario 8814 e reportar los intereses ganados de Peyton.
    c. Jacob y Peyton deben decidir cuál es la consecuencia fiscal más baja para los dos y quién presenta los intereses ganados.
    d. Peyton no necesita presentar una declaración ya que es más baja que sus requisitos de presentación.

11. ¿Cuál de los siguientes es el ingreso imponible?
    a. Compensación de trabajadores
    b. Prestaciones sociales
    c. Beneficios para veteranos
    d. Discapacidad reportada en el Formulario W-2

12. Jerry tiene tres hijos calificados para el gasto federal de cuidado de dependientes. ¿Cuál es la cantidad máxima que Jerry puede reclamar?

    a. $3,000
    b. $10.500
    c. $16,000
    d. Sin límite

13. ¿Qué escenario podría hacer que un contribuyente pague un impuesto sobre las ganancias de capital en su residencia principal?

    a. El contribuyente vivió en la casa principal durante dos de los últimos cinco años.
    b. La ganancia del contribuyente en su residencia principal es inferior a $250,000.
    c. El contribuyente y su cónyuge han vivido en la casa durante dos de los últimos cinco años.
    d. El contribuyente vendió la casa en 18 meses porque encontró una casa que le gustó más.

14. ¿Cuál de las siguientes opciones describe mejor la base?

    a. La base es la cantidad de inversión en el activo a efectos fiscales.
    b. La base incluye inventario.
    c. La base incluye tierra.
    d. La base es un activo de capital.

Domain 2 Review Questions Answers

1. Raquel started her makeup business in 2022 and wants to know which accounting period is best for her. Which of the following accounting periods can Raquel choose from?

   a. Only calendar year
   b. Only fiscal year
   c. Month to month
   d. Calendar year or fiscal year

2. Which of the following is not considered self-employed?

   a. Conducts a trade or business as a sole proprietorship.
   b. Is an independent contractor.
   c. Hires, pays, and supervises workers for the employer.
   d. Is in business for him or herself.

3. Which of the following can be included in Part V "Other Expenses" on Schedule C?

   a. Bad debts from sales or services
   b. Charitable contributions
   c. Business equipment and furniture
   d. Personal living and family expenses

4. Susie is a server at the local grill. She needs to report uncollected Social Security and Medicare tax on her wages earned. Which of the following forms would she use?

   a. Form 4137
   b. Form 8919
   c. Form 2210
   d. Form 1040

5. Which type of income is **not** reported on 2022 Form 1040, Schedule 1, line 8?

   a. Hobby income
   b. Awards
   c. Tip income
   d. Gambling winnings

6. What is the maximum taxable amount of Social Security?
   a. 85%
   b. 35%
   c. 10%
   d. 25%

7. Which of the following income is taxable?

   a. Workers' compensation
   b. Welfare and other public assistance benefits
   c. Veterans' benefits
   d. Alimony (prior to December 31, 2018)

Dominio 2 Respuestas a las preguntas de repaso

1. Raquel comenzó su negocio de maquillaje en 2022 y quiere saber qué período contable es mejor para ella. ¿Cuál de los siguientes períodos contables puede elegir Raquel?

    a. Sólo año natural
    b. Sólo ejercicio fiscal
    c. Mes a mes
    d. Año calendario o año fiscal

2. ¿Cuál de los siguientes no se considera autónomo?

    a. Lleva a cabo un comercio o negocio como propietario único.
    b. Es un contratista independiente.
    c. Contrata, paga y supervisa a los trabajadores para el empleador.
    d. Está en el negocio por sí mismo.

3. ¿Cuál de los siguientes puede incluirse en la Parte V "Otros gastos" del Anexo C?

    a. Deudas incobrables por ventas o servicios
    b. Contribuciones caritativas
    c. Equipamiento y mobiliario empresarial
    d. Gastos personales de vida y familiares

4. Susie es una mesera en la parrilla local. Ella necesita reportar los impuestos no cobrados del Seguro Social y Medicare sobre sus salarios ganados. ¿Cuál de las siguientes formas usaría?

    a. Formulario 4137
    b. Formulario 8919
    c. Formulario 2210
    d. Formulario 1040

5. ¿Qué tipo de ingresos **no** se reportan en la línea 8 en el Anexo 1 del Formulario 1040 de 2022?

    a. Ingresos por afición
    b. Premios
    c. Ingresos por propinas
    d. Ganancias de juego

6. ¿Cuál es la base imponible máxima del Seguro Social?
    a. 85%
    b. 35%
    c. 10%
    d. 25%

7. ¿Cuál de los siguientes ingresos está sujeto a impuestos?

    a. Compensación de trabajadores
    b. Prestaciones sociales y otras prestaciones de asistencia pública
    c. Beneficios para veteranos
    d. Pensión alimenticia (antes del 31 de diciembre de 2018)

8. Which of the following is not the best description of constructively received income?

    a. Amanda received an interest payment on December 31 but did not put it into the bank until Jan 2.
    b. Andres earned money from his employer for the prior year. He did not pick the money up until the following year.
    c. Karina received an early penalty withdrawal that was substantially less than what she would have earned if she left the money in the account until maturity.
    d. Kevin had some bond payments credited to his account on January 1. He did not withhold the payment until April 15.

9. Which of the following is a form of dividend income?

    a. Ordinary dividends
    b. Dividends from a credit union
    c. Reinvested dividends
    d. Dividends from a partnership

10. Jacob's daughter Peyton inherited some money from her great grandma. Peyton's interest earned this year was $2,210. Which of the following is the best answer for the scenario?

    a. Peyton will file her own tax return since the amount earned is more than $2,200.
    b. Jacob can file Form 8814 and report Peyton's earned interest.
    c. Jacob and Peyton need to decide which is the lowest tax consequence for the two of them and that is who files the interest earned.
    d. Peyton does not need to file a return since it is lower than her filing requirements.

11. Which of the following is taxable income?
    a. Workers' compensation
    b. Welfare benefits
    c. Veterans' benefits
    d. Disability reported on Form W-2

12. Jerry has three qualifying children for the federal dependent care expense. What is the maximum amount Jerry can claim?

    a. $3,000
    b. $10,500
    c. $16,000
    d. No limit

8. ¿Cuál de las siguientes no es la mejor descripción de los ingresos recibidos constructivamente?

    a. Amanda recibió un pago de intereses el 31 de diciembre, pero no lo puso en el banco hasta el 2 de enero.

    b. Andrés ganó dinero de su empleador durante el año anterior. No recogió el dinero hasta el año siguiente.

    c. Karina recibió un retiro anticipado de penalización que fue sustancialmente menor de lo que habría ganado si hubiera dejado el dinero en la cuenta hasta su vencimiento.

    d. Kevin tenía algunos pagos de bonos acreditados en su cuenta el 1 de enero. No retuvo el pago hasta el 15 de abril.

9. ¿Cuál de las siguientes es una forma de ingreso por dividendos?

    a. Dividendos ordinarios

    b. Dividendos de una cooperativa de ahorro y crédito

    c. Dividendos reinvertidos

    d. Dividendos de una sociedad

10. La hija de Jacob, Peyton, heredó algo de dinero de su bisabuela. El interés de Peyton ganado este año fue de $2,210. ¿Cuál de las siguientes es la mejor respuesta para el escenario?

    a. Peyton presentará su propia declaración de impuestos ya que la cantidad ganada es de más de $2,200.

    b. Jacob puede presentar el Formulario 8814 e reportar los intereses ganados de Peyton.

    c. Jacob y Peyton deben decidir cuál es la consecuencia fiscal más baja para los dos y quién presenta los intereses ganados.

    d. Peyton no necesita presentar una declaración ya que es más baja que sus requisitos de presentación.

11. ¿Cuál de los siguientes es el ingreso imponible?

    a. Compensación de trabajadores

    b. Prestaciones sociales

    c. Beneficios para veteranos

    d. Discapacidad reportada en el Formulario W-2

12. Jerry tiene tres hijos calificados para el gasto federal de cuidado de dependientes. ¿Cuál es la cantidad máxima que Jerry puede reclamar?

    a. $3,000

    b. $10.500

    c. $16,000

    d. Sin límite

13. Which scenario could make a taxpayer pay a capital gains tax on their primary residence?

    a. The taxpayer lived in the main house for two of the last five years.
    b. The taxpayer's gain on his primary residence is less than $250,000.
    c. The taxpayer and their spouse have lived in the house for two of the last five years.
    d. The taxpayer sold the house in 18 months because they found a house they liked more.

14. Which of the following best describes basis?

    a. Basis is the amount of investment in the asset for tax purposes.
    b. Basis includes inventory.
    c. Basis includes land.
    d. Basis is a capital asset.

13. ¿Qué escenario podría hacer que un contribuyente pague un impuesto sobre las ganancias de capital en su residencia principal?

   a. El contribuyente vivió en la casa principal durante dos de los últimos cinco años.
   b. La ganancia del contribuyente en su residencia principal es inferior a $250,000.
   c. El contribuyente y su cónyuge han vivido en la casa durante dos de los últimos cinco años.
   d. El contribuyente vendió la casa en 18 meses porque encontró una casa que le gustó más.

14. ¿Cuál de las siguientes opciones describe mejor la base?

   a. La base es la cantidad de inversión en el activo a efectos fiscales.
   b. La base incluye inventario.
   c. La base incluye tierra.
   d. La base es un activo de capital.

Domain 3 Practices, Procedures, and Professional Responsibility

3.1 Tax-related Identity Theft (Pub 5199)

To help prevent identity theft, return preparers should confirm the identities and taxpayer identification numbers (TINs) of taxpayers, their spouses, dependents, and EITC-qualifying children contained on the returns being prepared. TINs include Social Security Numbers (SSNs), Adopted Taxpayer Identification Numbers (ATINs), and Individual Taxpayer Identification Numbers (ITINs).

To confirm identities, the preparer can request a picture ID reflecting the taxpayer's name and address as well as Social Security cards or other documents providing the TINs of all individuals to be listed on the return.

Steps for Victims of Tax-Related Identity Theft

All victims of identity theft should follow the recommendations of the Federal Trade Commission:

➢ File a report with the local police.
➢ File a complaint with the Federal Trade Commission at www.consumer.ftc.gov or the FTC Identity Theft hotline at 877-438-4338 or TTY 866-653-4261.
➢ Contact one of the three major credit bureaus to place a "fraud alert" on your account:
  ○ Equifax – www.equifax.com, 800-525-6285.
  ○ Experian – www.experian.com, 888-397-3742.
  ○ TransUnion – www.transunion.com, 800-680-7289.
➢ Close any accounts that have been tampered with or opened fraudulently.
➢ If your SSN has been compromised and you know or suspect you may be a victim of tax-related identity theft, take these additional steps:
  ○ Respond immediately to any IRS notice; call the number provided.
  ○ Complete IRS Form 14039, *Identity Theft Affidavit*. Use a fillable form at IRS.gov, print, then mail or fax according to the form's instructions.
  ○ Continue to pay your taxes and file your tax return, even if you must do so by paper.
  ○ If you previously contacted the IRS and did not have a resolution, contact the Identity Protection Specialized Unit at 800-908-4490. They have teams available to assist.

The IRS has greatly reduced the time it takes to resolve identity theft cases, but please know these are extremely complex cases, frequently touching on multiple issues and multiple tax years. It can be time-consuming. A typical case can take about 120 days to resolve.

If you are unable to get the issue resolved and are experiencing financial difficulties, contact the Taxpayer Advocate Service toll-free at 877-777-4778.

Dominio 3 Prácticas, procedimientos y responsabilidad profesional

3.1 Robo de identidad relacionado con impuestos (Pub 5199)

Para ayudar a prevenir el robo de identidad, los preparadores de declaraciones deben confirmar las identidades y los números de identificación del contribuyente (TIN) de los contribuyentes, sus cónyuges, dependientes e hijos calificados para el EITC contenidos en las declaraciones que se están preparando. Los TIN incluyen números de Seguro Social (SSN), números de identificación del contribuyente adoptados (ATIN) y números de identificación individual del contribuyente (ITIN).

Para confirmar las identidades, el preparador puede solicitar una identificación con foto que refleje el nombre y la dirección del contribuyente, así como tarjetas de Seguro Social u otros documentos que proporcionen los TIN de todas las personas que figuran en la declaración.

Pasos para las víctimas de robo de identidad relacionado con impuestos

Todas las víctimas de robo de identidad deben seguir las recomendaciones de la Comisión Federal de Comercio:

> ➢ Presente una denuncia ante la policía local.
> ➢ Presente una queja ante la Comisión Federal de Comercio en www.consumer.ftc.gov o en la línea directa de Robo de Identidad de la FTC al 877-438-4338 o TTY 866-653-4261.
> ➢ Póngase en contacto con una de las tres principales agencias de crédito para colocar una "alerta de fraude" en su cuenta:
> > o Equifax – www.equifax.com, 800-525-6285.
> > o Experian – www.experian.com, 888-397-3742.
> > o TransUnion – www.transunion.com, 800-680-7289.
> ➢ Cierre todas las cuentas que hayan sido manipuladas o abiertas de manera fraudulenta.
> ➢ Si su SSN ha sido comprometido y usted sabe o sospecha que puede ser víctima de robo de identidad relacionado con impuestos, tome estas medidas adicionales:
> ➢ Responder inmediatamente a cualquier aviso del IRS; Llame al número proporcionado.
> ➢ Complete el Formulario 14039 del IRS, *Declaración jurada de robo de identidad.* Use un formulario rellenable en IRS.gov, imprímalo y luego por correo o fax de acuerdo con las instrucciones del formulario.
> ➢ Continúe pagando sus impuestos y presente su declaración de impuestos, incluso si debe hacerlo en papel.
> ➢ Si anteriormente se comunicó con el IRS y no tuvo una resolución, comuníquese con la Unidad Especializada de Protección de Identidad al 800-908-4490. Tienen equipos disponibles para ayudar.

El IRS ha reducido en gran medida el tiempo que lleva resolver los casos de robo de identidad, pero tenga en cuenta que estos son casos extremadamente complejos, que con frecuencia tocan múltiples problemas y múltiples años fiscales. Puede llevar mucho tiempo. Un caso típico puede tardar unos 120 días en resolverse.

Si no puede resolver el problema y tiene dificultades financieras, comuníquese con el Servicio del Defensor del Contribuyente al número gratuito 877-777-4778.

Tax Preparers can be ID Thieves

The tax professional can also be an individual who will steal taxpayer's information. This can happen in the following ways:

> ➢ Filing a fraudulent return.
> ➢ Sending part of the taxpayer's refund to their personal bank account.
> ➢ Filing a tax return without the permission of the taxpayer.
> ➢ Taxpayers' refund is deposited to the tax preparer's business or personal bank account.

IRS is Helping Victims

The IRS is increasing efforts to help ID victims in the following ways:

> ➢ Resolving ID theft cases quickly.
> ➢ Expanding the IP PIN program.
> ➢ IP PIN changes.

Clients who are victims of identity theft must contact the IRS and should be assigned an IP PIN. The problem arises if they forget all about this when they come in to file their taxes. Then the return is rejected for electronic filing due to lack of this IP PIN.

The reality is that a case can take up to a year to get resolved depending on its complexity. The key is to stress to the client that this is an IRS issue and not a tax preparer issue. It wouldn't have mattered where the tax return had been completed. The frustration of the taxpayer is the delay in receiving their refund, which they were counting on getting in a timely fashion.

Phishing and Vishing

Phishing is a scam in which an individual may receive a fraudulent email designed to steal an identity or personal information such as credit card numbers, bank account numbers, debit card PINs, and account passwords. The email may state the account has been compromised or that one of the accounts was charged incorrectly. The email will instruct the individual to click on a link in the email or reply with their bank account number to confirm identity or verify the account. The email may even threaten to disable their account if the individual does not reply; this should not be believed.

Legitimate companies never ask for your password or account number via email. This could be a phishing email. Here are several actions that should be taken:

> ➢ Don't click on any links in the email. They can contain a virus that can harm the computer. Even if links in the email say the name of the company, don't trust them. They may redirect to a fraudulent website.
> ➢ Don't reply to the email itself. Instead forward the email to the Federal Trade Commission at spam@uce.gov.

Los preparadores de impuestos pueden ser ladrones de identidad

El profesional de impuestos también puede ser un individuo que robará la información del contribuyente. Esto puede suceder de las siguientes maneras:

➢ Presentar una declaración fraudulenta.
➢ Envío de parte del reembolso del contribuyente a su cuenta bancaria personal.
➢ Presentar una declaración de impuestos sin el permiso del contribuyente.
➢ El reembolso de los contribuyentes se deposita en la cuenta bancaria comercial o personal del preparador de impuestos.

El IRS está ayudando a las víctimas

El IRS está aumentando los esfuerzos para ayudar a las víctimas de identificación de las siguientes maneras:

➢ Resolver casos de robo de identidad rápidamente.
➢ Expansión del programa IP PIN.
➢ Cambios en el PIN IP.

Los clientes que son víctimas de robo de identidad deben comunicarse con el IRS y se les debe asignar un IP PIN. El problema surge si se olvidan de todo esto cuando vienen a presentar sus impuestos. Luego, la declaración se rechaza para su presentación electrónica debido a la falta de este IP PIN.

La realidad es que un caso puede tardar hasta un año en resolverse dependiendo de su complejidad. La clave es enfatizar al cliente que este es un problema del IRS y no un problema del preparador de impuestos. No habría importado dónde se hubiera completado la declaración de impuestos. La frustración del contribuyente es la demora en recibir su reembolso, que contaban con obtener de manera oportuna.

Phishing y Vishing

El phishing es una estafa en la que una persona puede recibir un correo electrónico fraudulento diseñado para robar una identidad o información personal, como números de tarjetas de crédito, números de cuentas bancarias, PIN de tarjetas de débito y contraseñas de cuentas. El correo electrónico puede indicar que la cuenta se ha visto comprometida o que una de las cuentas se cargó incorrectamente. El correo electrónico le indicará a la persona que haga clic en un enlace en el correo electrónico o responda con su número de cuenta bancaria para confirmar la identidad o verificar la cuenta. El correo electrónico puede incluso amenazar con deshabilitar su cuenta si el individuo no responde; Esto no debe creerse.

Las compañías legítimas nunca le piden su contraseña o número de cuenta por correo electrónico. Esto podría ser un correo electrónico de phishing. Aquí hay varias acciones que deben tomarse:

➢ No haga clic en ningún enlace del correo electrónico. Pueden contener un virus que puede dañar la computadora. Incluso si los enlaces en el correo electrónico dicen el nombre de la empresa, no confíe en ellos. Pueden redirigir a un sitio web fraudulento.
➢ No respondas al correo electrónico en sí. En su lugar, reenvíe el correo electrónico a la Comisión Federal de Comercio en spam@uce.gov.

➢ If you believe the email is valid, contact the company using the phone numbers listed on the statements, on the company's website, or in the phone book. Tell the customer service representative about the email and ask if the account has been compromised. One can also contact the company online by typing the company's web address directly into the address bar; never click the links provided in the email.

➢ If one has clicked on any links in the phishing email or replied with the requested personal information, contact the company directly to let them know about the email and ask to have fraud alerts placed on your accounts, have new credit cards issued, or set new passwords.

Vishing scammers seek to get an individual to provide personal information. However, vishing scams use the phone to make their requests instead of email. The individual may be directed to call a phone number to verify an account or to reactivate a debit or credit card. If you have received one of these calls, report it to the Internet Crime Complaint Center.

3.2 Safeguarding Taxpayer Data (Pub 4557)

Identity theft occurs when someone uses another individual's personally identifiable information (like their name, Social Security number, or credit card number) without their permission to commit fraud or other crimes. As a tax return preparer, you must obtain and store data and information about your clients both electronically and in paper records. This personally identifiable information must be secure. Taxpayer information is furnished in any form or manner in person, over the phone, or by mail or fax for or by the taxpayer for preparing their tax return. It includes, but is not limited to, the taxpayer's following information:

➢ Name
➢ Address
➢ Identification number
➢ Income
➢ Receipts
➢ Deductions
➢ Dependents
➢ Tax liability

Under Title 26 IRC §301 7216.1, criminal penalties may be imposed on any person engaged in the business of preparing or providing services in connection with the preparation of tax returns who knowingly or recklessly makes unauthorized disclosures or uses information furnished to him or her in connection with the preparation of an income tax return. Title 26 can also impose monetary penalties on the unauthorized disclosures or uses of taxpayer information by any person engaged in the business of preparing tax returns.

Some common safeguarding ideas are:

➢ Locking doors to restrict access to paper or electronic files.
➢ Requiring passwords to restrict access to computer files.
➢ Encrypting electronically stored taxpayer data.
➢ Keeping a backup of electronic data for recovery purposes.
➢ Shredding paper containing taxpayer information before throwing it in the trash.

➤ Si cree que el correo electrónico es válido, comuníquese con la compañía usando los números de teléfono que figuran en los estados de cuenta, en el sitio web de la compañía o en la guía telefónica. Informe al representante de servicio al cliente sobre el correo electrónico y pregunte si la cuenta ha sido comprometida. También se puede contactar a la empresa en línea escribiendo la dirección web de la empresa directamente en la barra de direcciones; Nunca haga clic en los enlaces proporcionados en el correo electrónico.

➤ Si uno ha hecho clic en cualquier enlace en el correo electrónico de phishing o ha respondido con la información personal solicitada, comuníquese directamente con la compañía para informarles sobre el correo electrónico y solicite que se coloquen alertas de fraude en sus cuentas, que se emitan nuevas tarjetas de crédito o que se establezcan nuevas contraseñas.

Los estafadores de Vishing buscan que una persona proporcione información personal. Sin embargo, las estafas de vishing usan el teléfono para hacer sus solicitudes en lugar de enviar correos electrónicos. Se le puede indicar a la persona que llame a un número de teléfono para verificar una cuenta o para reactivar una tarjeta de débito o crédito. Si ha recibido una de estas llamadas, repórtela al Centro de Quejas de Delitos en Internet.

3.2 Protección de los datos del contribuyente (Pub 4557)

El robo de identidad ocurre cuando alguien usa la información de identificación personal de otra persona (como su nombre, número de Seguro Social o número de tarjeta de crédito) sin su permiso para cometer fraude u otros delitos. Como preparador de declaraciones de impuestos, debe obtener y almacenar datos e información sobre sus clientes tanto electrónicamente como en registros en papel. Esta información de identificación personal debe estar segura. La información del contribuyente se proporciona de cualquier forma o manera en persona, por teléfono, o por correo o fax para o por el contribuyente para preparar su declaración de impuestos. Incluye, pero no se limita a, la siguiente información del contribuyente:

➤ Nombre
➤ Dirección
➤ Número de identificación
➤ Renta
➤ Ingresos
➤ Deducciones
➤ Dependientes
➤ Deuda tributaria

Bajo el Título 26 IRC §301 7216.1, se pueden imponer sanciones penales a cualquier persona involucrada en el negocio de preparar o proporcionar servicios en relación con la preparación de declaraciones de impuestos que a sabiendas o imprudentemente hace divulgaciones no autorizadas o utiliza la información que se le proporciona en relación con la preparación de una declaración de impuestos sobre la renta. El Título 26 también puede imponer sanciones monetarias por las divulgaciones o usos no autorizados de la información del contribuyente por parte de cualquier persona involucrada en el negocio de preparar declaraciones de impuestos.

Algunas ideas comunes de salvaguardia son:

➤ Cerrar las puertas para restringir el acceso a archivos en papel o electrónicos.
➤ Requerir contraseñas para restringir el acceso a los archivos de la computadora.
➤ Encriptación de datos de contribuyentes almacenados electrónicamente.
➤ Mantener una copia de seguridad de los datos electrónicos con fines de recuperación.
➤ Triturar papel que contenga información del contribuyente antes de tirarlo a la basura.

An Introduction to the Gramm-Leach-Bliley Act & The Safeguards Rule

To comply with the Safeguards Rule, companies must have measures in place to secure customer information. The Safeguards Rule requires tax return preparers to develop a written information security plan that describes their program to protect consumer information.

The Federal Trade Commission is the federal agency that Congress tasked with implementing the Safeguards Rule within GLBA. Surprisingly the Safeguards Rule is very simple. It just requires tax return preparers to ensure their information security plan be appropriate to the company's size and complexity, the nature and scope of its activities, and the sensitivity of the customer information it handles.

Additionally, it specifies that this written plan must:

> ➤ designate one or more employees to coordinate its information security program;
> ➤ identify and assess the risks to customer information in each relevant area of the company's operation, and evaluate the effectiveness of the current safeguards for controlling these risks;
> ➤ design and implement a safeguards program, and regularly monitor and test it;
> ➤ select service providers that can maintain appropriate safeguards, make sure your contract requires them to maintain safeguards, and oversee their handling of customer information; and
> ➤ evaluate and adjust the program in light of relevant circumstances, including changes in the firm's business or operations, or the results of security testing and monitoring.

Since tax return preparers come in many different sizes and have very different organizational structures, each preparer may implement the Safeguards Rule differently, but it is important that each tax return preparer think about their business. The IRS provides a checklist from the Federal Trade Commission for tax preparers to use to test the completeness of their program in the Publication 4557. Another great way to use that publication is to read through it before you develop your information security program to identify areas that you want to include in your program.

For more information about safeguarding personal information, visit the Federal Trade Commission website at www.ftc.gov.

Helpful Tips When Using Email

Use of the internet is one of the most important parts of business today. As tax return preparers, you need the internet to use your tax software and to file tax returns. For many tax preparers, the internet and email communication exceed phone calls and physical visits. As part of a written security plan, you must develop policies and procedures that govern how you and your employees use the internet in the office. Many of the computer viruses and data breaches start because someone in an organization clicks on an email or otherwise gives a cybercriminal access to their computer.

Una introducción a la Ley Gramm-Leach-Bliley y la Regla de Salvaguardias

Para cumplir con la Regla de Salvaguardias, las empresas deben contar con medidas para proteger la información del cliente. La Regla de Salvaguardas requiere que los preparadores de declaraciones de impuestos desarrollen un plan escrito de seguridad de la información que describa su programa para proteger la información del consumidor.

La Comisión Federal de Comercio es la agencia federal que el Congreso encargó de implementar la Regla de Salvaguardias dentro de GLBA. Sorprendentemente, la Regla de Salvaguardias es muy simple. Solo requiere que los preparadores de declaraciones de impuestos se aseguren de que su plan de seguridad de la información sea apropiado para el tamaño y la complejidad de la empresa, la naturaleza y el alcance de sus actividades y la sensibilidad de la información del cliente que maneja.

Además, especifica que este plan escrito debe:

> - designar a uno o más empleados para coordinar su programa de seguridad de la información;
> - identificar y evaluar los riesgos para la información del cliente en cada área relevante de la operación de la empresa, y evaluar la efectividad de las salvaguardas actuales para controlar estos riesgos;
> - diseñar e implementar un programa de salvaguardias, y monitorearlo y probarlo regularmente;
> - seleccionar proveedores de servicios que puedan mantener las salvaguardas adecuadas, asegurarse de que su contrato les exija mantener las salvaguardas y supervisar su manejo de la información del cliente; y
> - Evaluar y ajustar el programa a la luz de las circunstancias relevantes, incluidos los cambios en el negocio u operaciones de la empresa, o los resultados de las pruebas y el monitoreo de seguridad.

Dado que los preparadores de declaraciones de impuestos vienen en muchos tamaños diferentes y tienen estructuras organizativas muy diferentes, cada preparador puede implementar la Regla de Salvaguardias de manera diferente, pero es importante que cada preparador de declaraciones de impuestos piense en su negocio. El IRS proporciona una lista de verificación de la Comisión Federal de Comercio para que los preparadores de impuestos la usen para probar la integridad de su programa en la Publicación 4557. Otra excelente manera de usar esa publicación es leerla antes de desarrollar su programa de seguridad de la información para identificar las áreas que desea incluir en su programa.

Para obtener más información sobre cómo proteger la información personal, visite el sitio web de la Comisión Federal de Comercio en www.ftc.gov.

Consejos útiles al usar el correo electrónico

El uso de Internet es una de las partes más importantes de los negocios hoy en día. Como preparadores de declaraciones de impuestos, necesita Internet para usar su software de impuestos y presentar declaraciones de impuestos. Para muchos preparadores de impuestos, la comunicación por Internet y correo electrónico excede las llamadas telefónicas y las visitas físicas. Como parte de un plan de seguridad escrito, debe desarrollar políticas y procedimientos que rijan cómo usted y sus empleados usan Internet en la oficina. Muchos de los virus informáticos y las violaciones de datos comienzan porque alguien en una organización hace clic en un correo electrónico o le da acceso a un ciberdelincuente a su computadora.

Just like an office has risks of someone breaking and entering, using the internet has risks. These cybercriminals are using tactics known as spear-phishing to attempt to trick people into giving them access to their computers or accounts. Spear-phishing is when the cybercriminal knows a little about the person they are trying to trick into allowing them access to their systems. For example, if they know that you are a tax return preparer, they can send emails pretending to be from tax software companies, state governments, the IRS, or even new customers. Since tax return preparers have such valuable data, you must be vigilant in protecting the information. Your written security plan needs to be detailed to prevent you or your employees from inviting a cybercriminal into your systems.

There are many examples of cybercriminals sending emails to tax return preparers posing as a new customer. Of course, the tax return preparer is happy to have a new customer and will correspond with the cybercriminal who sent the email. During the communication, the cybercriminal will send what they claim is a copy of their prior year tax returns or other tax return documents. When the tax return preparer opens the document that is attached to the email, there are no tax return documents but a computer virus or spyware.

By opening this document that claims to be tax information for a new customer, the tax preparer infects their computer systems. Once that happens, the cybercriminal can lock up the tax preparer's data and demand a ransom for it to be released (ransomware), or they can spy on the tax return preparer's activity and steal the taxpayer information to use it for other crimes (spyware). It is very important that you never open email attachments from people you do not know or attachments you receive from people you do know but do not expect.

There are many tricks to identify these types of email scams, but there are also certain practices that you can adopt to stop them.

> ➢ Only open attachments expected from people you know. Often the criminal will pose to be someone you may know or a new acquaintance, or they may have compromised a friend, colleague, or client's account. If you are not expecting an email attachment, call the sender to verify it, or if you do not know the sender personally, do not open attachments.
> ➢ Do not click links in emails, unless you are sure they are intended for you. An example of an acceptable link to click is a password reset email when you were just on the website of the service and requested the link. Never click the link of an unsolicited password reset or other email. Often the links may look legitimate, but the actual website the link takes you to is not legitimate.
> ➢ Type the website address instead of clicking the link. Most times links in emails will direct you to a website you know and trust. There are ways in email to display a link that looks familiar, but then takes you to a different website when you click it. To avoid this click redirection, you can enter the website referenced in the email manually instead of clicking the link.
> ➢ Verify phone numbers before you call. If you get an email from your tax software company or your bank asking you to verify a transaction or to call if you did not request the message, be suspicious of the phone number in the message. It is easy to go to the company's website and find their customer service number and call the number from the website.

Al igual que una oficina tiene riesgos de que alguien rompa y entre, el uso de Internet tiene riesgos. Estos ciberdelincuentes están utilizando tácticas conocidas como spear-phishing para intentar engañar a las personas para que les den acceso a sus computadoras o cuentas. El spear-phishing es cuando el ciberdelincuente sabe un poco sobre la persona a la que está tratando de engañar para que le permita acceder a sus sistemas. Por ejemplo, si saben que usted es un preparador de declaraciones de impuestos, pueden enviar correos electrónicos que pretenden ser de compañías de software de impuestos, gobiernos estatales, el IRS o incluso nuevos clientes. Dado que los preparadores de declaraciones de impuestos tienen datos tan valiosos, debe estar atento para proteger la información. Su plan de seguridad escrito debe ser detallado para evitar que usted o sus empleados inviten a un ciberdelincuente a sus sistemas.

Hay muchos ejemplos de ciberdelincuentes que envían correos electrónicos a preparadores de declaraciones de impuestos haciéndose pasar por un nuevo cliente. Por supuesto, el preparador de declaraciones de impuestos está feliz de tener un nuevo cliente y se comunicará con el ciberdelincuente que envió el correo electrónico. Durante la comunicación, el ciberdelincuente enviará lo que afirma que es una copia de sus declaraciones de impuestos del año anterior u otros documentos de declaración de impuestos. Cuando el preparador de la declaración de impuestos abre el documento que se adjunta al correo electrónico, no hay documentos de declaración de impuestos, sino un virus informático o spyware.

Al abrir este documento que dice ser información fiscal para un nuevo cliente, el preparador de impuestos infecta sus sistemas informáticos. Una vez que eso sucede, el ciberdelincuente puede bloquear los datos del preparador de impuestos y exigir un rescate para que se liberen (rescate), o puede espiar la actividad del preparador de declaraciones y robar la información del contribuyente para usarla para otros delitos (spyware). Es muy importante que nunca abra archivos adjuntos de correo electrónico de personas que no conoce o archivos adjuntos que recibe de personas que sí conoce pero que no espera.

Hay muchos trucos para identificar este tipo de estafas por correo electrónico, pero también hay ciertas prácticas que puede adoptar para detenerlas.

> Solo se esperan archivos adjuntos abiertos de personas que conoces. A menudo, el criminal se hará pasar por alguien que puede conocer o un nuevo conocido, o puede haber comprometido la cuenta de un amigo, colega o cliente. Si no espera un archivo adjunto de correo electrónico, llame al remitente para verificarlo o, si no conoce al remitente personalmente, no abra los archivos adjuntos.
> No haga clic en los enlaces de los correos electrónicos, a menos que esté seguro de que están destinados a usted. Un ejemplo de un enlace aceptable para hacer clic es un correo electrónico de restablecimiento de contraseña cuando estaba en el sitio web del servicio y solicitó el enlace. Nunca haga clic en el enlace de un restablecimiento de contraseña no solicitado u otro correo electrónico. A menudo, los enlaces pueden parecer legítimos, pero el sitio web real al que lo lleva el enlace no es legítimo.
> Escriba la dirección del sitio web en lugar de hacer clic en el vínculo. La mayoría de las veces, los enlaces en los correos electrónicos lo dirigirán a un sitio web que conoce y en el que confía. Hay formas en el correo electrónico de mostrar un enlace que parece familiar, pero que luego lo lleva a un sitio web diferente cuando hace clic en él. Para evitar esta redirección de clics, puede ingresar el sitio web al que se hace referencia en el correo electrónico manualmente en lugar de hacer clic en el enlace.
> Verifique los números de teléfono antes de llamar. Si recibe un correo electrónico de su compañía de software de impuestos o de su banco pidiéndole que verifique una transacción o que llame si no solicitó el mensaje, sospeche del número de teléfono en el mensaje. Es fácil ir al sitio web de la compañía y encontrar su número de servicio al cliente y llamar al número desde el sitio web.

The key message to all of these guidelines is the contents of an email generally cannot be trusted. You can think of it the same as paper mail. Just because an envelope has a return address for your tax software company does not mean it came from them. Also, when you read the letter, there is no guarantee that whoever is on the return address wrote that letter. Anyone can draft a letter, put it in an envelope, put any return address, and drop it in the mail. Once you get it, you must decide if it is legitimate or not; email is no different.

A Guide to Using Security Software

One of the most important ways to protect your systems' and your clients' data is to install data security and use security software on your computers. There are different types of security software you need:

➢ Anti-virus – detects bad software, such as malware, from causing damage to a computer.
➢ Anti-spyware – prevents unauthorized software from stealing information that is on a computer or processed through the system.
➢ Firewall – protects data flow. A properly configured firewall will prevent information from leaving your computer or entering your computer.
➢ Drive encryption – protects information from being stolen from your computer. If a criminal steals your computer, or if you throw it or a disk drive away, encryption will protect the information from being read.

Modern operating systems like Windows and MacOS come with these security features. It is important that you do not disable the features of these tools and familiarize yourself with how they operate.

There are also options to third-party products like Norton or McAfee. These products have some additional features that you can investigate. For product recommendations, check with colleagues, professional associations, or the insurance carrier, if you have data theft insurance protection.

Never select "security software" from a pop-up advertisement while surfing the web. Download security software only from the chosen vendor's site. If you purchase third-party security products, buy them from a store you trust or at the manufacturer's website. Downloading free or discounted security software from an unknown website or store could be a trick to install spyware or other software that can compromise your computer or device. Any time you install software on your computer you should be sure you trust where it came from. Because when you install software on your computer, if that software is not legitimate, it can send information from your computer of what you do to an unintended recipient.

Set security software to update automatically. This step is critical to ensuring the software has the latest protections against emerging threats. For additional safety, ensure that your internet browser (Google Chrome, MS Edge, Firefox, Safari, etc.) is set to update automatically so that it remains secure.

Create Strong Passwords

It is critical that all tax return preparers establish strong, unique passwords for all accounts, whether it's to access a device, tax software products, cloud storage, wireless networks, or encryption technology. Here's how to get started:

El mensaje clave de todas estas pautas es que generalmente no se puede confiar en el contenido de un correo electrónico. Puedes pensar en ello igual que el correo en papel. El hecho de que un sobre tenga una dirección de devolución para su compañía de software de impuestos no significa que provenga de ellos. Además, cuando lea la carta, no hay garantía de que quien esté en la dirección de devolución haya escrito esa carta. Cualquiera puede redactar una carta, ponerla en un sobre, poner cualquier dirección de devolución y enviarla por correo. Una vez que lo consigas, debes decidir si es legítimo o no; El correo electrónico no es diferente.

Una guía para usar software de seguridad

Una de las formas más importantes de proteger los datos de sus sistemas y de sus clientes es instalar la seguridad de los datos y utilizar software de seguridad en sus computadoras. Hay diferentes tipos de software de seguridad que necesita:

a. Antivirus: detecta software defectuoso, como programa maligno, para que no cause daños a una computadora.
b. Anti-spyware: evita que el software no autorizado robe información que se encuentra en una computadora o que se procesa a través del sistema.
c. Firewall: protege el flujo de datos. Un firewall configurado correctamente evitará que la información salga de su computadora o ingrese a su computadora.
d. Cifrado de unidades: protege la información de ser robada de su computadora. Si un delincuente roba su computadora, o si la tira o una unidad de disco, el cifrado protegerá la información de ser leída.

Los sistemas operativos modernos como Windows y MacOS vienen con estas características de seguridad. Es importante que no deshabilite las funciones de estas herramientas y se familiarice con su funcionamiento.

También hay opciones para productos de terceros como Norton o McAfee. Estos productos tienen algunas características adicionales que puede investigar. Para obtener recomendaciones de productos, consulte con colegas, asociaciones profesionales o la compañía de seguros, si tiene protección de seguro contra robo de datos.

Nunca seleccione "software de seguridad" de un anuncio emergente mientras navega por la web. Descargue el software de seguridad solo desde el sitio del proveedor elegido. Si compra productos de seguridad de terceros, cómprelos en una tienda de confianza o en el sitio web del fabricante. Descargar software de seguridad gratuito o con descuento de un sitio web o tienda desconocido podría ser un truco para instalar spyware u otro software que pueda comprometer su computadora o dispositivo. Cada vez que instale software en su computadora, debe asegurarse de confiar en su origen. Porque cuando instala software en su computadora, si ese software no es legítimo, puede enviar información desde su computadora de lo que hace a un destinatario no deseado.

Configure el software de seguridad para que se actualice automáticamente. Este paso es fundamental para garantizar que el software tenga las últimas protecciones contra las amenazas emergentes. Para mayor seguridad, asegúrese de que su navegador de Internet (Google Chrome, MS Edge, Firefox, Safari, etc.) esté configurado para actualizarse automáticamente para que permanezca seguro.

Crear contraseñas seguras

Es fundamental que todos los preparadores de declaraciones de impuestos establezcan contraseñas seguras y únicas para todas las cuentas, ya sea para acceder a un dispositivo, productos de software de impuestos, almacenamiento en la nube, redes inalámbricas o tecnología de cifrado. A continuación, le indicamos cómo empezar:

➢ Use a minimum of eight characters; longer is better.
➢ Use a combination of letters, numbers, and symbols (e.g., ABC, 123, !@#).
➢ Avoid personal information or common passwords; opt for phrases.
➢ Change default/temporary passwords that come with accounts or devices, including printers.
➢ Do not reuse passwords. Changing Bgood!17 to Bgood!18 is not good enough; use unique usernames and passwords for accounts and devices.
➢ Do not use your email address as your username if that is an option.
➢ Store any password list in a secure location such as a safe or locked file cabinet.
➢ Do not disclose your passwords to anyone for any reason.
➢ Use a password manager program to track passwords, but protect it with a strong password.

Whenever it is an option, a multi-factor authentication process for returning users should be used to access accounts. Most providers of tax software products for tax professionals offer two-factor. Use the most secure option available, not only for your tax software, but other products such as email accounts and storage provider accounts. An example of two-factor authentication: you must enter your credentials (username and password) plus a security code sent as a text to your mobile phone before you can access an account.

If hosting your own website, also consider some other form of multifactor authentication to further increase your login security. Taxpayers expect that you will require stronger forms of authentication like this two-factor authentication to access their personal information. They see it at their bank and if they create an account with the IRS. While it may seem that adding this feature will be a burden and turn people away, it actually builds trust with taxpayers since they see you working to protect their information.

Securing Wireless Networks

Maintaining a wireless network used to attach computers or storage that handle taxpayer data is a great risk. With a wired network, a criminal will need physical access to your network to connect to it. This means they would have to break into your office and use a wire to connect their computer to your networks. If you use a wireless network, they can see your network traffic from anywhere outside your office, perhaps even from inside a car in the parking lot. Many wireless networks offer data encryption or password security, but the encryptions or passwords are only effective to a point. In most cases a determined criminal can gain access to a wireless network, especially if you do not continuously maintain the security of the wireless network.

Failing to protect your wireless network makes the network or data vulnerable to attack or interception by cybercriminals. Thieves could be stealing your data without your knowledge. You can take these protective steps by reviewing your router manual. Here are basic steps to protect your wireless network:

➢ Change default administrative password of your wireless router; use a strong, unique password.
➢ Reduce the power (wireless range) so you are not broadcasting further than you need. Log into your router to WLAN settings, advanced settings and look for Transmit (TX) power. The lower the number, the lower the power.

➤ Utilice un mínimo de ocho caracteres; Más tiempo es mejor.
➤ Use una combinación de letras, números y símbolos (por ejemplo, ABC, 123,!@#).
➤ Evitar información personal o contraseñas comunes; Opta por frases.
➤ Cambie las contraseñas predeterminadas/temporales que vienen con cuentas o dispositivos, incluidas las impresoras.
➤ No reutilice las contraseñas. Cambiar Bgood!17 a Bgood!18 no es suficiente; Utilice nombres de usuario y contraseñas únicos para cuentas y dispositivos.
➤ No use su dirección de correo electrónico como nombre de usuario si esa es una opción.
➤ Almacene cualquier lista de contraseñas en un lugar seguro, como un archivador seguro o cerrado.
➤ No revele sus contraseñas a nadie por ningún motivo.
➤ Use un programa de administración de contraseñas para rastrear contraseñas, pero protéjalo con una contraseña segura.

Siempre que sea una opción, se debe utilizar un proceso de autenticación de factor múltiple para los usuarios que regresan para acceder a las cuentas. La mayoría de los proveedores de productos de software de impuestos para profesionales de impuestos ofrecen dos factores. Utilice la opción más segura disponible, no solo para su software de impuestos, sino también para otros productos como cuentas de correo electrónico y cuentas de proveedores de almacenamiento. Un ejemplo de autenticación de dos factores: debe ingresar sus credenciales (nombre de usuario y contraseña) más un código de seguridad enviado como texto a su teléfono móvil antes de poder acceder a una cuenta.

Si aloja su propio sitio web, también considere alguna otra forma de autenticación multifactorial para aumentar aún más su seguridad de inicio de sesión. Los contribuyentes esperan que usted requiera formas más fuertes de autenticación como esta autenticación de dos factores para acceder a su información personal. Lo ven en su banco y si crean una cuenta con el IRS. Si bien puede parecer que agregar esta función será una carga y alejará a las personas, en realidad genera confianza con los contribuyentes, ya que lo ven trabajando para proteger su información.

Protección de redes inalámbricas

Mantener una red inalámbrica utilizada para conectar computadoras o almacenamiento que manejan datos de los contribuyentes es un gran riesgo. Con una red cableada, un delincuente necesitará acceso físico a su red para conectarse a ella. Esto significa que tendrían que irrumpir en su oficina y usar un cable para conectar su computadora a sus redes. Si usa una red inalámbrica, pueden ver el tráfico de su red desde cualquier lugar fuera de su oficina, tal vez incluso desde el interior de un automóvil en el estacionamiento. Muchas redes inalámbricas ofrecen cifrado de datos o seguridad de contraseña, pero los cifrados o contraseñas solo son efectivos hasta cierto punto. En la mayoría de los casos, un delincuente determinado puede obtener acceso a una red inalámbrica, especialmente si no mantiene continuamente la seguridad de la red inalámbrica.

No proteger su red inalámbrica hace que la red o los datos sean vulnerables a ataques o interceptaciones por parte de los ciberdelincuentes. Los ladrones podrían estar robando sus datos sin su conocimiento. Puede seguir estos pasos de protección revisando el manual del router. Estos son los pasos básicos para proteger su red inalámbrica:

➤ Cambiar la contraseña administrativa predeterminada de su router inalámbrico; Utilice una contraseña segura y única.
➤ Reduzca la potencia (alcance inalámbrico) para que no esté transmitiendo más de lo necesario. Inicie sesión en su enrutador en la configuración de WLAN, configuración avanzada y busque el Encendedor de Transmisor (TX). Cuanto menor sea el número, menor será la potencia.

➢ Change the name of your router (Service Set Identifier - SSID) to something that is not personally identifying (e.g., BobsTaxService), and disable the SSID broadcast so that it cannot be seen by those who have no need to use your network.

➢ Use Wi-Fi Protected Access 2 (WPA-2), with the Advanced Encryption Standard (AES) for encryption.

➢ Do not use Wired-Equivalent Privacy (WEP) to connect your computers to the router; WEP is not considered secure.

➢ Do not use a public wi-fi (for example, at a coffee café or airport) to access business email or sensitive documents.

If firm employees must occasionally connect to unknown networks or work from home, establish an encrypted Virtual Private Network (VPN) to allow for a more secure connection. A VPN provides a secure, encrypted tunnel to transmit data between a remote user via the internet and the company network. If you are considering a VPN, many business internet routers have this feature built in. Do not download free VPN software onto your business computer; use only products from trusted vendors where you download directly from the vendor website.

Protecting Stored Client Data

Cybercriminals work hard through various tactics to penetrate your network or trick you into disclosing passwords. They may steal the data, hold the data for ransom, or use your own computers to complete and file fraudulent tax returns. Here are a few basic steps to protect client data stored on your systems:

➢ Use drive encryption to lock files and all devices; encrypted files require a password to open. Most computers can encrypt files and network-attached storage allow you to set it up with encryption.

➢ Backup encrypted copies of client data to external hard drives (USBs, CDs, DVDs) or use cloud storage; keep external drives in a secure location; encrypt data before uploading to the cloud.

➢ Avoid inserting USB drives and external drives with client data into public computers.

➢ Avoid installing unnecessary software or applications to the business network; avoid offers for "free" software, especially security software, which is often a ruse by criminals; download software or applications only from official sites.

➢ Perform an inventory of devices where client tax data are stored, e.g., laptops, smart phones, tablets, external hard drives, etc.; inventory software used to process or send tax data, e.g., operating systems, browsers, applications, tax software, websites, etc.

➢ Limit or disable internet access capabilities for devices that have stored taxpayer data.

➢ Delete all information from devices, hard drives, USBs (flash drives), printers, tablets, or phones before disposing of devices; some security software include a "shredder" that electronically destroys stored files.

➢ Physically destroy hard drives, tapes, USBs, CDs, tablets, or phones by crushing, shredding, or burning; shred or burn all documents containing taxpayer information before throwing away.

- ➢ Cambie el nombre de su enrutador (Service Set Identifier - SSID) a algo que no sea de identificación personal (por ejemplo, BobsTaxService) y deshabilite la transmisión SSID para que no pueda ser vista por aquellos que no tienen necesidad de usar su red.
- ➢ Utilice Wi-Fi Protected Access 2 (WPA-2), con el Estándar de cifrado avanzado (AES) para el cifrado.
- ➢ No utilice Wired-Equivalent Privacy (WEP) para conectar sus computadoras al router; WEP no se considera seguro.
- ➢ No utilice una red Wi-Fi pública (por ejemplo, en una cafetería o en un aeropuerto) para acceder al correo electrónico de la empresa o a documentos confidenciales.

Si los empleados de la empresa deben conectarse ocasionalmente a redes desconocidas o trabajar desde casa, establezca una red privada virtual (VPN) cifrada para permitir una conexión más segura. Una VPN proporciona un túnel seguro y cifrado para transmitir datos entre un usuario remoto a través de Internet y la red de la empresa. Si está considerando una VPN, muchos enrutadores de Internet comerciales tienen esta función incorporada. No descargue software VPN gratuito en la computadora de su empresa; Utilice solo productos de proveedores de confianza que descarguen directamente desde el sitio web del proveedor.

Protección de los datos de cliente almacenados

Los ciberdelincuentes trabajan duro a través de varias tácticas para penetrar en su red o engañarlo para que revele contraseñas. Pueden robar los datos, retener los datos para pedir un rescate o usar sus propias computadoras para completar y presentar declaraciones de impuestos fraudulentas. Estos son algunos pasos básicos para proteger los datos de cliente almacenados en sus sistemas:

- ➢ Utilice el cifrado de la unidad para bloquear archivos y todos los dispositivos; Los archivos cifrados requieren una contraseña para abrirse. La mayoría de las computadoras pueden cifrar archivos y el almacenamiento conectado a la red le permite configurarlo con cifrado.
- ➢ Haga copias de seguridad cifradas de los datos del cliente en discos duros externos (USB, CD, DVD) o utilice el almacenamiento en la nube; mantener las unidades externas en un lugar seguro; Cifre los datos antes de cargarlos en la nube.
- ➢ Evite insertar unidades USB y unidades externas con datos de cliente en equipos públicos.
- ➢ Evite instalar software o aplicaciones innecesarias en la red empresarial; evitar las ofertas de software "gratuito", especialmente el software de seguridad, que a menudo es una artimaña de los delincuentes; Descargue software o aplicaciones solo desde sitios oficiales.
- ➢ Realizar un inventario de dispositivos donde se almacenan los datos fiscales del cliente, por ejemplo, computadoras portátiles, teléfonos inteligentes, tabletas, discos duros externos, etc.; Software de inventario utilizado para procesar o enviar datos fiscales, por ejemplo, sistemas operativos, navegadores, aplicaciones, software de impuestos, sitios web, etc.
- ➢ Limite o deshabilite las capacidades de acceso a Internet para dispositivos que han almacenado datos de contribuyentes.
- ➢ Elimine toda la información de dispositivos, discos duros, USB (unidades flash), impresoras, tabletas o teléfonos antes de deshacerse de los dispositivos; Algunos programas de seguridad incluyen una "trituradora" que destruye electrónicamente los archivos almacenados.
- ➢ Destruir físicamente discos duros, cintas, USB, CD, tabletas o teléfonos aplastando, triturando o quemando; Triture o queme todos los documentos que contengan información del contribuyente antes de tirarlos.

Developing A Security Plan

The National Institute of Standards and Technology (NIST) was tasked by the Executive Branch to develop a set of information security standards for government agencies to follow to protect their systems. The guidance they developed is in use by most all federal government agencies and recently it was recommended that private industry, specifically critical infrastructure, begin to implement these standards.

Currently the IRS requires states that receive taxpayer information from the IRS to implement these standards. The major tax software companies that participate in the IRS Security Summit have all agreed to implement these standards. The Federal Financial Institutions Examination Council (FFIEC) that develops the requirements for FDIC and NUCA place on banks and credit unions also adopted the NIST standards.

These NIST standards are becoming the default standard for protecting taxpayer data in the United States. They were first adopted by government agencies. Financial institution regulators began requiring that banks implement a NIST program or validating their information security program meets NIST requirements. Now most critical infrastructure operators and providers also test their systems against the NIST requirements. Since the tax software companies have also started to use the NIST requirements to develop their security plans, it makes sense for tax return preparers to consider it for their own programs.

The standards can look quite intimidating as they are robust and designed for complex government agencies and big companies. If you remember, the Safeguards Rule requires that a security plan be appropriate to the company's size and complexity, so for most tax return preparers the implementation of the program is a lot less complex than how it looks.

The first step to building a security plan is to conduct a risk assessment. NIST provides special publication 800-30 that talks about how to conduct a risk assessment. The objective of this step is to produce a list of information security risks that can be prioritized by risk level and used to inform risk response decisions. Conducting risk assessments includes the following specific tasks:

> ➢ Identify threat sources that are relevant to organizations;
> ➢ Identify threat events that could be produced by those sources;
> ➢ Identify vulnerabilities within organizations that could be exploited by threat sources through specific threat events and the predisposing conditions that could affect successful exploitation;
> ➢ Determine the likelihood of the identified threat sources would initiate specific threat events and the likelihood of the threat events would be successful;
> ➢ Determine the adverse impacts to organizational operations and assets, individuals, other organizations, resulting from the exploitation of vulnerabilities by threat sources (through specific threat events); and
> ➢ Determine information security risks as a combination of likelihood of threat exploitation of vulnerabilities and the impact of such exploitation, including any uncertainties associated with the risk determinations.

Desarrollo de un plan de seguridad

El Poder Ejecutivo encargó al Instituto Nacional de Estándares y Tecnología (NIST) desarrollar un conjunto de estándares de seguridad de la información para que las agencias gubernamentales los siguieran para proteger sus sistemas. La guía que desarrollaron está en uso por la mayoría de las agencias del gobierno federal y recientemente se recomendó que la industria privada, específicamente la infraestructura crítica, comience a implementar estos estándares.

Actualmente, el IRS requiere que los estados que reciben información del contribuyente del IRS implementen estos estándares. Las principales compañías de software de impuestos que participan en la Cumbre de Seguridad del IRS han acordado implementar estos estándares. El Consejo Federal de Examen de Instituciones Financieras (FFIEC) que desarrolla los requisitos para la colocación de FDIC y NUCA en bancos y cooperativas de crédito también adoptó los estándares NIST.

Estos estándares NIST se están convirtiendo en el estándar predeterminado para proteger los datos de los contribuyentes en los Estados Unidos. Fueron adoptados por primera vez por agencias gubernamentales. Los reguladores de las instituciones financieras comenzaron a exigir que los bancos implementaran un programa NIST o validaran que su programa de seguridad de la información cumpliera con los requisitos del NIST. Ahora, la mayoría de los operadores y proveedores de infraestructura crítica también prueban sus sistemas contra los requisitos del NIST. Dado que las compañías de software de impuestos también han comenzado a usar los requisitos del NIST para desarrollar sus planes de seguridad, tiene sentido que los preparadores de declaraciones de impuestos lo consideren para sus propios programas.

Los estándares pueden parecer bastante intimidantes, ya que son robustos y están diseñados para agencias gubernamentales complejas y grandes empresas. Si recuerda, la Regla de Salvaguardas requiere que un plan de seguridad sea apropiado para el tamaño y la complejidad de la empresa, por lo que, para la mayoría de los preparadores de declaraciones de impuestos, la implementación del programa es mucho menos compleja de lo que parece.

El primer paso para construir un plan de seguridad es realizar una evaluación de riesgos. NIST proporciona la publicación especial 800-30 que habla sobre cómo llevar a cabo una evaluación de riesgos. El objetivo de este paso es producir una lista de riesgos de seguridad de la información que puedan priorizarse por nivel de riesgo y utilizarse para informar las decisiones de respuesta al riesgo. La realización de evaluaciones de riesgos incluye las siguientes tareas específicas:

> ➤ Identificar fuentes de amenazas que sean relevantes para las organizaciones;
> ➤ Identificar eventos de amenaza que podrían ser producidos por esas fuentes;
> ➤ Identificar vulnerabilidades dentro de las organizaciones que podrían ser explotadas por fuentes de amenazas a través de eventos de amenazas específicos y las condiciones predisponentes que podrían afectar la explotación exitosa;
> ➤ Determinar la probabilidad de que las fuentes de amenazas identificadas inicien eventos de amenaza específicos y la probabilidad de que los eventos de amenaza tengan éxito;
> ➤ Determinar los impactos adversos a las operaciones y activos de la organización, individuos y otras organizaciones, resultantes de la explotación de vulnerabilidades por parte de fuentes de amenazas (a través de eventos de amenazas específicos); y
> ➤ Determinar los riesgos de seguridad de la información como una combinación de la probabilidad de explotación de amenazas de vulnerabilidades y el impacto de dicha explotación, incluidas las incertidumbres asociadas con las determinaciones de riesgo.

The specific tasks are presented in a sequential manner for clarity. However, in practice, some iteration among the tasks is both necessary and expected.

Once you have an idea and inventory of your risks in the risk assessment you can select and build the security controls that you plan to implement in your business. NIST provided a publication 800-53 that has a list of security controls. Not all the security controls are relevant or necessary for your business, but when you look at the controls and consider them relative to your business and risk assessment, you will be able to find the controls that are right for you and your business.

NIST broke the controls into control families. Those families are:

A. Access Control
B. Media Protection
C. Awareness and Training
D. Physical and Environmental Protection
E. Audit and Accountability
F. Planning
G. Security Assessment and Authorization
H. Personnel Security
I. Configuration Management
J. Risk Assessment
K. Contingency Planning
L. System and Services Acquisition
M. Identification and Authentication
N. System and Communications Protection
O. Incident Response
P. System and Information Integrity
Q. Maintenance
R. Program Management

Each of the control families contain a number of controls that you can elect to implement in your business. In most cases you probably already do many of the things the controls select. For example, if you have employees, you may already allow different employees to have access to different parts of your business. For example, some employees may be able to file tax returns, while others cannot. Another example is that some employees may have permission to charge or credit customer credit cards, but others may not. Selecting controls that are applicable to your business, documenting them, and then enforcing them in your business will make you more effective in protecting your customer's information and may help you to run your business.

Not every control is right for every business. If you take a risk-based approach to developing your security plan, you will find areas that need focus when you conduct your risk assessment. In fact, as you go through the controls in the NIST publication 800-53, you will find that a lot of them are not applicable to your business or the risks you have identified. This is why the IRS Publication 4557 is very helpful. The IRS selected a number of the controls from the control families they believe are most relevant to tax return preparers, and they listed them in checklist form in the publication.

Las tareas específicas se presentan de manera secuencial para mayor claridad. Sin embargo, en la práctica, alguna iteración entre las tareas es necesaria y esperada.

Una vez que tenga una idea e inventario de sus riesgos en la evaluación de riesgos, puede seleccionar y construir los controles de seguridad que planea implementar en su negocio. NIST proporcionó una publicación 800-53 que tiene una lista de controles de seguridad. No todos los controles de seguridad son relevantes o necesarios para su negocio, pero cuando observa los controles y los considera en relación con su negocio y la evaluación de riesgos, podrá encontrar los controles adecuados para usted y su negocio.
El NIST dividió los controles en familias de control. Esas familias son:

A. Control de acceso
B. Protección de medios
C. Sensibilización y formación
D. Protección física y ambiental
E. Auditoría y rendición de cuentas
F. Planificación
G. Evaluación y autorización de seguridad
H. Seguridad del personal
I. Gestión de la configuración
J. Evaluación de riesgos
K. Planificación de contingencias
L. Adquisición de sistemas y servicios
M. Identificación y autenticación
N. Protección de sistemas y comunicaciones
O. Respuesta a incidentes
P. Integridad del sistema y de la información
Q. Mantenimiento
R. Gestión de programas

Cada una de las familias de controles contiene una serie de controles que puede elegir implementar en su negocio. En la mayoría de los casos, probablemente ya haga muchas de las cosas que seleccionan los controles. Por ejemplo, si tiene empleados, es posible que ya permita que diferentes empleados tengan acceso a diferentes partes de su negocio. Por ejemplo, algunos empleados pueden presentar declaraciones de impuestos, mientras que otros no pueden. Otro ejemplo es que algunos empleados pueden tener permiso para cargar o acreditar tarjetas de crédito de clientes, pero otros no. Seleccionar controles que sean aplicables a su negocio, documentarlos y luego aplicarlos en su negocio lo hará más efectivo en la protección de la información de su cliente y puede ayudarlo a administrar su negocio.

No todos los controles son adecuados para todas las empresas. Si adopta un enfoque basado en el riesgo para desarrollar su plan de seguridad, encontrará áreas que necesitan atención cuando realice su evaluación de riesgos. De hecho, a medida que avanza en los controles de la publicación 800-53 del NIST, encontrará que muchos de ellos no son aplicables a su negocio o a los riesgos que ha identificado. Es por eso por lo que la Publicación 4557 del IRS es muy útil. El IRS seleccionó varios de los controles de las familias de control que creen que son más relevantes para los preparadores de declaraciones de impuestos, y los enumeraron en forma de lista de verificación en la publicación.

If you read through the IRS Publication 4557 you should think about the checklist items and how they relate to your business. For example, a checklist item may be something you do in practice, but you have not documented that practice into a procedure. You might also find that some checklist items are not part of how you protect taxpayer information. Most businesses, even large businesses, find themselves in these situations. The Safeguards Rule and the IRS require you to document in procedure how you comply with each of those checklist items.

If you do not currently implement the checklist item, then you need to either consider adding it to how you do business or explain why you do not intend to implement that practice. In general, you can determine that practice is not applicable to you. For example, if there are checklist items about using wireless internet, but you do not have wireless internet in your office, those checks are not applicable. You can also indicate that you have compensating controls in place. Compensating controls are things you may do that do not meet the letter of the control or checklist item, but achieve the same outcome. For example, if the checklist item requires that you secure information using a password, you could use other identifiers like a fingerprint scan or require a physical security key for access. The important part is that you document the areas where you are in compliance with the security controls and where you might choose not to follow the rule completely, especially if it does not apply to your business.

Developing security controls documentation will help you meet Safeguards Rule requirements to "identify and assess the risks to customer information in each relevant area of the company's operation, and evaluate the effectiveness of the current safeguards for controlling these risks." This will be a key part of the written information security program as required by the Safeguards Rule.

The Safeguards Rule also requires you to designate one or more employees to coordinate the information security program. You will want to make sure that whoever is designated has the technical knowledge of security and your business to coordinate the program. You will also need to communicate with this person or team regularly to make sure they have the resources and authority to implement the program. In some cases, the program may require that you change how you conduct part of your business or that you alter contracts with your vendors or technology providers, so it is very important the designated person coordinating the program has the authority to do so. Of course, you can designate yourself to do it.

Once you have the controls documented and an empowered individual to coordinate the program, you must test it. Some examples of testing the program include a tabletop exercise where you simulate one of the identified risks occurring and testing employees' reactions and responses relative to your policies and procedures. There are also services you can subscribe to that can test your company's adherence to the policies and procedures that you established.

Si lee la Publicación 4557 del IRS, debe pensar en los elementos de la lista de verificación y cómo se relacionan con su negocio. Por ejemplo, un elemento de la lista de verificación puede ser algo que usted hace en la práctica, pero no ha documentado esa práctica en un procedimiento. También puede encontrar que algunos elementos de la lista de verificación no son parte de cómo protege la información del contribuyente. La mayoría de las empresas, incluso las grandes, se encuentran en estas situaciones. La Regla de Salvaguardas y el IRS requieren que documente en el procedimiento cómo cumple con cada uno de esos elementos de la lista de verificación.

Si actualmente no implementa el elemento de la lista de verificación, debe considerar agregarlo a la forma en que hace negocios o explicar por qué no tiene la intención de implementar esa práctica. En general, puede determinar que la práctica no es aplicable a usted. Por ejemplo, si hay elementos de la lista de verificación sobre el uso de Internet inalámbrico, pero no tiene Internet inalámbrico en su oficina, esos controles no son aplicables. También puede indicar que tiene controles de compensación en su lugar. Los controles de compensación son cosas que puede hacer que no cumplan con la letra del elemento de control o lista de verificación, pero logran el mismo resultado. Por ejemplo, si el elemento de la lista de comprobación requiere que proteja la información mediante una contraseña, puede utilizar otros identificadores como un escaneo de huellas digitales o requerir una clave de seguridad física para el acceso. La parte importante es que documente las áreas en las que cumple con los controles de seguridad y donde puede optar por no seguir la regla por completo, especialmente si no se aplica a su negocio.

El desarrollo de la documentación de controles de seguridad lo ayudará a cumplir con los requisitos de la Regla de Salvaguardas para "identificar y evaluar los riesgos para la información del cliente en cada área relevante de la operación de la compañía, y evaluar la efectividad de las salvaguardas actuales para controlar estos riesgos". Esta será una parte clave del programa escrito de seguridad de la información según lo requerido por la Regla de Salvaguardias.

La Regla de Salvaguardas también requiere que designe a uno o más empleados para coordinar el programa de seguridad de la información. Usted querrá asegurarse de que quien sea designado tenga el conocimiento técnico de seguridad y su negocio para coordinar el programa. También deberá comunicarse con esta persona o equipo regularmente para asegurarse de que tengan los recursos y la autoridad para implementar el programa. En algunos casos, el programa puede requerir que cambie la forma en que lleva a cabo parte de su negocio o que altere los contratos con sus proveedores o proveedores de tecnología, por lo que es muy importante que la persona designada que coordina el programa tenga la autoridad para hacerlo. Por supuesto, puedes designarte a ti mismo para hacerlo.

Una vez que tenga los controles documentados y una persona capacitada para coordinar el programa, debe probarlo. Algunos ejemplos de pruebas del programa incluyen un ejercicio de mesa en el que simula uno de los riesgos identificados que ocurren y prueba las reacciones y respuestas de los empleados en relación con sus políticas y procedimientos. También hay servicios a los que puede suscribirse que pueden probar la adhesión de su empresa a las políticas y procedimientos que estableció.

The FTC guidance also requires that you pass these requirements to your vendors. Most vendors that store or process taxpayer data can provide a statement to maintain safeguards as they handle the customer data and help you operate your business. In general, the best place to do this is with your contract. You should identify any vendors or service providers that have access to information about your customers or sensitive information about your business. You should ask them to explain to you how they protect the customer information that you share with them. This is important because your business may not survive if there is a data breach by one of your vendors. If your customers learn that you did not do everything to protect their data and criminals steal from their bank accounts or their tax refund, it will be hard for you to regain their trust or to obtain new customers. It is important that you write down how you plan to ensure that your vendors comply with the Safeguards Rule in your information security plan.

The last and most important part of your plan is for you to constantly evaluate your program. Each year doing taxes changes because the tax laws change. The technology around us is constantly changing and how criminals want to use stolen information change. Their tactics to trick people into releasing information change and so should the ways you protect the information. Regular review of your information security plan and program is the only way for you to stay ahead, and it is required under the Safeguards Rule.

The FTC on their website suggest you consider the following when developing your security plan, policies, and procedures:

➢ Checking references or doing background checks before hiring employees who will have access to customer information.
➢ Asking every new employee to sign an agreement to follow your company's confidentiality and security standards for handling customer information.
➢ Limiting access to customer information to employees who have a business reason to see it. For example, give employees who respond to customer inquiries access to customer files, but only to the extent they need it to do their jobs.
➢ Controlling access to sensitive information by requiring employees to use "strong" passwords that must be changed on a regular basis. (Tough-to-crack passwords require the use of at least six characters, upper- and lower-case letters, and a combination of letters, numbers, and symbols.)
➢ Using password-activated screen savers to lock employee computers after a period of inactivity.
➢ Developing policies for appropriate use and protection of laptops, PDAs, cell phones, or other mobile devices. For example, make sure employees store these devices in a secure place when not in use. Also, consider that customer information in encrypted files will be better protected in case of theft of such a device.
➢ Training employees to take basic steps to maintain the security, confidentiality, and integrity of customer information, including:
  o Locking rooms and file cabinets where records are kept;
  o Not sharing or openly posting employee passwords in work areas;
  o Encrypting sensitive customer information when it is transmitted electronically via public networks;

La guía de la FTC también requiere que pase estos requisitos a sus proveedores. La mayoría de los proveedores que almacenan o procesan datos de los contribuyentes pueden proporcionar una declaración para mantener las medidas de seguridad mientras manejan los datos del cliente y lo ayudan a operar su negocio. En general, el mejor lugar para hacer esto es con su contrato. Debe identificar a cualquier proveedor o proveedor de servicios que tenga acceso a información sobre sus clientes o información confidencial sobre su negocio. Debe pedirles que le expliquen cómo protegen la información del cliente que comparte con ellos. Esto es importante porque es posible que su empresa no sobreviva si hay una violación de datos por parte de uno de sus proveedores. Si tus clientes se enteran de que no hiciste todo lo posible para proteger sus datos y los delincuentes roban de sus cuentas bancarias o su declaración de impuestos, te será difícil recuperar su confianza u obtener nuevos clientes. Es importante que escriba cómo planea asegurarse de que sus proveedores cumplan con la Regla de salvaguardas en su plan de seguridad de la información.

La última y más importante parte de su plan es que usted evalúe constantemente su programa. Cada año hacer cambios de impuestos porque las leyes fiscales cambian. La tecnología que nos rodea cambia constantemente y la forma en que los delincuentes quieren usar la información robada cambia. Sus tácticas para engañar a las personas para que divulguen información cambian y también deberían hacerlo las formas en que protege la información. La revisión regular de su plan y programa de seguridad de la información es la única manera de mantenerse a la vanguardia, y es requerido por la Regla de Salvaguardias.

La FTC en su sitio web sugiere que considere lo siguiente al desarrollar su plan de seguridad, políticas y procedimientos:

- ➢ Verificar referencias o hacer verificaciones de antecedentes antes de contratar empleados que tendrán acceso a la información del cliente.
- ➢ Pedir a cada nuevo empleado que firme un acuerdo para seguir los estándares de confidencialidad y seguridad de su empresa para manejar la información del cliente.
- ➢ Limitar el acceso a la información del cliente a los empleados que tienen una razón comercial para verla. Por ejemplo, proporcione a los empleados que responden a las consultas de los clientes acceso a los archivos de los clientes, pero solo en la medida en que lo necesiten para hacer su trabajo.
- ➢ Controlar el acceso a información confidencial al exigir a los empleados que usen contraseñas "seguras" que deben cambiarse regularmente. (Las contraseñas difíciles de descifrar requieren el uso de al menos seis caracteres, letras mayúsculas y minúsculas, y una combinación de letras, números y símbolos).
- ➢ Usar protectores de pantalla activados por contraseña para bloquear las computadoras de los empleados después de un período de inactividad.
- ➢ Desarrollar políticas para el uso adecuado y la protección de computadoras portátiles, PDA, teléfonos celulares u otros dispositivos móviles. Por ejemplo, asegúrese de que los empleados almacenen estos dispositivos en un lugar seguro cuando no estén en uso. Además, tenga en cuenta que la información del cliente en archivos cifrados estará mejor protegida en caso de robo de dicho dispositivo.
- ➢ Capacitar a los empleados para que tomen medidas básicas para mantener la seguridad, confidencialidad e integridad de la información del cliente, que incluyen:
  - ○ Cerrar las salas y archivadores donde se guardan los registros;
  - ○ No compartir o publicar abiertamente las contraseñas de los empleados en las áreas de trabajo;
  - ○ Cifrar la información confidencial del cliente cuando se transmite electrónicamente a través de redes públicas;

- o Referring calls or other requests for customer information to designated individuals who have been trained in how your company safeguards personal data; and
  - o Reporting suspicious attempts to obtain customer information to designated personnel.
- ➤ Regularly reminding all employees of your company's policy — and the legal requirement — to keep customer information secure and confidential. For example, consider posting reminders about their responsibility for security in areas where customer information is stored, like file rooms.
- ➤ Developing policies for employees who telecommute. For example, consider whether or how employees should be allowed to keep or access customer data at home. Also, require employees who use personal computers to store or access customer data to use protections against viruses, spyware, and other unauthorized intrusions.
- ➤ Imposing disciplinary measures for security policy violations.
- ➤ Preventing terminated employees from accessing customer information by immediately deactivating their passwords and usernames and taking other appropriate measures.

Information Systems

Information systems include network and software design, and information processing, storage, transmission, retrieval, and disposal. Here are some suggestions on maintaining security throughout the life cycle of customer information, from data entry to data disposal:

- ➤ Know where sensitive customer information is stored and store it securely. Make sure only authorized employees have access. For example:
  - o Ensure that storage areas are protected against destruction or damage from physical hazards, like fire or floods.
  - o Store records in a room or cabinet that is locked when unattended.
  - o When customer information is stored on a server or other computer, guarantee the computer is accessible only with a "strong" password and is kept in a physically-secure area.
  - o Where possible, avoid storing sensitive customer data on a computer with an internet connection.
  - o Maintain secure backup records and keep archived data secure by storing it off-line and in a physically-secure area.
  - o Maintain a careful inventory of your company's computers and any other equipment on which customer information may be stored.
- ➤ Take steps to ensure the secure transmission of customer information. For example:
  - o When you transmit credit card information or other sensitive financial data, use a Secure Sockets Layer (SSL) or other secure connection, so the information is protected in transit.
  - o If you collect information online directly from customers, make secure transmission automatic. Caution customers against transmitting sensitive data, like account numbers, via email or in response to an unsolicited email or pop-up message.
  - o If you must transmit sensitive data by email over the internet, be sure to encrypt the data.

- o Remitir llamadas u otras solicitudes de información del cliente a personas designadas que hayan sido capacitadas sobre cómo su empresa protege los datos personales; y
- o Reportar intentos sospechosos de obtener información del cliente al personal designado.
- ➢ Recordar regularmente a todos los empleados la política de su empresa, y el requisito legal, para mantener la información del cliente segura y confidencial. Por ejemplo, considere publicar recordatorios sobre su responsabilidad por la seguridad en áreas donde se almacena la información del cliente, como salas de archivos.
- ➢ Desarrollar políticas para los empleados que teletrabajan. Por ejemplo, considere si se debe permitir a los empleados mantener o acceder a los datos de los clientes en casa. Además, exija a los empleados que usan computadoras personales que almacenen o accedan a los datos de los clientes que usen protecciones contra virus, spyware y otras intrusiones no autorizadas.
- ➢ Imponer medidas disciplinarias por violaciones de la política de seguridad.
- ➢ Evitar que los empleados despedidos accedan a la información del cliente desactivando inmediatamente sus contraseñas y nombres de usuario y tomando otras medidas apropiadas.

Sistemas de Información

Los sistemas de información incluyen el diseño de redes y software, y el procesamiento, almacenamiento, transmisión, recuperación y eliminación de información. Aquí hay algunas sugerencias para mantener la seguridad durante todo el ciclo de vida de la información del cliente, desde la entrada de datos hasta la eliminación de datos:

- ➢ Sepa dónde se almacena la información confidencial del cliente y almacénela de forma segura. Asegúrese de que solo los empleados autorizados tengan acceso. Por ejemplo:
  - o Asegúrese de que las áreas de almacenamiento estén protegidas contra la destrucción o el daño causado por peligros físicos, como incendios o inundaciones.
  - o Almacene los registros en una habitación o gabinete que esté cerrado con llave cuando esté desatendido.
  - o Cuando la información del cliente se almacena en un servidor u otra computadora, asegúrese de que la computadora sea accesible solo con una contraseña "segura" y se mantenga en un área físicamente segura.
  - o Siempre que sea posible, evite almacenar datos confidenciales del cliente en una computadora con conexión a Internet.
  - o Mantenga registros de copia de seguridad seguros y mantenga seguros los datos archivados almacenándolos fuera de línea y en un área físicamente segura.
  - o Mantenga un inventario cuidadoso de las computadoras de su empresa y cualquier otro equipo en el que se pueda almacenar la información del cliente.
- ➢ Tomar medidas para garantizar la transmisión segura de la información del cliente. Por ejemplo:
  - o Cuando transmita información de tarjetas de crédito u otros datos financieros confidenciales, utilice Secure Sockets Layer (SSL) u otra conexión segura, para que la información esté protegida en tránsito.
  - o Si recopila información en línea directamente de los clientes, haga que la transmisión segura sea automática. Advierta a los clientes que no transmitan datos confidenciales, como números de cuenta, por correo electrónico o en respuesta a un correo electrónico no solicitado o mensaje emergente.
  - o Si debe transmitir datos confidenciales por correo electrónico a través de Internet, asegúrese de cifrar los datos.

➢ Dispose of customer information in a secure way and, where applicable, consistent with the FTC's Disposal Rule. For example:
  o Consider designating or hiring a records retention manager to supervise the disposal of records containing customer information. If you hire an outside disposal company, conduct due diligence beforehand by checking references or requiring the company be certified by a recognized industry group.
  o Burn, pulverize, or shred papers containing customer information so the information cannot be read or reconstructed.
  o Destroy or erase data when disposing of computers, disks, CDs, magnetic tapes, hard drives, laptops, PDAs, cell phones, or any other electronic media or hardware containing customer information.

➢ Detecting and Managing System Failures. Effective security management requires your company to deter, detect, and defend against security breaches.
  o That means taking reasonable steps to prevent attacks, quickly diagnosing a security incident, and having a plan in place for responding effectively. Consider implementing the following procedures:
    • Monitoring the websites of your software vendors and reading relevant industry publications for news about emerging threats and available defenses.

➢ Maintaining up-to-date and appropriate programs and controls to prevent unauthorized access to customer information. Be sure to:
  o check with software vendors regularly to get and install patches that resolve software vulnerabilities;
  o use anti-virus and anti-spyware software that updates automatically;
  o maintain up-to-date firewalls, particularly if you use a broadband internet connection or allow employees to connect to your network from home or other off-site locations;
  o regularly ensure that ports not used for your business are closed; and
  o promptly pass along information and instructions to employees regarding any new security risks or possible breaches.

➢ Using appropriate oversight or audit procedures to detect the improper disclosure or theft of customer information. It's wise to:
  o keep logs of activity on your network and monitor them for signs of unauthorized access to customer information;
  o use an up-to-date intrusion detection system to alert you of attacks;
  o monitor both in- and out-bound transfers of information for indications of a compromise, such as unexpectedly large amounts of data being transmitted from your system to an unknown user; and
  o insert a dummy account into each of your customer lists and monitor the account to detect any unauthorized contacts or charges.

➢ Taking steps to preserve the security, confidentiality, and integrity of customer information in the event of a breach. If a breach occurs:
  o take immediate action to secure any information that has or may have been compromised. For example, if a computer connected to the internet is compromised, disconnect the computer from the internet;
  o preserve and review files or programs that may reveal how the breach occurred; and

➢ Deseche la información del cliente de manera segura y, cuando corresponda, de conformidad con la Regla de Eliminación de la FTC. Por ejemplo:
  o Considere designar o contratar a un administrador de retención de registros para supervisar la eliminación de registros que contienen información del cliente. Si contrata a una empresa de eliminación externa, realice la debida diligencia de antemano verificando las referencias o exigiendo que la empresa esté certificada por un grupo industrial reconocido.
  o Queme, pulverice o triture papeles que contengan información del cliente para que la información no pueda ser leída o reconstruida.
  o Destruir o borrar datos al desechar computadoras, discos, CD, cintas magnéticas, discos duros, computadoras portátiles, PDA, teléfonos celulares o cualquier otro medio electrónico o hardware que contenga información del cliente.
➢ Detección y gestión de fallos del sistema. La gestión eficaz de la seguridad requiere que su empresa disuada, detecte y defienda contra las violaciones de seguridad.
  o Eso significa tomar medidas razonables para prevenir ataques, diagnosticar rápidamente un incidente de seguridad y tener un plan para responder de manera efectiva. Considere la posibilidad de implementar los siguientes procedimientos:
    ▪ Monitorear los sitios web de sus proveedores de software y leer publicaciones relevantes de la industria para obtener noticias sobre amenazas emergentes y defensas disponibles.
➢ Mantener programas y controles actualizados y apropiados para evitar el acceso no autorizado a la información del cliente. Asegúrese de:
  o consulte con los proveedores de software regularmente para obtener e instalar parches que resuelvan las vulnerabilidades del software;
  o utilizar software antivirus y antispyware que se actualice automáticamente;
  o mantener firewalls actualizados, especialmente si utiliza una conexión a Internet de banda ancha o permite que los empleados se conecten a su red desde su hogar u otras ubicaciones externas;
  o asegúrese regularmente de que los puertos no utilizados para su negocio estén cerrados; y
  o Transmita rápidamente información e instrucciones a los empleados con respecto a cualquier nuevo riesgo de seguridad o posibles infracciones.
➢ Usar procedimientos apropiados de supervisión o auditoría para detectar la divulgación indebida o el robo de información del cliente. Es prudente:
  o mantener registros de actividad en su red y monitorearlos para detectar signos de acceso no autorizado a la información del cliente;
  o utilizar un sistema de detección de intrusos actualizado para alertarle de los ataques;
  o supervisar las transferencias de información entrantes y salientes en busca de indicios de un compromiso, como cantidades inesperadamente grandes de datos que se transmiten desde su sistema a un usuario desconocido; y
  o Inserte una cuenta ficticia en cada una de sus listas de clientes y supervise la cuenta para detectar contactos o cargos no autorizados.
➢ Tomar medidas para preservar la seguridad, confidencialidad e integridad de la información del cliente en caso de una violación. Si se produce una infracción:
  o Tome medidas inmediatas para proteger cualquier información que haya sido o pueda haber sido comprometida. Por ejemplo, si una computadora conectada a Internet está comprometida, desconecte la computadora de Internet;
  o conservar y revisar archivos o programas que puedan revelar cómo ocurrió la violación; y

- o if feasible and appropriate, bring in security professionals to help assess the breach as soon as possible.
- ➢ Consider notifying consumers, law enforcement, and/or businesses in the event of a security breach. For example:
  - o notify consumers if their personal information is subject to a breach that poses a significant risk of identity theft or related harm;
  - o notify law enforcement if the breach may involve criminal activity or there is evidence the breach has resulted in identity theft or related harm;
  - o notify the credit bureaus and other businesses that may be affected by the breach. See Information Compromise and the Risk of Identity Theft: Guidance for Your Business; and
  - o check to see if breach notification is required under applicable state law.

3.3 Overview and Expiration of Individual Taxpayer Identification Number (ITINs) (Notice 2016-48)

An ITIN is a tax processing number, issued by the IRS, for certain resident and nonresident aliens, their spouses, and their dependents. It is a nine-digit number beginning with the number 9. The IRS started issuing ITINs in 1996 and required foreign individuals to use an ITIN as their unique identification number on federal tax returns. With ITINs, taxpayers can be effectively identified, and their tax returns processed efficiently.

ITINs play a critical role in the tax administration process and assist with the collection of taxes from foreign nationals, nonresident aliens, and others who have filing or payment obligations under U.S. tax law. Even when other institutions might use ITINs for other purposes, the IRS states that ITINs are for federal tax reporting only and are not intended to serve any other purpose. The IRS issues ITINs to help individuals comply with the U.S. tax laws, and to provide a means to efficiently process and account for tax returns and payments for those not eligible for Social Security numbers (SSNs).

Only individuals who have a valid filing requirement, a withholding requirement, or are filing a U.S. federal income tax return to claim a refund of over-withheld tax are eligible to receive an ITIN. The ITIN does not provide Social Security benefits, is not valid for identification outside of the tax system and does not change immigration status. The ITIN holder enters their ITIN in the space provided for the SSN when completing and filing their federal income tax return.

The IRS is enhancing compliance activities relating to certain credits, including the child tax credit. The changes will improve the ability of the IRS to review returns claiming this credit, including those returns utilizing ITINs for dependents. For example, additional residency information will be required on Schedule 8812, Child Tax Credit, to ensure the eligibility criteria for the credit has been met. For more information: https://www.irs.gov/individuals/individual-taxpayer-identification-number.

- o Si es factible y apropiado, traiga profesionales de seguridad para ayudar a evaluar la violación lo antes posible.
- ➢ Considere notificar a los consumidores, las fuerzas del orden público y / o las empresas en caso de una violación de seguridad. Por ejemplo:
  - o notificar a los consumidores si su información personal está sujeta a una violación que representa un riesgo significativo de robo de identidad o daño relacionado;
  - o notificar a la policía si la violación puede involucrar actividad criminal o si hay evidencia de que la violación ha resultado en robo de identidad o daño relacionado;
  - o Notificar a las agencias de crédito y otras empresas que puedan verse afectadas por la violación. Consulte Compromiso de información y el riesgo de robo de identidad: orientación para su negocio; y
  - o Verifique si la ley estatal aplicable requiere una notificación de incumplimiento.

3.3 Descripción general y vencimiento del número de identificación individual del contribuyente (ITIN) (Aviso 2016-48)

Un ITIN es un número de procesamiento de impuestos, emitido por el IRS, para ciertos extranjeros residentes y no residentes, sus cónyuges y sus dependientes. Es un número de nueve dígitos que comienza con el número 9. El IRS comenzó a emitir ITIN en 1996 y requirió que las personas extranjeras usaran un ITIN como su número de identificación único en las declaraciones de impuestos federales. Con los ITIN, los contribuyentes pueden ser identificados de manera efectiva y sus declaraciones de impuestos procesadas de manera eficiente.

Los ITIN desempeñan un papel fundamental en el proceso de administración tributaria y ayudan con la recaudación de impuestos de ciudadanos extranjeros, extranjeros no residentes y otros que tienen obligaciones de presentación o pago bajo la ley tributaria de los Estados Unidos. Incluso cuando otras instituciones pueden usar ITIN para otros fines, el IRS establece que los ITIN son solo para informes de impuestos federales y no están destinados a servir para ningún otro propósito. El IRS emite ITIN para ayudar a las personas a cumplir con las leyes tributarias de los Estados Unidos y para proporcionar un medio para procesar y contabilizar de manera eficiente las declaraciones de impuestos y los pagos para aquellos que no son elegibles para los números de Seguro Social (SSN).

Solo las personas que tienen un requisito de presentación válido, un requisito de retención o que presentan una declaración de impuestos federales de los Estados Unidos para reclamar un reembolso de impuestos retenidos en exceso son elegibles para recibir un ITIN. El ITIN no proporciona beneficios del Seguro Social, no es válido para la identificación fuera del sistema tributario y no cambia el estatus migratorio. El titular de ITIN ingresa su ITIN en el espacio provisto para el SSN al completar y presentar su declaración de impuestos federales.

El IRS está mejorando las actividades de cumplimiento relacionadas con ciertos créditos, incluido el crédito tributario por hijos. Los cambios mejorarán la capacidad del IRS para revisar las declaraciones que reclaman este crédito, incluidas las declaraciones que utilizan ITIN para dependientes. Por ejemplo, se requerirá información adicional de residencia en el Anexo 8812, Crédito tributario por hijos, para garantizar que se cumplan los criterios de elegibilidad para el crédito. Para más información: https://www.irs.gov/individuals/individual-taxpayer-identification-number.

Information derived from the ITIN process will be better utilized in the refund verification process. New pre-refund screening filters were put in place during filing season 2013 to flag returns for audits that claimed questionable refundable credits. Increased compliance resources will also be deployed to address questionable returns in this area. As part of these overall efforts, ITIN holders may be asked to revalidate their ITIN status as part of certain audits to help ensure the numbers are used appropriately.

ITINs not used on a federal tax return at least once during the past three years are no longer valid.

The new, more uniform policy applies to any ITIN regardless of when it was issued. Only about a quarter of the 21 million ITINs issued since the program began in 1996 are being used on tax returns. The new policy will ensure that anyone who legitimately uses an ITIN for tax purposes can continue to do so while at the same time resulting in the likely eventual expiration of millions of unused ITINs.

> ➤ Your ITIN may expire before you file a tax return in 2022. All ITINs not used on a federal tax return at least once in the last three years expired on December 31, 2020.
> ➤ If you need to file a tax return in 2022, the IRS recommends you submit a Form W-7, Application for IRS Individual Taxpayer Identification Number, or Formulario W-7 (SP), Solicitud de Número del Identificación Personal del Contribuyente del Servicio de Impuestos Internos, now to renew your ITIN.

The IRS has implemented a change to the list of document types that Certifying Acceptance Agents (CAAs) are authorized to authenticate and submit with Individual Taxpayer Identification Number (ITIN) client's applications.

A recent audit by the Treasury Inspector General for Tax Administration found there was no forensic training on foreign military identification cards available to CAAs. Based on these findings, the IRS has eliminated the foreign military identification card from the list of 13 types of documents that a CAA may authenticate for an ITIN application. Foreign military identification cards represent a nominal percentage of submissions from all applicants. After the proposed change is implemented, applicants will continue to be able to use these documents to obtain ITINs if they present them directly to the IRS either by mail or in person at a Taxpayer Assistance Center.

3.4 Preparer Penalties (inflation adjustments to penalty amounts found in Rev Proc 2022-38)

This section will cover penalties that a paid tax preparer could be assessed based on the tax return preparation.

La información derivada del proceso ITIN se utilizará mejor en el proceso de verificación de reembolso. Se implementaron nuevos filtros de detección previos al reembolso durante la temporada de presentación de 2013 para marcar las declaraciones de auditorías que reclamaban créditos reembolsables cuestionables. También se desplegarán mayores recursos de cumplimiento para abordar las declaraciones cuestionables en esta área. Como parte de estos esfuerzos generales, se les puede pedir a los titulares de ITIN que revaliden su estado de ITIN como parte de ciertas auditorías para ayudar a garantizar que los números se utilicen adecuadamente.

Los ITIN que no se usan en una declaración de impuestos federales al menos una vez durante los últimos tres años ya no son válidos.

La nueva política, más uniforme, se aplica a cualquier ITIN, independientemente de cuándo se emitió. Solo alrededor de una cuarta parte de los 21 millones de ITIN emitidos desde que comenzó el programa en 1996 se están utilizando en las declaraciones de impuestos. La nueva política garantizará que cualquier persona que utilice legítimamente un ITIN con fines fiscales pueda continuar haciéndolo y, al mismo tiempo, resultará en la probable expiración eventual de millones de ITIN no utilizados.

> ➢ Su ITIN puede expirar antes de presentar una declaración de impuestos en 2022. Todos los ITIN no utilizados en una declaración de impuestos federales al menos una vez en los últimos tres años expiraron el 31 de diciembre de 2020.
> ➢ Si necesita presentar una declaración de impuestos en 2022, el IRS recomienda que presente un Formulario W-7, Solicitud de Número de Identificación Personal del Contribuyente del Servicio de Impuestos Internos del IRS, o Formulario W-7 (SP), Solicitud de Número de Identificación Personal del Contribuyente del Servicio de Impuestos Internos, ahora para renovar su ITIN.

El IRS ha implementado un cambio en la lista de tipos de documentos que los Agentes de Aceptación Certificadores (CAA) están autorizados a autenticar y enviar con las solicitudes del cliente del Número de Identificación Personal del Contribuyente (ITIN).

Una auditoría reciente realizada por el Inspector General del Tesoro para la Administración Tributaria encontró que no había capacitación forense en tarjetas de identificación militar extranjeras disponibles para las CAA. Con base en estos hallazgos, el IRS ha eliminado la tarjeta de identificación militar extranjera de la lista de 13 tipos de documentos que una CAA puede autenticar para una solicitud ITIN. Las tarjetas de identificación militar extranjeras representan un porcentaje nominal de las presentaciones de todos los solicitantes. Después de que se implemente el cambio propuesto, los solicitantes continuarán pudiendo usar estos documentos para obtener ITIN si los presentan directamente al IRS, ya sea por correo o en persona en un Centro de Asistencia al Contribuyente.

3.4 Sanciones del preparador (ajustes por inflación a los montos de las multas que se encuentran en Rev Proc 2022-38)

Esta sección cubrirá las multas que un preparador de impuestos pagado podría evaluar en función de la preparación de la declaración de impuestos.

Failure to Furnish Tax Return Copy to Taxpayer

The penalty for the paid tax preparer is $50 for each failure to comply with IRC §6107 regarding furnishing a copy of a return or claim to a taxpayer. The maximum penalty imposed on any tax return preparer shall not exceed $27,000 (tax year 2022) in a calendar year. See IRC, §6695(a).

Failure to Sign Return

The penalty for each failure to sign a return or claim for refund as required by regulations is $55 for the paid tax preparer. The maximum penalty imposed on any tax return preparer shall not exceed $28,000 (tax year 2023) in a calendar year. See IRC, §6695(b).

A tax return is not considered valid unless it is signed. If the filing status is MFJ, both the taxpayer and spouse must sign the return. If the taxpayer and spouse have a representative sign the return for them, Form 2848 must be attached. If the taxpayer is filing a joint return, and he/she is the surviving spouse, the taxpayer must sign the return stating he/she is filing as the surviving spouse. The taxpayer and spouse (if filing jointly) must date the return and enter their occupation(s) and a daytime phone number. See Publication 501 and IRC §6695(b).

If the taxpayer received an identity protection PIN (IP PIN), he/she would enter it in the boxes. The tax professional does not enter it for the taxpayer. If the taxpayer has misplaced his/her IP PIN, the taxpayer should notify the IRS by telephone at 1-800-908-4490. The IP PIN is a 6-digit number.

When filing the return electronically, the return must still be signed using a personal identification number (PIN)—this is not the same number as the IP PIN. There are two ways to enter the PIN: self-select or practitioner PIN. The self-select PIN method allows the taxpayer and spouse (if filing jointly) to create their own PIN and enter it as their electronic signature. The practitioner PIN method allows the taxpayer to authorize the tax practitioner to generate or enter the PIN for the taxpayer(s). A PIN is a five-digit combination that can be any number except all zeros.

Señor 1040 Says: There is a difference between the electronically-filed PIN and the IP PIN. Do not mix up these numbers.

Preparers Failure to Furnish Identifying Number

The penalty is $55 for each failure to comply with IRC §6109(a)(4) regarding furnishing an identifying number on a return or claim. The maximum penalty imposed on any tax return preparer shall not exceed $28,000 (tax year 20232) in a calendar year. See IRC §6695(c).

No proporcionar copia de la declaración de impuestos al contribuyente

La multa para el preparador de impuestos pagado es de $50 por cada incumplimiento con IRC §6107 con respecto a proporcionar una copia de una declaración o reclamo a un contribuyente. La multa máxima impuesta a cualquier preparador de declaraciones de impuestos no excederá los $27,000 (año fiscal 2022) en un año calendario. Véase IRC, §6695(a).

Falta de firma de la declaración

La multa por cada falta de firma de una declaración o reclamo de reembolso según lo requerido por las regulaciones es de $55 para el preparador de impuestos pagado. La multa máxima impuesta a cualquier preparador de declaraciones de impuestos no excederá los $28,000 (año tributario 2023) en un año calendario. Véase IRC, §6695(b).

Una declaración de impuestos no se considera válida a menos que esté firmada. Si el estado civil es MFJ, tanto el contribuyente como el cónyuge deben firmar la declaración. Si el contribuyente y el cónyuge tienen un representante que firma la declaración por ellos, se debe adjuntar el Formulario 2848. Si el contribuyente está presentando una declaración conjunta, y él / ella es el cónyuge sobreviviente, el contribuyente debe firmar la declaración indicando que está presentando como el cónyuge sobreviviente. El contribuyente y el cónyuge (si presentan conjuntamente) deben fechar la declaración e ingresar su(s) ocupación(es) y un número de teléfono durante el día. Consulte la Publicación 501 y el IRC §6695(b).

Si el contribuyente recibiera un PIN de protección de identidad (IP pin), lo ingresaría en las casillas. El profesional de impuestos no lo ingresa para el contribuyente. Si el contribuyente ha extraviado su IP PIN, el contribuyente debe notificar al IRS por teléfono al 1-800-908-4490. El IP PIN es un número de 6 dígitos.

Al presentar la declaración electrónicamente, la declaración aún debe firmarse con un número de identificación personal (PIN), que no es el mismo número que el IP PIN. Hay dos formas de introducir el PIN: autoselección o PIN de practicante. El método de autoselección de PIN permite al contribuyente y al cónyuge (si presentan una declaración conjunta) crear su propio PIN e ingresarlo como su firma electrónica. El método PIN del practicante permite al contribuyente autorizar al profesional de impuestos a generar o ingresar el PIN para el(los) contribuyente(s). Un PIN es una combinación de cinco dígitos que puede ser cualquier número excepto todos los ceros.

Señor 1040 dice: Hay una diferencia entre el PIN archivado electrónicamente y el PIN IP. No mezcle estos números.

Los preparadores no proporcionan el número de identificación

La multa es de $55 por cada incumplimiento del IRC §6109(a)(4) con respecto a proporcionar un número de identificación en una declaración o reclamo. La multa máxima impuesta a cualquier preparador de declaraciones de impuestos no excederá los $28,000 (año tributario 20232) en un año calendario. Consulte IRC §6695(c).

Preparer's Failure to Retain a Copy or List of Tax Return

The penalty is $55 for each failure to comply with IRC §6107(b) regarding retaining a copy or list of a return or claim. The maximum penalty imposed on any tax return preparer shall not exceed $28,000 in a return period. See IRC §6695(d). This list is which tax returns you completed for the current tax year. The preparer must maintain records for 4 years.

Preparers Filing Information Returns Incorrectly

If the tax professional is negligent or intentionally files incorrect information returns, the penalty is $55 per return or item on the return, with a maximum penalty of $28,000 (tax year 2023). See IRC §6695(e).

Preparer Endorses Others Checks

If the tax preparer endorses or negotiates any check payable to another person, the penalty is $560.00 per check. See IRC §6695(f).

Failure to be Thorough in Due Diligence

The penalty is $560 for each failure if the tax preparer prepares an erroneous tax return for a head of household filing status and is claiming any of the following credits:

➢ Additional Child Tax Credit (ACTC) and Child Tax Credit (CTC)
➢ American Opportunity Credit (AOC)
➢ Earned Income Tax Credit (EITC)
➢ Lifetime Learning Credit

See IRC §6695(g).

Preparer's Fraud and False Statements

Fraud is an act of intentional deception designed to exploit a victim. The tax preparer could be guilty of a felony and, upon conviction, a fine of not more than $100,000 ($500,000 in the case of a corporation), imprisonment of not more than three years, and are required to pay for the cost of prosecution. See IRC §7206.

Preparer's Fraudulent Returns, Statements, or Other Documents

Fraud involves the false representation of facts, whether by intentionally withholding important information. The tax preparer could be guilty of a misdemeanor and, upon conviction, a fine of not more than $10,000 ($50,000 in the case of a corporation), imprisonment of not more than one year. See IRC §7207.

El preparador no retiene una copia o lista de la declaración de impuestos

La multa es de $55 por cada incumplimiento de IRC §6107(b) con respecto a retener una copia o lista de una declaración o reclamo. La multa máxima impuesta a cualquier preparador de declaraciones de impuestos no excederá los $28,000 en un período de declaración. Consulte IRC §6695(d). Esta lista es las declaraciones de impuestos que completó para el año fiscal actual. El preparador debe mantener registros durante 4 años.

Los preparadores presentan declaraciones de información incorrectamente

Si el profesional de impuestos es negligente o presenta intencionalmente declaraciones de información incorrectas, la multa es de $55 por declaración o artículo en la declaración, con una multa máxima de $28,000 (año fiscal 2023). Consulte IRC §6695(e).

El preparador respalda los cheques de otros

Si el preparador de impuestos endosa o negocia cualquier cheque pagadero a otra persona, la multa es de $560.00 por cheque. Consulte IRC §6695(f).

Falta de minuciosidad en la debida diligencia

La multa es de $560 por cada falla si el preparador de impuestos prepara una declaración de impuestos errónea para un Cabeza de familia y reclama cualquiera de los siguientes créditos:

➢ Crédito tributario adicional por hijos (ACTC) y crédito tributario por hijos (CTC)
➢ Crédito de Oportunidad Americana (AOC)
➢ Crédito Tributario por Ingreso del Trabajo (EITC)
➢ Crédito de aprendizaje de por vida

Consulte IRC §6695(g).

Fraude del preparador y declaraciones falsas

El fraude es un acto de engaño intencional diseñado para explotar a una víctima. El preparador de impuestos podría ser culpable de un delito grave y, tras la condena, una multa de no más de $100,000 ($500,000 en el caso de una corporación), prisión de no más de tres años, y debe pagar el costo del enjuiciamiento. Consulte IRC §7206.

Devoluciones, estados de cuenta u otros documentos fraudulentos del preparador

El fraude implica la representación falsa de los hechos, ya sea mediante la retención intencional de información importante. El preparador de impuestos podría ser culpable de un delito menor y, tras la condena, una multa de no más de $10,000 ($50,000 en el caso de una corporación), prisión de no más de un año. Consulte IRC §7207.

Preparer's Disclosure or Use of Information of Client's Tax Return

The perpetrator of fraud is aware of information that is intended to deceive the victim. The tax preparer could be guilty of a misdemeanor for knowingly or recklessly disclosing information furnished about a tax return or using such information for any purpose other than preparing or assisting in the preparation of such return. Upon conviction, the tax preparer will receive a fine of not more than $1,000, imprisonment for not more than one year, or both as well as paying the costs of prosecution. See IRC §7216.

Preparers Disclosure or Use of Taxpayer Information

This penalty applies to disclosures or uses made on or after July 1, 2019. The tax preparer who uses or disclose taxpayer information without permission will be penalized $250 for each unauthorized disclosure and up to $10,000 in a calendar year. The following is an example of unauthorized disclosure. Watson gave his personal information to Chuck to prepare his tax return. Chuck is also an insurance agent. He added Watson's information to his insurance database, without Watson agreement.

If Chuck used Watson's information to commit identity theft, then the penalty is $1,000 for each use or disclosure and the maximum assessed is not greater than $50,000 in a calendar year. See IRC §6713.

Preparer's Incompetence and Disreputable Conduct

The following is a summary of what is incompetent and disreputable conduct for which a practitioner may be sanctioned. The following was extracted from Circular 230 §10.51.

1. Conviction of any criminal offense under federal tax laws.
2. Conviction of any criminal offense involving dishonesty or breach of trust.
3. Conviction of any felony under federal or state law for which the conduct involved renders the practitioner unfit to practice before the IRS.
4. Giving false or misleading information or participating in any way in the giving of false or misleading information to the Department of the Treasury or any officer or employee.
5. Solicitation of employment as prohibited under section §10.30, the use of false or misleading representations with intent to deceive a client or prospective client to gain employment or insinuate that the practitioner can obtain special consideration with the IRS, or any officer or employee.
6. Willfully failing to make a federal tax return in violation of the federal tax laws or willfully evading or attempting to evade any assessment or payment of any federal tax.
7. Willfully assisting, counseling, encouraging a client or prospective client to violate any federal tax law, or knowingly counseling or suggesting to a client an illegal plan to evade paying federal tax.
8. Misappropriation of, or failure to remit properly or promptly, funds received from a client for the payment of taxes or other obligations due the United States.
9. Directly or indirectly attempting to influence or offer or agree to attempt to influence the official action of any officer or employee of the IRS using threats, false accusations, duress, or coercion, or any special inducement or promise of an advantage or by bestowing of any gift, favor, or item of value.

Divulgación o uso por parte del preparador de la información de la declaración de impuestos del cliente

El autor del fraude es consciente de la información que tiene la intención de engañar a la víctima. El preparador de impuestos podría ser culpable de un delito menor por revelar a sabiendas o imprudentemente información proporcionada sobre una declaración de impuestos o usar dicha información para cualquier otro propósito que no sea preparar o ayudar en la preparación de dicha declaración. Tras la condena, el preparador de impuestos recibirá una multa de no más de $1,000, prisión por no más de un año, o ambos, así como el pago de los costos del enjuiciamiento. Consulte IRC §7216.

Divulgación o uso de la información del contribuyente por parte de los preparadores

Esta multa se aplica a las divulgaciones o usos realizados a partir del 1 de julio de 2019. El preparador de impuestos que use o divulgue información del contribuyente sin permiso será penalizado con $250 por cada divulgación no autorizada y hasta $10,000 en un año calendario. El siguiente es un ejemplo de divulgación no autorizada. Watson le dio su información personal a Chuck para preparar su declaración de impuestos. Chuck también es agente de seguros. Agregó la información de Watson a su base de datos de seguros, sin el acuerdo de Watson.

Si Chuck usó la información de Watson para cometer robo de identidad, entonces la multa es de $1,000 por cada uso o divulgación y el máximo evaluado no es mayor de $50,000 en un año calendario. Consulte IRC §6713.

Incompetencia y conducta de mala reputación del preparador

El siguiente es un resumen de lo que es una conducta incompetente y de mala reputación por la cual un profesional puede ser sancionado. Lo siguiente fue extraído de la Circular 230 §10.51.

1. Condena por cualquier delito penal bajo las leyes fiscales federales.
2. Condena de cualquier delito penal que implique deshonestidad o abuso de confianza.
3. Condena de cualquier delito grave bajo la ley federal o estatal para la cual la conducta involucrada hace que el profesional no sea apto para ejercer ante el IRS.
4. Dar información falsa o engañosa o participar de cualquier manera en la entrega de información falsa o engañosa al Departamento del Tesoro o a cualquier funcionario o empleado.
5. Solicitud de empleo según lo prohibido por la sección §10.30, el uso de representaciones falsas o engañosas con la intención de engañar a un cliente o posible cliente para obtener empleo o insinuar que el profesional puede obtener una consideración especial con el IRS, o cualquier funcionario o empleado.
6. No hacer intencionalmente una declaración de impuestos federales en violación de las leyes fiscales federales o evadir o intentar evadir intencionalmente cualquier evaluación o pago de cualquier impuesto federal.
7. Ayudar intencionalmente, aconsejar, alentar a un cliente o posible cliente a violar cualquier ley tributaria federal, o aconsejar o sugerir a sabiendas a un cliente un plan ilegal para evadir el pago de impuestos federales.
8. Apropiación indebida de, o falta de remitir adecuada o rápidamente, fondos recibidos de un cliente para el pago de impuestos u otras obligaciones adeudadas a los Estados Unidos.
9. Directa o indirectamente intentar influir u ofrecer o intentar influir en la acción oficial de cualquier funcionario o empleado del IRS usando amenazas, acusaciones falsas, coacción o coerción, o cualquier incentivo especial o promesa de una ventaja u otorgando cualquier regalo, favor o artículo de valor.

10. Disbarment or suspension from practice as an attorney, certified public accountant, public accountant, or actuary by any duly constituted authority of any state, territory, or possession of the United States, including a commonwealth or the District of Columbia, any federal court of record, or any federal agency, body, or board.
11. Knowingly aiding and abetting another person to practice before the IRS during a suspension, disbarment, or ineligibility of such other individual.
12. Contemptuous conduct in connection with practice before the IRS, including the use of abusive language, making false accusations or statements, knowing them to be false, or circulating or publishing malicious or libelous matter.
13. Giving a false opinion, knowingly recklessly or through gross incompetence including an opinion that is intentionally or recklessly misleading or engaging in a pattern of providing incompetent opinions on questions arising from federal tax laws.
14. Willfully failing to sign a tax return prepared by the practitioner when the practitioner's signature is required by federal tax laws unless the failure is due to reasonable cause and not due to neglect.
15. Willfully disclosing or otherwise using a tax return or tax return information in a manner not authorized by the IRC, contrary to the order of a court of competent jurisdiction or contrary to the order of an administrative law judge in a proceeding instituted under §10.60.
16. Willfully failing to file on magnetic or other electronic media a tax return prepared by the practitioner when the practitioner is required to do so by federal tax laws unless the failure is due to reasonable cause and not due to neglect.
17. Willfully preparing all or substantially all, or signing, a tax return or claim for refund when the practitioner does not possess a current or otherwise valid PTIN or other prescribed identifying number.
18. Willfully representing a taxpayer before an officer or employee of the IRS unless the practitioner is authorized to do so.

Penalties vary depending on the type of incompetence and disreputable conduct. For example, if the preparer understated based on unreasonable position the penalty could be the greater of $250 or 50% of income obtained.

Preparers Understatement Due to Unreasonable Positions

If the preparer takes an unreasonable position for the tax return or claim for a refund, the penalty is $1,000 or 50% (whichever is greater). See IRC §6694(a).

Preparer's Understatement Due to Willful or Reckless Conduct

The penalty is the greater of $5,000 or 75% of the income derived by the tax return preparer with respect to the return or claim for refund. See IRC §6694(b).

Chapter 15 Action to Enjoin Tax Return Preparers

A federal district court may enjoin a tax return preparer from engaging in certain proscribed conduct, or in extreme cases, from continuing to act as a tax return preparer altogether. See IRC §7407.

10. Inhabilitación o suspensión de la práctica como abogado, contador público certificado, contador público o actuario por cualquier autoridad debidamente constituida de cualquier estado, territorio o posesión de los Estados Unidos, incluido un estado libre asociado o el Distrito de Columbia, cualquier tribunal federal de registro o cualquier agencia, organismo o junta federal.

11. Ayudar e instigar a sabiendas a otra persona a practicar ante el IRS durante una suspensión, inhabilitación o inelegibilidad de dicha otra persona.

12. Conducta despectiva en relación con la práctica ante el IRS, incluido el uso de lenguaje abusivo, hacer acusaciones o declaraciones falsas, saber que son falsas o circular o publicar material malicioso o difamatorio.

13. Dar una opinión falsa, a sabiendas imprudentemente o por incompetencia grave, incluida una opinión que sea intencional o imprudentemente engañosa o participar en un patrón de proporcionar opiniones incompetentes sobre cuestiones que surjan de las leyes fiscales federales.

14. No firmar intencionalmente una declaración de impuestos preparada por el profesional cuando la firma del practicante es requerida por las leyes fiscales federales, a menos que el incumplimiento se deba a una causa razonable y no a negligencia.

15. Divulgar intencionalmente o utilizar de otra manera una declaración de impuestos o información de declaración de impuestos de una manera no autorizada por el IRC, contraria a la orden de un tribunal de jurisdicción competente o contraria a la orden de un juez de derecho administrativo en un procedimiento iniciado bajo §10.60.

16. No presentar intencionalmente en medios magnéticos u otros medios electrónicos una declaración de impuestos preparada por el profesional cuando el profesional está obligado a hacerlo por las leyes fiscales federales, a menos que la falla se deba a una causa razonable y no a negligencia.

17. Preparar intencionalmente todo o sustancialmente todo, o firmar, una declaración de impuestos o reclamo de reembolso cuando el profesional no posee un PTIN actual o válido u otro número de identificación prescrito.

18. Representar intencionalmente a un contribuyente ante un funcionario o empleado del IRS a menos que el profesional esté autorizado para hacerlo.

Las sanciones varían según el tipo de incompetencia y conducta de mala reputación. Por ejemplo, si el preparador subestimó en base a una posición irrazonable, la multa podría ser el mayor de $250 o 50% de los ingresos obtenidos.

Subestimación de los preparadores debido a posiciones irrazonables

Si el preparador toma una posición irrazonable para la declaración de impuestos o reclamo de un reembolso, la multa es de $1,000 o 50% (lo que sea mayor). Consulte IRC §6694(a).

Subestimación del preparador debido a una conducta intencional o imprudente

La multa es la mayor de $5,000 o el 75% de los ingresos derivados por el preparador de la declaración de impuestos con respecto a la declaración o reclamo de reembolso. Consulte IRC §6694(b).

Acción para prohibir a los preparadores de declaraciones de impuestos

Un tribunal federal de distrito puede prohibir a un preparador de declaraciones de impuestos que participe en cierta conducta prohibida o, en casos extremos, que continúe actuando como preparador de declaraciones de impuestos por completo. Consulte IRC §7407.

Chapter 16 Action to Enjoin a Specified Conduct Related to Tax Shelters and Reportable Transactions

A federal district court may enjoin a person from engaging in certain proscribed conduct including any action, or failure to take action, that is in violation of Circular 230. See IRC §7407.

How the IRS Calculates Penalties

The IRS may calculate tax preparer penalties based on the following:

1. Number of violations
2. Amount of regulations violated
3. Inflation rates
4. How many tax years involved in the penalties

3.5 Tax Preparation Due Diligence (for filing as head of household, earned income tax credit, child tax credit, and American opportunity credit)

Due diligence requirements for Form 8867 include checking the child tax credit, the American opportunity tax credit, the other dependent credit, the earned income tax credit, and the client's eligibility to file as head of household. The paid preparer's due diligence and recordkeeping requirements under IRC section 6695(g) allow for the penalty to be adjusted yearly. If the tax professional does not complete their due diligence, a $560 penalty for each failure can be assessed to the tax preparer.

3.6 E-file requirements (e.g., no pay stub filing, when to get signature form, timing for handling rejects)

Electronic filing (also referred to as e-file and e-filing) is the process of submitting tax returns over the internet via properly-certified tax software. The e-file system has made tax preparation significantly easier, and the IRS notifies software users within 24-48 hours if they accepted or rejected the tax return. E-filing is not available year-round but rather begins sometime in January and ends sometime in October; the IRS determines when exactly e-filing begins and ends each year, and states must follow these dates. An electronic return originator (ERO) is the individual who originates the electronic submission of the tax return. To file a return electronically, the individual needs to be an Authorized IRS e-File Provider.

Electronic filing is mandatory for tax preparers who file 11 or more Form 1040 returns during any calendar year. If the firm has more than one preparer, all individual returns prepared by the firm contribute to that number. For example, Javier is the owner of a tax preparation company and does not prepare returns. His employee, Rosemarie, prepares 5 tax returns that contain a Schedule C. Oscar prepares 10 returns, and Mario prepares 100 individual tax returns. Javier's company needs to file the returns electronically because the firm as a whole prepared more than 11 returns.

Acción para prohibir una conducta específica relacionada con refugios fiscales y transacciones reportables

Un tribunal federal de distrito puede prohibir a una persona que participe en cierta conducta proscrita, incluida cualquier acción, o falta de acción, que viole la Circular 230. Consulte IRC §7407.

Cómo calcula el IRS las multas

El IRS puede calcular las multas del preparador de impuestos basándose en lo siguiente:

1. Número de violaciones
2. Cantidad de regulaciones violadas
3. Tasas de inflación
4. Cuántos ejercicios fiscales intervienen en las sanciones

3.5 Diligencia debida de preparación de impuestos (para presentar como cabeza de familia, crédito tributario por ingreso del trabajo, crédito tributario por hijos y crédito por oportunidad estadounidense)

Los requisitos de diligencia debida para el Formulario 8867 incluyen verificar el crédito tributario por hijos, el crédito tributario por oportunidad estadounidense, el otro crédito por dependiente, el crédito tributario por ingreso del trabajo y la elegibilidad del cliente para presentar como cabeza de familia. Los requisitos de diligencia debida y mantenimiento de registros del preparador pagado bajo la sección 6695 (g) del IRC permiten que la multa se ajuste anualmente. Si el profesional de impuestos no completa su diligencia debida, se puede aplicar una multa de $560 por cada falla al preparador de impuestos.

3.6 Requisitos de presentación electrónica (por ejemplo, no presentar talones de pago, cuándo obtener el formulario de firma, tiempo para manejar los rechazos)

La presentación electrónica (también conocida como presentación electrónica y presentación electrónica) es el proceso de presentar declaraciones de impuestos a través de Internet a través de un software de impuestos debidamente certificado. El sistema de presentación electrónica ha hecho que la preparación de impuestos sea significativamente más fácil, y el IRS notifica a los usuarios de software dentro de las 24-48 horas si aceptaron o rechazaron la declaración de impuestos. La presentación electrónica no está disponible durante todo el año, sino que comienza en algún momento de enero y termina en algún momento de octubre; el IRS determina cuándo comienza y termina exactamente la presentación electrónica cada año, y los estados deben seguir estas fechas. Un originador de declaración electrónica (ERO) es la persona que origina la presentación electrónica de la declaración de impuestos. Para presentar una declaración electrónicamente, la persona debe ser un proveedor autorizado de e-file del IRS.

La presentación electrónica es obligatoria para los preparadores de impuestos que presentan 11 o más declaraciones del Formulario 1040 durante cualquier año calendario. Si la empresa tiene más de un preparador, todas las declaraciones individuales preparadas por la empresa contribuyen a ese número. Por ejemplo, Javier es el propietario de una empresa de preparación de impuestos y no prepara declaraciones. Su empleada, Rosemarie, prepara 5 declaraciones de impuestos que contienen un Anexo C. Oscar prepara 10 declaraciones y Mario prepara 100 declaraciones de impuestos individuales. La empresa de Javier necesita presentar las declaraciones electrónicamente porque la empresa en su conjunto preparó más de 11 declaraciones.

All authorized IRS e-file providers must ensure that returns are promptly processed on or before due date of the return (including extensions). An ERO must ensure that a stockpiling of returns does not occur at their firm. "Stockpiling" is both collecting returns from taxpayers prior to official acceptance in the IRS e-file program and waiting more than three calendar days to submit a return to the IRS once the ERO has all the necessary information for an e-file submission. Tax professionals who are EROs must advise their clients that they cannot transmit returns to the IRS until the IRS begins accepting transmissions. Tax returns held prior to that date are not considered "stockpiled".

No Pay Stub Filing

A Provider must not advertise that individual income tax returns may be electronically filed prior to the Provider's receipt of Forms W-2, W-2G, and 1099-R, as the Provider is generally prohibited from electronically filing returns prior to receipt of Forms W-2, W-2G, and 1099-R. Advertisements must not imply the Provider does not need Forms W-2, W-2G, and 1099-R or they can use pay stubs or other documentation of earnings to e-file individual income tax returns.

"When to Get Signature" Form

As with an income tax return submitted to the IRS in paper form, an electronic income tax return must be signed by the taxpayer (and the paid preparer, if applicable). The taxpayer must sign income tax returns electronically. The taxpayer must sign and date the "Declaration of Taxpayer" to authorize the origination of the electronic submission of the return to the IRS prior to the transmission of the tax return.

The taxpayer must sign a new declaration if the electronic return data on an individual's income tax return was changed after the taxpayer signed the Declaration of Taxpayer and the amounts differ by more than $50 to "total income" of AGI or $14 to "total tax," "federal income tax withheld," "refund," or "amount you owe."

Electronic Signature Methods

There are two methods of signing individual income tax returns with an electronic signature. One is the self-select PIN by the taxpayer, and the other is the practitioner PIN. The self-selected PIN is when the taxpayer authorizes the ERO to enter or generate the taxpayer's PIN.

Todos los proveedores autorizados de e-file del IRS deben asegurarse de que las declaraciones se procesen con prontitud en o antes de la fecha de vencimiento de la declaración (incluidas las extensiones). Una ERO debe asegurarse de que no se produzca una acumulación de rendimientos en su empresa. "Almacenamiento" es tanto cobrar declaraciones de los contribuyentes antes de la aceptación oficial en el programa e-file del IRS como esperar más de tres días calendario para presentar una declaración al IRS una vez que la ERO tenga toda la información necesaria para una presentación electrónica. Los profesionales de impuestos que son ERO deben informar a sus clientes que no pueden transmitir declaraciones al IRS hasta que el IRS comience a aceptar transmisiones. Las declaraciones de impuestos mantenidas antes de esa fecha no se consideran "almacenadas".

Sin presentación de talón de pago

Un Proveedor no debe anunciar que las declaraciones de impuestos individuales pueden presentarse electrónicamente antes de que el Proveedor reciba los Formularios W-2, W-2G y 1099-R, ya que el Proveedor generalmente tiene prohibido presentar declaraciones electrónicamente antes de recibir los Formularios W-2, W-2G y 1099-R. Los anuncios no deben implicar que el Proveedor no necesita los Formularios W-2, W-2G y 1099-R o pueden usar talones de pago u otra documentación de ganancias para presentar electrónicamente declaraciones de impuestos individuales.

Formulario "Cuándo obtener la firma"

Al igual que con una declaración de impuestos presentada al IRS en papel, una declaración electrónica de impuestos debe ser firmada por el contribuyente (y el preparador pagado, si corresponde). El contribuyente debe firmar las declaraciones de impuestos sobre la renta electrónicamente. El contribuyente debe firmar y fechar la "Declaración del contribuyente" para autorizar el origen de la presentación electrónica de la declaración al IRS antes de la transmisión de la declaración de impuestos.

El contribuyente debe firmar una nueva declaración si los datos de la declaración electrónica en la declaración de impuestos de un individuo se cambiaron después de que el contribuyente firmó la Declaración del contribuyente y los montos difieren en más de $50 a "ingreso total" de AGI o $14 a "impuesto total", "impuesto federal sobre la renta retenido", "reembolso" o "monto que debe".

Métodos de firma electrónica

Hay dos métodos para firmar declaraciones de impuestos individuales con una firma electrónica. Uno es el PIN autoseleccionado por el contribuyente, y el otro es el PIN del practicante. El PIN autoseleccionado es cuando el contribuyente autoriza al ERO a ingresar o generar el PIN del contribuyente.

Electronic Signatures for EROs

If the taxpayer signs their return using either of the electronic signature methods, the ERO must also sign with a PIN. EROs should use the same PIN for the entire tax year. The PIN may be input manually or software-generated in the electronic record in the location designed for the ERO EFIN or PIN. The ERO is attesting to the ERO declaration by entering a PIN in the EFIN and PIN field. For returns prepared by the ERO's firm, the return preparer is declaring under penalty of perjury the return was reviewed and is true, correct, and complete. For returns prepared by someone other than the ERO's firm, the ERO attests the return preparer signed the copy of the return and the electronic return contains tax information identical to that contained in the paper return. The paid preparer's identifying information (name, address, and SSN or PTIN) must also be entered in the e-file return.

Timing for Handling Rejects

If the IRS rejects the electronic portion of a taxpayer's individual income tax return for processing and if the reason for the rejection cannot be rectified, the ERO must take reasonable steps to inform the taxpayer of the rejection within 24 hours. When the ERO advises the taxpayer their return was rejected, the ERO must provide the taxpayer with the reject code(s) along with an explanation. If the taxpayer chooses not to have the electronic portion of the return corrected and transmitted to the IRS or if it cannot be accepted for processing by the IRS, the taxpayer must file a paper return.

The paper return must be filed by the due date of the return or 10 calendar days after the date the IRS gives notification the electronic portion of the return has been rejected or cannot be accepted for processing, whichever is later. The paper return should include an explanation of why the return is being filed after the due date.

Acknowledgment of Transmitted Returns

The IRS electronically acknowledges the receipt of all transmissions and will either accept or reject the transmitted returns for specific reasons. Accepted returns meet the processing criteria and are considered "filed" as soon as the return is signed electronically or by hand. Rejected returns fail to meet processing criteria and are considered "not filed." Publication 1345, Handbook for Authorized IRS e-File Providers of Individuals Tax Returns, is issued annually and contains information to help identify the cause of the rejection.

The acknowledgment record of accepted returns contains other useful information for originators such as if the IRS accepted a PIN, if the taxpayer's refund will be applied to a debt, if an elected electronic funds withdrawal was paid, and if the IRS approved a request for extension on Form 4868. EROs should check the acknowledgment records stored by their tax software regularly to identify returns that require follow-up action and then take reasonable steps to address the issues specified in those records. For example, if the IRS does not accept a PIN on an individual income tax return, the ERO must provide a completed and signed Form 8453 for the return.

Firmas electrónicas para ERO

Si el contribuyente firma su declaración utilizando cualquiera de los métodos de firma electrónica, la ERO también debe firmar con un PIN. Las ERO deben usar el mismo PIN para todo el año fiscal. El PIN puede ser ingresado manualmente o generado por software en el registro electrónico en la ubicación diseñada para el ERO EFIN o PIN. El ERO certifica la declaración ERO ingresando un PIN en el campo EFIN y PIN. Para las declaraciones preparadas por la firma de la ERO, el preparador de declaraciones declara bajo pena de perjurio que la declaración fue revisada y es verdadera, correcta y completa. Para las declaraciones preparadas por alguien que no sea la firma de la ERO, la ERO certifica que el preparador de declaraciones firmó la copia de la declaración y la declaración electrónica contiene información fiscal idéntica a la contenida en la declaración en papel. La información de identificación del preparador pagado (nombre, dirección y SSN o PTIN) también debe ingresarse en la declaración de e-file.

Tiempo para manejar rechazos

Si el IRS rechaza la parte electrónica de la declaración de impuestos individuales de un contribuyente para su procesamiento y si la razón del rechazo no se puede rectificar, la ERO debe tomar medidas razonables para informar al contribuyente del rechazo dentro de las 24 horas. Cuando la ERO informa al contribuyente que su declaración fue rechazada, la ERO debe proporcionar al contribuyente el (los) código (s) de rechazo junto con una explicación. Si el contribuyente elige que la parte electrónica de la declaración no sea corregida y transmitida al IRS o si no puede ser aceptada para su procesamiento por el IRS, el contribuyente debe presentar una declaración en papel.

La declaración en papel debe presentarse antes de la fecha de vencimiento de la declaración o 10 días calendario después de la fecha en que el IRS notifica que la parte electrónica de la declaración ha sido rechazada o no puede ser aceptada para su procesamiento, lo que ocurra más tarde. La declaración en papel debe incluir una explicación de por qué la declaración se presenta después de la fecha de vencimiento.

Acuse de recibo de las declaraciones transmitidas

El IRS acusa recibo electrónicamente de todas las transmisiones y aceptará o rechazará las declaraciones transmitidas por razones específicas. Las declaraciones aceptadas cumplen con los criterios de procesamiento y se consideran "presentadas" tan pronto como la declaración se firma electrónicamente o a mano. Las declaraciones rechazadas no cumplen con los criterios de procesamiento y se consideran "no presentadas". La Publicación 1345, Manual para proveedores autorizados de declaraciones de impuestos individuales de e-file del IRS, se publica anualmente y contiene información para ayudar a identificar la causa del rechazo.

El registro de acuse de recibo de las declaraciones aceptadas contiene otra información útil para los originadores, como si el IRS aceptó un PIN, si el reembolso del contribuyente se aplicará a una deuda, si se pagó un retiro electrónico de fondos elegido y si el IRS aprobó una solicitud de extensión en el Formulario 4868. Las ERO deben verificar regularmente los registros de reconocimiento almacenados por su software de impuestos para identificar las declaraciones que requieren una acción de seguimiento y luego tomar medidas razonables para abordar los problemas especificados en esos registros. Por ejemplo, si el IRS no acepta un PIN en una declaración de impuestos sobre la renta individual, el ERO debe proporcionar un Formulario 8453 completado y firmado para la declaración.

Rejected returns can be corrected and retransmitted without new signatures or authorizations if changes do not differ from the amount in the electronic portion of the electronic return by more than $50 to "total income" or AGI or more than $14 to "total tax," "federal income tax withheld," "refund," or "amount you owe." The taxpayer must be given copies of the new electronic return data if changes are made. If the required changes are greater than the amounts discussed above, new signatures will be required, and the taxpayer must be given copies of their new signatures.

Returns Not Eligible for IRS e-File

The following individual income tax returns and related return conditions must be paper filed and they cannot be processed using IRS e-file:

➢ Tax returns with fiscal-year tax periods.
➢ Amended tax returns.
➢ Returns containing forms or schedules that cannot be processed by IRS e-file.

Refund Offsets

When taxpayers owe a prior-year balance, the IRS will offset their current-year refund to pay the balance due on the following items:

➢ Back taxes.
➢ Child support.
➢ Federal agency non-tax debts such as student loans.
➢ State income tax obligations.

If taxpayers owe any of these debts, their refund will be offset until the debt has been paid off or the refund has been spent, whichever occurs first.

3.7 Annual Filing Season Program Requirements (Pub 5227)

This voluntary program recognizes the efforts of return preparers who are not attorneys, certified public accountants, or enrolled agents. The IRS issues an Annual Filing Season Program Record of Completion to return preparers who obtain a certain number of continuing education hours in preparation for a specific tax year.

The Annual Federal Tax Refresher (AFTR) course is a 6-Hour course that gets the tax preparer ready for the coming year tax season. The AFTR also has a 100-question, 3-hour test, which covers the three domains. Students must pass the test with a 70% or better.

The RPO (Return Preparer Office) determines which topics need to be "refreshed" for the upcoming tax season. The IRS does not administer the test; only approved vendors administer the timed test. The IRS sets the test parameters that must be followed by the approved vendors. The student must pass the test by December 31 midnight the student's local time. Vendor has 10 days to upload hours.

Las declaraciones rechazadas pueden corregirse y retransmitirse sin nuevas firmas o autorizaciones si los cambios no difieren del monto en la parte electrónica de la declaración electrónica en más de $50 a "ingreso total" o AGI o más de $14 a "impuesto total", "impuesto federal sobre la renta retenido", "reembolso" o "monto que debes". El contribuyente debe recibir copias de los nuevos datos de la declaración electrónica si se realizan cambios. Si los cambios requeridos son mayores que los montos discutidos anteriormente, se requerirán nuevas firmas, y el contribuyente debe recibir copias de sus nuevas firmas.

Declaraciones no elegibles para e-file del IRS

Las siguientes declaraciones de impuestos individuales y las condiciones de declaración relacionadas deben presentarse en papel y no se pueden procesar utilizando e-file del IRS:

- ➢ Declaraciones de impuestos con períodos impositivos del año fiscal.
- ➢ Declaraciones de impuestos modificadas.
- ➢ Declaraciones que contienen formularios o anexos que no pueden ser procesados por e-file del IRS.

Compensaciones de reembolso

Cuando los contribuyentes deben un saldo del año anterior, el IRS compensará su reembolso del año en curso para pagar el saldo adeudado en los siguientes elementos:

- ➢ Impuestos atrasados.
- ➢ Manutención de los hijos.
- ➢ Deudas no tributarias de agencias federales, como préstamos estudiantiles.
- ➢ Obligaciones del impuesto estatal sobre la renta.

Si los contribuyentes deben alguna de estas deudas, su reembolso se compensará hasta que la deuda haya sido pagada o el reembolso se haya gastado, lo que ocurra primero.

3.7 Requisitos del Programa de la Temporada Anual de Presentación (Pub 5227)

Este programa voluntario reconoce los esfuerzos de los preparadores de declaraciones que no son abogados, contadores públicos certificados o agentes inscritos. El IRS emite un Registro de Finalización del Programa de la Temporada Anual de Presentación de Impuestos para los preparadores de declaraciones que obtienen un cierto número de horas de educación continua en preparación para un año tributario específico.

El curso anual de actualización de impuestos federales (AFTR) es un curso de 6 horas que prepara al preparador de impuestos para la temporada de impuestos del próximo año. El AFTR también tiene una prueba de 100 preguntas y 3 horas, que cubre los tres dominios. Los estudiantes deben aprobar la prueba con un 70% o más.

La RPO (Oficina de Preparación de Devoluciones) determina qué temas deben ser "actualizados" para la próxima temporada de impuestos. El IRS no administra la prueba; Solo los proveedores aprobados administran la prueba programada. El IRS establece los parámetros de prueba que deben seguir los proveedores aprobados. El estudiante debe aprobar el examen antes del 31 de diciembre a la medianoche hora local del estudiante. El proveedor tiene 10 días para cargar horas.

3.7.1 Circular 230 and Consent to Circular 230 rules

The Internal Revenue Service has also established ethical guidelines and practices. These guidelines, laws, and standards, in part, protect the *Taxpayer Bill of Rights* and are detailed in Circular 230, the consistent, definitive standard of tax professional responsibility that protects not only the taxpayer but the tax professional as well.

After completing the continuing education hours and applying for or renewing the PTIN, the tax preparer needs to consent to adhere to specific obligations outlined in Subpart B and §10.51 of Circular 230. To do this, they must use the "Manage my PTIN Account" section on the IRS website to select the AFSP record of completion option from the drop-down menu that allows them to agree to be bound by the Circular 230 Subpart B guidelines and check the appropriate box.

3.7.2 Limited Representation

Chapter 17 Unlimited Representation Rights

Enrolled agents, certified public accountants, and attorneys have unlimited representation rights before the IRS and may represent their clients on any matters including audits, payment and collection issues, and appeals.

Enrolled Agents – Individuals with this credential are licensed by the IRS and specifically trained in federal tax planning, preparation, and representation. Enrolled agents hold the most expansive license that the IRS grants and must pass a suitability check, as well as a three-part Special Enrollment Examination, a comprehensive exam that covers individual tax, business tax, and representation issues. EAs must also complete 72 hours of continuing education every 3 years.

Certified Public Accountants – Individuals with this credential are licensed by state boards of accountancy, the District of Columbia, and U.S. territories and have passed the Uniform CPA Examination. They also must meet education, experience, and good character requirements established by their boards of accountancy. In addition, CPAs must comply with ethical requirements as well as complete specified levels of continuing education to maintain an active CPA license. CPAs may offer a range of services, and some CPAs specialize in tax preparation and planning.

Attorneys – Individuals with this credential are licensed by state courts or their designees, such as the state bar. Generally, requirements include the completion of a degree in law, passage of a bar exam, and ongoing continuing education and professional character standards. Attorneys may offer a range of services, and some attorneys specialize in tax preparation and planning.

3.7.1 Circular 230 y aprobación de las reglas de la Circular 230

El Servicio de Impuestos Internos también ha establecido pautas y prácticas éticas. Estas directrices, leyes y normas, en parte, protegen la *Carta de Derechos del Contribuyente y* se detallan en la Circular 230, el estándar consistente y definitivo de responsabilidad profesional tributaria que protege no solo al contribuyente sino también al profesional de impuestos.

Después de completar las horas de educación continua y solicitar o renovar el PTIN, el preparador de impuestos debe dar su consentimiento para cumplir con las obligaciones específicas descritas en la Subparte B y §10.51 de la Circular 230. Para hacer esto, deben usar la sección "Administrar mi cuenta PTIN" en el sitio web del IRS para seleccionar la opción de registro de finalización AFSP en el menú desplegable que les permite aceptar estar sujetos a las pautas de la Circular 230 Subparte B y marcar la casilla correspondiente.

3.7.2 Representación limitada

Derechos de representación ilimitados

Los agentes inscritos, contadores públicos certificados y abogados tienen derechos de representación ilimitados ante el IRS y pueden representar a sus clientes en cualquier asunto, incluidas auditorías, problemas de pago y cobro y apelaciones.

Agentes inscritos: las personas con esta credencial tienen licencia del IRS y están específicamente capacitadas en planificación, preparación y representación de impuestos federales. Los agentes inscritos tienen la licencia más amplia que otorga el IRS y deben aprobar una verificación de idoneidad, así como un examen especial de inscripción de tres partes, un examen integral que cubre impuestos individuales, impuestos comerciales y asuntos de representación. Los EA también deben completar 72 horas de educación continua cada 3 años.

Contadores públicos certificados: las personas con esta credencial tienen licencia de las juntas estatales de contabilidad, el Distrito de Columbia y los territorios de los Estados Unidos y han aprobado el Examen Uniforme de CPA. También deben cumplir con los requisitos de educación, experiencia y buen carácter establecidos por sus juntas de contabilidad. Además, los CPA deben cumplir con los requisitos éticos, así como completar niveles específicos de educación continua para mantener una licencia activa de CPA. Los CPA pueden ofrecer una gama de servicios, y algunos CPA se especializan en la preparación y planificación de impuestos.

Abogados: las personas con esta credencial tienen licencia de los tribunales estatales o sus designados, como el colegio de abogados del estado. En general, los requisitos incluyen la finalización de un título en derecho, la aprobación de un examen de barra y la educación continua y los estándares de carácter profesional. Los abogados pueden ofrecer una variedad de servicios, y algunos abogados se especializan en la preparación y planificación de impuestos.

Chapter 18 Limited Representation Rights

Preparers without any of the above credentials (also known as "unenrolled preparers") have limited practice rights. They may only represent clients whose returns they prepared and signed and can only represent them before revenue agents, customer service representatives, and similar IRS employees, including the Taxpayer Advocate Service. If the tax preparer is not an enrolled agent, certified public accountant, or an attorney, they cannot represent their clients in an appeal or collection issues, even if they prepared the return.

For more information about representation rights, see https://www.irs.gov/tax-professionals/understanding-tax-return-preparer-credentials-and-qualifications.

Paid tax preparers who have an Annual Filing Season Program (AFSP) Record of Completion and have maintained a PTIN are able to represent the tax returns that they have prepared with limitations. PTIN holders without an AFSP-Record of Completion or without professional credentials will not be able to represent clients before the IRS in any matter or in any capacity.

To participate in the AFSP, preparers need to adhere to the requirements outlined in Circular 230 Subpart B and section 10.51. The completion of the AFSP is required annually by December 31.
PTIN holders without the AFSP Record of Completion or some other professional credential will only be permitted to prepare tax returns. The individual will not be allowed to represent clients before the IRS.

For more information on the Annual Filing Season Program, please visit https://www.irs.gov/pub/irs-pdf/p5227.pdf.

Domain 3 Review Questions

To obtain the maximum benefit from this chapter, LTP recommends that you complete each of the following questions, and then compare them to the answers with feedback that immediately follows. Under governing self-study standards, vendors are required to present review questions intermittently throughout each self-study course.

These questions and explanations are not part of the final examination and will not be graded by LTP.

1. Gramm-Leach-Bliley Act classifies tax return preparers as:

 a. Financial institutions
 b. Too big to fail
 c. Subject to CFPB rules
 d. Get an audit of your security program

Derechos de representación limitados

Los preparadores sin ninguna de las credenciales anteriores (también conocidos como "preparadores no inscritos") tienen derechos de práctica limitados. Solo pueden representar a clientes cuyas declaraciones prepararon y firmaron y solo pueden representarlos ante agentes de ingresos, representantes de servicio al cliente y empleados similares del IRS, incluido el Servicio del Defensor del Contribuyente. Si el preparador de impuestos no es un agente inscrito, contador público certificado o abogado, no puede representar a sus clientes en una apelación o asuntos de cobranza, incluso si prepararon la declaración.

Para obtener más información sobre los derechos de representación, consulte https://www.irs.gov/tax-professionals/understanding-tax-return-preparer-credentials-and-qualifications.

Los preparadores de impuestos pagados que tienen un Registro de Finalización del Programa de Temporada Anual de Presentación (AFSP) y han mantenido un PTIN pueden representar las declaraciones de impuestos que han preparado con limitaciones. Los titulares de PTIN sin un Registro AFSP de Finalización o sin credenciales profesionales no podrán representar a los clientes ante el IRS en ningún asunto ni en ninguna capacidad.

Para participar en el AFSP, los preparadores deben cumplir con los requisitos descritos en la Circular 230 Subparte B y la sección 10.51. La finalización del AFSP se requiere anualmente antes del 31 de diciembre.
Los titulares de PTIN sin el Registro de Finalización AFSP o alguna otra credencial profesional solo podrán preparar declaraciones de impuestos. El individuo no podrá representar a los clientes ante el IRS.

Para obtener más información sobre el Programa Anual de Temporada de Presentación de Impuestos, visite https://www.irs.gov/pub/irs-pdf/p5227.pdf.

Dominio 3 Preguntas de repaso

Para obtener el máximo beneficio de este capítulo, LTP recomienda que complete cada una de las siguientes preguntas y luego las compare con las respuestas con los comentarios que siguen inmediatamente. Bajo los estándares de autoestudio vigentes, los proveedores deben presentar preguntas de revisión intermitentemente a lo largo de cada curso de autoestudio.

Estas preguntas y explicaciones no son parte del examen final y no serán calificadas por LTP.

1. La Ley Gramm-Leach-Bliley clasifica a los preparadores de declaraciones de impuestos como:

   a. Instituciones financieras
   b. Demasiado grande para fallar
   c. Sujeto a las reglas de CFPB
   d. Obtenga una auditoría de su programa de seguridad

2. The Safeguards Rule requires tax return preparers to develop a(n) _____ information security plan.

    a. written
    b. NIST 800-53-based
    c. modern
    d. audited

3. Unenrolled PTIN holders who do not possess the AFSP Record of Completion can only do which of the following?

    a. Prepare tax returns
    b. Represent the tax returns they prepared in tax court
    c. Negotiate a check for their clients
    d. Talk to the IRS about how the return was prepared

4. Which individual is not enrolled to practice before the IRS?

    a. An Enrolled agent
    b. An Enrolled retirement plan agent
    c. An Enrolled taxpayer
    d. An Enrolled actuary

5. Jose's return was filed electronically by Ruben's Tax Service. Jose's return was rejected by the IRS due to name mismatch. How long does Ruben's Tax Service have to inform Jose about his rejected return?

    a. 5 minutes
    b. 24 hours
    c. 36 hours
    d. 48 hours

Domain 3 Review Questions Answers

1. Gramm-Leach-Bliley Act classifies tax return preparers as:

    a. Financial institutions
    b. Too big to fail
    c. Subject to CFPB rules
    d. Get an audit of your security program

2. The Safeguards Rule requires tax return preparers to develop a(n) _____ information security plan.

    a. written
    b. NIST 800-53-based
    c. modern
    d. audited

2. La Regla de Salvaguardias requiere que los preparadores de declaraciones de impuestos desarrollen un plan de seguridad de la información _____ .

    a. escrito
    b. Basado en NIST 800-53
    c. Moderno
    d. Auditado

3. Los titulares de PTIN no inscritos que no poseen el Registro de finalización de AFSP solo pueden hacer lo siguiente?

    a. Preparar declaraciones de impuestos
    b. Representar las declaraciones de impuestos que prepararon en el tribunal fiscal
    c. Negociar un cheque para sus clientes
    d. Hable con el IRS sobre cómo se preparó la declaración

4. ¿Qué persona no está inscrita para ejercer ante el IRS?

    a. Un agente inscrito
    b. Un agente de planes de jubilación inscrito
    c. Un contribuyente inscrito
    d. Un actuario inscrito

5. La declaración de José fue presentada electrónicamente por el Servicio de Impuestos de Rubén. La declaración de José fue rechazada por el IRS debido a la falta de coincidencia de nombres. ¿Cuánto tiempo tiene el Servicio de Impuestos de Rubén para informar a José sobre su declaración rechazada?

    a. 5 minutos
    b. 24 horas
    c. 36 horas
    d. 48 horas

Dominio 3 Respuestas a las preguntas de repaso

1. La Ley Gramm-Leach-Bliley clasifica a los preparadores de declaraciones de impuestos como:

    a. Instituciones financieras
    b. Demasiado grande para fallar
    c. Sujeto a las reglas de CFPB
    d. Obtenga una auditoría de su programa de seguridad

2. La Regla de Salvaguardias requiere que los preparadores de declaraciones de impuestos desarrollen un plan de seguridad de la información ___ .

    a. escrito
    b. Basado en NIST 800-53
    c. moderno
    d. Auditado

3. Unenrolled PTIN holders who do not possess the AFSP Record of Completion can only do which of the following?

    a. **Prepare tax returns**
    b. Represent the tax returns they prepared in tax court
    c. Negotiate a check for their clients
    d. Talk to the IRS about how the return was prepared

4. Which individual is not enrolled to practice before the IRS?

    a. An Enrolled agent
    b. An Enrolled retirement plan agent
    c. **An Enrolled taxpayer**
    d. An Enrolled actuary

5. Jose's return was filed electronically by Ruben's Tax Service. Jose's return was rejected by the IRS due to name mismatch. How long does Ruben's Tax Service have to inform Jose about his rejected return?

    a. 5 minutes
    b. **24 hours**
    c. 36 hours
    d. 48 hours

3. Los titulares de PTIN no inscritos que no poseen el Registro de finalización de AFSP solo pueden hacer cuál de las siguientes acciones.

    a. Preparar declaraciones de impuestos
    b. Representar las declaraciones de impuestos que prepararon en el tribunal fiscal
    c. Negociar un cheque para sus clientes
    d. Hable con el IRS sobre cómo se preparó la declaración

4. ¿Qué persona no está inscrita para ejercer ante el IRS?

    a. Un agente inscrito
    b. Un agente de planes de jubilación inscrito
    c. Un contribuyente inscrito
    d. Un actuario inscrito

5. La declaración de José fue presentada electrónicamente por el Servicio de Impuestos de Rubén. La declaración de José fue rechazada por el IRS debido a la falta de coincidencia de nombres. ¿Cuánto tiempo tiene el Servicio de Impuestos de Rubén para informar a José sobre su declaración rechazada?

    a. 5 minutos
    b. 24 horas
    c. 36 horas
    d. 48 horas

AFTR Test Instructions

The AFTR comprehension test is a 3-hour continuous timed test, consisting of 100 questions covering all 3 domains.

Some important things you need to know:

1. This test works best with high-speed internet and a compatible browser, such as Google Chrome or Mozilla Firefox.
2. This AFTR course/test must be completed by midnight (local time of the student), December 31 of the current calendar year.
3. Verify your PTIN is entered correctly in your profile on Prendo365.com
4. Verify that your name in your profile on Prendo365.com is the same name on your PTIN account.
5. The system could automatically log you out if you remain idle or log out yourself. If the system logs you out automatically, you must begin a new test; you will not be able to resume where you left off.
6. If you step away from the test, for instance, to answer a call or use the restroom, the timer continues; if the timer runs out while you are gone, you will have to restart the test.
7. Evaluative feedback is only allowed when a participant fails a test attempt. No specific evaluative feedback that includes the test question or answer is allowed.
8. If you have not passed the test in two tries, the IRS requires that you be given another test. Please call LTPA at 866-936-2587 so we can upload a new timed test to your account.
9. Once you have passed the timed test with a 70% or better, your hours will be uploaded to the IRS within 10 business days.
10. After you have completed the course and printed your certificate, complete the course survey.
11. To be included in the national database, you must have a current PTIN number and adhere to the practice requirements for tax practitioners outlined in Subpart B and section 10.51 of Circular 230.

If you need more courses, go to the course catalog and view the other courses that are available to help you increase your knowledge of tax preparation. Visit www.latinotaxpro.org and click the courses tab at the top of the page.

Thank you for choosing Prendo365!

Instrucciones de la prueba AFTR

La prueba de comprensión AFTR es una prueba cronometrada continua de 3 horas, que consta de 100 preguntas que cubren los 3 dominios.

Algunas cosas importantes que necesita saber:

1. Esta prueba funciona mejor con Internet de alta velocidad y un navegador compatible, como Google Chrome o Mozilla Firefox.
2. Este curso / prueba AFTR debe completarse antes de la medianoche (hora local del estudiante), 31 de diciembre del año calendario actual.
3. Verifique que su PTIN esté ingresado correctamente en su perfil en Prendo365.com
4. Verifique que su nombre en su perfil en Prendo365.com sea el mismo nombre en su cuenta PTIN.
5. El sistema podría cerrar sesión automáticamente si permanece inactivo o cierra sesión usted mismo. Si el sistema cierra la sesión automáticamente, debe comenzar una nueva prueba; No podrá reanudar donde lo dejó.
6. Si se aleja de la prueba, por ejemplo, para responder una llamada o usar el baño, el temporizador continúa; Si el temporizador se agota mientras no estás, tendrás que reiniciar la prueba.
7. La retroalimentación evaluativa solo se permite cuando un participante falla un intento de prueba. No se permite ninguna retroalimentación evaluativa específica que incluya la pregunta o respuesta de la prueba.
8. Si no ha aprobado la prueba en dos intentos, el IRS requiere que se le haga otra prueba. Llame a LTPA al 866-936-2587 para que podamos cargar una nueva prueba cronometrada en su cuenta.
9. Una vez que haya pasado la prueba cronometrada con un 70% o más, sus horas se cargarán al IRS dentro de los 10 días hábiles.
10. Una vez que haya completado el curso e impreso su certificado, complete la encuesta del curso.
11. Para ser incluido en la base de datos nacional, debe tener un número PTIN actual y cumplir con los requisitos de práctica para los profesionales de impuestos descritos en la Subparte B y la sección 10.51 de la Circular 230.

Si necesita más cursos, vaya al catálogo de cursos y vea los otros cursos que están disponibles para ayudarle a aumentar su conocimiento de la preparación de impuestos. Visita www.latinotaxpro.org y haz clic en la pestaña de cursos en la parte superior de la página.

¡Gracias por elegir Prendo365!

The Latino Tax Professionals Association (LTPA) es una asociación profesional dedicada a la excelencia en el servicio a profesionales de impuestos que trabajan en todas las áreas de la práctica tributaria, incluyendo profesionales individuales, servicios de tenencia de libros y contabilidad, agentes inscritos, contadores públicos certificados y abogados de inmigración. Nuestro exclusivo e-book interactivo y sistema de formación en línea proporciona la única formación fiscal y contable tanto en inglés como en español. Nuestra misión es proporcionar conocimiento, profesionalismo y comunidad a aquellos que sirven al contribuyente latino, para ayudarle a hacer crecer su práctica y aumentar sus ganancias atrayendo a más clientes latinos, y para proporcionar la mejor capacitación de preparación de impuestos disponible.

Latino Tax Professionals Association, LLC
1588 Moffett Street, Suite F
Salinas, California 93905
866-936-2587
www.latinotaxpro.com

Si necesita ayuda: edsupport@latinotaxpro.org